D1719178

Fritz (Hrsg.)

COVInsAG

COVInsAG

Kommentierung zu den Maßnahmen im Insolvenz-, Gesellschafts-, Genossenschafts-, Vereins-, Stiftungs- und Wohnungseigentumsrecht zur Bekämpfung der Auswirkungen der COVID-19-Pandemie (COVInsAG und GesRuaCOVBekG) sowie den Corona-Steuerhilfe-Gesetzen I, II und III

2., neu bearb. Auflage

Herausgegeben von

Daniel F. Fritz, Frankfurt am Main

Bearbeitet von

Dr. Claudia Cymutta, Dr. Friedemann Eberspächer, Daniel F. Fritz, Martin Horstkotte, Daniel Leipe, Dr. Philipp Schaefer, Prof. Dr. Jens M. Schmittmann, Lorenz Scholtis, Julia Sieber, Dr. Robert Weber

RWS Verlag Kommunikationsforum GmbH & Co. KG · Köln

Die Deutsche Bibliothek verzeichnet diese Publikation in der Deutschen National-
bibliografie; detaillierte bibliografische Daten sind im Internet über http://dnb.ddb.de
abrufbar.

© 2022 RWS Verlag Kommunikationsforum GmbH & Co. KG
Postfach 27 01 25, 50508 Köln
E-Mail: info@rws-verlag.de, Internet: http://www.rws-verlag.de

Satz und Datenverarbeitung: SEUME Publishing Services GmbH, Erfurt
Druck und Verarbeitung: CPI books GmbH, Leck

Vorwort

Beinahe zwei Jahre nach Bekanntwerden des ersten Falles des SARS-CoV-2-Virus ist die hierdurch ausgelöste Pandemie noch nicht vorüber. Weltweit löste das Virus nicht nur eine medizinische Ausnahmesituation aus, welche die Gesundheitssysteme auf eine harte Probe stellte, sondern schuf auch gesellschaftliche, politische und wirtschaftliche Krisen. Die wirtschaftlichen Auswirkungen der COVID-19-Pandemie versuchte der deutsche Gesetzgeber im Frühjahr 2020 mit großzügigen Rechtssetzungsmaßnahmen u. a. auf dem Gebiet des Insolvenzrechts, des Gesellschaftsrecht, des Mietrecht und des Steuerrechts zu begegnen. Im Mittelpunkt der „Pandemiegesetze" stand die Aussetzung der Insolvenzantragspflicht, welche nach mehreren Verlängerungen und Modifikationen Ende April 2021 auslief. Von der vielfach beschworenen „Insolvenzwelle" ist bis heute zwar wenig zu sehen, gleichwohl sind die wirtschaftlichen Folgen der Pandemie vielerorts deutlich spürbar und werden es noch lange Zeit sein. Die Fortgeltung vieler im Zuge der COVID-19-Pandemie eingeführten Vorschriften sowie die Nachwirkungen der außerkraftgetretenen Vorschriften wird die Rechtspraxis noch viele Jahre beschäftigen.

Insbesondere als Folge des dynamischen und unvorhersehbaren Pandemiegeschehens, haben die maßgeblichen Vorschriften sich seit Erscheinen der ersten Auflage zu einem regelrechten Flickenteppich entwickelt. Die zweite Auflage dieses Werks soll dem Leser als Werkzeug für die tägliche Arbeit dienen und bei Verständnis und Anwendung der zum Teil erheblich modifizierten Vorschriften behilflich sein. Das versierte Autorenteam aus Praktikern, welche die Vorschriften auch in der Praxis angewandt haben, hat auch in dieser Auflage keine Mühen bei der Überarbeitung und Neubearbeitung der praxisrelevantesten Vorschriften gescheut. Ich danke den BearbeiterInnen herzlich für den unermüdlichen Einsatz

Frankfurt am Main, Oktober 2021   *Daniel Friedemann Fritz*

V

Inhaltsübersicht

Bearbeiterverzeichnis

Bearbeiterverzeichnis

Literaturverzeichnis

Armbrüster/Preuß/Renner, Beurkundungsgesetz, Kommentar, 8. Aufl., 2019

Bachmann, Private Ordnung, Grundlagen ziviler Regelsetzung, 2006

Bamberger/Roth/Hau/Poseck, BGB, Kommentar, Bd. 1: 4. Aufl., 2019

Bärmann, WEG, Kommentar, 14. Aufl., 2018

Baumbach/Hueck, GmbHG, Kommentar, 22. Aufl., 2019

Beck'scher Online-Großkommentar Umwandlungsgesetz, hrsg. v. Henssler, Stand: 2020 (zit.: *Bearbeiter* in: BeckOGK-UmwG)

Beck'scher Online-Großkommentar Zivilrecht, Kommentierung zum BGB, hrsg. v. Gsell/Krüger/Lorenz/Reymann, Stand: 2020 (zit.: *Bearbeiter* in: BeckOGK-BGB)

Beck'scher Online-Kommentar BGB, hrsg. v. Bamberger/Roth/Hau/Poseck, 57. Ed. Stand: 1.2.2021 (zit.: *Bearbeiter* in: BeckOK-BGB)

Beck'scher Online-Kommentar GmbHG, hrsg. Ziemons/Jaeger/Pöschke, 43. Ed. Stand: 1.4.2020 (zit.: *Bearbeiter* in: BeckOK-GmbHG)

Beck'scher Online-Kommentar Grundgesetz, hrsg. v. Epping/Hillgruber, 42. Ed. Stand: 1.12.2019 (zit.: *Bearbeiter* in: BeckOK-GG)

Beck'scher Online Kommentar HGB, hrsg. v. Häublein/Hoffmann-Theinert, 28. Ed. *Stand:* 15.4.2020 (zit.: *Bearbeiter* in: BeckOK-HGB)

Beck'scher Online-Kommentar zur Insolvenzordnung, hrsg. v. Fridgen/Geiwitz/ Göpfert, Stand:15.4.2021 (zit.: *Bearbeiter* in: BeckOGK-InsO)

Beck'scher Online-Kommentar Umwandlungssteuergesetz Stand: 1.4.2021 (zit.: (zit.: *Bearbeiter* in: BeckOK-UmwStG)

Beck'scher Online-Kommentar Umweltrecht, hrsg. v. Giesberts/Reinhardt, 54. Ed. Stand: 1.4.2020 (zit.: *Bearbeiter* in: BeckOK-UmweltR)

Bernhardt/Buchholz/Deubert u.a. Rechnungslegung in der Corona-Krise, 2020

Beuthien, Genossenschaftsgesetz, Kommentar, 16. Aufl., 2018

Boos/Fischer/Schulte-Mattler, KWG, CRR-VO, Kommentar, 5. Aufl., 2016

Böttcher/Habighorst/Schulte, Umwandlungsrecht, Kommentar, 2. Aufl., 2019

Braun, InsO, Kommentar, 8. Aufl., 2020

Brox/Walker, Allgemeiner Teil des BGB, 38. Aufl., 2014 (zit.: BGB AT)

Creifelds kompakt, Rechtswörterbuch, hrsg. v. Weber, 1. Ed. 2019 (zit.: Rechtswörterbuch Kompakt)

Danner/Theobald, Energierecht, Kommentar, 103. EL 2020

Deubert/Förschle/Störk, Sonderbilanzen, Handbuch, 6. Aufl., 2021

Ebenroth/Boujong/Joost/Strohn, HGB, Kommentar, Bd. 1: 4. Aufl., 2020

Literaturverzeichnis

Eberspächer, Nichtigkeit von Hauptversammlungsbeschlüssen nach § 241 Nr. 3 AktG, 2009

Emde/Dornseifer/Dreibus, KAGB, Kommentar, 2. Aufl., 2019

Fischinger/Orth, COVID-19 und Sport, 2021

Gramlich, Mietrecht, Kommentar, 15. Aufl., 2019

Grigoleit, AktG, Kommentar, 1. Aufl., 2013

Habersack/Drinhausen, SE-Recht mit grenzüberschreitender Verschmelzung, Kommentar, 2. Aufl., 2016

Habersack/Verse, Europäisches Gesellschaftsrecht, 5. Aufl., 2019

Hamburger Kommentar zum Insolvenzrecht, hrsg. v. A. Schmidt, 7. Aufl., 2019 (zit.: *Bearbeiter* in: HambKomm-InsO)

Haritz/Menner/Bilitewski, UmwStG, Kommentar, 5. Aufl., 2019

Heidel, Aktienrecht und Kapitalmarktrecht, Kommentar, 5. Aufl., 2019

Henssler/Strohn, Gesellschaftsrecht, Kommentar, 4. Aufl., 2019 (zit.: Henssler/Strohn-*Bearbeiter*, GesR)

Hirte/Heidel, Das neue Aktienrecht, 2020

Hirte/Mülbert/Roth, AktG, Großkommentar, 5. Aufl., 2019 (zit.: Großkomm-AktG)

Hölters, AktG, Kommentar, 3. Aufl., 2017

Hüffer/Koch, Aktiengesetz, Kommentar, 14. Aufl., 2020

Hügel/Elzer, Wohnungseigentumsgesetz, Kommentar, 2. Aufl., 2018

Jauernig, BGB, Kommentar, hrsg. v. Stürner, 17. Aufl., 2018

juris Praxiskommentar BGB, Bd. 2, hrsg. v. Junker/Beckmann/Rüßmann, 9. Aufl., 2020 (zit.: *Bearbeiter* in: jurisPK-BGB)

Kölner Handbuch Handels- und Gesellschaftsrecht, hrsg. v. Rechenberg/Ludwig, 4. Aufl., 2017 (zit.: *Bearbeiter* in: Kölner Hdb. Handels-und Gesellschaftsrecht)

Kraemer/Vallender/Vogelsang
Handbuch zur Insolvenz, Stand 8/2021

Krafka, Registerrecht, Handbuch, 11. Aufl., 2019

Kübler/Prütting/Bork, InsO, Kommentar, Loseblatt, Stand 03/2021

Kußmaul, Betriebswirtschaftliche Steuerlehre, Handbuch, 8. Aufl., 2020

Laars/Both, Versicherungsaufsichtsgesetz (VAG), Kommentar, 4. Online-Aufl., 2017

Lackner/Kühl, StGB, Kommentar, 29. Aufl., 2018

Lutter/Hommelhoff/Teichmann, SE-Kommentar, 2. Aufl., 2015 (zit.: SE)

Maulbetsch/Klumpp/Rose, Umwandlungsgesetz, Kommentar, 2. Aufl., 2017

Maunz/Dürig, Grundgesetz, Kommentar, hrsg. v. Herzog/Scholz/Herdegen/Klein, 89. EL 10/2019

Michalski/Heidinger/Leible/Schmidt, GmbHG, Kommentar, Bd. 2: 3. Aufl., 2017

Mönning, Betriebsfortführung in der Insolvenz, Handbuch, 2. Aufl., 2014
(zit.: *Bearbeiter* in: Mönning, Betriebsfortführung in der Insolvenz)

Morlok, Parteiengesetz, 2. Aufl., 2013

Münchener Anwaltshandbuch GmbH-Recht, hrsg. v. Römermann, 4. Aufl., 2018
(zit.: *Bearbeiter* in: MünchAHB GmbHR)

Münchener Anwaltshandbuch Insolvenz und Sanierung, hrsg. v. Nerlich/Kreplin,
3. Aufl., 2019 (zit.: *Bearbeiter* in: MünchAHB Insolvenz und Sanierung)

Münchener Handbuch des Gesellschaftsrechts, hrsg. v. Lieder/Wilk/Ghassemi-Tabar,
Bd. 8: 5. Aufl., 2018 (zit.: *Bearbeiter* in: MünchHdb. GesR)

Münchener Kommentar zum AktG, hrsg. v. *Goette/Habersack*, Bd. 3, 7: 4. Aufl., 2018
(zit.: *Bearbeiter* in: MünchKomm-AktG)

Münchener Kommentar zum BGB, hrsg. v. Säcker/Rixecker/Oetker/Limperg,
8. Aufl., Bd. 1: 2018; Bd. 2: 2019; Bd. 3: 2019; Bd. 8: 2020; Bd. 10: 2020
(zit.: *Bearbeiter* in: MünchKomm-BGB)

Münchener Kommentar zum GmbHG, hrsg. v. Fleischer/Goette, 3. Aufl., Bd. 2:
2019; Bd. 3: 2018 (zit.: *Bearbeiter* in: MünchKomm-GmbHG)

Münchener Kommentar zur InsO, hrsg. v. Stürner/Eidenmüller/Schoppmeyer,
Bd. 1, 2: 4. Aufl., 2019 (zit.: *Bearbeiter* in: MünchKomm-InsO)

Münchener Kommentar zur ZPO, hrsg. v. Krüger/Rauscher, Bd. 1: 5. Aufl., 2016
(zit.: *Bearbeiter* in: MünchKomm-ZPO)

Musielak/Voit, ZPO, Kommentar, 16. Aufl., 2019

Nerlich/Römermann, Insolvenzordnung, Kommentar, 43. EL 5/2021

Nolte/Cremer/Kanzler, Homeoffice und das häusliche Arbeitszimmer, 2021

Neuhaus, Handbuch der Geschäftsraummiete, 6. Aufl., 2017

Palandt, Bürgerliches Gesetzbuch, Kommentar, 79. Aufl., 2020

Pöhlmann/Fandrich/Bloehs, GenG, Kommentar, 4. Aufl., 2012

Prölss/Dreher, Versicherungsaufsichtsgesetz, Kommentar, 13. Aufl., 2018

Reichert/Schimke/Dauernheim, Handbuch Vereins- und Verbandsrecht, 14. Aufl.,
2018

Römermann, COVID-19 Abmilderungsgesetze, 2020

Römermann, Leitfaden für Unternehmen in der COVID-19 Pandemie, 2020

Roth/Altmeppen, GmbHG, Kommentar, 9. Aufl., 2019

Sagasser/Bula/Brünger, Umwandlungen, Handbuch, 5. Aufl., 2017
(zit.: *Bearbeiter* in: Sagasser/Bula/Brünger, Umwandlungen)

Scheurle/Mayen, TKG, Kommentar, 3. Aufl., 2018

Schimansky/Bunte/Lwowski, Bankrechts-Handbuch, 5. Aufl., 2017
(zit.: *Bearbeiter* in: Schimansky/Bunte/Lwowski, Bankrechts-Hdb.)

Literaturverzeichnis

Schindler/Schaffner, Virtuelle Beschlussfassungen in Kapitalgesellschaften und Vereinen, 2021

Schmidt, A., COVInsAG, Kommentar, 2020

Schmidt, H., COVID-19, Rechtsfragen zur Corona-Krise, 3. Aufl., 2021 (zit.: *Bearbeiter* in: H. Schmidt, COVID-19)

Schmidt, K., Insolvenzordnung, Kommentar, 19. Aufl., 2016

Schmidt, K./Lutter, AktG, Kommentar, 3. Aufl., 2015

Schmidt-Futterer, Mietrecht, Kommentar, hrsg. v. Blank, 14. Aufl., 2019

Schmitt/Hörtnagl, UmwG, UmwStG, Kommentar, 9. Aufl., 2020

Schmittmann, Haftung von Organen in Krise und Insolvenz, 3. Aufl., 2020 (zit.: Haftung der Organe)

Scholz, GmbHG, Kommentar, 12. Aufl., 2018

Semler/Stengel/Leonard, Umwandlungsgesetz, Kommentar, 5. Aufl., 2021

Sieder/Zeitler/Dahme/Knopp, WHG, Kommentar, 53. EL 2019

Spindler/Schuster, Recht der elektronischen Medien, Kommentar, 4. Aufl., 2019

Spindler/Stilz, AktG, Kommentar, 4. Aufl., 2019

Staudinger, BGB, begr. v. Staudinger, Kommentar, Buch 1 (§§ 90–124; §§ 130–133): 2017; (§§ 164–240): 2019; Buch 2 (§§ 255–304): 2019; (§§ 488–490; 607–610): 2015; (§§ 651a–m): 2015

Stelkens/Bonk/Sachs, VwVfG, Kommentar, 9. Aufl., 2018

Stöber/Otto, Handbuch zum Vereinsrecht, 11. Aufl., 2016

Tipke/Kruse, AO/FGO, Kommentar, 159. EL 2020

Tipke/Lang, Steuerrecht, Kommentar, 23. Aufl., 2018

Uhlenbruck, InsO, Kommentar, 15. Aufl., Bd. 1: 2019; Bd. 2: 2020

Ulmer/Habersack/Löbbe, GmbHG, Großkommentar, 3. Aufl., 2019

Waza/Uhländer/Schmittmann, Insolvenzen und Steuern, Handbuch, 13. Aufl., 2021 (zit.: *Bearbeiter* in: Waza/Uhländer/Schmittmann, Insolvenzen und Steuern)

Widmann/Mayer, Umwandlungsrecht, Kommentar, 182. EL 2020 (zit.: UmwR)

Zöller, ZPO, Kommentar, 33. Aufl., 2020

Teil I
Gesetzestext

Gesetz
zur Abmilderung der Folgen der COVID-19-Pandemie im Zivil-, Insolvenz- und Strafverfahrensrecht

Vom 27. März 2020

BGBl. I S. 569 vom 27. März 2020

Der Bundestag hat das folgende Gesetz beschlossen:

Artikel 1
Gesetz zur vorübergehenden Aussetzung der Insolvenzantragspflicht und zur Begrenzung der Organhaftung bei einer durch die COVID-19-Pandemie bedingten Insolvenz (COVID-19-Insolvenzaussetzungsgesetz – COVInsAG)

§ 1 Abs. 2 angef. mWv. 1. Oktober 2020 durch Gesetz v. 25. September 2020, BGBl. I S. 2016; Abs. 3 angef. mWv. 1. Januar 2021 durch Gesetz v. 22. Dezember 2020, BGBl. I S. 3256; Abs. 3 S. 1 geänd. mWv. 1. Februar 2021 durch Gesetz v. 15. Februar 2021, BGBl. I S. 237.

§ 1
Aussetzung der Insolvenzantragspflicht

(1) [1]Die Pflicht zur Stellung eines Insolvenzantrags nach § 15a der Insolvenzordnung und nach § 42 Absatz 2 des Bürgerlichen Gesetzbuchs ist bis zum 30. September 2020 ausgesetzt. [2]Dies gilt nicht, wenn die Insolvenzreife nicht auf den Folgen der Ausbreitung des SARS-CoV-2-Virus (COVID-19-Pandemie) beruht oder wenn keine Aussichten darauf bestehen, eine bestehende Zahlungsunfähigkeit zu beseitigen. [3]War der Schuldner am 31. Dezember 2019 nicht zahlungsunfähig, wird vermutet, dass die Insolvenzreife auf den Auswirkungen der COVID-19-Pandemie beruht und Aussichten darauf bestehen, eine bestehende Zahlungsunfähigkeit zu beseitigen. [4]Ist der Schuldner eine natürliche Person, so ist § 290 Absatz 1 Nummer 4 der Insolvenzordnung mit der Maßgabe anzuwenden, dass auf die Verzögerung der Eröffnung des Insolvenzverfahrens im Zeitraum zwischen dem 1. März 2020 und dem 30. September 2020 keine Versagung der Restschuldbefreiung gestützt werden kann. [5]Die Sätze 2 und 3 gelten entsprechend.

(2) Vom 1. Oktober 2020 bis zum 31. Dezember 2020 ist allein die Pflicht zur Stellung eines Insolvenzantrags wegen Überschuldung nach Maßgabe des Absatzes 1 ausgesetzt.

(3) [1]Vom 1. Januar 2021 bis zum 30. April 2021 ist die Pflicht zur Stellung eines Insolvenzantrags nach Maßgabe des Absatzes 1 für die Geschäftsleiter solcher Schuldner ausgesetzt, die im Zeitraum vom 1. November 2020 bis 28. Februar 2021 einen Antrag auf die Gewährung finanzieller Hilfeleistungen im Rahmen staatlicher Hilfsprogramme zur Abmilderung der Folgen der COVID-19-Pandemie gestellt haben. [2]War eine Antragstellung aus rechtlichen oder tatsächlichen Gründen innerhalb des Zeitraums nicht möglich, gilt Satz 1 auch für Schuldner, die nach den Bedingungen

3

des staatlichen Hilfsprogramms in den Kreis der Antragsberechtigten fallen. ³Die Sätze 1 und 2 gelten nicht, wenn offensichtlich keine Aussicht auf Erlangung der Hilfeleistung besteht oder die erlangbare Hilfeleistung für die Beseitigung der Insolvenzreife unzureichend ist.

§ 2
Folgen der Aussetzung

(1) Soweit nach § 1 Abs. 1 die Pflicht zur Stellung eines Insolvenzantrags ausgesetzt ist,

1. gelten Zahlungen, die im ordnungsgemäßen Geschäftsgang erfolgen, insbesondere solche Zahlungen, die der Aufrechterhaltung oder Wiederaufnahme des Geschäftsbetriebes oder der Umsetzung eines Sanierungskonzepts dienen, als mit der Sorgfalt eines ordentlichen und gewissenhaften Geschäftsleiters im Sinne des § 64 Satz 2 des Gesetzes betreffend die Gesellschaften mit beschränkter Haftung, des § 92 Absatz 2 Satz 2 des Aktiengesetzes, des § 130a Absatz 1 Satz 2, auch in Verbindung mit § 177a Satz 1, des Handelsgesetzbuchs und des § 99 Satz 2 des Genossenschaftsgesetzes vereinbar;

2. gilt die bis zum 30. September 2023 erfolgende Rückgewähr enes im Aussetzungszeitraum gewährten neuen Kredits sowie die im Aussetzungszeitraum erfolgte Bestellung von Sicherheiten zur Absicherung solcher Kredite als nicht gläubigerbenachteiligend; dies gilt auch für die Rückgewähr von Gesellschafterdarlehen und Zahlungen auf Forderungen aus Rechtshandlungen, die einem solchen Darlehen wirtschaftlich entsprechen, nicht aber deren Besicherung; § 39 Absatz 1 Nummer 5 und § 44a der Insolvenzordnung finden insoweit in Insolvenzverfahren über das Vermögen des Schuldners, die bis zum 30. September 2023 beantragt wurden, keine Anwendung;

3. sind Kreditgewährungen und Besicherungen im Aussetzungszeitraum nicht als sittenwidriger Beitrag zur Insolvenzverschleppung anzusehen;

4. sind Rechtshandlungen, die dem anderen Teil eine Sicherung oder Befriedigung gewährt oder ermöglicht haben, die dieser in der Art und zu der Zeit beanspruchen konnte, in einem späteren Insolvenzverfahren nicht anfechtbar; dies gilt nicht, wenn dem anderen Teil bekannt war, dass die Sanierungs- und Finanzierungsbemühungen des Schuldners nicht zur Beseitigung einer eingetretenen Zahlungsunfähigkeit geeignet gewesen sind. Entsprechendes gilt für

   a) Leistungen an Erfüllungs statt oder erfüllungshalber;

   b) Zahlungen durch einen Dritten auf Anweisung des Schuldners;

   c) die Bestellung einer anderen als der ursprünglich vereinbarten Sicherheit, wenn diese nicht werthaltiger ist;

   d) die Verkürzung von Zahlungszielen;

5. gelten die bis zum 31. März 2022 erfolgten Zahlungen auf Forderungen aufgrund von bis zum 28. Februar 2021 gewährten Stundungen als nicht gläubigerbenach-

teiligend, sofern über das Vermögen des Schuldners ein Insolvenzverfahren bis zum Ablauf des 18. Februar 2021 noch nicht eröffnet worden ist.

(2) Absatz 1 Nummer 2 bis 5 gilt auch für Unternehmen, die keiner Antragspflicht unterliegen, sowie für Schuldner, die weder zahlungsunfähig noch überschuldet sind.

(3) Absatz 1 Nummer 2 und 3 gilt im Fall von Krediten, die von der Kreditanstalt für Wiederaufbau und ihren Finanzierungspartnern oder von anderen Institutionen im Rahmen staatlicher Hilfsprogramme anlässlich der COVID-19-Pandemie gewährt werden, auch dann, wenn der Kredit nach dem Ende des Aussetzungszeitraums gewährt oder besichert wird, und unbefristet für deren Rückgewähr.

(4) [1]Soweit nach § 1 Absatz 2 die Pflicht zur Stellung eines Insolvenzantrags ausgesetzt ist und keine Zahlungsunfähigkeit vorliegt, ist Absatz 1 anwendbar. [2]Absatz 2 findet entsprechende Anwendung. [3]Absatz 3 bleibt unberührt.

(5) Ist die Pflicht zur Stellung eines Insolvenzantrags nach § 1 Absatz 3 ausgesetzt, gelten die Absätze 1 bis 3 entsprechend, jedoch Absatz 1 Nummer 1 nur mit der Maßgabe, dass an die Stelle der darin genannten Vorschriften § 15b Absatz 1 bis 3 der Insolvenzordnung tritt.

§ 3
Eröffnungsgrund bei Gläubigerinsolvenzanträgen

Bei zwischen dem 28. März 2020 und dem 28. Juni 2020 gestellten Gläubigerinsolvenzanträgen setzt die Eröffnung des Insolvenzverfahrens voraus, dass der Eröffnungsgrund bereits am 1. März 2020 vorlag.

§ 4
Prognosezeitraum für die Überschuldungsprüfung

Abweichend von § 19 Absatz 2 Satz 1 der Insolvenzordnung ist zwischen dem 1. Januar 2021 und dem 31. Dezember 2021 anstelle des Zeitraums von zwölf Monaten ein Zeitraum von vier Monaten zugrunde zu legen, wenn die Überschuldung des Schuldners auf die COVID-19-Pandemie zurückzuführen ist. Dies wird vermutet, wenn

1. der Schuldner am 31. Dezember 2019 nicht zahlungsunfähig war,

2. der Schuldner in dem letzten, vor dem 1. Januar 2020 abgeschlossenen Geschäftsjahr ein positives Ergebnis aus der gewöhnlichen Geschäftstätigkeit erwirtschaftet hat und

3. der Umsatz aus der gewöhnlichen Geschäftstätigkeit im Kalenderjahr 2020 im Vergleich zum Vorjahr um mehr als 30 Prozent eingebrochen ist.

§ 5
Anwendung bisherigen Rechts

(1) Auf Eigenverwaltungsverfahren, die zwischen dem 1. Januar 2021 und dem 31. Dezember 2021 beantragt werden, sind, soweit in den folgenden Absätzen und § 6 nichts anderes bestimmt ist, die §§ 270 bis 285 der Insolvenzordnung in der bis zum 31. Dezember 2020 geltenden Fassung weiter anzuwenden, wenn die Zahlungsunfähigkeit oder Überschuldung des Schuldners auf die COVID-19-Pandemie zurückzuführen ist.

Gesetz zur Abmilderung der Folgen der COVID-19-Pandemie

(2) Die Insolvenzreife gilt als auf die COVID-19-Pandemie zurückführbar, wenn der Schuldner eine von einem in Insolvenzsachen erfahrenen Steuerberater, Wirtschaftsprüfer oder Rechtsanwalt oder einer Person mit vergleichbarer Qualifikation ausgestellte Bescheinigung vorlegt, aus der sich ergibt, dass

1. der Schuldner am 31. Dezember 2019 weder zahlungsunfähig noch überschuldet war,

2. der Schuldner in dem letzten vor dem 1. Januar 2020 abgeschlossenen Geschäftsjahr ein positives Ergebnis aus der gewöhnlichen Geschäftstätigkeit erwirtschaftet hat und

3. der Umsatz aus der gewöhnlichen Geschäftstätigkeit im Kalenderjahr 2020 im Vergleich zum Vorjahr um mehr als 30 Prozent eingebrochen ist.

Satz 1 gilt entsprechend, wenn die nach Satz 1 Nummer 2 und 3 zu bescheinigenden Voraussetzungen zwar nicht oder nicht vollständig vorliegen, aus der Bescheinigung jedoch hervorgeht, dass aufgrund von Besonderheiten, die im Schuldner oder in der Branche, der er angehört, begründet sind oder aufgrund sonstiger Umstände oder Verhältnisse, dennoch davon ausgegangen werden kann, dass die Insolvenzreife auf die COVID-19-Pandemie zurückzuführen ist.

(3) Die Insolvenzreife gilt auch als auf die COVID-19-Pandemie zurückführbar, wenn der Schuldner im Eröffnungsantrag darlegt, dass keine Verbindlichkeiten bestehen, die am 31. Dezember 2019 bereits fällig und zu diesem Zeitpunkt noch nicht bestritten waren. Die Erklärung zur Richtigkeit und Vollständigkeit der Angaben nach § 13 Absatz 1 Satz 7 der Insolvenzordnung muss sich auch auf die Angaben nach Satz 1 beziehen.

(4) Erlangt das Gericht Kenntnis davon, dass die Zahlungsunfähigkeit oder Überschuldung des Schuldners nicht auf die Auswirkungen der COVID-19-Pandemie zurückzuführen ist, kann es auch aus diesem Grund

1. anstelle des vorläufigen Sachwalters einen vorläufigen Insolvenzverwalter bestellen,

2. die Anordnung nach § 270b Absatz 1 der Insolvenzordnung in der bis zum 31. Dezember 2020 geltenden Fassung vor Ablauf der Frist aufheben, oder

3. die Anordnung der Eigenverwaltung aufheben.

(5) Ordnet das Gericht die vorläufige Eigenverwaltung oder Eigenverwaltung an, kann es zugleich anordnen, dass Verfügungen des Schuldners der Zustimmung durch den vorläufigen Sachwalter oder den Sachwalter bedürfen.

(6) Die Annahme von Nachteilen für die Gläubiger kann nicht allein darauf gestützt werden, dass der Schuldner keine Vorkehrungen zur Sicherstellung seiner Fähigkeit zur Erfüllung insolvenzrechtlicher Pflichten getroffen hat.

(7) Ordnet das Gericht die vorläufige Eigenverwaltung oder Eigenverwaltung an, so ist die Insolvenzrechtliche Vergütungsverordnung in der bis zum 31. Dezember 2020 geltenden Fassung anzuwenden. Dies gilt auch, wenn die vorläufige Eigenverwaltung oder Eigenverwaltung aufgehoben wird.

§ 6
Erleichterter Zugang zum Schutzschirmverfahren

Die Zahlungsunfähigkeit eines Schuldners steht der Anwendung des § 270b der Insolvenzordnung in der bis zum 31. Dezember 2020 geltenden Fassung bei einem zwischen dem 1. Januar 2021 und dem 31. Dezember 2021 gestellten Insolvenzantrag nicht entgegen, wenn in der Bescheinigung nach § 270b Absatz 1 Satz 3 der Insolvenzordnung in der bis zum 31. Dezember 2020 geltenden Fassung auch bestätigt wird, dass

1. der Schuldner am 31. Dezember 2019 nicht zahlungsunfähig war,

2. der Schuldner in dem letzten, vor dem 1. Januar 2020 abgeschlossenen Geschäftsjahr ein positives Ergebnis aus der gewöhnlichen Geschäftstätigkeit erwirtschaftet hat und

3. der Umsatz aus der gewöhnlichen Geschäftstätigkeit im Kalenderjahr 2020 im Vergleich zum Vorjahr um mehr als 30 Prozent eingebrochen ist.

Satz 1 gilt entsprechend, wenn die nach Satz 1 Nummer 2 und 3 zu bescheinigenden Voraussetzungen zwar nicht oder nicht vollständig vorliegen, aus der Bescheinigung jedoch hervorgeht, dass aufgrund von Besonderheiten, die im Schuldner oder in der Branche, der er angehört, begründet sind oder aufgrund sonstiger Umstände oder Verhältnisse, dennoch davon ausgegangen werden kann, dass die Zahlungsunfähigkeit auf die COVID-19-Pandemie zurückzuführen ist. § 5 Absatz 7 gilt entsprechend.

§ 7
Sicherstellung der Gläubigergleichbehandlung bei Stützungsmaßnahmen anlässlich der COVID-19-Pandemie

[1]Der Umstand, dass Forderungen im Zusammenhang mit staatlichen Leistungen stehen, die im Rahmen von staatlichen Programmen zur Bewältigung der COVID-19-Pandemie gewährt wurden, ist für sich allein kein geeignetes Kriterium für die Einbeziehung in den Restrukturierungsplan nach § 8 des Unternehmensstabilisierungs- und -restrukturierungsgesetzes oder die Abgrenzung der Gruppen nach § 9 des Unternehmensstabilisierungs- und -restrukturierungsgesetzes oder § 222 der Insolvenzordnung. [2]Staatliche Leistungen im Sinne von Satz 1 sind sämtliche Finanzhilfen einschließlich der Gewährung von Darlehen und die Übernahme einer Bürgschaft, einer Garantie oder eine sonstige Übernahme des Ausfallrisikos bezüglich von Forderungen Dritter, die durch öffentliche Anstalten, Körperschaften oder Rechtsträgern öffentlicher Sondervermögen sowie im Mehrheitsbesitz des Bundes, der Länder oder der Kommunen stehenden Rechtsträger gewährt werden. [3]Soweit im Rahmen einer staatlichen Leistung das Ausfallrisiko übernommen worden ist, ist die besicherte Forderung als eine Forderung anzusehen, die nach Satz 1 im Zusammenhang mit staatlichen Leistungen steht.

Gesetz zur Abmilderung der Folgen der COVID-19-Pandemie

Artikel 2
Gesetz über Maßnahmen im Gesellschafts-, Genossenschafts-, Vereins-, Stiftungs- und Wohnungseigentumsrecht zur Bekämpfung der Auswirkungen der COVID-19-Pandemie

§ 1
Aktiengesellschaften; Kommanditgesellschaften auf Aktien; Europäische Gesellschaften (SE); Versicherungsvereine auf Gegenseitigkeit

(1) Die Entscheidungen über die Teilnahme der Aktionäre an der Hauptversammlung im Wege elektronischer Kommunikation nach § 118 Absatz 1 Satz 2 des Aktiengesetzes (elektronische Teilnahme), die Stimmabgabe im Wege elektronischer Kommunikation nach § 118 Absatz 2 des Aktiengesetzes (Briefwahl), die Teilnahme von Mitgliedern des Aufsichtsrats im Wege der Bild- und Tonübertragung nach § 118 Absatz 3 Satz 2 des Aktiengesetzes und die Zulassung der Bild- und Tonübertragung nach § 118 Absatz 4 des Aktiengesetzes kann der Vorstand der Gesellschaft auch ohne Ermächtigung durch die Satzung oder eine Geschäftsordnung treffen.

(2) [1]Der Vorstand kann entscheiden, dass die Versammlung ohne physische Präsenz der Aktionäre oder ihrer Bevollmächtigten als virtuelle Hauptversammlung abgehalten wird, sofern

1. die Bild- und Tonübertragung der gesamten Versammlung erfolgt,

2. die Stimmrechtsausübung der Aktionäre über elektronische Kommunikation (Briefwahl oder elektronische Teilnahme) sowie Vollmachtserteilung möglich ist,

3. den Aktionären ein Fragerecht im Wege der elektronischen Kommunikation eingeräumt wird,

4. den Aktionären, die ihr Stimmrecht nach Nummer 2 ausgeübt haben, in Abweichung von § 245 Nummer 1 des Aktiengesetzes unter Verzicht auf das Erfordernis des Erscheinens in der Hauptversammlung eine Möglichkeit zum Widerspruch gegen einen Beschluss der Hauptversammlung eingeräumt wird.

[2]Der Vorstand entscheidet nach pflichtgemäßem, freiem Ermessen, wie er Fragen beantwortet; er kann auch vorgeben, dass Fragen bis spätestens einen Tag vor der Versammlung im Wege elektronischer Kommunikation einzureichen sind. [3]Anträge oder Wahlvorschläge von Aktionären, die nach § 126 oder § 127 des Aktiengesetzes zugänglich zu machen sind, gelten als in der Versammlung gestellt, wenn der den Antrag stellende oder den Wahlvorschlag unterbreitende Aktionär ordnungsgemäß legitimiert und zur Hauptversammlung angemeldet ist.

(3) [1]Abweichend von § 123 Absatz 1 Satz 1 und Absatz 2 Satz 5 des Aktiengesetzes kann der Vorstand entscheiden, die Hauptversammlung spätestens am 21. Tag vor dem Tag der Versammlung einzuberufen. [2]Abweichend von § 123 Absatz 4 Satz 2 des Aktiengesetzes hat sich der Nachweis des Anteilsbesitzes bei börsennotierten Gesellschaften auf den Beginn des zwölften Tages vor der Versammlung zu beziehen und muss bei Inhaberaktien der Gesellschaft an die in der Einberufung hierfür mitgeteilte Adresse bis spätestens am vierten Tag vor der Hauptversammlung zugehen, soweit der Vorstand in der Einberufung der Hauptversammlung keine kürzere Frist für den Zugang des Nachweises bei der Gesellschaft vorsieht; abweichende Satzungs-

bestimmungen sind unbeachtlich. [3]Im Fall der Einberufung mit verkürzter Frist nach Satz 1 hat die Mitteilung nach § 125 Absatz 1 Satz 1 des Aktiengesetzes spätestens zwölf Tage vor der Versammlung und die Mitteilung nach § 125 Absatz 2 des Aktiengesetzes hat an die zu Beginn des zwölften Tages vor der Hauptversammlung im Aktienregister Eingetragenen zu erfolgen. [4]Abweichend von § 122 Absatz 2 des Aktiengesetzes müssen Ergänzungsverlangen im vorgenannten Fall mindestens 14 Tage vor der Versammlung der Gesellschaft zugehen.

(4) [1]Abweichend von § 59 Absatz 1 des Aktiengesetzes kann der Vorstand auch ohne Ermächtigung durch die Satzung entscheiden, einen Abschlag auf den Bilanzgewinn nach Maßgabe des § 59 Absatz 2 des Aktiengesetzes an die Aktionäre zu zahlen. [2]Satz 1 gilt entsprechend für eine Abschlagszahlung auf die Ausgleichszahlung (§ 304 des Aktiengesetzes) an außenstehende Aktionäre im Rahmen eines Unternehmensvertrags.

(5) Der Vorstand kann entscheiden, dass die Hauptversammlung abweichend von § 175 Absatz 1 Satz 2 des Aktiengesetzes innerhalb des Geschäftsjahres stattfindet.

(6) [1]Die Entscheidungen des Vorstands nach den Absätzen 1 bis 5 bedürfen der Zustimmung des Aufsichtsrats. [2]Abweichend von § 108 Absatz 4 des Aktiengesetzes kann der Aufsichtsrat den Beschluss über die Zustimmung ungeachtet der Regelungen in der Satzung oder der Geschäftsordnung ohne physische Anwesenheit der Mitglieder schriftlich, fernmündlich oder in vergleichbarer Weise vornehmen.

(7) Die Anfechtung eines Beschlusses der Hauptversammlung kann unbeschadet der Regelung in § 243 Absatz 3 Nummer 1 des Aktiengesetzes auch nicht auf Verletzungen von § 118 Absatz 1 Satz 3 bis 5, Absatz 2 Satz 2 oder Absatz 4 des Aktiengesetzes, die Verletzung von Formerfordernissen für Mitteilungen nach § 125 des Aktiengesetzes sowie nicht auf eine Verletzung von Absatz 2 gestützt werden, es sei denn, der Gesellschaft ist Vorsatz nachzuweisen.

(8) [1]Für Unternehmen, die in der Rechtsform der Kommanditgesellschaft auf Aktien verfasst sind, gelten die vorstehenden Absätze entsprechend. [2]Für eine Europäische Gesellschaft nach der Verordnung (EG) Nr. 2157/2001 des Rates vom 8. Oktober 2001 über das Statut der Europäischen Gesellschaft (SE) (ABl. L 294 vom 10.11.2001, S. 1), die zuletzt durch die Verordnung (EU) Nr. 517/2013 (ABl. L 158 vom 10.6.2013, S. 1) geändert worden ist, gelten die Absätze 1 bis 7 mit Ausnahme des Absatzes 5 entsprechend. [3]In einer Gesellschaft nach § 20 des SE-Ausführungsgesetzes vom 22. Dezember 2004 (BGBl. I S. 3675), das zuletzt durch Artikel 9 des Gesetzes vom 12. Dezember 2019 (BGBl. I S. 2637) geändert worden ist, (Gesellschaft mit monistischem System) trifft die Entscheidungen nach den Absätzen 1 bis 4 der Verwaltungsrat; Absatz 6 findet auf eine solche Gesellschaft keine Anwendung.

(9) Die Absätze 1 und 2, Absatz 3 Satz 1 und 3 sowie die Absätze 4 bis 7 sind entsprechend auf Versicherungsvereine auf Gegenseitigkeit im Sinne des § 171 des Versicherungsaufsichtsgesetzes anzuwenden.

Gesetz zur Abmilderung der Folgen der COVID-19-Pandemie

§ 2
Gesellschaften mit beschränkter Haftung

Abweichend von § 48 Absatz 2 des Gesetzes betreffend die Gesellschaften mit beschränkter Haftung können Beschlüsse der Gesellschafter in Textform oder durch schriftliche Abgabe der Stimmen auch ohne Einverständnis sämtlicher Gesellschafter gefasst werden.

§ 3
Genossenschaften

(1) [1]Abweichend von § 43 Absatz 7 Satz 1 des Genossenschaftsgesetzes können Beschlüsse der Mitglieder auch dann schriftlich oder elektronisch gefasst werden, wenn dies in der Satzung nicht ausdrücklich zugelassen ist. [2]Der Vorstand hat in diesem Fall dafür zu sorgen, dass der Niederschrift gemäß § 47 des Genossenschaftsgesetzes ein Verzeichnis der Mitglieder, die an der Beschlussfassung mitgewirkt haben, beigefügt ist. [3]Bei jedem Mitglied, das an der Beschlussfassung mitgewirkt hat, ist die Art der Stimmabgabe zu vermerken. [4]Die Anfechtung eines Beschlusses der Generalversammlung kann unbeschadet der Regelungen in § 51 Absatz 1 und 2 des Genossenschaftsgesetzes nicht auf Verletzungen des Gesetzes oder der Mitgliederrechte gestützt werden, die auf technische Störungen im Zusammenhang mit der Beschlussfassung nach Satz 1 zurückzuführen sind, es sei denn, der Genossenschaft ist Vorsatz oder grobe Fahrlässigkeit vorzuwerfen.

(2) Abweichend von § 46 Absatz 1 Satz 1 des Genossenschaftsgesetzes kann die Einberufung im Internet auf der Internetseite der Genossenschaft oder durch unmittelbare Benachrichtigung in Textform erfolgen.

(3) Abweichend von § 48 Absatz 1 Satz 1 des Genossenschaftsgesetzes kann die Feststellung des Jahresabschlusses auch durch den Aufsichtsrat erfolgen.

(4) Der Vorstand einer Genossenschaft kann mit Zustimmung des Aufsichtsrats nach pflichtgemäßem Ermessen eine Abschlagszahlung auf eine zu erwartende Auszahlung eines Auseinandersetzungsguthabens eines ausgeschiedenen Mitgliedes oder eine an ein Mitglied zu erwartende Dividendenzahlung leisten; § 59 Absatz 2 des Aktiengesetzes gilt entsprechend.

(5) [1]Ein Mitglied des Vorstands oder des Aufsichtsrats einer Genossenschaft bleibt auch nach Ablauf seiner Amtszeit bis zur Bestellung seines Nachfolgers im Amt. [2]Die Anzahl der Mitglieder des Vorstands oder des Aufsichtsrats einer Genossenschaft darf weniger als die durch Gesetz oder Satzung bestimmte Mindestzahl betragen.

(6) Sitzungen des Vorstands oder des Aufsichtsrats einer Genossenschaft sowie gemeinsame Sitzungen des Vorstands und des Aufsichtsrats können auch ohne Grundlage in der Satzung oder in der Geschäftsordnung im Umlaufverfahren in Textform oder als Telefon- oder Videokonferenz durchgeführt werden.

§ 4
Umwandlungsrecht

Abweichend von § 17 Absatz 2 Satz 4 des Umwandlungsgesetzes genügt es für die Zulässigkeit der Eintragung, wenn die Bilanz auf einen höchstens zwölf Monate vor der Anmeldung liegenden Stichtag aufgestellt worden ist.

§ 5
Vereine, Parteien und Stiftungen

(1) Ein Vorstandsmitglied eines Vereins oder einer Stiftung bleibt auch nach Ablauf seiner Amtszeit bis zu seiner Abberufung oder bis zur Bestellung seines Nachfolgers im Amt.

(2) Abweichend von § 32 Absatz 1 Satz 1 des Bürgerlichen Gesetzbuchs kann der Vorstand auch ohne Ermächtigung in der Satzung vorsehen, dass Vereinsmitglieder

1. an der Mitgliederversammlung ohne Anwesenheit am Versammlungsort teilnehmen und Mitgliederrechte im Wege der elektronischen Kommunikation ausüben können oder müssen,

2. ohne Teilnahme an der Mitgliederversammlung ihre Stimmen vor der Durchführung der Mitgliederversammlung schriftlich abgeben können.

(2a) Abweichend von § 36 des Bürgerlichen Gesetzbuchs ist der Vorstand nicht verpflichtet, die in der Satzung vorgesehene ordentliche Mitgliederversammlung einzuberufen, solange die Mitglieder sich nicht an einem Ort versammeln dürfen und die Durchführung der Mitgliederversammlung im Wege der elektronischen Kommunikation für den Verein oder die Vereinsmitglieder nicht zumutbar ist.

(3) Abweichend von § 32 Abs. 2 des Bürgerlichen Gesetzbuchs ist ein Beschluss ohne Versammlung der Mitglieder gültig, wenn alle Mitglieder beteiligt wurden, bis zu dem vom Verein gesetzten Termin mindestens die Hälfte der Mitglieder ihre Stimmen in Textform abgegeben haben und der Beschluss mit der erforderlichen Mehrheit gefasst wurde.

(3a) Die Absätze 2 und 3 gelten auch für den Vorstand von Vereinen und Stiftungen sowie für andere Vereins- und Stiftungsorgane.

(4) Absatz 1 gilt für Vorstandsmitglieder und Vertreter in den sonstigen Organen und Gliederungen der Parteien entsprechend. Absatz 2 Nummer 1 gilt für Mitglieder- und Vertreterversammlungen der Parteien und ihrer Gliederungen sowie ihrer sonstigen Organe entsprechend. Dies gilt nicht für die Beschlussfassung über die Satzung und die Schlussabstimmung bei Wahlen nach § 9 Absatz 4 des Parteiengesetzes. Die Wahrnehmung von Mitgliedschaftsrechten kann der Vorstand auch ohne Ermächtigung in der Satzung im Wege der Briefwahl oder auch zeitlich versetzt als Urnenwahl an verschiedenen Orten zulassen. § 17 Satz 2 des Parteiengesetzes bleibt unberührt.

Gesetz zur Abmilderung der Folgen der COVID-19-Pandemie

Gesetzestext bis 28.2.2021:

§ 5
Vereine und Stiftungen

(1) Ein Vorstandsmitglied eines Vereins oder einer Stiftung bleibt auch nach Ablauf seiner Amtszeit bis zu seiner Abberufung oder bis zur Bestellung seines Nachfolgers im Amt.

(2) Abweichend von § 32 Absatz 1 Satz 1 des Bürgerlichen Gesetzbuchs kann der Vorstand auch ohne Ermächtigung in der Satzung Vereinsmitgliedern ermöglichen,

1. an der Mitgliederversammlung ohne Anwesenheit am Versammlungsort teilzunehmen und Mitgliederrechte im Wege der elektronischen Kommunikation auszuüben oder

2. ohne Teilnahme an der Mitgliederversammlung ihre Stimmen vor der Durchführung der Mitgliederversammlung schriftlich abzugeben.

(3) Abweichend von § 32 Abs. 2 des Bürgerlichen Gesetzbuchs ist ein Beschluss ohne Versammlung der Mitglieder gültig, wenn alle Mitglieder beteiligt wurden, bis zu dem vom Verein gesetzten Termin mindestens die Hälfte der Mitglieder ihre Stimmen in Textform abgegeben haben und der Beschluss mit der erforderlichen Mehrheit gefasst wurde.

(4) Absatz 1 gilt für Vorstandsmitglieder und Vertreter in den sonstigen Organen und Gliederungen der Parteien entsprechend. Absatz 2 Nummer 1 gilt für Mitglieder- und Vertreterversammlungen der Parteien und ihrer Gliederungen sowie ihrer sonstigen Organe entsprechend. Dies gilt nicht für die Beschlussfassung über die Satzung und die Schlussabstimmung bei Wahlen nach § 9 Absatz 4 des Parteiengesetzes. Die Wahrnehmung von Mitgliedschaftsrechten kann der Vorstand auch ohne Ermächtigung in der Satzung im Wege der Briefwahl oder auch zeitlich versetzt als Urnenwahl an verschiedenen Orten zulassen. § 17 Satz 2 des Parteiengesetzes bleibt unberührt.

§ 6
Wohnungseigentümergemeinschaften

(1) Der zuletzt bestellte Verwalter im Sinne des Wohnungseigentumsgesetzes bleibt bis zu seiner Abberufung oder bis zur Bestellung eines neuen Verwalters im Amt.

(2) Der zuletzt von den Wohnungseigentümern beschlossene Wirtschaftsplan gilt bis zum Beschluss eines neuen Wirtschaftsplans fort.

§ 7
Anwendungsbestimmungen

(1) § 1 ist auf Hauptversammlungen und Abschlagszahlungen auf den Bilanzgewinn anzuwenden, die im Jahr 2020 und im Jahr 2021 stattfinden.

(2) § 2 ist auf Gesellschafterversammlungen und -beschlüsse anzuwenden, die im Jahr 2020 und im Jahr 2021 stattfinden.

(3) § 3 Absatz 1 und 2 ist auf General- und Vertreterversammlungen, die im Jahr 2020 und im Jahr 2021 stattfinden, § 3 Absatz 3 ist auf Jahresabschlussfeststellungen, die im Jahr 2020 und im Jahr 2021 erfolgen, § 3 Absatz 4 ist auf Abschlagszahlungen, die im Jahr 2020 und im Jahr 2021 stattfinden, § 3 Absatz 5 ist auf im Jahr 2020 und im Jahr 2021 ablaufende Bestellungen von Vorstands- oder Aufsichtsratsmitgliedern und § 3 Absatz 6 ist auf Sitzungen des Vorstands oder des Aufsichtsrats einer Genossenschaft oder deren gemeinsame Sitzungen, die im Jahr 2020 und im Jahr 2021 stattfinden, anzuwenden.

(4) § 4 ist nur auf Anmeldungen anzuwenden, die im Jahr 2020 vorgenommen werden.

Artikel 3[*]
Änderung des Einführungsgesetzes zur Strafprozessordnung

§ 10 des Einführungsgesetzes zur Strafprozessordnung in der im Bundesgesetzblatt Teil III, Gliederungsnummer 312-1, veröffentlichten bereinigten Fassung, das zuletzt durch Artikel 2 des Gesetzes vom 20. November 2019 (BGBl. I S. 1724) geändert worden ist, wird wie folgt gefasst:

„§ 10
Hemmung der Unterbrechungsfristen wegen Infektionsschutzmaßnahmen

(1) Unabhängig von der Dauer der Hauptverhandlung ist der Lauf der in § 229 Absatz 1 und 2 der Strafprozessordnung genannten Unterbrechungsfristen gehemmt, solange die Hauptverhandlung aufgrund von Schutzmaßnahmen zur Verhinderung der Verbreitung von Infektionen mit dem SARS-CoV-2-Virus (COVID-19-Pandemie) nicht durchgeführt werden kann, längstens jedoch für zwei Monate; diese Fristen enden frühestens zehn Tage nach Ablauf der Hemmung. Beginn und Ende der Hemmung stellt das Gericht durch unanfechtbaren Beschluss fest.

(2) Absatz 1 gilt entsprechend für die in § 268 Absatz 3 Satz 2 der Strafprozessordnung genannte Frist zur Urteilsverkündung."

Artikel 4[**]
Weitere Änderung des Einführungsgesetzes
zur Strafprozessordnung zum 27. März 2021

§ 10 des Einführungsgesetzes zur Strafprozessordnung in der im Bundesgesetzblatt Teil III, Gliederungsnummer 312-1, veröffentlichten bereinigten Fassung, das zuletzt durch Artikel 3 dieses Gesetzes geändert worden ist, wird aufgehoben.

Artikel 5
Änderung des Einführungsgesetzes zum Bürgerlichen Gesetzbuche

Artikel 240 des Einführungsgesetzes zum Bürgerlichen Gesetzbuche in der Fassung der Bekanntmachung vom 21. September 1994 (BGBl. I S. 2494; 1997 I S. 1061), das zuletzt durch Artikel 2 des Gesetzes vom 19. März 2020 (BGBl. I S. 541) geändert worden ist, wird wie folgt gefasst:

---

[*]   Von der Kommentierung des Art. 3 COVAbmildG wurde in diesem Kommentar abgesehen.
[**]   Von der Kommentierung des Art. 4 COVAbmildG wurde in diesem Kommentar abgesehen.

Gesetz zur Abmilderung der Folgen der COVID-19-Pandemie

„Artikel 240
Vertragsrechtliche Regelungen aus Anlass der COVID-19-Pandemie

§ 1
Moratorium

(1) Ein Verbraucher hat das Recht, Leistungen zur Erfüllung eines Anspruchs, der im Zusammenhang mit einem Verbrauchervertrag steht, der ein Dauerschuldverhältnis ist und vor dem 8. März 2020 geschlossen wurde, bis zum 30. Juni 2020 zu verweigern, wenn dem Verbraucher infolge von Umständen, die auf die Ausbreitung der Infektionen mit dem SARS-CoV-2-Virus (COVID-19-Pandemie) zurückzuführen sind, die Erbringung der Leistung ohne Gefährdung seines angemessenen Lebensunterhalts oder des angemessenen Lebensunterhalts seiner unterhaltsberechtigten Angehörigen nicht möglich wäre. Das Leistungsverweigerungsrecht besteht in Bezug auf alle wesentlichen Dauerschuldverhältnisse. Wesentliche Dauerschuldverhältnisse sind solche, die zur Eindeckung mit Leistungen der angemessenen Daseinsvorsorge erforderlich sind.

(2) Ein Kleinstunternehmen im Sinne der Empfehlung 2003/361/EG der Kommission vom 6. Mai 2003 betreffend die Definition der Kleinstunternehmen sowie der kleinen und mittleren Unternehmen (ABl. L 124 vom 20.5.2003, S. 36) hat das Recht, Leistungen zur Erfüllung eines Anspruchs, der im Zusammenhang mit einem Vertrag steht, der ein Dauerschuldverhältnis ist und vor dem 8. März 2020 geschlossen wurde, bis zum 30. Juni 2020 zu verweigern, wenn infolge von Umständen, die auf die COVID-19-Pandemie zurückzuführen sind,

1. das Unternehmen die Leistung nicht erbringen kann oder

2. dem Unternehmen die Erbringung der Leistung ohne Gefährdung der wirtschaftlichen Grundlagen seines Erwerbsbetriebs nicht möglich wäre.

Das Leistungsverweigerungsrecht besteht in Bezug auf alle wesentlichen Dauerschuldverhältnisse. Wesentliche Dauerschuldverhältnisse sind solche, die zur Eindeckung mit Leistungen zur angemessenen Fortsetzung seines Erwerbsbetriebs erforderlich sind.

(3) Absatz 1 gilt nicht, wenn die Ausübung des Leistungsverweigerungsrechts für den Gläubiger seinerseits unzumutbar ist, da die Nichterbringung der Leistung die wirtschaftliche Grundlage seines Erwerbsbetriebs gefährden würde. Absatz 2 gilt nicht, wenn die Ausübung des Leistungsverweigerungsrechts für den Gläubiger unzumutbar ist, da die Nichterbringung der Leistung zu einer Gefährdung seines angemessenen Lebensunterhalts oder des angemessenen Lebensunterhalts seiner unterhaltsberechtigten Angehörigen oder der wirtschaftlichen Grundlagen seines Erwerbsbetriebs führen würde. Wenn das Leistungsverweigerungsrecht nach Satz 1 oder 2 ausgeschlossen ist, steht dem Schuldner das Recht zur Kündigung zu.

(4) Die Absätze 1 und 2 gelten ferner nicht im Zusammenhang

1. mit Miet- und Pachtverträgen nach § 2, mit Darlehensverträgen sowie

2. mit arbeitsrechtlichen Ansprüchen.

(5) Von den Absätzen 1 und 2 kann nicht zum Nachteil des Schuldners abgewichen werden.

Gesetz zur Abmilderung der Folgen der COVID-19-Pandemie

§ 2
Beschränkung der Kündigung von Miet- und Pachtverhältnissen

(1) Der Vermieter kann ein Mietverhältnis über Grundstücke oder über Räume nicht allein aus dem Grund kündigen, dass der Mieter im Zeitraum vom 1. April 2020 bis 30. Juni 2020 trotz Fälligkeit die Miete nicht leistet, sofern die Nichtleistung auf den Auswirkungen der COVID-19-Pandemie beruht. Der Zusammenhang zwischen COVID-19-Pandemie und Nichtleistung ist glaubhaft zu machen. Sonstige Kündigungsrechte bleiben unberührt.

(2) Von Absatz 1 kann nicht zum Nachteil des Mieters abgewichen werden.

(3) Die Absätze 1 und 2 sind auf Pachtverhältnisse entsprechend anzuwenden.

(4) Die Absätze 1 bis 3 sind nur bis zum 30. Juni 2022 anzuwenden.

§ 3
Regelungen zum Darlehensrecht

(1) Für Verbraucherdarlehensverträge, die vor dem 15. März 2020 abgeschlossen wurden, gilt, dass Ansprüche des Darlehensgebers auf Rückzahlung, Zins- oder Tilgungsleistungen, die zwischen dem 1. April 2020 und dem 30. Juni 2020 fällig werden, mit Eintritt der Fälligkeit für die Dauer von drei Monaten gestundet werden, wenn der Verbraucher aufgrund der durch Ausbreitung des COVID-19-Pandemie hervorgerufenen außergewöhnlichen Verhältnisse Einnahmeausfälle hat, die dazu führen, dass ihm die Erbringung der geschuldeten Leistung nicht zumutbar ist. Nicht zumutbar ist ihm die Erbringung der Leistung insbesondere dann, wenn sein angemessener Lebensunterhalt oder der angemessene Lebensunterhalt seiner Unterhaltsberechtigten gefährdet ist. Der Verbraucher ist berechtigt, in dem in Satz 1 genannten Zeitraum seine vertraglichen Zahlungen zu den ursprünglich vereinbarten Leistungsterminen weiter zu erbringen. Soweit er die Zahlungen vertragsgemäß weiter leistet, gilt die in Satz 1 geregelte Stundung als nicht erfolgt.

(2) Die Vertragsparteien können von Absatz 1 abweichende Vereinbarungen, insbesondere über mögliche Teilleistungen, Zins- und Tilgungsanpassungen oder Umschuldungen treffen.

(3) Kündigungen des Darlehensgebers wegen Zahlungsverzugs, wegen wesentlicher Verschlechterung der Vermögensverhältnisse des Verbrauchers oder der Werthaltigkeit einer für das Darlehen gestellten Sicherheit sind im Fall des Absatzes 1 bis zum Ablauf der Stundung ausgeschlossen. Hiervon darf nicht zu Lasten des Verbrauchers abgewichen werden.

(4) Der Darlehensgeber soll dem Verbraucher ein Gespräch über die Möglichkeit einer einverständlichen Regelung und über mögliche Unterstützungsmaßnahmen anbieten. Für dieses können auch Fernkommunikationsmittel genutzt werden.

(5) Kommt eine einverständliche Regelung für den Zeitraum nach dem 30. Juni 2020 nicht zustande, verlängert sich die Vertragslaufzeit um drei Monate. Die jeweilige Fälligkeit der vertraglichen Leistungen wird um diese Frist hinausgeschoben. Der Darlehensgeber stellt dem Verbraucher eine Abschrift des Vertrags zur Verfügung, in der die vereinbarten Vertragsänderungen oder die sich aus Satz 1 sowie aus Absatz 1 Satz 1 ergebenden Vertragsänderungen berücksichtigt sind.

(6) Die Absätze 1 bis 5 gelten nicht, wenn dem Darlehensgeber die Stundung oder der Ausschluss der Kündigung unter Berücksichtigung aller Umstände des Einzelfalls einschließlich der durch die COVID-19-Pandemie verursachten Veränderungen der allgemeinen Lebensumstände unzumutbar ist.

(7) Die Absätze 1 bis 6 gelten entsprechend für den Ausgleich und den Rückgriff unter Gesamtschuldnern nach § 426 des Bürgerlichen Gesetzbuchs.

(8) Die Bundesregierung wird ermächtigt, durch Rechtsverordnung mit Zustimmung des Bundestages und ohne Zustimmung des Bundesrates den personellen Anwendungsbereich der Absätze 1 bis 7 zu ändern und insbesondere Kleinstunternehmen im Sinne von Artikel 2 Absatz 3 des Anhangs der Empfehlung 2003/361/EG der Kommission vom 6. Mai 2003 betreffend die Definition der Kleinstunternehmen sowie der kleinen und mittleren Unternehmen in den Anwendungsbereich einzubeziehen.

§ 4
Verordnungsermächtigung

(1) Die Bundesregierung wird ermächtigt, durch Rechtsverordnung ohne Zustimmung des Bundesrates

1. die Dauer des Leistungsverweigerungsrechts nach § 1 bis längstens zum 30. September 2020 zu verlängern,

2. die in § 2 Absatz 1 und 3 enthaltene Kündigungsbeschränkung auf Zahlungsrückstände zu erstrecken, die im Zeitraum vom 1. Juli 2020 bis längstens zum 30. September 2020 entstanden sind,

3. den in § 3 Absatz 1 genannten Zeitraum bis zum 30. September 2020 und die in § 3 Absatz 5 geregelte Verlängerung der Vertragslaufzeit auf bis zu zwölf Monate zu erstrecken, wenn zu erwarten ist, dass das soziale Leben, die wirtschaftliche Tätigkeit einer Vielzahl von Unternehmen oder die Erwerbstätigkeit einer Vielzahl von Menschen durch die COVID-19-Pandemie weiterhin in erheblichem Maße beeinträchtigt bleibt.

(2) Die Bundesregierung wird ermächtigt, durch Rechtsverordnung mit Zustimmung des Bundestages und ohne Zustimmung des Bundesrates die in Absatz 1 genannten Fristen über den 30. September 2020 hinaus zu verlängern, wenn die Beeinträchtigungen auch nach Inkrafttreten der Rechtsverordnung nach Absatz 1 fortbestehen."

Artikel 6
Inkrafttreten, Außerkrafttreten

(1) Artikel 1 tritt mit Wirkung vom 1. März 2020 in Kraft.

(2) Artikel 2 tritt am Tag nach der Verkündung in Kraft und tritt mit Ablauf des 31. Dezember 2021 außer Kraft.

(3) Artikel 3 tritt am Tag nach der Verkündung in Kraft.

(4) Artikel 4 tritt am 27. März 2021 in Kraft.

(5) Artikel 5 tritt am 1. April 2020 in Kraft.

(6) Artikel 240 des Einführungsgesetzes zum Bürgerlichen Gesetzbuche tritt am 30. September 2022 außer Kraft.

Teil II

Kommentierung der zivil-, insolvenz- und
gesellschaftsrechtlichen Vorschriften
des Gesetzes zur Abmilderung der Folgen
der COVID-19-Pandemie im Zivil-,
Insolvenz- und Strafverfahrensrecht
(COVAbmildG)

Gesetz zur vorübergehenden Aussetzung der Insolvenzantragspflicht
und zur Begrenzung der Organhaftung bei einer durch die COVID-
19-Pandemie bedingten Insolvenz (COVID-19-
Insolvenzaussetzungsgesetz – COVInsAG)

geändert und ergänzt durch das

Gesetz zur Verlängerung des COVID-19-Insolvenzaussetzungsgesetzes

Gesetz zur Fortentwicklung des Sanierungs-
und Insolvenzrechts (SanInsFoG)

Gesetz zur Verlängerung der Aussetzung der
Insolvenzantragspflicht und des Anfechtungsschutzes für pandemie-
bedingte Stundungen sowie zur
Verlängerung der Steuererklärungsfrist in beratenen Fällen und der
zinsfreien Karenzzeit für den
Veranlagungszeitraum 2019

Einleitung zu Artikel 1 COVAbmildG (COVInsAG)

Literatur: *Bitter*, Corona-Krise – Aussetzung der Insolvenzantragspflicht geplant, https://blog.otto-schmidt.de/Gesellschaftsrecht (Abrufdatum: 14.5.2020); *Bornemann*, Insolvenzrechtliche Aspekte des Maßnahmepakets zur Stabilisierung der Wirtschaft, jurisPR-InsR 9/2020 Anm. 1; *Paulus/Undritz/Schulte-Kaubrügger*, Corona, das Insolvenzrecht, und was man daraus lernen sollte, ZIP 2020, 699; *Seagon*, Coronabedingtes Sonderinsolvenzrecht als Brücke zum StaRUG?, NZI-Beilage 2021, 12; *Ziegenhagen*, Auswirkungen der „Corona-Pandemie" und erste Maßnahmen der Bundesregierung, ZInsO 2020, 689.

Während die Bundesrepublik aufgrund der COVID-19-Pandemie massive Eingriffe **1** in das Leben der Menschen und das Funktionieren der Wirtschaft zu verkraften hatte, haben der Bundestag und der Bundesrat in Rekordzeit[1] auf Basis einer **Formulierungshilfe der Bundesregierung** am 25. bzw. 27.3.2020 das Gesetz zur Abmilderung der Folgen der COVID-19-Pandemie im Zivil-, Insolvenz- und Strafverfahrensrecht (COVAbmildG) beschlossen. Die Regelungen wurden binnen weniger Tage konzipiert, dabei wurde aufgrund der Dynamik der Krise auf Feinmechanik verzichtet und mit großem Kaliber gearbeitet.[2]

Die Regelungen des COVInsAG[3] sind stets im Kontext der Krise zu würdigen und **2** bilden den **Schlusspunkt eines Gesamtgefüges.** Dessen Kern und Ausgangspunkt waren zunächst die Programme zur Bereitstellung von Finanzmitteln zur Überbrückung der Liquiditätsengpässe und Deckung der Eigenkapitallücken. Zu den **staatlichen Hilfsprogrammen** zählen direkte Zuschüsse, Garantien zur Absicherung von Drittkrediten, zinsvergünstigte Darlehen, Exportkreditversicherungen, selektive Stundung von Steuern und Sozialabgaben, Steuererleichterungen, Ausweitung des Kurzarbeitergeldes und die Einrichtung eines Wirtschaftsstabilisierungsfonds.[4]

Auf der nächsten Ebene stehen die gesetzlichen **Moratorien**, vor allem zugunsten **3** von Kleinunternehmern und Verbrauchern. Sie sind Teil des in diesem Werk kommentierten COVAbmildG, hierzu sei auf die Kommentierung zu Art. 5 COVAbmildG (Art. 240 EGBGB) hingewiesen.

Dabei sollten schon diese vor allem finanzwirtschaftlichen Maßnahmen die Unter- **4** nehmen stabilisieren. Da und soweit sich aber rasch abzeichnete, dass von Bund und Ländern in Aussicht gestellte Hilfsmittel den bedürftigen Unternehmen nicht schnell genug zur Verfügung gestellt werden können[5] und auch sonst die vorerwähnten zivilrechtlichen Maßnahmen der Moratorien bzw. Stundungen allein noch nicht ausreichend waren, wurde als letzter insolvenzrechtlicher Schutz das COVInsAG

---

1) Von der Ankündigung am 16.3.2020 bis zur Lesung und Verabschiedung im Bundestag am 25.3.2020 vergingen keine zehn Tage; vgl. zur Ankündigung auch *Bitter*, Corona-Krise – Aussetzung der Insolvenzantragspflicht geplant; *Ziegenhagen*, ZInsO 2020, 689.
2) *Bornemann*, jurisPR-InsR 9/2020 Anm. 1, III. 1.
3) Art. 1 des Gesetzes zur Abmilderung der Folgen der COVID-19-Pandemie im Zivil-, Insolvenz- und Strafverfahrensrecht (COVAbmildG), BGBl. I 2020, 569.
4) Ausführlich dazu *Bornemann*, jurisPR-InsR 9/2020 Anm. 1, II.
5) *Bornemann*, jurisPR-InsR 9/2020 Anm. 1, III.

eingezogen. Auch hier erweist sich das **Insolvenzrecht als Fluchtpunkt des Wirtschafts- und Zivilrechts.**

5 **Intention des COVInsAG** ist es, durch Aussetzung der Insolvenzantragspflicht Unternehmen und gerade auch solche, die durch die Auswirkungen der COVID-19-Pandemie insolvent werden, vor einem Zusammenbruch zu bewahren.[6]

6 Dieser „Lockdown" des Insolvenzrechts hatte im Vorfeld und im laufenden Gesetzgebungsverfahren zahlreiche Stellungnahmen der Verbände und Berufsorganisationen nach sich gezogen.[7] Der von der damaligen Bundesministerin der Justiz und für Verbraucherschutz *Christine Lambrecht* sodann vorgelegte Entwurf des COVAbmildG enthielt eine Vielzahl von Erleichterungen für jene, die infolge der Pandemie ihren Zahlungsverpflichtungen nicht mehr nachkommen konnten. Nach den Vorstellungen des Justizministeriums sollte Unternehmen, die infolge der Pandemie in wirtschaftliche Schwierigkeiten geraten oder gar insolvent geworden waren, die Fortführung ihrer Geschäftstätigkeit möglich bleiben. Man kann dieses Eilgesetz[8] auch als Schlechtwetter-Insolvenzrecht verstehen.[9] Diese Kommentierung honoriert die Rekordzeit mit der dieses Gesetz verabschiedet wurde und orientiert sich stets an den Motiven der Gesetzgebung, sodass eine ggf. in der Eile der Zeit zu eng oder zu weit gefasste Norm, überwiegend teleologisch auszulegen sein wird.[10]

7 **Rückwirkend** seit dem 1.3.2020 war unter der Urfassung des COVAbmildG die Insolvenzantragspflicht vorübergehend für solche Unternehmen ausgesetzt, die durch den massiven Anstieg der Infektionen mit dem neuartigen Virus (und die Maßnahmen zu dessen Bekämpfung) wirtschaftliche Schäden erleiden.[11] Dazu enthält Art. 1 COVAbmildG das Gesetz zur vorübergehenden Aussetzung der Insolvenzantragspflichten und zur Begrenzung der Organhaftung bei einer durch die COVID-19-Pandemie bedingten Insolvenz, offiziell abgekürzt als COVInsAG. Neben dem Kern dieses Gesetzes, der **Aussetzung der Insolvenzantragspflicht** nach § 1 COVInsAG, wurden in § 2 COVInsAG u. a. **vorübergehende Haftungserleichterungen** für Geschäftsleiter für Zahlungen nach Eintritt der Insolvenzreife eingeführt und Anreize geschaffen, den betroffenen Unternehmen Liquidität zuzuführen und die Geschäftsbeziehungen zu diesen aufrechtzuerhalten. Zu diesem Zweck wurden die bislang

---

6) *Bornemann*, jurisPR-InsR 9/2020 Anm. 1, III.
7) Vgl. Stellungnahme des Gravenbrucher Kreises v. 22.3.2020, ZRI 2020, 212; Stellungnahme und Empfehlung des Deutschen Anwaltvereins 17/2020, v. 3/2020, https://anwaltverein.de/de/newsroom/sn-17-20-dav-zum-corona-massnahmenpaket-der-breg-von-maerz-2020-80170; Stellungnahme des BAKinso v. 19.3.2020, https://www.bak-inso.de/app/download/11808462998/Stellungnahme+BAKinso+Insolvenzantragspflicht+Krise.pdf?t=1585072 336; Stellungnahme des VID v. 21.3.2020, ergänzende Stellungnahme des VID v. 22.3.2020 sowie die Gemeinsame Erklärung der Verbände und Organisationen der Insolvenzverwaltung und Sanierung sowie der Insolvenzrichter und Rechtspfleger v. 23.3.2020, jeweils: https://www.vid.de/gesetzgebung/stellungnahmen; Erweiterte Stellungnahme der TMA v. 18.3.2020, https://www.tma-deutschland.org/tl_files/presse/pressemitteilungen/TMA-Pressemitteilung-Covid-19-Stellungnahme-II-2020-03-18.pdf (Abrufdatum jew. 14.5.2020).
8) *Bitter*, ZIP 2020, 685.
9) Paulus/Undritz/Schulte-Kaubrügger, ZIP 2020, 699, 701.
10) *Bitter*, ZIP 2020, 685, 687.
11) Vgl. BMJV, Die wirtschaftliche Existenz in der Corona-Krise sichern, https://www.bmjv.de/SharedDocs/Artikel/DE/2020/032320_Corona_FH.html (Abrufdatum: 14.5.2020).

bestehenden Haftungsregelungen für die Vergabe, Besicherung und Rückführung von Dritt- und Gesellschafterdarlehen und die den Geschäftsleitern obliegenden Auszahlungsverbote in der Krise gelockert und die **Anfechtung** vor allem kongruenter Deckungshandlungen in einer etwaigen Folgeinsolvenz erschwert. Schließlich wurden keine Insolvenzverfahren aufgrund von **Gläubigeranträgen** eröffnet, die in eine drei- monatigen „Atempause" fallen, sofern der Eröffnungsgrund erst nach dem 1.3.2020 vorlag (§ 3 COVInsAG).

Angesichts der im Zeitpunkt des Erlasses des COVAbmildG unvorhersehbaren **8** Entwicklung des Pandemiegeschehens, hat der Gesetzgeber seinerzeit die Möglich- keit der Verlängerung der Aussetzung der Insolvenzantragspflicht angelegt (vgl. § 4 COVInsAG a. F.). Da sich das Pandemiegeschehen im Spätsommer 2020 noch immer nicht sichtlich verringert hatte, wurde mit Gesetz vom 25.9.2020 alsdann die Insolvenzantragspflicht im Zeitraum **zwischen dem 1.10.2020 und dem 31.12.2020** lediglich noch für überschuldete, nicht aber zahlungsunfähige Schuldner ausgesetzt.[12]

Im letzten Quartal des Jahres 2020 erfasste eine zweite Infektionswelle die Bundes- **9** republik und führte weiter zu erheblichen Einschränkungen des Wirtschaftslebens, gipfelnd in einem weitreichenden „Lockdown" im November 2020. Hinzu kam, dass die Vielzahl der Anträge auf staatliche Hilfszahlungen die personell und IT- technisch unzureichend Ausgestatteten zuständigen Stellen überforderten. In der Folge wurden zahlreiche Anträge mit erheblicher Verzögerung bearbeitet, was sich freilich auch auf die Auszahlung der Hilfsleistungen auswirkte. Durch Art. 10 SanInsFoG[13] bestimmte der Gesetzgeber daher, dass die Aussetzung der Insol- venzantragspflicht mit Wirkung zum 1.1.2021 im Zeitraum **vom 1.1.2021 bis zum 31.1.2021** nicht mehr nach den jeweiligen Insolvenzantragsgründen differenziert erfolgt, sondern an die Stellung von Anträgen auf staatliche Hilfsleistungen ange- knüpft. Die Regelung beruht auf der Erwägung, dass es viele Unternehmen aufgrund der zum Teil erheblichen Verzögerungen bei der Bearbeitung der Anträge und Aus- zahlung der Hilfsmittel (Überbrückungshilfen) insolvenzantragspflichtig werden könnten.[14]

Das SanInsFoG enthielt neben der Modifikation des COVInsAG auch die lang er- **10** sehnte Umsetzung der EU-Richtlinie zum präventiven Restrukturierungsrahmen im Wege des **Stabilisierungs- und Restrukturierungsgesetzes (StaRUG)** sowie weitrei- chende **Änderungen der Insolvenzordnung**.[15] Das COVInsAG mutierte insoweit zu einer Art „coronabedingtem Sonderinsolvenzrecht",[16] welches in einer Zeit des

---

12) Gesetz zur Verlängerung des COVID-19-Insolvenzaussetzungsgesetzes v. 25.9.2020, BGBl. I, 2016.
13) Gesetz zur Fortentwicklung des Sanierungs- und Insolvenzrechts (Sanierungs- und In- solvenzrechtsfortentwicklungsgesetz – SanInsFoG) v. 22.12.2020, BGBl. I, 3256.
14) Bericht des Ausschusses für Recht und Verbraucherschutz v. 16.12.2020, BT-Drucks. 19/ 25353, S. 15.
15) RL (EU) 2019/1023 des Europäischen Parlaments und des Rates vom 20. Juni 2019 über präventive Restrukturierungsrahmen, über Entschuldung und über Tätigkeitsverbote so- wie über Maßnahmen zur Steigerung der Effizienz von Restrukturierungs-, Insolvenz- und Entschuldungsverfahren und zur Änderung der Richtlinie (EU) 2017/1132.
16) *Seagon*, NZI-Beilage 2021, 12.

Umbruches in der deutschen Sanierungs- und Restrukturierungslandschaft inmitten einer globalen Pandemie bestehende Lücken füllt und notwendige Verbindungen herstellt. Die Neufassungen der §§ 4–6 COVInsAG sollen dabei die notwendige Kohärenz der Modifikationen des Insolvenzrechts durch §§ 1–3 COVInsAG mit den jüngsten Änderungen der Insolvenzordnung herstellen.

11 Mit Gesetz vom 15.2.2021 wurde der zeitliche Anwendungsbereich der Aussetzung der Insolvenzantragspflicht bis **zum 30.4.2021** verlängert.[17)] Seit dem 1.5.2021 gilt die Insolvenzantragspflicht wieder uneingeschränkt. Die Folgen der Aussetzung und die übrigen Wirkungen des COVInsAG werden die Rechtspraxis indes noch viele Jahre beschäftigen.

---

17) Gesetz zur Verlängerung der Aussetzung der Insolvenzantragspflicht und des Anfechtungsschutzes für pandemiebedingte Stundungen sowie zur Verlängerung der Steuererklärungsfrist in beratenen Fällen und der zinsfreien Karenzzeit für den Veranlagungszeitraum 2019 v. 15.2.2021, BGBl. I, 237.

Fritz

Gesetz zur Abmilderung der Folgen der COVID-19-Pandemie im Zivil-, Insolvenz- und Strafverfahrensrecht

Vom 27. März 2020
BGBl. I S. 569 vom 27. März 2020

Artikel 1
Gesetz zur vorübergehenden Aussetzung der Insolvenzantragspflicht und zur Begrenzung der Organhaftung bei einer durch die COVID-19-Pandemie bedingten Insolvenz
(COVID-19-Insolvenzaussetzungsgesetz – COVInsAG)

§ 1 Abs. 2 angef. mWv. 1. Oktober 2020 durch Gesetz v. 25. September 2020, BGBl. I S. 2016; Abs. 3 angef. mWv. 1. Januar 2021 durch Gesetz v. 22. Dezember 2020, BGBl. I S. 3256; Abs. 3 S. 1 geänd. mWv. 1. Februar 2021 durch Gesetz v. 15. Februar 2021, BGBl. I S. 237.

§ 1
Aussetzung der Insolvenzantragspflicht

(1) [1]Die Pflicht zur Stellung eines Insolvenzantrags nach § 15a der Insolvenzordnung und nach § 42 Absatz 2 des Bürgerlichen Gesetzbuchs ist bis zum 30. September 2020 ausgesetzt. [2]Dies gilt nicht, wenn die Insolvenzreife nicht auf den Folgen der Ausbreitung des SARS-CoV-2-Virus (COVID-19-Pandemie) beruht oder wenn keine Aussichten darauf bestehen, eine bestehende Zahlungsunfähigkeit zu beseitigen. [3]War der Schuldner am 31. Dezember 2019 nicht zahlungsunfähig, wird vermutet, dass die Insolvenzreife auf den Auswirkungen der COVID-19-Pandemie beruht und Aussichten darauf bestehen, eine bestehende Zahlungsunfähigkeit zu beseitigen. [4]Ist der Schuldner eine natürliche Person, so ist § 290 Absatz 1 Nummer 4 der Insolvenzordnung mit der Maßgabe anzuwenden, dass auf die Verzögerung der Eröffnung des Insolvenzverfahrens im Zeitraum zwischen dem 1. März 2020 und dem 30. September 2020 keine Versagung der Restschuldbefreiung gestützt werden kann. [5]Die Sätze 2 und 3 gelten entsprechend.

(2) Vom 1. Oktober 2020 bis zum 31. Dezember 2020 ist allein die Pflicht zur Stellung eines Insolvenzantrags wegen Überschuldung nach Maßgabe des Absatzes 1 ausgesetzt.

(3) [1]Vom 1. Januar 2021 bis zum 30. April 2021 ist die Pflicht zur Stellung eines Insolvenzantrags nach Maßgabe des Absatzes 1 für die Geschäftsleiter solcher Schuldner ausgesetzt, die im Zeitraum vom 1. November 2020 bis zum 28. Februar 2021 einen Antrag auf die Gewährung finanzieller Hilfeleistungen im Rahmen staatlicher Hilfsprogramme zur Abmilderung der Folgen der COVID-19-Pandemie gestellt haben. [2]War eine Antragstellung aus rechtlichen oder tatsächlichen Gründen innerhalb des Zeitraums nicht möglich, gilt Satz 1 auch für Schuldner, die nach den Bedingungen des staatlichen Hilfsprogramms in den Kreis der Antragsberechtigten fallen. [3]Die Sätze 1 und 2 gelten nicht, wenn offen-

sichtlich keine Aussicht auf Erlangung der Hilfeleistung besteht oder die erlangbare Hilfeleistung für die Beseitigung der Insolvenzreife unzureichend ist.

Literatur: Beck'scher Online-Kommentar zur Insolvenzordnung, *Fridgen/Geiwitz/Göpfert*, Stand 15.4.2021; *Bitter*, Corona und die Folgen nach dem COVID-19-Insolvenzaussetzungsgesetz (COVInsAG), ZIP 2020, 685; *Bork*, Pflichten der Geschäftsführung in Krise und Sanierung, ZIP 2011, 101; *Bornemann*, Insolvenzrechtliche Aspekte des Maßnahmenpakets zur Stabilisierung der Wirtschaft, jurisPR-InsR 9/2020 Anm. 1; *Brünkmans*, Anforderungen an eine Sanierung nach dem COVInsAG, ZInsO 2020, 797; *Drukarczyk/Schüler*, Eröffnungsgründe: drohende Zahlungsunfähigkeit und Überschuldung, ZInsO 2017, 61; *Ehlers*, Der Eröffnungsgrund der drohenden Zahlungsunfähigkeit, ZInsO 2005, 169; *Fleischer*, Vertrauen von Geschäftsleitern und Aufsichtsratsmitgliedern auf Informationen Dritter, ZIP 2009, 1397; *Fritz*, Die Aussetzung der Insolvenzantragspflicht nach dem COVInsAG und ihre Folgen in der Praxis, ZRI 2020, 217; *Gehrlein*, Rechtliche Stabilisierung von Unternehmen durch Anpassung insolvenzrechtlicher Vorschriften in Zeiten der Corona-Pandemie, DB 2020, 713; *Gessner*, Insolvenzanträge des GmbH-Geschäftsführers bei drohender Zahlungsunfähigkeit entgegen dem Gesellschafterwillen?, NZI 2018, 185; *Heinrich*, Quo Vadis? – Die Insolvenzantragspflicht in Zeiten der COVID-19-Pandemie, NZI 2021, 71; *Hölzle/Schulenberg*, Das „Gesetz zur vorübergehenden Aussetzung der Insolvenzantragspflicht und zur Begrenzung der Organhaftung bei einer durch die COVID-19-Pandemie bedingten Insolvenz (COVID-19-Insolvenzaussetzungsgesetz – COVInsAG)" – Kommentar, ZIP 2020, 633; *Jahn*, Verzögerte Corona-Finanzhilfen und die Auswirkungen auf die Insolvenzantragspflicht, NZI 2021, 75; *Jarchow/Hölken*, Das Gesetz zur vorübergehenden Aussetzung der Insolvenzantragspflicht und zur Begrenzung der Organhaftung bei einer durch die COVID-19-Pandemie bedingten Insolvenz sowie weitere Maßnahmen des Gesetzgebers und der Bundesregierung zur Abmilderung der Folgen der COVID-19-Pandemie, ZInsO 2020, 730; *Jungmann*, Die Business Judgment Rule im Gesellschaftsinsolvenzrecht – Wider eine Haftungsprivilegierung im Regelinsolvenzverfahren und in der Eigenverwaltung, NZI 2009, 80; *Korch*, Sanierungsverantwortung von Geschäftsleitern, ZGR 2019, 1050; *Leinekugel/Skauradszun*, Geschäftsführerhaftung bei eigenmächtig gestelltem Insolvenzantrag wegen bloß drohender Zahlungsunfähigkeit, GmbHR 2011, 1121; *Nerlich/Römermann*, Insolvenzordnung, Stand: 42. EL Februar 2021; *Paulus/Undritz/Schulte-Kaubrügger*, Corona, das Insolvenzrecht, und was man daraus lernen sollte, ZIP 2020, 699; *Poertzgen*, Der Zweck heiligt die Mittel – Ein Zwischenruf zum COVInsAG, ZInsO 2020, 825; *Rath*, Das COVID-19-Insolvenz-Aussetzungsgesetz – wichtige Erleichterungen in der coronabedingten Krise, aber kein Allheilmittel, BB Heft 17/2020, S. I; *Römermann*, Die Aussetzung der Insolvenzantragspflicht im COVInsAG und ihre Folgen, NJW 2020, 1108; *Schluck-Amend*, Änderungen im Insolvenzrecht durch das COVID-19-Insolvenzaussetzungsgesetz, NZI 2020, 289; *Schülke*, Corona-Virus – Aussetzung der Insolvenzantragspflicht, Absicherung von Kreditgebern, DStR-Beih. 14/2020, S. 3; *Theiselmann*, Insolvenz- und gesellschaftsrechtliche Aspekte der GF-Haftung in der Unternehmenskrise, GmbH-StB 2020, 122.

Übersicht

I. Rechtslage vor dem COVInsAG und Intention des Gesetzgebers

Um die Folgen der in § 1 COVInsAG geregelten Aussetzung der Insolvenzantrags- **1** pflicht zu verstehen, ist zunächst zu rekapitulieren, welche Konsequenzen vor Inkrafttreten des COVInsAG an den **Eintritt einer materiellen Insolvenz** i. S. der InsO, also an Zahlungsunfähigkeit und Überschuldung geknüpft wurden: Im Falle der Zahlungsunfähigkeit (§ 17 InsO) oder Überschuldung (§ 19 InsO) einer juristischen Person (insbesondere AG, GmbH, SE, SCE, eG und KGaA) haben die Mitglieder des Verwaltungsorgans (z. B. Vorstand, GmbH-Geschäftsführer) unverzüglich, spätestens jedoch drei Wochen nach Eintritt des Insolvenzgrundes, einen Insolvenzantrag zu stellen (§ 15a Abs. 1 Satz 1 InsO).[1] Gleiches gilt für die organschaftlichen Vertreter von Personengesellschaften (insbesondere GbR, OHG, KG), für deren Verbindlichkeiten keine natürliche Person als persönlich haftender Gesellschafter – unmittelbar oder mittelbar – unbeschränkt haftet, z. B. für die GmbH & Co. KG (§ 15a Abs. 1 Satz 2 InsO).

Eine **Verletzung dieser Antragspflicht** ist im Regelfall strafbar (§ 15a Abs. 4 – 6 InsO) **2** und zieht obendrein eine persönliche Haftung des Antragspflichtigen nach sich (§ 823 Abs. 2 BGB i. V. m. § 15a InsO). Hinzu treten bereits bei Insolvenzreife einsetzende erhebliche persönliche Ersatzpflichten (z. B. gemäß § 64 Satz 1 GmbHG a. F. bzw. § 15b InsO). Teilnehmern an einer Insolvenzverschleppung (z. B. Sanierungsberatern, Wirtschaftsprüfern, Steuerberatern oder Rechtsanwälten) droht ebenfalls die Haftung (§§ 830 Abs. 2, 823 Abs. 2 BGB i. V. m. § 15a InsO). Ob sich das **Haftungsrisiko** verwirklicht, hängt oftmals von – in der jetzigen Situation besonders schwierigen – Prognose- und Planungsfragen ab. Insbesondere bei der Prüfung, ob die Fortführung des Unternehmens (noch) überwiegend wahrscheinlich ist (vgl. § 19 Abs. 2 Satz 1 Halbs. 2 InsO) lassen sich in Folge der Pandemie nur schwer belastbare Aussagen treffen. Auf den Schutz einer D&O-Versicherung ist in solchen Fällen auch nicht immer Verlass.[2] Darüber hinaus wären jedenfalls nach bisherigem Recht auch die Gläubiger berechtigt, einen Insolvenzantrag zu stellen (§ 14 InsO).

In der **Unternehmenskrise** gestaltet sich die Zuführung neuer liquider Mittel oft **3** schwierig: Banken sollten bislang Neukredite nur gewähren, wenn die für einen Über-

---

1) Zu Vereinen, Stiftungen und insolvenzfähigen Personen öffentlichen Rechts vgl. die entsprechenden Regelungen in § 42 Abs. 2, §§ 86 und 89 BGB.
2) Vgl. OLG Düsseldorf, Urt. v. 20.7.2018 – I-4 U 93/16, NZG 2018, 1310.

brückungskredit (nur zeitlich befristete Kreditvergabe zwecks Prüfung der Sanierungsfähigkeit)[3] bzw. einen **Sanierungskredit** (insbesondere Kreditvergabe nur auf Grundlage eines Sanierungskonzepts)[4] bestehenden Voraussetzungen vorliegen, anderenfalls droht auch ihnen Haftung (z. B. gemäß § 826 BGB) sowie die Kondiktion bzw. Anfechtung gestellter Sicherheiten oder die Anfechtung der Darlehensrückzahlung.[5] Auch insoweit spielen Prognose- und Planungsfragen eine wesentliche Rolle. Gesellschafterdarlehen sind – krisenunabhängig – grundsätzlich nachrangig (§ 39 Abs. 1 Nr. 5 InsO), ihre Besicherung oder Rückführung erleichtert anfechtbar (§ 135 InsO). Wirtschaftlich werden sie damit Eigenkapital weitgehend gleichgestellt.

4   Auch **Geschäftspartner des Krisenunternehmens** stehen vor Herausforderungen: Um nicht im Falle einer Insolvenz auszufallen, sind ungesicherte Vorleistungen zu vermeiden. Lieferanten stellen oft auf Vorkasse um. Indes: Im Insolvenzfall besteht dennoch die Gefahr, die bereits erhaltenen Leistungen infolge einer Insolvenzanfechtung zurückgewähren zu müssen (§ 143 Abs. 1 InsO). Die wiederauflebende Forderung (§ 144 Abs. 1 InsO) ist in der Regel Insolvenzforderung (§ 38 InsO) und wirtschaftlich weitgehend wertlos.

5   Um den aufgrund der COVID-19-Pandemie in Bedrängnis geratenen Unternehmen zu helfen, haben der Bund und die Länder beträchtliche Mittel bereitgestellt.[6] Die Verfahren zum Abruf dieser Mittel mussten sich jedoch erst einspielen und griffen und greifen nicht immer. Überdies ist mit zahlreicher Inanspruchnahme und damit einhergehenden Verfahrensverzögerungen zu rechnen. Angesichts der starren dreiwöchigen **Antragshöchstfrist** (§ 15a Abs. 1 Satz 2 InsO) steht daher zu befürchten, dass die staatliche Hilfe zu spät kommt und zahlreiche Unternehmen einen Insolvenzantrag stellen müssen.

6   **Ziel des COVInsAG** ist es, die Fortführung von Unternehmen zu ermöglichen und zu erleichtern, die infolge der COVID-19-Pandemie insolvent geworden sind oder wirtschaftliche Schwierigkeiten haben.[7] Darüber hinaus erkennt der Gesetzgeber, dass es schwierig ist, verlässliche **Prognosen und Planungen** zu erstellen, was – aufgrund der damit verbundenen Haftungs- und Anfechtungsrisiken – die Bereitschaft, Kredite zu gewähren, zusätzlich hemmt.[8] Den betroffenen Unternehmen und ihren organschaftlichen Vertretern soll Zeit gegeben werden, die notwendigen Vorkehrungen zur Beseitigung der Insolvenzreife zu treffen, insbesondere staatliche Hilfen in

---

3)   Vgl. z. B. *Bornheimer/Westkamp* in: MünchAHB Insolvenz und Sanierung, § 29 Rz. 41 ff.

4)   Vgl. z. B. *Bornheimer/Westkamp* in: MünchAHB Insolvenz und Sanierung, § 29 Rz. 27 ff.

5)   Vgl. für den Sanierungskredit z. B. *Bornheimer/Westkamp* in: MünchAHB Insolvenz und Sanierung, § 29 Rz. 37 ff., sowie *Häuser* in: Schimansky/Bunte/Lwowski, Bankrechts-Hdb., § 85 Rz. 87 ff., 109 ff.

6)   Sog. Corona-Schutzschild; dazu BMF, https://www.bundesfinanzministerium.de/Web/DE/Themen/Schlaglichter/Corona/corona.html; vgl. NZZ, Deutschland bringt die wirtschaftspolitische Bazooka gegen Corona in Stellung, v. 13.3.2020, https://www.nzz.ch/wirtschaft/corona-deutschland-faehrt-wirtschaftspolitische-bazooka-auf-ld.1546295 (Abrufdatum jew. 18.5.2020); im Detail *Bornemann*, jurisPR-InsR 9/2020 Anm. 1, II., aber auch *Jarchow/Hölken*, ZInsO 2020, 730.

7)   Begr. Entwurf COVAbmildG, BT-Drucks. 19/18110, S. 3, 17; *Bornemann*, jurisPR-InsR 9/2020 Anm. 1, III.

8)   Begr. Entwurf COVAbmildG, BT-Drucks. 19/18110, S. 17.

Anspruch zu nehmen oder Finanzierungs- oder Sanierungsarrangements mit Gläubigern und Kapitalgebern zu treffen.[9]

Durch eine **Einschränkung von Haftungs- und Anfechtungsrisiken** sollen die Voraussetzungen geschaffen werden, dass den Unternehmen Sanierungskredite gewährt werden können und die Geschäftsverbindungen zu ihnen nicht abgebrochen werden.[10] Dabei sollen auch die Geschäftsleiter, die nur schwer oder gar nicht mehr belastbare Prognoseentscheidungen treffen können, sie aber zu treffen haben, geschützt werden.[11] Der Gesetzgeber verfolgt dieses Ziel durch eine Aussetzung der Insolvenzantragspflicht gemäß § 15a InsO und § 42 Abs. 2 BGB (§ 1 COVInsAG), an die weitere – haftungs- und anfechtungsrechtliche – Privilegien anknüpfen (§ 2 COVInsAG), die aber teilweise auch unabhängig von den Voraussetzungen für die Aussetzung der Antragspflicht gelten (vgl. § 2 Abs. 2 COVInsAG). Die Aussetzung nach § 1 COVInsAG ist gleichwohl **Kern- und Angelpunkt des COVInsAG**, denn sie bildet auch den **Anknüpfungspunkt** der weiteren anfechtungs- und haftungsrechtlichen Folgen des § 2 COVInsAG, aber auch dessen § 3.

II. Entwicklung der Vorschrift

In der Urfassung des COVInsAG bestand § 1 COVInsAG lediglich aus dem heutigen Absatz 1. Der zeitliche Rahmen der Aussetzung der Insolvenzantragspflicht reichte demnach lediglich **bis zum 30.9.2020.**

Angesichts der im Zeitpunkt des Erlasses des COVAbmildG unvorhersehbaren Entwicklung des Pandemiegeschehens, hat der Gesetzgeber seinerzeit die Möglichkeit der Verlängerung der Aussetzung der Insolvenzantragspflicht mittels einer durch das BMJV zu erlassenden Verordnung angelegt, vgl. § 4 COVInsAG a. F. Vor dem Hintergrund dessen, dass die Voraussetzungen und die Reichweite der Verordnungsermächtigung durchaus kritisch gesehen wurde[12] und ferner, weil die Verlängerung der Aussetzung der Insolvenzantragspflicht lediglich für überschuldete, nicht aber zur zahlungsunfähige Schuldner gelten sollte, entschied man sich dazu, die Verlängerung im Gesetzeswege vorzunehmen.[13] Mit Gesetz vom 25.9.2020 wurde mithin § 1 Abs. 2 COVInsAG angefügt, wonach die Insolvenzantragspflicht **zwischen dem 1.10.2020 und dem 31.12.2020** nach Maßgabe des Absatz 1 lediglich noch für überschuldete, nicht aber zahlungsunfähige Schuldner ausgesetzt blieb.[14]

Durch Art. 10 SanInsFoG[15] wurde schließlich mit Wirkung zum 1.1.2021 der § 1 Abs. 3 COVInsAG angefügt. Hierbei wird bei der Frage nach der Aussetzung der Insolvenzantragspflicht für den Zeitraum **vom 1.1.2021 bis zum 31.1.2021** nicht

7

8

9

10

---

9) Begr. Entwurf COVAbmildG, BT-Drucks. 19/18110, S. 17.
10) Begr. Entwurf COVAbmildG, BT-Drucks. 19/18110, S. 17.
11) *Bornemann*, jurisPR-InsR 9/2020 Anm. 1, III. 1.; kurz, knapp und instruktiv zu den Risiken: *Theiselmann*, GmbH-StB 2020, 112 f.
12) Vgl. *Fritz/Scholtis*, 1. Aufl. 1, § 4 Rz. 5 ff.
13) *Römermann*, in: Nerlich/Römermann, COVInsAG, § 1 Rz. 63 ff.
14) Gesetz zur Verlängerung des COVID-19-Insolvenzaussetzungsgesetzes v. 25.9.2020, BGBl. I., 2016.
15) Gesetz zur Fortentwicklung des Sanierungs- und Insolvenzrechts (Sanierungs- und Insolvenzrechtsfortentwicklungsgesetz – SanInsFoG) v. 22.12.2020, BGBl. I, 3256.

Fritz

mehr nach den jeweiligen Insolvenzantragsgründen differenziert, sondern an die Stellung von Anträgen auf staatliche Hilfsleistungen angeknüpft. Die Regelung beruht auf der Erwägung, dass es viele Unternehmen aufgrund der zum Teil erheblichen Verzögerungen bei der Bearbeitung der Anträge und Auszahlung der Hilfsmittel (Überbrückungshilfen) insolvenzantragspflichtig werden könnten.[16]

11   Mit Gesetz vom 15.2.2021 wurde alsdann der zeitliche Anwendungsbereich des neu eingefügten Absatz 3 bis **zum 30.4.2021** verlängert.[17]

III. Aussetzung der Insolvenzantragspflicht bis zum 30.9.2020 (Abs. 1)

1. Persönlicher, zeitlicher und sachlicher Anwendungsbereich

12   Die Aussetzung der Insolvenzantragspflicht gemäß § 15a InsO und nach § 42 Abs. 2 BGB gilt **uneingeschränkt** für alle von diesen Normen erfassten Schuldner[18] und die für diese antragspflichtigen Personen (in der Regel die Mitglieder des Vertretungsorgans bzw. die organschaftlichen Vertreter der zur Vertretung der Gesellschaft ermächtigten Gesellschafter).[19]

13   Im Rahmen des Absatz 1 wird die Antragspflicht **rückwirkend** ab dem 1.3.2020 ausgesetzt (Art. 6 Abs. 1 COVAbmildG). Die Aussetzung währt solange ihre Voraussetzungen im Einzelfall gegeben sind bis zum 30.9.2020 (§ 1 Abs. 1 Satz 1 COVInsAG). Ist bereits vor Inkrafttreten des COVInsAG ein Insolvenzantrag gestellt worden, greift die Aussetzung nicht rückwirkend.[20]

14   Daraus folgt: Liegen im konkreten Fall die Voraussetzungen für eine Aussetzung der Antragspflicht vor oder lässt sich die entsprechende Vermutung nicht widerlegen (siehe dazu unten Rz. 30 ff.), kann bei einer ab dem 1.3.2020 eintretenden Zahlungsunfähigkeit oder Überschuldung keine Insolvenz mehr verschleppt werden (siehe Rz. 15). Insolvenzanträge, die vom Schuldner wegen einer ab dem 1.3.2020 eingetretenen Zahlungsunfähigkeit (§ 17 InsO) oder Überschuldung bereits vor Inkrafttreten

---

16) Bericht des Ausschusses für Recht und Verbraucherschutz v. 16.12.2020, BT-Drucks. 19/25353, S. 15.

17) Gesetz zur Verlängerung der Aussetzung der Insolvenzantragspflicht und des Anfechtungsschutzes für pandemiebedingte Stundungen sowie zur Verlängerung der Steuererklärungsfrist in beratenen Fällen und der zinsfreien Karenzzeit für den Veranlagungszeitraum 2019 v. 15.2.2021, BGBl. I, 237.

18) Dies sind gemäß § 15a Abs. 1 Satz 1 InsO: AG, GmbH, eG, KGaA, SE, SCE, entsprechende Vorgesellschaften (**str.**, vgl. K. Schmidt-*K. Schmidt/Herchen*, InsO, § 15a Rz. 9), ausländische Körperschaften sowie gemäß § 15a Abs. 1 Satz 2 InsO rechtsfähige Personengesellschaften (OHG, KG, PartG, GbR), bei denen keine natürliche Person persönlich haftet. Im Falle von § 42 Abs. 2 BGB sind dies rechtsfähige und (in entsprechender Anwendung – vgl. K. Schmidt-*K. Schmidt/Herchen*, InsO, § 15a Rz. 8) nichtrechtsfähige Vereine, Stiftungen (i. V. m. § 86 BGB) sowie insolvenzfähige Personen öffentlichen Rechts (i. V. m. § 89 BGB) und – wegen des Verweises in § 11 Satz 2 EWIVAG – nach den Vorstellungen des Gesetzgebers auch die EWIV (vgl. Begr. Entwurf COVAbmildG, BT-Drucks. 19/18110, S. 22). Letzteres ist allerdings nicht zweifelsfrei, da die Antragspflicht der Geschäftsführer der EWIV unmittelbar aus § 11 Satz 2 EWIVAG und nicht aus § 15a Abs. 1 Satz 2 InsO folgen dürfte (vgl. K. Schmidt-*K. Schmidt/Herchen*, InsO, § 15a Rz. 12).

19) Zum erfassten Personenkreis s. z. B. *Klöhn* in: MünchKomm-InsO, § 15a Rz. 64 ff.

20) FG Hessen, Beschl. v. 8.6.2020 – 12 V 643/20, NZI 2020, 862 (m. Anm. *Wilke*).

des COVInsAG als Pflichtanträge gestellt wurden, können bis zur Verfahrenseröffnung oder einer rechtskräftigen Antragsabweisung (§ 13 Abs. 2 InsO) nach den
allgemeinen Regeln[21] haftungsfrei zurückgenommen werden, wenn die Antragspflicht im konkreten Fall ausgesetzt ist. Denn mit (rückwirkendem) Wegfall der
Antragspflicht werden diese vormals pflichtigen Insolvenzanträge zu freiwilligen. Richtigerweise wird man sogar annehmen müssen, dass die antragstellenden Geschäftsleiter den Antrag zurückzunehmen haben, wenn sich die gesellschaftsrechtlichen
Voraussetzungen für einen freiwilligen Antrag (bei der GmbH z. B. grundsätzlich
ein Gesellschafterbeschluss)[22] nicht kurzfristig herbeiführen lassen.[23] In der Praxis ist
zu einer solchen Vorgehensweise jedenfalls zu raten.

Gleiches gilt im Falle einer Aussetzung der Insolvenzantragspflicht bei Anträgen   **15**
des Schuldners, die bis einschließlich 29.2.2020 gestellt wurden. **Verschleppungsfälle**,
bei denen pandemiebedingt ein Insolvenzantrag vor dem 1.3.2020 hätte gestellt werden
müssen, die Antragspflicht jedoch ab diesem Tag ausgesetzt ist (praktisch wird dies
der Ausnahmefall sein), werden teilweise – mit Rückwirkung auf den Aussetzungs-
zeitpunkt – geheilt.[24]

> **Beispiel:** Wurde ein Unternehmen aufgrund pandemiebedingten Wegfalls des China-
> Geschäfts bereits Anfang Februar 2020 insolvent, ohne dass rechtzeitig ein Insolvenzan-
> trag gestellt wurde, liegen jedoch ab dem 1.3.2020 die Voraussetzungen für eine Aus-
> setzung der Antragspflicht vor, entfällt ab dem 1.3.2020 eine Insolvenzverschleppung.

Eine vollständige **Heilung der Verschleppung mit Rückwirkung** über den 1.3.2020   **16**
hinaus, scheidet jedoch angesichts des eindeutigen Gesetzeswortlauts aus. Eine Haftung gemäß § 64 Satz 1 GmbHG a. F.[25] bleibt also für Zahlungen bis zur Aussetzung der Antragspflicht bestehen.[26] Erst ab dem 1.3.2020 werden weitere Zahlungen
privilegiert (§ 2 Abs. 1 Nr. 1 COVInsAG).

In der Praxis dürften in solchen Fällen die Organe der Schuldner geneigt sein, den   **17**
Eintritt der Insolvenzreife auf die Zeit ab dem 1.3.2020 zu „schieben", um einer
bereits eingetretenen Verschleppungshaftung zu entgehen. In zweifelhaften Fällen ist
eine kritische Prüfung also durchaus angebracht. Auch ein Gläubigerantrag (§ 14
InsO) kann in solchen Fällen dann ggf. zur Eröffnung führen (vgl. § 3 COVInsAG).

Sachlich handelt § 1 Abs. 1 COVInsAG von der Aussetzung der Antrags*pflicht*. Ein   **18**
Antrags*recht* des Schuldners – sei es wegen Zahlungsunfähigkeit (§ 17 InsO), dro-

---

21) Vgl. dazu z. B. Uhlenbruck-*Wegener*, InsO, § 13 Rz. 159 ff.; Uhlenbruck-*Hirte*, InsO,
     § 15 Rz. 6.
22) Vgl. dazu K. Schmidt-*K. Schmidt*, InsO, § 18 Rz. 31.
23) Vgl. zum erforderlichen Konsens der Gesellschafter bei einem fakultativen Antrag wegen
     drohender Zahlungsunfähigkeit (§ 18 InsO) OLG München, Urt. v. 21.3.2013 – 23 U
     3344/12, ZIP 2013, 1121.
24) So auch *Gehrlein*, DB 2020, 713, 716.
25) **Art. 103m EGInsO:** *¹Auf Insolvenzverfahren, die vor dem 1.1.2021 beantragt worden sind,
     sind die bis dahin geltenden Vorschriften weiter anzuwenden. ²§ 15b InsO ist erstmals auf
     Zahlungen anzuwenden, die nach dem 31.12.2020 vorgenommen worden sind. ³Auf Zahlun-
     gen, die vor dem 1.1.2021 vorgenommen worden sind, sind die bis zum 31.12.2020 geltenden
     gesetzlichen Vorschriften weiterhin anzuwenden.*
26) Vgl. auch den Eingangswortlaut von § 2 Abs. 1 COVInsAG: „**Soweit** nach § 1 die Pflicht
     zur Stellung eines Insolvenzantrags ausgesetzt ist, […]" (Hervorh. durch d. Verfasser).

hender Zahlungsunfähigkeit (§ 18 InsO) oder Überschuldung (§ 19 InsO) – bleibt unberührt. Im Innenverhältnis sind dabei die gesellschaftsrechtlichen Vorgaben[27] einzuhalten (siehe dazu Rz. 51).

2. Gesetzestechnik (Grundsatz – Ausnahme – Vermutung)

19   In der Vergangenheit waren temporäre Aussetzungen der Insolvenzantragspflicht an den Nachweis geknüpft, dass das jeweilige Katastrophenereignis für den Eintritt der Insolvenz kausal war und dass begründete Aussichten auf eine Beseitigung der Insolvenz im Zuge von Sanierungsbemühungen, Verhandlungen und Hilfsprogrammen bestanden.[28] Aufgrund der Dynamik der weltumfassenden Pandemie hat sich indes der Gesetzgeber bewusst von dieser Systematik abgewandt. Denn er folgerte zu Recht, dass sich der Nachweis der Kausalität der Pandemie sowie verlässliche Prognosen für den Fortbestand des Unternehmens im Einzelfall nur schwer erbringen ließen.[29] Damit rechtfertigte er diese **Umkehr von Ausnahme und Grundsatz**, d. h. das Grundkonzept des COVInsAG, wonach nicht im Grundsatz die Antragspflicht fortbesteht und diese ausnahmsweise ausgesetzt wird, sondern umgekehrt vorzugehen ist.

20   Gesetzestechnisch wird die Aussetzung der Antragspflicht daher mittels Formulierung eines Grundsatzes, einer Ausnahme sowie einer Vermutung umgesetzt:

–   Die Pflicht zur Stellung eines Insolvenzantrags nach § 15a Abs. 1 InsO sowie nach § 42 Abs. 2 BGB wird gemäß § 1 Abs. 1 Satz 1 COVInsAG ausgesetzt – **Grundsatz.**

–   Die Aussetzung greift gemäß § 1 Abs. 1 Satz 2 COVInsAG nicht ein, wenn die Insolvenzreife nicht auf den Folgen der COVID-19-Pandemie beruht oder wenn keine Aussichten darauf bestehen, eine bestehende Zahlungsunfähigkeit zu beseitigen – **Ausnahme.**

–   Dabei wird vermutet, dass die Insolvenzreife auf den Auswirkungen der COVID-19-Pandemie beruht und Aussichten darauf bestehen, eine bestehende Zahlungsunfähigkeit zu beseitigen (die Ausnahme zum Grundsatz also nicht eingreift), wenn der Schuldner am 31.12.2019 nicht zahlungsunfähig (§ 17 InsO) war (§ 1 Abs. 1 Satz 3 COVInsAG) – **Vermutung.**

3. Aussetzung der Antragspflicht (§ 1 Abs. 1 Satz 1 und 2 COVInsAG)

21   Gemäß § 1 Abs. 1 Satz 1 COVInsAG „ist" die Pflicht zur Stellung eines Insolvenzantrags nach § 15a InsO und nach § 42 Abs. 2 BGB also grundsätzlich ausgesetzt.[30] Nur ausnahmsweise gilt dies nicht, wenn einer der beiden in § 1 Satz 2 COVInsAG genannten Fälle vorliegt. Damit fungieren die **Kausalität der Pandemie** und die Aussicht auf Beseitigung einer bereits eigetretenen Zahlungsunfähigkeit als **mittelbare Voraussetzungen.**[31]

---

27) Vgl. dazu z. B. K. Schmidt-*K. Schmidt*, InsO, § 18 Rz. 31.
28) Vgl. zu den „Hochwassergesetzen" etwa *Jarchow/Hölken*, ZInsO 2020, 730.
29) *Bornemann*, jurisPR-InsR 9/2020 Anm. 1, III. 1.
30) *Bornemann*, jurisPR-InsR 9/2020 Anm. 1, III. 3.
31) *Bornemann*, jurisPR-InsR 9/2020 Anm. 1, III. 3.

Die Antragspflicht besteht also fort, wenn die Insolvenzreife nicht auf den Folgen der **22**
COVID-19-Pandemie beruht (§ 1 Satz 2 Alt. 1 COVInsAG). Weder der Gesetzeswortlaut noch die Gesetzesmaterialien zum COVInsAG führen jedoch näher aus,
was unter **„beruht"** zu verstehen ist. Welche Folgen hätte es mithin, wenn auch andere
Ursachen erst im Zusammenwirken mit den Folgen der Pandemie die Insolvenz
auslösten? In Übereinstimmung mit der Intention des Gesetzgebers, die Fortführung von Unternehmen zu ermöglichen und zu erleichtern, ist daher eine weite Auslegung geboten: Es muss schon **jede Mitursächlichkeit** (i. S. der Äquivalenztheorie)[32]
der Folgen der COVID-19-Pandemie genügen, um anzunehmen, dass die Zahlungsunfähigkeit oder die Überschuldung auf der Pandemie „beruht",[33] denn der Gesetzgeber war sich den Schwierigkeiten, dies zweifelsfrei festzustellen, bewusst und dies
sollte nicht zulasten der Geschäftsleiter gehen.[34] Unschädlich ist es auch, wenn der
Schuldner schon vorher in einer Krise war, die Pandemiefolgen jedoch erst die
Insolvenz herbeigeführt haben.[35] Es reicht aus, dass die **Pandemie mitursächlich**
oder **mittelbar ursächlich** war und ebenfalls können hypothetische Kausalverläufe
außer Acht bleiben.[36] Nur in Fällen, in denen der Schuldner ohnehin schon insolvent
war oder später zweifelsfrei unabhängig von der Pandemie insolvent geworden wäre,[37]
ist ein „Beruhen" zu verneinen und die Antragspflicht besteht fort.

---

32) *Schluck-Amend*, NZI 2020, 289; vgl. dazu z. B. Palandt-*Grüneberg*, BGB, Vor § 249 Rz. 25.

33) Dementsprechend führte noch die Formulierungshilfe der BReg zum CorInsAG (Formulierungshilfe der Bundesregierung – Entwurf eines Gesetzes zur vorübergehenden Aussetzung der Insolvenzantragspflicht und zur Hemmung der Unterbrechungsfristen bei straf-
gerichtlichen Hauptverhandlungen aufgrund des Coronavirus SARS-CoV-2 in ihrem Be-
arbeitungsstand v. 18.3.2020, https://www.bmjv.de/SharedDocs/Gesetzgebungsverfahren/
Dokumente/Corona-Pandemie.pdf;jsessionid=D250718C7CB0487FBF3E29BDC61A607F
.2_cid289?__blob=publicationFile&v=3 [Abrufdatum: 18.5.2020]) – dem Vorgängerentwurf
zum COVInsAG – in ihrer Begründung (S. 5 f.) zur Aussetzung der Antragspflicht zunächst
(die entsprechenden Passagen sind später entfallen) aus, es seien umfangreiche Betriebsunter-
brechungen bei Zulieferfirmen eingetreten, die bei den deutschen Kunden dieser Zulieferfirmen die Versorgung mit Rohstoffen und Vorprodukten unterbrächen und so eine Drosselung
oder sogar einen Stopp der Produktion verursachten; durch die Epidemie bedingte Schäden
entstünden Unternehmen auch, wenn Kunden aus Angst vor Ansteckung oder aufgrund von
behördlichen Anordnungen die Leistungen des Unternehmens nicht mehr in Anspruch nehmen wollten oder wollten; außerdem werde die Leistungserstellung deutscher Unternehmen
beeinträchtigt, wenn Mitarbeiter wegen eigener Krankheitssymptome arbeitsunfähig seien
oder aufgrund behördlicher Sicherheitsmaßnahmen nicht im Betrieb erscheinen dürften. Schäden entstünden einem Unternehmen auch dann, wenn Arbeitnehmer von der Geschäftsleitung
zu ihrem eigenen Schutz oder zur Unterstützung der Seuchenbekämpfungsmaßnahmen der
staatlichen Stellen freiwillig von der Arbeit freigestellt würden oder wenn die Geschäftsleitung
Leistungsangebote wegen der Ansteckungsgefahr für die Kunden freiwillig absage. Auch in
solchen Fällen beruhe der Eintritt einer Zahlungsunfähigkeit oder Überschuldung auf den
Auswirkungen der Ausbreitung der Infektionen mit dem SARS-CoV-2-Virus, denn ohne
rechtlichen oder tatsächlichen Zwang, aber verantwortungsbewusst im Interesse der Arbeitnehmer und der Allgemeinheit handelnden Geschäftsleiter seien denjenigen gleichzustellen,
deren Unternehmen unmittelbar durch äußere Umstände geschädigt werde.

34) *Bornemann*, jurisPR-InsR 9/2020 Anm. 1, III. 3.

35) Vgl. Formulierungshilfe zum CorInsAG, v. 18.3.2020, S. 8.

36) *Bornemann*, jurisPR-InsR 9/2020 Anm. 1, III. 3.

37) Ein nur „vorhersehbar[er]" Insolvenzeintritt unabhängig von der Pandemie genügt hingegen nicht, a. A. *Hölzle/Schulenberg*, ZIP 2020, 633, 637.

23   Indes verdient der Geschäftsleiter, der sich der Erkenntnis einer unabwendbaren Insolvenz verschließt, diesen Schutz nicht. Die Antragspflicht besteht als Ausnahme somit auch dann, wenn **keine Aussichten** bestehen, eine bestehende **Zahlungsunfähigkeit** zu **beseitigen.** Das setzt voraus, dass der Schuldner überhaupt zahlungsunfähig ist. Für allein **überschuldete Unternehmen** spielt die Ausnahme daher keine Rolle. Das Gesetz sagt nicht ausdrücklich, bis zu welchem **Zeitpunkt die etwaige Zahlungsunfähigkeit beseitigt** werden muss. Jedoch liegt auf der Hand: Dies muss das Ende des Aussetzungszeitraums sein.[38] Durch die Aussetzung der Antragspflicht will das Gesetz den Unternehmen Gelegenheit geben, die Insolvenz abzuwenden.[39] Diese Gelegenheit besteht nicht, wenn ein Unternehmen nach Ende des Aussetzungszeitraums weiterhin zahlungsunfähig ist und daher gemäß § 15a InsO Insolvenz beantragen muss. Zu prüfen ist daher, ob eine Beseitigungsaussicht bis zum bzw. spätestens ab 30.9.2020 (oder ggf. dem durch Verlängerung der Aussetzung noch definierten Stichtag) besteht.

24   Fraglich ist insoweit noch, ab welchem Zeitpunkt sich die Antragspflichtigen auf eine **etwaige Fristverlängerung** (vgl. § 4 a. F. COVInsAG) verlassen dürfen. Bloße Aussichten (als allgemeiner Maßstab für die Beseitigung der Zahlungsunfähigkeit) auf eine solche Fristverlängerung können hierfür nicht genügen. Es sollte erforderlich aber auch ausreichend sein, dass – z. B. aufgrund konkreter Erwägungen des BMJV – eine Fristverlängerung überwiegend wahrscheinlich wird.

25   Im Übrigen sollten die Voraussetzungen für die Annahme, dass **Aussichten auf eine Beseitigung einer Zahlungsunfähigkeit** bestehen, nicht überspannt werden. Das Gesetz verlangt – anders als bei § 19 Abs. 2 Satz 1 Halbs. 2 InsO – weder eine überwiegende Wahrscheinlichkeit noch in jedem Falle und zu jedem Zeitpunkt eine vorausschauende Finanzplanung auf Seiten des Schuldners.[40] Auch hat der Gesetzgeber die Anforderungen sicherlich bewusst niedriger geschraubt als bei der Hochwassergesetzgebung. Denn damals erforderte die Aussetzung der Antragspflicht noch das ernsthafte Finanzierungs- und Sanierungsverhandlungen geführt werden mussten und dadurch begründete Aussichten auf eine Sanierung bestanden.[41]

26   Der Gesetzgeber erkennt damit an, dass sich angesichts der pandemiebedingten Unsicherheiten verlässliche Prognosen und Planungen nur schwer erstellen lassen.[42] Die Unternehmen sollen Gelegenheit erhalten, die Insolvenz, insbesondere unter Inanspruchnahme der bereitzustellenden staatlichen Hilfen, aber auch durch Sanierungs- oder Finanzierungsvereinbarungen abzuwenden.[43] Solange eine **ernsthafte**

---

38) So auch *Römermann*, NJW 2020, 1108 f.

39) Vgl. Begr. Entwurf COVAbmildG, BT-Drucks. 19/18110, S. 19, 22.

40) So aber offenbar *Hölzle/Schulenberg*, ZIP 2020, 633, 637, mit der Begründung dieses „zwingende Ergebnis" folge aus den anerkannten Anforderungen an die Beseitigung der Zahlungsunfähigkeit im Anwendungsbereich des § 17 Abs. 2 InsO.

41) *Schluck-Amend*, NZI 2020, 289, 291, unter Hinweis auf das Gesetz zur vorübergehenden Aussetzung der Insolvenzantragspflicht bei hochwasser- und starkregenfallbedingter Insolvenz, BGBl. I 2016, 1824, 1838.

42) Vgl. Begr. Entwurf COVAbmildG, BT-Drucks. 19/18110, S. 19, 22.

43) Vgl. Begr. Entwurf COVAbmildG, BT-Drucks. 19/18110, S. 19, 22.

Möglichkeit besteht, die Zahlungsunfähigkeit zu beseitigen, und dies **nicht offen-sichtlich aussichtslos** erscheint,[44] muss dies genügen.

Geboten ist dennoch eine **fortwährende Überwachung dieser Aussicht**,[45] verbunden 27 mit einer **dynamischen Betrachtungsweise**: Je näher das **Ende des Aussetzungs-zeitraums** rückt, desto konkreter und wahrscheinlicher müssen die Beseitigungs-aussichten sein. So genügt es bspw. zu Beginn des Aussetzungszeitraums, dass der Gesetzgeber Hilfe ankündigt, ohne dass Hilfspakete schon beschlossen oder konkret ausgestaltet sein müssten, um den Umstand einer solchen Hilfsankündigung berück-sichtigen zu können. Umgekehrt genügt es bei isolierter Betrachtung des Absatz 1 bspw. nicht, Ende September 2020 einen Hilfskredit zu beantragen, wenn kaum noch Chancen bestehen, dass dieser rechtzeitig bewilligt werden wird. Anders liegt es nur, wenn zusätzlich – je nach Betrachtungszeitpunkt – auch die Voraussetzungen der Absätze 2 und 3 vorliegen.

Dass eine **Finanzplanung** zu erstellen ist, ordnet das COVInsAG nicht an. Gesell- 28 schaftsrechtliche Pflichten zur Erstellung einer solchen Planung (z. B. aus § 43 GmbHG) bleiben freilich unberührt. Auch zu Nachweiszwecken sollte eine solche Planung soweit möglich aufgestellt werden. Auch wenn hier also **weite Grenzen** für die Aussicht zu gewähren sind, dürften diese **überschritten** sein, wenn – zumal nach weiterer Konkretisierung der Hilfsprogramme in der Praxis – keine realistischen Chancen zur Beseitigung der Zahlungsunfähigkeit mehr bestehen, etwa weil diese nicht (mehr) rechtzeitig oder in ausreichendem Maße erlangt werden können oder andere relevante Aussichten für den Bestand des Unternehmens sich zeitweilig zer-schlagen haben.[46]

Man kann es insoweit auch anders formulieren: Was die **Zukunftsperspektive als** 29 **Grund einer Insolvenz** betrifft, ist für den Zeitraum der Aussetzung der Insolvenz-antragspflicht die **Bedeutung der Fortbestehensprognose** zurückgedrängt, denn auch bei Vorliegen einer Überschuldung ist die Antragspflicht nach Absatz 1 ausgesetzt.[47] Statt der Fortbestehensprognose kommt es – bei dem – nach dem Gesetzeswortlaut gebotenen – Abstellen auf die **Aussichten** auf eine **Beseitigung einer Zahlungsunfä-higkeit** letztlich „nur" auf die Frage an, ob auf Basis einer vernünftigen Liquiditäts-planung Aussichten für eine **Überlebensfähigkeit** bestehen.[48] Es ist damit auch nicht auf die Frage nach der Ertragskraft abzustellen. Je näher indes das Ende des Aus-setzungszeitraums rückt, umso mehr erhält dann wieder die Frage der Durchfinan-zierung Gewicht. Wird etwa drei Wochen vor Ende der Aussetzung klar, dass nicht nur eine Zahlungsstockung vorliegt, kann auch nicht von einer Überlebensfähigkeit ausgegangen werden.

---

44) *Schluck-Amend*, NZI 2020, 289, 291.
45) *Schluck-Amend*, NZI 2020, 289, 291.
46) *Bornemann*, jurisPR-InsR 9/2020 Anm. 1, III. 3.
47) *Schluck-Amend*, NZI 2020, 289, 291.
48) Ähnlich *Römermann*, NJW 2020, 1108 f., der von „wirtschaftlicher Lebensfähigkeit" i. S. zukünftiger Zahlungsunfähigkeit spricht.

4. Vermutung in § 1 Abs. 1 Satz 3 COVInsAG

30 Das Gesetz vermutet **erstens**, dass die Insolvenz auf den Folgen der COVID-19-Pandemie beruht, und **zweitens**, dass Aussichten bestehen, eine etwaige Zahlungsunfähigkeit zu beseitigen, eine Antragspflicht also ausgesetzt ist (§ 1 Abs. 1 Satz 3 COVInsAG). Für das Eingreifen der ersten Vermutung kommt es allein darauf an, dass der Schuldner am 31.12.2019 nicht zahlungsunfähig (§ 17 InsO) war.[49] Das Abstellen auf diesen Stichtag ist nicht nur als Erleichterung für die betroffenen Unternehmen bzw. deren Geschäftsleitung gedacht, das Datum spielt auch bei den Hilfsprogrammen eine Rolle.[50]

31 Die **Darlegungs- und Beweislast für die Zahlungsfähigkeit zum Jahreswechsel** trägt der Schuldner.[51] In manchen Fällen, wird man insoweit auf die Dokumente für den Jahresabschluss 2019 abstellen können, der jedenfalls für Kapitalgesellschaften – sofern es sich nicht um kleine Kapitalgesellschaften (§ 267 Abs. 1 HGB) handelt – in den ersten drei Monaten des Geschäftsjahrs für das vergangene Geschäftsjahr aufzustellen ist (§ 264 Abs. 1 Satz 3 HGB). In Fällen, in denen diese Frist nicht gilt oder nicht eingehalten wurde, sollte auf die Finanzbuchhaltung und – soweit diese nicht die Finanzverbindlichkeiten erfasst – auf die sonstigen handelsrechtlichen Aufzeichnungen der Gesellschaft zurückgegriffen werden. Die Voraussetzungen für das Eingreifen der Vermutungsregelung sollten in jedem Fall sorgfältig dokumentiert werden, weil davon in einem späteren Haftungsprozess das Beweismaß abhängt (siehe unten Rz. 38).

32 Liegt die Voraussetzung der Vermutung (keine Zahlungsunfähigkeit am 31.12.2019) vor, stellt sich die Frage nach der **Reichweite der Vermutungswirkung**. Bemerkenswert ist insoweit, dass für das Eingreifen der Vermutung allein auf die zum 31.12.2019 nicht bestehende Zahlungsunfähigkeit (nicht aber auf eine zum gleichen Zeitpunkt fehlende Überschuldung) abzustellen ist, während die Vermutungsfolgen darin zu bestehen scheinen, dass die Ausnahme gemäß § 1 Abs. 1 Satz 2 COVInsAG insgesamt nicht eingreift, eine Antragspflicht gemäß § 15a Abs. 1 InsO also gänzlich nicht besteht – ganz gleich, ob diese Antragspflicht wegen einer Zahlungsunfähigkeit oder Überschuldung bestünde. Man könnte meinen, dass die an eine fehlende Zahlungsunfähigkeit anknüpfende Vermutung einschränkend dahingehend zu verstehen sei, dass sie nur das Entfallen einer Antragspflicht wegen Zahlungsunfähigkeit erfasst. Schon der Wortlaut des Gesetzes spricht jedoch dagegen. Die Vermutung geht dahin, dass die „**Insolvenzreife**" auf den Auswirkungen der COVID-19-Pandemie beruht. Die Vermutungsregelung des § 1 Abs. 1 Satz 3 COVInsAG ist dabei spiegelbildlich zur Ausnahmeregelung des § 1 Abs. 1 Satz 2 COVInsAG formuliert. Letztere umfasst jedoch – daran kann es wohl keinen Zweifel geben – sowohl den Tatbestand **der Zahlungsunfähigkeit** (§ 17 InsO) als auch den Tatbestand der **Überschuldung** (§ 19 InsO). Aufgrund der spiegelbildlichen Formulierung muss

---

49) Zu den Voraussetzungen der Zahlungsunfähigkeit i. E. vgl. z. B. Uhlenbruck-*Mock*, InsO, § 17 Rz. 20 ff.

50) *Schluck-Amend*, NZI 2020, 289, 291, vgl. hier auch den wichtigen und weiterführenden Hinweise auf die besonderen Schwierigkeiten für Unternehmen, die zu dem Stichtag zwar nicht zahlungsunfähig, aber schon in der Krise waren, Fördermittel zu erhalten.

51) Vgl. Musielak/Voit-*Huber*, ZPO, § 292 Rz. 4.

dies dann auch für die Reichweite der Vermutungsregelung gelten. Diese von *Bitter* kritisierte Unstimmigkeit[52)] hat der Gesetzgeber bewusst in Kauf genommen, *Bornemann* weißt aber zu Recht darauf hin, dass sich diese Unstimmigkeit dann wieder beheben lässt, wenn der originär Beweispflichtige darlegt, dass bereits vor der Aussetzung der Antragspflicht eine Überschuldung vorlag.[53)]

Die Vermutungsregelung des § 1 Abs. 1 Satz 3 COVInsAG greift aber jedenfalls allein **33** schon beim Feststehen der Zahlungsunfähigkeit an. Wie *Römermann* zutreffend bemerkt setzt sich hier ein seit dem FMStG einsetzender Trend fort, die Überschuldung weiter zurückzudrängen bzw. weiter zu modifizieren,[54)] was auch im Hinblick auf die **Umsetzung der europäischen Restrukturierungsrichtline** angebracht ist. Insoweit wäre es wichtig und dürfte wohl auch durch das Justizministerium gesehen werden, bei der Frage, wann und wie der insolvenzrechtliche Lockdown zurückzufahren ist, die Einführung des Restrukturierungsrahmens im Auge zu haben.[55)]

Letztlich knüpft die Vorschrift mit dem Abstellen auf das Fehlen einer Zahlungs- **34** unfähigkeit am 31.12.2019 an eine – im Regelfall – vergleichsweise einfach festzustellende Voraussetzung an und deckt in ihrer Wirkung sowohl den Insolvenzgrund der Zahlungsunfähigkeit (§ 17 InsO), als auch den Insolvenzgrund der Überschuldung (§ 19 InsO) ab. Ist die Voraussetzung für die Vermutung erfüllt, steht – allerdings nur widerleglich – fest, dass die Insolvenzantragspflicht gemäß § 1 Abs. 1 Satz 1 COVInsAG ausgesetzt ist. Der Gesetzgeber wollte mit dieser Vermutungsregel entsprechend dafür Sorge tragen, keine schwer überwindbaren **Beweisschwierig-keiten** aufzubauen;[56)] letztlich bringt er zum Ausdruck, dass in erster Linie derjenige, der sich darauf beruft, dass die Insolvenzantragspflicht im konkreten Fall nicht ausgesetzt sei, dies auch beweisen muss.[57)]

Die Geschäftsleiter sind gleichwohl gut beraten, eine sorgfältige **Dokumentation** **35** der von ihnen zum Jahreswechsel 2019/20 vorgenommenen Liquiditätsplanung bzw. Überwachung nachzuhalten.[58)]

5. Restschuldbefreiung

Nach § 290 Abs. 1 Nr. 4 InsO wäre einer natürlichen Person als Schuldner die Rest- **36** schuldbefreiung durch Beschluss des Insolvenzgerichtes zu versagen, wenn dies von einem Insolvenzgläubiger, der seine Forderung angemeldet hat, beantragt worden ist und wenn der Schuldner ohne Aussicht auf eine Besserung seiner wirtschaftlichen Lage die Eröffnung des Insolvenzverfahrens verzögert hat. Findet eine solche Verzö-

---

52) *Bitter*, ZIP 2020, 685, 688.
53) *Bornemann*, jurisPR-InsR 9/2020 Anm. 1, III. 3. c) bb); krit. zu der Frage, wie ein Dritter die Vermutung der Ursächlichkeit der Pandemie widerlegen soll aber *Jarchow/Hölken*, ZInsO 2020, 730.
54) *Römermann*, NJW 2020, 1108; *Poertzgen*, ZinsO 2020, 825.
55) Dies auch im Hinblick auf die Insolvenzgründe und das künftig einzuführende Moratorium *Poertzgen*, ZInsO 2020, 825.
56) *Bornemann*, jurisPR-InsR 9/2020 Anm. 1, S. 11.
57) *Schluck-Amend*, NZI 2020, 289.
58) *Schülke*, DStR-Beih. 14/2020, S. 5.

gerung nun lediglich im Zeitraum der Aussetzung der Insolvenzantragspflicht statt, kann auf eine solche Verzögerung die Versagung nicht gestützt werden. Auch natürliche Personen können somit von der Aussetzung der Antragspflicht Gebrauch machen, ohne befürchten zu müssen, allein deshalb eine Versagung der Restschuldbefreiung zu riskieren.[59]

6. Widerlegung der Vermutung und Beweislastverteilung

37   Die gesetzliche Vermutung gemäß § 1 Abs. 1 Satz 3 COVInsAG ist widerleglich (vgl. für den zivilrechtlichen Haftungsprozess § 292 Satz 1 ZPO).[60] Nach **Vorstellung des Gesetzgebers** kann „angesichts des Zwecks der Vermutung, den Antragspflichtigen von den Nachweis- und Prognoseschwierigkeiten effektiv zu entlasten, eine Widerlegung nur in solchen Fällen in Betracht kommen, in denen kein Zweifel daran bestehen kann, dass die COVID-19-Pandemie nicht ursächlich für die Insolvenzreife war und dass die Beseitigung einer eingetretenen Insolvenzreife nicht gelingen konnte."[61] Insoweit seien „höchste Anforderungen"[62] zu stellen. Im Gesetzeswortlaut hat sich diese Vorstellung – anders als in anderen Fällen, in denen das Gesetz ein erhöhtes Beweismaß verlangt[63] – jedoch nicht niedergeschlagen.

38   Allerdings folgt aus dem Zusammenhang, dass ein solches **erhöhtes Beweismaß** erforderlich ist.[64] Anderenfalls ergäbe die Vermutung des § 1 Abs. 1 Satz 3 COVInsAG keinen Sinn. Im **Haftungsprozess** muss der Kläger – z. B. der Insolvenzverwalter einer späteren Insolvenz, der die Geschäftsführer auf Ersatz von Zahlungen gemäß § 64 Satz 1 GmbHG a. F. oder gemäß §§ 823 Abs. 2 BGB i. V. m. § 15a InsO auf Schadensersatz in Anspruch nehmen will – ohne die Vermutung darlegen und im Bestreitensfall beweisen, dass der Schuldner insolvent war und eine Antragspflicht (§ 15a InsO) gemäß § 1 Abs. 1 Satz 2 COVInsAG bestand, dass also die Insolvenzreife nicht auf der COVID-19-Pandemie beruhte oder dass keine Aussichten darauf bestanden, eine bestehende Zahlungsunfähigkeit zu beseitigen (§ 1 Abs. 1 Satz 2 COVInsAG).

39   Denn für die Darlegungs- und Beweislast als solche gilt: Betreffend die **Insolvenzreife** des Schuldners und die daraus resultierende grundsätzliche Antragspflicht trifft die diesbezügliche Beweislast – vorbehaltlich von § 19 Abs. 2 Satz 1 Halbs. 2 InsO (siehe dazu sogleich Rz. 41) – den Insolvenzverwalter oder die Partei, die hierauf Ansprüche stützen will.[65] Dies entspricht schon der Rechtslage vor dem COVInsAG.[66] Nach dem COVInsAG muss der Insolvenzverwalter freilich zusätzlich darlegen

---

59) *Römermann*, NJW 2020, 1108, 1108.

60) Begr. Entwurf COVAbmildG, BT-Drucks. 19/18110, S. 22.

61) Begr. Entwurf COVAbmildG, BT-Drucks. 19/18110, S. 22. Statt „Insolvenzreife" ist tatsächlich eine Beseitigung der „Zahlungsunfähigkeit" gemeint, wie sich aus § 1 Abs. 1 Satz 2 und 3 COVInsAG und dem unmittelbaren Textzusammenhang (Begr. Entwurf COVAbmildG, BT-Drucks. 19/18110, S. 22) ergibt.

62) Begr. Entwurf COVAbmildG, BT-Drucks. 19/18110, S. 22.

63) Nach *Prütting* in: MünchKomm-ZPO, § 286 Rz. 43, z. B. in § 319 Abs. 1, § 660 Abs. 1 Satz 2 und § 2155 Abs. 3 BGB („offenbar").

64) So auch *Bitter*, ZIP 2020, 685, 688.

65) *Poertzgen*, ZInsO 2020, 825.

66) Vgl. z. B. K. Schmidt-*K. Schmidt/Herchen*, InsO, § 15a Rz. 43; K. Schmidt-*K. Schmidt*, InsO, § 19 Rz. 55 – jeweils m. w. N.

und beweisen, dass im konkreten Fall die Antragspflicht nicht ausgesetzt ist. Dies folgt aus dem Regel-Ausnahme-Verhältnis der Sätze 1 und 2 des § 1 COVInsAG.[67]

Soweit die Vermutung nicht greift, der Schuldner also nicht beweisen kann, dass er **40** am 31.12.2019 nicht zahlungsunfähig war, ändert dies an der übrigen Beweislastverteilung nichts.[68] Jedoch gilt in diesem Fall das **Regelbeweismaß**. Danach ist es erforderlich aber auch ausreichend, dass der Richter vom Vorliegen einer Tatsache überzeugt ist.[69] Eine absolute Gewissheit ist indes nicht gefordert.[70]

Die **Beweislast des Verwalters** erstreckt sich allerdings auch – in Abweichung zu **41** § 19 Abs. 2 Satz 1 Halbs. 2 InsO – auf das **Fehlen einer positiven Fortbestehensprognose**. Dies gilt bei Eingreifen der Vermutungsregelung, weil anderenfalls die Erleichterungsabsicht des Gesetzgebers konterkariert würde. Richtigerweise gilt dies aber auch, wenn die Vermutungsregelung nicht eingreift, da die Beweislastregelung von § 1 COVInsAG der Beweislastverteilung in § 19 Abs. 2 Satz 1 InsO vorgeht.[71] Will also der Insolvenzverwalter z. B. einen GmbH-Geschäftsführer wegen einer Verschleppung im Zeitraum vom 1.3.2020 bis zum 30.9.2020 in Anspruch nehmen, gilt insgesamt Folgendes:

– Der **Geschäftsführer** trägt die Beweislast dafür, dass die Vermutungsregelung des § 1 Abs. 1 Satz 3 COVInsAG eingreift, dass die Gesellschaft also am 31.9.2019 nicht zahlungsunfähig war. Es gilt das Regelbeweismaß.

– Der **Insolvenzverwalter** muss beweisen, dass die Gesellschaft zahlungsunfähig (§ 17 InsO) oder – einschließlich des Fehlens der positiven Fortbestehensprognose (abweichend von § 19 Abs. 2 Satz 1 Halbs. 2 InsO) – überschuldet (§ 19 InsO) war[72] und dennoch nicht rechtzeitig ein Insolvenzantrag gestellt wurde (§ 15a InsO) sowie dass (i) diese Insolvenzreife nicht auf der COVID-19-Pandemie beruhte oder (ii), sofern eine Zahlungsunfähigkeit bewiesen werden konnte, keine Aussichten darauf bestanden, diese zu beseitigen (§ 1 Abs. 1 Satz 2 COVInsAG). Greift die Vermutungsregelung (§ 1 Abs. 1 Satz 3 COVInsAG), gilt für den Nachweis der nicht auf der COVID-19-Pandemie beruhenden Insolvenzreife und der Zahlungsunfähigkeit mit fehlenden Beseitigungsaussichten insgesamt das erhöhte Beweismaß. Dieser Beweis dürfte nur im seltenen Ausnahmefall zu führen sein. Greift die Vermutungsregelung nicht, ist nur der Regelbeweis zu erbringen.

Die Beweislastverteilung nach dem COVInsAG ist damit für den potentiell Antrags- **42** pflichtigen günstig. Allerdings: Im Rahmen der sog. **sekundären Darlegungslast**[73]

---

67) Vgl. z. B. die Beweislastverteilung bei den entsprechend formulierten Vorschriften des § 280 Abs. 1 Satz 2 BGB (dazu: *Ernst* in: MünchKomm-BGB, § 280 Rz. 34) und des § 311a Abs. 2 Satz 2 BGB (dazu: *Ernst* in: MünchKomm-BGB, § 311a Rz. 107).

68) Begr. Entwurf COVAbmildG, BT-Drucks. 19/18110, S. 22; soweit dort auf S. 19 Gegenteiliges gesagt wird, kann es sich nur um ein Redaktionsversehen handeln; *Bornemann*, jurisPR-InsR 9/2020 Anm. 1, III. 3. c).

69) Vgl. Zöller-*Greger*, ZPO, § 286 Rz. 18; *Prütting* in: MünchKomm-ZPO, § 292 Rz. 23.

70) Vgl. Zöller-*Greger*, ZPO, § 286 Rz. 19.

71) Zutreffend *Hölzle/Schulenberg*, ZIP 2020, 633, 637.

72) So auch *Bitter*, ZIP 2020, 685, 688.

73) Dazu z. B. Zöller-*Greger*, ZPO, Vor § 284 Rz. 34.

kann er gehalten sein, den klägerischen Vortrag substantiiert zu bestreiten, anderenfalls gilt die behauptete Tatsache als zugestanden (§ 138 Abs. 3 ZPO).[74] Auch aus diesem Grund sollte der potentiell Antragspflichtige insbesondere die finanziellen Verhältnisse und Planungen der Gesellschaft sorgfältig dokumentieren.[75]

7. Unmittelbare Folgen einer Aussetzung der Antragspflicht

a) Fortbestand von Antragsrechten

43   § 1 COVInsAG handelt ausschließlich von der Aussetzung der **Antrags*pflicht*** gemäß § 15a InsO. Das **Antrags*recht*** (§ 15 InsO) wegen drohender Zahlungsunfähigkeit (§ 18 InsO) bleibt unberührt. Gleiches gilt für – nunmehr freiwillige – Anträge wegen Zahlungsunfähigkeit (§ 17 InsO) oder Überschuldung (§ 19 InsO).

44   Die Situation von Unternehmen, die bereits vor der COVID-19-Pandemie angeschlagen und ein **Sanierungsfall** waren, dürfte sich infolgedessen oftmals noch verschlechtert haben. Für solche Unternehmen stellen die staatlichen Hilfsprogramme nicht zwingend ein adäquates Mittel zur Krisenbewältigung dar, da sie die sich ohnehin ankündigende vertiefte Krise nur hinausschieben und in den meisten Fällen eine Insolvenz nur verzögern werden. Dasselbe gilt für Unternehmen, welche zwar einen Anspruch auf Mittel aus den staatlichen Hilfsprogrammen haben, jedoch mit äußerst begrenzten Liquiditätsreserven arbeiten und diese nicht einmal so lange ausreichen, bis entsprechendes frisches Geld von dritter Seite zur Verfügung steht.[76] Insbesondere betrifft dies Klein- und Kleinstunternehmer im Einzelhandel oder Handwerk. Man kann die Staatshilfen so als die NPLs (Non-Performing Loans) von morgen bezeichnen.[77]

b) Auswirkungen auf die Eigenverwaltung und die Sanierung mittels Insolvenz bzw. auf freiwillige Insolvenzanträge

45   Trotz Aussetzung der Insolvenzantragspflicht durch § 1 COVInsAG muss daher eine Sanierung des Unternehmens mit gerichtlicher Hilfe, insbesondere i. R. der **Eigenverwaltung,** möglich bleiben. Die Fälle *Karstadt-Kaufhof* und *Lufthansa* zeigen die Bedeutsamkeit dieser Frage auf.

46   § 1 Abs. 1 Satz 1 COVInsAG setzt nun regelungstechnisch auf Ebene des § 15a InsO an, suspendiert also allein die Pflicht zur Antragstellung. Die §§ 16–19 InsO bleiben dagegen in ihrer Anwendbarkeit ebenso uneingeschränkt, wie § 13 Abs. 1 Satz 1 und 3 InsO, sodass die Eröffnung von Insolvenzverfahren bei Vorliegen eines Insolvenzgrundes weiterhin möglich bleibt. Die **Antragsberechtigung** des Schuldners entfällt nicht. § 3 COVInsAG stellt jedoch fest, dass der Antrag eines Gläubigers zwischen dem 28.3.2020 und dem 28.6.2020 unzulässig ist (**str.,** siehe Kommentierung zu § 3 COVInsAG [*Horstkotte*]) ist. Im Ergebnis bleibt es daher unabhängig vom COVInsAG eine originär unternehmerische Entscheidung des Schuldners bzw. seiner Gesellschafter und Leitungsorgane, ob während der Aussetzungsphase auf die Er-

---

74) *Prütting* in: MünchKomm-ZPO, § 286 Rz. 103.
75) Dazu i. E. *Brünkmans*, ZInsO 2020, 797, 800 f.
76) *Hölzle/Schulenberg*, ZIP 2020, 633, 649.
77) *Paulus/Undritz/Schulte-Kaubrügger*, ZIP 2020, 699, 700.

öffnung eines Insolvenzverfahrens hingewirkt wird. Die gewöhnlich durch § 15a InsO erheblich eingeschränkte unternehmerische Entscheidungsfreiheit kommt nunmehr voll zum Tragen. Gegenüber einem fremdfinanzierten Aussitzen der Krise, kann eine strukturierte und umfassende Sanierung, etwa mithilfe der §§ 270 ff. InsO, unter Umständen ein geeigneteres Mittel zur Überwindung einer durch die COVID-19-Pandemie vertieften Krisenlage sein.

In jedem Falle führt § 1 COVInsAG bzw. das Vorliegen seiner Voraussetzungen zur Aussetzung der Insolvenzantragspflicht bei ansonsten eingetretener Insolvenzreife dazu, dass ein bei dem dann bestehenden Antragsrecht gestellter Insolvenzantrag als ein **freiwilliger Insolvenzantrag** zu bewerten ist.[78] Auf Ebene der Geschäftsleitung sollte zudem in Entsprechung zu § 18 InsO die **Mitwirkung aller Organmitglieder** gefordert werden.[79]   **47**

Vor gesteigerter Praxisrelevanz ist seit Einführung der InsO und damit seit Schaffung des Tatbestands der drohenden Zahlungsunfähigkeit die Frage, wie sich das Insolvenzantragsrecht im Spannungsverhältnis zwischen den Sorgfaltspflichten des Geschäftsführers und den **Eigentumsinteressen der Gesellschafter** verhält. Mit der Schaffung des **Antragsrechts bei drohender Zahlungsunfähigkeit** (§ 18 InsO) wollte der Gesetzgeber die Möglichkeit eröffnen, dass sich Unternehmen frühzeitig und vor Eintritt der materiellen Insolvenz i. R. eines Insolvenzverfahrens sanieren können und damit die Wahrscheinlichkeit eines Fortbestands des Unternehmens erhöhen.[80] Regelmäßig befinden sich Geschäftsführer in einer Situation, in der sie sich in der Krise von den Gesellschaftern unter Druck gesetzt fühlen, da diese die Stellung eines Insolvenzantrags ohne materielle Insolvenz strikt ablehnen und mitunter sogar entsprechende Weisungen erteilen, die Stellung eines Insolvenzantrags ohne eingetretene Insolvenz zu unterlassen. Damit setzen sich Geschäftsführer, die entgegen solcher Weisungen oder ohne vorherigen Einbezug der Gesellschafter einen auf drohende Zahlungsfähigkeit gestützten Insolvenzantrag stellen, unter Umständen erheblichen Haftungsrisiken aus.[81] Dieses Problem perpetuiert sich nunmehr insoweit, als dass aufgrund der Aussetzung der Insolvenzantragspflicht ein pflichtbewusster Geschäftsführer einem gesteigerten Rechtfertigungsdruck gegenüber den Gesellschaftern ausgesetzt ist.   **48**

Aufgrund der Vergleichbarkeit der Situationen drängt es sich auch hier auf, dass bei einem auf § 18 InsO gestützten Insolvenzantrag dieselben Grundsätze zum Tragen kommen, die außerhalb des Kontexts der COVID-19-Pandemie das Spannungsverhältnis von Geschäftsleiterpflichten und Gesellschafterinteressen bei einem solchen bestimmen. Da gesetzliche Pflichten der Geschäftsleiter zur Beteiligung der Gesellschafter nicht vorgesehen sind, sind entsprechende satzungstechnische Regelungen stets vorrangig zu beachten. Gesellschaftsvertraglich eine Vorlagepflicht des Geschäfts-   **49**

---

78) *Römermann*, NJW 2020, 1108 f.
79) *Römermann*, NJW 2020, 1108 f.
80) RegE InsO, BT-Drucks. 12/2443, S. 114 f.; K. Schmidt-*K. Schmidt*, InsO, § 18 Rz. 5; *Mönning*, Betriebsfortführung in der Insolvenz, Rz. 206 ff.; *Drukarczyk* in: MünchKomm-InsO, § 18 Rz. 3; *Drukarczyk/Schüler*, ZInsO 2017, 61.
81) S. dazu ausführlich etwa: *Gessner*, NZI 2018, 185; *Ehlers*, ZInsO 2005, 169.

leiters vor Antragstellung vorzusehen, ist dem Grunde nach zulässig.[82] Ist keine solche Regelung getroffen, ist die Entscheidung über die **Stellung eines Insolvenzantrages** zunächst an der Business Judgement Rule, respektive dem an einen ordentlichen und gewissenhaften Geschäftsleiter zu stellenden Sorgfaltsmaßstab zu messen.[83]

50   Es ist demnach **im ersten Schritt** mit Blick auf das originäre Gesellschaftsinteresse zu beurteilen, ob der wirtschaftlichen Krisensituation durch die Einleitung eines Insolvenzverfahrens in adäquater Weise begegnet werden kann und ob andere Sanierungsansätze nicht ebenfalls gleichermaßen oder sogar besser geeignet sind, das erstrebte Sanierungsziel zu erreichen. Dies muss erst recht gelten, wenn man davon ausgeht, dass sich die grundsätzliche Rentabilitätssicherungspflicht eines Geschäftsleiters in der Krise zu einer Sanierungspflicht fortentwickelt.[84]

51   Kommt der Verantwortliche – ggf. sogar nach Einholen fachkundigen Rates[85] – zu dem Schluss, dass ein Insolvenzantrag vor dem Hintergrund der etwa zu § 43 Abs. 1 GmbHG oder des § 93 Abs. 1 Satz 1 AktG entwickelten Judikatur der richtige Schritt ist, sind **in einem zweiten Schritt** gleichwohl die Gesellschafter hinreichend in die Entscheidung miteinzubeziehen. Vermehrt sprechen sich Stimmen in der Literatur dafür aus, dass was im Außenverhältnis als gewissenhafte und für die Gesellschaft interessengerechte Handlung einzuordnen ist, nicht im Innenverhältnis zu einer persönlichen Haftung führen kann und es daher bei einer konsequenten Anwendung der Business Judgement Rule bleiben muss.[86] Auch wenn dieser Ansatz grundsätzlich begrüßenswert ist, geht die Rechtsprechung davon aus, dass auch die Gesellschafterinteressen ausreichend zu berücksichtigen sind und das überwiegende Interesse der Gesellschaft nicht zwingend Vorrang hat. Die Business Judgement Rule wird insoweit erheblich eingeschränkt und auch eine persönliche Haftung des Geschäftsführers bei Insolvenzanträgen ohne Zustimmung der Gesellschafter bejaht.[87] Um **Haftungsrisiken** zu vermeiden, haben Geschäftsleiter innerhalb wie außerhalb des Anwendungsbereiches des COVInsAG die Gesellschafter über die Notwendigkeit der Sanierung sowie die erforderlichen und geeigneten Maßnahmen zeitnah zu informieren und mit ihnen zu beraten, inwieweit die Insolvenz abgewendet werden kann.

52   Es bleibt, dass die **Sanierungsinstrumente der InsO** auch während der COVID-19-Pandemie nutzbar sind und sie neben den neuen Maßnahmenpaketen der Bundesregierung unter Umständen sogar tauglicher sind, um vertiefte Krisen zu überwinden. Letzteres insbesondere deshalb, weil etablierte „Spielregeln" gelten und dadurch den Gläubigern auch in Zeiten der globalen Pandemie ein gewisses Maß an Planbarkeit angeboten werden kann. Dies setzt aber stets voraus, dass auch die Sanierung in der

---

82) *Leinekugel/Skauradszun*, GmbHR 2011, 1121, 1123.
83) Eingehend zur Business Judgement Rule im Gesellschaftsinsolvenzrecht: *Jungmann*, NZI 2009, 80.
84) *Fleischer* in: MünchKomm-GmbHG, § 43 Rz. 64 m. w. N.; *Bork*, ZIP 2011, 101, 107; perspektivisch im Kontext des präventiven Restrukturierungsrahmens *Korch*, ZGR 2019, 1050.
85) Voraussetzungen des Vertrauendürfens auf fachkundigen Rechtsrat ausführlich bei *Fleischer* in: MünchKomm-GmbHG, § 43 Rz. 42 ff.; *Fleischer*, ZIP 2009, 1397 ff.
86) In diesem Sinne etwa: *Gessner*, NZI 2018, 185, 188.
87) OLG München, Urt. v. 21.3.2013 – 23 U 3344/12, MDR 2013, 621–622.

Insolvenz bei realistischer Betrachtung eine Chance haben wird, ansonsten führt die Insolvenz trotz ihrer mächtigen Mittel auch nur zur Zerschlagung.

c) Fortbestand von Anzeigepflichten

Fraglich ist, ob in den Fällen, in denen das Gesetz *Antragspflichten* durch – straf- und haftungsbewehrte – *Anzeigepflichten* ersetzt (z. B. bei Kredit- und Finanzdienstleistungsinstituten[88]), Kapitalverwaltungsgesellschaften[89], Zahlungsdienstleistern[90] oder Versicherungsunternehmen[91]), unter den Voraussetzungen von § 1 COVInsAG auch diese Anzeigepflichten suspendiert werden. Dies ist angesichts des klaren Wortlauts des COVInsAG nicht der Fall. Ist die nach § 15a InsO bestehende Pflicht, einen Insolvenzantrag zu stellen, gemäß § 1 COVInsAG ausgesetzt, sind die Bundesanstalt für Finanzdienstleistungsaufsicht (BaFin) bzw. die zuständigen **Aufsichtsbehörden** jedoch nicht verpflichtet, das ihnen nach § 46b Abs. 1 KWG, § 43 Abs. 1 KAGB i. V. m. § 46b Abs. 1 KWG, § 21 Abs. 4 und 5 ZAG und § 312 Abs. 1 VAG weiterhin zustehende Antragsrecht zu nutzen.[92] Gleiches soll gelten, wenn der Schuldner zwar nicht der Antragspflicht gemäß § 15a InsO unterfällt, eine solche Pflicht aber – unterstellt sie würde bestehen – nach § 1 COVInsAG ausgesetzt wäre.[93]

53

d) Entfallen der deliktischen Verschleppungshaftung

Mit der Antragspflicht entfällt unmittelbar auch die deliktische Verschleppungshaftung gemäß § 823 Abs. 2 BGB i. V. m. § 15a InsO. Es fehlt an der für eine solche Haftung erforderlichen Verletzung eines Schutzgesetzes.[94] Der Vorwurf einer Rechtswidrigkeit kann nicht mehr gemacht werden. Gleiches gilt für eine Teilnehmerhaftung gemäß § 830 BGB.

54

e) Weitgehender Fortbestand des Insolvenzstrafrechts

Zwar entfällt mit der Antragspflicht eine mögliche Strafbarkeit gemäß § 15a Abs. 4 bis 6 InsO. Das übrige Insolvenzstrafrecht (§§ 283 ff. StGB) bleibt jedoch – auch im Zeitraum des Entfallens der Antragspflicht – anwendbar, weil es nicht an eine Verletzung der Insolvenzantragspflicht anknüpft, sondern die Strafbarkeit von einer Zahlungseinstellung, der Eröffnung eines Insolvenzverfahrens, oder der Abweisung des Eröffnungsantrags mangels Masse als einer objektiven Bedingung der Strafbarkeit[95] abhängt (§ 283 Abs. 6, § 283b Abs. 3, § 283c Abs. 3, § 283d Abs. 4 StGB) und es insoweit genügt, dass ein äußerer Zusammenhang vorliegt, der darauf hinweist,

55

---

88) § 46b Abs. 1 KWG (i. V. m. § 55 KWG), dazu z. B. Boos/Fischer/Schulte-Mattler-*Lindemann*, KWG/CRR-VO, § 46b KWG Rz. 20 ff.
89) § 43 Abs. 1 KAGB i. V. m. § 46b Abs. 1 KWG (i. V. m. § 339 Abs. 2 u. 3 KAGB), dazu z. B. Emde/Dornseifer/Dreibus-*Distler/Emde*, KAGB, § 43 Rz. 4 f.
90) § 21 Abs. 4 ZAG (i. V. m. § 63 Abs. 2 Nr. 1 ZAG).
91) § 311 VAG (i. V. m. § 331 Abs. 2 Nr. 3, Abs. 3 VAG), dazu z. B. Prölss/Dreher-*Lipowsky*, VAG, § 311 Rz. 4 ff.
92) Begr. Entwurf COVAbmildG, BT-Drucks. 19/18110, S. 25.
93) Begr. Entwurf COVAbmildG, BT-Drucks. 19/18110, S. 23.
94) Vgl. dazu z. B. Palandt-*Sprau*, BGB, § 823 Rz. 56 ff.
95) Dazu z. B. Lackner/Kühl-*Heger*, StGB, § 283 Rz. 26 ff.

dass die Krise, in welcher die tatbestandsmäßige Handlung vorgenommen wurde, nicht behoben werden konnte, sondern sich bis zur Verwirklichung auch der Strafbarkeitsbedingung fortentwickelt hat.[96] Dies wird man annehmen müssen, wenn die Unternehmenskrise während des Aussetzungszeitraums nicht behoben werden konnte, und mit dem Ende der Aussetzung Insolvenzantrag gestellt wird. Aus praktischer Sicht ist daher insbesondere darauf zu achten, dass der Buchführungspflicht (vgl. § 283b StGB) ordnungsgemäß nachgekommen wird. Dass auch keine übrigen Insolvenzstraftatbestände verwirklicht werden sollten, versteht sich von selbst.

56 Auch die sonstigen, oftmals in der Insolvenz verwirklichten Straftatbestände, z. B. § 263 StGB (Betrug), § 265b StGB (Kreditbetrug), § 266 StGB (Untreue), § 266a StGB (Vorenthalten und Veruntreuen von Arbeitsentgelt) und § 370 AO (Steuerhinterziehung), bleiben anwendbar.

f) Praxishinweis

57 Wie schon dargelegt, kann die Aussetzung der Insolvenzantragspflicht nicht als Freifahrtschein missverstanden werden,[97] spätestens wenn der Aussetzungszeitraum endet, stellt sich für die Unternehmen die mittels des COVInsAG überwintern konnten, die Stunde der Wahrheit. Daher ist generell nötig, die Handlungsoptionen kritisch zu bewerten und dringend zu empfehlen, die Liquidität fortwährend zu prüfen,[98] insbesondere ob – i. S. des § 1 Abs. 1 Satz 2 COVInsAG – Aussichten bestehen, eine (ansonsten) bestehende Zahlungsunfähigkeit zu beseitigen, nicht nur einmalig oder sporadisch, sondern laufend zu überwachen.

58 Sinnvolle Nachweise, im Falle der dann doch unvermeidbaren Insolvenz sind insoweit

- ein Jahresabschluss für 2019 aus dem hervorgeht, dass zum Jahreswechsel keine Insolvenz vorlag,

- eine Dokumentation des im jeweiligen Falle konkreten Zusammenhangs der Pandemie mit der eingetretenen Zahlungsunfähigkeit,

- dazu auch Planungsrechnungen, anhand derer der normale Verlauf der Geschäftstätigkeit im Zeitraum der Überschuldungsprüfung (aktuelles und Folgejahr) dem (laufend) anzupassenden Verlauf in Folge der Pandemie gegenübergestellt wird,

- eine Dokumentation der beantragten bzw. gewährten Hilfsmittel und deren Geeignetheit eine Insolvenz zu vermeiden.[99] Ein ausgereiftes Sanierungskonzept sollte aber nicht verlangt werden.[100]

59 Letztlich muss auch kritisch geprüft werden, ob und mit welchem Zeithorizont (gerade auch langfristige) Verbindlichkeiten eingegangen werden dürfen, denn vor einem Eingehungsbetrug will das COVInsAG nicht schützen (siehe dazu auch die Kommentierung zu § 2 COVInsAG Rz. 44 [*Fritz*]).[101]

---

96) Vgl. Lackner/Kühl-*Heger*, StGB, § 283 Rz. 29.
97) So explizit auch *Rath*, BB Heft 17/2020, S. I.
98) *Rath*, BB Heft 17/2020, S. I.
99) So auch *Theiselmann*, GmbH-StB 2020, 122 f.
100) So wohl auch *Jarchow/Hölken*, ZInsO 2020, 730.
101) *Rath*, BB Heft 17/2020, S. I.

IV. Rechtslage vom 1.10.2020 bis 31.12.2020 (Abs. 2)

Im Zeitraum vom 1.10.2020 bis zum 31.12.2020 ist ausweislich des Absatzes 2 die   60
Insolvenzantragspflicht ausschließlich **wegen Überschuldung** ausgesetzt. Zahlungsunfähige Unternehmen sind nach allgemeinen Regeln uneingeschränkt insolvenzantragspflichtig. Der Grund für die Einführung dieser Differenzierung sieht
der Gesetzgeber darin, dass die Krise bei eingetretener Zahlungsunfähigkeit im
Regelfall bereits derart vertieft sei, dass die Unternehmen nicht mehr in der Lage
seien, ihre laufenden Kosten und Verbindlichkeiten zu decken, sodass die Fortfüh-
rungswahrscheinlichkeit prinzipiell als gering anzusehen sei.[102] Vor dem Hintergrund
der von einem zahlungsunfähigen Unternehmen ausgehenden Belastungen des
Wirtschafts- und Rechtsverkehrs sei eine weitere Verschonung zahlungsunfähiger
Unternehmen nicht notwendig und verhältnismäßig.[103] Demgegenüber beruhe die
weitere Aussetzung der Insolvenzantragspflicht für überschuldete Unternehmen
darauf, dass eine zuverlässige Bewertung der Fortbestehensprognose (§ 19 Abs. 2
Satz 1 Halbs. 2 InsO) unter den gegenwärtigen Bedingungen kaum möglich sei.[104]

Geschäftsleiter von zum 1.10.2020 zahlungsunfähigen Unternehmen hatten den In-   61
solvenzantrag unverzüglich, d. h. ohne schuldhaftes Zögern, zu stellen. Da die im
Übrigen anwendbare Höchstfrist von drei Wochen (vgl. § 15a Abs. 1 Satz 1 InsO
a. F./§ 15a Abs. 1 Satz 2 InsO n. F.) durfte nur dann „ausgereizt" werden, wenn die
Zahlungsunfähigkeit erst nach dem 1.10.2020 eingetreten ist.[105]

Überschuldete Unternehmen waren jedoch auch während des zeitlichen Geltungs-   62
bereiches des § 1 Abs. 2 COVInsAG vollumfänglich insolvenzantragspflichtig, soweit
die sonstigen **Voraussetzungen des § 1 Abs. 1 COVInsAG** nicht vorgelegen haben
(„nach Maßgabe des Absatzes 1"). Entscheidend ist insoweit auch weiterhin, dass
die Überschuldung auf den Auswirkungen der COVID-19-Pandemie beruht. Nicht
erforderlich ist hingegen, dass im Zeitpunkt der jeweiligen Bewertung Aussichten
darauf bestehen, die bestehende Überschuldung zu beseitigen, denn § 1 Abs. 1 Satz 1
Halbs. 2 COVInsAG spricht lediglich von einer Beseitigung der Zahlungsunfähigkeit. Die Regelung des Absatz 2 beruht gerade auf der Erwägung, dass die zuverlässige Bewertung einer Fortbestehensprognose sich im vierten Quartal des Jahres 2020
für viele Unternehmen noch immer schwierig gestaltete, sodass es widersprüchlich
wäre, entsprechend § 1 Abs. 1 Satz 1 Halbs. 2 COVInsAG von ihnen eine Beurteilung
der Aussichten auf die Beseitigung der Überschuldung zu verlangen.

V. Rechtslage vom 1.1.2021 bis 31.1.2021 (Abs. 3 a. F.)

1. Allgemeines

§ 1 Abs. 3 COVInsAG wurde im Rahmen des SanInsFoG eingefügt und galt zunächst   63
nur für einen Zeitraum von einem Monat, bevor dann zum 15.2.2021 die Geltung
des Absatz 3 bis zum 30.4.2021 verlängert wurde (s. unter VI.). Das im vierten

---

102) BT-Drucks. 19/22178, S. 4.
103) BT-Drucks. 19/22178, S. 4.
104) BT-Drucks. 19/22178, S. 4; dazu *Wolfer* in: BeckOK-InsO, COVInsAG, § 1 Rz. 10.
105) Nerlich/Römermann-*Römermann*, COVInsAG, § 1 Rz. 77 f.

Quartal 2020 nach wie vor andauernde Infektionsgeschehen hatte zur Folge, dass viele Unternehmen noch immer in erheblichem Umfang auf staatliche Stützungsmaßnahmen angewiesen waren. Sowohl die Bearbeitung der regelrechten Antragsfluten als auch die Auszahlung der Hilfen[106] durch die Träger von Wirtschaftsförderungsmaßnahmen, insbesondere die Förderbanken der Länder, verzögerte sich jedoch zum Teil um einige Monate. Die Ursachen hierfür lagen zum einen darin, dass die betroffenen Rechtsträger im Regelfall nicht über die Personalkapazität und Organisationsstruktur verfügten, um die Vielzahl an Anträgen umgehend zu bearbeiten. Zum anderen entstanden im Rahmen der Antragsbearbeitung vielfach Folgeproblematiken, welche einer zeitintensiven rechtlichen Prüfung bedurften – insbesondere im Bereich des Beihilferechts. Ferner führten technische Probleme zum Teil dazu, dass Anträge auf Hilfszahlungen von den an sich Empfangsberechtigten gar nicht erst gestellt werden konnten. Der § 1 Abs. 3 COVInsAG versucht zu vermeiden, dass Unternehmen allein aufgrund des Umstandes, dass die ihnen **grundsätzlich zustehenden staatlichen Hilfen nicht rechtzeitig bewirkt wurden**, in die Insolvenz rutschen.

2. Aussetzung bei Antragstellung (Satz 1)

64   Absatz 3 Satz 1 sah in seiner ursprünglichen Fassung vor, dass die Insolvenzantragspflicht vom 1.1.2021 bis zum 31.1.2021 für die Geschäftsleiter solcher Unternehmen ausgesetzt ist, die **im Zeitraum vom 1.11.2020 bis zum 31.12.2020** einen Antrag auf die Gewährung finanzieller Hilfeleistungen im Rahmen staatlicher Hilfsprogramme zur Abmilderung der Folgen der COVID-19-Pandemie gestellt haben. Damit betrifft die Regelung insbesondere – aber nicht ausschließlich – die sog. November- und Dezemberhilfen.[107]

65   Im Rahmen des § 1 Abs. 3 COVInsAG ist nicht mehr maßgeblich, ob der Schuldner überschuldet (§ 19 InsO) oder zahlungsunfähig (§ 17 InsO) ist. Allerdings greift die Aussetzung der Antragspflicht bei Zahlungsunfähigkeit nur dann, wenn diese im Laufe des Januar 2021 eintritt. Gemäß § 1 Abs. 2 COVInsAG waren zahlungsunfähige Schuldner zwischen dem 1.10.2020 und dem 31.12.2020 uneingeschränkt insolvenzantragspflichtig. Ob sich Schuldner, die Mitte Dezember 2020 zahlungsunfähig wurden, über die Antragshöchstfrist nach § 15a Satz 1 Satz 1 InsO a. F. in den Januar „retten" können, um von der sodann (wieder) geltenden Aussetzung der Antragspflicht zu profitieren, ist zweifelhaft.[108] Eine bereits bestehende Verpflichtung zur Stellung eines Insolvenzantrags wird nicht zum 1.1.2021 „geheilt".[109]

66   Die Aussetzung gilt sodann für den **gesamten Monat Januar 2021**, soweit die Voraussetzungen des § 1 Abs. 3 COVInsAG zu Beginn dieses Zeitraums vorlagen.[110] Der Gesetzgeber beabsichtigt den Betroffenen mit der Regelung eine gewisse Schonfrist einzuräumen, innerhalb derer die Bearbeitung der Anträge vonstattengehen kann. Er erkennt an, dass eine mögliche Insolvenzreife aufgrund der besonderen Umstände

---

106) Insbesondere die sog. November- und Dezemberhilfen.
107) *Jahn*, NZI 2021, 75; *Heinrich*, NZI 2021, 71, 73.
108) So aber *Heinrich*, NZI 2021, 71, 73.
109) Nerlich/Römermann-*Römermann*, COVInsAG, § 1 Rz. 90.
110) Zutreffend: Nerlich/Römermann-*Römermann*, COVInsAG, § 1 Rz. 93.

und Widrigkeiten rund um die Bearbeitung und Auszahlung der Hilfsleistungen auf einer vollständig extrinsischen Ursache beruht, die außerhalb jeder Einflussmöglichkeit der betroffenen Schuldner steht. Auch die Aussetzung nach § 1 Abs. 3 COVInsAG greift allerdings nur dann, wenn im Übrigen auch die **Voraussetzungen des Absatz 1** vorliegen, d. h. ein „Beruhen" der Krise auf den Pandemiefolgen (siehe oben unter Rz. 21 ff.) angenommen werden kann und hinreichende Aussicht auf die Wiederherstellung der Zahlungsfähigkeit besteht.

Der für die Aussetzung nach § 1 Abs. 3 COVInsAG erforderliche Antrag auf staatliche Hilfsleistungen muss zwingend zwischen dem 1.11.2020 und dem 31.12.2020 gestellt worden sein, wobei der **Eingang bei der zuständigen Stelle** maßgeblich ist.[111] Der Antrag gilt nur dann als gestellt, wenn er in der hierfür **erforderlichen Form** durch die dazu **berechtigte Person** gestellt wurde.[112] Ferner darf die Hilfe zum 31.12.2020 noch **nicht ausbezahlt** gewesen sein.[113]   **67**

3. Aussetzung bei Unmöglichkeit der Antragstellung (Satz 2)

Nach Satz 2 gilt § 1 Abs. 3 Satz 1 COVInsAG auch für Schuldner, die nach den Bedingungen des staatlichen Hilfsprogramms in den Kreis der Antragsberechtigten fallen, wenn die Stellung eines Antrags auf Hilfsleistungen innerhalb des Zeitraums vom 1.11.2020 bis zum 31.12.2020 **aus rechtlichen oder tatsächlichen Gründen nicht möglich** war. Hierdurch werden die vielfältigen Ursachen berücksichtigt, die neben der Arbeitsüberlastung der mit der Bearbeitung und Auszahlung betrauten Rechtsträger mitverantwortlich für die erheblichen Verzögerungen gewesen sein können. Beispielhaft werden insbesondere IT-technische Gründe und beihilferechtliche Gründe genannt.[114]   **68**

Der Nachweis darüber, ob und inwieweit eine Antragstellung aufgrund technischer Probleme tatsächlich nicht möglich war, ist im Nachhinein in aller Regel nicht mehr zuverlässig zu führen. Ein Insolvenzgericht wird kaum mit Sicherheit ermitteln können, ob und inwieweit zu einem bestimmten Zeitpunkt eine Überlastung der IT-Systeme bei der jeweiligen Stelle vorlag. Obgleich den Beweis hierfür im Zweifel der Schuldner bzw. dessen Geschäftsleiter selbst zu führen hat, sind hieran keine überzogenen Anforderungen zu stellen. Der Schutzzweck der Vorschrift gebietet eine eher großzügige Handhabung. In der Praxis kann dies zur Folge haben, dass die Frage danach, ob ein Antrag nach Absatz 3 Satz 1 gestellt wurde, bei der nachlaufenden Beurteilung, ob die Aussetzung im Einzelfall greift, oftmals keine übergeordnete Rolle mehr spielen wird. Mit ein wenig Begründungsaufwand werden die meisten Schuldner stets Gründe dafür anführen können wird, warum eine rechtzeitige Antragstellung letztlich nicht möglich gewesen sein soll. Im Ergebnis wird damit die Prüfung der Erfolgsaussichten eines (hypothetischen) Antrages (Satz 3) das zentrale Kriterium sein, anhand dessen *ex post* bestimmt werden kann, ob die Aussetzung zugunsten des betroffenen Schuldners galt oder nicht.   **69**

---

111) Nerlich/Römermann-*Römermann*, COVInsAG, § 1 Rz. 103.
112) Nerlich/Römermann-*Römermann*, COVInsAG, § 1 Rz. 111 ff.
113) Nerlich/Römermann-*Römermann*, COVInsAG, § 1 Rz. 120.
114) BT-Drucks. 19/25353, S. 15.

4. Insolvenzantragspflicht bei fehlender Antragsberechtigung (Satz 3)

70 Die Sätze 1 und 2 gelten gemäß Satz 3 nicht, wenn **offensichtlich keine Aussicht auf Erlangung der Hilfeleistung besteht oder die erlangbare Hilfeleistung für die Beseitigung der Insolvenzreife unzureichend** ist. Schuldner bei denen dies zutrifft, sind nach dem Zweck der Regelung nicht schutzwürdig und daher uneingeschränkt insolvenzantragspflichtig.[115]

71 Bei der Frage nach den Erfolgsaussichten eines Antrags ist der konkret gestellte Antrag zugrunde zu legen, soweit nicht im Rahmen des Satz 2 die Prüfung eines **hypothetischen Antrags** angezeigt ist.[116] Im Einzelnen sind die tatsächlichen und rechtlichen Voraussetzungen für die Gewährung der jeweiligen Hilfeleistung zu prüfen, wobei auf den Zeitpunkt der (hypothetischen) Antragstellung abzustellen ist. Der Umfang des Anspruches auf die jeweilige Hilfsleistung ist ebenfalls zu prüfen, denn es ist erforderlich, dass die Hilfeleistung dazu geeignet ist, die Insolvenzreife zu beseitigen.[117] Zu beachten ist, dass bei der Überschuldungsprüfung für die Zeit nach dem 1.1.2021 der verkürzte Prognosezeitraum von vier Monaten zugrunde zu legen ist, soweit die besonderen Voraussetzungen des § 4 COVInsAG erfüllt sind (siehe Kommentierung zu § 4 COVInsAG [*Fritz/Leipe*]).[118]

72 Offensichtlich ist die mangelnde Erfolgsaussicht eines Antrages auf eine Hilfsleistung, wenn der Antragstellende schlechterdings **nicht ernsthaft vom Erhalt der Hilfsleistungen ausgehen durfte,** weil – gemessen am Horizont eines durchschnittlichen, gewissenhaften Geschäftsleiters – bereits bei überschlägiger Prüfung auffallen musste, dass die jeweiligen Anspruchsvoraussetzungen nicht erfüllt sind. Am Beispiel der November- und Dezemberhilfen liegt eine solche offensichtliche Aussichtslosigkeit der Erlangung der Leistungen etwa vor, wenn der antragstellende Schuldner nicht von den Schließungen ab dem 2.11.2020 betroffen war.

73 Die Hilfen müssen geeignet sein, um die eingetretene **Insolvenzreife zu beseitigen,** d. h. die (tatsächlich erlangbare) Leistung muss unter Berücksichtigung aller sonstigen Leistungen und Umstände eine Zahlungsunfähigkeit oder rechnerische Überschuldung beseitigen.[119]

VI. Rechtslage vom 1.2.2021 bis 30.4.2021 (Abs. 3 n. F.)

74 Mit Gesetz vom 15.2.2021 wurde – rückwirkend zum 1.2.2021 der zeitliche Anwendungsbereich des § 1 Abs. 3 COVInsAG auch auf den Zeitraum vom 1.2.2021 bis zum 30.4.2021 erstreckt.[120] Der Bezugsrahmen für die notwendigen Anträge auf staatliche Hilfsleistungen wurde bis zum 28.2.2021 erweitert.

---

115) BT-Drucks. 19/25353, S. 15.
116) Nerlich/Römermann-*Römermann*, COVInsAG, § 1 Rz. 140 f.
117) *Heinrich*, NZI 2021, 71, 74.
118) *Wolfer* in: BeckOK-InsO, COVInsAG, § 1 Rz. 10.
119) Nerlich/Römermann-*Römermann*, COVInsAG, § 1 Rz. 157.
120) Art. 1 des Gesetzes zur Verlängerung der Aussetzung der Insolvenzantragspflicht und des Anfechtungsschutzes für pandemiebedingte Stundungen sowie zur Verlängerung der Steuererklärungsfrist in beratenen Fällen und der zinsfreien Karenzzeit für den Veranlagungszeitraum 2019 v. 15.2.2021, BGBl. I, 237.

§ 2
Folgen der Aussetzung

(1) Soweit nach § 1 Abs. 1 die Pflicht zur Stellung eines Insolvenzantrags ausgesetzt ist,

1. gelten Zahlungen, die im ordnungsgemäßen Geschäftsgang erfolgen, insbesondere solche Zahlungen, die der Aufrechterhaltung oder Wiederaufnahme des Geschäftsbetriebes oder der Umsetzung eines Sanierungskonzepts dienen, als mit der Sorgfalt eines ordentlichen und gewissenhaften Geschäftsleiters im Sinne des § 64 Satz 2 des Gesetzes betreffend die Gesellschaften mit beschränkter Haftung, des § 92 Absatz 2 Satz 2 des Aktiengesetzes, des § 130a Absatz 1 Satz 2, auch in Verbindung mit § 177a Satz 1, des Handelsgesetzbuchs und des § 99 Satz 2 des Genossenschaftsgesetzes vereinbar;

2. gilt die bis zum 30. September 2023 erfolgende Rückgewähr eines im Aussetzungszeitraum gewährten neuen Kredits sowie die im Aussetzungszeitraum erfolgte Bestellung von Sicherheiten zur Absicherung solcher Kredite als nicht gläubigerbenachteiligend; dies gilt auch für die Rückgewähr von Gesellschafterdarlehen und Zahlungen auf Forderungen aus Rechtshandlungen, die einem solchen Darlehen wirtschaftlich entsprechen, nicht aber deren Besicherung; § 39 Absatz 1 Nummer 5 und § 44a der Insolvenzordnung finden insoweit in Insolvenzverfahren über das Vermögen des Schuldners, die bis zum 30. September 2023 beantragt wurden, keine Anwendung;

3. sind Kreditgewährungen und Besicherungen im Aussetzungszeitraum nicht als sittenwidriger Beitrag zur Insolvenzverschleppung anzusehen;

4. sind Rechtshandlungen, die dem anderen Teil eine Sicherung oder Befriedigung gewährt oder ermöglicht haben, die dieser in der Art und zu der Zeit beanspruchen konnte, in einem späteren Insolvenzverfahren nicht anfechtbar; dies gilt nicht, wenn dem anderen Teil bekannt war, dass die Sanierungs- und Finanzierungsbemühungen des Schuldners nicht zur Beseitigung einer eingetretenen Zahlungsunfähigkeit geeignet gewesen sind. Entsprechendes gilt für

    a) Leistungen an Erfüllungs statt oder erfüllungshalber;

    b) Zahlungen durch einen Dritten auf Anweisung des Schuldners;

    c) die Bestellung einer anderen als der ursprünglich vereinbarten Sicherheit, wenn diese nicht werthaltiger ist;

    d) die Verkürzung von Zahlungszielen;

5. gelten die bis zum 31. März 2022 erfolgten Zahlungen auf Forderungen aufgrund von bis zum 28. Februar 2021 gewährten Stundungen als nicht gläubigerbenachteiligend, sofern über das Vermögen des Schuldners ein Insolvenzverfahren bis zum Ablauf des 18. Februar 2021 noch nicht eröffnet worden ist.

(2) Absatz 1 Nummer 2 bis 5 gilt auch für Unternehmen, die keiner Antragspflicht unterliegen, sowie für Schuldner, die weder zahlungsunfähig noch überschuldet sind.

(3) Absatz 1 Nummer 2 und 3 gilt im Fall von Krediten, die von der Kreditanstalt für Wiederaufbau und ihren Finanzierungspartnern oder von anderen Institutionen im Rahmen staatlicher Hilfsprogramme anlässlich der COVID-19-Pandemie gewährt werden, auch dann, wenn der Kredit nach dem Ende des Aussetzungszeitraums gewährt oder besichert wird, und unbefristet für deren Rückgewähr.

(4) ¹Soweit nach § 1 Absatz 2 die Pflicht zur Stellung eines Insolvenzantrags ausgesetzt ist und keine Zahlungsunfähigkeit vorliegt, ist Absatz 1 anwendbar. ²Absatz 2 findet entsprechende Anwendung. ³Absatz 3 bleibt unberührt.

(5) Ist die Pflicht zur Stellung eines Insolvenzantrags nach § 1 Absatz 3 ausgesetzt, gelten die Absätze 1 bis 3 entsprechend, jedoch Absatz 1 Nummer 1 nur mit der Maßgabe, dass an die Stelle der darin genannten Vorschriften § 15b Absatz 1 bis 3 der Insolvenzordnung tritt.

> § 2 Abs. 1 einl. Satzteil geänd., Abs. 4 angef. mWv. 1. Oktober 2020 durch Gesetz v.
> 25. September 2020, BGBl. I S. 2016; Abs. 5 angef. mWv. 1. Januar 2021 durch
> Gesetz v. 22. Dezember 2020, BGBl. I S. 3256; Abs. 5 neu gef. mWv. 1. Januar 2021,
> Abs. 1 Nr. 4 Buchst. d geänd., Buchst. e aufgeh., Nr. 5 angef., Abs. 2 geänd. mWv.
> 19. Februar 2021 durch Gesetz v. 15. Februar 2021, BGBl. I S. 237.

Literatur: *Altmeppen,* Was bleibt von den masseschmälernden Zahlungen?, ZIP 2015, 949; *Bitter,* Corona und die Folgen nach dem COVID-19-Insolvenzaussetzungsgesetz (COVInsAG), ZIP 2020, 685; *Bornemann,* Insolvenzrechtliche Aspekte des Maßnahmenpakets zur Stabilisierung der Wirtschaft, jurisPR-InsR 9/2020 Anm. 1; *Brünkmans,* Anforderungen an eine Sanierung nach dem COVInsAG, ZInsO 2020, 797; *Fritz,* Die Aussetzung der Insolvenzantragspflicht nach dem COVInsAG und ihre Folgen in der Praxis, ZRI 2020, 217; *Ganter,* Insolvenzrechtliche Probleme durch COVID-19 vor und nach dem Änderungsgesetz, NZI 2020, 1017; *Gehrlein,* Rechtliche Stabilisierung von Unternehmen durch Anpassung insolvenzrechtlicher Vorschriften in Zeiten der Corona-Pandemie, DB 2020, 713; *Habersack/Foerster,* Debitorische Konten und Massezuflüsse im Recht der Zahlungsverbote, ZGR 2016, 153; *Hölzle/Schulenberg,* Das „Gesetz zur vorübergehenden Aussetzung der Insolvenzantragspflicht und zur Begrenzung der Organhaftung bei einer durch die COVID-19-Pandemie bedingten Insolvenz (COVID-19-Insolvenzaussetzungsgesetz – COVInsAG)“ – Kommentar, ZIP 2020, 633; *Jarchow/Hölken,* Das Gesetz zur vorübergehenden Aussetzung der Insolvenzantragspflicht und zur Begrenzung der Organhaftung bei einer durch die COVID-19-Pandemie bedingten Insolvenz sowie weitere Maßnahmen des Gesetzgebers und der Bundesregierung zur Abmilderung der Folgen der COVID-19-Pandemie, ZInsO 2020, 730; *Klinck,* Anfechtungsprivileg durch Stundung nach § 2 Abs. 1 Nr. 5 COVInsAG, ZIP 2021, 541; *Morgen/Schinkel,* Überbrückungskredite in Zeiten der COVID-19-Pandemie, ZIP 2020, 660; *Nerlich/Römermann,* Insolvenzordnung, 42. EL 02/2021; *Poertzgen,* Der Zweck heiligt die Mittel – ein Zwischenruf zum COVInsAG, ZInsO 2020, 825; *Römermann,* Die Aussetzung der Insolvenzantragspflicht im COVInsAG und ihre Folgen, NJW 2020, 1108; *Strohn,* Organhaftung im Vorfeld der Insolvenz, NZG 2011, 1161; *Thole,* Die Aussetzung der Insolvenzantragspflicht nach dem COVID-19-Insolvenz-Aussetzungsgesetz und ihre weiteren Folgen, ZIP 2020, 655; *Ziegenhagen,* Auswirkungen der „Corona-Pandemie“ und erste Maßnahmen der Bundesregierung, ZInsO 2020, 689; *Zuleger,* Kreditsicherheiten nach dem StaRUG, NZI-Beilage 2021, 43.

Übersicht

I. Allgemeines und Entwicklung der Vorschrift

Neben den unmittelbaren Folgen der Aussetzung der Antragspflicht nach § 1 COVInsAG sieht das Gesetz in § 2 COVInsAG[1] weitere **Privilegien** für diejenigen Schuldner vor, für die die Aussetzung greift. Ohne die Gewährung dieser Privilegien sieht der Gesetzgeber das Risiko, dass bei einer im zeitlichen Anwendungsbereich der Aussetzung eingetretenen Insolvenzreife die Gläubiger und Vertragspartner des Schuldners erhaltene Zahlungen und Leistungen in einem späteren Insolvenzverfahren infolge einer Insolvenzanfechtung oder wegen einer unzulässigen Zahlung durch den verantwortlichen Geschäftsleiter wieder herausgeben müssten. Dies gefährdet die reibungslose Zusammenarbeit von Unternehmen, provoziert u. a. das Verlangen von Vorkasse und würde schließlich dem Grunde nach die **Lieferketten gefährden**. Insoweit soll nach dem Willen des Gesetzgebers ausdrücklich die Belie-

1

---

1) Art. 1 des Gesetzes zur Abmilderung der Folgen der COVID-19-Pandemie im Zivil-, Insolvenz- und Strafverfahrensrecht (COVAbmildG), v. 27.3.2020, BGBl. I 2020, 569.

ferung und Fortführung eines in der Krise befindlichen, ja sogar eines materiell insolventen Unternehmens ermöglicht werden.[2]

2 Im Einzelnen sind dazu folgende Privilegien vorgesehen:

– **Zahlungen im ordnungsgemäßen Geschäftsgang**, insbesondere solche Zahlungen, die der Aufrechterhaltung oder Wiederaufnahme des Geschäftsbetriebes oder der Umsetzung eines Sanierungskonzepts dienen, gelten als mit der Sorgfalt eines ordentlichen Geschäftsleiters (z. B. i. S. von § 92 Abs. 2 Satz 2 AktG a. F. oder von § 64 Satz 2 GmbHG a. F., jetzt § 15b Abs. 1 Satz 2 InsO) vereinbar (§ 2 Abs. 1 Nr. 1 COVInsAG).

– Die bis zum 30.9.2023 erfolgende **Rückzahlung von Krediten**, die während der Aussetzung der Antragspflicht durch Dritte gewährt werden, und die **Besicherung solcher Kredite** während des Aussetzungszeitraums gelten als nicht gläubigerbenachteiligend i. S. des § 129 InsO (§ 2 Abs. 1 Nr. 2 Halbs. 1 COVInsAG). Bei während des Aussetzungszeitraums gewährten **Gesellschafterdarlehen** (oder wirtschaftlich entsprechenden Rechtshandlungen) gilt Entsprechendes für deren Rückzahlung, nicht jedoch für deren Besicherung; in einer bis zum 30.9.2023 beantragten Insolvenz sind derartige Gesellschafterdarlehen überdies nicht nachrangig (§ 2 Abs. 1 Nr. 2 Halbs. 2 und 3 COVInsAG).

– Kreditgewährungen und Besicherungen im Aussetzungszeitraum sind **kein sittenwidriger Beitrag zur Insolvenzverschleppung** (§ 2 Abs. 1 Nr. 3 COVInsAG). Eine Haftung gemäß § 826 BGB scheidet in solchen Fällen damit aus. Wegen der Aussetzung der Insolvenzantragspflicht scheidet auch eine Haftung von Kreditgebern oder Geschäftsleistern nach § 823 Abs. 2/§ 830 Abs. 2 BGB i. V. m. § 15a InsO aus.

– **Kongruente Deckungen** während des Aussetzungszeitraums (und bestimmte in § 2 Abs. 1 Nr. 4 Satz 2 COVInsAG aufgeführte Rechtshandlungen) sind grundsätzlich einer Insolvenzanfechtung entzogen (§ 2 Abs. 1 Nr. 4 Satz 1 Halbs. 1 COVInsAG). Dies gilt jedoch dann nicht, wenn dem Anfechtungsgegner bekannt war, dass die Sanierungs- und Finanzierungsbemühungen des Schuldners zur Beseitigung einer eingetretenen Zahlungsunfähigkeit ungeeignet gewesen sind (§ 2 Abs. 1 Nr. 4 Satz 1 Halbs. 2 COVInsAG).

Da die Laufzeit der ursprünglichen Aussetzung der Insolvenzantragspflicht nach § 1 COVInsAG a. F. bis zum 30.9.2021 beschränkt war (vgl. nunmehr § 1 Abs. 1 COVInsAG n. F.), die Pandemielage sich jedoch zu diesem Zeitpunkt noch nicht merklich verbessert hatte, wurde die Aussetzung der Insolvenzantragspflicht in mehreren Stufen verlängert (vgl. dazu die Darstellung unter § 1 Rz. 8 ff. [*Fritz*]). Im Zuge dessen wurde auch die Vorschrift des § 2 COVInsAG entsprechend angepasst. Mit der **ersten Verlängerung der Aussetzung für überschuldete Unternehmen ab dem 1.10.2021**[3] wurde infolge der Einfügung des § 1 Abs. 2 COVInsAG auch der **§ 2 Abs. 4 COVInsAG eingefügt** und somit klargestellt, dass die Folgen der Aussetzung

---

2) Vgl. Entwurf COVAbmildG, BT-Drucks. 19/18110, S. 3.
3) Gesetz zur Änderung des COVID-19-Insolvenzaussetzungsgesetzes v. 25.9.2020, BGBl. I, 2016.

nach den § 2 Abs. 1 bis 3 COVInsAG auch für die von der weiteren Aussetzung der Antragspflicht betroffenen Unternehmen gelten. Im Rahmen des **SanInsFoG**[4)] wurde schließlich **zum 1.1.2021 der § 2 Abs. 5 COVInsAG eingefügt**, um die notwendige Bezugnahme zu dem ebenfalls neu eingefügten § 1 Abs. 3 COVInsAG herzustellen. Mit **Gesetz vom 15.2.2021** wurde rückwirkend zum 1.2.2021 der zeitliche Geltungsbereich des § 1 Abs. 3 COVInsAG bis zum 30.4.2021 verlängert.[5)] Im Zuge dessen wurde zunächst – bereits rückwirkend zum 1.1.2021 – die Bezugnahme auf den ebenfalls durch das SanInsFoG neu geschaffenen § 15b InsO in § 2 Abs. 5 COVInsAG angepasst. Im Übrigen wurde mit Wirkung zum 19.2.2021 der **§ 2 Abs. 1 Nr. 4 Buchst. e) COVInsAG a. F. gestrichen** und somit die anfechtungsrechtliche Privilegierung von Zahlungserleichterungen aufgehoben. Die **Neueinfügung des § 2 Abs. 1 Nr. 5 COVInsAG** regelt nunmehr die anfechtungsrechtliche Privilegierung von Stundungen und löst insoweit den § 2 Abs. 1 Nr. 4 Buchst. e) COVInsAG a. F. ab.[6)]

Die nachfolgende Darstellung unter II. umfasst allein die unter der Urfassung des COVInsAG vom 27.3.2020 geltende Rechtslage. Die jeweiligen Änderungen und Konsequenzen, welche sich aus der stufenweisen Verlängerung der Aussetzung der Insolvenzantragspflicht über den 30.9.2020 hinaus ergeben, werden unter III. und IV. erläutert.

II. Rechtslage bis zum 30.9.2020

1. Allgemeines

a) Zeitlicher Anwendungsbereich der Privilegien

Zeitlich gelten auch die Privilegien des § 2 COVInsAG gemäß Art. 6 Abs. 1   **3** COVAbmildG a. F. **rückwirkend ab dem 1.3.2020**.[7)] Da und soweit die Privilegien

---

4)   Gesetz zur Fortentwicklung des Sanierungs- und Insolvenzrechts (Sanierungs- und Insolvenzrechtsfortentwicklungsgesetz – SanInsFoG) v. 22.12.2020, BGBl. I, 3256.

5)   Gesetz zur Verlängerung der Aussetzung der Insolvenzantragspflicht und des Anfechtungsschutzes für pandemiebedingte Stundungen sowie zur Verlängerung der Steuererklärungsfrist in beratenen Fällen und der zinsfreien Karenzzeit für den Veranlagungszeitraum 2019 v. 15.2.2021, BGBl. I, 237.

6)   Nerlich/Römermann-*Römermann*, COVInsAG, § 2 Rz. 61a.

7)   Vgl. Begr. RegE COVAbmildG, BT-Drucks. 19/18110, S. 23; aus verfassungsrechtlicher Sicht stellt sich die Frage, ob nicht insbesondere § 2 COVInsAG gegen das Rückwirkungsverbot aus Art. 20 Abs. 3 GG verstößt. Dem Grunde nach handelt es sich bei der Regelung um eine sog. echte Rückwirkung, also eine Rückbewirkung von Rechtsfolgen. Aus Schuldnersicht ergibt sich eine regulatorische Besserstellung, sodass sich verfassungsrechtliche Bedenken hier nicht aufdrängen. Aber auch aus Gläubigersicht ist zweifelhaft, inwieweit sich aus den Regelungen zur Insolvenzanfechtung bzw. aus den i. E. vom Insolvenzverwalter geltend zu machenden Haftungsvorschriften für Geschäftsleiter eine originäre Schutzposition der Gläubiger eines Insolvenzverfahrens ableiten lässt. Zwar lässt sich argumentieren, dass hierdurch der Anspruch der Gläubiger der betroffenen Unternehmen auf gleichmäßige Befriedigung nach Eintritt des materiellen Mangelzustands der Insolvenz rückwirkend vereitelt wird. Allerdings dürfte ein verfassungsrechtlich geschütztes Rechtsinteresse dieses Personenkreises an einem nahtlosen Fortbestand der par conditio creditorum und der zum Zwecke ihrer Förderung geschaffenen Rechtsinstrumente nur schwer begründen lassen. Unabhängig hiervon werden im Falle des COVInsAG zwingende Gründe des Allgemeinwohls vorliegen, die eine hinreichende Grundlage für eine verfassungsrechtliche Rechtfertigung einer Rückwirkung bieten.

auf die Aussetzung der Antragspflicht nach § 1 Abs. 1 COVInsAG abstellen, ist mit der Anknüpfung der Zeitraum der Aussetzung bis zum 30.9.2020 gemeint. Endet dieser, enden grundsätzlich auch diese zeitlich beschränkten[8]) Privilegien nach § 2 Abs. 1 Nr. 1 bis Nr. 3 COVInsAG, soweit sich nicht aus den Absätzen 4 und 5 etwas anderes ergibt. Entfällt die Aussetzung der Antragspflicht nach § 1 COVInsAG, bleibt für die Anwendung von § 2 COVInsAG insgesamt kein Raum mehr[9]), soweit die Privilegien nicht „nachwirken".

4   Die Verweisung auf § 1 Abs. 1 COVInsAG durch ein „soweit", mag man als sprachliche Ungenauigkeit ansehen,[10]) die der Schnelligkeit der Abfassung geschuldet war.[11]) Bei **systematischer und teleologischer Auslegung** des COVInsAG ist aber klar, dass dieses nur temporär wirkende Gesetz mit „soweit" den zeitlich begrenzten, aber in Form einer etwaige Verlängerung flexiblen Zeitraum der Aussetzung der Antragspflicht meint. Der Anwendungsbereich des § 2 COVInsAG ist zeitlich daher grundsätzlich so lange eröffnet, solange bzw. „soweit" § 1 COVInsAG greift.[12]) *Bornemann* stellt klar, dass es sich mithin allein um eine „binäre Differenzierung" handeln kann: Entweder besteht die Aussetzung und öffnet den Weg zu § 2 COVInsAG oder eben nicht.[13])

5   Allerdings besteht eine wichtige **Ausnahme von dieser zeitlichen Limitierung**: Für Kredite der Kreditanstalt für Wiederaufbau (**KfW**) und ihrer Finanzierungspartner oder von anderen Institutionen i. R. staatlicher COVID-19-Pandemie-Hilfsprogramme gelten diese zeitlichen Grenzen nicht. Die Privilegien für die Kreditvergabe dieser Institutionen (§ 2 Abs. 1 Nr. 2 und 3 COVInsAG) sind mithin unabhängig davon, wann der jeweilige Kredit gewährt oder besichert wurde und unabhängig vom Zeitpunkt dessen Rückgewähr (§ 2 Abs. 3 COVInsAG). Maßgeblicher Anknüpfungsgegenstand ist in diesen Fällen demnach nicht der Aussetzungszeitraum, sondern vielmehr die Zweckbestimmung der Kreditvergabe und in diesem Zusammenhang gewährter Sicherungen („anlässlich dieser Hilfsprogramme"). Der **persönliche Anwendungsbereich** des Absatzes 3 ist damit äußerst eng gefasst und ist auf die gläubigerseitigen Teilnehmer der staatlichen Hilfsprogramme beschränkt. Damit soll gewährleistet werden, dass diese Programme im Einzelfall auch dann noch entsprechend privilegiert eingreifen können, wenn sich längerfristige Folgen der COVID-19-Pandemie bei einzelnen Schuldnern auch nach Ende der Aussetzungsfrist nicht anderweitig abfedern lassen. Absatz 3 ist mithin als eine Art zeitliche Öffnungsklausel zu verstehen.

b)   **Adressatenkreis und Anwendbarkeit der Privilegien nach § 2 Abs. 1 Nr. 1 COVInsAG**

6   Adressaten der Privilegien sind zunächst die **Organe**, an die sich die in der Aufzählung nach § 2 Abs. 1 Nr. 1 COVInsAG in ihrer Anwendung temporär ausgesetzten

---

8)   Vgl. Begr. Entwurf COVAbmildG, BT-Drucks. 19/18110, S. 25.
9)   *Bornemann*, jurisPR-InsR 9/2020 Anm. 1, III. 3.
10) *Hölzle/Schulenberg*, ZIP 2020, 633, 639.
11) *Bornemann*, jurisPR-InsR 9/2020 Anm. 1, III. 3.
12) So auch *Hölzle/Schulenberg*, ZIP 2020, 633, 639.
13) *Bornemann*, jurisPR-InsR 9/2020 Anm. 1, III. 2.

Vorschriften wenden. Anders ausgedrückt sind dies die durch die entsprechenden Normen des GmbHG, des AktG, des HGB und des GenG etc. anderenfalls von der Haftung nach diesen Normen betroffenen Geschäftsführer oder Vorstände. Bei Vorständen von Vereinen umfasst das Privileg, freilich bereits unmittelbar, dass bei Aussetzung der Antragspflicht auch die Haftung wegen verzögerter Antragstellung nach § 42 Abs. 2 BGB nicht greift.[14]

Tatbestandlich setzt die Anwendung von § 2 Abs. 1 Nr. 1 COVInsAG nun immer voraus, dass   7

–   die Insolvenzantragspflicht nach § 1 Abs. 1 Satz 1 COVInsAG ausgesetzt ist,

–   die Voraussetzungen der Ausnahme nach § 1 Abs. 1 Satz 2 COVInsAG nicht vorliegen und

–   die fragliche Rechtshandlung in den (verlängerbaren) Aussetzungszeitraum fällt.[15]

Zu den tatbestandlichen Voraussetzungen des § 2 Abs. 1 Nr. 2 COVInsAG siehe   8 sodann unter Rz. 27 ff.

c)   Generelle Anwendbarkeitsvoraussetzungen nach § 2 Abs. 1 Nr. 2 bis 4 COVInsAG

Die als Folge der Aussetzung nach § 2 Abs. 1 Nr. 2 bis 4 COVInsAG gewährten   9 Privilegien setzen das Vorliegen einer **materiellen Insolvenz** nicht voraus. So werden diese Privilegien dem Dritten nach § 2 Abs. 1 COVInsAG gewährt, wenn – wie oben dargelegt – die Aussetzung der Antragspflicht allein rein zeitlich gesehen und generell eingreift. § 2 Abs. 2 COVInsAG[16] stellt dies zugunsten der Dritten klar: Die Privilegien für die Kreditvergabe (§ 2 Abs. 1 Nr. 1 und 3 COVInsAG) und bei der Insolvenzanfechtung (§ 2 Abs. 1 Nr. 4 COVInsAG) gelten **zugunsten Dritter** also auch bei Rechtsgeschäften mit Schuldnern, die per se oder mangels einer konkret bestehenden Zahlungsunfähigkeit oder Überschuldung nicht antragspflichtig sind.[17] Nach dem Willen des Gesetzgebers sollen eben auch schon Fälle umfasst werden,

---

14)   Vgl. die explizite Nennung dieser Haftungsgefahr Begr. Entwurf COVAbmildG, BT-Drucks. 19/18110, S. 17; Für Vereinsvorstände existiert allerdings kein dem § 64 Satz 1 GmbHG a. F. oder § 93 Abs. 3 Nr. 6 AktG a. F. unmittelbar entsprechender Haftungstatbestand. Eine analoge Anwendung hat der BGH in seinem Hinweisbeschluss v. 8.2.2010 abgelehnt (BGH, Beschl. v. 8.2.2010 – II ZR 156/09, NZG 2010, 711). Eine Haftung für Zahlungen entgegen dem Zahlungsverbot kommt daher allein aus § 823 Abs. 2 BGB in Betracht (dazu etwa *Leuschner* in: MünchKomm-BGB, § 42 Rz. 35, der richtigerweise zwischen grundsätzlichem Zahlungsverbot und hieran geknüpftem Haftungstatbestand differenziert). Für Vereinsvorstände wird die Haftungsfrage im Zusammenhang mit dem COVInsAG daher allein auf der Ebene der Rechtswidrigkeit zu beantworten sein. Letztere kann freilich dann nicht mehr angenommen werden, soweit die Tatbestandsvoraussetzungen des § 2 Abs. 1 Nr. 1 COVInsAG vorliegen.

15)   *Bornemann*, jurisPR-InsR 9/2020 Anm. 1, III. 4.

16)   Eine gemäß § 2 Abs. 1 Nr. 1 COVInsAG entfallende Ersatzpflicht besteht in derartigen Fällen ohnehin nicht.

17)   Vgl. Begr. Entwurf COVAbmildG, BT-Drucks. 19/18110, S. 24.

bei denen sich der jeweilige Schuldner in einer Krise bzw. in ernsthaften wirtschaftlichen Schwierigkeiten befindet.[18]

10   Mit anderen Worten: Solange und soweit gegenüber Schuldnern dem Grunde nach bzw. zeitlich (siehe Rz. 3 ff.) die Insolvenzantragsaussetzung greift (mithin bei der KfW und den benannten Institutionen auch länger) gilt zugunsten der Geschäftspartner der **Katalog der Haftungsprivilegien** des § 2 Abs. 1 Nr. 2 bis 4 COVInsAG.

11   Indes bringt § 2 Abs. 2 COVInsAG die Regelungen des § 2 Abs. 1 COVInsAG nur in den Fällen der Nr. 2 bis 4, also **zum Schutz Dritter**, zur Anwendung, wenn es sich auf Seiten des Schuldners um einen solchen handelt, der auch nach Maßgabe des COVInsAG (noch) *nicht antragspflichtig* ist. Im Anwendungsbereich des § 2 Abs. 1 Nr. 1 COVInsAG bedurfte es keiner entsprechenden Erstreckung, da mangels Insolvenzreife die dort genannten Auszahlungsverbote noch nicht gelten. Das heißt aber auch, dass § 2 Abs. 2 COVInsAG die Wirkung des Absatz 1 nur auf die Fälle erstreckt, bei denen der Schuldner selbst (noch) nicht auf die Aussetzung der Antragspflicht angewiesen wäre. Handelt es sich hingegen um ein Unternehmen, welches an sich antragspflichtig wäre, dem die grundsätzliche Aussetzung nach § 1 Abs. 1 Satz 1 COVInsAG auch zugutekäme, bei dem dann aber die Ausnahme des § 1 Abs. 1 Satz 2 COVInsAG (kein Beruhen der Insolvenzreife auf der Pandemie oder keine Aussicht die Zahlungsunfähigkeit zu überwinden, siehe unter Art. 1 COVInsAG Rz. 21 ff. [*Fritz*]) greift, kommt dann in diesem Falle dem Dritten die Aussetzung der Antragspflicht und in der Folge auch das darauf tatbestandlich aufbauende Privileg nicht zugute. Denn hier fehlt es bereits tatbestandlich an einer Aussetzung der Insolvenzantragspflicht als Grundvoraussetzung für die Privilegien nach § 2 COVInsAG.[19]

12   Hier muss freilich wegen des Regel-Ausnahme-Verhältnisses des § 1 COVInsAG derjenige, der sich auf die Ausnahme, die Insolvenz beruhe nicht auf der Pandemie oder es bestehe keine Aussicht zur Beseitigung der Zahlungsunfähigkeit, berufen wird, die entsprechende **Beweislast** tragen, mithin die Ausnahme des § 1 Abs. 1 Satz 2 COVInsAG beweisen, was nicht einfach sein dürfte. Die für die im Falle einer kontradiktorischen, rechtlichen Auseinandersetzung aufgestellten Beweislastregeln, darunter die gesetzliche Vermutung und die Anforderungen an die Widerlegung der Kausalität und die **begründeten Aussichten auf (nachhaltige) Wiederherstellung der Zahlungsfähigkeit** nach § 1 Abs. 1 Satz 2 COVInsAG erläuterten

---

18) Vgl. Begr. Entwurf COVAbmildG, BT-Drucks. 19/18110, S. 24. Dabei findet sich der vergleichbare Begriff der finanziellen Schwierigkeiten bereits in ErwG 1 der Restrukturierungsrichtlinie (Richtlinie (EU) 2019/1023 des Europäischen Parlaments und des Rates v. 20.6.2019 über präventive Restrukturierungsrahmen, über Entschuldung und über Tätigkeitsverbote sowie über Maßnahmen zur Steigerung der Effizienz von Restrukturierungs-, Insolvenz- und Entschuldungsverfahren und zur Änderung der Richtlinie (EU) 2017/1132 – Richtlinie über Restrukturierung und Insolvenz, ABl. (EU) L 172/18 v. 26.6.2019). Das deutet schon an, dass die durch die COVID-19-Pandemie geschaffenen Probleme durchaus durch die Umsetzung der Richtlinie in Deutschland künftig beigelegt werden könnten. Denn die nicht in diesem Beitrag behandelten Regelungen zum Moratorium bei Verträgen der Daseinsvorsorge und der Stundung von Mieten in Art. 5 COVAbmildG sowie jetzt gewährte neue Kredite, lassen letztlich eine Bugwelle an Schulden entstehen, die künftig abgebaut werden müssen.

19) *Hölzle/Schulenberg*, ZIP 2020, 633, 639.

Grundsätze, sind daher für die Frage, ob sich der Dritte auf das Privileg im Ergebnis berufen bzw. verlassen darf, entsprechend anzuwenden.[20]

2. Zahlungen im ordnungsgemäßen Geschäftsgang (§ 2 Abs. 1 Nr. 1 COVInsAG)

Nach dem Wortlaut des § 2 Abs. 1 Nr. 1 COVInsAG gelten Zahlungen, die im sog. ordnungsgemäßen Geschäftsgang erfolgen, insbesondere der Aufrechterhaltung bzw. Wiederaufnahme des Geschäftsbetriebes oder der Umsetzung eines Sanierungskonzeptes dienen, als mit der Sorgfalt eines ordentlichen und gewissenhaften Geschäftsleiters vereinbar. Dabei verweist § 2 Abs. 1 Nr. 1 COVInsAG ausdrücklich auf § 64 Satz 2 GmbHG a. F., § 92 Abs. 2 Satz 2 AktG a. F., § 130a Abs. 1 Satz 2 HGB a. F., auch i. V. m. § 177a HGB a. F. und § 99 Abs. 2 GenG a. F., und eine solche Haftung der Geschäftsleiter scheidet dann im Fall einer Anschlussinsolvenz aus.   **13**

Der **Geschäftsleitung** soll es damit ermöglicht werden, erforderliche Maßnahmen   **14** zur Fortführung des Unternehmens zu ergreifen, ohne hierfür persönlich einstehen zu müssen. Dies gilt auch dann, wenn eine etwaige spätere Insolvenz auf vollkommen anderen Ursachen als die COVID-19-Pandemie zurückzuführen ist. Entscheidend ist, dass die die **Haftung** ausschließenden Tatsachen im Zeitpunkt der entsprechenden Rechtshandlung vorliegen.

a) Nötiges Korrektiv zu restriktiver Rechtsprechung

Diese **Haftungserleichterungen** sind mittlerweile auch nötig, da eine restriktive   **15** Tendenz in der Rechtsprechung in jüngster Zeit praktisch jede Leistungserbringung nach Insolvenzreife ausschloss[21] und damit eine Fortführung zu Zwecken der Sanierung torpedierte. So wurden **immer höhere Hürden für eine Haftungsbegrenzung** bei Gegenleistungen zugunsten der Masse (auf Ebene des § 64 Satz 1 GmbHG) sowie für Zahlungen, welche gemäß dem Ausnahmetatbestand des § 64 Satz 2 GmbHG mit der Sorgfalt eines ordentlichen Geschäftsmanns vereinbar sind, aufgestellt. Entgegen früherem und wohlbegründetem[22] Verständnis sind nach der jüngeren Rechtsprechung des BGH etwa für die Gegenleistung die Regeln des Bargeschäfts nicht mehr entsprechend anwendbar.[23] Demnach muss die in die Masse gelangende Gegenleistung für eine Verwertung durch die Gläubiger geeignet sein. Das seien Arbeits- oder Dienstleistungen in der Regel nicht. Wenn die Gesellschaft insolvenzreif und eine Liquidation zugrunde zu legen ist, sei die in die Masse gelangende Gegenleistung grundsätzlich nach Liquidationswerten zu bemessen.[24] Damit wurde völlig verkannt, dass gerade die Arbeits- und Dienstleistungen zu einer **Wertschöpfung** beitragen, die bei Eröffnung nicht körperlich vorhanden sein mag, indes hieraus zumeist Forderungen entstehen, die der Insolvenzverwalter dann zum vollen Wert einziehen kann. In der Praxis haben daher Insolvenzverwalter Geschäftsführer für solche Zahlungen

---

20) So auch *Hölzle/Schulenberg*, ZIP 2020, 633, 640.
21) So auch *Bitter*, ZIP 2020, 685, 690; *Schluck-Amend*, NZI 2020, 289, 292.
22) Etwa *Strohn*, NZG 2011, 1161, 1164 f.; *Habersack/Foerster*, ZGR 2016, 153, 180.
23) BGH, Urt. v. 4.7.2017 – II ZR 319/15, NZG 2017, 1034.
24) BGH, Urt. v. 4.7.2017 – II ZR 319/15, NZG 2017, 1034; *Altmeppen*, ZIP 2015, 949, 950.

auf Dienstleistung nach § 64 Satz 2 GmbHG a. F. in Anspruch genommen, obschon die Masse dank dieser Zahlungen das Doppelte aus so geschaffenen Forderungen schon vereinnahmt hatte. Von daher ergibt es Sinn, wenn in der Gesetzesbegründung ausdrücklich erwähnt wird, dass die Geschäftsleiter in der aktuellen Lage, bei der Fortführung des Unternehmens nicht durch die – so wörtlich – „engen Grenzen" dieser Vorschriften begrenzt werden sollen[25] bzw. um mit *Bornemann* zu sprechen, diese Enge zu überwinden sei.[26]

b) Regelungstechnik

16 Die Norm des § 2 Abs. 1 Nr. 1 COVInsAG geht einen anderen Weg als § 1 COVInsAG. Während letzterer die Pflicht zur Insolvenzantragstellung in seinem Abs. 1 Satz 1 generell aussetzt, werden durch § 2 COVInsAG die gesellschafts-rechtlichen Haftungstatbestände nicht auf der ersten Subsumtionsebene – und damit nicht bei der Frage der Gegenleistung – ausgesetzt. So sind hier nur die Zah-lungen, die im ordnungsgemäßen Geschäftsgang erfolgen, also der Aufrechterhaltung oder Wiederaufnahme des Geschäftsbetriebes oder der Umsetzung eines Sanierungs-konzeptes dienen, mit der Sorgfalt eines ordentlichen und gewissenhaften Geschäfts-leiters vereinbar. Das COVInsAG knüpft also direkt an den **Ausnahmetatbestand des § 64 Satz 2 GmbHG a. F.** an.[27] Hierbei handelt es sich um eine **unwiderlegliche, gesetzliche Fiktion.**[28] Denn nach dem Wortlaut der Haftungsnormen (hier am Bei-spiel des § 64 GmbHG erläutert) wären die Geschäftsführer der Gesellschaft zum Ersatz von Zahlungen verpflichtet, die nach Eintritt der Zahlungsunfähigkeit der Gesellschaft oder nach Feststellung ihrer Überschuldung geleistet werden. Dies gilt nicht für Zahlungen, die auch nach diesem Zeitpunkt mit der Sorgfalt eines ordent-lichen Geschäftsmanns vereinbar sind. Kraft der Fiktion gelten dann aber die Zahlun-gen welche im ordnungsgemäßen Geschäftsgang erbracht wurden (dazu gleich) als solche, die mit der erforderlichen Sorgfalt erbracht wurden. Nach zutreffender h. M. wird damit dann auch der objektive Tatbestand der Haftungsnormen ausge-schlossen.[29]

17 Nun führt die Aussetzung der Antragspflicht nicht dazu, dass keiner der genannten Insolvenzgründe mehr vorliegen kann, denn es wird „nur" die Antragspflicht aus-gesetzt. Lagen diese Gründe vor, muss nach bisherigem Recht der Geschäftsleiter nachweisen, dass die Zahlungen mit der Sorgfalt eines ordentlichen Geschäftsmannes vereinbar sind oder eine kompensierende Gegenleistung vorlag.[30] Hier hilft jetzt die **gesetzliche Fiktion** des § 2 Abs. 1 Nr. 1 COVInsAG, denn nunmehr gelten Zahlungen, die im ordnungsgemäßen Geschäftsgang erfolgen, insbesondere solche, die der Aufrechterhaltung oder Wiederaufnahme des Geschäftsbetriebes oder der Umsetzung eines Sanierungskonzeptes dienen, als mit der Sorgfalt eines ordentli-chen und gewissenhaften Geschäftsleiters vereinbar. Es handelt sich also um eine

25) Vgl. Begr. Entwurf COVAbmildG, BT-Drucks. 19/18110, S. 23.
26) *Bornemann*, jurisPR-InsR 9/2020 Anm. 1, III. 4.
27) Vgl. dazu ausführlich *Bitter*, ZIP 2020, 685, 691.
28) *Bornemann*, jurisPR-InsR 9/2020 Anm. 1, III. 4.; *Hölzle/Schulenberg*, ZIP 2020, 633, 641.
29) *Bornemann*, jurisPR-InsR 9/2020 Anm. 1, III. 4.
30) Vgl. statt aller Roth/Altmeppen-*Altmeppen*, GmbHG, § 64 Rz. 34.

Fiktion, dass ein die Rückzahlungssanktion ausschließendes Tatbestandsmerkmal vorliegt.

c) Betroffene Zahlungsarten

So wie der Begriff der „Zahlungen" i. R. des § 64 GmbHG a. F. **weit auszulegen** ist und jeden das Gesellschaftsvermögen schmälernden Transfer umfasst,[31] hat dies dann spiegelbildlich auch für den Begriff der „Zahlungen" i. S. des § 2 Abs. 1 Nr. 1 COVInsAG zu gelten.   **18**

d) Folgen der Modifikation auf Ebene des § 64 Satz 2 GmbHG a. F. für die Beweislast

Nach bisheriger Rechtslage musste der Insolvenzverwalter, wollte er einen Geschäftsleiter in Anspruch nehmen, nachweisen, dass nach Eintritt der Insolvenzreife eine Zahlung bzw. ein das Gesellschaftsvermögen schmälernder Transfer vorlag. Der Geschäftsleiter musste hingegen auf der ersten Tatbestandsebene – jedenfalls nach der jüngsten BGH-Rechtsprechung – darlegen, dass die durch die Zahlung verursachte Schmälerung der Masse in einem unmittelbaren Zusammenhang mit der Zahlung durch eine Gegenleistung ausgeglichen wurde, welche zudem für eine Verwertung durch die Gläubiger geeignet sein musste. Hieran ändert sich zunächst nichts. Nunmehr greift indes die **gesetzliche Fiktion** des § 2 Abs. 1 Nr. 1 COVInsAG, nach welcher der Geschäftsleiter in einer künftigen Insolvenz, in deren Konsequenz ein Insolvenzverwalter im Aussetzungszeitraum geleistete Zahlungen angreift und die im Zeitpunkt der Zahlungen vorliegende materielle Insolvenz beweisen kann, wiederum den Gegenbeweis dafür erbringen muss, dass es sich bei den Zahlungen bzw. Transfers um solche handelt, die im ordnungsgemäßen Geschäftsgang erfolgten. Dazu werden nach § 2 Abs. 1 Nr. 1 COVInsAG insbesondere *aber nicht nur* solche Zahlungen gerechnet, die der Aufrechterhaltung oder Wiederaufnahme des Geschäftsbetriebes oder der Umsetzung des Sanierungskonzeptes dienen.   **19**

e) Begriff der Zahlungen im ordnungsgemäßen Geschäftsgang

Nach der Gesetzesbegründung umfasst der ordnungsgemäße Geschäftsgang alle hierzu erforderlichen Maßnahmen, etwa wenn sie der Neuausrichtung des Geschäfts i. R. der Sanierung dienen sollen.[32] Anhand dessen lässt sich gut erkennen, dass im weitesten Sinne **alle Transfers, die der Fortführung dienen**, von dem Privileg in § 2 Abs. 1 Nr. 1 COVInsAG umfasst sein sollen. **Referenzmaßstab** wird damit die **Fortführung**.[33]   **20**

Was der Gesetzgeber sich unter dem „ordnungsgemäßen Geschäftsgang" vorgestellt hat, bleibt zunächst unklar, denn dieser **unbestimmte Rechtsbegriff** taucht ansonsten eher im Bilanzrecht auf und meint dort als „ordnungsmäßiger Geschäftsgang" ein   **21**

---

31) Roth/Altmeppen-*Altmeppen*, GmbHG, § 64 Rz. 10.
32) Vgl. Begr. Entwurf COVAbmildG, BT-Drucks. 19/18110, S. 23.
33) *Hölzle/Schulenberg*, ZIP 2020, 633, 642.

zeitlich von Verzögerung freies Vorgehen.[34] Zur Deutung des Begriffs kann auch hinzugezogen werden, dass er keinesfalls ein Synonym zu der **Sorgfalt des ordentlichen Geschäftsmannes** sein soll, denn dann wäre das vorgesehene Privileg wirkungslos.[35] Somit ergibt es Sinn zu überlegen, welche Transfers nicht mehr als ordnungsgemäßer Geschäftsgang anzusehen sind. Hier kann man zum einen daran denken, dass außergewöhnliche Maßnahmen, welche ein Geschäftsführer etwa nach der Satzung nur mit Zustimmung der Gesellschafterversammlung durchführen könnte, ausgeschlossen sein sollen. Die Gesetzesbegründung will aber z. B. auch ausdrücklich die Neuausrichtung erlauben.[36] Daher kann man allenfalls solche außerordentlichen Transfers ausschließen, die über die normalen bzw. alltäglichen Geschäftsvorfälle hinausgehen und eben nicht den vorerwähnten Zwecken dienen.

22   Orientiert man sich aber zum anderen an der generellen Intention der Schutzgesetze, wie etwa § 64 GmbHG a. F., kann man auch folgern, dass **übermäßige Transfers**, die in keinem ausgeglichenem Verhältnis zur Gegenleistung stehen (etwa Zahlungen, die eine verdeckte Gewinnausschüttung darstellen oder bei unpassender Relation schon einen Schenkungscharakter aufweisen) nicht mehr ordnungsgemäß sind[37] und letztlich auch durch Vermögensminderung die Fortführung gefährden.[38] Nicht ordnungsgemäß sind somit auch Zahlungen, die man als „Asset Protection" erkennen kann, mittels derer Vermögen im Ergebnis etwa an nahe Familienangehörige oder andere nahestehende Personen oder Unternehmen fließt.[39] Auch Ausschüttungen an Gesellschafter oder Selbstbegünstigung sind nicht geschützt.[40] Setzt man diese Überlegungen ins Verhältnis zur jüngsten BGH-Rechtsprechung und den Vorstellungen des Gesetzgebers wird aber klar, dass es darauf ankommen muss, dass im Zeitpunkt des Transfers diesem **ex tunc** eine **angemessene Gegenleistung** gegenüberstand und er **generell der Fortführung diente**. Dazu sollten aber auch Investitionen und, wenn es sich um wichtige Lieferanten handelt, sogar die Bedienung von rückständigen Rechnungen gehören, wenn dies für die privilegierten Zwecke[41] aber auch schon für die Stabilisierung der Lieferbeziehung nötig ist.[42]

23   Die geschützte **Zweckverfolgung und Angemessenheit ex tunc** wird der Geschäftsführer im gerichtlichen Streitfalle ggf. beweisen müssen, wenn er darzulegen hat, dass die Zahlung im ordnungsgemäßen Geschäftsgang erfolgte, ohne dass man hier ex post allgemeine Nützlichkeitskontrollen einziehen sollte. Generell sinnvoll ist hier auch der Ansatz einer **Insolvency Judgement Rule**,[43] soweit man diese weit

---

34) Vgl. dazu *Ruppelt* in: BeckOK-HGB, § 243 Rz. 35 ff.; Ebenroth/Boujong/Joost/Strohn-*Böcking/Gros*, HGB, § 243 Rz. 17 ff.

35) In diesem Sinne wohl das Privileg zu stark einschränkend *Hölzle/Schulenberg*, ZIP 2020, 633, 641.

36) Begr. Entwurf COVAbmildG, BT-Drucks. 19/18110, S. 23.

37) So auch *Thole*, ZIP 2020, 655.

38) *Hölzle/Schulenberg*, ZIP 2020, 633, 641.

39) *Jarchow/Hölken*, ZInsO 2020, 730–740.

40) *Bornemann*, jurisPR-InsR 9/2020 Anm. 1, III. 4.

41) *Schluck-Amend*, NZI 2020, 289, S. 292.

42) *Bornemann*, jurisPR-InsR 9/2020 Anm. 1, III. 4.

43) *Bornemann*, jurisPR-InsR 9/2020 Anm. 1, III. 4., unter Verweis auf *Bitter*, ZIP 2020, 685, 691.

und in dem Sinne versteht, dass bei den Transaktionen die Belange potenzieller Gläubiger zumindest auch bedacht wurden. Dies kann man indes nicht als Einzelabwägung in jedem Einzelfall erwarten, wohl aber in dem Sinne, dass den erwähnten Zwecken entsprechende Transaktionen geschützt sind, wenn der Geschäftsleiter aufgrund einer fundierten **Bewertung der Gesamtlage** davon ausgehen durfte, dass die Aufrechterhaltung, Fortführung oder Sanierung des Geschäftsbetriebes den generellen Interessen der Gläubiger nicht zuwiderläuft. Hier ist auch die **Erhaltung des Fortführungswertes** mit zu berücksichtigen; keinesfalls verlangt werden kann aber, dass der Gegenwert der Transaktion in einer nachfolgenden Insolvenz (noch) in der Masse verwertbar vorhanden ist.[44]

Für die Geschäftsführung in Zeiten der Pandemie heißt das nun, dass es bei jeder   **24** Transaktion darauf ankommt, im Zweifel die Angemessenheit der Höhe für die Fortführung des Unternehmens darlegen zu können und eine **Dokumentation vorzuhalten**, warum eine Aufrechterhaltung des Unternehmens (siehe oben bei § 1 COVInsAG Rz. 25 ff. [*Fritz*]) zumindest aussichtsreich ist. Damit sind auch die befürchteten Aufzehrungen der Masse durch nicht ordnungsgemäße Transfers ausgeschlossen, ohne übermäßige Anforderung zu stellen. Einen Freibrief stellt § 2 Abs. 1 Nr. 1 COVInsAG nicht aus.[45]

f) Ausschluss des Privilegs und anderweitige Haftung

Trotz der eindeutigen Systematik des § 2 Abs. 1 COVInsAG fehlt in der Gesetzes-   **25** begründung zu § 2 Abs. 1 Nr. 1 COVInsAG ein Hinweis, dass dieser an § 1 COVInsAG anknüpft. Dieser Hinweis findet sich aber in der Begründung zu § 2 Abs. 1 Nr. 2 COVInsAG.[46] Zudem wird dort darauf hingewiesen, dass dann auch die **Beweislastregeln** (siehe Rz. 60 ff.) **zugunsten des Dritten** (also des potentiellen Anfechtungsgegners) gelten und dieser sich wiederum auf die Vermutung berufen kann.[47] Entsprechend muss dies nicht nur bei den Dritten des § 2 Abs. 1 Nr. 2 COVInsAG, sondern auch bei Geschäftsleitern bzw. gemäß § 2 Abs. 1 Nr. 1 COVInsAG gelten. Das heißt, der Kläger (in der Regel der Insolvenzverwalter) müsste nachweisen, dass im konkreten Fall die Aussetzung nicht greift.

Richtigerweise wäre es deshalb auch nicht angebracht, die Privilegierung i. R. des   **26** § 64 GmbHG durch eine verstärkte **Heranziehung des § 43 GmbHG** bzw. vergleichbarer Normen für andere Rechtsformen zu kompensieren,[48] zumal indes etwa die Haftung nach §§ 30, 31 GmbH bleibt.[49] Nicht umfasst sind vom Privileg des § 2 Abs. 1 Nr. 1 COVInsAG die etwa nach § 64 Satz 3 GmbHG a. F. erfassten Zahlungen an Gesellschafter; diesem Thema widmet sich aber § 2 Abs. 1 Nr. 2 COVInsAG. Letzterer schützt aber nicht die Rückzahlung von Gesellschafterdarlehen, welche vor der Aussetzung der Antragspflicht gewährt wurden.[50]

---

44) So im Ergebnis auch *Hölzle/Schulenberg*, ZIP 2020, 633, 642.
45) *Bitter*, ZIP 2020, 685, 691.
46) Begr. Entwurf COVAbmildG, BT-Drucks. 19/18110, S. 23.
47) Vgl. Begr. Entwurf COVAbmildG, BT-Drucks. 19/18110, S. 23.
48) Vgl. *Bitter*, ZIP 2020, 685, 691.
49) So auch *Thole*, ZIP 2020, 655.
50) *Hölzle/Schulenberg*, ZIP 2020, 633, 641.

3. Rückzahlung und Besicherung von Krediten Dritter (§ 2 Abs. 1 Nr. 2 Halbs. 1 COVInsAG)

27 Nach § 2 Abs. 1 Nr. 2 Halbs. 1 COVInsAG gelten die bis zum 30.9.2023 erfolgten Rückzahlungen von Krediten, die während der Aussetzung der Antragspflicht durch Dritte gewährt werden, und die Besicherung solcher Kredite während des Aussetzungszeitraums, als **nicht gläubigerbenachteiligend**. Der Gesetzgeber möchte hier auch im Zusammenspiel mit wirtschaftlichen Fördermaßnahmen die Zurückhaltung, in einer Krise Kredit zu gewähren, aufbrechen. Als Anknüpfungspunkt für das Privileg müssen die objektiven Voraussetzungen des § 1 Abs. 1 COVInsAG vorliegen, was auch die Regelungen zur Beweislast umfasst (siehe dazu § 1 [*Fritz*] sowie generell und zu § 2 COVInsAG oben unter Rz. 12).

a) Weite Auslegung – Schutz „frischen Geldes"

28 Der **Begriff des Kredites** ist zweckgemäß **weit auszulegen** und soll möglichst jede denkbare Finanzierungsform umfassen, die den Beteiligten nach den Umständen des Einzelfalls angemessen und gangbar erscheint. Nach der Gesetzesbegründung unterfallen dem etwa auch **Warenkredite** und alle **Leistungserbringungen auf Ziel**, d. h. also Leistung gegen spätere Bezahlung bzw. gegen Rechnung auf Zahlungsziel.[51] Damit wird deutlich, dass für die Eigenschaft eines Kredites i. S. dieser Norm ein ausdrückliches **Stehenlassen** nicht erforderlich ist. Vielmehr unterfallen alle Zahlungen, die nicht schon als Zug-um-Zug-Geschäfte i. R. eines unmittelbaren Leistungsaustauschs stattfinden, der Vorschrift. Entscheidend ist jedoch auch, dass es sich um ein **zusätzliches** Risiko des Kreditgebers handelt, welches während der Aussetzung der Antragspflicht übernommen wird, sodass die Novation oder Prolongation eines bestehendes Engagements nicht ausreicht (siehe Rz. 28 f.).[52] Auch kann jeder Geschäftspartner davon profitieren, der in irgendeiner Form eine Lieferung oder Leistung erbracht hat und dabei **vorgeleistet** hat.[53] Ein Kredit- oder gar Bankgeschäft im engeren Sinne muss gerade nicht vorliegen.

29 Erneut geht es um die Ermöglichung der Fortführung von Unternehmen und insbesondere um den **Schutz frischen Geldes**.[54] Das ist ein **Paradigmenwechsel**. So ist der besondere Schutz frischen Geldes vielen Rechtsordnungen bereits gemein, wenn es um die Restrukturierung einzelner Unternehmen in der Krise geht.[55] Im deutschen Restrukturierungsrecht muss man sich bislang diesen Schutz durch Sanierungsgut-

---

51) Vgl. Begr. Entwurf COVAbmildG, BT-Drucks. 19/18110, S. 23.
52) BT-Drucks. 19/18110, S. 23; *Gehrlein*, DB 2020, 713, 721; *Ganter*, NZI 2020, 1017, 1022.
53) *Hölzle/Schulenberg*, ZIP 2020, 633, 642.
54) *Thole*, ZIP 2020, 655.
55) Vgl. dazu auch die Regelungen in Artt. 17, 18 Restrukturierungsrichtlinie (Richtlinie (EU) 2019/1023 des Europäischen Parlaments und des Rates v. 20.6.2019, ABl. (EU) L 172/18 v. 26.6.2019).

achten mehr oder minder teuer erkaufen,[56] was in der Praxis gerade für kleinere Unternehmen aufgrund der hierdurch entstehenden zusätzlichen Kostenbelastung eine zusätzliche Hürde darstellt. Nun wird jedenfalls in der kollektiven Krise auch hierzulande deutlich, dass der Schutz frischen Geldes durchaus Sanierungen und Fortführungen erleichtern kann. Dies hat der Gesetzgeber in Umsetzung der Artt. 17, 18 der Restrukturierungsrichtlinie eingeführten §§ 89, 90 StaRUG ebenfalls erkannt.[57]

„**Frisches Geld**" bedeutet dabei – wie sich schon aus dem Gesetzeswortlaut ergibt – **30** dass es sich um ein **Darlehen (im weitesten Sinne)** handeln muss, welches erst nach dem Beginn des Aussetzungszeitraumes gewährt wurde. So kommt es nicht unbedingt auf den Zeitpunkt der Vereinbarung des Darlehens, sondern den Zeitpunkt der Auszahlung an.[58] So kann auch der **Neuabruf bereits bestehender Kreditlinien** nach dem 1.3.2020 erfasst sein. Denn auch hier findet effektiv eine Liquiditätszufuhr erst statt, wenn das Darlehen valutiert wird.[59] Hat dann auch der Kreditgeber die Krise nicht genutzt, um sich seiner Pflicht zur Valutierung (etwa auf Basis von Covenants oder Kündigungsmöglichkeiten) zu entziehen, trifft er hier folglich im Aussetzungszeitraum die Entscheidung, das Unternehmen trotz den Folgen der Pandemie entsprechend weiter zu unterstützen. Dann verdient er diesen Schutz auch wie bei der Vergabe eines neuen Kredites. Bei **Leistungen auf Ziel** kommt es dementsprechend darauf an, dass der Gläubiger seine Leistung erst ab diesem Zeitpunkt erbracht hat.

Kein „frisches Geld" ist jedoch die weitergehende Kreditgewährung auf bestehende **31** Darlehensverträge (ohne neue Valutierung) und deren Prolongation sowie Novationen, Umschuldungen oder Stundungen von bereits vor dem 1.3.2020 gewährten Krediten.[60] Stundungen können indes von § 2 Abs. 1 Nr. 4 a. F. COVInsAG bzw. der jetzigen Nr. 5 erfasst sein. **Ende der Aussetzungszeitraum**, sind in diesem Sinne auch solche Darlehen (im weitesten Sinne) geschützt, bei denen eine verbindliche Zusage noch im Aussetzungszeitraum stattgefunden hat; dass die Valutierung erst danach erfolgt, ist unschädlich.[61] Entscheidend ist also, dass der Kreditgeber im Aussetzungszeitraum eine bewusste Entscheidung zu treffen hatte, auf der dann eine konkrete Finanzierung folgte.

---

56) Aufgrund der hohen regulatorischen Anforderungen an das Risikomanagement der Banken haben sich Letztere vor der Begleitung einer Sanierung ein umfassendes Sanierungskonzept vorlegen zu lassen, anhand dessen die Entscheidung über die Kreditvergabe auszurichten ist. Die Bank muss sich auf dieser Grundlage stets ein eigenständiges Urteil darüber bilden, ob die Sanierung Aussicht auf Erfolg hat, vgl. BTO 1.2.5 Nr. 3 MaRisk (BaFin, Rundschreiben 9/2017 (BA), Mindestanforderungen an das Risikomanagement – MaRisk, v. 27.10.2017 [BA 54-FR 2210-2017/0002], https://www.bafin.de/SharedDocs/Veroeffentlichungen/DE/Rundschreiben/2017/rs_1709_marisk_ba.html [Abrufdatum: 15.9.2021]). Im Zusammenhang mit der Vorsatzanfechtung lässt sich zudem eine Benachteiligungsvorsatz in der Regel nur dann zuverlässig ausschließen, wenn die umfassenden Anforderungen des BGH an ein schlüssiges Sanierungskonzept erfüllt sind (vgl. dazu ausführlich *Kayser/Freudenberg* in: MünchKomm-InsO, § 133 Rz. 37 f.).
57) Vgl. dazu: *Zuleger*, NZI-Beilage 2021, 43, 45.
58) *Brünkmans*, ZInsO 2020, 797, 806.
59) *Thole*, ZIP 2020, 655.
60) Vgl. Begr. Entwurf COVAbmildG, BT-Drucks. 19/18110, S. 23.
61) *Bornemann*, jurisPR-InsR 9/2020 Anm. 1, III. 5.

32   Auch wenn die Gesetzesbegründung davon spricht, dass Banken motiviert werden sollen, „Krisenunternehmen" zu unterstützen,[62] müssen hier die Anforderungen an einen **Sanierungskredit** oder ein **Überbrückungsdarlehen** gerade – und temporär – nicht noch zusätzlich erfüllt sein.[63] Sicherlich hätte man schon ohne diese Neuregelung die neu gewährten Kredite als Überbrückungskredite ansehen können und daher nicht den strengeren Regeln des Sanierungskredites unterworfen ansehen müssen. Wie *Bornemann* aber treffend schreibt, sind diese Abwägungen und die dahinterstehenden Risiken in der Praxis und der schwierigen Planungssituation kaum zu bewältigen. Daher ist es zu begrüßen, dass es hier allein auf die Frage des „neuen" Geldes ankommt und dogmatische Differenzierung zwischen Überbrückungskredit, dessen maximaler Laufzeit sowie Sanierungskredit hier unterbleiben können.[64]

33   Denn der Gesetzgeber erkennt auch hier wieder ausdrücklich an, dass die bei Sanierungen ansonsten verlangten Konzepte und Prognosen in der Zeit der Pandemie nicht mit der üblichen Verlässlichkeit erstellt werden können.[65] Auch die **Anforderungen an die begründete Sanierungsaussicht** – etwa mittels öffentlicher Hilfsmaßnahmen – dürfen nicht überspannt werden.[66] Selbst wenn dabei die im Zusammenhang mit der Gewährung von Überbrückungskrediten entwickelten Prinzipien[67] heranzuziehen wären, kann in der frühen Phase der Pandemie und anhand ihrer wirtschaftlichen Auswirkungen in dieser Phase nicht einmal die Dauer eines Überbrückungskredites prognostiziert werden. Dieser wäre zunächst nur für die Zeit, in der die Sanierungsaussichten eruiert werden, zur Verfügung zu stellen.[68] All das lässt sich in der Pandemiesituation kaum und nur mit kostenträchtigem Aufwand leisten. Daher ist der hier eingeschlagene Weg zu begrüßen.

34   Dass der Schutz der Kreditgewährung somit umfassender sein soll, ergibt sich i. Ü. daraus, dass jede Zahlung auf Ziel umfasst ist, der generelle Normzweck die Fortführung ist und der Anwendungsbereich des § 1 COVInsAG als vorgeschalteter, immanenter Tatbestand auch schon dann eingreift, wenn noch keine materielle Insolvenz vorliegt. Es wäre auch nicht vermittelbar, wenn etwa jeder vorleistende Handwerker sich zuvor über die Anforderungen an regelkonforme Sanierungen schlau machen müsste. Die Norm soll vielmehr in generellen Krisenzeiten sehr umfassend und **voraussetzungslos** das **Vertrauen bestärken**, nicht später die erhaltene Zahlung im Wege der Insolvenzanfechtung wieder zurückerstatten zu müssen.

b) Umfassender Anfechtungsausschluss

35   In diesem Sinne ist auch die Folge des § 2 Abs. 1 Nr. 2 COVInsAG umfassend, denn demnach gilt die **Rückgewähr** als **nicht gläubigerbenachteiligend**. Das heißt, dass

---

62)   Vgl. Begr. Entwurf COVAbmildG, BT-Drucks. 19/18110, S. 23.
63)   *Morgen/Schinkel*, ZIP 2020, 660, 661.
64)   *Bornemann*, jurisPR-InsR 9/2020 Anm. 1, III. 5.
65)   Vgl. Entwurf COVAbmildG, BT-Drucks. 19/18110, S. 2.
66)   *Ziegenhagen*, ZInsO 2020, 689, 691.
67)   Überblick bei *Bornheimer/Westkamp* in: MünchAHB Insolvenz und Sanierung, § 29 Rz. 41 ff.
68)   *Morgen/Schinkel*, ZIP 2020, 660, 662.

eine Gläubigerbenachteiligung nach § 129 InsO unwiderleglich[69] ausscheidet, womit auch der Weg zu allen nachfolgenden Anfechtungstatbeständen ausgeschlossen wird.[70] Soweit bereits vertreten wird, dass das Anfechtungsprivileg des § 2 Abs. 1 Nr. 4 COVInsAG bei frischem Geld über den generellen Anfechtungsschutz nach § 2 Abs. 1 Nr. 2 COVInsAG hinausgeht, ist dieser Befund richtig; deshalb den Schutz gemäß Nr. 2 auf das Niveau der Nr. 4 herabzusenken, ist aber nicht angebracht.[71] Zum einen widerspricht es dem erklärten Willen des Gesetzgebers, der augenscheinlich die beiden Konstellationen unterschiedlich bewertet, zum anderen soll ja gerade das **Vertrauen der Geschäftspartner gestärkt** werden und Geschäftsbeziehungen aufrechterhalten werden[72] und derjenige, der in dieser Pandemie solidarisch vorleistet, soll später eben auch besonderen Schutz erhalten.

Man könnte indes daran denken, dass derjenige, der bislang zu bestimmten fest ver-   **36** einbarten Konditionen Leistungen erbracht hat und dann nach dem Aussetzungszeitraum in erheblicher Weise seine Vorleistung von **bislang nicht (markt-)üblichen** – sprich weiteren und im Vergleich zur bisherigen Leistungsbeziehungen mithin inkongruenten – **Bedingungen** abhängig macht, nicht in den Genuss des Anfechtungsprivilegs kommen sollte. Das sollte aber nur bei erheblichen Abweichungen der Fall sein. Denn grundsätzlich fällt das Entgelt für einen „Schönwetterkredit" immer geringer aus als selbiges für ein Darlehen in der Krise.

Ob die hier eingeführten Einschränkungen der Anfechtung die Geltungsdauer des   **37** COVInsAG überdauern,[73] mag sehr fraglich sein. Zu wünschen ist aber für die Zeit nach der Pandemie oder die sich anschließende „neue Normalität", noch einmal die vor der Pandemie doch sehr stark ausgeprägten Haftungsrisiken in der Krise und das durch die Rechtsprechung so stark geschärfte Mittel der Anfechtung selbstkritisch zu hinterfragen.[74]

c) Umfang des Anfechtungsschutzes

Inhaltlich wird von der Anfechtung nur die **Rückgewähr von Zahlungen nebst**   **38** **Zinsen,**[75] die bis 30.9.2023 erfolgen, geschützt. Geschützt werden ferner Bestellungen von **Sicherheiten für diese neuen Kredite,** wobei diese dann aber stets innerhalb des Aussetzungszeitraumes gewährt sein müssen. Soweit die Norm von „Sicherheiten zur Absicherung solcher Kredite" spricht, sind dann auch nur Sicherheiten geschützt, die unmittelbar im Zuge der Kreditgewährung vereinbart werden, was mithin auch übliche **Lieferantensicherheiten** etc. umfasst. Eine **nachträgliche**

---

69) *Thole*, ZIP 2020, 655.
70) *Thole*, ZIP 2020, 655, und auch die unmissverständliche Gesetzesbegründung (Begr. Entwurf COVAbmildG, BT-Drucks. 19/18110, S. 23), welche aus dem Ausschluss der Gläubigerbenachteiligung auch den Ausschluss der Anfechtung generell folgert; *Gehrlein*, DB 2020, 713, 723.
71) So etwa *Thole*, ZIP 2020, 655.
72) Vgl. Begr. Entwurf COVAbmildG, BT-Drucks. 19/18110, S. 17.
73) So *Poertzgen*, ZInsO 2020, 825.
74) Auch der BGH tendiert jüngst etwa dazu, die Anforderungen an den Gläubigerbenachteiligungsvorsatz im Rahmen des § 133 InsO strenger zu sehen, vgl. BGH, Urt. v. 6.5.2021 – IX ZR 72/20, WM 2021, 1339.
75) Vgl. Begr. Entwurf COVAbmildG, BT-Drucks. 19/18110, S. 23.

Besicherung, etwa wegen der eingetretenen nochmaligen Verschlechterung der Verhältnisse, dürfte sich aber nicht nach § 2 Abs. 1 Nr. 2 oder Nr. 4 COVInsAG privilegieren lassen; diese wäre dann inkongruent und sollte in der ggf. später doch folgenden Insolvenz nach den allgemeinen Regeln anfechtbar sein.[76]

d) Besonderheiten bei KfW-Programmen

39   Bei Krediten, die von der KfW und ihren Finanzierungspartnern oder von anderen Institutionen i. R. staatlicher Hilfsprogramme anlässlich der COVID-19-Pandemie gewährt werden, ist nach § 2 Abs. 3 COVInsAG der geschützte Zeitraum sogar noch länger: So gilt hier § 2 Abs. 1 Nr. 2 COVInsAG auch, wenn der Kredit erst nach dem Aussetzungszeitraums gewährt oder besichert wird, und sogar unbefristet für deren Rückgewähr. Bei lediglich damit zusammenhängenden sonstigen Finanzierungen gilt aber der reguläre zeitliche Rahmen des § 2 Abs. 1 Nr. 2 COVInsAG.[77]

e) Rückzahlung und Besicherung von Gesellschafterdarlehen

40   Für Gesellschafter ist die Kreditgewährung an die Gesellschaft bislang auch mit Risiken verbunden gewesen. Auch hier will der Gesetzgeber deren **Bereitschaft zum Investment** durch Abbau der für sie negativen gesetzlichen Folgen steigern.[78] Mancher spricht hier gar von einer Sensation.[79] Das mag übertrieben klingen; ein Umdenken, das die Schwere der Krise zeigt, manifestiert sich hier aber in jedem Fall. Auch bei während des Aussetzungszeitraums gewährten Gesellschafterdarlehen (oder wirtschaftlich entsprechenden Rechtshandlungen i. S. des § 39 Abs. 1 Nr. 5 InsO) gilt das soeben bei Krediten Dritter Gesagte für deren Rückzahlung bis zum 30.9.2023 entsprechend. Konsequenterweise finden soweit dann auch bei bis zum 30.9.2023 beantragter Insolvenz die §§ 39 Abs. 1 Nr. 5 und 44a InsO keine Anwendung, sodass bei Insolvenzeröffnung offene Darlehen **nicht als nachrangig einzustufen** sind, soweit sie nur im Aussetzungszeitraum gewährt wurden.[80] Anders als bei Dritten gilt das Privileg nicht für eine Besicherung von Gesellschafterdarlehen. Hier sah man die Gefahr, dass Gesellschafter als Insider sonst zu ihren Gunsten dem Unternehmen besonders wichtige oder werthaltige Assets entziehen würden. Trotz eines in der Rangklasse gewährten Privilegs werden Gesellschafter daher weiterhin anders behandelt als Dritte, was auch angemessen ist.

4. Keine Sittenwidrigkeit der Kreditgewährung und Besicherung (§ 2 Abs. 1 Nr. 3 COVInsAG)

41   Der Schutz der Kreditgewährung und Besicherung umfasst aber nicht nur insolvenz- bzw. anfechtungsrechtliche Privilegien. Nach § 2 Abs. 1 Nr. 3 wirkt er auch in das allgemeine Zivilrecht und führt dazu, dass solche in diesem Zeitrahmen nicht als sittenwidriger Beitrag zu Insolvenzverschleppung anzusehen sind. Regelungstechnisch handelt es sich erneut um eine **unwiderlegliche, gesetzliche Fiktion**,[81] wonach

---

76)   Zutreffend herausgearbeitet von *Hölzle/Schulenberg*, ZIP 2020, 633, 642.
77)   *Thole*, ZIP 2020, 655, 656.
78)   Vgl. Entwurf COVAbmildG, BT-Drucks. 19/18110, S. 2 f.
79)   *Poertzgen*, ZInsO 2020, 825.
80)   So auch *Thole*, ZIP 2020, 655, 656.
81)   *Hölzle/Schulenberg*, ZIP 2020, 633, 642.

das Tatbestandsmerkmal der **Sittenwidrigkeit ausgeschlossen** wird; für die generellen Anwendungsvoraussetzungen gilt das zuvor Gesagte ebenso wie für die Frage, was unter eine Kreditgewährung und Besicherung fällt.

Die Gesetzesbegründung[82] verweist hier ausdrücklich auf den BGH.[83] Eine Insol **42** venzverschleppung liegt demnach bspw. vor, wenn ein Kreditgeber um eigener Vorteile willen die letztlich unvermeidliche Insolvenz eines Unternehmens nur hinausschiebt, indem er Kredite gewährt, die nicht zur Sanierung, sondern nur dazu ausreichen, den Zusammenbruch zu verzögern, wenn hierdurch andere Gläubiger über die Kreditfähigkeit des Unternehmens getäuscht und geschädigt werden, sowie der Kreditgeber sich dieser Erkenntnis mindestens leichtfertig verschließt.[84] So kann man nun einer Bank, die aktuell nach bisheriger Übung einen Überbrückungskredit mit einer Befristung des Darlehens und etwaiger Verlängerungsoptionen bis zur abschließenden Klärung der Folgen der Pandemie gewährt, demnach keinen Vorwurf der Sittenwidrigkeit machen, denn sie folgt wohl nicht in verwerflicher Weise einem **Eigeninteresse**, sondern ermöglicht durch die **Liquiditätssicherung** vielmehr die Fortexistenz des Unternehmens – wie es jüngst auch von der Politik von ihr erwartet wird. Daher wäre auch unter Billigkeitserwägungen die Annahme einer sittenwidrigen Darlehensgewährung verfehlt.[85]

Obschon diese zivilrechtliche Haftung schon bislang – da etwa subjektive Kompo **43** nenten hinzutreten müssten – nach dem eben Gesagten eher fernliegend ist, ergibt es im Dienste der Motivation zur Hilfe bei der Fortführung durchaus Sinn, das Ausscheiden der Sittenwidrigkeit in diesem Kontext klarzustellen.[86] Im Ergebnis kann damit dann zwar der Geschäftsleiter womöglich doch eine Insolvenzverschleppung begehen, etwa weil er die Voraussetzungen der Aussetzung schuldhaft falsch eingeschätzt hat, gleichwohl soll eine in dieser Zeit vorgenommene Kreditgewährung (zumindest für den Gläubiger) nicht bedenklich sein.[87]

Auch die Grenze zum **Eingehungsbetrug** und eine daraus folgende Haftung nach **44** §§ 823 BGB i. V. m. §§ 263, 265b StGB sollte daher durch den Geschäftsleiter nicht überschritten werden; Unternehmer und Geschäftsleiter müssen schon davon überzeugt sein, mittels der darlehensweise zur Verfügung gestellten Mittel auch künftig leistungsfähig zu sein.[88]

5. Einschränkung der Insolvenzanfechtung (§ 2 Abs. 1 Nr. 4 COVInsAG)

Der Gesetzgeber wollte aber nicht nur zur Darlehensvergabe motivieren, er hat auch **45** gesehen, dass in der Krisenphase ebenso ein Bedürfnis für einen generellen Anfech

---

82) Begr. Entwurf COVAbmildG, BT-Drucks. 19/18110, S. 24.
83) BGH, Urt. v. 12.4.2016 – XI ZR 305/14, Rz. 39 f., BGHZ 210, 30 = NJW 2016, 2662.
84) Vgl. BGH, Urt. v. 16.3.1995 – IX ZR 72/94, WM 1995, 995, 997.
85) So *Morgen/Schinkel*, ZIP 2020, 660, 662.
86) *Thole*, ZIP 2020, 655, 656.
87) *Römermann*, NJW 2020, 1108 f.
88) *Ziegenhagen*, ZInsO 2020, 689, 692.

tungsschutz für Vertragspartner, wie z. B. Vermieter, Leasinggeber und Lieferanten, besteht.[89] Insbesondere sollen **Dauerschuldverhältnisse** geschützt werden.[90]

a) Anfechtungsschutz grundsätzlich nur bei kongruenten Deckungen und Sicherungen

46 Anders als bei § 2 Abs. 1 Nr. 2 COVInsAG wird hier aber nicht durch das Entfallen der Gläubigerbenachteiligung die Anwendbarkeit der §§ 129 ff. InsO generell ausgeschlossen. Vielmehr wird nach § 2 Abs. 1 Nr. 4 COVInsAG dadurch umgesetzt, dass „nur" Rechtshandlungen, die dem anderen Teil eine Sicherung oder Befriedigung gewährt haben,[91] die dieser in der Art und zu der Zeit beanspruchen konnte, in einem späteren Insolvenzverfahren nicht anfechtbar sind. Dies sind **zunächst** einmal nur **kongruente Deckungen** i. S. des § 130 InsO (siehe aber sogleich Rz. 48 ff.).[92]

b) Anfechtungsschutz nur i. R. der Antragsaussetzung

47 Sollen mit Absatz 1 Nr. 2 neue Kredite geschützt werden, ist es angemessen, den Schutz nach Absatz 1 Nr. 4 auch nur auf **neue Rechtshandlung,** also ab dem 1.3.2020, anzuwenden.[93] Zeitlich ist § 2 Abs. 1 Nr. 4 COVInsAG ansonsten aber enger gefasst als Absatz 1 Nr. 2, der die Kredittilgung bis 2023 schützt. Um Absatz 1 Nr. 4 anwenden zu können, müssen mithin generell wieder die **Anwendungsvoraussetzungen** des § 2 COVInsAG gelten; es darf sich mithin nicht um einen Schuldner handeln, bei dem die Aussetzung der Antragspflicht nicht greift. Logischerweise kann nur ein **Insolvenzgläubiger** i. S. des § 130 InsO **Adressat der Regelung** sein[94] und schließlich greift sie nur für den Aussetzungszeitraum (zurzeit, also bis zum 30.9.2020). Deckungen für die Zeit danach sind anders als Kredittilgungen nach Absatz 1 Nr. 2 nicht mehr geschützt. Wann das Insolvenzverfahren **eröffnet werden muss,** sagt die Norm nicht. Insoweit kommt es darauf wohl nicht an, sodass entscheidend bleibt, dass die Deckung oder Sicherung in diesem Zeitraum stattfand und **nicht wann angefochten** wird.

c) Umfasste Rechtshandlungen

48 Sachlich umfasst der Anfechtungsausschluss primär **sämtliche Rechtshandlungen,** die sich als **kongruente Deckung** oder **Sicherung** nach § 130 Abs. 1 InsO darstellen. Dies umfasst Leistungen an Vertragspartnern in Dauerschuldverhältnissen wie Vermieter und Leasinggeber, aber auch an Lieferanten und Dienstleister.[95] Das Privileg schützt mithin die Deckung von Forderungen, es schließt aber nach seinem Wort-

---

89) Vgl. Begr. Entwurf COVAbmildG, BT-Drucks. 19/18110, S. 24.
90) *Bornemann*, jurisPR-InsR 9/2020 Anm. 1, III. 7.
91) Befriedigung ist „die (vollständige) Erfüllung des Geschuldeten", s. Uhlenbruck-*Borries/Hirte*, InsO, § 130 Rz. 9; Sicherung ist jede Gewährung einer „Rechtsposition, die geeignet ist, die Durchsetzung des Anspruchs, für den sie eingeräumt ist und der fortbesteht, zu erleichtern", s. *Kayser* in: MünchKomm-InsO, § 130 Rz. 8 m. w. N.
92) *Thole*, ZIP 2020, 655, 656.
93) *Hölzle/Schulenberg*, ZIP 2020, 633, 647.
94) *Thole*, ZIP 2020, 655, 657.
95) *Hölzle/Schulenberg*, ZIP 2020, 633, 647.

laut nicht die Möglichkeit aus, Verträge anzufechten und so dürften – jedenfalls gezielt vereinbarte – Vermögensverschiebungen nicht anfechtungsfrei sein.[96)] Das ergibt sich letztlich aus dem Sinn des Gesetzes, welches die Fortführung insgesamt schützen will. Dabei dient nun § 2 Abs. 1 Nr. 4 Satz 2 COVInsAG dazu, die Weiterbelieferung bzw. ganz allgemein Dauerschuldverhältnisse zu sichern. Was darüber hinausgeht und Gläubigern i. S. einer Inkongruenz weitergehende Sondervorteile bringt, verdient diesen Schutz nicht.

Für diese Sichtweise spricht auch der **Katalog der inkongruenten Deckungen**, welche   **49** hier fiktiv zu kongruenten werden. Wertet man diesen aus, kommt man auch zu dem Ergebnis, dass zwar Deckungen, die „**nicht in der Art**" beansprucht werden konnten, ebenfalls geschützt werden, es sind aber keine, die dem Gläubiger einen weitergehenden Vorteil erbringen. **Nicht geschützt** werden weiterhin inkongruente Rechtshandlungen, die einem Gläubiger etwas gewähren, worauf er **keinen Anspruch** hatte.[97)]

Somit umfasst der Katalog des § 2 Abs. 1 Nr. 4 lit. a bis lit. e COVInsAG[98)] die Leis-   **50** tung an Erfüllung statt oder erfüllungshalber, Zahlungen durch einen Dritten auf Anweisung des Schuldners sowie die Bestellung einer anderen als der ursprünglich vereinbarten Sicherheit, wenn diese nicht werthaltiger ist.

Auch die **Verkürzung von Zahlungszielen** sowie die Gewährung von **Zahlungser-**   **51** **leichterungen** fiel nach der Urfassung des § 2 COVInsAG unter diesen Katalog (§ 2 Abs. 1 Nr. 4 Satz 2 lit. e COVInsAG a. F.). Hier handelt es sich dogmatisch nicht wirklich um inkongruente Deckungen, denn nicht der Gläubiger erhält etwas, auf das er originär keinen Anspruch hatte, sondern der Schuldner. Schon hier wird augenscheinlich der § 133 InsO durch den Gesetzgeber ins Visier genommen. Gewährt ein nachsichtiger Gläubiger Zahlungserleichterungen, wurde ihm mitunter schon der Vorwurf gemacht, eine Kenntnis von der Krise gehabt zu haben. In Zeiten der Pandemie will der Gesetzgeber aber solidarisches Handeln nicht pönalisieren, sondern privilegieren. Daher hat er diese Konstellation hier bewusst mit aufgenommen.[99)]

Neben der wirtschaftlichen Begründung, die Lieferketten störungsfrei zu erhalten,   **52** kann man in diesem Katalog durchaus die Ratio erkennen, auf die mitunter schwierige Abgrenzung kongruenter von inkongruenten Deckungen verzichten zu wollen, was gerade bei Drittzahlungen problematisch sein könnte.[100)]

d) Rückausnahme anhand subjektiver Voraussetzungen

§ 2 Abs. 1 Nr. 4 COVInsAG enthält in Satz 1 eine Rückausnahme dahingehend, dass   **53** eine Anfechtung kongruenter Leistungen bzw. Sicherungen gleichwohl dann nicht ausgeschlossen ist, wenn dem Begünstigten bekannt war, dass die Sanierungs- und Finanzierungsbemühungen des Schuldners **nicht zur Beseitigung einer eingetretenen Zahlungsunfähigkeit geeignet** gewesen sind. Ähnlich wie auch § 130 Abs. 1

---

96) *Thole*, ZIP 2020, 655, 657.
97) *Bornemann*, jurisPR-InsR 9/2020 Anm. 1, III. 7.
98) Alte Fassung, soweit dies den nunmehr weggefallenen Buchst. e) betrifft.
99) *Bornemann*, jurisPR-InsR 9/2020 Anm. 1, III. 7.
100) *Thole*, ZIP 2020, 655, 657.

Nr. 1 InsO, knüpft die Norm damit die Schutzwürdigkeit der erlangten Rechtsposition an das Vorliegen subjektiver Elemente in der Sphäre des Begünstigten. Ein die Gläubigergleichbehandlung überwiegendes schutzwürdiges Vertrauen auf den Bestand der erlangten Rechtsposition entsteht i. R. des § 130 Abs. 1 Nr. 1 InsO nur dann, wenn der betroffene Gläubiger keine positive Kenntnis von der Zahlungsunfähigkeit hat.[101] Eine solche ist anzunehmen, wenn der Gläubiger aus den ihm bekannten Tatsachen und dem Verhalten des Schuldners bei natürlicher Betrachtungsweise den zutreffenden Schluss zieht, dass dieser wesentliche Teile seiner ernsthaft eingeforderten Verbindlichkeiten im Zeitraum der nächsten drei Wochen nicht tilgen kann.[102]

54 Dieselben Anforderungen sind mithin auf das **Erfordernis der Kenntnis** i. R. des § 2 Abs. 1 Nr. 4 COVInsAG zu übertragen. Die Anfechtung bleibt demzufolge möglich, solange und soweit der Anfechtungsgegner aus den ihm bekannten Tatsachen und dem Verhalten des Schuldners den Schluss ziehen muss, dass die tatsächlich eingeleiteten Sanierungs- und Finanzierungsbemühungen des Schuldners nicht zur Beseitigung einer eingetretenen Zahlungsunfähigkeit geeignet sind. Mithin wird tatbestandlich auch die **positive Kenntnis** von der Zahlungsunfähigkeit des Schuldners vorausgesetzt. Daneben stellt die Vorschrift zusätzlich auf ein **prognostisches Element** ab. Der bzgl. des Vorliegens der subjektiven Tatbestandsvoraussetzungen beweisbelastete[103] Insolvenzverwalter muss demnach nicht nur – ggf. anhand von Indizien[104] – darlegen und im Falle beachtlichen Bestreitens beweisen, dass der Schuldner im Zeitpunkt der Deckung zahlungsunfähig war und der Gläubiger dies wusste. Auch muss er beweisen, dass dem Gläubiger die Sanierungsbemühungen des Schuldners bekannt waren und er aus den Umständen zutreffend den Schluss ziehen konnte, dass diese Bemühungen aller Voraussicht nach erfolglos verlaufen würden.[105]

55 **Praktisch** dürfte dieser Beweis in den seltensten Fällen gelingen, da dem außenstehenden Gläubiger somit dasselbe Niveau prognostischer Schlussfolgerung nachzuweisen ist, welches dem Schuldner aufgegeben wird, wenn er seinen Betrieb unter Berufung auf § 1 Abs. 1 Satz 1 COVInsAG fortführt und trotz eingetretener Zahlungsunfähigkeit die Stellung eines Insolvenzantrags wegen hinreichender Sanierungsaussichten unterlässt. Der Wortlaut dieser **subjektiven Ausnahme** lässt auch erkennen, dass die Anforderungen, unter denen subjektiv noch gutgläubig gehandelt werden kann, viel geringer sind, also diese i. R. des § 133 InsO mit dem Vorliegen eines Sanierungskonzepts von der Rechtsprechung entwickelt wurden.[106] Der effek-

---

101) Braun-*de Bra*, InsO, § 130 Rz. 31; Nerlich/Römermann-*Nerlich*, InsO, § 130 Rz. 68.
102) BGH, Urt. v. 12.10.2006 – IX ZR 228/03, ZIP 2006, 2222; BGH, Urt. v. 16.6.2016 – IX ZR 23/15, WM 2016, 1307.
103) Vgl. Begr. Entwurf COVAbmildG, BT-Drucks. 19/18110, S. 24.
104) *Hölzle/Schulenberg*, ZIP 2020, 633, 648.
105) *Hölzle/Schulenberg*, ZIP 2020, 633, 648, verweisen zur Beurteilung der Ernsthaftigkeit der Sanierungsbemühungen und deren Geeignetheit zur Wiederherstellung der Zahlungsfähigkeit richtigerweise auf die Rspr. zur Beurteilung der Gläubigerbenachteiligung bei der Umsetzung von Sanierungskonzepten (BGH, Urt. v. 8.12.2011 – IX ZR 156/09, WM 2012, 146).
106) *Jarchow/Hölken*, ZInsO 2020, 730–740.

tive Anwendungsbereich der Rückausnahme in § 2 Abs. 1 Nr. 4 Satz 1 Halbs. 2 COVInsAG wird sich damit auf Fälle beschränken, in denen ein **Gläubigerbenachteiligungsvorsatz** auf der Hand liegt.[107] Denn eine belastbare Schlussfolgerung über die Erfolgsaussicht der Sanierungsbemühungen kann nur treffen, wer ohnehin umfassenden Einblick in die wirtschaftlichen Befindlichkeiten des Schuldners hat oder wer von letzterem positiv über diese aufgeklärt wurde. In diesen Fällen wird man dann wohl bereits von kollusivem Zusammenwirken ausgehen können und dem Insolvenzverwalter bleibt der Rückgriff auf die Vorsatzanfechtung.

Wie i. R. des § 130 Abs. 1 Nr. 1 InsO, hindert auch bei § 2 Abs. 1 Nr. 4 COVInsAG   **56** nur die Kenntnis der Zahlungsunfähigkeit und der zutreffende Schluss auf die fehlende Aussicht zur Beseitigung derselben das Entstehen eines schutzwürdigen Vertrauens auf die erlangte Rechtsposition. Nach dem Wortlaut ist damit die **Kenntnis der Überschuldung unschädlich.** Wenngleich die Gesetzesbegründung auf die Kenntnis des Gläubigers von den Umständen, dass die Sanierungs- und Finanzierungsbemühungen des Schuldners nicht zur Beseitigung der Insolvenzreife (und damit auch der Überschuldung) geeignet gewesen sind, abstellt, gebührt hier der Auslegung nach dem Wortlaut der Vorschrift der Vorrang. Die Beurteilung der Überschuldung ist für Außenstehende faktisch nicht möglich, weshalb auch allein auf Überschuldung gestützte Gläubigeranträge „eher theoretischer Natur" sind.[108] Zudem wird bei angenommener Wiederherstellung der Zahlungsfähigkeit in der Regel auch das Vorliegen einer Überschuldung beseitigt,[109] da es sich bei der Fortbestehensprognose um eine Zahlungsfähigkeitsprognose handelt. Fälle, in denen Überschuldung, jedoch keine Zahlungsunfähigkeit vorliegt, haben bekanntermaßen Seltenheitswert.

e) Auswirkungen auf § 133 InsO und andere Anfechtungstatbestände?

Die Grenzen zwischen dem effektiven Anwendungsbereich der Rückausnahme in   **57** § 2 Abs. 1 Nr. 4 Satz 1 Halbs. 2 COVInsAG und der **Vorsatzanfechtung** sind fließend. Im Rahmen des § 133 InsO ist die **Inkongruenz einer gewährten Befriedigung** oder Sicherung regelmäßig ein starkes **Beweisanzeichen** für das Vorliegen eines Gläubigerbenachteiligungsvorsatzes des Schuldners und für die korrespondierende Kenntnis des Anfechtungsgegners dieses Vorsatzes.[110]

Um das Schutzniveau des § 2 Abs. 1 Nr. 4 COVInsAG aufrechtzuerhalten und um   **58** folgerichtig zu verhindern, dass über die Vorsatzanfechtung der Anfechtungsausschluss entwertet wird, ist es zumindest angezeigt, dass bei solchen Rechtshandlungen im Aussetzungszeitraum, die dem Grunde nach der Vorsatzanfechtung unterfallen könnten, ein für eine **Vorsatzanfechtung** streitendes Beweisanzeichen der Inkon-

---

107) Beachte auch hierbei die jüngst geschärften Anforderungen an den Nachweis der Kenntnis von einem Gläubigerbenachteiligungsvorsatz, BGH, Urt. v. 6.5.2021 – IX ZR 72/20, WM 2021, 1339.

108) K. Schmidt-*Gundlach*, InsO, § 14 Rz. 23.

109) So auch *Hölzle/Schulenberg*, ZIP 2020, 633, 648.

110) BGH, Urt. v. 18.12.2003 – IX ZR 199/02, WM 2004, 299; BGH, Urt. v. 22.4.2004 – IX ZR 370/00, ZIP 2004, 1160; BGH, Urt. v. 11.5.1995 – IX ZR 170/94, ZIP 1995, 1078; *Kayser/ Freudenberg* in: MünchKomm-InsO, § 133 Rz. 29 ff.; K. Schmidt-*Ganter/Weinland*, InsO, § 133 Rz. 45 ff.

gruenz jedenfalls im Anwendungsbereich des Katalogs der in Absatz 1 Nr. 4 genannten inkongruenten Deckungen die Indizwirkung abzusprechen.

59 Der Gesetzgeber beabsichtigt aber womöglich einen noch umfassenderen Schutz der betroffenen Leistungen: Nach *Haas/Cymutta* (siehe 1. Aufl., Art. 240 § 1 EGBGB Rz. 97 ff.), aber auch nach *Bornemann* geht diese Absicht dann auch soweit, dass § 2 Abs. 1 Nr. 4 COVInsAG auch Anfechtungen nach § 133 InsO ausschließt.[111] Dafür spricht der Umstand, dass die Rückausnahme bzw. der subjektive Tatbestand des § 2 Abs. 1 Nr. 4 COVInsAG eben einen ganz eigenen Weg geht und im Ergebnis eine temporäre, **modifizierte Sonderform des Anfechtungsvorsatzes** vorsieht bzw. den Weg zur Anwendbarkeit der §§ 130 bis 133 InsO kontrolliert (siehe dazu gleich unten). Mit anderen Worten: Handelt es sich um Rechtshandlungen i. S. des § 2 Abs. 1 Nr. 4 COVInsAG und liegen nicht dessen besondere Vorsatzelemente vor, ist eine Anfechtung nach §§ 130 bis 133 InsO ausgeschlossen. Allein eine Anfechtung nach § 134 InsO bleibt stets noch möglich;[112] wie auch schon bei der Frage, welche Zahlungen einem Geschäftsleiter noch gestattet sind (siehe oben unter Rz. 14 ff.), kommt es hier bei gleicher Wertung darauf an, dass Leistungen aus dem Vermögen des Schuldners ohne gleichwertige Gegenleistung keinen Schutz verdienen.

f) Prüfung und Beweislast bei der Anfechtung erfasster Fälle

60 Somit bietet sich für die Prüfung, ob nach §§ 130 bis 133 InsO angefochten werden kann, künftig folgende Vorgehensweise an:

61 Liegt eine kongruente oder eine unter den Katalog in § 2 Abs. 1 Nr. 4 Satz 2 COVInsAG fallende inkongruente Deckungshandlung während eines Zeitpunktes vor, in dem der Schuldner **bereits zahlungsunfähig** war, ist zunächst zu prüfen, ob der zeitliche Anwendungsbereich des COVInsAG eröffnet ist. Ist dies der Fall, sind die allgemeinen Voraussetzungen des § 1 COVInsAG zu prüfen, ob also im konkreten Fall die Aussetzung der Insolvenzantragspflicht greift. In diesem Rahmen kommt bereits dem Regel-/Ausnahmeverhältnis zwischen § 1 Abs. 1 Satz 1 (Regel) und Abs. 1 Satz 2 (Ausnahme) COVInsAG und unterstützend der Vermutung des § 1 Abs. 1 Satz 3 besondere Bedeutung zu: Aus letzterer folgt im vermuteten Regelfall, also in dem Fall, in dem der Schuldner per 31.12.2019 nicht zahlungsunfähig ist, dass hinreichend Aussichten darauf bestehen, dass eine bestehende Zahlungsunfähigkeit beseitigt werden kann. Dies ist methodisch zur Herstellung einer Konkordanz von § 1 Abs. 1 Satz 3 zu § 2 Abs. 1 Nr. 4 COVInsAG und der Verneinung der Rückausnahme i. S. des § 2 Abs. 1 Nr. 4 Halbs. 2 COVInsAG geboten. Allerdings dürfte eine entsprechende Beweisführung für den hier beweisbelasteten Insolvenzverwalter (siehe § 1 COVInsAG Rz. 34 [*Fritz*]) angesichts der erörterten Beweislastverteilung außerordentlich schwierig sein.

62 **Greift die Aussetzung** nach alldem ein, ist der Weg in die **Anwendbarkeit des § 2 COVInsAG geöffnet** und die Anfechtung wird (erst einmal) verwehrt.

---

111) *Bornemann*, jurisPR-InsR 9/2020 Anm. 1, III. 7.
112) *Bornemann*, jurisPR-InsR 9/2020 Anm. 1, III. 7.

Anschließend ist dann aber noch zu prüfen, ob der Anfechtungsgegner **positive**   63
Kenntnis von der Zahlungsunfähigkeit hatte, ihm ferner die Sanierungsbemühungen des Schuldners bekannt waren und er aus den Umständen bei objektiver
Betrachtung zutreffend den Schluss ziehen konnte, dass diese Bemühungen erfolglos
verlaufen werden. Liegt diese subjektive Voraussetzung vor, wird dann die Anwendung von § 2 COVInsAG gesperrt und es bleibt dann wieder eine Anfechtungsmöglichkeit nach den §§ 130 bis 133 InsO eröffnet.

Vertritt man hingegen (und entgegen etwa *Bornemann*)[113] die **Auffassung**, dass   64
§ 2 COVInsAG die Anwendbarkeit von § 133 InsO nicht sperrt, wäre bei der
Anfechtung nach § 133 InsO, die auf einer in den Aussetzungszeitraum fallenden
Rechtshandlung beruht, zumindest die etwaige Inkongruenz, soweit die Deckungshandlung unter den Katalog des § 2 Abs. 1 Nr. 4 COVInsAG fällt, kein taugliches
Beweisanzeichen für einen Gläubigerbenachteiligungsvorsatz des Schuldners bzw.
die Kenntnis des Anfechtungsgegners hiervon.

III. Auswirkungen der Verlängerung der Aussetzung ab 1.10.2020 (Abs. 4)

Mit Wirkung zum 1.10.2020 wurde im Gesetzeswege[114] die Verlängerung der Aus-   65
setzung der Insolvenzantragpflicht bestimmt. Der zu diesem Zweck eingefügte § 1
Abs. 2 COVInsAG bestimmt allerdings, dass die Aussetzung in der Zeit vom
1.10.2020 bis zum 31.12.2020 ausschließlich für überschuldete, nicht aber für zahlungsunfähige Unternehmen gilt. Im selben Atemzug hat der Gesetzgeber, um eine
entsprechende Kongruenz der Aussetzung der Insolvenzantragpflicht und ihrer
Folgen sicherzustellen, § 2 Abs. 4 COVInsAG angefügt. Dieser bestimmt, dass soweit
die Antragpflicht nach § 1 Abs. 2 COVInsAG ausgesetzt und keine Zahlungsunfähigkeit besteht, die haftungs- und anfechtungsrechtlichen Privilegien nach § 2
Abs. 1 COVInsAG ebenfalls gelten.

Darüber hinaus wird in § 2 Abs. 4 Satz 2 COVInsAG klargestellt, dass auch Ab-   66
satz 2 entsprechende Anwendung findet, sodass auch überschuldete Unternehmen,
die grundsätzlich keiner Insolvenzantragpflicht nach § 15a InsO unterliegen –
sowie auch deren Vertragspartner – in den Genuss der Privilegien des § 2 COVInsAG
kommen. Dies betrifft insbesondere Einzelkaufleute, Kommanditgesellschaften mit
einer natürlichen Person als Komplementärin.[115] Absatz 4 Satz 3 ordnet an, dass die
die von § 1 Abs. 2 COVInsAG auch der § 2 Abs. 3 COVInsAG unverändert gilt.

---

113) *Bornemann*, jurisPR-InsR 9/2020 Anm. 1, III. 7.
114) Von der in § 4 COVInsAG a. F. vormals niedergelegten Verordnungsermächtigung wurde
    unter Anderem aufgrund der Modifikation der Aussetzung ausschließlich für überschul-
    dete Unternehmen und aufgrund offensichtlicher Zweifel an den Voraussetzungen und der
    Reichweite der Verordnungsermächtigung (s. dazu *Fritz/Scholtis* in Aufl. 1, § 4 Rz. 5 ff.)
    kein Gebrauch gemacht.
115) Nerlich/Römermann-*Römermann*, COVInsAG, § 2 Rz. 63.

IV. Auswirkungen des SanInsFoG und der weiteren Verlängerung der Aussetzung

1. Einführung des § 2 Abs. 5 COVInsAG

67 Infolge der umfassenden Erweiterung und Neugestaltung des Restrukturierungs- und Insolvenzrechts im Zuge des SanInsFoG[116] zum 1.1.2021 wurde die Insolvenzantragspflicht zunächst bis zum 31.1.2021 und mit Gesetz vom 15.2.2021[117] schließlich bis zum 30.4.2021 erneut verlängert, indem dem § 1 COVInsAG der Absatz 3 angefügt wurde. Dieser knüpft die Aussetzung der Insolvenzantragspflicht nicht wie bisher an die Zahlungsunfähigkeit oder Überschuldung infolge der Auswirkungen der COVID-19-Pandemie, sondern daran, ob der betroffene Schuldner innerhalb eines bestimmten Bezugszeitraumes (erfolglos) einen Antrag auf staatliche Hilfen gestellt hat (siehe hierzu unter § 1 Rn. 64 ff. [*Fritz*]). Spiegelbildlich zur Einfügung des § 1 Abs. 3 COVInsAG wurde durch Art. 10 SanInsFoG dem § 2 um den Absatz. 5 ergänzt. Dieser bestimmt, dass soweit die Antragpflicht nach § 1 Abs. 3 COVInsAG ausgesetzt ist, die Absätze 1 bis 3 entsprechend gelten.

68 Im Wege der weiteren Verlängerung wurde ferner die Klarstellung in Absatz 5 aufgenommen, dass Absatz 1 Nr. 1 mit der Maßgabe gilt, dass dieser nunmehr auf § 15b Abs. 1–3 InsO verweist.[118] Letzterer wurde im Zuge des SanInsFoG als zentrale Kodifikation der Zahlungsverbote nach Eintritt der Insolvenzreife haftungsbeschränkter Rechtsträger in die Insolvenzordnung eingefügt und ersetzt damit die bisherigen Vorschriften in § 64 Abs. 1 GmbHG, § 130a Abs. 1 Satz 1 und § 177a HGB, § 92 Abs. 2 i. V. m. § 93 Abs. 3 Nr. 6 AktG sowie § 34 Abs. 3 Nr. 4 i. V. m. § 99 Abs. 2 GenG.

2. Einführung des § 2 Abs. 1 Nr. 5 COVInsAG

69 Im Rahmen der jüngsten Verlängerung vom 15.2.2021 wurde ferner die Nr. 5 in § 2 Abs. 1 COVInsAG eingefügt. Dieser ersetzt in Bezug auf Stundungen und vergleichbare Zahlungserleichterungen den bisherigen § 2 Abs. 1 Nr. 4 Buchst. e) COVInsAG. In Bezug auf diesen war unter der Vorfassung unklar, ob der Anfechtungsschutz auch Leistungen umfasst, welche nach Ende des Aussetzungszeitraums auf während dieses Zeitraumes gestundete Forderungen erfolgen.[119] Nr. 5 bestimmt nunmehr, dass soweit die Antragpflicht ausgesetzt ist, bis zum 31.3.2022 erfolgte Zahlungen auf **bis spätestens 28.2.2021 gewährte Stundungen** als nicht gläubigerbenachteiligend gelten. Dies gilt jedoch nur dann, wenn über das Vermögen des Schuldners ein Insolvenzverfahren bis zum Ablauf des 18.2.2021 noch nicht eröffnet worden ist.

70 Die Regelung hat **Rückwirkungscharakter**, da ihr Anfechtungsschutz auch für den Aussetzungszeitraum nach § 1 Abs. 1 COVInsAG greift und aufgrund der zeitlichen Begrenzung auf bis zum 28.2.2021 gewährte Stundungen nahezu ausschließlich an vergangene Tatsachen anknüpft.[120] Aufgrund des Umstandes, dass der Anfech-

---

116) Fn. 4.

117) Fn. 5.

118) Zum Hintergrund der nachträglichen Klarstellung: Nerlich/Römermann-*Römermann*, COVInsAG, § 2 Rz. 19a.

119) Nerlich/Römermann-*Römermann*, COVInsAG, § 2 Rz. 61a.

120) *Klinck*, ZIP 2021, 541, 546.

tungsschutz künftige, also nach Inkrafttreten des Gesetzes eröffnete Insolvenzverfahren betrifft und etwaige Anfechtungsansprüche erst mit Verfahrenseröffnung entstehen, handelt es sich um eine sogenannte „unechte" Rückwirkung, bei der auf gegenwärtige, noch nicht abgeschlossene Sachverhalte bzw. Rechtsbeziehungen für die Zukunft einwirkt wird.[121] Unechte Rückwirkungen sind grundsätzlich zulässig.[122] Soweit ein Insolvenzverfahren bereits eröffnet wurde, gilt nicht Regelung nicht, sodass zumindest in Bezug auf die Insolvenzanfechtung keine (unzulässige) „echte" Rückwirkung – also ein nachträglicher Eingriff in abgewickelte, der Vergangenheit angehörende Tatbestände – vorliegt.[123] Zurecht wird jedoch angemerkt, dass die Regelung auch Ansprüche nach § 11 Anfechtungsgesetz (AnfG) umfasst, da sie tatbestandlich nicht nur die Insolvenzanfechtung ausschließt, sondern allgemein bestimmt, dass die betroffenen Zahlungen nicht gläubigerbenachteiligend sind.[124] Soweit diese Ansprüche bereits entstanden sind, liegt mithin eine „echte" Rückwirkung vor die in diesem Fall zur Verfassungswidrigkeit der Vorschrift führt. In der Praxis sind nach *Klinck* die betroffenen Ansprüche nach dem AnfG im Wege der teleologischen Reduktion vom Anwendungsbereich des § 2 Abs. 1 Nr. 5 COVInsAG auszunehmen.[125]

---

121) Beschlussempfehlung und Bericht des Finanzausschusses, BT-Drucks. 19/26245, S. 17.
122) Vgl. z. B. BVerfG, Beschl. v. 9.12.2003 – 1 BvR 558/99, NVwZ 2004, 463.
123) BT-Drucks. 19/26245, S. 17.
124) *Klinck*, ZIP 2021, 541, 546.
125) *Klinck*, a. a. O.

§ 3
Eröffnungsgrund bei Gläubigerinsolvenzanträgen

Bei zwischen dem 28. März 2020 und dem 28. Juni 2020 gestellten Gläubigerinsolvenzanträgen setzt die Eröffnung des Insolvenzverfahrens voraus, dass der Eröffnungsgrund bereits am 1. März 2020 vorlag.

Literatur: *Bitter*, Corona und die Folgen nach dem COVID-19-Insolvenzaussetzungsgesetz (COVInsAG), ZIP 2020, 685; *Bitter/Baschnagel*, Haftung von Geschäftsführern und Gesellschaftern in der Insolvenz ihrer GmbH (Teil 1), ZInsO 2018, 557; *Bornemann*, Insolvenzrechtliche Aspekte des Maßnahmepakets zur Stabilisierung der Wirtschaft, jurisPR-InsR 9/2020 Anm. 1; *Brünkmans*, Anforderungen an eine Sanierung nach dem COVInsAG, ZInsO 2020, 797; *Einhaus*, Das Insolvenzanfechtungsrecht des CORInsAG, NZI 2020, 352; *Fritz*, Die Aussetzung der Insolvenzantragspflicht nach dem COVInsAG und ihre Folgen in der Praxis, ZRI 2020, 217; *Gehrlein*, Rechtliche Stabilisierung von Unternehmen durch Anpassung insolvenzrechtlicher Vorschriften in Zeiten der Corona-Pandemie, DB 2020, 713; *Hölzle/Schulenberg*, Das „Gesetz zur vorübergehenden Aussetzung der Insolvenzantragspflicht und zur Begrenzung der Organhaftung bei einer durch die COVID-19-Pandemie bedingten Insolvenz (COVID-19-Insolvenzaussetzungsgesetz – COVInsAG)" – Kommentar, ZIP 2020, 633; *Laumen/Vallender*, Beweisführung und Beweislast im Insolvenzverfahren, NZI 2016, 609; *Lütcke/Holzmann/Swierczok*, Das COVID-19-Insolvenz-Aussetzungsgesetz (COVInsAG), BB 2020, 898; *Obermüller, Martin*, Die Prüfung der Eröffnungsvoraussetzungen angesichts des COVID-19-Folgenabmilderungsgesetzes, ZInsO 2020, 1037; *Schmidt, Andreas (Hrsg.)*, COVInsAG, Kommentar, 2020; *Schmittmann*, Die insolvenzrechtliche Komponente des Gesetzes zur Abmilderung der Folgen der COVID-19-Pandemie im Zivil-, Insolvenz- und Strafverfahrensrecht vom 27.3.2020, ZRI 2020, 234; *Schmittmann*, Einstweiliger Rechtsschutz gegen Insolvenzanträge der Finanzverwaltung unter besonderer Berücksichtigung des Rechtsweges, in: Festschrift für Hans Haarmeyer, 2013, S. 289; *Siebert*, Anforderungen an Gläubigeranträge unter Berücksichtigung der Besonderheiten der Finanzverwaltung, VIA 2015, 17; *Thole*, Die Aussetzung der Insolvenzantragspflicht nach dem COVID-19-Insolvenz-Aussetzungsgesetz und ihre weiteren Folgen, ZIP 2020, 650.

Übersicht

I. Bedeutung der Vorschrift

1. Systematisches

§ 3 COVInsAG[1] beschränkt die Möglichkeit der Eröffnung eines Insolvenzverfahrens aufgrund eines Gläubigerantrags und flankiert damit die durch § 1 COVInsAG geschaffene Aussetzung der Verpflichtung, mittels eines schuldnerischen Eigenantrags eine Verfahrenseröffnung herbeizuführen. **Zweck der Vorschrift** ist im Gleich- 1

---

[1] Art. 1 des Gesetzes zur Abmilderung der Folgen der COVID-19-Pandemie im Zivil-, Insolvenz- und Strafverfahrensrecht (COVAbmildG), v. 27.3.2020, BGBl. I 2020, 569.

lauf mit den Motiven zu § 1 COVInsAG, dass mittels Hilfs- und Stabilisierungs- bzw. sonstiger Sanierungs- oder Finanzierungsmaßnahmen die Insolvenzreife wieder beseitigt werden kann.[2] Diese Chance soll nicht in Folge eines Gläubigerantrags verloren gehen.

2   Es handelt sich um eine Norm, die **verfahrensrechtlich beachtliche Rechtsfolgen** aus- löst und steht damit – ungeachtet der an dieser Stelle noch offen zu lassenden Frage, ob sie schon die Zulässigkeit oder erst die Begründetheit eines Gläubigerantrags beschränkt (siehe dazu unter Rz. 12 ff.) – im Regelungskontext von § 13 Abs. 1 Satz 2 InsO, der sich auch der Statthaftigkeit eines Gläubigerantrags widmet, und § 14 InsO, der weitere Zulässigkeitsvoraussetzungen enthält.

2. Rechtstatsächliches

3   Im Vergleich mit § 1 COVInsAG, insbesondere in dessen Zusammenwirken mit den in § 2 COVInsAG definierten Rechtsfolgen, ist § 3 COVInsAG von weitaus geringerer praktischer Relevanz. Das folgt schon aus dem **beschränkten Adressa- tenkreis** der Norm. Zum einen richtet sie sich an die Gläubiger, die schon die all- gemeinen Voraussetzungen für die Zulässigkeit eines Gläubigerantrags gemäß § 14 InsO erfüllen und denen eine solche Antragstellung opportun erscheint. Das sind zum einen in der Praxis die folgenden Gläubigergruppen, hinsichtlich ihrer quantitativen Bedeutung absteigend sortiert:

–   Jedenfalls in der Praxis der großen Insolvenzgerichte stehen die **Krankenkas- sen** und für den Bereich der Minijobs die Knappschaft-Bahn-See an erster Stelle. Sie fungieren als Einzugsstellen für die Gesamtsozialversicherungsabgaben und verfügen über eine eigene Aktivlegitimation zur Verfolgung dieser Ansprüche.[3]

–   An zweiter Rangstelle stehen die **Finanzämter** als Inhaber von Steuer- bzw. Abgabenforderungen und diese betreffende Nebenleistungen.

–   Eine in der Praxis eher untergeordnete Rolle spielen **Inhaber von zivilrechtlichen Ansprüchen**, für deren Glaubhaftmachung in der Praxis unterschiedlich hohe An- forderungen gestellt werden.

4   Zum anderen gehören die **Insolvenzgerichte** zum unmittelbaren Adressatenkreis, ist ihnen doch die Eröffnung eines Insolvenzverfahrens verwehrt, wenn die Voraus- setzungen gemäß § 3 COVInsAG erfüllt sind.

II. Zeitlicher Geltungsbereich

5   Anders als § 1 COVInsAG sieht § 3 COVInsAG nicht eine Aussetzungsfrist von sieben Monaten (1.3. bis – initial – 30.9.2020) vor. § 3 COVInsAG bestimmt statt- dessen, dass bei zwischen dem 28.3.2020 und dem 28.6.2020, also innerhalb eines Drei-Monats-Zeitraums, gestellten Gläubigerinsolvenzanträgen die Eröffnung des Insolvenzverfahrens voraussetzt, dass der Eröffnungsgrund **bereits am 1.3.2020 vorlag.** Im Kontext von § 3 COVInsAG liegt es nahe, diese Zeitspanne als **„Schutz- zeitraum"** zu bezeichnen.[4] Was der Grund für die Differenzierung der Zeiträume

---

2)   Begr. Entwurf COVAbmildG, BT-Drucks. 19/18110, S. 25.
3)   Vgl. § 28h Abs. 1 Satz 3 SGB IV.
4)   Ebenso *Fritz*, ZRI 2020, 217 [unter V.]; *Gehrlein*, DB 2020, 713, 717, nennt sie „Schonfrist".

war, erschließt sich aus der Begründung des Gesetzgebers nicht. Es mag sein, dass der Gesetzgeber in dem Bemühen, den mit der Beschränkung eines erfolgreichen Antragsrechts einhergehenden Eingriff in die geschützte Gläubigerposition so gering wie möglich zu halten, sich für einen kürzeren Schutzzeitraum entschieden hat als für die siebenmonatige Aussetzungsfrist.[5] **Logisch will sich die Differenzierung gleichwohl nicht erschließen:** Soll danach ein am 29.6.2020 gestellter Gläubigerantrag zu einer Verfahrenseröffnung führen können, obgleich im sachlichen Anwendungsbereich von § 1 COVInsAG die Verpflichtung zur Stellung eines Eigenantrags noch suspendiert ist? Denn für ein solches Verfahren würde zudem ein durch § 2 COVInsAG insbesondere hinsichtlich gesellschaftsrechtlicher und insolvenzspezifischer Anspruchsgrundlagen verändertes Sachrecht anzuwenden sein, knüpft diese Bestimmung doch in ihrem Satz 1 allein an die Aussetzung der Insolvenzantragspflicht gemäß § 1 COVInsAG an, die auch noch nach dem 29.6.2020 gilt.

Fraglich ist zudem, wie mit Gläubigeranträgen zu verfahren ist, die vor dem 28.3.2020 6
gestellt worden sind, über die jedoch noch nicht entschieden ist. Der Wortlaut des § 3 COVInsAG ist insoweit eindeutig, als der Schutzzeitraum beschränkt ist auf Antragstellungen zwischen dem 28.3. und dem 28.6.2020.[6] Dies könnte aber auch bedeuten, dass alle Verfahren, die auf vor dem 28.3.2020 anhängig gemachten Gläubigeranträgen beruhen, auch nach nicht durch das COVInsAG modifiziertem Sachrecht zu behandeln wären. Allerdings würde das der Intention des Gesetzgebers zuwiderlaufen, wonach die Regelung verhindern soll, dass von der COVID-19-Pandemie betroffene Unternehmen, die am 1.3.2020 noch nicht insolvent waren, durch Gläubigerinsolvenzanträge in ein Insolvenzverfahren gezwungen werden.[7] Jedenfalls für im Zeitraum zwischen dem 1.3.2020 und dem 27.3.2020 gestellte Gläubigeranträge wird man daher zur Herstellung einer Konkordanz mit §§ 1, 2 COVInsAG bereits das hierdurch geänderte Sachrecht anzuwenden haben, d. h., dass i. R. dieser Verfahren die Berücksichtigung von in § 2 COVInsAG aufgeführten Ansprüchen gesellschafts- bzw. insolvenzanfechtungsrechtlicher Art ausgeschlossen ist (siehe hierzu § 2 COVInsAG [*Fritz*]).[8]

Bemerkenswert ist schließlich, dass durch § 4 COVInsAG das BMJV ermächtigt wird, 7
durch Rechtsverordnung ohne Zustimmung des Bundesrates die Aussetzung der Insolvenzantragspflicht nach § 1 COVInsAG und die Regelung zum Eröffnungsgrund bei Gläubigerinsolvenzanträgen nach § 3 COVInsAG **bis höchstens zum 31.3.2021 zu verlängern.** Hierdurch würde in Abkehr von dem zunächst geltenden Schutzzeitraum dessen Endtermin mit dem Ende der Aussetzungsfrist zusammengeführt werden können. Zu den sich hier stellenden Abwägungsfragen, gerade auch im Hinblick auf die Frage der Verhältnismäßigkeit und die Interessenlage der Betroffenen siehe bei § 4 COVInsAG Rz. 15 [*Fritz/Leipe*].

---

5) So jetzt *Bornemann*, jurisPR-InsR 9/2020 Anm. 1, S. 17.
6) In diesem Sinne Begr. Entwurf COVAbmildG, BT-Drucks. 19/18110, S. 25.
7) Begr. Entwurf COVAbmildG, BT-Drucks. 19/18110, S. 25.
8) Ausführlich zu den Einzelfragen des i. R. eines Insolvenzgutachtens anzuwendenden Rechts *Martin Obermüller*, ZInsO 2020, 1037.

III. Sachlicher Geltungsbereich

1. Vorliegen eines Insolvenzgrundes am 1.3.2020

a) Allgemeine Anforderungen

8   Nach dem Wortlaut von § 3 COVInsAG ist Voraussetzung für die Eröffnung eines Insolvenzverfahrens aufgrund eines Gläubigerantrags, „[...] dass der Eröffnungsgrund bereits am 1.3.2020 vorlag". Umgekehrt ausgedrückt bedeutet dies, dass eine Verfahrenseröffnung ausgeschlossen ist, wenn nicht ein Insolvenzgrund bereits am 1.3.2020 gegeben war. Die **retrograde Ermittlung eines Insolvenzgrundes** ist dem Insolvenzrecht nicht fremd.[9] Sie hat ihren Platz insbesondere im Kontext der Geltendmachung gesellschaftsrechtlicher[10] oder insolvenzrechtlicher Anfechtungsansprüche (wegen deren Einordnung siehe i. Ü. § 1 COVInsAG Rz. 7 *Fritz*]).[11] Ohne an dieser Stelle bereits die Frage zu beantworten, ob es Aufgabe des antragstellenden Gläubigers ist, das Vorliegen eines auf den 1.3.2020 bezogenen Insolvenzgrunds glaubhaft zu machen (siehe dazu Rz. 12 ff.), dürfte dies jedenfalls für die Mehrzahl der Fälle in der Praxis (siehe hierzu Rz. 3 f.) keine allzu großen, neu hinzutretenden Schwierigkeiten bereiten:

–   Im Rahmen von Fremdantragsverfahren spielt der Insolvenzgrund der **Überschuldung** praktisch keine Rolle, da es dem in aller Regel außenstehenden Dritten ohne „Sonderwissen" nicht ohne weiteres möglich ist, eine negative Fortbestehensprognose und eine zu Zerschlagungswerten vorzunehmende Vermögensunterdeckung glaubhaft zu machen.

–   Bei den beiden wichtigsten Gläubigergruppen helfen Erleichterungen hinsichtlich der **Glaubhaftmachung** eines Insolvenzgrundes.

9   Mit Rücksicht auf die Strafandrohung gemäß § 266a StGB reicht bei den **Krankenkassen** eine vom 1.3.2020 über sechs Monate rückbezogene Aufstellung von aufgelaufenen Rückständen abzuführender Sozialversicherungsbeiträge, die in Folge übermittelter Beitragsnachweise oder Schätzungsbescheide tituliert sind.[12]

10   Im Ergebnis gilt für vollziehbare Forderungen des **Fiskus** und für titulierte **zivilrechtliche Ansprüche** Folgendes:

–   Bei den zivilrechtlichen **Forderungen** hilft hier jedenfalls die Bescheinigung eines mit der Mobiliarzwangsvollstreckung beauftragten Gerichtsvollziehers, die nicht

---

9) Vgl. z. B. IDW Standard: Beurteilung des Vorliegens von Insolvenzeröffnungsgründen (IDW S 11), Stand: 22.8.2016, Rz. 49, 50, IDW Life 3/2017, S. 332 ff.

10) Hier ist entsprechend der praktischen Bedeutung insbesondere § 64 Satz 1 GmbHG zu erwähnen. Hierzu grundlegend *Bitter/Baschnagel*, ZInsO 2018, 557, 573.

11) Vgl. allgemein: Nerlich/Römermann-*Römermann*, InsO, § 2 COVInsAG Rz. 39 ff., 51 ff.; *Einhaus*, NZI 2020, 352.

12) BGH, Beschl. v. 13.6.2006 – IX ZB 238/05, ZIP 2006, 1457; BGH, Beschl. v. 28.4.2008 – II ZR 51/07, BeckRS 2008, 11162; *Linker* in: HambKomm-InsR, § 14 InsO Rz. 39 f.; Uhlenbruck-*Wegener*, InsO, § 14 Rz. 66; *Vallender*, NZI 2016, 609, 613; einschränkend: AG Charlottenburg, Beschl. v. 9.8.2000 – 105 IN 2356/00, ZInsO 2000, 520; eine Aufschlüsselung der Aufstellung nach Arbeitnehmern ist indes nicht mehr erforderlich, vgl. BGH, Beschl. v. 11.6.2015 – IX ZB 76/13, WM 2015, 1428.

Horstkotte

älter als sechs Monate sein sollte, dass der Vollstreckungsversuch fruchtlos verlaufen ist.[13]

– Gleiches sollte für den Nachweis der fruchtlosen **Mobiliarvollstreckung** durch einen Vollziehungsbeamten des Gläubigerfinanzamts hinsichtlich der am 1. März vollstreckbaren Forderungen gelten.

b) Besonderheiten bei Anträgen der Finanzämter

In diesem Zusammenhang besteht Anlass, aus Praktikersicht auf Folgendes hinzuweisen: Der Insolvenzantrag des Finanzamtes ist kein Verwaltungsakt i. S. des § 118 AO, sondern ein sog. „schlichtes Verwaltungshandeln". Nach der Rechtsprechung steht die Entscheidung darüber, ob ein Insolvenzantrag gestellt wird, im Ermessen (§ 5 AO) der Finanzbehörde.[14] Im Rahmen der COVID-19-Pandemie wird das Finanzamt bei der Insolvenzantragstellung in sein Ermessen auch den Willen des Gesetzgebers einbeziehen müssen, dass die Unternehmen Gelegenheit erhalten sollen, die Insolvenz, insbesondere unter Inanspruchnahme der bereitzustellenden staatlichen Hilfen, ggf. aber auch im Zuge von Sanierungs- oder Finanzierungsvereinbarungen, zu beseitigen. Folgerichtig hat das BMF ein als Verwaltungsvorschrift zu qualifizierendes Schreiben herausgegeben, nach dem von der Vollstreckung, wozu auch das Insolvenzverfahren als – einem nach tradiertem Verständnis – Gesamtvollstreckungsverfahren zu zählen ist, bei allen rückständigen oder bis zum 31.12.2020 fällig werdenden Steuern abgesehen werden soll.[15] Wegen der Einzelheiten der steuer- und steuerverfahrensrechtlichen Aspekte ist auf den Beitrag von *Schmittmann* verwiesen (siehe unten Teil III, S. 307).   **11**

2. Zulässigkeits- oder Begründetheitsmerkmal

Fraglich bleibt, ob die Formulierung des Gesetzes „[...] setzt *die Eröffnung* des Insolvenzverfahrens voraus [...]" (Hervorhebung durch d. Verf.) sich auf die Zulässigkeit oder die Begründetheit eines Gläubigerantrags bezieht.   **12**

Die Gesetzesbegründung in ihrer Einführung zur vorgeschlagenen Lösung führt aus, das Recht der Gläubiger, die Eröffnung von Insolvenzverfahren zu beantragen, sei für einen dreimonatigen Übergangszeitraum **„suspendiert"**.[16] Letzteres hat im Wortlaut des Gesetzes indes keinen Ausdruck gefunden. Dafür hätte es erkennbar eines Bezugs zu § 13 Abs. 1 Satz 2 InsO als einer Norm, die die Statthaftigkeit des Verfahrens betrifft, bedurft.[17] Der Gesetzeswortlaut knüpft aber lediglich „die Er-   **13**

---

13) *Linker* in: HambKomm-InsR, § 14 InsO Rz. 27; *Siebert*, VIA 2015, 17, 18; BGH, Beschl. v. 12.7.2012 – IX ZB 264/11, BeckRS 2012, 15958.

14) *Schmittmann* in: FS Haarmeyer, S. 289, 293 ff.; Tipke/Kruse-*Loose*, AO/FGO, § 251 AO Rz. 19.

15) Vgl. BMF-Schreiben v. 19.3.2020 – IV A 3 – S 0336/19/19997 :002, https://www.bundesfinanzministerium.de/Content/DE/Downloads/BMF_Schreiben/Weitere_Steuerthemen/Abgabenordnung/2020-03-19-steuerliche-massnahmen-zur-beruecksichtigung-der-auswirkungen-des-coronavirus.pdf?__blob=publicationFile&v=2 (Abrufdatum: 22.5.2020).

16) Entwurf COVAbmildG, BT-Drucks. 19/18110, S. 4; dem folgen *Hölzle/Schulenberg*, ZIP 2020, 633, 650, ohne weitere methodische Vertiefung; ähnlich *Lütcke/Holzmann/Swierczok*, BB 2020, 898, (unscharf) 903.

17) Ebenso *Martin Obermüller*, ZInsO 2020, 1037, 1038 li. Sp.

öffnung" des Insolvenzverfahrens an die Voraussetzung, dass ein Insolvenzgrund bereits am 1.3.2020 vorlag. Nun ist die Verfahrenseröffnung aber ihrerseits nur eines der denkbaren Ergebnisse einer abgeschlossenen Prüfung, ob ein Insolvenzgrund (im Kontext von § 3 COVInsAG: bereits vor Beginn des Schutzzeitraums) vorlag. Die dem Insolvenzgericht von Amts wegen obliegende Prüfung,[18] ob ein Insolvenzgrund gegeben ist, ist Voraussetzung für eine **Sachentscheidung** über jedwede Art eines Insolvenzantrags und setzt begrifflich die **Zulässigkeit** eines auf die Verfahrenseröffnung gerichteten Antrags voraus. Auch i. Ü. verhält sich die Begründung zum Verständnis der Norm unklar: Nach den Aussagen im besonderen Teil soll verhindert werden, dass „[…] von der COVID-19-Pandemie betroffene Unternehmen, die am 1.3.2020 noch nicht insolvent waren, durch Gläubigerinsolvenzanträge in ein Insolvenzverfahren gezwungen werden können […]".[19] Nach einer am Wortlaut orientierten Auslegung wäre ein Gläubigerantrag – die Voraussetzungen von § 14 InsO als erfüllt unterstellt – daher nur **unbegründet.**[20]

14 Das vermag nicht vollständig zu überzeugen: Würde man es für die Zulässigkeit eines Gläubigerantrags dabei belassen, dass nur die Voraussetzungen des § 14 InsO zu erfüllen sind, würde es auch genügen, wenn die materielle Insolvenz als Insolvenzgrund innerhalb des Schutzzeitraums eintritt. Um eine Konkordanz mit dem Grundtatbestand der temporären Aussetzung der Insolvenzantragspflicht des Schuldners gemäß § 1 COVInsAG herzustellen, erscheint es daher angezeigt, die Voraussetzungen für die Zulässigkeit von Fremdanträgen dahingehend zu erweitern, dass auch das **Vorliegen eines Insolvenzgrundes** vor dem 1.3.2020 durch den antragstellenden Gläubiger **glaubhaft zu machen ist.** Ob man dies methodisch im Wege einer teleologisch gebotenen Erweiterung der Zulässigkeitsgründe „sub specie" davon abhängig macht, dass der Gläubiger auch einen bereits am 1.3.2020 vorliegenden Insolvenzgrund glaubhaft zu machen hat, ist vielleicht nicht entscheidend.[21] Denn: Zwar wird unter Regelbedingungen indiziell anzunehmen sein, dass ein Gläubiger, dessen Forderung durch den Schuldner nicht befriedigt wurde, bei Erfüllung der übrigen Zulässigkeitsvoraussetzungen i. S. von § 14 InsO auch ein anzuerkennendes Rechtsschutzinteresse an der Durchführung eines Insolvenzverfahrens hat.[22] Aber dies kann unter den Bedingungen des COVInsAG keine Geltung beanspruchen, wenn der Insolvenzgrund nicht bereits am 1.3.2020 vorlag, sondern erst innerhalb des Schutzzeitraums entsteht. Ein solcher Antrag kann nicht zur Verfahrenseröffnung führen. Im

---

18) Dazu im Kontext von § 3 COVInsAG ausdrücklich *Gehrlein*, DB 2020, 713, 717.
19) Begr. Entwurf COVAbmildG, BT-Drucks. 19/18110, S. 25.
20) So *Brünkmans*, ZInsO 2020, 797, 802; *Bornemann*, jurisPR-InsR 9/2020 Anm. 1, S. 17; A. Schmidt-*Linker*, COVinsAG, § 3 Rz. 9; wohl auch *Gehrlein*, DB 2020, 713, 717; inzident für Begründetheitsvoraussetzung jetzt auch AG Ludwigshafen, Beschl. v. 10.5.2021 – 3b IN 72/21 LU, ZIP 2021, 1236.
21) So *Thole*, ZIP 2020, 650, 654; *Schmittmann*, ZRI 2020, 234 [bei V. 3.]; *Fritz*, ZRI 2020, 217 [bei V.]; *Martin Obermüller*, ZInsO 2020, 1037; inzident für Zulässigkeitsvoraussetzung jetzt auch AG Darmstadt, Beschl. v. 27.11.2020 – 9 IN 411/20, ZIP 2021, 307; unscharf *Bitter*, ZIP 2020, 685, 696, der in Bezug auf § 3 COVInsAG davon spricht, es werde „[…] die Möglichkeit von Gläubigern beschränkt, gegen insolvenzreife Unternehmen Insolvenzantrag zu stellen."
22) Grundlegend BGH, Beschl. v. 29.6.2006 – IX ZB 245/05, ZIP 2006, 1452.

Horstkotte

Anwendungsbereich des § 3 COVInsAG bedarf es daher zur Annahme eines anerkennenswerten Rechtsschutzinteresses der Glaubhaftmachung eines Insolvenzgrundes bereits am 1.3.2020.[23)]

Die Richtigkeit dieses Ergebnisses mag auch ein Blick auf die Konsequenzen im folgenden Fallbeispiel erhellen: **15**

> **Beispiel:** Ein Gläubiger beantragt Anfang Mai 2020 aufgrund einer rechtskräftig titulierten Forderung und unter Beifügung einer auf den 15.4.2020 lautenden Fruchtlosigkeitsbescheinigung im Mobiliarzwangsvollstreckungsverfahren die Eröffnung des Insolvenzverfahrens über das Vermögen einer laufend produzierenden Schuldnerin. Damit wären – wenn man denn ein Rechtsschutzinteresse als indiziert gegeben ansieht – die allgemeinen Zulässigkeitsvoraussetzungen i. S. von § 14 InsO erfüllt. Wenn es nun infolge der Anordnung einer vorläufigen (schwachen) Insolvenzverwaltung[24)] zur faktischen Einstellung der laufenden Produktion kommt[25)] und der vorläufige Insolvenzverwalter schließlich als Sachverständiger zu dem Ergebnis gelangt, dass am 1.3.2020 kein Insolvenzgrund vorlag, wäre die wirtschaftliche Existenz des schuldnerischen Unternehmens zu Unrecht vernichtet worden.

---

23) Angedeutet auch von *Fritz*, ZRI 2020, 217 [bei V.].
24) Auf Grund des laufenden Betriebs des schuldnerischen Unternehmens wird ein Sicherungsbedarf durch das Insolvenzgericht bejaht und die vorläufige Insolvenzverwaltung angeordnet. Für die Zulässigkeit von Sicherungsmaßnahmen spricht sich ausdrücklich *Bornemann*, jurisPR-InsR 9/2020 Anm. 1, S. 17, aus.
25) Etwa weil das Insolvenzgericht mangels valider Liquiditätsvorschau keine Einzelermächtigung erlässt und infolgedessen die Belieferung mit Roh-, Hilfs- und Betriebsstoffen durch Zulieferanten abgebrochen wird.

§ 4
Prognosezeitraum für die Überschuldungsprüfung

Abweichend von § 19 Absatz 2 Satz 1 der Insolvenzordnung ist zwischen dem 1. Januar 2021 und dem 31. Dezember 2021 anstelle des Zeitraums von zwölf Monaten ein Zeitraum von vier Monaten zugrunde zu legen, wenn die Überschuldung des Schuldners auf die COVID-19-Pandemie zurückzuführen ist. Dies wird vermutet, wenn

1. der Schuldner am 31. Dezember 2019 nicht zahlungsunfähig war,

2. der Schuldner in dem letzten, vor dem 1. Januar 2020 abgeschlossenen Geschäftsjahr ein positives Ergebnis aus der gewöhnlichen Geschäftstätigkeit erwirtschaftet hat und

3. der Umsatz aus der gewöhnlichen Geschäftstätigkeit im Kalenderjahr 2020 im Vergleich zum Vorjahr um mehr als 30 Prozent eingebrochen ist.

Literatur: Beck'scher Online-Kommentar zur Insolvenzordnung, Stand 15.1.2020; *Bork*, Zum Stand der Diskussion um den Überschuldungstatbestand und zum Vorschlag einer Rückkehr zum Überschuldungstatbestand von 1999, Beilage ZIP 43/2019, 1; *Brinkmann*, Die Antragspflicht bei Überschuldung – ein notwendiges Korrelat der beschränkten Haftung, NZI 2019, 921; *Gehrlein*, Das Gesetz über den Stabilisierungs- und Restrukturierungsrahmen für Unternehmen (StaRUG) – ein Überblick, BB 2021, 66; *Gehrlein*, Der Überschuldungsbegriff – Irrungen und Wirrungen, GmbHR 2021, 183; *Hölzle/Schulenberg*, Die Aussetzung der Insolvenzantragspflicht nach dem COVID-19-Insolvenz-Aussetzungsgesetz und ihre weiteren Folgen, ZIP 2020, 650; *Kübler/Prütting/Bork*, Insolvenzordnung, Loseblatt, Stand 03/2021; *Morgen/Arends*, Die Aussetzung der Insolvenzantragspflicht und das Eigenverwaltungsverfahren nach SanInsFoG und COVInsAG – Was gilt wann?, ZIP 2021, 447; *Nerlich/Römermann*, Insolvenzordnung, Loseblatt, Stand 2/2021; *Schluck-Amend*, Änderungen im Insolvenzrecht durch das COVID-19-Insolvenzaussetzungsgesetz, NZI 2020, 289; *Thole*, Die Aussetzung der Insolvenzantragspflicht nach dem COVID-19-Insolvenz-Aussetzungsgesetz und ihre weiteren Folgen, ZIP 2020, 650.

Übersicht

I. Entstehungsgeschichte

1 Eine pandemiebedingte, vorübergehende Verkürzung des Prognosezeitraumes für die Überschuldungsprüfung enthielten bereits der Referenten-[1] und Regierungsentwurf[2] zum SanInsFoG. Die Formulierung des § 4 COVInsAG-RegE lautete:

§ 4 COVInsAG-RegE Prognosezeitraum für die Überschuldungsprüfung

Abweichend von § 19 Absatz 2 Satz 1 der Insolvenzordnung ist zwischen dem 1.1.2021 und dem 31.12.2021 anstelle des Zeitraums von zwölf Monaten ein Zeitraum von vier Monaten zugrunde zu legen, wenn

1. der Schuldner zum 31.12.2019 nicht zahlungsunfähig war,

2. der Schuldner in dem letzten, vor dem 1.1.2020 abgeschlossenen Geschäftsjahr ein positives Ergebnis aus der gewöhnlichen Geschäftstätigkeit erwirtschaftet hat und

3. der Umsatz aus der gewöhnlichen Geschäftstätigkeit im Kalenderjahr 2020 im Vergleich zum Vorjahr um mehr als 40 Prozent eingebrochen ist.

2 Auf Initiative des Ausschusses für Recht und Verbraucherschutz[3] wurde die Rückführbarkeit der Überschuldung auf die Pandemie zum Tatbestandsmerkmal für den verkürzten Prognosezeitraum. Die vorherigen unter Nummer 1 bis 3 enthaltenen Tatbestandsmerkmale wurden zu den Voraussetzungen der jetzigen **Vermutungsregelung** in § 4 Satz 2 COVInsAG herabgestuft. Zudem wurde der in Nr. 3 der Norm genannte Schwellenwert von 40 Prozent angesichts der in vielen Branchen niedrigeren Relationen zwischen Fixkosten und Umsatzerlösen als zu hoch angesehen und daher auf 30 Prozent reduziert.[4]

II. Systematischer Zusammenhang

3 Die Vorschrift steht im engen Zusammenhang mit dem Begriff der Überschuldung nach § 19 Abs. 2 InsO.

4 Vor dem Hintergrund der durch die Restrukturierungsrichtlinie[5] neu entfachten Diskussion um die konzeptionelle Eignung des Überschuldungstatbestandes[6] hat der Gesetzgeber sich im Zuge des SanInsFoG grundsätzlich für die Beibehaltung der Überschuldung als zwingenden Insolvenzantragsgrund entschieden. Nach der Gesetzesbegründung soll die Antragspflicht weiterhin ihre Steuerungsfunktion erfüllen und die Geschäftsleiter zu einer vorausschauenden Finanzplanung und frühzeitigen Krisenerkennung anhalten.[7]

---

1) https://www.bmjv.de/SharedDocs/Gesetzgebungsverfahren/Dokumente/RefE_SanInsFoG.pdf?__blob=publicationFile&v=6, S. 82.

2) RegE-SanInsFoG, BT-Drucks. 19/24181, S. 75.

3) Bericht des Rechtsausschusses, BT-Drucks. 19/25353, S. 15; sowie die Beschlussempfehlung des Rechtsausschusses, BT-Drucks. 19/25303, S. 137.

4) Bericht des Rechtsausschusses, BT Drucks. 19/25353, S. 15.

5) Richtlinie 2019/1023 des Europäischen Parlamentes und des Rates vom 20. Juni 2019.

6) Zum Stand der Diskussion vgl. *Bork*, ZIP 43/2019, Beilage, S. 1; *Brinkmann*, NZI 2019, 921.

7) Begr. RegE-SanInsFoG, BT-Drucks. 19/24181, S. 196.

Indes wurde der Begriff der Überschuldung durch das SanInsFoG dadurch konkre- 5
tisiert, dass ab dem 1.1.2021 der Prognosezeitraum für die Fortführungsprognose
einheitlich auf **12 Monate** festgelegt wurde, § 19 Abs. 2 InsO n. F. Nach der bisherigen Rechtslage forderte die Rechtsprechung für die Fortführungsprognose einen
mittelfristigen Prognosehorizont,[8] dessen konkrete Dauer vom Einzelfall abhing
und bis zu 24 Monate betragen konnte.[9] Um die hiermit verbundene Rechtsunsicherheit und die Prognoseschwierigkeiten bei längeren Zeiträumen zu beseitigen,[10] hat
der Gesetzgeber mit der jetzigen Fassung des § 19 Abs. 2 InsO den Prognosezeitraum
für die Fortführungsprognose verbindlich geregelt.

In diesem Kontext sieht § 4 COVInsAG für pandemiebedingt überschuldete Unter- 6
nehmen darüber hinaus vorübergehend einen weiter verkürzten Prognosezeitraum
von nur **4 Monaten** vor.

III. Normzweck

Ausweislich der Begründung des Regierungsentwurfs[11] ist Hintergrund der Regelung, 7
dass viele Unternehmen infolge der Pandemie und der behördlichen und gesetzlichen
Einschränkungen starke Umsatzeinbrüche zu verzeichnen haben. Für die weitere
wirtschaftliche Entwicklung resultieren daraus erhebliche **Prognoseunsicherheiten.**
Schwierigkeiten, belastbare Prognosen für die mittelfristige Zukunft zu erstellen,
ergeben sich vor allem daraus, dass politische Entscheidung und Maßnahmen zur
Pandemiebekämpfung nur schwer vorhersehbar sind und von vielen Variablen wie
der Ausbreitung der Pandemie oder der Entwicklung von Impfstoffen abhängen.
Aufgrund der dynamischen Situation in der Pandemie ist einer validen Fortführungsprognose über einen längeren Zeitraum oftmals die Grundlage entzogen. Durch
die in § 19 Abs. 2 Satz 1 InsO zum Ausdruck kommende gesetzliche Vermutung
einer negativen Fortführungsprognose und die hinzukommenden Prognoseschwierigkeiten kann daher auch bei vor der Pandemie gesunden Unternehmen inzwischen in
Frage stehen, ob die Fortführung noch als überwiegend wahrscheinlich angesehen
werden kann. Dass solche Unternehmen allein aufgrund der Prognoseunsicherheiten einen Insolvenzantrag stellen müssen, soll durch die Verkürzung des Prognosezeitraumes verhindert werden. Schwierigkeiten, die mit einem Prognosezeitraum von
12 Monaten derzeit verbunden sind, sollen verringert und eine handhabbarere Prognose ermöglicht werden.

IV. Zeitlicher Anwendungsbereich

Der verkürzte Prognosezeitraum soll nur vorübergehend bis zu einer Normalisie- 8
rung der wirtschaftlichen Lage zur Anwendung kommen.[12] Nur insoweit ist auch
die mit der Verkürzung einhergehende potentielle Beeinträchtigung der Gläubiger-

---

8) BGH, Urt. v. 13.7.1992 – II ZR 269/91, NJW 1992, 2891; OLG Köln, Urt. v. 23.2.2000 –
   11 U 155/99, ZInsO 2001, 48.
9) AG Hamburg, Beschl. v. 2.12.2011 – 67 c IN 421/11, NZI 2012, 85.
10) Vgl. dazu Begr. RegE-SanInsFoG, BT-Drucks. 19/24181, S. 197.
11) Begr. RegE-SanInsFoG, BT-Drucks. 19/24181, S. 217.
12) Begr. RegE-SanInsFoG, BT-Drucks. 19/24181, S. 217.

interessen gerechtfertigt. Die Regelung ist daher nur im Zeitraum **zwischen dem 1.1.2021 und dem 31.12.2021** anwendbar.

9 Da ab dem 1.1.2022 wieder ein Prognosezeitraum vom 12 Monaten zugrunde zu legen ist und im Gesetz keine übergangsweise Annäherung an den regulären Prognosezeitraum vorgeschrieben ist, ist es die Verantwortung der Unternehmen, die Prognose bereits frühzeitig an den Zeitraum von 12 Monaten heranzuführen. Anderenfalls besteht die Gefahr, dass durch den am 1.1.2022 wieder längerfristigen Prognosezeitraum schlagartig eine Überschuldung eintritt.

V. Voraussetzungen

10 Voraussetzung für den kurzen Prognosezeitraum ist nach § 4 Satz 1 COVInsAG, dass die Überschuldung auf die COVID-19-Pandemie zurückzuführen ist.

1. Vorliegen einer Überschuldung

11 § 4 Satz 1 COVInsAG verlangt das Vorliegen einer Überschuldung nach den regulären Maßstäben des § 19 Abs. 2 InsO. Dies ist dann der Fall, wenn das Vermögen des Schuldners die bestehenden Verbindlichkeiten nicht mehr deckt, es sei denn in den nächsten 12 Monaten kann mit überwiegender Wahrscheinlichkeit eine Fortführung des Unternehmens erwartet werden.

2. Rückführbarkeit der Überschuldung auf die COVID-19-Pandemie

12 Die Überschuldung muss auf die COVID-19-Pandemie „zurückzuführen" sein. Die Formulierung „auf die die COVID-19-Pandemie zurückzuführen" in § 4 Satz 1 COVInsAG kann mit der Formulierung „beruhen auf den Folgen" der COVID-19-Pandemie in § 1 Abs. 1 Satz 2 COVInsAG gleichgesetzt werden.[13] Es gibt weder in der Gesetzesbegründung Anhaltspunkte noch sonst einen Grund, dass der Gesetzgeber infolge des geringfügigen sprachlichen Unterschiedes einen anderen inhaltlichen Maßstab zugrunde legen wollte.

13 Entsprechend genügt es daher für § 4 Satz 1 COVInsAG, wenn die Überschuldung **(unmittelbar oder mittelbar) im Sinne einer** *conditio sine qua non* auf die Pandemie zurückzuführen ist.[14] Ausreichend ist daher, dass die Pandemie nicht hinweggedacht werden kann, ohne dass die Überschuldung, also die negative Fortführungsprognose nach § 19 Abs. 2 Satz 1 InsO, entfiele.

14 Die Pandemie muss eine wesentliche, aber nicht die einzige Ursache sein.[15] Anderenfalls wären die Voraussetzungen so hoch, dass § 4 COVInsAG praktisch keinen Anwendungsbereich hätte. Ein Managementfehler oder sonstige Umstände, die zu der Überschuldung beigetragen haben, ließen sich wohl in vielen Fällen ohne Wei-

---

13) So auch zu der parallelen Regelung in § 5 Abs. 2 COVInsAG *Morgen/Arends,* ZIP 2021, 447, 453; Nerlich/Römermann-*Römermann,* COVInsAG, § 4 Rz. 14.

14) Vgl. dazu die Ausführungen zu § 1 Rz. 22 [*Fritz*]; *Schluck-Amend,* NZI 2020, 289, 290; *Hölzle/Schulenberg,* ZIP 2020, 633, 636 f.

15) Vgl. zu § 1 COVInsAG *Schluck-Amend,* NZI 2020, 289, 290; *Hölzle/Schulenberg,* ZIP 2020, 633, 637.

teres gegenbeweislich darstellen. Dann wäre auch die Vermutungsregelung in § 4 Satz 2 COVInsAG für die Antragspflichtigen nutzlos.

Die Darlegungs- und Beweislast für die Mitursächlichkeit der COVID-19-Pandemie **15** im oben genannten Sinne trägt derjenige, der sich auf den verkürzten Prognosezeitraum nach § 4 COVInsAG beruft. Anders als bei der Aussetzung der Insolvenzantragspflicht hat der Gesetzgeber nicht von der Regel-Ausnahmesystematik des § 1 Abs. 1 Satz 2 COVInsAG Gebrauch gemacht. Im Rahmen des § 4 Satz 1 COVInsAG wurde vielmehr eine positive Formulierung gewählt und damit die reguläre Beweislastverteilung zugrundegelegt.

a) Vermutungsregelung

Da die Frage, ob die Überschuldung auf die COVID-19-Pandemie zurückgeführt **16** werden kann, in vielen Fällen nicht eindeutig feststellbar sein wird, sollen die Antragspflichtigen durch die Vermutungsregelung in § 4 Satz 2 COVInsAG entlastet werden. Voraussetzung für das Eingreifen der Vermutung ist, dass der Schuldner (i) am 31.12.2021 nicht zahlungsunfähig war, (ii) in dem letzten vor dem 1.1.2020 abgeschlossenen Geschäftsjahr ein positives Ergebnis erwirtschaftet hat und (iii) der Umsatz im Kalenderjahr 2020 um mehr als 30 Prozent eingebrochen ist. Diese Voraussetzungen müssen kumulativ vorliegen. Dadurch soll gewährleistet werden, dass insbesondere in der Vergangenheit gesunde, aber durch die COVID-19-Pandemie besonders betroffene Unternehmen, von der Regelung profitieren.

Die Darlegungs- und Beweislast für die Voraussetzungen nach Nummer 1 bis 3 **17** (die Vermutungsbasis) trägt der Antragspflichtige nach den allgemeinen Regeln.[16] Liegen die Voraussetzungen des § 4 Satz 2 COVInsAG vor, muss die vermutete Tatsache, also die Mitursächlichkeit der Pandemie für die Überschuldung, nicht mehr durch die beweisbelastete Partei behauptet und bewiesen werden.[17]

aa) Keine Zahlungsunfähigkeit am 31. Dezember 2019

Die erste Voraussetzung für das Eingreifen der Vermutungswirkung ist nach § 4 **18** Satz 2 Nr. 1 COVInsAG, dass der Schuldner am 31.12.2019 nicht zahlungsunfähig war.

Durch den Rückgriff auf diesen weit vor der Pandemie liegenden Stichtag soll zum **19** einen sichergestellt werden, dass Unternehmen, die bereits vor der Krise nicht überlebensfähig waren, nicht von den Privilegierungen des COVInsAG profitieren. Zum anderen ermöglicht das Abstellen auf den 31.12.2019 eine unkomplizierte praktische Handhabung. In den meisten Fällen wird ohne Weiteres überprüfbar sein wird, ob am Bilanzstichtag eine Zahlungsunfähigkeit vorlag oder nicht.

Dass der Gesetzgeber wie bei § 1 Satz 3 COVInsAG auch hier ausschließlich an die **20** fehlende Zahlungsunfähigkeit und nicht auch an die fehlende Überschuldung zum Stichtag anknüpft, ist ebenfalls darauf zurückzuführen, die Vermutungsregelung möglichst einfach prüfen zu können.[18] Die oftmals schwierige Prüfung der Überschul-

---

16) *Prütting* in: MünchKomm-ZPO, § 292 Rz. 22.

17) Musielak/Voit-*Huber*, ZPO, § 292 Rz. 4.

18) Vgl. zu § 1 COVInsAG *Thole*, ZIP 2020, 650, 653.

dung müsste andernfalls rückschauend gegebenenfalls unter Beteiligung von Sachverständigen erfolgen und würde zu zusätzlichen Unsicherheiten führen. Das gesetzgeberische Ziel, die Antragspflichtigen durch die Vermutungswirkung zu entlasten, würde hierdurch verfehlt werden.[19]

bb) Positives Ergebnis aus der gewöhnlichen Geschäftstätigkeit

21 Weiterhin muss der Schuldner nach § 4 Satz 2 Nr. 2 COVInsAG in dem letzten, vor dem 1.1.2020 abgeschlossenen Geschäftsjahr ein positives Ergebnis aus der gewöhnlichen Geschäftstätigkeit erwirtschaftet haben.

22 Der maßgebliche Zeitraum ist das letzte abgeschlossene Geschäftsjahr, nicht dagegen das Kalenderjahr, das erst bei § 4 Satz 2 Nr. 3 COVInsAG in den Blick zu nehmen ist.

23 In diesem Zeitraum dürfen aus der gewöhnlichen Geschäftstätigkeit keine Verluste entstanden sein. Der Begriff „Ergebnis aus der gewöhnlichen Geschäftstätigkeit" ist im Sinne des **ordentlichen Betriebsergebnisses** zu verstehen und beinhaltet regelmäßig Umsatzerlöse, Aufwendungen der Leistungserstellung und -erbringung sowie sonstige betriebliche Erträge und Aufwendungen. Außer Betracht bleiben damit betriebsfremde Komponenten wie Beteiligungserträge, Zinserträge-/aufwand sowie Erträge und Abschreibungen auf Wertpapiere. Ebenfalls bleiben außerordentliche Erträge und Aufwendungen, welche in dem maßgeblichen Geschäftsjahr realisiert bzw. getätigt worden sind und welche nicht mit der gewöhnlichen Geschäftstätigkeit verbunden sind, außer Betracht (z. B. Erträge aus dem Verkauf einer relevanten Beteiligung oder eines betrieblichen Grundstücks, Aufwendungen aufgrund von Naturkatastrophen, Restrukturierungskosten).

24 Inwieweit bestimmte ergebniswirksame Effekte mit der gewöhnlichen Geschäftstätigkeit verbunden sind, ist im Einzelfall anhand des konkreten Geschäftsmodells des Schuldners zu eruieren.

25 Dass der Jahresabschluss für das letzte Geschäftsjahr bereits vorliegt, wird von § 4 COVInsAG nicht vorausgesetzt. Insoweit kommt es maßgeblich nur auf das tatsächlich positive Ergebnis an.[20]

cc) Umsatzeinbruch um mehr als 30 Prozent im Vergleich zum Vorjahr

26 Im Kalenderjahr 2020 muss der Umsatz aus der gewöhnlichen Geschäftstätigkeit im Vergleich zum Jahr 2019 um mehr als 30 Prozent eingebrochen sein.

27 Im Rahmen des Umsatzvergleichs kommt es nicht auf das Geschäftsjahr, sondern auf die Kalenderjahre 2019 und 2020 an. Das Abstellen auf das Kalenderjahr gegenüber dem Geschäftsjahr soll die notwendige Rückbindung des Umsatzeinbruchs an das akute Pandemiegeschehen sicherstellen und eventuelle Negativeffekte neutralisieren, welche – je nach Ausgestaltung – zwar noch im gleichen Geschäftsjahr, jedoch im vorangegangenen Kalenderjahr 2019 liegen, da diese evident nicht auf die COVID-19-Pandemie zurückzuführen sind.

---

19) *Gehrlein*, BB 2021, 66, 81 befürwortet dagegen eine tatbestandliche Erweiterung des § 4 Satz 2 Nr. 1 COVInsAG um die fehlende Überschuldung.

20) Nerlich/Römermann-*Römermann*, COVInsAG, § 4 Rz. 13.

Im Referenten- und Regierungsentwurf des SanInsFoG lag der für die Vermutung **28** erforderliche Umsatzeinbruch noch bei „mehr als 40 Prozent". Die Herabsetzung auf „mehr als 30 Prozent" fand erst auf Initiative des Rechtsausschusses Eingang in das Gesetz, da der Schwellenwert von 40 Prozent angesichts der in vielen Branchen niedrigeren Relationen zwischen Fixkosten und Umsatzerlösen als zu hoch angesehen wurde.[21]

dd) Widerlegbarkeit der Vermutung

Bei § 4 Satz 2 COVInsAG handelt es sich um eine widerlegbare gesetzliche Vermutung im Sinne des § 292 ZPO. Anders als die parallele Regelung in § 5 Abs. 2 **29** COVInsAG, die als Fiktion ausgestaltet ist, ist die Vermutung nach § 4 Satz 2 COVInsAG dem Gegenbeweis zugänglich und kann widerlegt werden.[22]

Für eine Widerlegung der Vermutung muss nach den allgemeinen Beweisregeln nach- **30** gewiesen werden, dass die COVID-19-Pandemie nicht mitursächlich für die Überschuldung des Schuldners war. Dies kommt etwa in Betracht, wenn das das Geschäftsmodell bereits vor der Pandemie nicht tragfähig und die Insolvenz unvermeidbar war.

b) Beweisführung abseits der Vermutung

Bei § 4 Satz 2 COVInsAG handelt es sich um eine Vermutungsregelung zugunsten **31** der Antragspflichtigen. Liegen die Voraussetzungen für die Vermutung im Einzelfall nicht vor, bedeutet dies nur, dass die Antragspflichtige sich nicht auf die Vermutung berufen kann.

Beträgt etwa der Umsatzeinbruch im Kalenderjahr 2020 nur 25 Prozent oder wurden **32** im letzten Geschäftsjahr einmalig Verluste erwirtschaftet, ist eine Berufung auf § 4 Satz 1 COVInsAG für den Antragspflichtigen weiterhin möglich. Es muss dann allerdings der **volle Beweis** erbracht werden, dass die Pandemie für die Überschuldung zumindest mitursächlich ist.

Diese Möglichkeit hat erst durch den Rechtsausschuss Eingang in das Gesetz ge- **33** funden. In der im Referenten- und im Regierungsentwurf enthaltenen Fassung des § 4 COVInsAG waren die in Nummer 1 bis 3 enthaltenen Voraussetzungen unmittelbare Tatbestandsmerkmale für den kurzen Prognosezeitraum. Danach wäre eine Berufung auf den kurzen Prognosezeitraum in jedem Fall ausgeschlossen gewesen, wenn eines dieser Merkmale nicht erfüllt ist. Durch den Rechtsausschuss wurde die Rückführbarkeit der Überschuldung auf die Pandemie zum Tatbestandsmerkmal für den verkürzten Prognosezeitraum. Die in Nummer 1 bis 3 enthaltenen Tatbestandsmerkmale wurden zu den Voraussetzungen der jetzigen Vermutungsregelung in § 4 Satz 2 COVInsAG herabgestuft. Dadurch wurde der kurze Prognosezeitraum auch für solche Fälle eröffnet, in denen sich anhand der konkreten oder branchenspezifischen Relationen zeigen lässt, dass bereits geringere Umsatzeinbrüche zu pandemiebedingten Schieflagen führen können.[23]

---

21) Bericht des Rechtsausschusses, BT Drucks. 19/25353, S. 15.
22) Kübler/Prütting/Bork-*Prütting*, COVInsAG, § 4 Rz. 3.
23) Bericht des Rechtsausschusses, BT Drucks. 19/25353, S. 15.

34 Aufgrund des Ausnahmecharakters des § 4 COVInsAG sollte die Mitursächlichkeit der Pandemie für die Überschuldung gerade dann, wenn die Voraussetzungen für die Vermutung nicht vorliegen, sorgfältig geprüft und dokumentiert werden.

VI. Rechtsfolgen

1. Reduzierung des Prognosezeitraumes auf 4 Monate

35 Unmittelbare Rechtsfolge des § 4 COVInsAG ist die Reduzierung des Prognosezeitraumes im Rahmen der Überschuldungsprüfung von 12 auf 4 Monate. Dies führt zu einer deutlich handhabbareren Fortführungsprognose. Zum Ausschluss einer insolvenzantragspflichtigen Überschuldung genügt es, dass die Fortführung des Unternehmens für 4 Monate überwiegend wahrscheinlich ist. Maßgeblich kommt es insoweit darauf an, ob der Schuldner in der Lage ist, die im Laufe der nächsten 4 Monate fällig werdenden Verbindlichkeiten zu erfüllen. Pandemiebedingte Unsicherheiten jenseits dieses Zeitraumes müssen dagegen nicht berücksichtigt werden und können daher von vornherein nicht zu einer Überschuldung führen.

36 Dies gilt nach dem Wortlaut selbst dann, wenn die Fortführungsprognose mit hoher Wahrscheinlichkeit oder gar Sicherheit nach Ablauf der nächsten vier Monate negativ wird, z. B. weil eine Verbindlichkeit, die erst nach Ablauf des Prognosezeitraumes fällig wird, in diesem Zeitpunkt nicht erfüllt werden kann. Der Prognosezeitraum von 4 Monaten nach § 4 COVInsAG ist im Unterschied zu dem Prognosezeitraum im Rahmen des § 18 Abs. 2 Satz 2 InsO nicht als Regelfall ausgestaltet, sondern abschließend. Die Prognose muss sich daher ausschließlich auf den Zeitraum von 4 Monaten erstrecken, ohne dass im Einzelfall auch ein längerer Zeitraum maßgeblich sein kann. Eine solche Rechtsunsicherheit hat der Gesetzgeber mit der Konkretisierung des Prognosezeitraumes im Rahmen des § 19 InsO auf 12 Monate gerade beseitigen wollen.[24] Erst recht muss dies auch für den Prognosezeitraum von 4 Monaten nach § 4 COVInsAG gelten. Entwicklungen jenseits des Zeitraumes von 4 Monaten sind damit in jedem Fall außer Betracht zu lassen.[25]

37 Die Verkürzung des Prognosezeitraumes bedeutet nicht auch eine Absenkung des Prüfungsmaßstabes. Die Antragspflichtigen sind weiterhin verpflichtet, eine belastbare Finanzplanung vorzunehmen, aus der sich eine überwiegende Wahrscheinlichkeit der Fortführung ergibt. Da der Prognosezeitraum aufgrund des § 4 COVInsAG besonders kurz ist, muss die Finanzplanung faktisch zumindest monatlich fortgeschrieben werden und sollte sorgfältig dokumentiert werden.

2. Ausschluss der Antragspflicht und Reduzierung der Haftung

38 Die Verkürzung des Prognosezeitraumes im Rahmen der Überschuldung kann zu einem Ausschluss der Insolvenzantragspflicht führen und reduziert die Haftungsgefahren für Geschäftsleiter.

39 Dennoch dürfte die im Rahmen des SanInsFOG vom Gesetzgeber betonte **Steuerungsfunktion der Überschuldung,** die Geschäftsleiter zu einer vorausschauen-

---

24) Vgl. dazu Begr. RegE-SanInsFoG, BT-Drucks. 19/24181, S. 197.
25) So auch *Gehrlein*, GmbHR 2021, 183, 189.

den Finanzplanung und frühzeitigen Krisenerkennung anzuhalten,[26]) durch § 4 COVInsAG nicht erheblich beeinträchtigt werden.[27])

Die Gefahr, dass Geschäftsleiter aufgrund von § 4 COVInsAG in der Hoffnung, dass   **40**
alles gut gehen werde, unreflektiert weiterwirtschaften können und sich dadurch die Stellung eines Insolvenzantrages zulasten der Gläubiger nur in die Zukunft verschiebt, hat der Gesetzgeber legitimerweise in Kauf genommen.[28]) Zum einen wird dadurch, dass die Überschuldung auf die Pandemie zurückzuführen sein muss und die engen Voraussetzungen der Vermutungsregelung gewährleistet, dass möglichst nur Unternehmen, die erst aufgrund der Pandemie in Schwierigkeiten geraten sind, von der Regelung profitieren. Darüber hinaus handelt es sich bei § 4 COVInsAG um eine zeitlich begrenzte Regelung. Langfristige Fehlsteuerungen dürften dadurch nicht zu erwarten sein. Weiterhin ist ab dem 1.1.2022 ohne Übergangsphase wieder der reguläre Prognosezeitraum von 12 Monaten zugrunde zu legen. Dadurch werden viele Unternehmen, die die Voraussetzungen des § 4 COVInsAG erfüllen, bereits vorher veranlasst sein werden, den Prognosezeitraum im eigenen Interesse wieder länger zu fassen.

Allein durch § 4 COVInsAG dürften in den meisten Fällen auch Sanierungschancen   **41**
nicht erheblich beeinträchtigt werden. Im Gegenteil kann durch § 4 COVInsAG vielen Unternehmen Zeit verschafft werden, sich auf die aktuelle Situation einzustellen und die Finanzplanung auf den Prognosezeitraum von 12 Monaten vorzubereiten. Durch das Entfallen einer antragspflichtigen Überschuldung stehen den Unternehmen darüber hinaus die Instrumente des StaRUG zur Verfügung, was die Chancen einer Sanierung außerhalb der Insolvenz erhöht (siehe dazu Rz. 42 f.). Gesamtwirtschaftlich gesehen dürfte daher der Nutzen der Regelung höher zu bewerten sein, als die Gefahr, dass im Einzelfall unausweichliche Insolvenzen nur aufgeschoben und „Zombieunternehmen" nach dem Prinzip Hoffnung zulasten der Gläubiger weitergeführt werden.

3. Anwendbarkeit des StaRUG

Durch die vorübergehende Verkürzung des Prognosezeitraumes ist davon auszu-   **42**
gehen, dass eine Vielzahl an Unternehmen die Chance hat, durch die Pandemie aufgelaufene Verbindlichkeiten langfristig zu strukturieren, um ab dem 1.1.2022 wieder eine positive Fortführungsprognose für den regulären Prognosezeitraum von 12 Monaten erreichen zu können.

Dazu stehen diesen Unternehmen u. U. auch die Instrumente des StaRUG zur   **43**
Verfügung. Mit der Einschränkung des Insolvenzgrundes der Überschuldung durch § 4 COVInsAG geht zugleich eine Ausweitung des Anwendungsbereichs des StaRUG einher. Die Sanierungsmöglichkeiten des StaRUG stehen Schuldnern zur Verfügung, solange weder Zahlungsunfähigkeit noch Überschuldung eingetreten sind.[29]) Durch

---

26) Vgl. Begr. RegE SanInsFoG, BT-Drucks. 19/24181, S. 196.
27) Kritisch: Stellungnahme des Deutschen Gewerkschaftsbundes (DGB) v. 24.11.2020, S. 24.
28) Vgl. *Wolfer* in: BeckOK-InsO, COVInsAG, § 4 Rz. 4; *Gehrlein*, GmbHR 2021, 183, 189.
29) Vgl. § 33 Abs. 2 Nr. 1 StaRUG zur Aufhebung der Restrukturierungssache bei Insolvenzreife.

§ 4 COVInsAG können also kurzfristig die Instrumente des StaRUG in Anspruch genommen werden. Faktisch setzt dies voraus, dass ein solches Verfahren so schnell vorangetrieben werden muss, dass spätestens zum 1.1.2022 wieder eine positive Fortführungsprognose über 12 Monate überwiegend wahrscheinlich ist. In diesem Zusammenhang ist auch zu berücksichtigen, dass eine die Überschuldung ausschließende Fortführungsprognose auch aus der überwiegenden Wahrscheinlichkeit der erfolgreichen Umsetzung eines Sanierungs- oder Restrukturierungsvorhabens resultieren kann.[30]

---

30) Vgl. dazu Begr. RegE-SanInsFoG, BT-Drucks. 19/24181, S. 197.

§ 5
Anwendung bisherigen Rechts

(1) Auf Eigenverwaltungsverfahren, die zwischen dem 1. Januar 2021 und dem 31. Dezember 2021 beantragt werden, sind, soweit in den folgenden Absätzen und § 6 nichts anderes bestimmt ist, die §§ 270 bis 285 der Insolvenzordnung in der bis zum 31. Dezember 2020 geltenden Fassung weiter anzuwenden, wenn die Zahlungsunfähigkeit oder Überschuldung des Schuldners auf die COVID-19-Pandemie zurückzuführen ist.

(2) Die Insolvenzreife gilt als auf die COVID-19-Pandemie zurückführbar, wenn der Schuldner eine von einem in Insolvenzsachen erfahrenen Steuerberater, Wirtschaftsprüfer oder Rechtsanwalt oder einer Person mit vergleichbarer Qualifikation ausgestellte Bescheinigung vorlegt, aus der sich ergibt, dass

1. der Schuldner am 31. Dezember 2019 weder zahlungsunfähig noch überschuldet war,

2. der Schuldner in dem letzten vor dem 1. Januar 2020 abgeschlossenen Geschäftsjahr ein positives Ergebnis aus der gewöhnlichen Geschäftstätigkeit erwirtschaftet hat und

3. der Umsatz aus der gewöhnlichen Geschäftstätigkeit im Kalenderjahr 2020 im Vergleich zum Vorjahr um mehr als 30 Prozent eingebrochen ist.

Satz 1 gilt entsprechend, wenn die nach Satz 1 Nummer 2 und 3 zu bescheinigenden Voraussetzungen zwar nicht oder nicht vollständig vorliegen, aus der Bescheinigung jedoch hervorgeht, dass aufgrund von Besonderheiten, die im Schuldner oder in der Branche, der er angehört, begründet sind oder aufgrund sonstiger Umstände oder Verhältnisse, dennoch davon ausgegangen werden kann, dass die Insolvenzreife auf die COVID-19-Pandemie zurückzuführen ist.

(3) Die Insolvenzreife gilt auch als auf die COVID-19-Pandemie zurückführbar, wenn der Schuldner im Eröffnungsantrag darlegt, dass keine Verbindlichkeiten bestehen, die am 31. Dezember 2019 bereits fällig und zu diesem Zeitpunkt noch nicht bestritten waren. Die Erklärung zur Richtigkeit und Vollständigkeit der Angaben nach § 13 Absatz 1 Satz 7 der Insolvenzordnung muss sich auch auf die Angaben nach Satz 1 beziehen.

(4) Erlangt das Gericht Kenntnis davon, dass die Zahlungsunfähigkeit oder Überschuldung des Schuldners nicht auf die Auswirkungen der COVID-19-Pandemie zurückzuführen ist, kann es auch aus diesem Grund

1. anstelle des vorläufigen Sachwalters einen vorläufigen Insolvenzverwalter bestellen,

2. die Anordnung nach § 270b Absatz 1 der Insolvenzordnung in der bis zum 31. Dezember 2020 geltenden Fassung vor Ablauf der Frist aufheben, oder

3. die Anordnung der Eigenverwaltung aufheben.

(5) Ordnet das Gericht die vorläufige Eigenverwaltung oder Eigenverwaltung an, kann es zugleich anordnen, dass Verfügungen des Schuldners der Zustimmung durch den vorläufigen Sachwalter oder den Sachwalter bedürfen.

(6) Die Annahme von Nachteilen für die Gläubiger kann nicht allein darauf gestützt werden, dass der Schuldner keine Vorkehrungen zur Sicherstellung seiner Fähigkeit zur Erfüllung insolvenzrechtlicher Pflichten getroffen hat.

(7) Ordnet das Gericht die vorläufige Eigenverwaltung oder Eigenverwaltung an, so ist die Insolvenzrechtliche Vergütungsverordnung in der bis zum 31. Dezember 2020 geltenden Fassung anzuwenden. Dies gilt auch, wenn die vorläufige Eigenverwaltung oder Eigenverwaltung aufgehoben wird.

Literatur: *Albrecht*, Fiktionen im Recht (Diss., 2020); Beck'scher Online-Kommentar zur Insolvenzordnung, Stand 15.10.2020; *Buchalik*, Handlungsbedarf nach der ESUG Evaluation?, ZInsO 2019, 1576; *Frind*, Gefahrzone Eigenverwaltung – Eine Zwischenbilanz über das Instrument Eigenverwaltung nach „ESUG" aus gerichtlicher Sicht, WM 2014, 590; *Gehrlein*, Der Überschuldungsbegriff – Irrungen und Wirrungen, GmbHR 2021, 183; *Jung/Meißner/Ruch*, Der Entwurf eines Gesetzes zur Fortentwicklung des Sanierungs- und Insolvenzrechts (SanInsFoG), KSI 2020, 253; *Kübler/Prütting/Bork*, InsO, Loseblatt, Stand 3/2021; *Madaus*, Einstieg in die ESUG-Evaluation – Für einen konstruktiven Umgang mit den europäischen Ideen für einen präventiven Restrukturierungsrahmen, NZI 2017, 329; *Morgen/Arends*, Die Aussetzung der Insolvenzantragspflicht und das Eigenverwaltungsverfahren nach SanInsFoG und COVInsAG, ZIP 2021, 447; Münchener Kommentar zur Insolvenzordnung, 4. Aufl., 2019; *Nerlich/Römermann*, Insolvenzordnung, Loseblatt, Stand 2/2021; *Pape*, Erste Überlegungen zu den möglichen Konsequenzen aus der ESUG-Evaluation, ZInsO 2018, 2725; *Reinhardt/Lambrecht*, Die Bescheinigung nach § 270b InsO als Schlüssel für das Schutzschirmverfahren, Stbg 2014, 71; *Römermann*, Fortentwicklung des Insolvenz- und Sanierungsrechts 2020/2021, Stbg 2020, 463; *Seagon*, Coronabedingtes Sonderinsolvenzrecht als Brücke zum StaRUG?, NZI-Beilage 2021, 12; *Thole*, Lehren aus der ESUG-Evaluation für die Umsetzung der Restrukturierungsrichtlinie, NZI-Beilage 2019, 61; *Thole*, Die Reform der Eigenverwaltung: Eine Umsetzung der ESUG-Evaluation?, NZI-Beilage 2021, 90; *Uhlenbruck*, Insolvenzordnung, 15. Aufl., 2019; *Zipperer/Vallender*, Die Anforderungen an die Bescheinigung für das Schutzschirmverfahren, NZI 2012, 729;

Übersicht

I. Entstehungsgeschichte und Normzweck

§ 5 COVInsAG soll den von der COVID-19-Pandemie besonders betroffenen Schuldnern unter bestimmten Voraussetzungen erleichterten Zugang zur Eigenverwaltung ermöglichen.   **1**

Die Vorschrift ist durch Art. 10 Nr. 3 SanInsFoG[1] gänzlich neu eingefügt worden.   **2**
Die Norm war in ihrer geltenden Fassung weder in dem Referentenentwurf des BMJV,[2] noch in dem Regierungsentwurf zum SanInsFOG[3] enthalten, sondern fand erst auf Initiative des Ausschusses für Recht und Verbraucherschutz im Bundestag Eingang in das Gesetz.[4] Der Regierungsentwurf sah für § 5 COVInsAG ursprünglich ebenfalls eine Regelung vor, die pandemiebetroffenen Schuldnern den Zugang zu Eigenverwaltung und Schutzschirmverfahren auch bei eingetretener Zahlungsunfähigkeit ermöglichen sollte.[5] Gegenüber der nunmehr geltenden Fassungen der §§ 5 und 6 COVInsAG war diese Vorschrift indes erheblich knapper gefasst und ist vermehrt auf Kritik gestoßen.[6]

Die Regelung steht im Lichte der durch das SanInsFoG eingeführten umfangreichen   **3**
Änderungen der Insolvenzordnung. Diese betreffen insbesondere auch den achten Teil (§§ 270 – 285 InsO) und sind mitunter eine Reaktion des Gesetzgebers auf die Ergebnisse der im Oktober 2018 vorgelegten ESUG-Evaluation.[7] Ziel der Regelung soll es sein, die jüngsten, mitunter substantiellen Änderungen der §§ 270 – 285 InsO für die von der COVID-19-Pandemie besonders betroffenen Unternehmen nicht zu einem zusätzlichen Hindernis bei dem Zugang zu den ESUG-Verfahren zu machen.[8] Eine allein oder überwiegend auf dem Pandemiegeschehen beruhende Insolvenzreife soll nach dem Geist des COVInsAG nicht zu einer Insolvenzantragspflicht führen. Dementsprechend soll aber auch der Zugang zur Eigenverwaltung nicht verwehrt sein.[9]

Ganz besonders die Neufassungen der §§ 270a und 270b InsO bringen den Umstand   **4**
zum Ausdruck, dass die Anordnung einer (vorläufigen) Eigenverwaltung künftig **strengeren Anforderungen** unterliegt. Nach § 270a Abs. 1 InsO n. F. setzt ein erfolgreicher Antrag nunmehr die Vorlage einer ausführlichen und belastbaren Eigenver-

1) Gesetz zur Fortentwicklung des Sanierungs- und Insolvenzrechts (Sanierungs- und Insolvenzrechtsfortentwicklungsgesetz – SanInsFoG) v. 22.12.2020, BGBl. I, 3256.
2) https://www.bmjv.de/SharedDocs/Gesetzgebungsverfahren/Dokumente/ RefE_SanInsFoG.pdf?__blob=publicationFile&v=6
3) RegE-SanInsFoG, BT-Drucks. 19/24181.
4) Bericht des Ausschusses für Recht und Verbraucherschutz, BT-Drucks. 19/25353; sowie die Beschlussempfehlung des Ausschusses in BT-Drucks. 19/25030.
5) RegE-SanInsFoG, BT-Drucks. 19/24181, S. 76, 218.
6) Stellungnahme des IDW zum SanInsFoG-E v. 2.10.2020, S. 9; *Jung/Meißner/Ruch*, KSI 2020, 253, 260.
7) Volltext der Evaluierung des Gesetzes zur weiteren Erleichterung der Sanierung von Unternehmen (ESUG) vom 7.12.2011, abrufbar unter: https://www.bmjv.de/SharedDocs/ Downloads/DE/News/Artikel/101018_Gesamtbericht_Evaluierung_ESUG.pdf?__blob= publicationFile&v=2; Zusammenfassend hierzu etwa: *Thole*, NZI-Beilage 2019, 61; *Buchalik*, ZInsO 2019, 1676; *Pape*, ZInsO 2018, 2725.
8) Bericht des Rechtsausschusses, BT-Drucks. 19/25253, S. 15.
9) *Morgen/Arends*, ZIP 2021, 447, 455.

waltungsplanung voraus. Neben einem Finanzplan, der einen Zeitraum von sechs Monaten umfassen muss, ist unter anderem ein schlüssiges[10] Konzept für die Durchführung des Insolvenzverfahrens, eine Darstellung über den Stand der Verhandlungen mit den Gläubigern, sowie eine Vergleichsrechnung zum Regelverfahren vorzulegen. Die **Eigenverwaltungsplanung** wird in § 270a Abs. 2 InsO n. F. flankiert durch das Erfordernis umfassender Erklärungen der Geschäftsleitung, etwa zu rückständigen Verbindlichkeiten aus besonders bedeutsamen Rechtsverhältnissen[11] oder zu etwaigen Verstößen gegen die handelsrechtlichen Offenlegungspflichten. Dabei ist in etwa auch Stellung dazu zu nehmen, inwieweit trotz ggf. höherer Kosten der Eigenverwaltung, vorangegangener StaRUG-Maßnahmen oder bestehender Rückstände die Wahrung der Gläubigerinteressen gewährleistet ist. Die normative Niederlegung der Anforderungen an einen Antrag auf Eigenverwaltung in dieser Ausführlichkeit ist zum einen eine Reaktion des Gesetzgebers auf die bundesweit überaus uneinheitliche Handhabung der Frage nach den Voraussetzungen des Zugangs zu den ESUG-Verfahren,[12] insbesondere im Hinblick auf das Verständnis des Nachteilsbegriffes in § 270 Abs. 2 Nr. 2 InsO a. F.[13] und die diesbezügliche Prognoseentscheidung der Insolvenzgerichte.[14] Zum anderen liegt darin eine Reaktion auf den Umstand, dass die tatsächliche Eigenverwaltungswürdigkeit der Schuldner zukünftig weiter im Vordergrund stehen soll.[15] Insoweit sollen durch eine rechtzeitige und gewissenhafte Vorbereitung sowie eine konsequente Rückbindung an die Gläubigerinteressen die Erfolgsaussichten einer Eigenverwaltung als Insolvenzverfahren mit dem Ziel der nachhaltigen Unternehmenssanierung erhört werden.[16] Die Änderungen dürften künftig für mehr Konsistenz, eine Steigerung der Chancen eines erfolgreichen Turnarounds und allen voran für **Rechts- und Planungssicherheit** beim Zugang zu den ESUG-Verfahren sorgen.

5   Zunächst ist jedoch zu erwarten, dass die anfängliche Unsicherheit im Umgang mit den Neuerungen, welche bereits bei Fachleuten zu beobachten ist, sich erst recht bei den betroffenen Schuldnern zeigen wird. Die strengeren Anforderungen an den Zugang zur Eigenverwaltung stehen zudem in einem gewissen Gegensatz zur Zielsetzung des COVInsAG, welches gerade auf die Privilegierung pandemiebetroffener Unternehmen abzielt.[17] Bei diesen Unternehmen kann nicht ohne Weiteres angenommen werden, dass sich die Geschäftsleitung schlicht als unfähig erwiesen hat und ein Zugang zur Eigenverwaltung damit zu versagen ist.[18] Für solche Unternehmen, deren Insolvenzreife auf den Auswirkungen der COVID-19-Pandemie beruht,

---

10) Das Kriterium der Schlüssigkeit ergibt sich in Zusammenschau mit § 270b Abs. 1 Nr. 1 InsO n. F.

11) *Thole*, NZI-Beilage 2021, 91, 92.

12) Ausführlich zur Problemstellung: ESUG-Evaluation (Fn. 5), S. 55 ff.

13) Uhlenbruck-*Zipperer*, InsO, § 270 Rz. 46; *Madaus*, NZI 2019, 329, 332.

14) Dazu etwa *Frind*, WM 2014, 590, 596; *Ellers* in: BeckOK-InsO, Stand 10/2020, § 270 Rz. 26 ff.; Nerlich/Römermann-*Riggert*, InsO, Stand 6/2018, § 270 Rz. 20; AG Hamburg, Beschl. v. 18.12.2013 – 67 c IN 410/13, NZI 2014, 269 (Anm. *Hoffmann*).

15) *Thole*, NZI-Beilage 2021, 91, 92.

16) RegE-SanInsFoG, BT-Drucks. 19/24181, S. 1 f.

17) Kübler/Prütting/Bork-*Prütting*, COVInsAG, § 5 Rz. 2.

18) *Römermann*, Stbg 2020, 463, 472.

sollen daher für den begrenzten Zeitraum bis zum 31.12.2021 die **früheren Fassungen der §§ 270–285 InsO fortgelten** (Abs. 1) um zusätzliche Erschwerungen beim Zugang zur Eigenverwaltung zu vermeiden[19] und damit den Zweck des COVInsAG nicht weiter zu konterkarieren. Neben der allgemeinen Unsicherheit im Umgang mit den neuen Vorschriften können sich unter der Geltung der neuen Vorschriften zur Eigenverwaltung zusätzliche Erschwerungen daraus ergeben, dass etwa bereits eine Sanierung auf Basis der alten Gesetzesfassung in Vorbereitung ist oder schlicht daraus, dass die nunmehr strengeren Voraussetzungen an den Zugang zur Eigenverwaltung dem Schuldner einen merklich größeren Planungseinsatz abverlangen. § 5 bietet damit als Übergangsregelung in gewissem Umfang **Vertrauensschutz** für die ohnehin pandemiebedingt außerordentlich stark belasteten Unternehmen.

II. Anwendung der §§ 270–285 InsO a. F. (Abs. 1)

Nach Abs. 1 gelten die §§ 270–285 InsO in der bis zum 31.12.2020 geltenden Fassung, wenn der Schuldner einen Antrag auf Anordnung der Eigenverwaltung stellt und die Zahlungsunfähigkeit oder Überschuldung des Schuldners auf die COVID-19-Pandemie zurückzuführen ist.   6

Das alte Recht ist im Grundsatz umfassend anzuwenden, soweit nicht durch die §§ 5 und 6 COVInsAG etwas Abweichendes bestimmt wird. Insbesondere bedarf es aber gerade keiner Vorlage einer Eigenverwaltungsplanung nach Maßgabe des § 270a InsO n. F.[20] Die Anwendung der alten Fassungen der Vorschriften zur Eigenverwaltung ist **zwingend** und steht nicht im Ermessen der Insolvenzgerichte oder zur Disposition des Schuldners.   7

1. Sachlicher und zeitlicher Anwendungsbereich

Die Vorschrift gilt für Eigenverwaltungsverfahren, einschließlich Schutzschirmverfahren (siehe aber unter § 6), die zwischen dem 1.1.2021 und dem 31.12.2020 beantragt werden.   8

Maßgeblicher Zeitpunkt ist der Eingang des Antrags bei dem **zuständigen** Gericht. Ein Insolvenzantrag bei einem sachlich oder örtlich unzuständigen Gericht genügt jedenfalls dann, wenn er spätestens am 31.12.2021 dort eingeht und später nach Abgabe an das tatsächlich zuständige Gericht gerade auf diesen Antrag das Insolvenzverfahren eröffnet und die Eigenverwaltung anordnet.[21]   9

In ähnlicher Weise könnten Fälle zu bewerten sein, in denen ein „allgemeiner" Insolvenzantrag noch im Jahr 2021 gestellt wird, dieser aber erst nach dem 31.12.2021 durch einen **nachträglichen Eigenverwaltungsantrag** ergänzt wird. Insoweit könnte es auch hier naheliegen, in einer einheitlichen Betrachtungsweise auf die Stellung des früheren Antrags abzustellen. Vorzugswürdig erscheint jedoch die Auffassung, dass es in diesen Fällen allein auf den Zeitpunkt des konkreten Antrages auf Anordnung der Eigenverwaltung ankommt.[22] Dafür spricht neben dem Wortlaut des § 5 Abs. 1   10

19) Bericht des Rechtsausschusses, BT-Drucks. 19/25353, S. 15.
20) *Ellers in:* BeckOK-InsO, COVInsAG, § 5 Rz. 4.
21) So im Zusammenhang mit § 139 InsO: LG Bonn, Urt. v. 30.11.2005 – 1 O 324/05, NZI 2006, 110; ähnl. auch *Kirchhof/Piekenbrock* in: MünchKomm-InsO, § 139 Rz. 15 m. w. N.
22) *Ellers* in: BeckOK-InsO, COVInsAG, § 5 Rz. 5.

COVInsAG („Eigenverwaltungsverfahren [...] beantragt") zuvorderst, dass ein solcher nachträglicher Eigenverwaltungsantrag noch bis zum Erlass des Eröffnungsbeschlusses und damit viele Wochen nach dem ursprünglichen Insolvenzantrag möglich ist.[23] Dass der Gesetzgeber eine derartige Ausdehnung der Fortgeltung des alten Rechts weit in das Jahr 2022 hinein gewollt hat, dürfte nicht anzunehmen sein. Bei teleologischer Betrachtung (Rz. 2 ff.) ist vielmehr zu erkennen, dass auch hochgradig pandemiebetroffene Unternehmen sich im Laufe des Jahres unweigerlich auf die Neufassung der §§ 270–285 ff. InsO einzustellen haben und das Niveau ihrer Schutzbedürftigkeit insoweit sinkt, je näher das Jahr 2022 rückt. Ergänzt der Schuldner seinen Insolvenzantrag erst im Jahr 2022 um einen Eigenverwaltungsantrag, hat dieser den Erfordernissen des § 270a InsO n. F. zu genügen.[24]

2. Pandemiebedingte Insolvenzreife Sachlicher und zeitlicher Anwendungsbereich

11   In materieller Hinsicht setzt die Anwendung des § 5 COVInsAG voraus, dass das Unternehmen insolvenzreif, also **zahlungsunfähig** (§ 17 InsO) **oder überschuldet** (§ 19 InsO) ist. Lediglich drohende Zahlungsunfähigkeit (§ 18 InsO) reicht nicht aus, sodass in diesem Fall das neue Recht auch dann Anwendung findet, wenn die drohende Zahlungsunfähigkeit auf den Pandemiefolgen beruht.

12   Für die Beurteilung der überwiegenden Wahrscheinlichkeit der Fortführung des Unternehmens ist nach § 19 InsO n. F. grundsätzlich ein fixer Prognosezeitraum von 12 Monaten, statt dem bisher als „mittelfristig"[25] eingeordneten Zeitraums von ein bis zwei Jahren zugrunde zu legen.[26] Der Prognosezeitraum wurde infolge der langjährigen Diskussion um die Abgrenzung von drohender Zahlungsunfähigkeit und Überschuldung im Wege des SanInsFoG angepasst und im gleichen Atemzug derjenige für die drohende Zahlungsunfähigkeit auf 24 Monate festgelegt.[27] Bei der Prüfung des Vorliegens einer Überschuldung im zeitlichen Anwendungsbereich des § 5 COVInsAG ist anstatt des Prognosezeitraums nach der Neufassung des § 19 InsO von 12 Wochen der durch § 4 COVInsAG n. F. abweichende angeordnete **Prognosezeitraum von 4 Monaten** zugrunde zu legen.

13   Die verbleibenden Überschneidungen zwischen drohender Zahlungsunfähigkeit und Überschuldung führen vor dem Hintergrund, dass die Anwendung von § 5 COVInsAG bei Vorliegen von „nur" drohender Zahlungsunfähigkeit nicht in Betracht kommt dazu, dass der Eigenverwaltungsantrag zwingend detaillierte Ausführungen zum Vorliegen einer Überschuldung enthalten muss.[28]

---

23) Dies ergibt sich unmittelbar aus dem Wortlaut des § 270 Abs. 1 Satz 1 InsO; vgl. auch *Kern* in: MünchKomm-InsO, § 270 Rz. 25.
24) *Ellers* in: BeckOK-InsO, COVInsAG, § 5 Rz. 5.
25) BGH, Urt. v. 13.7.1992 – II ZR 269/91, ZIP 1992, 1382; OLG Köln, Urt. v. 16.3.2017 – 18 U 226/13, MDR 2019, 111.
26) AG Hamburg, Beschl. v. 2.12.2011 – 67 c IN 421/11, NZI 2012, 85; Uhlenbruck-*Mock*, InsO, § 19 Rz. 224; allgemein stets „das laufende und das kommende Geschäftsjahr".
27) Dazu *Piekenbrock*, NZI-Beilage 2021, 82, 83; *Gehrlein*, GmbHR 2021, 183, 186 ff.
28) *Ellers* in: BeckOK-InsO, COVInsAG, § 5 Rz. 7.

Die eingetretene Insolvenzreife muss nach § 5 Abs. 1 COVInsAG auf die COVID-19-Pandemie zurückzuführen sein. Im Wesentlichen dürften hierbei dieselben Grundsätze gelten, wie im Rahmen des § 1 Abs. 1 Satz 2 COVInsAG.[29)] Bei den in Absatz 2 Satz 1 und Absatz 3 aufgeführten und zugunsten der betroffenen Schuldner wirkenden Umständen handelt es sich um – insoweit abschließende – Definitionen.[30)] Das Vorliegen der jeweilige Vermutungswirkung auslösenden Umstände führt dazu, dass das Tatbestandsmerkmal der Pandemiebedingtheit aus § 5 Abs. 1 COVInsAG a. E. *ex lege* als erfüllt gilt. Aufgrund der mannigfaltigen mittelbaren und unmittelbaren Auswirkungen des Pandemiegeschehens und der entsprechenden regulatorischen Reaktionen auf sämtliche Bereiche des gesellschaftlichen und wirtschaftlichen Lebens, erscheint die Definition bestimmter Kausalitätserfordernisse allein auf einer abstrakten Ebene wenig zweckmäßig. Daher hat der Gesetzgeber außerhalb der o. g. Tatbestände in Absatz 2 Satz 2 eine Öffnungsklausel vorgesehen. Auf deren Grundlage bleibt es bei Nichtvorliegen der Voraussetzungen aus Absatz 2 Satz 1 Nr. 2 und 3 letztlich einer **Einzelfallbeurteilung** des mit einem Eigenverwaltungsantrag befassten Gerichts benommen, die im Rahmen des Eigenverwaltungsantrags vorgebrachten Kausalzusammenhänge zwischen dem Pandemiegeschehen und der Insolvenzreife auf ihre Schlüssigkeit hin zu bewerten und auf dieser Grundlage eine Entscheidung zu treffen. Den Insolvenzgerichten wird damit ein die normative Definitionen ergänzender Beurteilungsspielraum eingeräumt und somit die im Kontext der komplexen Pandemiesituation notwendige Flexibilität bei der Rechtsanwendung gewährleistet. 14

III. Vermutung der Pandemiebedingtheit der Insolvenzreife

Die Absätze 2 und 3 erläutern die verschiedenen Möglichkeiten eines Nachweises des Umstandes, dass die Insolvenzreife des antragstellenden Schuldners auf den Folgen der COVID-19-Pandemie beruht. Gelingt der Nachweis, wird zugunsten des Schuldners **unwiderleglich vermutet**, dass die Insolvenzreife auf die COVID-19-Pandemie zurückzuführen ist.[31)] Die eine Möglichkeit des Nachweises liegt dabei in der Vorlage einer von einem in Insolvenzsachen erfahrenen Steuerberater, Wirtschaftsprüfer oder Rechtsanwalt oder einer Person mit vergleichbarer Qualifikation ausgestellten Bescheinigung, die das kumulative Vorliegen der in Absatz 2 Satz 1 Nr. 1–3 vorgeschriebenen Sachverhalte attestiert (Absatz 2). Die andere Möglichkeit liegt in der Abgabe einer Erklärung zu fälligen und unbestrittenen Verbindlichkeiten durch den Schuldner (Absatz 3). 15

Die in Absatz 2 Satz 1 definierten Sachverhalte geben einerseits dem Schuldner und dessen Beratern gewisse Themenkomplexe vor, entlang derer der Eigenverwaltungsantrag ausgearbeitet werden kann und zu denen sich entsprechend deutliche Ausführungen empfehlen, wenn sich auf die Regelung des § 5 COVInsAG gestützt wer- 16

---

29) Trotz des dort geringfügig abweichenden Wortlauts „*Beruhen* der Insolvenzreife auf den Folgen…"), vgl. dazu oben unter § 1 Rz. 21 ff. [*Fritz*]; *Morgen/Arends*, ZIP 2021, 447, 453.

30) **A. A.** *Morgen/Arends*, ZIP 2021, 447, 453 f.; *Ellers* in: BeckOK-InsO, COVInsAG, § 5 Rz. 21 ff. Die Formulierung „gilt als" stellt hier lediglich ein vom Gesetzgeber verwendetes Stilmittel im Rahmen einer Definition dar – das am Metanormativität. Die Formulierung ist, entgegen verbreiteter Auffassung, für sich noch kein hinreichendes Merkmal für Fiktionalität, vgl. *Albrecht*, S. 212 ff., 215.

31) *Seagon*, NZI-Beilage 2021, 12, 13.

den soll. Andererseits entlasten sie auch die Insolvenzgerichte, da die RichterInnen eine dezidierte Einzelfallbeurteilung bei der Frage nach der Kausalität der COVID-19-Pandemie für die Insolvenzreife des Schuldners nicht vornehmen müssen, wenn die Voraussetzungen des Eingreifens der Vermutung der Pandemiebedingtheit nach Maßgabe der Definitionen schlüssig und substantiiert vorgebracht wird. Auch im Geltungsbereich des § 5 COVInsAG erfordert ein aussichtsreicher Eigenverwaltungsantrag daher ein gewisses Maß an Vorbereitung. Je strukturierter und aussagekräftiger die Voraussetzungen den Abs. 2 und 3 im Rahmen des Antrags dargestellt werden, desto eher wird das Gericht im Ergebnis die Ausarbeitung einer Eigenverwaltungsplanung nach § 270a InsO n. F. auf Grundlage von § 5 COVInsAG als entbehrlich erachten können.

1. Vorlage einer Expertenbescheinigung (Abs. 2)

17 Nach Absatz 2 Satz 1 gilt die Insolvenzreife als auf die COVID-19-Pandemie zurückführbar, wenn der Schuldner eine von einem in Insolvenzsachen erfahrenen Steuerberater, Wirtschaftsprüfer oder Rechtsanwalt oder einer Person mit vergleichbarer Qualifikation ausgestellte Bescheinigung vorlegt, aus der sich ergibt, dass der Schuldner am 31.12.2019 weder zahlungsunfähig noch überschuldet war (Nr. 1), er in dem letzten vor dem 1.1.2020 abgeschlossenen Geschäftsjahr ein positives Ergebnis aus der gewöhnlichen Geschäftstätigkeit erwirtschaftet hat (Nr. 2) und der Umsatz aus der gewöhnlichen Geschäftstätigkeit im Kalenderjahr 2020 im Vergleich zum Vorjahr um mehr als 30% eingebrochen ist.

18 Daneben eröffnet Absatz 2 Satz 2 die Möglichkeit weitere Besonderheiten und Umstände in die Bescheinigung nach Absatz 2 Satz 1 einzubeziehen, welche gleichsam darauf schließen lassen, dass die Insolvenzreife auf die COVID-19-Pandemie zurückführbar ist auch wenn die Voraussetzungen nach Absatz 2 Satz 1 Nr. 2 und 3 nicht oder nicht vollständig vorliegen.

a) Ausstellung durch eine in Insolvenzsachen erfahrene Person

19 Die Bescheinigung nach Absatz 2 muss durch einen in Insolvenzsachen erfahrenen Steuerberater, Wirtschaftsprüfer oder Rechtsanwalt oder eine Person mit vergleichbarer Qualifikation ausgestellt werden. Diese Aufzählung entspricht der des § 270d Abs. 1 Satz 1 InsO n. F.[32] Der Gesetzgeber knüpft in Ergänzung zu der Zugehörigkeit zu einem der einschlägigen Kammerberufe vor allem an die Erfahrung des Ausstellers in Insolvenzsachen an. Das folgt daraus, dass eine **einschlägige Erfahrung in Restrukturierungsprozessen** sogar von solchem Gewicht sein kann, dass sie zur Annahme einer „vergleichbaren Qualifikation" führt und damit losgelöst von der Berufsträgereigenschaft zu einer Ausstellungsberechtigung im Rahmen des § 5 COVInsAG führen kann. Daraus folgt, dass auch für die einschlägigen Berufsträger das Hauptaugenmerk auf die entsprechende Erfahrung zu legen ist[33], welche

---

32) Auf die hierzu und zu § 270b InsO a. F. entwickelten Grundsätze wird verwiesen; ausführliche Darstellungen etwa bei: *Ellers/Martini* in: BeckOK-InsO, § 270d Rz. 35 ff.; Uhlenbruck-*Zipperer*, InsO, § 270b Rz. 18ff.

33) *Ellers/Martini in:* BeckOK-InsO, § 270d Rz. 38 („*mehrjährige praktische Tätigkeit in Unternehmenssanierungen*"); Jeweils zum insoweit vergleichbaren § 270b InsO a. F.: *Zipperer/Vallender*, NZI 2012, 729, 730; *Reinhardt/Lambrecht*, Stbg 2014, 71, 73 f.

u. U. auch nachzuweisen ist. Die Forderung, dass Rechtsanwälte Fachanwalt für Insolvenzrecht sein müssen oder zumindest in einem Verfahren als Verwalter bestellt worden sind, scheint überzogen und nicht sachgerecht.[34)]

Dass im Rahmen der Bescheinigung nach § 5 Abs. 2 COVInsAG von der Bescheinigung im Rahmen des § 270d Abs. 1 Satz 1 InsO n. F. abweichende, niedrigere Anforderungen an die Person des Ausstellers zu fordern seien, wird – insoweit nachvollziehbar – damit begründet, dass bei § 5 COVInsAG eine Beurteilung der Sanierungsaussichten gerade nicht erforderlich sei und die im Hinblick auf Abs. 2 Satz 1 Nr. 2 und 3 und Satz 2 zu beantwortenden Fragen kein spezifischer Insolvenzbezug gegeben sei.[35)] Gleichwohl erscheint eine weitere Differenzierung in diesem Sinne vor dem Hintergrund, dass § 5 COVInsAG lediglich eine Übergangsregelung mit einem überschaubaren zeitlichen Geltungsbereich darstellt nicht zwingend. Ohnehin bedarf es für die erfolgreiche Durchführung einer Sanierung in Eigenverwaltung in aller Regel sachkundige Unterstützung durch eine auch in insolvenzspezifischen Fragen erfahrene Person. Bereits aus Praktikabilitätsgründen dürfte es sich daher anbieten, dass die Bescheinigung nach § 5 Abs. 2 und 3 COVInsAG durch diejenige Person ausgestellt wird, welche den Insolvenzantrag auch im Übrigen vorbereitet und die Sanierung letztlich auch beratend begleitet. **20**

Die Unabhängigkeit des Ausstellers von dem schuldnerischen Unternehmen ist nicht erforderlich, wohl aber seine Unvoreingenommenheit – wobei es hier auf eine Einzelfallbetrachtung ankommt.[36)] **21**

b) Inhalt der Bescheinigung

Um die Vermutungswirkung der Pandemiebedingtheit der Insolvenzreife auszulösen, muss die Expertenbescheinigung grundsätzlich das **kumulative** Vorliegen der folgenden Umstände attestieren. **22**

aa) Keine Zahlungsunfähigkeit oder Überschuldung zum 31. Dezember 2020 (Abs. 2 Satz 1 Nr. 1)

Das antragstellende Unternehmen darf zum Stichtag des 31.12.2020 nicht insolvenzreif, d. h. nicht zahlungsunfähig oder überschuldet gewesen sein. Der Aussteller der Bescheinigung hat *ex post* eine ordnungsgemäße und vollständige Prüfung des Vorliegens der Insolvenzgründe zu erstellen. Dabei kann u. U. auf den Jahresabschluss nebst Prüfungsbericht zurückgegriffen werden.[37)] Für die Beurteilung der Insolvenzreife sind die Insolvenzgründe in ihrer vor dem 1.1.2021 geltenden Fassung maßgeblich – § 19 InsO n. F. und § 4 COVInsAG n. F. greifen in diesem Zusammenhang nicht. Bei der Prüfung der Fortbestehensprognose zu dem in der Vergangen- **23**

---

34) So aber Küber/Prütting/Bork-*Prütting*, COVInsAG, § 5 Rz. 4. Diese überaus formalistische Auffassung würde dazu führen, dass ein erheblicher Teil der anerkannten Restrukturierungs- und Sanierungsexperten als Aussteller nicht in Frage kommen, allein weil sie aufgrund der Nichterfüllung der (tradierten) Anforderungen aus § 5 Satz 1 g) FAO keinen Fachanwaltstitel besitzen.

35) *Ellers* in: BeckOK-InsO, COVInsAG, § 5 Rz. 17.

36) Uhlenbruck-*Zipperer*, InsO, § 270b Rz. 20; *Reinhardt/Lambrecht*, Stbg 2014, 71, 74 m. w. N. zum Streitstand.

37) *Ellers in:* BeckOK-InsO, COVInsAG, § 5 Rz. 11.1.

heit liegenden Stichtag des 31.12.2020 hat der Aussteller der Bescheinigung zu beachten, dass der integrierten Finanzplanung die zwischen Stichtag und Prüfungszeitpunkt tatsächlich erstellte Finanzbuchhaltung zugrunde zu legen ist. Eine fiktive Finanzplanung aus *ex ante* Sicht verbietet sich, denn stellt sich bei der Prüfung heraus, dass aufgrund der tatsächlichen Zahlen eine fehlende Fortbestehensprognose zum Stichtag zu attestieren ist, kann diese nicht gleichwohl mit dem Argument als gegeben attestiert werden, die Geschäftsleitung habe seinerzeit andere Zahlen prognostiziert. Prognostische Elemente sind bei der Finanzplanung nur insoweit zulässig, wie sie sich auf den Zeitraum nach dem Prüfungszeitpunkt beziehen.

bb) Positives Ergebnis im letztenGeschäftsjahr (Abs. 2 Satz 1 Nr. 2)

24   Ferner hat der Aussteller der Bescheinigung zu attestieren, dass der Schuldner im letzten vor dem 1.1.2020 abgeschlossenen Geschäftsjahr ein positives Ergebnis aus der gewöhnlichen Geschäftstätigkeit erwirtschaftet hat.

25   Kam es in der vorangegangenen Bilanzperiode zu einem Wechsel des Geschäftsjahres ist das entsprechende Rumpfgeschäftsjahr und vor allem, wenn dieses kürzer als sechs Monate ist ergänzend das Ergebnis aus dem diesem vorangegangenen Geschäftsjahr berücksichtigt werden.

26   Das „positive Ergebnis" ist im Sinne des **ordentlichen Betriebsergebnisses** zu verstehen und beinhaltet regelmäßig Umsatzerlöse, Aufwendungen der Leistungserstellung- und Erbringung sowie sonstige betriebliche Erträge und Aufwendungen. **Außer Betracht** bleiben damit betriebsfremde Komponenten wie Beteiligungserträge, Zinserträge-/aufwand sowie Erträge und Abschreibungen auf Wertpapiere. Ebenfalls bleiben außerordentliche Erträge und Aufwendungen, welche in dem maßgeblichen Geschäftsjahr realisiert bzw. getätigt worden sind und welche nicht mit der gewöhnlichen Geschäftstätigkeit verbunden sind außer Betracht (Bspw.: Verkauf einer relevanten Beteiligung an einem anderen Unternehmen, Aufwendungen aufgrund von Naturkatastrophen, Restrukturierungskosten). Inwieweit bestimmte ergebniswirksame Effekte mit der gewöhnlichen Geschäftstätigkeit verbunden sind, ist **im Einzelfall** anhand des konkreten Geschäftsmodells des Schuldners zu eruieren.

cc) Umsatzrückgang um mindestens 30% (Abs. 2 Satz 1 Nr. 3)

27   Zusätzlich hat der Aussteller der Bescheinigung zu attestieren, dass der Umsatz aus der gewöhnlichen Geschäftstätigkeit im Kalenderjahr 2020 im Vergleich zum Vorjahr um mehr als 30 % eingebrochen ist. Maßgeblich sind die **Umsatzerlöse**. Das Abstellen auf das Kalenderjahr gegenüber dem Geschäftsjahr soll die notwendige Rückbindung des Umsatzeinbruchs an das akute Pandemiegeschehen sicherstellen und eventuelle Negativeffekte neutralisieren, welche – je nach Ausgestaltung – zwar noch im gleichen Geschäftsjahr, jedoch im vorangegangenen Kalenderjahr 2019 liegen, da diese evidenterweise nicht auf die COVID-19-Pandemie zurückzuführen sind.

dd) Berücksichtigung sonstiger Umstände oder Verhältnisse (Abs. 2 Satz 2)

28   Vielfach sind Konstellationen denkbar, in denen die Voraussetzungen von Satz 1 Nr. 2 und 3 nicht oder nicht vollständig vorliegen. Etwa kann es sein, dass Unternehmen ihre Umsatzerlöse im Kalenderjahr 2020 stabil halten oder sogar steigern konnten, gleichwohl aber etwa aufgrund gestörter Lieferketten mit drastisch stei-

genden Kosten zu rechnen hatten, welche zu einem negativen Ergebnis geführt haben. Für derartige Fälle hat der Gesetzgeber in § 5 Abs. 2 Satz 2 COVInsAG eine **Auffangregelung** vorgesehen. In Ergänzung zu den in Absatz 1 Satz 2 definierten Sachverhalten kann das im einem Eigenverwaltungsantrag befasste Gericht im Rahmen einer Einzelfallentscheidung Besonderheiten berücksichtigen, die im Schuldner oder dessen Branche begründet sind oder sonstige Umstände oder Verhältnisse, aufgrund derer dennoch davon ausgegangen werden kann, dass die Insolvenzreife auf die COVID-19-Pandemie zurückzuführen ist.

Im Gegensatz zu den in Absatz 2 Satz 1 und Absatz 3 definierten Voraussetzungen für die unwiderlegliche Vermutung, dass die Insolvenzreife auf die COVID-19-Pandemie zurückzuführen ist, enthält Absatz 2 Satz 2 keine Tatbestandsmerkmale, deren Vorliegen schlicht bejaht oder verneint werden könnten, sondern vielmehr „weiche" Kriterien, entlang derer eine Abwägungsentscheidung im Einzelfall zu treffen ist. Die Kriterien aus Absatz 2 Satz 1 Nr. 2 und 3 entfallen mithin faktisch als zwingende Voraussetzungen für das Auslösen der Vermutungswirkung.[38] Denn solange das mit dem Antrag befasste Gericht zu dem Schluss kommt, dass Aufgrund der in Absatz 2 Satz 2 erwähnten – und vom Schuldner schlüssig vorgetragenen – sonstigen Kriterien eine Pandemiebedingtheit der Insolvenzreife anzunehmen ist, bleibt daneben nur noch nach das Nichtvorliegen der Insolvenzreife zum 31.12.2019 als zwingender Inhalt der Bescheinigung (**Teilbescheinigung**).[39]   **29**

Der Anwendungsbereich des § 5 COVInsAG wird durch diese Regelung ganz erheblich erweitert und seine Anwendung zu weiten Teilen in das Ermessen der Insolvenzgerichte gestellt. Die sich richtigerweise stellende Frage nach dem Grad des zu fordernden Verursachungsbeitrags[40] des jeweiligen mittelbaren und unmittelbaren Pandemieeffekts auf den Eintritt der Insolvenzreife wird auf abstrakter Ebene kaum zufriedenstellend zu beantworten sein. Insoweit ist darauf zu vertrauen, dass die Insolvenzgerichte in denjenigen Einzelfällen, in denen der Eigenverwaltungsantrag lediglich auf eine Teilbescheinigung nach Absatz 2 Satz 2 gestützt wird, eine wohlbegründete und sachgerechte Beurteilung treffen werden. Nicht zu verkennen ist schließlich, dass die Anordnung der Eigenverwaltung auch bei Anwendung der bis zum 31.12.2020 geltenden Fassungen der §§ 270–285 InsO nicht lediglich die Vorlage einer hinreichenden (Teil-)Bescheinigung nach § 5 Abs. 2 COVInsAG voraussetzt, sondern auch im Übrigen die Voraussetzungen an die Anordnung der Eigenverwaltung, insbesondere die Abwesenheit von Nachteilen für die Gläubiger (§ 270 Abs. 2 Nr. 2 InsO a. F.), erfüllt sein müssen. Die Praxis zeigt, dass die Insolvenzgerichte in den letzten Jahren durchaus in der Lage waren, potentielle Nachteile für die Gläubigerschaft zuverlässig zu erkennen und im Zweifel die Anordnung der Eigenverwaltung zu versagen oder diese wieder aufzuheben.[41]   **30**

---

38) „*Erlaubte Abweichungen vom Regelinhalt*", *Ellers* in: BeckOK-InsO, COVInsAG, § 5 Rz. 15.1.
39) Nach Küber/Prütting/Bork-*Prütting*, COVInsAG, § 5 Rz. 5.
40) *Ellers* in: BeckOK-InsO, COVInsAG, § 5 Rz. 15.1.
41) AG Köln, Beschl. v. 9.2.2017 – 72 IN 496/16, ZInsO 2017, 510 = ZVI 2017, 157; AG Köln, Beschl. v. 15.12.2014 – 74 IN 152/12, NZI 2015, 282; AG Hamburg, Beschl. v. 28.2.2014 – 67c IN 1/14, NZI 2014, 566; AG Essen, Beschl. v. 1.9.2015 – 163 IN 14/15, NZI 2015, 931.

2. Ergänzende Erklärung zu fälligen Verbindlichkeiten (Abs. 3)

31 Nach Absatz 3 gilt die Vermutung der Pandemiebedingtheit der Insolvenzreife zugunsten des Schuldners auch dann, wenn dieser zwar keine Expertenbescheinigung nach Absatz 2 vorgelegt hat oder diese unzureichend ist, er allerdings eine ergänzende Erklärung darüber abgibt, dass im Zeitpunkt des Antrags keine Verbindlichkeiten bestehen, die am 31.12.2019 bereits **fällig und noch nicht bestritten** waren (Satz 1). Die grundsätzlich mit jedem Insolvenzantrag abzugebende Erklärung zur Vollständigkeit und Richtigkeit der in diesem gemachten Angaben (§ 13 Abs. 1 Satz 7 InsO) muss sich auch auf diese Angaben zu den fälligen und unbestrittenen Verbindlichkeiten beziehen (Satz 2).

32 Absatz 3 enthält eine selbständig definierte unwiderlegliche Vermutung, die nicht kumulativ das Vorliegen einer Bescheinigung nach Absatz 2 voraussetzt. Das bedeutet auch, dass aufgrund dessen die Anordnung der Eigenverwaltung unter Geltung des alten Rechts selbst dann zulässig ist, wenn der Schuldner entgegen Absatz 2 Satz 1 Nr. 1 zum 31.12.2019 zahlungsunfähig oder überschuldet war. Wurde diese Insolvenzreife zwischenzeitlich beseitigt, ist sie sodann aufgrund der Auswirkungen der COVID-19-Pandemie erneut eingetreten und bestehen im Zeitpunkt des nunmehr gestellten Eigenverwaltungsantrages keine Verbindlichkeiten, die am 31.12.2019 bereits fällig und unbestritten waren, so kann die Eigenverwaltung dennoch nach Maßgabe des alten Rechts angeordnet werden.[42]

33 Die formellen und genauen inhaltlichen Anforderungen an die Darlegung nach Absatz 3 regelt dieser nicht. Erklärt der Schuldner den Umstand, dass keine Verbindlichkeiten bestehen, die zum Stichtag bereits fällig und unbestritten waren und substantiiert diese Erklärung mit einer Darstellung aller zum Stichtag fälligen Verbindlichkeiten und mit Belegen zur Begleichung dieser Verbindlichkeiten im Zeitraum bis zur Antragstellung, sollte dies den Anforderungen des Absatz 3 genügen.[43] Bei noch offenen fälligen Verbindlichkeiten ist der Grund des Bestreitens kurz auszuführen und der Zeitpunkt des Bestreitens zu belegen (etwa durch Kopien entsprechender E-Mails).

34 Die Erklärung nach § 13 Abs. 1 Nr. 7 InsO muss sich auf die Angaben nach § 5 Abs. 3 Satz 1 COVInsAG beziehen. Der Schuldner hat zu erklären, dass die gemachten Angaben **richtig und vollständig** sind.

IV. Handlungsmöglichkeiten der Gerichte; Ermessensspielraum (Abs. 4)

35 Für den Fall, dass das Gericht nachträglich Kenntnis davon erlangt, dass die Insolvenzreife des Unternehmens nicht auf die COVID-19-Pandemie zurückzuführen ist, deutet dies nach der Wertung des Gesetzgebers auf ein erhörtes Risiko des Scheiterns der Eigenverwaltung hin. Das Gericht kann daher **von Amts wegen** nach Maßgabe des Absatzes 4 anstelle des vorläufigen Sachwalters einen vorläufigen Insolvenzverwalter bestellen (Nr. 1) und damit die Durchführung eines Regelinsolvenzverfahrens einleiten. Ferner kann das Gericht ein bereits nach § 270b Abs. 1 InsO a. F. angeordnetes Schutzschirmverfahren wieder aufheben (Nr. 2) oder die Anord-

---

42) *Morgen/Arends*, ZIP 2021, 447, 453.
43) *Ellers* in: BeckOK-InsO, COVInsAG, § 5 Rz. 26.

nung der Eigenverwaltung als solche aufheben (Nr. 3) mit der Folge, dass das Verfahren als Regelinsolvenzverfahren fortgesetzt wird. Das Risiko einer Aufhebung sollte daher von Beratern zum Anlass genommen werden, dass die Prüfung der Krisenursachen und des Vorliegens der Insolvenzreife mit gesteigerter Sorgfalt zu prüfen ist.

Die **(positive) Kenntnis** des Gerichts von dem fehlenden Pandemiebezug der Insolvenzreife führt zu einem nachträglichen Wegfall der Vermutungswirkung nach Absatz 2 oder 3.[44] Die Kenntnis kann sich insbesondere aus entsprechenden Mitteilungen des Sachwalters ergeben. Dieser hat nach § 274 Abs. 2 InsO a. F. die wirtschaftliche Lage des Schuldners zu prüfen und ist gegenüber dem Gericht zur Anzeige solcher Umstände verpflichtet, die bei einer Fortsetzung der Eigenverwaltung zu Nachteilen für die Gläubiger führen können (§ 274 Abs. 3 Satz 1 InsO a. F.). Ein solcher Umstand kann auch die fehlende Rückführbarkeit der Insolvenzreife auf das Pandemiegeschehen sein, denn erschleicht sich der Schuldner aufgrund unzutreffender Angaben zum Pandemiebezug den vereinfachten Zugang zur Eigenverwaltung nach § 5 COVInsAG, erlaubt dies den Schluss auf berechtigte Zweifel an der Zuverlässigkeit des Schuldners.[45] Erlangt das Gericht keine positive Kenntnis von einem fehlenden Pandemiebezug, sondern erfährt es von Umständen die bloß ein dahingehendes Verdachtsmoment begründen, hat das Gericht dem von Amts wegen nachzugehen.[46] Allerdings ist nicht davon auszugehen, dass bereits von Anfang an der Amtsermittlungsgrundsatz dahingehend gilt, dass das Gericht proaktiv Umstände zu ermitteln hat, welche den fehlenden Pandemiebezug begründen könnten.

Die Befugnisse des Absatz 4 treten neben die regulären Aufhebungsgründe nach § 272 InsO[47] („auch aus diesem Grund") und räumen dem Insolvenzgericht einen **Ermessensspielraum** ein („kann").[48] Ergeben sich im Einzelfall Umstände, die insbesondere mit Blick auf das Gläubigerinteresse im Aufrechterhalten der Anordnung der Eigenverwaltung rechtfertigen, steht es dem Gericht frei von dieser Möglichkeit Gebrauch zu machen.[49] Daraus folgt auch, dass das Gericht dem Schuldner grundsätzlich auch den Zugang nach den Vorschriften der §§ 270–285 InsO n. F. ermöglichen kann, etwa wenn dieser binnen einer angemessenen Frist von nicht

36

37

---

44) *Morgen/Arends*, ZIP 2021, 447, 454.
45) Im Gegensatz zu den Fällen von § 272 InsO a. F. kann eine Aufhebung hier von Amts wegen nur nicht bloß auf Antrag erfolgen. Das nachträgliche Bekanntwerden von Gründen, welche die anfängliche Nichtanordnung der Eigenverwaltung unter Berufung auf mögliche Nachteile für die Gläubiger gerechtfertigt hätten, können ebenso die Aufhebung der Eigenverwaltung nach § 5 Abs. 4 COVInsAG begründen. Dies entspricht auch dem Rechtsgedanken des § 272 Abs. 1 Nr. 1 InsO n. F.
46) *Ellers* in: BeckOK-InsO, COVInsAG, § 5 Rz. 32. Das Gericht kann dabei auf Wissen zurückgreifen, was es etwa auf anderen Verfahren des Schuldners, im Zusammenhang mit Vollstreckungsmaßnahmen, aus der Tagespresse oder aus Schutzschriften erlangt hat, vgl. *Uhlenbruck-Zipperer*, InsO, § 270 Rz. 52.
47) *Ellers* in: BeckOK-InsO, COVInsAG, § 5 Rz. 31.
48) Bericht des Rechtsausschusses, BT-Drucks. 19/25353, S. 16.
49) *Ders.*, a. a. O, Rz. 34.

mehr als 20 Tagen eine den Anforderungen des § 270a InsO n. F. entsprechende Eigenverwaltungsplanung nachreicht.[50]

V. Anordnung eines Zustimmungsvorbehalts (Abs. 5)

38   Nach Absatz 5 kann das Gericht nach seinem Ermessen einen Zustimmungsvorbehalt anordnen. Verfügungen des Schuldners über seine Vermögenswerte bedürfen sodann der Zustimmung des vorläufigen Sachwalters oder des vorläufigen Gläubigerausschusses. Eine **Ermessensreduktion auf Null** ist anzunehmen, wenn die Eigenverwaltung schuldnerseitig nicht durch sachkundige Berater begleitet wird, die für die Erfüllung der insolvenzrechtlichen Pflichten durch den Schuldner Sorge tragen.[51] Der Vorschrift kommt im Wesentlichen deklaratorische Natur zu, denn die Anordnung eines Zustimmungsvorbehalts ist ohnehin grundsätzlich möglich, wie sich auch aus § 270 Abs. 1 Satz 1 Nr. 2, Satz 2 InsO a. F. ergibt.

VI. Maßstab für die Bewertung möglicher Nachteile für die Gläubiger (Abs. 6)

39   Die Anordnung der Eigenverwaltung setzt nach § 270 Abs. 1 Nr. 2 InsO a. F. eine negative Nachteilsprognose voraus.[52] Absatz 6 bestimmt, dass die Annahme von Nachteilen für die Gläubiger bei Anordnung der Eigenverwaltung nicht ausschließlich darauf gestützt werden kann, dass der Schuldner keine Vorkehrungen zur Sicherstellung seiner Fähigkeit zur Erfüllung insolvenzrechtlicher Pflichten getroffen hat. Den aus einem solchen Umstand folgenden Risiken für die Gläubiger soll vorrangig mit der Anordnung eines Zustimmungsvorbehalts nach Absatz 5 begegnet werden, statt die Eigenverwaltung vollständig zu versagen.[53] Dies spricht ebenfalls für die durchaus großzügige Gewährung des Zugangs zur Eigenverwaltung für pandemiebetroffene Unternehmen, welche in der gesamten Vorschrift des § 5 COVInsAG zu erkennen ist.

VII. Anwendbarkeit der bisherigen Vergütungsvorschriften (Abs. 7)

40   Durch Art. 6 SanInsFoG wurde die Insolvenzrechtliche Vergütungsverordnung (InsVV) angepasst. Nach § 19 Abs. 5 InsVV gelten für Insolvenzverfahren, die vor dem 1.1.2021 beantragt wurden, die bis zum 31.12.2020 geltenden Vorschriften der InsVV. § 5 Abs. 7 COVInsAG bestimmt als logische Konsequenz der Anwendbarkeit der bis zum 31.12.2020 geltenden Fassungen der §§ 270–285 InsO, dass soweit die Eigenverwaltung auf Grundlage des § 5 COVInsAG angeordnet (Satz 1) oder später wieder aufgehoben (Satz 2) wird, die InsVV in der bis zum 31.12.2020 geltenden Fassung Anwendung findet.

---

50) So *Morgen/Arends*, ZIP 2021, 447, 454, die diese Möglichkeit auf eine analoge Anwendung des § 270b Abs. 1 Satz 2 Halbs. 2 InsO n. F. stützen. Für diese Möglichkeit spricht vor allem, dass es im Ergebnis nicht zulasten der Gläubiger gehen darf, dass der Schuldner sich den vereinfachten Zugang zur Eigenverwaltung erschleichen wollte, soweit das Unternehmen dem Grunde nach sanierungsfähig ist und eine Sanierung mittels der ESUG-Verfahren günstigere Befriedigungsaussichten für die Gläubiger verspricht.

51) Bericht des Rechtsausschusses, BT-Drucks. 19/25353, S. 16; *Ellers* in: BeckOK-InsO, COVInsAG, § 5 Rz. 37.

52) Vgl. Fn. (13) und (14).

53) Bericht des Rechtsausschusses, BT-Drucks. 19/25353, S. 16.

§ 6
Erleichterter Zugang zum Schutzschirmverfahren

Die Zahlungsunfähigkeit eines Schuldners steht der Anwendung des § 270b der Insolvenzordnung in der bis zum 31. Dezember 2020 geltenden Fassung bei einem zwischen dem 1. Januar 2021 und dem 31. Dezember 2021 gestellten Insolvenzantrag nicht entgegen, wenn in der Bescheinigung nach § 270b Absatz 1 Satz 3 der Insolvenzordnung in der bis zum 31. Dezember 2020 geltenden Fassung auch bestätigt wird, dass

1. der Schuldner am 31. Dezember 2019 nicht zahlungsunfähig war,

2. der Schuldner in dem letzten, vor dem 1. Januar 2020 abgeschlossenen Geschäftsjahr ein positives Ergebnis aus der gewöhnlichen Geschäftstätigkeit erwirtschaftet hat und

3. der Umsatz aus der gewöhnlichen Geschäftstätigkeit im Kalenderjahr 2020 im Vergleich zum Vorjahr um mehr als 30 Prozent eingebrochen ist.

Satz 1 gilt entsprechend, wenn die nach Satz 1 Nummer 2 und 3 zu bescheinigenden Voraussetzungen zwar nicht oder nicht vollständig vorliegen, aus der Bescheinigung jedoch hervorgeht, dass aufgrund von Besonderheiten, die im Schuldner oder in der Branche, der er angehört, begründet sind oder aufgrund sonstiger Umstände oder Verhältnisse, dennoch davon ausgegangen werden kann, dass die Zahlungsunfähigkeit auf die COVID-19-Pandemie zurückzuführen ist. § 5 Absatz 7 gilt entsprechend.

Literatur: Beck'scher Online-Kommentar zur Insolvenzordnung, Stand 15.10.2020; *Hölzle,* Eigenverwaltung im Insolvenzverfahren nach ESUG – Herausforderungen für die Praxis, ZIP 2012, 158; *Kübler/Prütting/Bork,* InsO, Loseblatt, Stand 03/2021; *von Loeffelholz/ Sanne,* Die Bescheinigung nach § 270b InsO, NZI 2015, 583; Münchener Kommentar zur Insolvenzordnung, 4. Aufl., 2019; *Reinhardt/Lambrecht,* Die Bescheinigung nach § 270b InsO als Schlüssel für das Schutzschirmverfahren, Stbg 2014, 71; *Uhlenbruck,* Insolvenzordnung, 15. Aufl., 2019; *Zipperer/Vallender,* Die Anforderungen an die Bescheinigung für das Schutzschirmverfahren, NZI 2012, 729.

Übersicht

I. Allgemeines und Normzweck

§ 6 COVInsAG regelt ergänzend zu § 5 COVInsAG den erleichterten Zugang zum 1
Schutzschirmverfahren für solche Unternehmen, die besonders von den Auswirkungen der COVID-19-Pandemie betroffen sind. § 5 COVInsAG regelt dabei allgemeiner den Zugang zur Eigenverwaltung und ist damit stets in Zusammenschau mit § 6 COVInsAG zu lesen (auf die obige Kommentierung zu § 5 COVInsAG [*Fritz/Scholtis*] wird umfassend verwiesen). § 6 COVInsAG bestimmt, dass soweit nach Maßgabe des § 5 COVInsAG die §§ 270-285 InsO bis ihrer bis zum 31.12.2020 geltenden Fassung Anwendung finden, die Anordnung eines Schutzschirmverfah-

rens nach § 270b InsO a. F. unter bestimmten Voraussetzungen auch dann möglich ist, wenn der Schuldner zahlungsunfähig (§ 17 InsO) ist. § 6 Satz 1 COVInsAG normiert damit eine durch § 5 Abs. 1 COVInsAG zugelassene[1] Abweichung von der dortigen umfassenden Verweisung auf die alten Fassungen der §§ 270–285 InsO. Denn nach § 270b Abs. 1 InsO a. F. ist die Anordnung des Schutzschirmverfahrens gerade nur dann zulässig, wenn der Schuldner drohend zahlungsunfähig (§ 18 InsO) oder überschuldet (§ 19 InsO), nicht aber wenn er zahlungsunfähig ist.

2   Die Regelungen in §§ 5 und 6 COVInsAG sind erst auf Initiative des Ausschusses für Recht und Verbraucherschutz im Bundestag[2] kurzfristig in das SanInsFoG[3] aufgenommen worden. Der Gesetzesentwurf[4] enthielt bereits eine Regelung, die den vereinfachten Zugang zu Eigenverwaltung und Schutzschirmverfahren für pandemiebetroffene Unternehmen ermöglichen sollte. Dabei sollte nach § 5 Satz 1 RegE jedoch die Neufassung des § 270b InsO, nunmehr § 270d InsO n. F., mit der Maßgabe auf das Schutzschirmverfahren Anwendung finden, dass der Zugang auch zahlungsunfähigen Schuldnern eröffnet ist. Letztlich wurde jedoch die Entscheidung getroffen, den Zugang zu Eigenverwaltung und Schutzschirmverfahren mittels einer umfassenden Fortgeltung der §§ 270–285 InsO a. F. umzusetzen. § 6 COVInsAG basiert insoweit jedoch auf § 5 Satz 1 RegE.[5]

3   Wie bei § 5 COVInsAG, ist die Intention des § 6 COVInsAG die Privilegierung derjenigen Schuldner, die aufgrund der Auswirkungen der COVID-19-Pandemie unverschuldet insolvenzreif – insbesondere zahlungsunfähig – geworden sind. Besonders in Bezug auf die von den Infektionsschutzmaßnahmen unmittelbar am gewichtigsten getroffenen Branchen (Veranstaltungsbranche und Messebau, Gastronomie, Reiseveranstalter, Hotelgewerbe, Einzelhandel) wird angenommen, dass diese ohne die Maßnahmen nicht zahlungsunfähig geworden wären.[6] Dabei geht der Gesetzgeber davon aus, dass der Umstand der Zahlungsunfähigkeit jedenfalls nicht zwingend auf ein unsachgemäßes Krisenmanagement schließen lässt, welches die Annahme rechtfertigen würde, der Schuldner sei nicht willens oder in der Lage seine Geschäftsführung an den Gläubigerinteressen auszurichten.[7] Durch den erleichterten Zugang zu Eigenverwaltung und Schutzschirmverfahren soll auch verhindert werden, dass den betroffenen Schuldnern ohne ihr Zutun der Weg in die ESUG-Sanierung versperrt wird und sie damit – letztlich zulasten der Gläubiger – in die Regelinsolvenz gezwungen werden.

---

1)   „soweit in den folgenden Absätzen und § 6 nichts anderes bestimmt ist" (§ 5 Abs. 1 COVInsAG), siehe auch § 5 Rz. 5 [Fritz/Scholtis].

2)   Bericht des Ausschusses für Recht und Verbraucherschutz, BT-Drucks. 19/25353; sowie die Beschlussempfehlung des Ausschusses in BT-Drucks. 19/25030.

3)   Gesetz zur Fortentwicklung des Sanierungs- und Insolvenzrechts (Sanierungs- und Insolvenzrechtsfortentwicklungsgesetz – SanInsFoG) v. 22.12.2020, BGBl. I, 3256.

4)   RegE-SanInsFoG, BT-Drucks. 19/24181, S. 76, 218; Bericht des Rechtsausschusses, BT-Drucks. 19/25353, S. 16.

5)   Bericht des Rechtsausschusses, BT-Drucks. 19/25353, S. 16; Ellers in: BeckOK-InsO, COVInsAG, § 6 Rz. 1.

6)   Küber/Prütting/Bork-Prütting, COVInsAG, § 5 Rz. 2.

7)   RegE-SanInsFoG, BT-Drucks. 19/24181, S. 218.

II. Zugang zum Schutzschirmverfahren (Satz 1)

Die Voraussetzungen des Zugangs zum Schutzschirmverfahren bei eingetretener **4**
Zahlungsfähigkeit orientieren sich an §§ 4 und 5 COVInsAG. Der Schuldner muss
im Zeitpunkt der Antragstellung **zahlungsunfähig** sein. Die Vorschrift ist auf Anträge auf Anordnung eines Schutzschirmverfahrens anwendbar, die zwischen dem
1.1.2021 und dem 31.12.2021 gestellt werden.[8]

Dem Antrag ist – wie üblich – eine Bescheinigung nach § 270b Abs. 1 Satz 3 InsO **5**
a. F. beizufügen (sog. **„Sanierungsbescheinigung"** oder **„§ 270b-Bescheinigung"**).[9]
Der Aussteller[10] der Bescheinigung muss über deren üblichen Umfang und den
Umstand des Vorliegens der Zahlungsunfähigkeit[11] hinaus das Vorliegen der in § 6
Satz 1 Nr. 1 bis 3 COVInsAG enthaltenen Voraussetzungen attestieren:

Der Schuldner zum **Stichtag 31.12.2020 nicht zahlungsunfähig** gewesen sein (Satz 1 **6**
Nr. 1). Insoweit unterscheidet sich die Vorschrift von den Regelungen in § 5 Abs. 2
Nr. 1 COVInsAG. Das Vorliegen einer Überschuldung ist bereits nach der Grund-
konzeption des § 270b Abs. 1 InsO a. F. unschädlich für die Anordnung eines Schutzschirmverfahrens.

Daneben setzt § 6 Satz 1 COVInsAG voraus, dass der Schuldner in dem letzten **7**
vor dem 1.1.2020 abgeschlossenen Geschäftsjahr ein **positives Ergebnis** aus der gewöhnlichen Geschäftstätigkeit erwirtschaftet hat (Satz 1 Nr. 2). Dabei ist das **ordentliche Betriebsergebnis** aus Umsatzerlösen, Aufwendungen der Leistungserstellung
und Erbringung sowie sonstigen betrieblichen Erträgen und Aufwendungen maßgeblich.[12]

Ferner ist erforderlich, dass der Umsatz des Schuldners aus der **gewöhnlichen** **8**
Geschäftstätigkeit im Kalenderjahr 2020 im Vergleich zum Vorjahr um mehr als 30
Prozent eingebrochen ist.[13]

Legt der Schuldner mit seinem Antrag eine vollständige und von einem geeigneten **9**
Aussteller stammende Bescheinigung vor, die diese Kriterien erfüllt, folgt hieraus
noch nicht zwangsläufig die Anordnung des Schutzschirmverfahrens. Vielmehr
müssen daneben auch die **allgemeinen Voraussetzungen nach § 270b Abs. 1 Satz 1**

---

8) Im Einzelnen dazu siehe § 5 Rz. 8 ff. [*Fritz/Scholtis*].
9) Siehe dazu ausführlich etwa: Uhlenbruck-*Zipperer*, InsO, § 270b Rz. 17 ff.; *Kern* in:
MünchKomm-InsO, § 270b Rz. 44 ff.; *Reinhardt/Lambrecht*, Stbg 2014, 71 ff.; *Zipperer/
Vallender*, NZI 2012, 729 ff.; *von Loeffelholz/Sanne*, NZI 2015, 583 ff. jeweils m. w. N; Die
Bescheinigung nach § 6 Satz 1 COVInsAG beinhaltet eine vollständige und ordnungsgemäße „§ 270b-Bescheinigung" und muss damit sämtliche an diese gestellten Anforderungen
erfüllen. Dazu gehört auch, dass die Bescheinigung eine umfassende Begründung enthält.
10) Soweit überhaupt davon auszugehen ist, dass an die Person des Ausstellers der Bescheinigung nach § 5 Abs. 2 COVInsAG niedrigere Anforderungen zu stellen sind, als beim
Aussteller der Bescheinigung nach § 270b Abs. 1 Satz 3 InsO a. F. (siehe dazu bei § 5
Rz. 20 [*Fritz/Scholtis*]), ist jedenfalls im Kontext des § 6 Satz 1 COVInsAG vollumfänglich auf die zu § 270b Abs. 1 Satz 3 InsO entwickelten Anforderungen an den Aussteller
zurückzugreifen. Siehe dazu insbesondere die entsprechenden Ausführungen bei *Kern* (Fn. 9).
11) *Ellers* in: BeckOK-InsO, COVInsAG, § 6 Rz. 7.
12) § 5 Rz. 24 ff. [*Fritz/Scholtis*].
13) § 5 Rz. 27 [*Fritz/Scholtis*].

InsO a. F. vorliegen. Zum einen ist dies der Antrag auf Eigenverwaltung, welcher in aller Regel implizit mit der Beantragung des Schutzschirmverfahrens gestellt wird. Gleichwohl prüft das Gericht im Rahmen der Prüfung des Antrages auf Anordnung des Schutzschirmverfahrens insbesondere auch, ob sich aus der Anordnung der Eigenverwaltung nicht etwaige Nachteile für die Gläubiger ergeben könnten (§ 270 Abs. 2 Nr. 2 InsO a. F.). Zum anderen hat das Gericht zusätzlich eine positive Prognose über die Erfolgsaussichten der angestrebten Sanierung („nicht offensichtlich aussichtslos") zu treffen.[14]

III. Berücksichtigung sonstiger Umstände oder Verhältnisse (Satz 2)

10   Der Zugang zum Schutzschirmverfahren kann nach Satz 2 auch dann gewährt werden, wenn die nach Satz 1 Nr. 2 erforderlichen Voraussetzungen zwar nicht oder nicht vollständig vorliegen, sich aus der Bescheinigung jedoch ergibt, dass aufgrund von Besonderheiten, die im Schuldner oder in der Branche, der er angehört, begründet sind oder aufgrund sonstiger Umstände oder Verhältnisse, dennoch davon ausgegangen werden kann, dass die Zahlungsunfähigkeit auf die COVID-19-Pandemie zurückzuführen ist. Dadurch wird den mit dem Antrag befassten Gerichten ein **Ermessensspielraum** eingeräumt, die Anordnung eines Schutzschirmverfahrens auch dann vorzunehmen, wenn der Aussteller der Bescheinigung nach § 6 Satz 1 COVInsAG die in Nr. 2 und 3 genannten Voraussetzungen nicht oder nicht vollständig attestieren kann. Die Konzeption des Satz 2 entspricht derjenigen des § 5 Abs. 2 Satz 2 COVInsAG, sodass auf die dortigen Ausführungen verwiesen wird.[15]

IV. Vergütung der Verfahrensbeteiligten

11   Nach § 6 Satz 3 COVInsAG findet § 5 Abs. 7 COVInsAG entsprechende Anwendung. Daher ist auch auf Schutzschirmverfahren, die zwischen dem 1.1.2021 und dem 31.12.2021 beantragt und auf Grundlage der §§ 5, 6 COVInsAG angeordnet werden die Insolvenzrechtlichen Vergütungsverordnung (InsVV) in der bis zum 31.12.2020 geltenden Fassung anwendbar. Dies gilt nach § 5 Abs. 7 Satz 2 auch dann, wenn das Verfahren später aufgehoben wird.

---

14) *Hölzle*, ZIP 2012, 158 ff.; Uhlenbruck-*Zipperer*, InsO, § 270 Rz. 46; *Kern* in: MünchKomm-InsO, § 270 Rz. 43 ff.

15) § 5 Rz. 28, 30 [*Fritz/Scholtis*].

§ 7

Sicherstellung der Gläubigergleichbehandlung bei Stützungsmaßnahmen anlässlich der COVID-19-Pandemie

[1]Der Umstand, dass Forderungen im Zusammenhang mit staatlichen Leistungen stehen, die im Rahmen von staatlichen Programmen zur Bewältigung der COVID-19-Pandemie gewährt wurden, ist für sich allein kein geeignetes Kriterium für die Einbeziehung in den Restrukturierungsplan nach § 8 des Unternehmensstabilisierungs- und -restrukturierungsgesetzes oder die Abgrenzung der Gruppen nach § 9 des Unternehmensstabilisierungs- und -restrukturierungsgesetzes oder § 222 der Insolvenzordnung. [2]Staatliche Leistungen im Sinne von Satz 1 sind sämtliche Finanzhilfen einschließlich der Gewährung von Darlehen und die Übernahme einer Bürgschaft, einer Garantie oder eine sonstige Übernahme des Ausfallrisikos bezüglich von Forderungen Dritter, die durch öffentliche Anstalten, Körperschaften oder Rechtsträgern öffentlicher Sondervermögen sowie im Mehrheitsbesitz des Bundes, der Länder oder der Kommunen stehenden Rechtsträger gewährt werden. [3]Soweit im Rahmen einer staatlichen Leistung das Ausfallrisiko übernommen worden ist, ist die besicherte Forderung als eine Forderung anzusehen, die nach Satz 1 im Zusammenhang mit staatlichen Leistungen steht.

Literatur: Beck'scher Online-Kommentar zur Insolvenzordnung, *Fridgen/Geiwitz/Göpfert*, Stand 15.4.2021; *de Bruyn/Ehmke*: „StaRUG & InsO: Sanierungswerkzeuge des Restrukturierungs- und Insolvenzverfahrens", NZG 2021, 661; *Ellers*: „COVInsAG 3.0 – Neues zum COVID-Insolvenzrecht", DB 2021, M20-M21; *Kraemer/Vallender/Vogelsang*, Handbuch zur Insolvenz, Stand 8/2021; *Kübler/Prütting/Bork*, InsO, Loseblatt, Stand 3/2021; *Nerlich/Römermann*, Insolvenzordnung, Stand 2/2021; *Uhlenbruck*, Insolvenzordnung, 15. Aufl., 2019.

Übersicht

I. Hintergrund & Normzweck

§ 7 COVInsAG wurde durch Art. 10 Nr. 3 SanInsFoG zum 1.1.2021 eingefügt.[1] Die **1** Aufnahme der neuen Vorschrift erfolgte jedoch nicht bereits mit dem Regierungsentwurf,[2] sondern erst auf Initiative des Ausschusses für Recht und Verbraucherschutz.[3] Der Bericht des Ausschusses führt aus, dass der Umstand, dass im Zusammenhang mit der COVID-19-Pandemie viele Unternehmen staatliche Hilfen erhalten haben, die Annahme rechtfertigt, dass **in zukünftigen Restrukturierungssachen**

---

1) Gesetz zur Fortentwicklung des Sanierungs- und Insolvenzrechts (Sanierungs- und Insolvenzrechtsfortentwicklungsgesetz – SanInsFoG), BGBl. I 2020, 3256.
2) RegE v. 9.11.2020, BT-Drucks. 19/24181.
3) Beschlussempfehlung des Ausschusses für Recht und Verbraucherschutz v. 15.12.2020, BT-Drucks. 19/25303, S. 126 f.

oder Insolvenzplanverfahren ein erheblicher Teil der Forderungen im Zusammenhang mit staatlichen Stützungsmaßnehmen stehen könnte.[4] Die mit den Stützungsmaßnahmen in Verbindung stehenden Gläubiger der öffentlichen Hand sollen in diesen Verfahren jedoch nicht gegenüber anderen Gläubigern sachgrundlos benachteiligt werden. Daher soll durch die Vorschrift die Behandlung solcher Forderungen im Rahmen von künftigen Restrukturierungs- und Insolvenzplänen eingeschränkt werden.[5] Insoweit soll die Verstrickung von Forderungen als staatliche Stützungsmaßnahmen als alleiniges Kriterium zur Auswahl der Planbetroffenen nach § 8 StaRUG bzw. zur Gruppenbildung nach § 9 StaRUG bzw. § 222 InsO nicht herangezogen werden können. Private Gläubiger sollen nicht willkürlich auf Kosten öffentlicher Haushalte begünstigt werden, indem für die Forderungen i. S. des § 7 COVInsAG in höherem Maße gekürzt werden.[6]

II. Behandlung staatlicher Leistungen (Satz 1)

1. Sonderbehandlungsverbot

2 Nach Satz 1 ist der Umstand, dass Forderungen im Zusammenhang mit staatlichen Leistungen stehen, die im Rahmen von staatlichen Programmen zur Bewältigung der COVID-19-Pandemie gewährt wurden, ist **für sich allein kein geeignetes Kriterium** für die Einbeziehung in den Restrukturierungsplan nach § 8 StaRUG oder die Abgrenzung der Gruppen nach § 9 StaRUG oder § 222 InsO. Alle drei in Bezug genommenen Vorschriften sehen vor, dass die Auswahl der Planbetroffenen bzw. die Einteilung der Gruppen anhand sachgerechter Kriterien zu erfolgen hat.[7] Die Regelung des § 7 Satz 1 COVInsAG hat Klarstellungsfunktion.[8]

2. Sicherstellung der Gläubigergleichbehandlung

3 Wie sich aus der amtlichen Überschrift ergibt, soll das Verbot der Differenzierung allein auf Grundlage des Zusammenhangs der Forderungen mit staatlichen Leistungen im Ergebnis der **Gläubigergleichbehandlung** dienen. Im Rahmen eines Restrukturierungsplans erlaubt § 28 Abs. 1 StaRUG grundsätzlich Abweichungen vom Grundsatz der Gläubigergleichbehandlung: Die Ungleichbehandlung gleichrangiger Gläubiger unterschiedlicher Klassen ist zulässig, soweit sie das Restrukturierungsziel adäquat fördert und dadurch die Befriedigungsaussichten der Gläubiger verbessert.[9] Ferner kann im Wege der Auswahl der Planbetroffenen nach § 8 StaRUG und der Gruppenbildung nach § 9 StaRUG selektiv und strategisch vorgegangen werden. Dies gilt auch im Rahmen des Insolvenzplanverfahrens, wobei die *par conditio creditorum* nur innerhalb der jeweiligen Gruppe zu gewährleisten ist (§ 226 Abs. 1 InsO).[10]

---

4) Bericht des Ausschusses für Recht und Verbraucherschutz v. 16.12.2020, BT-Drucks. 19/25353, S. 16 f.

5) *Fridgen* in: BeckOK-InsO, COVInsAG, § 7 Rz. 1; *Zipperer* in: Kraemer/Vallender/Vogelsang, Rz. 571.16.

6) BT-Drucks. 19/25353, S. 17; *Ellers*, DB 2021, M20-M21.

7) Nerlich/Römermann-*Römermann*, COVInsAG, § 7 Rz. 5 ff.

8) BT-Drucks. 19/25353, S. 17; Nerlich/Römermann-*Römermann*, COVInsAG, § 7 Rz. 9.

9) *de Bruyn/Ehmke*, NZG 2021, 661, 670.

10) Uhlenbruck-*Luer/Streit*, InsO, § 222 Rz. 3 f.

3. Differenzierung anhand ergänzender Kriterien

Das **Sonderbehandlungsverbot** des § 7 Satz 1 COVInsAG gilt nicht ausnahmslos, sondern findet vielmehr dort seine Grenzen, wo die Planbetroffenenauswahl und Gruppenbildung in Bezug auf die mit Stützungsmaßnahmen in Zusammenhang stehenden Forderungen anhand **sonstiger sachgerechter Kriterien** erfolgt.[11] Dafür spricht bereits der klare Wortlaut der Vorschrift, wonach lediglich eine Differenzierung *allein* auf Grundlage des Zusammenhangs der Forderungen mit staatlichen Leistungen unzulässig sein soll. Ferner geht auch die Begründung des Rechtsausschusses insoweit unzweideutig davon aus, dass das die Möglichkeit, sachlich begründet im Einzelfall gesonderte Gruppe für Forderungen im Zusammenhang mit Stützungsmaßnahmen zur Überwindung der wirtschaftlichen Folgen der COVID-19-Pandemie zu bilden und diese anderes zu behandeln als andere Gläubiger, gerade nicht gänzlich ausgeschlossen sein soll.[12] **4**

Die Begründung des Rechtsausschusses stellt klar, dass es bei der Bestimmung der Planbetroffenen bzw. bei der Gruppenbildung erforderlich ist, etwaige Differenzierungen anhand **anerkannter, sachlicher und marktadäquater Kriterien**, die an die Besonderheiten der Risikostruktur und der konkreten inhaltlichen Ausgestaltung anknüpfen, vorzunehmen.[13] Die im Zusammenhang mit § 222 InsO entwickelten Grundsätze zu der notwendigen Erläuterung der sachgerechten und unter konkreter Bezugnahme auf den Schuldner und seine Gläubiger darzulegenden Abgrenzungskriterien gelten im Wesentlichen auch für die Gruppenbildung nach § 9 StaRUG. Insbesondere ist zu beachten, dass es regelmäßig gegen eine weitere Differenzierung spricht, wenn die wichtigsten wirtschaftlichen Interessen der betroffenen Gläubiger gleichartig sind.[14] Jedenfalls dann, wenn ausschließlich die von § 7 geschützten Gläubiger der öffentlichen Hand als Planbetroffene ausgewählt werden und diese mithin – ggf. trotz Aufspaltung in mehrere Gruppen[15] – faktisch die einzige Gruppe darstellen, wird regelmäßig von einem Verstoß gegen das Verbot der Sonderbehandlung aus § 7 Satz 1 COVInsAG auszugehen sein.[16] Einem Restrukturierungsplan auf dieser Grundlage wird – von der geringen Wahrscheinlichkeit einer Annahme des Planes durch die Gläubiger einmal abgesehen – regelmäßig zu attestieren sein, dass dieser als gezielte Entschuldungskampagne[17] zulasten der öffentlichen Hand missbraucht werden soll. Im Rahmen von Insolvenzplänen ist dieses Szenario bereits aufgrund der mit dem Insolvenzplanverfahren verbundenen Kosten nur schwer denkbar. **5**

III. Betroffene Rechtsverhältnisse (Satz 2)

Forderungen im Zusammenhang mit staatlichen Leistungen i. S. des Satz 1 sind ausweislich des Satz 2 sämtliche Finanzhilfen, die durch öffentliche Anstalten, Kör- **6**

---

11) *Kübler/Prütting/Bork-Spahlinger*, InsO, § 222 Rz. 42c; *Ellers*, DB 2021, M20-M21.
12) BT-Drucks. 19/25353, S. 17; so auch: Nerlich/Römermann-*Römermann*, COVInsAG, § 7 Rz. 12.
13) BT-Drucks. 19/25353, S. 17.
14) *Eidenmüller* in: MünchKomm-InsO, § 222 Rz. 100 f.
15) Zur Möglichkeit des „faktischen Ein-Gruppen-Plans": AG Köln, Beschl. v. 3.3.2021 – 83 RES 1/21, NZI 2021, 433 Rz. 23.
16) So wohl auch: *Fridgen* in: BeckOK-InsO, COVInsAG, § 7 Rz. 8.
17) *Fridgen* in: BeckOK-InsO, COVInsAG, § 7 Rz. 3.

perschaften oder Rechtsträger öffentlicher Sondervermögen sowie durch im Mehrheitsbesitz des Bundes, der Länder oder der Kommunen stehende Rechtsträger gewährt wurden. Hierzu gehören insbesondere die Kreditanstalt für Wiederaufbau (KfW), der Wirtschaftsstabilisierungsfonds (WSF) sowie die Förderbanken der Länder und darüber hinaus auch alle anderen Träger von Wirtschaftsförderungsmaßnahmen.[18]

7   In sachlicher Hinsicht erfassen staatlichen Leistungen im Sinne der Vorschrift Darlehen, Bürgschaften, Garantien sowie Forderungen für welche durch die betroffen Rechtsträger Ausfallrisiken übernommen wurden. Ferner sind Rückforderungen umfasst, soweit diese sich auf zu Unrecht gezahlte Finanzhilfen beziehen oder aus zu Unrecht erhaltenen Vergünstigungen die im Zusammenhang mit Förderprogrammen zur Bewältigung der wirtschaftlichen Folgen der COVID-19-Pandemie gewährt wurden, herrühren (z. B. Stundung von Steuern und Abgaben sowie von Sozialversicherungsleistungen).[19] Vor dem Hintergrund des Schutzzwecks der Norm ist der Anwendungsbereich im Zweifel weit zu verstehen.

IV. Übernahme von Ausfallrisiken (Satz 3)

8   Satz 3 hat ebenfalls eine Klarstellungsfunktion.[20] Danach erstreckt sich das Verbot der Sonderbehandlung nach Satz 1 auch auf die Forderungen Dritter – wie etwa Banken – wenn und soweit einer der geschützten Rechtsträger für diese Forderungen ein Ausfallrisiko übernommen hat. Dabei ist unerheblich, in welcher rechtlichen Gestaltung die Übernahme des Ausfallrisikos erfolgt ist, sodass Bürgschaften, Garantien, Schuldbeitritte und -übernahmen oder anderweitige Sicherheiten eigener Art umfasst sind.

---

18) BT-Drucks. 19/25353, S. 17.
19) BT-Drucks. 19/25353, S. 17; Nerlich/Römermann-*Römermann*, COVInsAG, § 7 Rz. 14.
20) BT-Drucks. 19/25353, S. 17; *Fridgen* in: BeckOK-InsO, COVInsAG, § 7 Rz. 6.

Artikel 2
Gesetz über Maßnahmen im Gesellschafts-, Genossenschafts-, Vereins-, Stiftungs- und Wohnungseigentumsrecht zur Bekämpfung der Auswirkungen der COVID-19-Pandemie

§ 1
Aktiengesellschaften; Kommanditgesellschaften auf Aktien; Europäische Gesellschaften (SE); Versicherungsvereine auf Gegenseitigkeit

(1) Die Entscheidungen über die Teilnahme der Aktionäre an der Hauptversammlung im Wege elektronischer Kommunikation nach § 118 Absatz 1 Satz 2 des Aktiengesetzes (elektronische Teilnahme), die Stimmabgabe im Wege elektronischer Kommunikation nach § 118 Absatz 2 des Aktiengesetzes (Briefwahl), die Teilnahme von Mitgliedern des Aufsichtsrats im Wege der Bild- und Tonübertragung nach § 118 Absatz 3 Satz 2 des Aktiengesetzes und die Zulassung der Bild- und Tonübertragung nach § 118 Absatz 4 des Aktiengesetzes kann der Vorstand der Gesellschaft auch ohne Ermächtigung durch die Satzung oder eine Geschäftsordnung treffen.

(2) [1]Der Vorstand kann entscheiden, dass die Versammlung ohne physische Präsenz der Aktionäre oder ihrer Bevollmächtigten als virtuelle Hauptversammlung abgehalten wird, sofern

1. die Bild- und Tonübertragung der gesamten Versammlung erfolgt,

2. die Stimmrechtsausübung der Aktionäre über elektronische Kommunikation (Briefwahl oder elektronische Teilnahme) sowie Vollmachtserteilung möglich ist,

3. den Aktionären ein Fragerecht im Wege der elektronischen Kommunikation eingeräumt wird,

4. den Aktionären, die ihr Stimmrecht nach Nummer 2 ausgeübt haben, in Abweichung von § 245 Nummer 1 des Aktiengesetzes unter Verzicht auf das Erfordernis des Erscheinens in der Hauptversammlung eine Möglichkeit zum Widerspruch gegen einen Beschluss der Hauptversammlung eingeräumt wird.

[2]Der Vorstand entscheidet nach pflichtgemäßem, freiem Ermessen, wie er Fragen beantwortet; er kann auch vorgeben, dass Fragen bis spätestens einen Tag vor der Versammlung im Wege elektronischer Kommunikation einzureichen sind. [3]Anträge oder Wahlvorschläge von Aktionären, die nach § 126 oder § 127 des Aktiengesetzes zugänglich zu machen sind, gelten als in der Versammlung gestellt, wenn der den Antrag stellende oder den Wahlvorschlag unterbreitende Aktionär ordnungsgemäß legitimiert und zur Hauptversammlung angemeldet ist.

(3) [1]Abweichend von § 123 Absatz 1 Satz 1 und Absatz 2 Satz 5 des Aktiengesetzes kann der Vorstand entscheiden, die Hauptversammlung spätestens am 21. Tag vor dem Tag der Versammlung einzuberufen. [2]Abweichend von § 123 Absatz 4 Satz 2 des Aktiengesetzes hat sich der Nachweis des Anteilsbesitzes bei börsen-

notierten Gesellschaften auf den Beginn des zwölften Tages vor der Versammlung zu beziehen und muss bei Inhaberaktien der Gesellschaft an die in der Einberufung hierfür mitgeteilte Adresse bis spätestens am vierten Tag vor der Hauptversammlung zugehen, soweit der Vorstand in der Einberufung der Hauptversammlung keine kürzere Frist für den Zugang des Nachweises bei der Gesellschaft vorsieht; abweichende Satzungsbestimmungen sind unbeachtlich. [3]Im Fall der Einberufung mit verkürzter Frist nach Satz 1 hat die Mitteilung nach § 125 Absatz 1 Satz 1 des Aktiengesetzes spätestens zwölf Tage vor der Versammlung und die Mitteilung nach § 125 Absatz 2 des Aktiengesetzes hat an die zu Beginn des zwölften Tages vor der Hauptversammlung im Aktienregister Eingetragenen zu erfolgen. [4]Abweichend von § 122 Absatz 2 des Aktiengesetzes müssen Ergänzungsverlangen im vorgenannten Fall mindestens 14 Tage vor der Versammlung der Gesellschaft zugehen.

(4) [1]Abweichend von § 59 Absatz 1 des Aktiengesetzes kann der Vorstand auch ohne Ermächtigung durch die Satzung entscheiden, einen Abschlag auf den Bilanzgewinn nach Maßgabe von § 59 Absatz 2 des Aktiengesetzes an die Aktionäre zu zahlen. [2]Satz 1 gilt entsprechend für eine Abschlagszahlung auf die Ausgleichszahlung (§ 304 des Aktiengesetzes) an außenstehende Aktionäre im Rahmen eines Unternehmensvertrags.

(5) Der Vorstand kann entscheiden, dass die Hauptversammlung abweichend von § 175 Absatz 1 Satz 2 des Aktiengesetzes innerhalb des Geschäftsjahres stattfindet.

(6) [1]Die Entscheidungen des Vorstands nach den Absätzen 1 bis 5 bedürfen der Zustimmung des Aufsichtsrats. [2]Abweichend von § 108 Absatz 4 des Aktiengesetzes kann der Aufsichtsrat den Beschluss über die Zustimmung ungeachtet der Regelungen in der Satzung oder der Geschäftsordnung ohne physische Anwesenheit der Mitglieder schriftlich, fernmündlich oder in vergleichbarer Weise vornehmen.

(7) Die Anfechtung eines Beschlusses der Hauptversammlung kann unbeschadet der Regelung in § 243 Absatz 3 Nummer 1 des Aktiengesetzes auch nicht auf Verletzungen von § 118 Absatz 1 Satz 3 bis 5, Absatz 2 Satz 2 oder Absatz 4 des Aktiengesetzes, die Verletzung von Formerfordernissen für Mitteilungen nach § 125 des Aktiengesetzes sowie nicht auf eine Verletzung von Absatz 2 gestützt werden, es sei denn, der Gesellschaft ist Vorsatz nachzuweisen.

(8) [1]Für Unternehmen, die in der Rechtsform der Kommanditgesellschaft auf Aktien verfasst sind, gelten die vorstehenden Absätze entsprechend. [2]Für eine Europäische Gesellschaft nach der Verordnung (EG) Nr. 2157/2001 des Rates vom 8. Oktober 2001 über das Statut der Europäischen Gesellschaft (SE) (ABl. L 294 vom 10.11.2001, S. 1), die zuletzt durch die Verordnung (EU) Nr. 517/2013 (ABl. L 158 vom 10.6.2013, S. 1) geändert worden ist, gelten die Absätze 1 bis 7 mit Ausnahme des Absatzes 5 entsprechend. [3]In einer Gesellschaft nach § 20 des SE-Ausführungsgesetzes vom 22. Dezember 2004 (BGBl. I S. 3675), das zuletzt durch Artikel 9 des Gesetzes vom 12. Dezember 2019 (BGBl. I S. 2637) geändert worden ist, (Gesellschaft mit monistischem System) trifft die Entscheidungen

nach den Absätzen 1 bis 4 der Verwaltungsrat; Absatz 6 findet auf eine solche Gesellschaft keine Anwendung.

(9) Die Absätze 1 und 2, Absatz 3 Satz 1 und 3 sowie die Absätze 4 bis 7 sind entsprechend auf Versicherungsvereine auf Gegenseitigkeit im Sinne des § 171 des Versicherungsaufsichtsgesetzes anzuwenden.

Literatur: *Andres/Kujović*, Anfechtungs- und Haftungsrisiken bei Hauptversammlungen nach dem COVID-19-Gesetz, GWR 2020, 213; *Arnold/Carl/Götze*, Aktuelle Fragen bei der Durchführung der Hauptversammlung, AG 2011, 349; *Atta*, Ausgewählte Fragestellungen virtueller und hybrider Hauptversammlungen nach dem COVID-19-Gesetz, WM 2020, 1047; *Bayer/Lieder*, Umschreibungsstopp bei Namensaktien vor Durchführung der Hauptversammlung, NZG 2009, 1361; *Binder*, BB-Rechtsprechungsreport zur Hauptversammlung 2019/2020, BB 2021, 259; *Bücker/Kulenkamp/Schwarz/Seibt/v. Bonin*, Praxisleitfaden zur virtuellen Hauptversammlung (COVID-19-Pandemie-AuswBekG), DB 2020, 775; *Danwerth*, Das Teilnehmerverzeichnis der virtuellen Hauptversammlung, NZG 2020, 586; *Danwerth*, Die erste Saison der virtuellen Hauptversammlung börsennotierter Unternehmen. Eine empirische Untersuchung und Auswertung der Modalitäten und Gestaltungsvarianten aller 326 seit April 2020 bis zum 28.9.2020 veröffentlichten Einberufungen präsenzloser Versammlungen, AG 2020, 776; *Danwerth*, Die zweite Saison der virtuellen Hauptversammlung der Unternehmen der DAX-Indexfamilie, Eine empirische Untersuchung und Auswertung der Modalitäten und Gestaltungsvarianten aller 134 zwischen Februar 2021 und dem 31.7.2021 veröffentlichten Einberufungen präsenzloser Versammlungen der Börsenunternehmen der DAX30-, MDAX-, SDAX- und TecDAX-Indizes, AG 2021, 613; *Danwerth*, Die virtuelle Hauptversammlung – Dritter Akt! Letzter Akt?, AG 2021, R283; *Forschner*, Praxisupdate Gesellschaftsrecht, MittBayNot 2020, 546; *Götze*, Die Änderungen im Recht der virtuellen Hauptversammlung nach dem Gesetz zur weiteren Verkürzung des Restschuldbefreiungsverfahrens, NZG 2021, 213; *Götze/Roßkopf*, Die Hauptversammlung nach dem Gesetz zur Abmilderung der Folgen der COVID-19-Pandemie im Zivil-, Insolvenz- und Strafverfahrensrecht, DB 2020, 768; *Herb/Merkelbach*, Die virtuelle Hauptversammlung 2020 – Vorbereitung, Durchführung und rechtliche Gestaltungsoptionen, DStR 2020, 811; *Herrler*, Praxisfragen rund um die virtuelle Hauptversammlung iSv Art. 2 § 1 II COVID-19-Gesetz, GWR 2020, 191; *Herrler*, v. *Holten/Bauerfeind*, Die Online-Hauptversammlung in Deutschland und Europa, Ausgewählte Themen zwischen Briefwahl, virtueller Abstimmungsmöglichkeit und echter Innovation, AG 2018, 729; *Kruchen*, Virtuelle Hauptversammlungen, DZWIR 2020, 431; *Lieder*, Unternehmensrechtliche Implikationen der Corona-Gesetzgebung, Präsenzlose Versammlungen und stabilisierende Kapitalmaßnahmen, ZIP 2020, 837, 840; *Lieder*, Virtuelle Hauptversammlungen im Jahre 2021 und danach, ZIP 2021, 161; *Linnerz*, Anmerkung zu LG München I, v. 26.5.2020 – 5 HKO 6378/20, EWiR 2020, 429; *Mayer/Jenne*, Hauptversammlungen in Zeiten von Epidemien und sonstigen Gefahrenlagen – zugleich Besprechung des COVID-19-Pandemie-Gesetzes, BB 2020, 835; *Mayer/Jenne/Miller*, Die virtuelle Hauptversammlung – 40 Praxisfragen zu Grundlagen, Planung, Einberufung und Durchführung der Hauptversammlung nach dem COVID-19-GesR-G, BB 2020, 1282; *Mutter/Kruchen*, Bringt das BMJV virtuelle Hauptversammlungen in 2021 in Gefahr?, AG 2020, R299; *Mutter/Kruchen*, Paukenschlag des Gesetzgebers: Virtuelle HV 4.0 ab dem 28.2.2021, AG 2021, 108; *Noack*, ARUG: das nächste Stück der Aktienrechtsreform in Permanenz, NZG 2008, 441; *Noack*, Neue Regularien für die Hauptversammlung durch das ARUG II und den Corporate Governance Kodex 2020, DB 2019, 2785; *Noack/Zetzsche*, Organisation von Hauptversammlungen in der Corona-Krise, DB 2020, 658; *Noack/Zetzsche*, Die virtuelle Hauptversammlung nach dem COVID-19-Pandemie-Gesetz 2020, AG 2020, 265; *Noack*, Noch Fragen? Ja, auch in der virtuellen Hauptversammlung!, NZG 2021, 110; *Quass*, Gestaltungen für die Teilhabe der Aktionäre an der virtuellen Hauptversammlung, Vitalisierung der Online-HV durch Aktionärsreden und Nachfragen in der Versammlung, NZG 2021, 261; *Rahlmeyer/Klose*, Der trügerische Gleichlauf: Die kleinen, aber feinen Unterschiede zwischen der AG und der dualistischen SE, NZG 2019, 854; *Redenius-Hövermann/Bannier*, (Online)Hauptversammlungssaison 2020: Nachlese und Ausblick, ZIP 2020, 1885; *Rieckers*, Nachlese zur Hauptversammlungssaison 2020 und Ausblick auf 2021, DB 2021, 98; *Schäfer*, Die virtuelle Hauptversammlung nach dem Corona-Gesetz, Aktionärsrechte und Anfechtungsmöglichkeiten, NZG 2020, 481; *Seibert/Florstedt*, Der Regierungsentwurf des ARUG – Inhalt und wesentliche Änderungen gegenüber dem Referentenentwurf, ZIP 2008, 2145; *Seibt/Danwerth*, Die Zukunft der virtuellen Hauptversammlung während und nach der COVID-19-Pandemie, Erkenntnisse der Hauptversammlungssaison 2020, Trends und Ausblick, NZG 2020, 1241; *Simons/Hauser*, Die virtuelle Hauptversammlung, Aktuelle Praxisfragen unter dem Regime der „Corona"-Gesetzgebung, NZG 2020, 488; *Simons/Hauser*, „Corona-Hauptversammlung", die Zweite, Zweifelsfragen bei der Durchführung virtueller Hauptversammlungen nach der Verlängerungs-VO, NZG 2020, 1406; *Simons/Hauser*, Zu Form und Ausgestaltung der Hauptversammlung in der HV-Saison 2022, NZG 2021, 1340; *Stelmaszczyk/Forschner*, Hauptversammlungen und Gesellschafterbeschlüsse in Zeiten der COVID-19-Pandemie – Zu den Erleichterungen durch das COVID-19-Gesetz und das WStFG –, Der Konzern 2020, 221; *Tröger*, Virtuelle Hauptversammlung 2020 und Aktioärsinteressen, BB 2020, 1091; *Vetter/Tielmann*, Unternehmensrechtliche Gesetzesänderungen in Zeiten von Corona, NJW 2020, 1175.

Übersicht

I. Einleitung[*]

1. Die Ausnahme-Regelungen im Überblick

Zentrale Bestimmung des § 1 COVGesMG[1] ist die in **Absatz 2** vorgesehene Möglichkeit, eine **präsenzlose Hauptversammlung** mit eingeschränkten Anfechtungsmöglichkeiten abzuhalten.[2] Eine solche „virtuelle Hauptversammlung" haben seit Beginn der COVID-19-Pandemie die überwiegende Zahl der Gesellschaften mit größerem Aktionärskreis abgehalten.   **1**

Zudem sieht § 1 COVGesMG **verschiedene Erleichterungen für die Durchführung von Präsenz-Hauptversammlungen** unter Verwendung elektronischer Kommunikationsmittel vor (**Abs. 1**), die auf den bisherigen Regelungen in § 118 AktG aufbauen. Ferner können die Einberufungsfrist und daran anknüpfend weitere Fristen im Vorfeld der Hauptversammlung verkürzt werden (**Abs. 3**). Die ordentliche Hauptversammlung hat, abweichend von § 175 Abs. 1 Satz 2 AktG, auch nicht innerhalb der ersten acht Monate des Geschäftsjahrs stattzufinden, sondern innerhalb des Geschäftsjahres (**Abs. 5**). Das Anfechtungsrecht der Aktionäre ist erheblich eingeschränkt (**Abs. 7**). Überdies kann der Vorstand Abschlagszahlungen auf den Bilanzgewinn (§ 59 AktG) auch ohne eine Ermächtigung in der Satzung der Gesellschaft leisten (**Abs. 4**).   **2**

Die Regelungen gelten sowohl **für ordentliche als auch für außerordentliche Hauptversammlungen**,[3] für börsennotierte ebenso wie für nichtbörsennotierte AGs.[4] Die Regelungen sind ferner nach Maßgabe von **Absatz 8** auch für Kommanditgesellschaften auf Aktien (KgaA) und Europäische Gesellschaften (SE) sowie nach Maßgabe von **Absatz 9** für – in der Praxis eher selten anzutreffende – Versicherungsvereine auf Gegenseitigkeit (VVaG) anzuwenden.   **3**

---

[*] Die Autoren bedanken sich ganz herzlich bei Herrn Referendar jur. *Milan Schäfer* für die tatkräftige Unterstützung bei der Anfertigung des Manuskripts.

1) Art. 2 des Gesetzes zur Abmilderung der Folgen der COVID-19-Pandemie im Zivil-, Insolvenz- und Strafverfahrensrecht (COVAbmildG), v. 27.3.2020, BGBl. I 2020, 569, 570.
2) Begr. Entwurf COVAbmildG, BT-Drucks. 19/18110, S. 5.
3) Begr. Entwurf COVAbmildG, BT-Drucks. 19/18110, S. 3; auch *Noack/Zetzsche*, AG 2020, 265, 267.
4) So auch *Noack/Zetzsche*, AG 2020, 265, 267.

4   § 1 COVGesMG ist wie der gesamte Art. 2 des beschlossenen Artikelgesetzes am Tag nach der Verkündung im BGBl. am 27.3.2020 in Kraft getreten und tritt mit Ablauf des 31.12.2021 außer Kraft (Art. 6 Abs. 2 COVAbmildG). Die Neuregelungen des § 1 COVGesMG waren dabei zunächst einmal nur auf **Hauptversammlungen** und Abschlagszahlungen auf den Bilanzgewinn anzuwenden, **die im Jahr 2020** stattfanden (§ 7 Abs. 1 COVGesMG a. F.). Ihre Geltung wurde zuerst durch Rechtsverordnung des BMJV gemäß § 8 COVGesMG bis zum 31.12.2021 verlängert (§ 1 GesRGenRCOVMVV).[5] Anschließend hat allerdings der Gesetzgeber selbst – in leicht veränderter Form (siehe noch Rz. 9, 66 ff., 86 ff.) – die **Fortgeltung** von u. a. § 1 COVGesMG für Hauptversammlungen und Abschlagszahlungen auf den Bilanzgewinn, die im **Jahr 2021** stattfinden, festgeschrieben (§ 7 Abs. 1 COVGesMG n. F.).[6] Zugleich wurde die GesRGenRCOVMVV angepasst. Deren § 1 gilt seit dem 28.2.2021 nicht mehr für u. a. § 1 COVGesMG,[7] da dessen Fortgeltung für 2021 von da an das Gesetz selbst regelt, weshalb insoweit kein Bedarf mehr für ein Fortgelten der Verordnung bestand.[8] Jüngst hat der Gesetzgeber eine weitere Verlängerung des § 1 COVGesMG beschlossen. Die Vorschrift gilt nunmehr für Hauptversammlungen und Abschlagszahlungen, die **bis einschließlich 31.08.2022** stattfinden.[9] Diese zweite Verlängerung erfolgte „vorsorglich", „[a]ngesichts der ungewissen Fortentwicklung der Pandemie-Situation und daraus resultierender Versammlungsbeschränkungen".[10]

5   Insgesamt erlauben die Regelungen in § 1 COVGesMG vor dem Hintergrund der COVID-19-Pandemie gerade im Hinblick auf die virtuelle Hauptversammlung recht weitreichende Einschränkung der Aktionärsrechte (siehe dazu i. E. Rz. 69 f., 170). Gleichwohl kann beim **Gebrauch machen** von diesen Möglichkeiten im Einzelfall Zurückhaltung zu raten sein. Spätestens mit der gesetzlichen Anordnung, dass die GesRGenRCOVMVV nicht mehr für § 1 COVGesMG gilt (Rz. 4), mag zwar insofern die Begründung des Referentenentwurfs zur GesRGenRCOVMVV an Be-

---

5)   Verordnung zur Verlängerung von Maßnahmen im Gesellschafts-, Genossenschafts- Vereins- und Stiftungsrecht zur Bekämpfung der Auswirkungen der COVID-19-Pandemie (GesRGenRCOVMVV) v. 20.10.2020, BGBl. I, 2258.

6)   Art. 11 Nr. 3 b) des Gesetzes zur weiteren Verkürzung des Restschuldbefreiungsverfahrens und zur Anpassung pandemiebedingter Vorschriften im Gesellschafts-, Genossenschafts-, Vereins- und Stiftungsrecht sowie im Miet- und Pachtrecht v. 22.12.2020, BGBl. I, 3328, 3332 f.

7)   Art. 12, 14 Abs. 3 des Gesetzes zur weiteren Verkürzung des Restschuldbefreiungsverfahrens und zur Anpassung pandemiebedingter Vorschriften im Gesellschafts-, Genossenschafts-, Vereins- und Stiftungsrecht sowie im Miet- und Pachtrecht v. 22.12.2020, BGBl I, 3328, 3332 f.

8)   Ausschuss-Begr. zum Entwurf des Gesetzes zur weiteren Verkürzung des Restschuldbefreiungsverfahrens und zur Anpassung pandemiebedingter Vorschriften im Gesellschafts-, Genossenschafts-, Vereins- und Stiftungsrecht sowie im Miet- und Pachtrecht (nachfolgend „Ausschuss-Begr."), BT-Drucks. 19/25322, S. 23.

9)   Art. 15 des Gesetzes zur Errichtung eines Sondervermögens „Aufbauhilfe 2021" und zur vorübergehenden Aussetzung der Insolvenzantragspflicht wegen Starkregenfällen und Hochwasser im Juli 2021 sowie zur Änderung weiterer Gesetze (Aufbauhilfegesetz 2021 – AufbHG 2021), BGBl. I, 4147, 4153.

10)   Ausschuss-Begr. AufbHG 2021, BT-Drucks. 19/32275, S. 30.

deutung verloren haben,[11] in der es noch ausdrücklich hieß, dass die Unternehmen von dem Instrument der virtuellen Hauptversammlung im Einzelfall nur dann Gebrauch machen sollten, wenn dies unter Berücksichtigung des konkreten Pandemiegeschehens erforderlich erscheint, weiterhin, dass bezüglich der Fragemöglichkeit der Aktionäre (jetzt: Fragerecht, siehe Rz. 66) möglichst aktionärsfreundlich verfahren werden sollte.[12] Diese war ohnehin lediglich als unverbindliche Anregung zu verstehen („sollte") und konnte mangels gesetzlicher Ermächtigung zur inhaltlichen Änderung des COVGesMG im Verordnungswege auch gar nicht mehr sein.[13] Allerdings deuten nun die Gesetzgebungsmaterialien zur Verlängerung von § 1 COVGesMG bis einschließlich 31.8.2022 in die gleiche Richtung. Nach diesen „sollte von den [zur Verfügung stehenden] Instrumenten im Einzelfall nur dann Gebrauch gemacht werden, wenn dies unter Berücksichtigung des konkreten Pandemiegeschehens und im Hinblick auf die Teilnehmerzahl der jeweiligen Versammlung erforderlich erscheint"[14]. Zwar ist auch die Verbindlichkeit dieser Aussage fraglich (dazu noch Rz. 45). Eine übermäßige Härte in der Anwendung der Regelungen des COVGesMG dürfte aber jedenfalls auf Kritik von Aktionären und Aktionärsvereinigungen stoßen, was dann ggf. in der nächsten Präsenz-Hauptversammlung zu Rechtfertigungsbedarf führen kann. Die Neuregelungen sollen in der COVID-19-Krisensituation den Handlungsspielraum der einzelnen Unternehmen erweitern – sie stellen **aber keine unternehmensseitig zwingend zu ergreifenden Maßnahmen** oder Instrumente dar.

2. Normzweck und Entstehungsgeschichte

Ziel von § 1 COVGesMG ist es, auch bei weiterhin bestehenden Beschränkungen der Versammlungsmöglichkeiten aufgrund der COVID-19-Pandemie **die betroffenen Unternehmen in die Lage zu versetzen, erforderliche Beschlüsse zu fassen und handlungsfähig zu bleiben.**[15] Der Gesetzgeber sah sich insoweit im März 2020 zum Handeln veranlasst, da die Schutzmaßnahmen zur Vermeidung der Ausbreitung der COVID-19-Pandemie, insbesondere die Einschränkungen von Versammlungsmöglichkeiten, zum Teil erhebliche Auswirkungen auf die Handlungsfähigkeit von Unternehmen hatten. Diese waren vielfach nicht mehr in der Lage, auf herkömmlichem Weg Beschlüsse auf Versammlungen der entsprechenden Organe herbeizuführen. Dies betraf zum einen die ordentlichen Versammlungen, die insbesondere der Festlegung einer Gewinnausschüttung dienen, zum anderen aber auch außerordentliche Versammlungen, die aufgrund besonderer Maßnahmen (insbesondere für Kapitalmaßnahmen und Umstrukturierungen) erforderlich werden können. Darüber

6

---

11) S. auch *Mutter/Kruchen*, AG 2021, 108.
12) RefE zur Verordnung zur Verlängerung von Maßnahmen im Gesellschafts-, Genossenschafts- Vereins- und Stiftungsrecht zur Bekämpfung der Auswirkungen der COVID-19-Pandemie (GesRGenRCOVMVV), abrufbar über https://www.bmjv.de/SharedDocs/Gesetzgebungsverfahren/DE/Verlaengerung_Bekaempfung_Corona.html (Abrufdatum: 18.10.2021) (nachfolgend „RefE GesRGenRCOVMVV"), S. 6.
13) Vgl. auch *Simons/Hauser*, NZG 2020, 1406, 1407; *Mutter/Kruchen*, AG 2020, R299, R300; *Lieder*, ZIP 2021, 161, 164.
14) Ausschuss-Begr. AufbhG 2021, BT-Drucks. 19/32275, S. 30.
15) Begr. Entwurf COVAbmildG, BT-Drucks. 19/18110, S. 5.

hinaus war zum Zeitpunkt der Verabschiedung des COVGesMG nicht absehbar, wie lange die Auswirkungen der COVID-19-Krise eine herkömmliche Beschlussfassung noch erschweren würden, und ob die gesetzlichen Fristen für bestimmte Versammlungsbeschlüsse ohne die Erleichterungen des COVGesMG überhaupt hätten eingehalten werden können.[16)]

7 Vor diesem Hintergrund kamen im März 2020 angesichts einer deutlichen Verschärfung der COVID-19-Krise erste Forderungen auf, die Abhaltung von Hauptversammlungen zu erleichtern. Das **Deutsche Aktieninstitut (DAI)** veröffentlichte am 19.3.2020 ein **Positionspapier** mit verschiedenen Forderungen für die Hauptversammlungssaison 2020.[17)] Auch **Aktionärsschutzvereinigungen** wie die Deutsche Schutzvereinigung für Wertpapierbesitz (DSW) schalteten sich in die Debatte ein, namentlich mit der Forderung, die Rechte der Anleger (Fragerechte, Anfechtungsrechte) zu bewahren.[18)] Nur wenige Tage später, am 24.3.2020, legten die Regierungsfraktionen von CDU/CSU und SPD bereits einen **Gesetzesentwurf** vor, welcher in Art. 2 § 1 COVAbmildG die später dann auch so in Kraft getretenen Regelungen des § 1 COVGesMG vorsah. Hierin wurden die vom DAI geäußerten Forderungen weitreichend berücksichtigt (insbesondere kein Präsenzerfordernis, Abweichung von § 118 AktG, Einschränkung der Anfechtbarkeit). Abweichend von den Vorstellungen des DAI sieht das Gesetz allerdings keine Abschlussprüferbestellung allein durch den Aufsichtsrat vor. Im Grundsatz bleibt es bei der Wahl durch die Hauptversammlung (§ 318 Abs. 1 Satz 1 HGB, § 119 Abs. 1 Nr. 5 AktG). Für eine Bestellung allein durch den Aufsichtsrat besteht aufgrund der nun vorgesehenen Möglichkeit, eine Hauptversammlung virtuell durchzuführen und durch diese dann auch den Abschlussprüfer wählen zu lassen, aber auch keine Notwendigkeit mehr. Für solche Gesellschaften, die von der Möglichkeit zur Durchführung einer virtuellen Hauptversammlung keinen Gebrauch machen sollten, besteht weiterhin die Möglichkeit zur gerichtlichen Bestellung eines Abschlussprüfers unter den Voraussetzungen des § 318 Abs. 4 HGB, sofern bis zum Ablauf des Geschäftsjahres kein Abschlussprüfer gewählt ist.[19)]

8 Der vorgelegte Gesetzesentwurf wurde bereits am 25.3.2020 durch den Bundestag verabschiedet und, nachdem der Bundesrat in seiner Sitzung **am 27.3.2020** keine Einwände geltend machte, noch am selben Tag im BGBl. **verkündet**.[20)] Dieser ungewöhnlich schnellen Reaktion des Gesetzgebers dürfte es auch geschuldet sein, dass verschiedene Aspekte in den Vorschriften des COVGesMG zunächst nicht eindeutig

---

16) Begr. Entwurf COVAbmildG, BT-Drucks. 19/18110, S. 3.

17) DAI, Positionspapier v. 19.3.2020, abrufbar über https://www.dai.de/de/das-bieten-wir/positionen/positionspapiere.html (Abrufdatum: 18.10.2021).

18) DSW, Pressemitteilung v. 20.3.2020, https://www.dsw-info.de/presse/pressemitteilungen-2020/online-hv-nur-inklusive-aktionaersrechte/ (Abrufdatum: 18.10.2021); s. auch *Bücker/Kulenkamp/Schwarz/Seibt/v. Bonin*, DB 2020, 775 776.

19) Hierauf verweisend auch *Götze/Roßkopf*, DB 2020, 768, 774.

20) Art. 2 des Gesetzes zur Abmilderung der Folgen der COVID-19-Pandemie im Zivil-, Insolvenz- und Strafverfahrensrecht (COVAbmildG), v. 27.3.2020, BGBl. I 2020, 569, 570; eingehend zum Gesetzgebungsverfahren auch Hirte/Heidel-*Hirte*, Das neue AktienR, Vor Art. 1 AbmilderungsG, Rz. 11 ff.

geregelt waren (z. B. Antragsrechte von Aktionären, siehe noch unten Rz. 86 ff., aber weiterhin auch Rz. 96 ff., 102 f.).

Nicht zuletzt dies dürfte den Gesetzgeber dazu verleitet haben, das COVGesMG   9
zum **Jahresende 2020** noch einmal zu überarbeiten: Nachdem im Oktober 2020 angesichts der fortdauernden COVID-19-Pandemie zunächst die verlängerte Geltung von u. a. § 1 COVGesMG bis zum 31.12.2021 durch § 1 der GesRGenRCOVMVV des BMJV angeordnet wurde (bereits Rz. 4), nahm der Gesetzgeber mit Gesetz vom 22.12.2020[21)] für die Hauptversammlungssaison 2021 **Anpassungen** an der Bestimmung des § 1 Abs. 2 des COVGesMG über die Abhaltung einer **virtuellen Hauptversammlung** vor (in Kraft getreten am 28.2.2021[22)]). Ergebnis ist eine Überarbeitung des Rechtsrahmens für Fragen von Aktionären (siehe im Einzelnen noch Rz. 66 ff.) sowie eine ausdrückliche gesetzliche Regelung zur Behandlung von Gegenanträgen und Wahlvorschlägen (siehe noch Rz. 86 ff.). Der Gesetzgeber hat mit diesen Änderungen, welche auf Initiative des Bundestagsausschusses für Recht und Verbraucherschutz Eingang ins Gesetz gefunden haben, ersichtlich die Kritik von Aktionärsvertretern an einer weitreichenden Beschränkung der Aktionärsrechte im Rahmen virtueller Hauptversammlungen aufgegriffen; er bezweckte durch die Gesetzesänderung namentlich, die Rechtsposition der Aktionäre zu stärken.[23)] Ferner ordnete § 7 Abs. 1 COVGesMG in der Folge die Fortgeltung des § 1 COVGesMG für Hauptversammlungen und Abschlagszahlungen, die im **Jahr 2021** stattfinden, an. Insoweit ist zugleich § 1 der GesRGenRCOVMVV, der bislang die verlängerte Geltung des § 1 COVGesMG anordnete, obsolet und folgerichtig angepasst worden (siehe bereits Rz. 4). Mit Gesetz vom 10.10.2021[24)] wurde sodann angeordnet, dass § 1 COVGesMG – inhaltlich unverändert – auf Hauptversammlungen und Abschlagszahlungen auf den Bilanzgewinn anzuwenden ist, die **bis einschließlich 31.8.2022** stattfinden (§ 7 Abs. 1 COVGesMG n. F.).

3. Auswirkungen der Neuregelungen über die COVID-19-Krise hinaus

Gerade die wohl bedeutendste Regelung des § 1 COVGesMG, die Einführung der   10
virtuellen Hauptversammlung, wirft die Frage auf, ob mit den Neuregelungen ein **erster Schritt hin zur Durchführung einer virtuellen Hauptversammlung auch abseits von Krisen- und Ausnahmesituationen** getan ist. Die Justizministerkonferenz hat insofern im Juni 2021 das Bundesministerium der Justiz und für Verbraucherschutz vor dem Hintergrund der bisherigen Erfahrungen in der Pandemie gebeten, zeitnah einen Gesetzentwurf vorzulegen, der einen dauerhaften gesetzlichen

---

21)   Art. 11 des Gesetzes zur weiteren Verkürzung des Restschuldbefreiungsverfahrens und zur Anpassung pandemiebedingter Vorschriften im Gesellschafts-, Genossenschafts-, Vereins- und Stiftungsrecht sowie im Miet- und Pachtrecht, BGBl. 2020, 3328, 3332 f.

22)   Art. 14 Abs. 3 des Gesetzes zur weiteren Verkürzung des Restschuldbefreiungsverfahrens und zur Anpassung pandemiebedingter Vorschriften im Gesellschafts-, Genossenschafts-, Vereins- und Stiftungsrecht sowie im Miet- und Pachtrecht, BGBl. I 2020, 3328, 3332 f.

23)   S. Ausschuss-Begr., BT-Drucks. 19/25322, S. 22.

24)   Art. 15 des Gesetzes zur Errichtung eines Sondervermögens „Aufbauhilfe 2021" und zur vorübergehenden Aussetzung der Insolvenzantragspflicht wegen Starkregenfällen und Hochwassern im Juli 2021 sowie zur Änderung weiterer Gesetze (Aufbauhilfegesetz 2021 – AufbHG 2021), BGBl. I, 4147, 4153).

Rahmen für virtuelle Versammlungen schafft.[25] Da allerdings die jetzigen Regelungen – auch nach dem Eingreifen des Gesetzgebers zum Jahresende 2020 – Einschränkungen von Aktionärsrechten erlauben, die wohl nur vor dem Hintergrund der aktuellen Ausnahmesituation überhaupt so weitreichend denkbar sind,[26] dürfte zumindest nicht damit zu rechnen sein, dass die Vorschriften des COVGesMG in aktueller Form und derzeitigem Umfang dauerhaft Bestand haben.[27]

11   Bleiben dürfte allerdings ein durchaus wertvoller **„Lerneffekt"**: Zum einen können aus den Hauptversammlungssaisons 2020 und 2021 Lehren hinsichtlich sich auftuender Herausforderungen bei der praktischen Umsetzung virtueller Hauptversammlungen gezogen werden. Zum anderen lassen sich bei der Anwendung des § 1 COVGesMG in der Praxis etwaige Regelungsschwächen erkennen, die dann bei einer ggf. zukünftigen Umsetzung zumindest weiterer Erleichterungen in Richtung einer virtuellen Hauptversammlung berücksichtigt werden können.[28]

II. Elektronische Teilnahme und Briefwahl, Bild- und Tonübertragung (Abs. 1)

1. Die Regelung im Überblick

12   § 1 Abs. 1 COVGesMG knüpft an die **bestehenden Regelungen des § 118 AktG** zur Teilnahme der Aktionäre an der Hauptversammlung im Wege elektronischer Kommunikation (§ 118 Abs. 1 Satz 2–5 AktG), zur Stimmabgabe im Wege elektronischer Kommunikation (Briefwahl, § 118 Abs. 2 AktG), zur Teilnahme von Mitgliedern des Aufsichtsrats an der Hauptversammlung im Wege der Bild- und Tonübertragung (§ 118 Abs. 3 Satz 2 AktG) sowie zur Zulassung der Bild- und Tonübertragung der Hauptversammlung (§ 118 Abs. 4 AktG) an. Von diesen Möglichkeiten konnte bereits vor Inkrafttreten des COVGesMG Gebrauch gemacht werden, allerdings bedurfte es hierfür einer entsprechenden Grundlage in der Satzung (bzw. für die Bild- und Tonübertragung in der Geschäftsordnung). Insoweit stellte sich zum einen das Problem, dass AGs nicht zwingend über entsprechende Satzungsregelungen verfügten. Zum anderen wurde in der Vergangenheit selbst bei entsprechender satzungsmäßiger Grundlage – zumindest größere, börsennotierte Gesellschaften verfügen nicht selten bereits über entsprechende Satzungsregelungen[29] – von den zur Verfügung stehenden Möglichkeiten nur begrenzt Gebrauch gemacht. Dies galt insbesondere für die Möglichkeit einer Teilnahme im Wege elektronischer Kommunikation, da diese mit zahlreichen Anfechtungsrisiken behaftet war.[30]

---

25) S. https://rsw.beck.de/aktuell/daily/meldung/detail/justizminister-fuer-reform-zur-eindaemmung-von-scheinvaterschaften (Abrufdatum: 18.10.2021).

26) Die Ausschussbegründung zur Anpassung von § 1 COVGesMG stellt der Rechtsposition der Aktionäre ausdrücklich die „Handhabbarkeit des Fragerechts für die Unternehmen in der Pandemiesituation" (Hervorhebung d. Verf.) gegenüber, Ausschuss-Begr., BT-Drucks. 19/25322, S. 22.

27) S. zur rechtspolitischen Kritik nur *Hoffmann* in: BeckOGK-AktG, § 118 Rz. 82 m. w. N.; offener für einzelne Elemente etwa *Bücker/Kulenkamp/Schwarz/Seibt/v. Bonin*, DB 2020, 775, 783.

28) Vgl. auch *Götze/Roßkopf*, DB 2020, 768, 774; *Kruchen*, DZWIR 2020, 431, 465.

29) Vgl. auch *Noack/Zetzsche*, AG 2020, 265, 266; s. auch die Übersichten bei *Redenius-Hövermann/Bannier*, ZIP 2020, 1885, 1886.

30) *Hüffer/Koch-Koch*, AktG, § 118 Rz. 10; *v. Holten/Bauerfeind*, AG 2018, 729, 732 f.

Hierauf hat der Gesetzgeber vor dem Hintergrund der COVID-19-Pandemie   **13**
reagiert. Nach § 1 Abs. 1 COVGesMG kann nunmehr der Vorstand mit Zustimmung
des Aufsichtsrats (Abs. 6) **auch ohne Grundlage in Satzung oder Geschäftsordnung** entscheiden, von den vorstehend genannten Instrumenten Gebrauch zu
machen. Hierdurch, sowie durch die ergänzenden Einschränkungen der Anfechtungsmöglichkeiten (Abs. 7, siehe hierzu Rz. 170 ff.), soll ein Anreiz gesetzt werden, von
den zur Verfügung stehenden Instrumenten vermehrt Gebrauch zu machen, um so
auf eine Hauptversammlung mit möglichst wenigen präsenten Aktionären hin- und
damit der Infektionsgefahr im Zuge der COVID-19-Pandemie entgegenwirken zu
können. Zudem wird mit der Möglichkeit der (elektronischen) Briefwahl sowie der
Teilnahme im Wege elektronischer Kommunikation für sämtliche AGs – auch
solche, die bislang nicht über entsprechende Regelungen in der Satzung verfügen –
die **Durchführung einer virtuellen Hauptversammlung nach Maßgabe von Absatz 2**
ermöglicht (siehe hierzu noch Rz. 43 ff.).[31] Die derzeitige Situation sollte gleichwohl Anlass geben oder bereits gegeben haben, satzungsmäßige Regelungen zu
schaffen, um künftig auch ohne die Sonderregelungen des COVGesMG von den in
§ 118 AktG geregelten Instrumenten Gebrauch machen zu können[32], wenngleich
dies für sich genommen – ohne die Regelung des § 1 Abs. 2 COVGesMG – nicht
die Abhaltung einer rein virtuellen Versammlung erlaubt, bei welcher das Anwesenheitsrecht der Aktionäre ausgeschlossen ist (siehe dazu auch noch Rz. 20, 33).

2. Die einzelnen Instrumente

a) Elektronische Teilnahme

Die **Möglichkeit zur elektronischen Teilnahme an einer Präsenz-Hauptversamm-**   **14**
lung ist zentral in § 118 Abs. 1 Satz 2 bis 5 AktG geregelt, auf welchen § 1 Abs. 1
COVGesMG Bezug nimmt. Die Vorschrift geht auf Art. 8 Abs. 1 lit. b der Richtlinie 2007/36/EG[33] (Aktionärsrechte-RL) zurück, wonach der Gesetzgeber den
Gesellschaften gestatten muss, jede Form der Teilnahme an der Hauptversammlung
auf elektronischem Wege anzubieten. Hiervon ist insbesondere eine Teilnahme auf
elektronischem Wege mittels Zwei-Wege-Direktverbindung umfasst, die dem Aktionär die Möglichkeit gibt, sich von einem entfernten Ort aus an die Hauptversammlung zu wenden.[34]

Bei der elektronischen Teilnahme nach § 118 Abs. 1 Satz 2 AktG i. V. m. § 1 Abs. 1   **15**
COVGesMG nimmt der Aktionär durch Zuschaltung an der Hauptversammlung
teil. Die physische Anwesenheit am Versammlungsort wird dabei durch die elektronische Kommunikation ersetzt. Gemeint ist eine **interaktive Zwei-Wege-Di-**
rektverbindung in Echtzeit, die dem Aktionär nicht nur die passive Verfolgung der
Hauptversammlung (so bei reiner Bild- und Tonübertragung, § 118 Abs. 4 AktG),
sondern gerade auch eine interaktive Teilnahme ermöglicht, also die elektronische

---

31) So auch *Götze/Roßkopf*, DB 2020, 768; s. auch *Hoffmann* in: BeckOGK-AktG, § 118 Rz. 65.

32) Vgl. auch RefE GesRGenRCOVMVV, S. 6.

33) Richtlinie 2007/36/EG des Europäischen Parlaments und des Rates v. 11.7.2007 über die
Ausübung bestimmter Rechte von Aktionären in börsennotierten Gesellschaften – Aktionärsrechte-RL, ABl. (EU) L 184/17 v. 14.7.2007.

34) Vgl. *Hoffmann* in: BeckOGK-AktG, § 118 Rz. 44; Hüffer/Koch-*Koch*, AktG, § 118 Rz. 11.

Ausübung aller oder einzelner versammlungsgebundener Rechte, namentlich des Stimmrechts.[35)] Der so elektronisch teilnehmende Aktionär ist in der Hauptversammlung erschienen und in das Teilnehmerverzeichnis (§ 129 Abs. 1 Satz 2 AktG) aufzunehmen.[36)] Möglich ist auch die Bevollmächtigung eines Dritten zur elektronischen Teilnahme.[37)]

16 Wird eine elektronische Ausübung des Stimmrechts angeboten, sind die mit dem ARUG II eingeführten Vorgaben des **§ 118 Abs. 1 Satz 3–5 AktG** zu beachten: Bei elektronischer Ausübung des Stimmrechts ist dem Abgebenden der Zugang der elektronisch abgegebenen Stimme nach den Anforderungen gemäß Art. 7 Abs. 1 und Art. 9 Abs. 5 Unterabs. 1 der Durchführungsverordnung (EU) 2018/1212[38)] von der Gesellschaft elektronisch zu bestätigen, und zwar unmittelbar nach Stimmabgabe. Vorgesehen ist auch die Möglichkeit einer Weiterleitung der Bestätigung über Intermediäre.[39)] Der deutsche Gesetzgeber konnte insoweit auch vor dem Hintergrund der COVID-19-Pandemie keine Abweichungen vorsehen, da die Neuregelungen europarechtlich vorgegeben sind (Richtlinie (EU) 2017/828[40)] – 2. Aktionärsrechte-RL – und Durchführungsverordnung (EU) 2018/1212). Er hat aber zumindest das Anfechtungsrecht bei Verletzung der § 118 Abs. 1 Satz 3–5 AktG erheblich eingeschränkt (§ 1 Abs. 7 COVGesMG, siehe dazu noch Rz. 170 ff.).

17 Die **Ausgestaltung der Rechteausübung elektronisch teilnehmender Aktionäre** konnte der Vorstand bereits nach der bisherigen Rechtslage vornehmen, sofern die Satzung keine Detailregelungen traf.[41)] Von dieser Möglichkeit zur Detailregelung wurde in der Praxis bislang ohnehin zumeist kein Gebrauch gemacht, um eine flexiblere Handhabe zu ermöglichen.[42)] Indem der Gesetzgeber nun die Möglichkeit eröffnet, dass der Vorstand über die elektronische Teilnahme auch ohne Satzungsermächtigung entscheidet, wird diesem Flexibilitätsbedürfnis bei der Definition der Rechte, die im Wege der elektronischen Teilnahme ausgeübt werden können, Rechnung getragen.

18 Auf dieser Grundlage sind **erhebliche Einschränkungen der Aktionärsrechte** bei elektronischer Teilnahme nach § 118 Abs. 1 Satz 2 AktG i. V. m. § 1 Abs. 1

35) Hüffer/Koch-*Koch*, AktG, § 118 Rz. 10; s. auch *Kubis* in: MünchKomm-AktG, § 118 Rz. 80; Begr. RegE Gesetz zur Umsetzung der Aktionärsrechterichtlinie (ARUG), BT-Drucks. 16/11642, S. 26.

36) Hüffer/Koch-*Koch*, AktG, § 118 Rz. 12.

37) Hüffer/Koch-*Koch*, AktG, § 118 Rz. 12.

38) Durchführungsverordnung (EU) 2018/1212 der Kommission v. 3.9.2018 zur Festlegung von Mindestanforderungen zur Umsetzung der Bestimmungen der Richtlinie 2007/36/EG des Europäischen Parlaments und des Rates in Bezug auf die Identifizierung der Aktionäre, die Informationsübermittlung und die Erleichterung der Ausübung der Aktionärsrechte, ABl. (EU) L 223/1 v. 4.9.2018.

39) *Hoffmann* in: BeckOGK-AktG, § 118 Rz. 51.

40) Richtlinie (EU) 2017/828 des Europäischen Parlaments und des Rates v. 17.5.2017 zur Änderung der Richtlinie 2007/36/EG im Hinblick auf die Förderung der langfristigen Mitwirkung der Aktionäre – 2. Aktionärsrechte-RL, ABl. (EU) L 132/1 v. 20.5.2017.

41) Begr. Entwurf COVAbmildG, BT-Drucks. 19/18110, S. 26; s. auch *Kubis* in: MünchKomm-AktG, § 118 Rz. 84 f.; Hüffer/Koch-*Koch*, AktG, § 118 Rz. 35.

42) *Arnold/Carl/Götze*, AG 2011, 349, 360.

COVGesMG möglich, insbesondere auch – entsprechend den bislang für die Online-Teilnahme auf Grundlage entsprechender Satzungsregelung geltenden Regelungen – der Ausschluss des Rede- und Fragerechts, des Antragsrechts sowie des Widerspruchsrechts und damit im Ergebnis eine weitreichende Beschränkung der Anfechtbarkeit von Hauptversammlungsbeschlüssen.[43] Der Vorstand kann ferner etwa vorsehen, dass Fragen nur per E-Mail eingereicht werden können; es besteht keine Verpflichtung zur Installierung verschiedener oder gar der technisch innovativsten Kommunikationswege.[44] Derartige Einschränkungen stellen insbesondere auch keine Verletzung von § 53a AktG durch Ungleichbehandlung der physisch anwesenden und der elektronisch teilnehmenden Aktionäre dar;[45] eine Schlechterstellung der elektronisch Teilnehmenden gegenüber den Präsenzaktionären dürfte bislang wohl gar der Regelfall gewesen sein.[46]

Gleichwohl machte die Praxis von der Möglichkeit der elektronischen Teilnahme   **19** bereits vor dem COVGesMG nur zurückhaltend Gebrauch, auch um **erhöhte Anfechtungsrisiken** zu vermeiden. Solche wurden u. a. deshalb befürchtet, weil die Bedingungen der elektronischen Teilnahme bei börsennotierten Gesellschaften in der Hauptversammlungseinladung anzugeben sind, sofern auch die Stimmabgabe im Wege der elektronischen Teilnahme möglich ist (§ 121 Abs. 3 Satz 3 Nr. 2 lit. b AktG);[47] und auch jenseits der elektronischen Stimmabgabe bedarf es einer rechtzeitigen Kommunikation der Hard- und Softwarevoraussetzungen für eine elektronische Teilnahme.[48] Es bestand bislang wohl die Sorge, dass insbesondere diese Erläuterungen von kritischen Aktionären angegriffen werden könnten.[49] Für die elektronische Teilnahme schafft insoweit auch § 1 Abs. 7 COVGesMG nur bedingt Abhilfe und Rechtssicherheit: Über die bestehenden Einschränkungen des Anfechtungsrechts (§ 243 Abs. 3 Nr. 1 AktG) hinaus ist eine Anfechtung von Beschlüssen, die im Rahmen von Präsenzversammlungen mit elektronischer Teilnahme gefasst werden, nur wegen Verletzung der neuen Vorgaben über die Bestätigung des Zugangs der elektronisch abgegebenen Stimme (§ 118 Abs. 1 Satz 3–5 AktG, selbiges gilt bei der Briefwahl, § 118 Abs. 2 Satz 2 AktG) ausgeschlossen sowie bei Verletzung der Vorschriften über die Bild und Tonübertragung (§ 118 Abs. 4 AktG) und von Formerfordernissen für Mitteilungen nach § 125 AktG; auch diese Einschränkungen gelten nicht, sofern der Gesellschaft Vorsatz nachgewiesen werden kann.

Trotz des Angebots einer elektronischen Teilnahme bleibt die Hauptversammlung   **20** zunächst eine Präsenzversammlung. Die Aktionäre können zwar elektronisch teilnehmen. Sie haben allerdings auch **weiterhin das Recht, an der Versammlung vor**

---

43) Vgl. *Hoffmann* in: BeckOGK-AktG, § 118 Rz. 45 f. m. w. N.; Hüffer/Koch-*Koch*, AktG, § 118 Rz. 12; *Arnold/Carl/Götze*, AG 2011, 349, 360 f.; s. auch *Schäfer*, NZG 2020, 481, 482 f.; str. hingegen ist, ob das Anfechtungsrecht selbst beschnitten werden kann, s. etwa *Kubis* in: MünchKomm-AktG, § 118 Rz. 82 m. w. N.
44) *Kubis* in: MünchKomm-AktG, § 118 Rz. 89.
45) *Hoffmann* in: BeckOGK-AktG, § 118 Rz. 45.
46) Hirte/Mülbert/Roth-*Mülbert*, GroßKomm-AktG, § 118 Rz. 104.
47) Hüffer/Koch-*Koch*, AktG, § 118 Rz. 10; *Arnold/Carl/Götze*, AG 2011, 349, 360.
48) *Kubis* in: MünchKomm-AktG, § 118 Rz. 88.
49) Hüffer/Koch-*Koch*, AktG, § 118 Rz. 10; *Arnold/Carl/Götze*, AG 2011, 349, 360.

Ort teilzunehmen.[50] Auch aus diesem Grund schaffte die Regelung des § 1 Abs. 1 COVGesMG im Hinblick auf die elektronische Teilnahme für sich genommen bislang nur bedingt Abhilfe für die Durchführbarkeit von Hauptversammlungen während der COVID-19-Pandemie – insbesondere bei vollständiger Untersagung von Präsenzversammlungen aufgrund von Versammlungsverboten (siehe dazu noch Rz. 33 f.).

b) Briefwahl

21　Auch mit der Möglichkeit zur Stimmrechtsausübung im Wege der (elektronischen) Briefwahl knüpft § 1 Abs. 1 COVGesMG an die bestehende Regelung in § 118 Abs. 2 AktG an, von welcher in der Vergangenheit bereits zahlreiche Gesellschaften Gebrauch gemacht haben.[51] In Abweichung von § 118 Abs. 2 AktG erfasst die Neuregelung allerdings ihrem Wortlaut nach nur die „Stimmabgabe im Wege **elektronischer Kommunikation** nach § 118 Absatz 2 des Aktiengesetzes (Briefwahl)" (Hervorhebung durch d. Verf.). Ob auch die schriftliche Briefwahl nach § 118 Abs. 2 AktG vom Satzungserfordernis freigestellt ist, erscheint hingegen wegen des ausdrücklich entgegenstehenden Wortlauts zweifelhaft, auch wenn die Gesetzesbegründung hierfür spricht[52]; die schriftliche Briefwahl bleibt aber jedenfalls auf Grundlage einer entsprechenden Satzungsregelung weiterhin möglich.

22　Die Formulierung „elektronische Kommunikation" ist dabei wie bislang als untechnischer Oberbegriff zu verstehen, welcher die elektronische Form (§ 126a BGB), aber auch die Textform (§ 126b BGB) sowie **jede** andere **Form einseitiger elektronischer Willensäußerung** abdeckt. Denkbar ist etwa die Stimmabgabe unter Verwendung eines von der Gesellschaft vorgehaltenen Internetformulars.[53] Dieser Weg wurde in den Hauptversammlungssaisons 2020 und 2021 – im Rahmen virtueller Hauptversammlungen nach § 1 Abs. 2 COVGesMG – zumeist gewählt, indem den Aktionären die Stimmabgabe über ein Internetportal (oft bezeichnet als „HV-Portal" oder „Aktionärsportal") ermöglicht wurde.[54] Auch die Ausübung zahlreicher anderer Rechte wird im Rahmen virtueller Hauptversammlungen vielfach über ein solches Portal ermöglicht (insb. Fragerecht, Verfolgung der Versammlung in Bild- und Ton, Widerspruchsrecht, siehe noch Rz. 50, 68, 83). Daher ist ein solches Internetportal in der Praxis der virtuellen Hauptversammlung zumeist zentrales Instrument zur Ausübung von Aktionärsrechten. Ferner kommt aber auch eine Stimmabgabe per E-Mail in Betracht, wobei allerdings sichergestellt werden müsste, dass der

---

50)　S. etwa Römermann-*Römermann/Grupe*, COVID-19 AbmG, Teil 2 Rz. 51; *Stelmaszczyk/Forschner*, Der Konzern 2020, 221, 224; *Rieckers*, DB 2021, 98; *Redenius-Hövermann/Bannier*, ZIP 2020, 1885, 1886; *Arnold/Carl/Götze*, AG 2011, 349, 361; grds. auch *Schäfer*, NZG 2020, 481, 482, 485, der allerdings bei entsprechendem Hinweis in der Einberufung Kapazitätsgrenzen aufgrund behördlicher Auflagen als Grund ansieht, Aktionäre von der Präsenzteilnahme auszuschließen, sofern Versammlungen nicht generell untersagt sind und ein ausreichend großer Versammlungsraum gewählt wird.

51)　Hüffer/Koch-*Koch*, § 118 Rz. 15.

52)　Begr. Entwurf COVAbmildG, BT-Drucks. 19/18110, S. 26; deshalb den Wortlaut für ein „Redaktionsversehen" haltend *Lieder*, ZIP 2020, 837, 843; *Simons/Hauser*, NZG 2020, 488, 499; *Kruchen*, DZWIR 2020, 431, 449 f.; *Rieckers*, DB 2021, 98, 100; ablehnend hingegen Grigoleit-*Herrler*, AktG, § 118 Rz. 36x.

53)　Hüffer/Koch-*Koch*, AktG, § 118 Rz. 17; s. auch *Noack*, NZG 2008, 441, 445.

54)　S. die Auswertung bei *Danwerth*, AG 2020, 776, 784 f.; *ders.*, AG 2021, 613, 622.

Absender zweifelsfrei festgestellt werden kann, was in der Praxis regelmäßig problematisch sein dürfte.[55]

Setzt die Stimmrechtsausübung nach der Satzung eine Anmeldung zur Hauptversammlung voraus, gilt dies auch für die Briefwahl.[56] Für die Stimmabgabe im Wege der Briefwahl kann zudem bestimmt werden, dass diese nur bis zu einem bestimmten Zeitpunkt während (z. B. Ende der Generaldebatte) oder vor der Versammlung (z. B. Ende des Tages vor der Hauptversammlung) möglich ist.[57] Es ist vor diesem Hintergrund sinnvoll, **in der Einberufung klare Regelungen** vorzusehen, bis wann und auf welchem Wege Briefwahlstimmen abgegeben, widerrufen und geändert werden können. Ferner sollte eine Regelung für den Fall getroffen werden, dass Aktionäre ihr Stimmrecht mehrfach ausüben (z. B. im Wege der Briefwahl und zusätzlich mittels Vollmacht und Weisung an Stimmrechtsvertreter).[58] Ebenfalls sinnvoll kann es sein, in den Teilnahmebedingungen eine Regelung dergestalt vorzusehen, dass das – dem Aktionär grundsätzlich auch bei angebotener Briefwahl freistehende – persönliche Erscheinen in der Versammlung als Widerruf der Briefwahlstimme gilt, ebenso wie das Erscheinen eines Vertreters.[59]

23

Einer Übertragung der Versammlung oder **einer Zwei-Wege-Kommunikation** wie bei der elektronischen Teilnahme (siehe Rz. 15) **bedarf es für die Briefwahl nicht.**[60] Wird die Stimmabgabe mittels Zwei-Wege-Echtzeitkommunikation angeboten, liegt keine Briefwahl mehr vor, sondern eine elektronische Teilnahme.[61] Eine elektronische Teilnahme setzt allerdings – in Abgrenzung zur Briefwahl – eine direkte, nicht zeitversetzte Verbindung mit den Teilnehmern am Ort der Hauptversammlung sowie den sonstigen Online-Teilnehmern voraus.[62] Daher ist es etwa nicht als elektronische Teilnahme anzusehen, wenn die Hauptversammlung in Bild- und Ton übertragen wird und die Aktionäre bis unmittelbar vor Beginn der Abstimmung in der Hauptversammlung ihre Stimmen im Wege der Briefwahl abgeben können. Schließlich nehmen sie dann nicht direkt an der Abstimmung teil, sondern geben ihre Stimme zeitversetzt schon im Vorfeld ab.

24

Aktionäre nehmen bei der bloßen Stimmausübung im Wege der (elektronischen) Briefwahl nicht an der Hauptversammlung teil, sie sind daher nicht in das Teilnehmerverzeichnis aufzunehmen und vor allem grundsätzlich nicht anfechtungsberechtigt nach § 245 Nr. 1 AktG.[63] Im Wege der Briefwahl abgegebene Stimmen

25

---

55) Hölters-*Drinhausen*, AktG, § 118 Rz. 18; *Arnold/Carl/Götze*, AG 2011, 349, 358; s. zur Identifikation auch *Kruchen*, DZWIR 2020, 431, 449.

56) Hüffer/Koch-*Koch*, AktG, § 118 Rz. 16; *Arnold/Carl/Götze*, AG 2011, 349, 358.

57) Vgl. *Hoffmann* in: BeckOGK-AktG, § 118 Rz. 54; *Arnold/Carl/Götze*, AG 2011, 349, 358.

58) S. a. *Arnold/Carl/Götze*, AG 2011, 349, 358; vgl. auch Hirte/Mülbert/Roth-*Mülbert*, GroßKomm-AktG, § 118 Rz. 113.

59) *Arnold/Carl/Götze*, AG 2011, 349, 359.

60) *Hoffmann* in: BeckOGK-AktG, § 118 Rz. 54.

61) *Kubis* in: MünchKomm-AktG, § 118 Rz. 95.

62) Grigoleit-*Herrler*, AktG, § 118 Rz. 8.

63) Vgl. Hüffer/Koch-*Koch*, AktG, § 118 Rz. 19, 35; *Kubis* in: MünchKomm-AktG, § 118 Rz. 94.

gehören aber zu den abgegebenen Stimmen i. S. des § 133 Abs. 1 AktG sowie zum bei der Beschlussfassung vertretenen Grundkapital.[64]

26 Wird die Briefwahl angeboten, ist bei börsennotierten Gesellschaften das **Verfahren zur Stimmabgabe in der Einberufung zu erläutern** (§ 121 Abs. 3 Satz 3 Nr. 2 lit. b AktG).[65] Zudem sind alsbald nach der Einberufung der Hauptversammlung auf der Website der Gesellschaft Formulare zur Briefwahl zugänglich zu machen, sofern diese zwingend zu verwenden sind und den Aktionären nicht direkt übermittelt werden (§ 124a Satz 1 Nr. 5 AktG); die Bereitstellung eines Online-Dialogs genügt hierfür.[66] Zu beachten sind ferner die Vorschriften über die Bestätigung der Stimmabgabe bei elektronischer Teilnahme, welche für die elektronische Briefwahl[67] entsprechend gelten (§ 118 Abs. 2 Satz 2 AktG, siehe oben Rz. 16).

c) Teilnahme des Aufsichtsrats im Wege der Bild- und Tonübertragung

27 Die Möglichkeit der **Teilnahme von Aufsichtsratsmitgliedern** an der Hauptversammlung durch Zuschaltung in Bild und Ton knüpft an die Regelung in § 118 Abs. 3 Satz 2 AktG an und bedeutet für diese eine Lockerung des Anwesenheitserfordernisses. Für den Vorstand sieht die Neuregelung allerdings weiterhin keine Ausnahme von der grundsätzlichen Anwesenheitspflicht (§ 118 Abs. 3 Satz 1 AktG) vor (siehe dazu noch Rz. 123 f.).

28 Voraussetzung für die ordnungsgemäße Teilnahme von Aufsichtsratsmitgliedern durch Zuschaltung ist eine **beidseitige Übertragung**, damit der teilnehmende Aufsichtsrat das Geschehen am Versammlungsort verfolgen und sich durch Wortbeiträge beteiligen kann, zudem ist eine kumulative Übertragung sowohl von Bild als auch von Ton erforderlich.[68] Die praktische Bedeutung dieser Möglichkeit der Zuschaltung sollte nach den Vorstellungen des Gesetzgebers bei Einführung des § 118 Abs. 3 Satz 2 AktG (§ 118 Abs. 2 AktG a. F.) auf nicht börsennotierte AGs, insbesondere Tochtergesellschaften ausländischer Unternehmen, beschränkt sein. Bei einer börsennotierten Gesellschaft hielt es der Gesetzgeber hingegen im Jahr 2002 für „kaum vorstellbar [...], dass ein einzelnes Aufsichtratsmitglied nur über einen Monitor zugeschaltet ist".[69] Mangels Beschränkung des Anwendungsbereichs war die Zuschalte aber auch bislang – bei entsprechender Satzungsregelung – auch bei börsennotierten Gesellschaften zulässig.[70] Im Lichte der gesundheitlichen Gefahren der Corona-Pandemie und mit Blick auf den technischen Fortschritt dürfte nun auch die seinerzeitige Vorstellung des Gesetzgebers als überholt anzusehen sein.

---

64) Begr. RegE ARUG, BT-Drucks. 16/11642, S. 27; Hölters-*Drinhausen*, AktG, § 118 Rz. 18; *Seibert/Florstedt*, ZIP 2008, 2145, 2146; *Kruchen*, DZWIR 2020, 431, 451; a. A. Hüffer/Koch-*Koch*, AktG, § 118 Rz. 19.

65) Hüffer/Koch-*Koch*, AktG, § 118 Rz. 16.

66) *Rieckers* in: BeckOGK-AktG, § 124a Rz. 16 m. w. N.

67) Nicht für die schriftliche Briefwahl, hier käme allenfalls eine entsprechende Satzungsregelung in Betracht, Grigoleit-*Herrler*, AktG, § 118 Rz. 26.

68) *Hoffmann* in: BeckOGK-AktG, § 118 Rz. 31; Begr. RegE Gesetz zur weiteren Reform des Aktien- und Bilanzrechts, zu Transparenz und Publizität (Transparenz- und Publizitätsgesetz), BT-Drucks. 14/8769, S. 19.

69) Begr. RegE Transparenz- und Publizitätsgesetz, BT-Drucks. 14/8769, S. 19.

70) *Hoffmann* in: BeckOGK-AktG, § 118 Rz. 31.

d) Bild- und Tonübertragung der Versammlung

Zuletzt sieht § 1 Abs. 1 COVGesMG in Anknüpfung an § 118 Abs. 4 AktG die Mög-   **29**
lichkeit vor, (Teile der)[71] Hauptversammlungen in Bild- und Ton zu übertragen, auch
wenn dies in der Satzung der Gesellschaft oder einer Geschäftsordnung der Hauptversammlung nicht vorgesehen ist. Die Übertragung kann im Internet erfolgen,
muss aber nicht. Sie kann auch – insbesondere durch einen Passwortschutz – auf
einen besonders legitimierten Personenkreis (Aktionäre und Vertreter) beschränkt
werden,[72] namentlich durch Übertragung allein in einem passwortgeschützten
Internetportal. Zulässig ist auch eine Aufzeichnung der Versammlung.[73] Im Gegensatz zur elektronischen Teilnahme, die eine Zwei-Wege-Kommunikation verlangt
(siehe oben Rz. 15), betrifft die reine Bild- und Tonübertragung nur die **einseitige
Übertragung des Versammlungsgeschehens** aus dem Versammlungsraum heraus
und lässt also keine Zuschaltung von Aktionären zu.[74]

Die Übertragung der Versammlung auf Grundlage von Satzung oder Geschäftsord-   **30**
nung nach § 118 Abs. 4 AktG stellt einen **zulässigen Eingriff in das Persönlichkeitsrecht der Aktionäre** dar.[75] Ein zulässiger Eingriff muss erst recht vorliegen,
wenn § 1 Abs. 1 COVGesMG dem Vorstand jetzt die Anordnung der Bild- und
Tonübertragung auch ohne eine Regelung in Satzung oder Geschäftsordnung erlaubt,
da hier bereits das Gesetz selbst die Grundlage für den Eingriff schafft.

Abweichend von § 118 Abs. 4 AktG kann gemäß § 1 Abs. 1 COVGesMG lediglich   **31**
eine Anordnung der Bild- und Tonübertragung durch den Vorstand mit Zustimmung des Aufsichtsrats erfolgen, wohingegen nach § 118 Abs. 4 AktG auch allein der
Versammlungsleiter zur Anordnung ermächtigt werden kann. Dies wirft die Frage
auf, wie sich bei Gesellschaften etwaig bereits bestehende derartige Regelungen zu
den Vorgaben des COVGesMG zu verhalten haben. Nach dem Gesetzeswortlaut
kommt dem Vorstand eine Anordnungskompetenz auch ohne eine Regelung in der
Satzung oder Geschäftsordnung zu. Daher muss diese Kompetenz auch unabhängig
davon bestehen bleiben, ob die Satzung die Kompetenz (ausnahmsweise) nur dem
Versammlungsleiter zuweist. Denn der Gesetzeswortlaut in § 1 Abs. 1 COVGesMG
„[…] kann der Vorstand der Gesellschaft auch ohne Ermächtigung […]“ impliziert,
dass die Regelung auch dort gelten soll, wo bereits eine Regelung in Satzung oder
Geschäftsordnung existiert. Zudem zielt § 1 COVGesMG auf eine flexible und
schnelle Handhabe ab und soll die Handlungsfähigkeit von AGs sicherstellen.[76] Dies
ist am ehesten möglich, wenn dem Vorstand weitreichende Kompetenzen zukommen,
und zwar **nicht nur, wenn Satzung oder Geschäftsordnung gar nichts, sondern
auch dann, wenn sie explizit etwas anderes bestimmen.** In letzterem Fall besteht
zwar die Gefahr, dass ein anderslautender Regelungswille der Hauptversammlung

---

71) Vgl. auch Hirte/Mülbert/Roth-*Mülbert*, GroßKomm-AktG, § 118 Rz. 124.
72) *Hoffmann* in: BeckOGK-AktG, § 118 Rz. 58; vgl. auch Hüffer/Koch-*Koch*, AktG, § 118
     Rz. 30 m. w. N.
73) *Hoffmann* in: BeckOGK-AktG, § 118 Rz. 57; *Kubis* in: MünchKomm-AktG, § 118 Rz. 118.
74) *Hoffmann* in: BeckOGK-AktG, § 118 Rz. 56.
75) LG Frankfurt/M., Urt. v. 7.1.2004 – 3-13 O 79/03, AG 2005, 821 ff.; *Kubis* in: MünchKomm-
     AktG, § 118 Rz. 118.
76) Vgl. Begr. Entwurf COVAbmildG, BT-Drucks. 19/18110, S. 5.

untergraben werden könnte. Angesichts der Ausnahmesituation und der beschränkten Geltungsdauer des COVGesMG erscheint dies allerdings hinnehmbar.[77]

32   Kommt dem Vorstand aber unabhängig von einer durch Satzung oder Geschäftsordnung geregelten Anordnungskompetenz des Versammlungsleiters die Kompetenz zu, eine Bild- und Tonübertragung anzuordnen, kann dem Versammlungsleiter (oder der Hauptversammlung) auch **keine Kompetenz mehr** zukommen, **eine einmal mit Zustimmung des Aufsichtsrats (§ 1 Abs. 6 COVGesMG) getroffene Anordnung des Vorstands noch zu verhindern.**[78] Bei einer Übertragung nach § 118 Abs. 4 AktG soll zwar nach Stimmen in der Literatur grundsätzlich auch eine laufende Übertragung durch Beschluss der Hauptversammlung oder durch den Versammlungsleiter gestoppt werden können.[79] Dies kann aber jedenfalls für nach dem COVGesMG angeordnete Übertragungen nicht gelten, da andernfalls der Regelungshintergrund des COVGesMG, einen Anreiz für Aktionäre zu setzen, die Hauptversammlung nicht vor Ort zu besuchen, um das Infektionsrisiko zu senken, konterkariert würde. Wird eine elektronische Teilnahme ermöglicht (§ 118 Abs. 1 Satz 2 AktG, § 1 Abs. 1 COVGesMG), käme weiter hinzu, dass mit einer Verhinderung der Bild- und Tonübertragung auch die Teilnahme an sich zunichte gemacht würde.[80]

3. Praktische Umsetzung

a) Durchführung einer Präsenz-Hauptversammlung in Zeiten von COVID-19

33   Für die praktische Umsetzung der durch § 1 Abs. 1 COVGesMG geschaffenen Erleichterungen ist zu beachten, dass die Hauptversammlung weiterhin eine **Präsenzveranstaltung** bleibt – selbst wenn von sämtlichen durch Absatz 1 eingeräumten Möglichkeiten Gebrauch gemacht wird; etwas anderes gilt nur dann, wenn die Hauptversammlung als virtuelle Hauptversammlung nach § 1 Abs. 2 COVGesMG abgehalten wird (siehe dazu Rz. 43 ff.). Bleibt die Versammlung aber eine Präsenzveranstaltung, bedeutet dies zugleich, dass jeder Aktionär **ein Recht** hat, **vor Ort an der Versammlung teilzunehmen** (siehe bereits Rz. 20). Eine Teilnahme vor Ort kann in diesem Fall also nicht ausgeschlossen werden. Nicht zuletzt deshalb war eine Präsenz-Hauptversammlung selbst unter Nutzung der Erleichterungen des Absatz 1 während des bisherigen Verlaufs der COVID-19-Pandemie zumindest bei einem größeren Aktionärskreis mit Blick auf geltende Versammlungsverbote lange Zeit kaum durchführbar.[81] Seit Inkrafttreten des COVGesMG hat dementsprechend nahezu keine börsennotierte Gesellschaft eine Hauptversammlung als Präsenzver-

---

77) I. E. wie hier wohl Hüffer/Koch-*Koch*, AktG, § 118 Rz. 34; Hirte/Heidel-*Krenek*, Das neue AktienR, Art. 2 § 1 AbmilderungsG Rz. 9; scheinbar a. A. *Hoffmann* in: BeckOGK-AktG, § 118 Rz. 63.

78) So wohl auch *Noack/Zetzsche*, AG 2020, 265, 266: „Daran ist dann der Versammlungsleiter gebunden".

79) *Hoffmann* in: BeckOGK-AktG, § 118 Rz. 58; verhaltener wohl etwa K. Schmidt/Lutter-*Spindler*, AktG, § 118 Rz. 64 m. w. N.

80) Vgl. für diesen Fall bereits zu § 118 Abs. 4 AktG *Hoffmann* in: BeckOGK-AktG, § 118 Rz. 47; s. auch für die virtuelle Versammlung nach § 1 Abs. 2 COVGesMG *Kruchen*, DZWIR 2020, 431, 447.

81) Ähnlich für die im Frühjahr 2020 geltenden Einschränkungen *Schäfer*, NZG 2020, 481, 482, 488; *Stelmaszczyk/Forschner*, Der Konzern 2020, 221, 225 f.

sammlung abgehalten.[82] Ob in der kommenden Hauptversammlungssaison 2022 wieder die Möglichkeit besteht, auch bei börsennotierten Gesellschaften Präsenzversammlungen durchzuführen, hängt freilich von der weiteren Entwicklung des Pandemiegeschehens und der entsprechenden Regelungslage ab, die sich insbesondere im Zeitverlauf ändert.

Wo der Durchführung einer Präsenzveranstaltung **keine Versammlungsverbote** entgegenstehen, kann die Durchführung einer Präsenzveranstaltung unter Rückgriff auf die Erleichterungen des § 1 Abs. 1 COVGesMG vertretbar sein, selbst wenn weiterhin ein gewisses Infektionsrisiko besteht.[83] Freilich wird eine entsprechende Entscheidung einzelfallabhängig getroffen werden müssen. Bei nach wie vor bestehenden Zweifeln wird zu erwägen sein, stattdessen eine virtuelle Hauptversammlung nach Maßgabe von § 1 Abs. 2 COVGesMG einzuberufen (siehe zu dieser Entscheidung auch noch Rz. 45).[84] Soll aber eine Präsenzversammlung stattfinden, müssen jedenfalls sämtliche geltenden Regelungen über Versammlungsbeschränkungen und behördlichen Auflagen erfüllt werden. Eine enge und möglichst frühzeitige Abstimmung mit den zuständigen Stellen ist in diesem Fall anzuraten. **34**

Neben der ohnehin verbreiteten Stimmrechtsvertretung liegt es dann nahe, bei Durchführung einer Präsenzversammlung von den durch § 118 AktG und § 1 Abs. 1 COVGesMG eingeräumten Möglichkeiten der Briefwahl sowie der Bild- und Tonübertragung umfassend Gebrauch zu machen – wenn nicht gar von der Möglichkeit einer elektronischen Teilnahme, was aber freilich wiederum ein höheres Anfechtungsrisiko bergen kann (siehe Rz. 19) –, **um die Teilnehmerzahl und damit das Infektionsrisiko zu senken.**[85] In der Praxis kann dann ein damit verbundener entsprechender Hinweis an die Aktionäre auf bestehende Infektionsrisiken sowie auf die Möglichkeiten, diese Risiken durch Nutzung der vorstehend genannten Angebote zu senken, zweckmäßig sein.[86] Zusätzlich kann je nach Entwicklung der Lage z. B. mit der Einberufung darauf hingewiesen werden, dass nicht sicher absehbar ist, wie sich die Lage bis zum geplanten Hauptversammlungstermin entwickelt und deshalb **35**

---

82) S. die Auswertung bei *Danwerth*, AG 2020, 776, 777; *ders.*, AG 2021, 613, 614 f.

83) Vgl. auch RefE GesRGenRCOVMVV, S. 6.

84) Vgl. auch zur Entscheidung zwischen virtueller Hauptversammlung oder Präsenzversammlung *Simons/Hauser*, NZG 2021, 1340, 1342; *Danwerth*, AG 2021, R283 f.; s. auch *Bücker/Kulenkamp/Schwarz/Seibt/v. Bonin*, DB 2020, 775, 777; zur Risikoabwägung auch *Mayer/Jenne*, BB 2020, 835, 842.

85) Weiter noch *Mayer/Jenne*, BB 2020, 835, 841, die eine Pflicht befürworten, die Online-Teilnahme zu ermöglichen, wenn dadurch eine Absage oder Verschiebung der Versammlung vermieden werden kann oder dies dem Schutz der Aktionäre dient.

86) Vgl. etwa zu einer oder mehrerer dieser Maßnahmen zu Beginn der COVID-19-Pandemie *DZ HYP AG*, Einberufung v. 7.4.2020; *Rheinmetall AG*, Einberufung v. 25.3.2020; *Bausparkasse Schwäbisch Hall AG*, Einberufung v. 24.3.2020; *Bayer AG*, Ergänzende Informationen v. 20.3.2020; *SCHWÄLBCHEN MOLKEREI Jakob Berz AG*, Einberufung v. 13.3.2020; jeweils im elektronischen BAnz veröffentlicht, abrufbar über https://www.bundesanzeiger.de/pub/de/start?5 (Abrufdatum: 18.10.2021); s. auch zu Präventionsmaßnahmen *Mayer/Jenne*, BB 2020, 835, 841 f.

die Aktionäre gebeten werden, regelmäßig die Internetseite der Gesellschaft hinsichtlich etwaiger Änderungen (z. B. Absage) im Blick zu behalten.[87]

36 Zur Hauptversammlung selbst kann es u. a. notwendig sein, Einlass nur nach der sog. 3G-Regel (genesen, geimpft oder getestet) zu gewähren.[88] Nicht zuletzt dies kann vor Ort insbesondere Einlass- bzw. Sicherheitskontrollen notwendig machen.[89] Ferner wird ggf. ein Abstands- und Hygienekonzept erforderlich sein.[90] Kommt es zum Verdacht einer Infektion in der Hauptversammlung, wird es – neben dem im Einzelfall angemessenen tatsächlichen Vorgehen wie z. B. Isolation und Information zuständiger Stellen – dem Versammlungsleiter grundsätzlich auch rechtlich möglich sein, die Teilnahme Einzelner an der Hauptversammlung auszuschließen, sofern von diesen eine Gefahr für die Gesundheit anderer Teilnehmer ausgeht.[91]

37 Namentlich *Noack/Zetztsche* erachten ferner auch die Durchführung einer Präsenzversammlung mit limitiertem Aktionärskreis – zur Einhaltung etwaiger behördlicher Anordnungen über die Zahl von Veranstaltungsteilnehmern – kombiniert mit einer virtuellen Versammlung für die übrigen Aktionäre für zulässig. Dies sei als minder schwerer Eingriff gegenüber dem gesetzlich vorgesehenen, schwersten Eingriff in Aktionärsrechte durch die Abhaltung einer vollständig virtuellen Hauptversammlung von den Neuregelungen des COVGesMG abgedeckt und stelle keine sachwidrige Ungleichbehandlung (§ 53a AktG) dar, da eine Differenzierung für die physische Teilnahme nach Herkunft der Aktionäre (mit Blick auf die regional stark variierenden Corona-Fallzahlen) oder Höhe des Anteilsbesitzes (im Falle der zahlenmäßigen Beschränkung) sachgerechte Kriterien sein könnten.[92] Die Durchführung einer solchen **„halbvirtuellen" Hauptversammlung** erscheint jedoch selbst unter Heranziehung einer solchen Argumentation keine ausreichende Rechtssicherheit zu bieten und dürfte daher für die Praxis nicht anzuraten sein. Das COVGesMG differenziert gerade zwischen der Präsenzversammlung, für welche Briefwahl, elektronische Teilnahme etc. angeboten werden können (Abs. 1), und der virtuellen Hauptversammlung (Abs. 2).

38 Ein **Kombinationsmodell** ist im Gesetz so nicht vorgesehen. Gegen die Zulässigkeit eines solchen spricht auch, dass bei der virtuellen Hauptversammlung Ausnahmen im Hinblick auf die Teilnahme vor Ort gerade nur für Stimmrechtsvertreter der Gesellschaft gemacht werden, was im Umkehrschluss nahelegt, dass eine „teilweise Präsenz" von Aktionären und ihren (sonstigen) Vertretern vom Gesetzgeber nicht angedacht ist (siehe hierzu noch Rz. 63 ff.). Eine solche Kombination aus Präsenz-

---

87) So etwa zu Beginn der COVID-19-Pandemie die *Godewind Immobilien AG*, Einberufung v. 30.3.2020; *Elmos Semiconductor AG*, Einberufung v. 20.3.2020; s. auch *Rheinmetall AG*, Einberufung v. 25.3.2020; *FIDAL AG*, Einberufung v. 23.3.2020; *Bayer AG*, Ergänzende Informationen v. 20.3.2020; *Axel Springer SE*, Einberufung v. 16.3.2020; *SCHWÄLBCHEN MOLKEREI Jakob Berz AG*, Einberufung v. 13.3.2020; alle abrufbar über https://www.bundesanzeiger.de/pub/de/start?5 (Abrufdatum: 18.10.2021).

88) Vgl. z. B. § 16 Abs. 1 Nr. 2 CoSchuV Hessen.

89) *Kubis* in: MünchKomm-AktG, § 119 Rz. 132.

90) Vgl. z. B. § 6 Abs. 1 Nr. 3 CoSchuV Hessen.

91) Vgl. auch *Noack/Zetzsche*, DB 2020, 658, 661; *Mayer/Jenne*, BB 2020, 835, 841; allgemein zu Ordnungsmaßnahmen auch etwa *Kubis* in: MünchKomm-AktG, § 118 Rz. 68.

92) *Noack/Zetzsche*, AG 2020, 265, 269 f.; s. auch *Tröger*, BB 2020, 1091, 1094 f. m. w. N.

veranstaltung und virtueller Hauptversammlung liefe daher auf eine Ungleichbehandlung der Aktionäre hinaus. Möglich (und empfehlenswert) ist es freilich, bei zukünftiger Abhaltung einer Präsenzversammlung allen Aktionären die Nutzung der ihnen eingeräumten Möglichkeit der Briefwahl und der elektronischen Teilnahme an dieser Versammlung nahezulegen und zusätzlich eine Übertragung in Bild und Ton zu ermöglichen (§ 1 Abs. 1 COVGesMG); möchten die Aktionäre hiervon aber nicht Gebrauch machen, muss es entweder allen oder keinem Aktionär möglich sein, persönlich zu erscheinen. Das COVGesMG erlaubt nicht, das Teilnahmerecht an einer Präsenz-Hauptversammlung nur für Teile des Aktionärskreises auszuschließen und insoweit eine „partiell virtuelle Hauptversammlung" abzuhalten.[93]

b) Technische Umsetzung der durch § 1 Abs. 1 COVGesMG (i. V. m. § 118 AktG) eröffneten Möglichkeiten der Rechteausübung

Entscheidet sich die Verwaltung dafür, eine Präsenzversammlung einzuberufen und dabei von den durch § 1 Abs. 1 COVGesMG eröffneten Möglichkeiten Gebrauch zu machen, wird sie sich vor die Herausforderung gestellt sehen, dass **weder das AktG noch das COVGesMG nähere Vorgaben zur Umsetzung**, insbesondere zur elektronischen Stimmausübung, bereithalten. Fest steht aber, dass die Gesellschaft, soweit die elektronische Teilnahme zugelassen ist, verpflichtet ist, die technischen Voraussetzungen hierfür zu schaffen. Jedenfalls muss die Möglichkeit bestehen, die Präsenzversammlung in Echtzeit in Bild und Ton zu verfolgen. Welche weiteren Voraussetzungen zu schaffen sind, ist abhängig davon, welche Rechte den elektronischen Teilnehmern eingeräumt werden.[94]   39

Von zentraler Bedeutung ist dabei die Sicherheit der eingesetzten Systeme. Die Gesellschaft muss technisch gewährleisten, dass die Online auszuübenden Rechte nur von Aktionären (oder ihren Vertretern) ausgeübt werden können. Es bedarf **technischer Vorkehrungen zur Prüfung der Legitimation** der elektronischen Teilnehmer, ebenso zum Schutz gegen ein unbefugtes Eindringen in das System und eine nicht legitimierte Ausübung von Rechten. Denkbar ist etwa, den Aktionären hierzu mit der Einberufung Zugangscodes zuzusenden, mit welchen diese sich für die Rechteausübung legitimieren müssen.[95] Die Hinzuziehung eines Hauptversammlungsdienstleisters und die enge Abstimmung mit selbigem dürften dabei zumeist unverzichtbar sein.   40

Auch für die Briefwahl ist ein technisches Verfahren zu wählen, das die Sicherheit des Abstimmungsprozesses gegenüber Manipulation gewährleistet, insbesondere also die Legitimation prüft.[96] Zumindest in der Umsetzung einfacher dürfte sich die reine Übertragung der Versammlung in Bild- und Ton gestalten, obgleich auch hierbei   41

93) Eher ablehnend auch Hüffer/Koch-*Koch*, AktG, § 118 Rz. 40; zweifelnd ferner *Stelmaszczyk/ Forschner*, Der Konzern 2020, 221, 224 f.; grds. abratend ebenfalls *Kruchen*, DZWIR 2020, 431, 440; „in aller Regel" auch Grigoleit-*Herrler*, AktG, § 118 Rz. 36w.

94) *Hoffmann* in: BeckOGK-AktG, § 118 Rz. 47; s. auch *Kubis* in: MünchKomm-AktG, § 118 Rz. 88.

95) Vgl. *Hoffmann* in: BeckOGK-AktG, § 118 Rz. 48; s. ferner *Kubis* in: MünchKomm-AktG, § 118 Rz. 83.

96) *Hoffmann* in: BeckOGK-AktG, § 118 Rz. 54.

durchaus ein Interesse (wenn auch keine Pflicht) bestehen mag, dass die Versammlung nur von Aktionären und ihren Bevollmächtigten verfolgt werden kann.

42 **Für sich genommen** scheint es, als hätten die durch § 1 Abs. 1 COVGesMG eingeräumten Möglichkeiten zur Senkung der Teilnehmerzahl **in der Praxis kaum Wirkung** entfaltet; die ganz überwiegende Mehrzahl der seit dem Ausbruch der COVID-19-Pandemie abgehaltenen Hauptversammlungen fand rein virtuell statt. Dies erklärt sich mit Blick auf das Infektionsgeschehen, welche es vielfach nicht einmal erlaubte, auch nur das Recht einzuräumen, vor Ort an der Versammlung teilzunehmen, aber auch mit Blick auf die Anforderungen gerade an die elektronische Teilnahme (und das damit zusammenhängende Anfechtungsrisiko, siehe Rz. 19) sowie die für die Aktionäre eingeschränkte Attraktivität einer elektronischen Teilnahme, wo diese lediglich unter Ausschluss verschiedener Aktionärsrechte (insbesondere Fragerecht, Widerspruchsrecht) ermöglicht wird (siehe oben Rz. 18). Für die Praxis relevanter war daher zumindest bislang die nach § 1 Abs. 2 COVGesMG eingeräumte Möglichkeit, eine rein virtuelle Hauptversammlung ohne physische Präsenz der Aktionäre oder ihrer Bevollmächtigten abzuhalten.

III. Virtuelle Hauptversammlung (Abs. 2)

43 Bei der Einführung einer rein virtuellen Hauptversammlung handelt es sich – sowohl dogmatisch, als auch mit Blick auf die praktischen Auswirkungen – um die wohl **weitreichendste gesellschaftsrechtliche Neuerung des § 1 COVGesMG.** Während allein nach dem AktG die Durchführung einer rein virtuellen Versammlung bislang nicht möglich war und den Aktionären stets grundsätzlich ein Recht auf Teilnahme an der Versammlung vor Ort zustand,[97] erlaubt § 1 Abs. 2 COVGesMG für Hauptversammlungen, die bis einschließlich 31.8.2022 stattfinden, dass die Versammlung ohne physische Präsenz der Aktionäre oder ihrer Bevollmächtigten als virtuelle Hauptversammlung abgehalten wird. Eine **Teilnahme** ist dann allenfalls noch im Wege elektronischer Zuschaltung möglich.[98] Trotz der damit einhergehenden Einschränkung von Aktionärsrechten ist § 1 Abs. 2 COVGesMG sowohl mit Verfassungs- als auch mit Europarecht vereinbar.[99]

44 Gute Gründe sprechen dafür, dass das COVGesMG die Einberufung und Durchführung einer virtuellen Hauptversammlung bislang **nicht allein davon abhängig** machte, dass die jeweilige **Risikolage** und **behördliche Anordnungen** die Abhaltung einer Präsenzversammlung unmöglich machen oder erheblich erschweren.[100] Zwar hielt die 5. Handelskammer des **LG München I** es bereits im Mai 2020 bei einer „sehr überschaubaren Zahl von Teilnehmern einer physischen Hauptversammlung" für denkbar, dass die Entscheidung des Vorstands für die Durchführung einer

---

97) Allg. M., s. nur Hüffer/Koch-*Koch*, AktG, § 118 Rz. 24; Hölters-*Drinhausen*, AktG, § 118 Rz. 15.

98) Begr. Entwurf COVAbmildG, BT-Drucks. 19/18110, S. 26.

99) Vgl. etwa OLG München, Beschl. v. 28.7.2021 – 7 AktG 4/21, BeckRS 2021, 20705 Rz. 69 ff, 77; LG Frankfurt/M., Urt. v. 23.2.2021 – 3-05 O 64/20, AG 2021, 441, 442 f.; auch LG Köln, Hinweisbeschl. v. 26.2.2021 – 82 I 53/20, AG 2021, 446, allerdings mit einschränkender Auslegung von § 1 Abs. 2 Satz 2 COVGesMG a. F.

100) Vgl. auch *Vetter/Tielmann*, NJW 2020, 1175, 1177 f.; *Kruchen*, DZWIR 2020, 431, 439 f.; in diese Richtung auch *Stelmaszczyk/Forschner*, Der Konzern 2020, 221, 225.

virtuellen Hauptversammlung wegen **Ermessensfehlgebrauch** die Anfechtbarkeit der auf der Hauptversammlung gefassten Beschlüsse begründet.[101] Dies dürfte aber mit Blick auf das mit einem Zusammenkommen vor Ort verbundene Infektionsrisiko gerade im Jahr 2020 sowie in weiten Teilen der Hauptversammlungssaison 2021 auch nach der Auffassung des Landgerichts allenfalls in höchst seltenen Ausnahmen und natürlich nur der Fall gewesen sein, sofern die jeweils aktuelle Regelungslage eine Präsenzversammlung zuließ, war daher zumindest für börsennotierte Gesellschaften nicht weiter von Bedeutung.[102] Auch das LG München I benennt in seiner Entscheidung keinen konkreten Anwendungsfall, verkennt zudem, dass die Entscheidung für die Durchführung einer virtuellen Hauptversammlung sich nach § 1 Abs. 2 COVGesMG richtet, nicht nach Absatz 1, weshalb die Anfechtbarkeit entgegen den Ausführungen des Landgerichts auf Vorsatz beschränkt ist (siehe noch Rz. 170 ff).[103] Im Ergebnis **überzeugt** die Auffassung des LG München I ohnehin **nicht**. Richtig ist zwar, dass der Vorstand nach **pflichtgemäßem Ermessen** entscheidet, ob eine Hauptversammlung virtuell durchgeführt wird.[104] Indem das Landgericht auf die Teilnehmerzahl rekurriert, scheint es aber das Infektionsrisiko einer Präsenzversammlung zum alleinigen Gradmesser für die Zulässigkeit einer Ermessensentscheidung für eine virtuelle Versammlung machen zu wollen. Hiervon hat der Gesetzgeber indes bei der Einführung des COVGesMG gerade abgesehen.[105] Lediglich die – mittlerweile obsolete (siehe Rz. 4) – Ermächtigung des BMJV, die Geltung des § 1 COVGesMG auf das Jahr 2021 zu erstrecken, war an die Voraussetzung geknüpft, dass dies aufgrund fortbestehender Auswirkungen der Pandemie geboten erschien (§ 8 COVGesMG). Im Umkehrschluss liegt es nahe, dass dies und damit auch das mit dem Fortdauern der Pandemie einhergehende Infektionsrisiko für die Zulässigkeit der einzelnen Hauptversammlung bislang grds. gerade keine zwingende Voraussetzung war.[106] Dafür, dass der Gesetzgeber die Zulässigkeit der virtuellen Hauptversammlung ursprünglich nicht etwa allein daran geknüpft hat, dass die Durchführung einer Präsenzversammlung pandemiebedingt nicht möglich ist, spricht auch der Vergleich mit anderen Regelungen, die gemeinsam mit § 1 COVGesMG als Teil des Gesetzes zur Abmilderung der Folgen der COVID-19-

---

101) LG München I, Beschl. v. 26.5.2020 – 5 HK O 6378/20, ZIP 2020, 1241, 1242; ähnlich Hirte/Heidel-*Krenek*, Das neue AktienR, Art. 2 § 1 AbmilderungsG, Rz. 7 f.; s. auch *Simons/Hauser*, NZG 2020, 1406, 1408.

102) Vgl. auch *Lieder*, ZIP 2021, 161, 162 ff.; *Simons/Hauser*, NZG 2020, 1406, 1408; a. A. scheinbar *Linnerz*, EWiR 2020, 429, 430, der eine Verpflichtung zur Verschiebung der Hauptversammlung auf eine Zeitpunkt, in dem Restriktionen nicht mehr bestehen, erwägt. *Linnerz* hielt zwar eine solche Verpflichtung für nicht annehmbar, solange es keinen Impfstoff gab – dies hat sich aber nunmehr geändert.

103) So auch Hüffer/Koch-*Koch*, AktG, § 243 Rz. 69; *Binder*, BB 2021, 259, 266 f.

104) S. nur Hüffer/Koch-*Koch*, AktG, § 118 Rz. 42.

105) Vgl. auch *Vetter/Tielmann*, NJW 2020, 1175, 1177 f.; s. ferner *Kruchen*, DZWIR 2020, 431, 439 f.

106) A. A. Hirte/Heidel-*Krenek*, Das neue AktienR, Art. 2 § 1 AbmilderungsG, Rz. 7; *Tröger*, BB 2020, 1091, 1094; wohl auch *Seibt/Danwerth*, NZG 2020, 1241, 1245 f.; s. ferner, allerdings zumindest mit hohen Hürden wegen eines angenommenen Ermessensspielraums, *Simons/Hauser*, NZG 2020, 1406, 1408; *Linnerz*, EWiR 2020, 429, 430; *Lieder*, ZIP 2021, 161, 162 ff.; s. auch Hüffer/Koch-*Koch*, AktG, § 118 Rz. 42; *Herrler*, DNotZ 2020, 468, 469 f.

Pandemie im Zivil-, Insolvenz- und Strafverfahrensrecht verabschiedet wurden und – anders als § 1 Abs. 2 COVGesMG – eine pandemiebedingte Beeinträchtigung ausdrücklich zur Voraussetzung für die vorgesehene Rechtsfolge erheben (vgl. etwa § 1 COVInsAG).

45 Nunmehr scheint dies zwar auf den ersten Blick anders gelagert. So heißt es in den Gesetzgebungsmaterialien zur erneuten Verlängerung des COVGesMG bis einschließlich 31.8.2022, es „sollte von [dem Instrument der virtuellen Hauptversammlung] im Einzelfall nur dann Gebrauch gemacht werden, wenn dies unter Berücksichtigung des konkreten Pandemiegeschehens und im Hinblick auf die Teilnehmerzahl der jeweiligen Versammlung erforderlich erscheint."[107] Allerdings ist dieser Vorbehalt weich („sollte") und subjektiviert („erscheint") formuliert. Schon deshalb unterliegt die Entscheidung für die virtuelle Hauptversammlung auch zukünftig jedenfalls keiner strengen, gerichtlichen „Erforderlichkeits-"Kontrolle. Vielmehr bleibt es dabei, dass ein weiter Ermessensspielraum in der Frage besteht, ob die Hauptversammlung virtuell abgehalten wird. Da die Entscheidung für oder wider eine virtuelle Hauptversammlung bereits vor dem eigentlichen Versammlungstermin zu treffen ist (spätestens mit der Einberufung, siehe noch Rz. 116), handelt es sich nämlich um eine zukunftsgerichtete Prognoseentscheidung unter Unsicherheiten. Sie unterfällt damit der **Business Judgment Rule** (§ 93 Abs. 1 Satz 2 AktG)[108] und ist bereits deshalb nur eingeschränkt gerichtlich überprüfbar. Eine Anfechtung wegen Ermessensfehlern ist weitergehend ausgeschlossen, sofern die Verwaltung nicht vorsätzlich fehlerhaft entscheidet (§ 1 Abs. 7 COVGesMG).[109] Die **Praxis** ist gleichwohl gut beraten, zumindest ihre Ermessensentscheidung vorsorglich am Kriterium der **„Erforderlichkeit"** einer virtuellen Versammlung zu orientieren,[110] um dass Risiko eines (vorsätzlichen) Ermessensfehlers zu minimieren. Zwar erscheint die Maßgeblichkeit allein des „Erforderlichkeits"-Kriteriums für die Ermessensausübung zweifelhaft, da dieses Kriterium weder im Zuge der Verlängerung von § 1 COVGesMG Ausdruck im Gesetzeswortlaut gefunden hat, noch bereits zuvor zwingend im COVGesMG angelegt war (vgl. bereits Rz. 44). Für die Hauptversammlungspraxis ist dennoch Vorsicht geboten, da die Frage nicht abschließend geklärt ist, zumal bereits in der Vergangenheit verschiedentlich davon ausgegangen wurde, die Ermessensentscheidung sei daran auszurichten, ob die Durchführung einer Präsenzversammlung (risikofrei) möglich ist (bereits Rz. 44).

46 § 1 Abs. 2 COVGesMG gilt **sowohl für ordentliche als auch für außerordentliche Hauptversammlungen** (bereits Rz. 3). Dem COVGesMG ist nicht zu entnehmen, dass der Vorstand einer Aktiengesellschaft gehindert wäre, eine virtuelle Hauptversammlung unter vollständiger Ausschöpfung des ihm durch das COVGesMG eingeräumten Rechtsrahmens einzuberufen, nur weil auf dieser z. B. über einen Ausschluss von Minderheitsaktionären (Squeeze-Out, §§ 327a ff. AktG) oder eine Ein-

---

107) Ausschuss-Begr. AufbhG 2021, BT-Drucks. 19/32275, S. 30.
108) Vgl. auch *Danwerth*, AG 2021, R283; *Simons/Hauser*, NZG 2021, 1340, 1341; vgl. zum Anwendungsbereich von § 93 Abs. 1 Satz 2 AktG auch Hüffer/Koch-*Koch*, AktG, § 93 Rz. 18.
109) So auch *Danwerth*, AG 2021, R283; unklar *Simons/Hauser*, NZG 2021, 1340, 1341.
110) Vgl. auch *Danwerth*, AG 2021, R283.

gliederung (§§ 319 ff. AktG) Beschluss gefasst wird.[111] Gegenteiliges findet nicht nur im Wortlaut von § 1 Abs. 2 COVGesMG keinen Anhaltspunkt. Auch die Gesetzesbegründung zum COVGesMG nennt ausdrücklich „außerordentliche Versammlungen, die aufgrund besonderer Maßnahmen erforderlich sind, insbesondere für Kapitalmaßnahmen und Umstrukturierungen".[112] Zuletzt musste spätestens Ende des Jahres 2020 dem Gesetzgeber die Debatte um die Grenzen der Zulässigkeit bestimmter Beschlussfassungen im Rahmen einer virtuellen Hauptversammlung bekannt gewesen sein. Wäre er der Auffassung gewesen, dass der Schutz der Aktionärsrechte es verlangt, bestimmte Beschlussfassungen nicht oder nur unter strengen Voraussetzungen im Rahmen einer virtuellen Versammlung zuzulassen, ist daher davon auszugehen, dass er dies mit den Änderungen des COVGesMG im Dezember 2020 aufgenommen hätte, wo doch mit diesen ohnehin eine Stärkung der Aktionärsrechte bezweckt war (siehe bereits Rz. 9). Auch den Gesetzgebungsmaterialien zu der jüngsten Verlängerung von § 1 COVGesMG[113] ist keine Differenzierung danach zu entnehmen, welche Beschlüsse auf der virtuellen Hauptversammlung gefasst werden.

1. Anforderungen an die virtuelle Hauptversammlung

Die Durchführung einer solchen präsenzlosen Hauptversammlung ist nach Absatz 2 **47** möglich, sofern **kumulativ die folgenden Voraussetzungen** gewahrt sind:

– die gesamte Versammlung wird in Bild- und Ton übertragen,

– es besteht die Möglichkeit zur Stimmrechtsausübung der Aktionäre über elektronische Kommunikation (Briefwahl oder elektronische Teilnahme) sowie zur Vollmachtserteilung,

– es wird das Recht (statt bislang bloß die „Möglichkeit"[114]) eingeräumt, im Wege der elektronischen Kommunikation Fragen zu stellen und

– es besteht eine Möglichkeit zum Widerspruch gegen einen Beschluss der Hauptversammlung in Abweichung von § 245 Nr. 1 AktG unter Verzicht auf das Erfordernis des Erscheinens in der Versammlung.

Zudem sieht das Gesetz jetzt ein Gegenantragsrecht für Aktionäre vor:[115] Anträge **48** oder Wahlvorschläge von Aktionären, die nach § 126 oder § 127 des Aktiengesetzes zugänglich zu machen sind, sind als in der Versammlung gestellt zu behandeln,

---

111) Wie hier *Simons/Hauser*, NZG 2020, 488, 489; grds. ferner *Tröger*, BB 2020, 1091 f.; vgl. auch Hüffer/Koch-*Koch*, AktG, § 118 Rz. 42; s. ferner, auch zu Beschlüssen nach dem UmwG, *Kruchen*, DZWIR 2020, 431, 437 ff.; a. A. für den aktienrechtlichen Squeeze-Out die DSW, s. https://www.dsw-info.de/presse/pressemitteilungen-2021/dsw-klage-axel-springer-se-schraenkt-aktionaersrechte-auf-virtueller-hv-zu-massiv-ein/#:~:text=Die%20 DSW%20hat%20Klage%20gegen,November%202020%20gefasst%20wurde (Abrufdatum: 18.10.2021); einschränkend auch *Herrler*, DNotZ 2020, 468, 470.
112) Begr. Entwurf COVAbmildG, BT-Drucks. 19/18110, S. 3.
113) Vgl. Ausschuss-Begr. AufbhG 2021, BT-Drucks. 19/32275, S. 30.
114) Zur Rechtslage vor Inkrafttreten der Gesetzesänderung am 28.2.2021 s. die 1. Aufage., Rz. 63 ff.
115) Zur Rechtslage vor Inkrafttreten der Gesetzesänderung am 28.2.2021 s. die 1. Auflage, Rz. 82 ff.

wenn der den Antrag stellende oder den Wahlvorschlag unterbreitende Aktionär ordnungsgemäß legitimiert und zur Hauptversammlung angemeldet ist.

a) Bild- und Tonübertragung (Satz 1 Nr. 1)

49 § 1 Abs. 1 COVGesMG erlaubt bereits die Übertragung der gesamten Hauptversammlung in Bild und Ton abweichend von § 118 Abs. 4 AktG auch ohne eine entsprechende Satzungsermächtigung (siehe Rz. 29 ff.). Diese Regelungen bilden zugleich die Grundlage für die Bild- und Tonübertragung nach Absatz 2, welche dort nämlich nicht ausdrücklich erlaubt, sondern als erlaubt vorausgesetzt wird. Während i. R. einer Präsenz-Hauptversammlung die Übertragung allerdings auf Teile der Versammlung beschränkt werden konnte (was in der Praxis auch durchaus üblich war), ist i. R. einer virtuellen Hauptversammlung ausdrücklich die **Bild- und Tonübertragung der Versammlung insgesamt,** also auch einschließlich der Generaldebatte und der Abstimmungen, erforderlich.[116]

50 Für die **technische Umsetzung** liegt eine Übertragung über das Internet, etwa über eine nur für Aktionäre mit einem Zugangscode zugängliche Plattform (Internetportal) nahe[117], was in den Hauptversammlungssaisons 2020 und 2021 der überwiegenden Praxis entsprach.[118] Für die Bild- und Tonübertragung nach § 118 Abs. 4 AktG wird zwar betont, dass die Übertragung im Internet keinesfalls als einzig möglicher Weg in Betracht komme.[119] Da i. R. der virtuellen Hauptversammlung für Aktionäre aber bereits keine Möglichkeit besteht, die Versammlung vor Ort zu verfolgen, ist jedenfalls für eine solche Hauptversammlung die Wahl eines Übertragungswegs geboten, der üblich ist und auf den die große Mehrzahl der Aktionäre grundsätzlich Zugriff haben – womit eine **Übertragung im Internet** als die praktikabelste Form erscheint.[120] Der Umstand, dass ggf. einige wenige Aktionäre über keinen Internetzugang verfügen, steht dem nicht entgegen. Ausweislich der Gesetzesbegründung ist nicht vorausgesetzt, dass die Übertragung technisch ungestört abläuft und insbesondere bei jedem Aktionär ankommt.[121]

51 Aus **datenschutzrechtlicher Sicht** gilt, dass mit der gesetzlichen Regelung in § 1 Abs. 1 und Abs. 2 COVGesMG eine Grundlage besteht, in das allgemeine Persönlichkeitsrecht der Aktionäre einzugreifen (siehe bereits Rz. 30). Daher ist auch etwa der mit einer Übertragung von Aktionärsfragen (bei elektronischer Teilnahme) bzw. mit deren Verlesung unter Nennung des Namens (bei Vorab-Einreichung) einhergehende Eingriff in das Persönlichkeitsrecht der Aktionäre gerechtfertigt, jedenfalls solange die Übertragung nur durch die Aktionäre und ihre Bevollmächtigten verfolgt werden kann. Erfolgt hingegen eine auch für Dritte frei zugängliche Übertragung oder wird gar eine Aufzeichnung der gesamten Versammlung ins Internet gestellt,

---

116) S. nur Begr. Entwurf COVAbmildG, BT-Drucks. 19/18110, S. 26.
117) Vgl. auch Hüffer/Koch-*Koch*, AktG, § 118 Rz. 43; *Bücker/Kulenkamp/Schwarz/Seibt/ v. Bonin*, DB 2020, 775, 778.
118) S. *Danwerth*, AG 2020, 776, 778 f.; *ders.*, AG 2021, 613, 616.
119) Hüffer/Koch-*Koch*, AktG, § 118 Rz. 30.
120) Ähnlich *Kruchen*, DZWIR 2020, 431, 447.
121) Begr. Entwurf COVAbmildG, BT-Drucks. 19/18110, S. 26; s. hierzu auch *Bücker/ Kulenkamp/Schwarz/Seibt/v. Bonin*, DB 2020, 775, 778.

sollte gerade i. R. der Fragenbeantwortung durch den Vorstand erwogen werden, auf eine Nennung der Namen von Aktionären zu verzichten – zumindest sofern diese nicht zuvor ausdrücklich in die Namensnennung eingewilligt haben.[122]

Im Übrigen kann auf die obigen Ausführungen zur Bild- und Tonübertragung nach § 118 Abs. 4 AktG i. V. m. § 1 Abs. 1 COVGesMG (siehe Rz. 29 ff.) verwiesen werden. **52**

b) Stimmrechtsausübung (Satz 1 Nr. 2)

Während in der Präsenzversammlung – die Briefwahl einmal ausgenommen – die Ausübung des Stimmrechts nach dem gesetzlichen Regelbild in der Versammlung selbst durch den physisch anwesenden Aktionär (oder seinen Vertreter) erfolgt (vgl. § 118 Abs. 1 Satz 1 AktG), kommt für die virtuelle Hauptversammlung nach § 1 Abs. 2 COVGesMG mangels physischer Präsenz der Aktionäre diese Form der Stimmrechtsausübung gerade nicht in Betracht. Der Aktionär kann sein Stimmrecht **nur über elektronische Kommunikation**, entweder im Wege der Briefwahl oder durch elektronische Teilnahme (jeweils in Person oder durch einen Bevollmächtigten), ausüben. Ferner ist – falls angeboten – die Vertretung durch Stimmrechtsvertreter der Gesellschaft möglich. **53**

Es genügt für die virtuelle Hauptversammlung, wenn eine der beiden Varianten der Stimmrechtsausübung angeboten wird, wenngleich es der Gesellschaft natürlich freisteht, auch beide Varianten (Briefwahl und elektronische Teilnahme) vorzusehen.[123] Zwingend erforderlich ist daneben die Ermöglichung der Vollmachtserteilung.[124] **54**

aa) Briefwahl und elektronische Teilnahme in der virtuellen Hauptversammlung

Die in Satz 1 Nr. 2 genannten Formen der „Stimmrechtsausübung der Aktionäre über elektronische Kommunikation", also die Briefwahl und die elektronische Teilnahme, knüpfen an die Regelungen in § 1 Abs. 1 COVGesMG sowie § 118 Abs. 1 Satz 2–5, Abs. 2 AktG an. Insoweit kann grundsätzlich auf die Ausführungen zu Absatz 1 (siehe Rz. 14 ff., 21 ff.) verwiesen werden, namentlich auf die Bedeutung **55**

---

122) S. hierzu auch *Bücker/Kulenkamp/Schwarz/Seibt/v. Bonin*, DB 2020, 775, 783; ähnlich *Simons/Hauser*, NZG 2020, 488, 497, die indes bei freier Übertragung einen Hinweis auf die Namensnennung in der Einberufung für ausreichend zu erachten scheinen; generell für gerechtfertigt hält den Eingriff scheinbar *Herrler*, DNotZ 2020, 468, 483, 490, allerdings mit der Empfehlung, einen Hinweis aufzunehmen, dass die Aktionäre der namentlichen Nennung im Einzelfall widersprechen können; allgemein für einen Hinweis auf die Namensnennung in der Einberufung *Mayer/Jenne/Miller*, BB 2020, 1282, 1291.

123) Begr. Entwurf COVAbmildG, BT-Drucks. 19/18110, S. 26; Hüffer/Koch-*Koch*, AktG, § 118 Rz. 45; *Mayer/Jenne/Miller*, BB 2020, 1282, 1287; a. A. *Redenius-Hövermann/Bannier*, ZIP 2020, 1885, 1892, die eine grds. Pflicht zur Ermöglichung der aktiven virtuellen Teilnahme gemäß § 118 Abs. 1 Satz 2 AktG befürworten; ebenso *Tröger*, BB 2020, 1091, 1095, sofern technisch und zu vertretbaren Kosten möglich.

124) So auch Hüffer/Koch-*Koch*, AktG, § 118 Rz. 45; *Herb/Merkelbach*, DStR 2020, 811, 812; *Stelmaszczyk/Forschner*, Der Konzern 2020, 221, 228; *Mayer/Jenne/Miller*, BB 2020, 1282, 1287.

eines Internetportals als **zentrales Instrument zur Ausübung von Aktionärsrech-**
ten (Rz. 22).[125)]

56   Im Hinblick auf die Briefwahl gilt es zu beachten, dass Briefwahl i. S. des § 1
COVGesMG nach dem Gesetzeswortlaut die **Stimmabgabe im Wege elektroni-**
scher Kommunikation nach § 118 Abs. 2 AktG ist (§ 1 Abs. 1). Da Absatz 2 zudem
ausdrücklich die Möglichkeit der Stimmrechtsausübung über elektronische Kommunikation verlangt, genügt zumindest für die virtuelle Hauptversammlung die Möglichkeit allein zur schriftlichen Stimmausübung (etwa per Brief) nicht den Anforderungen des § 1 Abs. 2 Satz 1 Nr. 2 COVGesMG. Vielmehr muss mindestens eine
Möglichkeit elektronischer Kommunikation (elektronische Briefwahl oder elektronische Teilnahme) angeboten werden.[126)] Anders als i. R. des § 1 Abs. 1 COVGesMG
(hierzu bereits Rz. 21) ist insofern auch die Gesetzesbegründung eindeutig, die für
die virtuelle Versammlung bloß von elektronischer Briefwahl spricht.[127)]

57   Ferner stellt sich für die Briefwahl die Frage, bis wann diese i. R. einer virtuellen
Hauptversammlung zuzulassen ist. Für die Stimmabgabe im Wege der Briefwahl i. R.
einer Präsenzversammlung kann die **Möglichkeit zur Briefwahl zeitlich begrenzt**
werden, etwa bis zum Tage vor der Versammlung (siehe dazu Rz. 23). Da § 1
Abs. 2 Satz 1 Nr. 2 COVGesMG nur von „Briefwahl" spricht und Briefwahl gemäß
Absatz 1 die Stimmabgabe nach § 118 Abs. 2 AktG ist, liegt es nahe, dass für die
virtuelle Hauptversammlung nichts anderes gilt.[128)]

58   Wenn allerdings sowohl die Briefwahl als auch die Fragenstellung zeitlich nur bis
vor Beginn der Versammlung möglich sind, könnte die Besorgnis entstehen, dass
hierdurch die präsenzlose Hauptversammlung zu einer reinen „**Scheinveranstal-**
tung" zu werden droht. Um dem entgegenzutreten sollte die Briefwahl regelmäßig
auch während der laufenden Versammlung zur Verfügung stehen, bestenfalls **bis**
unmittelbar vor Beginn der Abstimmung. Für die Einräumung der Möglichkeit zur
Briefwahl bis unmittelbar vor Beginn der Abstimmung spricht insbesondere, dass
es den Aktionären – wenn nicht zugleich eine Stimmabgabe im Wege der elektronischen Teilnahme angeboten wird und auch die Möglichkeit zur Bevollmächtigung
des Stimmrechtsvertreters zeitlich begrenzt ist – andernfalls nicht mehr möglich
wäre, ihr Stimmverhalten noch an den Antworten des Vorstands auf ihre Fragen
auszurichten. Damit würde eine erhebliche Beschränkung ihrer Aktionärsrechte
einhergehen, die sich auch mit Blick auf den Zweck des COVGesMG nur schwer
rechtfertigen ließe.[129)] Die gesetzlichen Bestimmungen sind nämlich vor dem Hintergrund des Infektionsschutzes zu sehen; dieser verbietet zwar eine physische
Anwesenheit, rechtfertigt aber nicht, den Aktionären noch weitergehend nahezu
jegliche Reaktionsmöglichkeiten zu nehmen.

---

125) Zur praktischen Bedeutung der „Portal-Briefwahl" s. die Auswertung bei *Danwerth*, AG
   2020, 776, 784 f.; *ders.*, AG 2021, 613, 622; auch Hüffer/Koch-*Koch*, AktG, § 118 Rz. 46.
126) So auch *Hoffmann* in: BeckOGK-AktG, § 118 Rz. 71; *Herrler*, DNotZ 2020, 468, 485;
   ähnlich wohl auch *Simons/Hauser*, NZG 2020, 488, 490.
127) Begr. Entwurf COVAbmildG, BT-Drucks. 19/18110, S. 26.
128) Ähnlich *Kruchen*, DZWIR 2020, 431, 450; vgl. auch *Herb/Merkelbach*, DStR 2020, 811, 812.
129) Ähnlich insb. *Herrler*, DNotZ 2020, 468, 487 f.; *Mayer/Jenne/Miller*, BB 2020, 1282, 1288,
   m. w. N.

Daher wird die Praxis gut beraten sein, die Briefwahl auch noch in der Versammlung **59**
zu ermöglichen.[130] Dies lässt sich etwa dergestalt realisieren, dass der Versammlungsleiter **am Schluss der Generaldebatte** noch die Gelegenheit zur Übermittlung
von Briefwahlstimmen einräumt. Entsprechendes ließe sich dann auch für die Bevollmächtigung von Stimmrechtsvertretern der Gesellschaft erwägen, sofern die Gesellschaft solche benennt (siehe dazu noch Rz. 63). Gleichwohl sollte die Briefwahl
bloß bis unmittelbar vor Beginn, nicht aber darüber hinausgehend auch noch
„während der Abstimmung" in der Versammlung möglich sein, da andernfalls die
Grenzen zur elektronischen Teilnahme verschwimmen würden (siehe Rz. 24).[131]

Einfacher liegt die Sache bei der **elektronischen Teilnahme**; bei dieser muss die **60**
Stimmrechtsausübung ohnehin während der Versammlung möglich sein. Allerdings
ist bei der elektronischen Teilnahme i. R. einer virtuellen Hauptversammlung nach
§ 1 Abs. 2 COVGesMG zu beachten, dass hier **keine so weitreichenden Rechte-
einschränkungen wie in Absatz 1** (siehe hierzu Rz. 18) möglich sind, da § 1 Abs. 2
COVGesMG bestimmte Mindestanforderungen stellt: Wird die Stimmrechtsausübung im Wege der elektronische Teilnahme angeboten, muss vor allem auch ein
Widerspruchsrecht bestehen, welches mindestens den Anforderungen des § 1 Abs. 2
Satz 1 Nr. 4 COVGesMG genügt (siehe noch Rz. 82 ff.), ferner zumindest ein
Fragerecht unter Beachtung von § 1 Abs. 2 Satz 1 Nr. 3, Satz 2 COVGesMG (siehe
noch Rz. 66 ff., beachte aber auch diesbezügl. Beschränkungsmöglichkeiten, Rz. 69 f.)
und – jedenfalls nach Maßgabe von § 1 Abs. 2 Satz 3 COVGesMG – die Möglichkeit, Gegenanträge und Wahlvorschläge anzubringen (siehe noch Rz. 86 ff., beachte
überdies Rz. 102 f. für Beschlussanträge zu Tagesordnungsergänzungsverlangen).[132]

Mit Blick auf die bestehenden Unsicherheiten der bisherigen Regelungen (und damit **61**
verbundenen erhöhten Anfechtungsrisiken insbesondere bei der elektronischen
Teilnahme an einer Präsenzversammlung) weisen die Neuregelungen einen entschei-
denden Vorteil aus Sicht der Gesellschaft auf: Eine Verletzung der Bestimmungen
des § 1 Abs. 2 COVGesMG, also auch der Möglichkeit zur Stimmrechtsausübung
über elektronische Kommunikation, berechtigt nach Absatz 7 nur bei vorsätzlicher
Verletzung zur Anfechtung (siehe dazu noch Rz. 170 ff.). Gleichwohl haben in der
Hauptversammlungspraxis bislang die wenigsten Gesellschaften eine Möglichkeit

---

130) Ähnlich etwa Hüffer/Koch-*Koch*, AktG, § 118 Rz. 61; *Bücker/Kulenkamp/Schwarz/*
Seibt/v. Bonin, DB 2020, 775, 778; *Herb/Merkelbach*, DStR 2020, 811, 812; *Stelmaszczyk/*
Forschner, Der Konzern 2020, 221, 230; zur Hauptversammlungspraxis s. *Danwerth*, AG
2020, 776, 785; *ders.*, AG 2021, 613, 623.
131) S. i. E. auch *Kruchen*, DZWIR 2020, 431, 450 (längstens bis zum Beginn der Abstimmungen); auch *Bücker/Kulenkamp/Schwarz/Seibt/v. Bonin*, DB 2020, 775, 778 (bis zum Eintritt in den Abstimmungsvorgang); a. A. (bis zur Schließung der Abstimmung u. a. *Herrler*,
GWR 2020, 191, 193; *ders.*, DNotZ 2020, 468, 487 f.; *Tröger*, BB 2020, 1091, 1095; dem
zusprechend auch Hüffer/Koch-*Koch*, AktG, § 118 Rz. 61, der sich allerdings gegen die
Annahme einer diesbez. Rechtspflicht ausspricht und die konkrete Grenzziehung als irre-
levant einstuft.
132) Weiter noch für eine Zuerkennung vollumfassender Rechte Römermann-*Römermann/*
Grupe, COVID-19 AbmG, Teil 2 Rz. 55; ebenso, sofern technisch und zu vertretbaren
Kosten möglich, *Tröger*, BB 2020, 1091, 1095; wohl auch *Redenius-Hövermann/Bannier*,
ZIP 2020, 1885, 1892; wie hier aber *Hoffmann* in: BeckOGK-AktG, § 118 Rz. 78 („kann
[…] alle Rechte zugestehen").

zur elektronischen Teilnahme eingeräumt.[133] Wird keine elektronische Teilnahme ermöglicht, ist dies rechtlich nicht zu beanstanden.[134]

bb) Vollmachtserteilung

62 § 1 Abs. 2 Satz 1 Nr. 2 COVGesMG verlangt als Voraussetzung für die virtuelle Hauptversammlung ferner, dass die Erteilung von Vollmachten möglich sein muss. Insoweit wird die für die Präsenzversammlung geltende Rechtslage (§ 134 Abs. 3 Satz 1 AktG) in die virtuelle Hauptversammlung „hineingetragen".

63 Zur **Person des Bevollmächtigten** heißt es in der ursprünglichen Gesetzesbegründung ausdrücklich, dass der Stimmrechtsvertreter der Gesellschafter „natürlich" vor Ort (also an dem Ort, an dem sich der Versammlungsleiter befindet, siehe dazu Rz. 108 ff.) zulässig ist.[135] Insoweit sind freilich etwaige Grenzen zu beachten, die aus kontaktbeschränkenden Regelungen auf Grundlage des Infektionsschutzgesetzes (IfSG) folgen. Zwar ist die Benennung von Stimmrechtsvertretern der Gesellschafter nicht zwingend und findet auch in der Neufassung des Deutschen Corporate Governance Kodex (DCGK) keine Erwähnung mehr. Gleichwohl ist sie in Präsenzversammlungen börsennotierter Gesellschaften gängige Praxis und dürfte auch vor dem aktuellen Krisenhintergrund weiterhin zu empfehlen sein. Gerade für die virtuelle Hauptversammlung sollte dann auch erwogen werden, eine **Vollmachts- und Weisungserteilung an den Stimmrechtsvertreter** (etwa per E-Mail oder über ein Internetportal) auch noch während der Versammlung zu ermöglichen.[136] Das zur Briefwahl Gesagte (siehe Rz. 58 f.) gilt hier entsprechend: Nur wenn die Möglichkeit besteht, noch während der Versammlung Vollmacht zu erteilen oder zu ändern, können Aktionäre, die ihr Stimmrecht auf diesem Wege ausüben wollen, auf das Geschehen in der Versammlung – konkret auf die Antworten der Verwaltung auf gestellte Fragen – überhaupt reagieren.[137] Freilich mag dies rechtlich nicht zwingend sein, zumal bereits die Benennung von Stimmrechtsvertretern lediglich ein freiwilliger „Service" der Gesellschaft ist.[138] Wird ein solcher Service aber nicht angeboten, obwohl dies der Gesellschaft – in Abhängigkeit von Einzelumständen wie z. B. der Größe des Aktionärskreises – zumutbar ist, so stellt sich die Frage nach dem Warum, zumal Aktionärsrechte im Zusammenhang mit der virtuellen Hauptversammlung ohnehin schon weit beschnitten sind.

---

133) S. die Auswertung bei *Danwerth*, AG 2020, 776, 783; *ders.*, AG 2021, 613, 621 f.

134) Vgl. OLG München, Beschl. v. 28.7.2021 – 7 AktG 4/21, BeckRS 2021, 20705 Rz. 82; s. auch LG Köln, Hinweisbeschl. v. 26.2.2021 – 82 I 53/20, AG 2021, 446; LG Frankfurt/M., Urt. v. 23.2.2021 – 3-05 O 64/20, AG 2021, 441, 443.

135) Begr. Entwurf COVAbmildG, BT-Drucks. 19/18110, S. 26; nach *Mayer/Jenne/Miller*, BB 2020, 1282, 1288, soll allerdings die Ausübung von Teilnahmerechten vor Ort unzulässig sein, was nicht überzeugt.

136) So die ganz überwiegende Hauptversammlungspraxis börsennotierter Unternehmen, s. die Auswertung bei *Danwerth*, AG 2020, 776, 786 f.; *ders.*, AG 2021, 613, 624.

137) S. auch *Götze/Roßkopf*, DB 2020, 768, 770, die der Auffassung sind, wenigstens einer der beiden Wege (Briefwahl oder Stimmrechtsvertretung) sollte noch während der Versammlung zur Verfügung stehen.

138) So auch *Hüffer/Koch-Koch*, AktG, § 118 Rz. 47; *Herb/Merkelbach*, DStR 2020, 811, 812; s. auch *Herrler*, DNotZ 2020, 468, 489; a. A. *Hoffmann* in: BeckOGK-AktG, § 118 Rz. 72; *Mayer/Jenne/Miller*, BB 2020, 1282, 1287 m. w. N.

Neben den Stimmrechtsvertretern der Gesellschaft sind **weitere bevollmächtigte**   64
Dritte am Ort der Versammlung nicht zuzulassen. Dies folgt zum einen im Umkehrschluss aus der Aussage in der Regierungsbegründung zum Stimmrechtsvertreter der Gesellschaft („dieser ist natürlich vor Ort zulässig“).[139] Zum anderen heißt
es in § 1 Abs. 2 Satz 1 COVGesMG bereits ausdrücklich, dass die Versammlung
„[…] ohne physische Präsenz der Aktionäre oder ihrer Bevollmächtigten […]“
stattfindet. Richtigerweise folgt hieraus auch, dass bevollmächtigte Dritte in einer
rein virtuellen Hauptversammlung gar nicht vor Ort zugelassen werden dürfen.
Andernfalls würde zum einen konterkariert, dass eine Präsenzversammlung (und
damit zusammenhängende Infektionsgefahren) durch die Möglichkeit der virtuellen Hauptversammlung gerade vermieden werden sollen. Zum anderen kennt das
Gesetz nur die Präsenz-Hauptversammlung (ggf. mit elektronischer Teilnahme/
Briefwahl) oder die Hauptversammlung „ohne physische Präsenz der Aktionäre oder
ihrer Bevollmächtigten“ (mit Ausnahme für den Stimmrechtsvertreter der Gesellschaft). Würden dennoch auch weitere Aktionärsvertreter vor Ort zugelassen, würde
eine gesetzlich nicht vorgesehene „Mischform“ aus virtueller und Präsenzversammlung abgehalten (siehe bereits Rz. 37 f.). Hinzu kommt, dass eine Differenzierung
bei der Zulassung von Aktionärsvertretern (z. B. die Zulassung nur von Aktionärsvereinigungen) mit Blick auf den Gleichbehandlungsgrundsatz (§ 53a AktG) problematisch erscheint.

Wenn § 1 Abs. 2 Satz 1 Nr. 2 COVGesMG also davon spricht, dass eine **Vollmachts-**   65
erteilung möglich sein muss, ist dies dahingehend zu verstehen, dass neben der
ggf. angebotenen Möglichkeit zur Bevollmächtigung eines Stimmrechtsvertreters
allein die Möglichkeit für Aktionäre bestehen muss, einen Dritten zu bevollmächti-
gen. Dieser kann die Aktionärsrechte dann auf dem Weg ausüben, auf dem es **dem**
Aktionär selbst auch möglich gewesen wäre, also elektronisch bzw. im Wege der
Briefwahl oder durch Unterbevollmächtigung eines Stimmrechtsvertreters, nicht aber
physisch präsent auf der Versammlung.[140] Hierbei ist es wichtig, dass die Aktionärsvertreter über etwaig notwendige Zugangscodes für z. B. die Nutzung eines Online-
Portals verfügen, über welches die versammlungsbezogenen Rechte wie das Stimmrecht oder das Fragerecht ausgeübt werden können. Bestenfalls werden solche Zugangscodes direkt durch den bevollmächtigenden Aktionär übermittelt.[141] Zum
Teil wird in der Literatur zwar auch ein physischer Zugang für Aktionärsvertreter
(insb. Aktionärsvereinigungen, Intermediäre,) für zulässig gehalten.[142] Das Gesetz
sieht indes eine solche Ausnahme nicht vor. Auch ein praktisches Bedürfnis hierzu
scheint zumindest dann fraglich, wenn für eine Vertretung aller Aktionäre ein Stimmrechtsvertreter benannt wird. Eine Vertretung durch Aktionärsvereinigungen oder

---

139) Begr. Entwurf COVAbmildG, BT-Drucks. 19/18110, S. 26.
140) So auch u. a. Hüffer/Koch-*Koch*, AktG, § 118 Rz. 47; *Kruchen*, DZWIR 2020, 431, 448;
     Danwerth, NZG 2020, 586, 587; *Mayer/Jenne/Miller*, BB 2020, 1282, 1288, dort allerdings auch
     für den Stimmrechtsvertreter; ähnlich, aber mit Einschränkungen auch *Noack/Zetzsche*,
     AG 2020, 265, 268.
141) So auch *Bücker/Kulenkamp/Schwarz/Seibt/v. Bonin*, DB 2020, 775, 780, die in der Nut-
     zung des Zugangscodes sogar den Nachweis der Bevollmächtigung (§ 134 Abs. 3 Satz 3
     AktG) sehen wollen.
142) *Herrler*, DNotZ 2020, 468, 480 f.; s. auch *Noack/Zetzsche*, AG 2020, 265, 268.

Intermediäre hingegen wird regelmäßig nur für die Mitglieder der Vereinigungen bzw. die Kunden der Intermediäre in Betracht kommen. Würde man aber diese zulassen – und damit die Vertretung nur einer bestimmten Gruppe von Aktionären vor Ort –, liefe dies wie dargelegt auf eine Ungleichbehandlung (§ 53a AktG) heraus.[143]

c) Fragerecht (Satz 1 Nr. 3, Satz 2)

66 Neben der Möglichkeit zur Stimmrechtsausübung, der Bevollmächtigung und der Bild- und Tonübertragung verlangt § 1 Abs. 2 Satz 1 Nr. 3, Satz 2 COVGesMG n. F., dass den Aktionären und ihren Bevollmächtigten ein **echtes Fragerecht** im Wege der elektronischen Kommunikation eingeräumt wird. Anders als in der Hauptversammlungssaison 2020 ist seit dem 28.2.2020 nicht mehr lediglich die „Möglichkeit" einzuräumen, Fragen zu stellen. Konnte der Vorstand bislang mit Zustimmung des Aufsichtsrats nach pflichtgemäßem Ermessen entscheiden, welche Fragen er wie beantwortet (§ 1 Abs. 2 Satz 1 Nr. 3, Satz 2 COVGesMG a. F.), bezieht sich dieses **Ermessen** nunmehr lediglich noch auf das **„Wie" der Fragenbeantwortung**. Ein Ermessen hinsichtlich des „Ob" besteht hingegen nicht mehr, sämtliche Fragen sind grundsätzlich zu beantworten. Während das COVGesMG an dieser Stelle zunächst eine enorme Einschränkung der Aktionärsrechte vorsah,[144] hat der Gesetzgeber diese nun wieder bestärkt.[145] Jedenfalls hiermit dürfte das Fragerecht des COVGesMG nun auch in jedem Fall den europarechtlichen Vorgaben des Art. 9 der Aktionärsrechterichtlinie (RL 2007/36/EG) für börsennotierte Gesellschaften genügen,[146] wenngleich überzeugende Gründe bereits für die Europarechtskonformität der bisherigen Ausgestaltung als Fragemöglichkeit sprachen.[147]

67 Zugleich kam es dem Gesetzgeber allerdings darauf an, die Handhabbarkeit des Fragerechts für die Unternehmen in der Pandemiesituation weiterhin zu gewährleisten. Dass dies auch unter der Neuregelung der Fall ist, führt er scheinbar darauf zurück, dass auch im Rahmen virtueller Hauptversammlungen in 2020 die gestellten Fragen im Regelfall tatsächlich beantwortet wurden.[148] Zudem steht das Frage-

---

143) I. E. gegen eine physische Zulassung auch *Danwerth*, NZG 2020, 586, 587.

144) Vgl. 1. Auflage, Rz. 63; vgl. auch *Noack/Zetzsche*, AG 2020, 265, 270 ff., die das Fragerecht als „Aliud" zu § 131 Abs. 1 AktG sehen; ebenda auch zur Vereinbarkeit der Regelung mit höherrangigem Recht; für eine Einstufung der Fragemöglichkeit als „Aliud" auch *Herrler*, DNotZ 2020, 468, 489.

145) Ähnlich *Poelzig* in: BeckOGK-AktG, § 131 Rz. 292.

146) S. für die „Fragemöglichkeit" etwa *Noack/Zetzsche*, AG 2020, 265, 271; *Götze/Roßkopf*, DB 2020, 768, 770 f.; *Schäfer*, NZG 2020, 481, 483 f.; offengelassen bei LG München I, Beschl. v. 26.5.2020 – 5 HKO 6378/20, ZIP 2020, 1241, 1242.

147) S. für die „Fragemöglichkeit" etwa OLG München, Beschl. v. 28.7.2021 – 7 AktG 4/21, BeckRS 2021, 20705 Rz. 77; KG, Beschl. v. 25.3.2021 – 12 AktG 1/21, BeckRS 2021, 10282, Rz. 36; LG Frankfurt/.M., Urt. v. 23.2.2021 – 3-05 O 64/20, AG 2021, 441, 442 f.; *Noack/Zetzsche*, AG 2020, 265, 271; *Götze/Roßkopf*, DB 2020, 768, 770 f.; *Schäfer*, NZG 2020, 481, 483 f.; einschränkende Auslegung bei LG Köln, Hinweisbeschl. v. 26.2.2021 – 82 I 53/20, AG 2021, 446; offengelassen bei LG München I, Beschl. v. 26.5.2020 – 5 HKO 6378/20, ZIP 2020, 1241, 1242; a. A. Hirte/Heidel-*Heidel/Lochner*, Das neue AktienR, Art. 2 § 1 AbmilderungsG, Rz. 26 ff. (Verfassungs- und Europarechtswidrigkeit der Altfassung).

148) S. Ausschuss-Begr., BT-Drucks. 19/25322, S. 22; so auch *Rieckers*, DB 2021, 98, 108; a. A. *Götze*, NZG 2021, 213, 214, der jetzt ein erhöhtes Risiko für die Einreichung überdimensionaler Fragenkataloge ausmacht.

recht aufgrund des dem Vorstand eingeräumten Ermessens im Hinblick auf das „Wie" der Fragenbeantwortung nach der ausdrücklichen Vorstellung des Gesetzgebers nach wie vor **nicht dem in § 131 AktG geregelten Auskunftsrecht gleich.** Dies begründet der Gesetzgeber damit, dass weiterhin ein Ermessen des Vorstands insoweit besteht, als dass er Fragen und deren Beantwortung zusammenfassen kann, wenn ihm dies sinnvoll erscheint (siehe zu dieser Begründung aber noch Rz. 75 f.).[149] Zudem ist es auch nach der Neufassung des § 1 Abs. 2 COVGesMG möglich, eine **Frist für die Einreichung von Fragen** zu setzen. Anders als bislang beträgt die maximal zulässige Frist nun jedoch bis einen Tag vor der Versammlung, statt wie bisher zwei (§ 1 Abs. 2 Satz 2 Halbs. 2 COVGesMG n. F., siehe noch Rz. 69 f).

aa) Berechtigung zur Fragenstellung

Der Vorstand kann mit Zustimmung des Aufsichtsrats (Abs. 6) vorsehen, dass nur   68
angemeldete Aktionäre das Recht haben, Fragen zu stellen. Er kann das Fragerecht freilich auch ganz offen einräumen, wenn dies organisatorisch einfacher ist.[150] Entscheidet er sich aber für das Erfordernis der Anmeldung, muss er zugleich verlangen können, dass die Aktionäre ihre **Legitimation zur Fragenstellung** nachweisen. Insoweit können, wie für die Stimmrechtsausübung im Wege der Briefwahl oder für die elektronische Teilnahme, Authentifizierungsinstrumente gewählt werden, etwa dergestalt, dass Fragen nur über ein hierfür bestimmtes Internetportal gestellt werden können, für welche es eines Zugangscodes bedarf (siehe bereits Rz. 40 f.);[151] die Nutzung eines Internetportals auch für die Ausübung des Fragerechts (ehemals Fragemöglichkeit) hat sich in der Hauptversammlungspraxis bewährt.[152]

bb) Frist für die Einreichung von Fragen

Der Vorstand kann ferner mit Zustimmung des Aufsichtsrats entscheiden, dass Fragen   69
bis spätestens einen Tag vor der Versammlung elektronisch (z. B. unter einer dafür angegebenen E-Mail-Adresse[153] oder unter Nutzung eines Internetportals (vgl. bereits Rz. 22, 68)) einzureichen sind (§ 1 Abs. 2 Satz 2 n. F., Abs. 6 COVGesMG). Die Änderung des COVGesMG hat die grds. Möglichkeit, eine Frist für die Einreichung von Fragen zu setzen, unberührt gelassen, lediglich die maximal zulässige Frist auf bis einen Tag vor der Versammlung angepasst. Insoweit wird zwar in den Gesetzgebungsmaterialien missverständlich die Einschätzung der Fraktion CDU/CSU wiedergegeben, es sei „die Möglichkeit der Nachfragen zuzulassen".[154] Richtigerweise kann dies indes nicht dahingehend verstanden werden, dass stets eine Rechtspflicht zur Zulassung von Nachfragen besteht, gar in der Versammlung selbst. Hierfür findet sich im Wortlaut des § 1 Abs. 2 COVGesMG keine Stütze.

---

149) Ausschuss-Begr., BT-Drucks. 19/25322, S. 22 (Hervorhebung d. Verf.).
150) Vgl. Begr. Entwurf COVAbmildG, BT-Drucks. 19/18110, S. 26; auch *Simons/Hauser*, NZG 2020, 488, 495; *Stelmaszczyk/Forschner*, Der Konzern 2020, 221, 231; *Herrler*, DNotZ 2020, 468, 489 f.
151) Vgl. auch *Herb/Merkelbach*, DStR 2020, 811, 813; *Herrler*, DNotZ 2020, 468, 489 f.
152) S. die Auswertung bei *Danwerth*, AG 2020, 776, 780 f.; *ders.*, AG 2021, 613, 618.
153) So für § 1 Abs. 2 Satz 2 COVGesMG a. F. Begr. Entwurf COVAbmildG, BT-Drucks. 19/18110, S. 26.
154) Ausschuss-Begr., BT-Drucks. 19/25322, S. 10.

Eine Nachfragemöglichkeit besteht daher grds. nur, sofern den Aktionären die Fragenstellung in der Hauptversammlung freiwillig ermöglicht wird, ohne dass dies rechtlich zwingend wäre (hierzu noch Rz. 71 ff.).[155]

70 Für die **Berechnung** der **Frist** enthält das Gesetz auch nach Anpassung deren Dauer auf bis einen Tag vor der Versammlung keine Aussage.[156] Mangels abweichender Regelungen müssen daher – wie für die bisherige Frist – die allgemeinen Bestimmungen zur Frist- und Terminsberechnung im Zusammenhang mit der Hauptversammlung gelten (§ 121 Abs. 7 AktG) mit der Folge, dass zwischen der Hauptversammlung und dem letztmöglichem Zeitpunkt der Frageneinreichung **ein voller Tag** liegen darf (z. B. bei Hauptversammlung am 27.5.2021 Fristende am 25.5.2021, 24:00 Uhr).[157] Dies entspricht nicht nur der für die zwei-Tages-Frist nach § 1 Abs. 1 Satz 2 a. F. COVGesMG ganz herrschenden Lesart.[158] Hierfür spricht auch, dass die in der Literatur geführte Diskussion über die richtige Berechnung der Fragenfrist dem Gesetzgeber nicht verborgen geblieben sein dürfte; hätte er die im Schrifttum verbreitete Lesart für korrekturbedürftig gehalten, ist davon auszugehen, dass dies im Rahmen der Fristverkürzung (bzw. aus Sicht der Aktionäre –verlängerung) auf einen Tag entsprechend klargestellt worden wäre. Freilich ist es dem Vorstand unter Wahrung des Gleichbehandlungsgrundsatzes (§ 53a AktG) unbenommen, die Frist zugunsten der Aktionäre nicht voll auszuschöpfen, und auch noch Fragen zuzulassen, die später eingereicht werden.[159]

cc) Fragen in der Hauptversammlung

71 Da das COVGesMG lediglich die Möglichkeit vorsieht, eine Frist zur Frageneinreichung zu bestimmen, ist es ebenso möglich, hierauf zu verzichten, was bedeutet, Fragen „live" in der Versammlung zuzulassen.[160] Denkbar wäre auch hier die

---

155) So auch *Mutter/Kruchen*, AG 2021, 108, 110 m. w. N. zum Streitstand.; i. E. wie hier auch *Lieder*, ZIP 2021, 161, 166; *Noack*, NZG 2021, 110; s. auch *Rieckers*, DB 2021, 98, 109, dem zufolge sich die Aussage auf eine nicht Gesetz gewordene Fassung bezieht; einschränkend zu § 1 Abs. 2 COVGesMG a. F. *Tröger*, BB 2020, 1091, 1095 f., demzufolge die Einschränkungen der Teilhaberechte in Abhängigkeit von den technischen Möglichkeiten und der Kostenlast zu minimieren sind; als „offen" bezeichnet die Frage *Poelzig* in: BeckOGK-AktG, § 131 Rz. 304; s. zudem ebenda, Rz. 297.

156) Zu den für § 1 Abs. 1 Satz 2 a. F. COVGesMG denkbaren Lesarten s. etwa *Simons/Hauser*, NZG 2020, 488, 495.

157) So auch Hüffer/Koch-*Koch*, AktG, § 131 Rz. 81; *Mutter/Kruchen*, AG 2021, 108, 109.

158) Für die zwei-Tages-Frist nach § 1 Abs. 1 Satz 2 a. F. COVGesMG s. etwa LG Frankfurt/M., Urt. v. 23.2.2021 – 3-05 O 64/20, AG 2021, 441, 443; Grigoleit-*Herrler*, AktG, § 118 Rz. 37g; *Poelzig* in: BeckOGK-AktG, § 131 Rz. 296 f.; *Mayer/Jenne/Miller*, BB 2020, 1282, 1291; *Simons/Hauser*, NZG 2020, 488, 495; *Rieckers*, DB 2021, 98, 100; *Herb/Merkelbach*, DStR 2020, 811, 813; *Kruchen*, DZWIR 2020, 431, 458; *Andres/Kujović*, GWR 2020, 213, 215; auch *Götze/Roßkopf*, DB 2020, 768, 771, dort allerdings unter Verweis auf die §§ 187 Abs. 1, 188 Abs. 1 BGB, was mit Blick auf die abschließende Regelung des § 121 Abs. 7 AktG und dessen klarstellenden Satz 3 AktG (s. nur *Rieckers* in: BeckOGK-AktG, § 121 Rz. 112) fraglich erscheint; ähnliche Einschätzung wie hier zum Meinungsbild bei *Götze*, NZG 2021, 213, 216.

159) Vgl. auch für § 1 Abs. 2 Satz 2 COVGesMG a. F. *Simons/Hauser*, NZG 2020, 488, 495.

160) Vgl. auch *Simons/Hauser*, NZG 2020, 488, 495.

Nutzung eines Internetportals, aber auch etwa die Fragenstellung in einem Live-Chat oder – dies aber wohl nur bei überschaubarem Aktionärskreis – per Web-Cam.

Wird ein echtes Recht eingeräumt, **Fragen „live" zu stellen**, dürfte aber zu erwägen   72
sein, dann zumindest die Anzahl oder den Zeitraum für Fragen zu beschränken, um einer „Flut von Fragen" vorzubeugen. Derartige Optionen wurden bereits für die Online-Teilnahme nach § 118 Abs. 1 Satz 2 AktG diskutiert.[161] Mitunter wurde sich auch für die Fragemöglichkeit nach dem COVGesMG a. F. dafür ausgesprochen, dass es möglich sein müsse, die Zahl der zugelassenen Zeichen pro Frage zu begrenzen.[162] Zwar hätte nach der alten Gesetzesfassung des COVGesMG die rechtssicherere Lösung wohl darin bestanden, bei Zulassung von „Live-Fragen" nicht die Fragemöglichkeiten weitreichend zu beschneiden, sondern von den gesetzlichen Möglichkeiten Gebrauch zu machen, nur auf ausgewählte Fragen zu antworten.[163] Zumindest nachdem diese Möglichkeit nun mit der Neufassung von § 1 Abs. 2 COVGesMG entfallen ist (siehe noch Rz. 74), wird man aber davon ausgehen dürfen, dass der Versammlungsleiter zeitlich angemessene **Beschränkungen des Fragerechts** vorsehen kann. Dies ist bereits in der Präsenzversammlung möglich (vgl. § 131 Abs. 2 Satz 2 AktG).[164] Die hierzu entwickelten Grundsätze müssen für das Fragerecht nach dem COVGesMG erst recht gelten, zumal dieses weiterhin nicht einmal dem Auskunftsrecht gleichsteht (siehe hierzu Rz. 67, 75).[165] Wird die Möglichkeit angeboten, Fragen in geschriebener Form (z. B. über ein Internetportal oder mittels Chat) einzureichen, ist daher in Übertragung dieser Grundsätze auf die virtuelle Hauptversammlung namentlich die Möglichkeit anzuerkennen, die zulässige Zeichenzahl pro Frage angemessen zu begrenzen; eine solche Begrenzung des geschriebenen Worts auf eine bestimmte Zeichenanzahl wirkt im Ergebnis wenig anders als die Begrenzung der zur Verfügung stehenden Zeit für das gesprochene Wort. Ferner muss – auch wenn dem Vorstand grds. kein Auswahlermessen mehr zukommt (siehe bereits Rz. 66) – eine Auswahl von Fragen jedenfalls zulässig sein, um sicherzustellen, dass es beim **Leitbild der eintägigen Hauptversammlung** verbleibt; eine in der Auswirkung vergleichbare Begrenzung des Fragerechts ist schließlich gar im Rahmen einer Präsenzversammlung durch Schließung der Generaldebatte möglich.[166]

---

161) S. etwa *Hirte/Mülbert/Roth-Mülbert*, GroßKomm-AktG, § 118 Rz. 104; *Arnold/Carl/ Götze*, AG 2011, 349, 360; *Noack*, NZG 2008, 441, 444.

162) *Bücker/Kulenkamp/Schwarz/Seibt/v. Bonin*, DB 2020, 775, 779.

163) 1. Auflage, Rz. 67.

164) S. *Hüffer/Koch-Koch*, AktG, § 131 Rz. 42 ff. m. w. N.; dies gilt selbst dort, wo es an einer satzungsmäßigen Grundlagen (§ 131 Abs. 2 Satz 2 AktG) fehlt, s. nur BGH, Urt. v. 8.2.2010 – II ZR 94/08, NZG 2010, 423 Rz. 29.

165) Wie hier *Poelzig* in: BeckOGK-AktG, § 131 Rz. 300; *Lieder*, ZIP 2021, 161, 167; *Quass*, NZG 2021, 261, 267.

166) Ähnlich *Mutter/Kruchen*, AG 2021, 108, 110, dort allerdings für eine Festlegung in der Einberufung; s. für die Präsenzversammlung nur Hüffer/Koch-*Koch*, AktG, § 131 Rz. 45, 52; zum Leitbild der eintägigen Hauptversammlung auch BGH, Urt. v. 8.2.2010 – II ZR 94/08, NZG 2010, 423 Rz. 24, dort allerdings für eine satzungsmäßige Regelung; noch weitergehende Begrenzungen für möglich hält *Götze*, NZG 2021, 213, 215, der zumindest für die Hauptversammlung ohne Sonderagenden auch im Rahmen virtueller Hauptversammlungen das Leitbild von 4-6 Stunden (Anregung A. 4 DCGK) heranzieht, allerdings auch auf Risiken einer solchen Einschränkung hinweist.

Hierfür sprechen auch die Gesetzgebungsmaterialien zu § 1 Abs. 2 COVGesMG n. F.[167]

73 Allerdings macht die ganz überwiegende Praxis bislang von der Möglichkeit zur **Beschränkung der Frageneinreichung auf Vorab-Übermittlung** Gebrauch. Dies erscheint der rechtssicherere Weg,[168] zumal seit der Gesetzesänderung die Möglichkeit entfällt, die zu beantwortenden Fragen nach pflichtgemäßem, freien Ermessen auszuwählen. Auch dann kann aber zu erwägen sein, zumindest Nachfragen während der Hauptversammlung freiwillig (Rz. 69) zuzulassen, ggf. beschränkt auf solche Aktionäre, die vorab fristgerecht Fragen eingereicht haben. Dies wurde in der Hauptversammlungssaison 2021 verschiedentlich ermöglicht, ist aber nicht mit einem echten „live-Fragerecht" (dazu Rz. 71 f.) gleichzusetzen, da im Unterschied zu diesem grds. an der Notwendigkeit einer Vorab-Übermittlung festgehalten wird und die Nachfragemöglichkeit lediglich innerhalb bestimmter Grenzen hinzukommt. So wurde dann in der Praxis mitunter auch ausdrücklich betont, dass Nachfragen nicht Bestandteil des Fragerechts nach dem COVGesMG seien und vorbehalten, dass nach pflichtgemäßem, freiem Ermessen entschieden wird, ob und wie Nachfragen beantwortet werden.[169] Wo die so ausgestaltete Nachfragemöglichkeit ein freiwilliger Zusatz zum – auf Vorab-Übermittlung beschränkten – Fragerecht ist, ist dies nicht zu beanstanden. Zudem ist weiterhin zu erwägen, schon vorab FAQ zu veröffentlichen (siehe noch Rz. 80).

dd) Fragenbeantwortung

74 Mit der „Fortschreibung" der Fragemöglichkeit nach § 1 Abs. 2 Satz 1 Nr. 3 COVGesMG a. F. zu einem echten Fragerecht sind Fragen **grundsätzlich zu beantworten**, ohne dass dem Vorstand noch ein Spielraum bei der Auswahl von Fragen zukommt (kein Ermessen hinsichtlich des „Ob" der Fragenbeantwortung).[170] Gleichwohl findet das damit eingeführte Recht der Aktionäre auf Antwort seine **Grenzen** jedenfalls dort, wo auch das Auskunftsrecht aus **§ 131 AktG** endet. Fragen sind daher grds. nicht zu beantworten, soweit dies zur sachgemäßen Beurteilung des Gegenstands der Tagesordnung nicht erforderlich ist (vgl. § 131 Abs. 1 Satz 1 AktG), ferner nicht, wo die Auskunftsverweigerungsgründe nach § 131 Abs. 3 Satz 1 AktG greifen; beides muss erst recht für das Fragerecht nach dem COVGesMG gelten, wenn dieses dem Auskunftsrecht nicht einmal gleichsteht.[171] Ferner sind ebenso wie unter Geltung von § 131 AktG rechtsmissbräuchliche bzw. treuwidrige Fragen nicht zu beantworten, was namentlich bei einer „Überflutung" der Verwaltung mit übermäßig langen Fragenkatalogen oder enorm detaillierten Informationsverlangen

---

167) Nach Auffassung der Fraktion der CDU/CSU soll „eine zeitliche Obergrenze für Fragen zulässig" sein, Ausschuss-Begr., BT-Drucks. 19/25322, S. 10; hierauf verweisend auch *Mutter/Kruchen*, AG 2021, 108, 110.

168) Ähnlich *Rieckers*, DB 2021, 98, 109.

169) S. *Danwerth*, AG 2021, 613, 619 f.

170) S. Ausschuss-Begr., BT-Drucks. 19/25322, S. 21 f.

171) So auch Hüffer/Koch-*Koch*, AktG, § 131 Rz. 89; *Poelzig* in: BeckOGK-AktG, § 131 Rz. 293, 299; *Götze*, NZG 2021, 213, 215; *Mutter/Kruchen*, AG 2021, 108, 110; *Lieder*, ZIP 2021, 161, 167; zum Verhältnis zu § 131 AktG Ausschuss-Begr., BT-Drucks. 19/25322, S. 22.

in Betracht zu ziehen ist.[172] Mit Blick hierauf wird man zudem im erst-recht-Schluss aus den für das Auskunftsrecht gemäß § 131 AktG geltenden Regeln – auch dort, wo eine Vorab-Frist für die Frageneinreichung gesetzt wird – eine zeitliche Begrenzung der Fragenbeantwortung für zulässig erachten müssen, jedenfalls sofern das Leitbild der eintägigen Hauptversammlung anders nicht gewahrt werden kann (vgl. bereits Rz. 72).[173] Überdies droht eine Anfechtung nur bei vorsätzlicher Verletzung des Fragerechts (Abs. 7, siehe dazu noch Rz. 170 ff.).[174]

Dem Vorstand kommt auch nach wie vor ein **Ermessensspielraum** hinsichtlich des **75** **„Wie" der Fragenbeantwortung** zu. Der Gesetzgeber nennt diesbezüglich zwar lediglich die Möglichkeit, Fragen und deren Beantwortung zusammenzufassen, wenn dies sinnvoll erscheint.[175] Dies ist freilich kein Unterschied zur Präsenzversammlung, da eine zusammengefasste Beantwortung inhaltsgleicher oder ähnlicher Fragen bereits bei Geltung des Auskunftsrechts nach § 131 AktG zulässig ist.[176] Gleichwohl dürfen zur Wahrung des dem Vorstand eingeräumten Ermessensspielraums praktische Unterschiede zu der bereits im Hinblick auf das Auskunftsrecht bestehenden Vorstandspflicht, Auskunft entsprechend den Grundsätzen einer gewissenhaften und getreuen Rechenschaft zu erteilen (§ 131 Abs. 2 Satz 1 AktG), nicht vollständig eingeebnet werden.[177] Zwar wird in der Literatur angeführt, es falle schwer, eine pflichtgemäße Ermessensausübung vorzustellen, die hinter den in § 131 Abs. 2 Satz 1 AktG formulierten Anforderungen zurückbleibt.[178] Für eine pflichtgemäße Ermessensausübung ist dem sicher zuzustimmen; eine solche wird man nur dort bejahen können, wo die erteilte Auskunft sachlich zutreffend und vollständig ist, wie es die in § 131 Abs. 2 Satz 1 AktG niedergelegten Rechenschaftsgrundsätze verlangen.[179] Das COVGesMG räumt dem Vorstand aber nicht nur ein pflichtgemäßes, sondern ein pflichtgemäßes **und** freies Ermessen ein. Zudem wird bei strikter Orientierung an § 131 Abs. 2 Satz 1 AktG die Vorstellung des Gesetzgebers missachtet, wonach das Fragerecht nicht dem Auskunftsrecht nach § 131 AktG gleichsteht. Dass dies der Fall ist, bestätigt wiederum das Bestehen des pflichtgemäßen und freien Ermessens,

---

172) *Götze*, NZG 2021, 213, 215; für § 131 AktG s. nur Hüffer/Koch-*Koch*, AktG, § 131 Rz. 66 ff. m. w. N.

173) So auch *Poelzig* in: BeckOGK-AktG, § 131 Rz. 300, 303; wohl auch *Mutter/Kruchen*, AG 2021, 108, 110, dort allerdings für die Festlegung einer Grenze in der Einberufung; noch weitergehend *Götze*, NZG 2021, 213, 215; s. ferner Ausschuss-Begr., BT-Drucks. 19/25322, S. 10 („zeitliche Obergrenze für Fragen" soll zulässig sein); *Lieder*, ZIP 2021, 161, 167 (Beschränkung des Fragerechts auf ein zeitlich angemessenes Maß); a. A. scheinbar *Rieckers*, DB 2021, 98, 108.

174) S. dazu auch *Götze*, NZG 2021, 213, 215; *Lieder*, ZIP 2021, 161, 167.

175) Ausschuss-Begr., BT-Drucks. 19/25322, S. 22.

176) *Götze*, NZG 2021, 213, 214; *Lieder*, ZIP 2021, 161, 167; aus dem Schrifttum zur Präsenzversammlung s. etwa *Kubis* in: MünchKomm-AktG, § 131 Rz. 84 m. w. N., auch zur Gegenauffassung.

177) A. A. *Hoffmann* in: BeckOGK-AktG, § 118 Rz. 73; *Götze*, NZG 2021, 213, 214; *Lieder*, ZIP 2021, 161, 167.

178) *Götze*, NZG 2021, 213, 214.

179) Zu diesen Anforderungen nach § 131 Abs. 2 Satz 1 AktG s. nur OLG Stuttgart, Urt v. 17.11.2010 – 20 U 2/10, AG 2011, 98 m. w. N.

wenngleich der Gesetzgeber selbst sein Verständnis – freilich misslich – allein unter Verweis auf die Möglichkeit zur Zusammenfassung von Fragen begründet.[180)]

76   Vorstehendem wird man nur gerecht, wenn der Vorstand bei der Beantwortung von Fragen den in **§ 131 Abs. 2 Satz 1 AktG** festgeschriebenen Standard **geringfügig unterschreiten** darf.[181)] Er ist freilich auch in der virtuellen Hauptversammlung verpflichtet, sachlich zutreffende Angaben zu machen.[182)] Allerdings sind im Zweifel zumindest die Anforderungen an die Vollständigkeit der Fragenbeantwortung, also den – ohnehin von der Beurteilungsrelevanz und der Genauigkeit der Frage abhängigen – Detaillierungsgrad der Antworten, etwas weniger streng zu formulieren, als für das Auskunftsrecht nach § 131 AktG.[183)] Auf diesem Wege wird auch das Risiko eingedämmt, dass Aktionäre jetzt, wo ein echtes Fragerecht besteht, einen Anreiz haben könnten, eine „Flut von Fragen" einzureichen,[184)] und damit zugleich dem gesetzgeberischen Ziel Rechnung getragen, die Handhabbarkeit des Fragerechts weiterhin zu gewährleisten (siehe bereits Rz. 67). Letzten Risiken, die aus einer bislang fehlenden gerichtlichen Klärung der Anforderungen an die Fragenbeantwortung nach § 1 Abs. 2 COVGesMG resultieren, hilft in der Praxis die Einschränkung des Anfechtungsrechts ab (siehe dazu noch Rz. 170 ff.).

77   Für das nach § 1 Abs. 2 COVGesMG a. F. dem Vorstand eingeräumte Ermessen hinsichtlich des „Ob" und des „Wie" der Fragenbeantwortung galt ferner, dass der Vorstand zumindest in der Lage sein sollte, plausible Sachgründe für seine Ermessensausübung zu nennen, um in einem etwaigen Anfechtungsprozess einer drohenden sekundären Darlegungslast begegnen zu können; andernfalls schien der Vorwurf der Willkür denkbar, dann ggf. auch (Eventual-)Vorsatz. Dies gilt nun entsprechend für die Ausübung des dem Vorstand verbleibenden Ermessens. Wo mit einer Vielzahl von Fragen in der Hauptversammlung zu rechnen ist, kann daher auch weiterhin zu erwägen sein, vor der Hauptversammlung **ermessensleitende**

180) Ausschuss-Begr., BT-Drucks. 19/25322, S. 22.

181) A. A. *Götze*, NZG 2021, 213, 214 f.

182) So auch *Poelzig* in: BeckOGK-AktG, § 131 Rz. 305.

183) S. zum Auskunftsrecht insofern nur Hüffer/Koch-*Koch*, AktG, § 131 Rz. 40; i. E. ähnlich wie hier *Quass*, NZG 2021, 261, 268; wohl auch *Poelzig* in: BeckOGK-AktG, § 131 Rz. 303 f., der zwar einerseits auf den Maßstab des § 131 Abs. 2 Satz 1 AktG verweist und eine vollständige Antwort verlangt, sich andererseits aber, weil das Fragerecht nicht dem Auskunftsrecht gleichsteht, für einen größeren Spielraum bei Art und Umfang sowie hinsichtlich der Reihenfolge der Beantwortung und für die Fortgeltung der für § 1 Abs. 2 COVGesMG in der Gesetzesbegründung genannten, ermessensleitenden Kriterien für das „Wie" der Beantwortung ausspricht, vor allem für die Möglichkeit einer unterschiedlichen Beteiligung der Aktionäre bei der Beantwortung ihrer Fragen je nach Höhe der Beteiligung der Fragesteller im Rahmen des § 53a AktG; jedenfalls letzteres erscheint indes für die Praxis risikobehaftet, da die Gesetzesbegründung zu § 1 Abs. 2 COVGesMG n. F. insbesondere eine Differenzierung nach der Beteiligungshöhe nicht mehr anspricht, diese eher auf das „Ob" der Beantwortung zugeschnitten scheint, und die ursprüngliche Gesetzesbegründung durch die Neufassung teilweise überholt ist (Ausnahme: Zusammenfassung von Fragen); für ein Absehen von Detailantworten, allerdings nur bei zu vielen Fragen oder wenn diese nicht zur Beantwortung im gegebenen Zeitrahmen geeignet sind, ferner *Noack*, NZG 2021, 110.

184) Zu diesem Risiko *Götze*, NZG 2021, 213, 214.

Grundsätze festzulegen;[185] angesichts des nunmehr auf das „Wie" der Fragenbeantwortung beschränkten Ermessens könnte etwa festgelegt werden, in welche Kategorien Fragen zusammenfassend gegliedert werden. Überzogen erscheint allerdings die für § 1 Abs. 2 COVGesMG a. F. vertretene Empfehlung,[186] diese Grundsätze dann auch als Hinweise mit der Einberufung zu veröffentlichen.[187]

Der Zustimmung des Aufsichtsrats bedarf dabei – wie nach in der Vorauflage vertretener Auffassung bereits für die Ermessensausübung des Vorstands nach § 1 Abs. 2 COVGesMG a. F. – richtigerweise allein die **Grundsatzentscheidung des Vorstands**, von den ihm eingeräumten Ermessensspielraum Gebrauch zu machen oder sich dies vorzubehalten;[188] enthält daher bereits die Hauptversammlungseinladung einen entsprechenden Vorbehalt des Vorstands, so kann in der Befassung des Aufsichtsrats mit der Einberufung und der entsprechenden Beschlussfassung hierzu eine konkludente Zustimmung gesehen werden. Hingegen braucht es trotz des insoweit nicht eindeutigen Wortlauts von § 1 Abs. 6 COVGesMG (Zustimmung zu den „Entscheidungen des Vorstands nach den Absätzen 1 bis 5") nicht für jede einzelne Entscheidung des Vorstands für eine Zusammenfassung von Fragen der Zustimmung des Aufsichtsrats. Dies ließe sich zumindest bei Zulassung von Fragen in der Versammlung selbst (siehe Rz. 71 ff.), schon rein praktisch kaum realisieren, zumal bereits die Gesetzesbegründung zu § 1 Abs. 2 COVGesMG a. F. davon sprach, dass lediglich „die Erleichterungen" der Zustimmung des Aufsichtsrats bedürfen.[189]

Der dem Vorstand verbleibende Ermessensspielraum besteht grds. unabhängig davon, ob – im Sinne eines echten Live-Fragerechts und nicht nur als freiwilliger Zusatz (zur Unterscheidung Rz. 71 ff.) – Fragen in der Versammlung zugelassen werden oder von der Möglichkeit Gebrauch gemacht wird, eine Frist für die Einreichung von Fragen zu setzen.[190] Allerdings wird man – trotz verbleibender Einschränkungen gegenüber dem Maßstab von § 131 Abs. 2 Satz 1 AktG (siehe bereits Rz. 75 f.) – zumindest an die **inhaltliche Qualität der Fragenbeantwortung erhöhte Anforderungen** stellen müssen, wo eine Frist für die Einreichung von Fragen bestimmt wird, als dort, wo Fragen bis in die Versammlung zugelassen werden. Bereits in der Präsenz-Hauptversammlung können den Vorstand nämlich gesteigerte Pflichtenstandards bei besonders weitreichenden oder schon im Vorfeld besonders umstrittenen Maßnahmen treffen.[191] Ferner steigen die Anforderungen durch die Ankündigung der Fragen, auch hinsichtlich solcher Informationen, die nicht ohne weiteres vorgehalten werden müssen.[192] Dann muss dies erst recht gelten, wenn der Vorstand bereits im

78

79

---

185) Dafür wohl *Götze*, NZG 2021, 213, 215.
186) S. *Noack/Zetzsche*, AG 2020, 265, 272; auch *Tröger*, BB 2020, 1091, 1096.
187) Vgl. bereits 1. Auflage, Rz. 70 m. w. N.; so auch für § 1 Abs. 2 COVGesMG a. F. *Andres/Kujović*, GWR 2020, 213, 215.
188) Weiter noch *Götze*, NZG 2021, 213, 215, Fn. 33, der nur eine Beteiligung des Aufsichtsrats an den Entscheidungen darüber, welche Kanäle für die Frageneinreichung eröffnet werden und ob Fragen vorab einzureichen sind, zu verlangen scheint; strenger *Poelzig* in: BeckOGK-AktG, § 131 Rz. 298.
189) Vgl. zum Ganzen bereits 1. Aufahe, Rz. 72 m. w. N. für § 1 Abs. 2 COVGesMG a. F.
190) Vgl. bereits 1. Auflage, Rz. 73. für § 1 Abs. 2 COVGesMG a. F.
191) Vgl. Hüffer/Koch-*Koch*, AktG, § 131 Rz. 10.
192) S. *Kubis* in: MünchKomm-AktG, § 131 Rz. 92.

Vorfeld der Versammlung Zeit hat, Antworten auf Fragen vorzubereiten, auch wenn die Zeit hierfür nunmehr auf bis einen Tag vor der Versammlung verkürzt ist.

80   Die Fragenbeantwortung erfolgt **grundsätzlich „in" der Versammlung**. Gleichwohl war es auf Grundlage von § 1 Abs. 2 Satz 1 Nr. 3, Satz 2 COVGesMG a. F. ausdrücklich möglich, Fragen schon vorab in FAQ auf der Website zu beantworten.[193] Da das Fragerecht der Aktionäre hierdurch nicht weniger zur Geltung kommt, als bei einer Beantwortung in der Versammlung – im Gegenteil, je nach Zeitpunkt der FAQ-Veröffentlichung ermöglicht dies selbst dort, wo eine Frist zur Einreichung von Fragen gesetzt wurde noch eine Reaktion in Form weiterer Nachfragen – muss dies auch nach der Neufassung des § 1 COVGesMG möglich bleiben.[194]

81   Eine gerichtliche Erzwingung von Auskünften durch die Aktionäre nach § 132 AktG scheidet aus, da das Fragerecht dem Auskunftsrecht nicht gleichsteht (siehe bereits Rz. 67, 75) und § 132 AktG an letzteres anknüpft.[195] Ebenso sprechen gute Gründe dafür, dass Aktionäre bei Verweigerung einer Fragenbeantwortung nicht gemäß § 131 Abs. 5 AktG die Aufnahme ihrer Frage und des Grundes der Auskunftsverweigerung in die Niederschrift über die Verhandlung verlangen können, da auch diese Regelung an das nach wie vor nicht bestehende Auskunftsrecht anknüpft, zumal gemäß § 1 Abs. 2 Satz 1 Nr. 4 COVGesMG lediglich gegen Beschlüsse der Hauptversammlung ein Widerspruchsrecht einzuräumen ist.[196]

d) Widerspruchsrecht (Satz 1 Nr. 4)

82   Weiter ist den Aktionären (und ihren Bevollmächtigten) die ihr Stimmrecht nach Satz 1 Nr. 2 ausgeübt haben, in Abweichung von § 245 Nr. 1 AktG unter Verzicht auf das Erfordernis des Erscheinens in der Hauptversammlung eine **Möglichkeit zum Widerspruch gegen einen Beschluss der Hauptversammlung** einzuräumen. Dies erklärt sich vor dem Hintergrund, dass nach § 245 Nr. 1 AktG die Möglichkeit, Widerspruch zur Niederschrift einzulegen und damit die Anfechtungsbefugnis – soweit sich diese nicht aus den übrigen Bestimmungen des § 245 AktG ergibt – grundsätzlich daran geknüpft ist, dass der Aktionär in der Hauptversammlung erschienen ist. Hätte der Gesetzgeber hiervon im COVGesMG keine Abweichung vorgesehen, wäre dort, wo in der virtuellen Hauptversammlung lediglich die Stimmabgabe im

---

193) Begr. Entwurf COVAbmildG, BT-Drucks. 19/18110, S. 26; einschränkend (Veröffentlichung mindestens 24 Stunden vor der HV) aber Grigoleit-*Herrler*, AktG, § 118 Rz. 37k.

194) I. E. auch *Poelzig* in: BeckOGK-AktG, § 131 Rz. 306; wohl auch *Mutter/Kruchen*, AG 2021, 108, 110, die die sieben-Tages-Frist des § 131 Abs. 3 Satz 1 Nr. 7 AktG für abbedungen halten.

195) *Götze*, NZG 2021, 213, 215; *Mutter/Kruchen*, AG 2021, 108, 110 f.; vgl. für die Fragemöglichkeit nach § 1 Abs. 2 COVGesMG a. F. auch *Kruchen*, DZWIR 2020, 431, 458 f.; *Mayer/Jenne/Miller*, BB 2020, 1282, 1291 f.; ferner *Simons/Hauser*, NZG 2020, 488, 499, die ein gerichtliches Verfahren scheinbar gleichwohl bei Überschreitung des durch § 1 Abs. 2 COVGesMG a. F. eingeräumten Ermessens für denkbar halten, wenn auch für zumeist erfolglos; a. A. LG München I, Beschl. v. 29.7.2021 – 5 HK O 7359/21; Hüffer/Koch-*Koch*, AktG, § 118 Rz. 64, § 131 Rz. 89; tendentiell für die Anwendung von § 132 AktG auch *Poelzig* in: BeckOGK-AktG, § 131 Rz. 304.

196) So auch *Poelzig* in: BeckOGK-AktG, § 131 Rz. 307; *Quass*, NZG 2021, 261, 268; vgl. für die Fragemöglichkeit nach § 1 Abs. 2 COVGesMG a. F. auch *Simons/Hauser*, NZG 2020, 488, 498; i. E. auch u. a. *Wicke* in: BeckOGK-AktG, § 130 Rz. 23 Fn. 100; *Kruchen*, DZWIR 2020, 431, 458; *Mayer/Jenne/Miller*, BB 2020, 1282, 1292.

Wege der Briefwahl oder durch Bevollmächtigung eines Stimmrechtsvertreters vorgesehen ist, den Aktionären jede Möglichkeit genommen, Widerspruch zur Niederschrift einzulegen, da der im Wege der Briefwahl seine Stimme Abgebende nicht Teilnehmer der Hauptversammlung ist (siehe Rz. 25, auch noch Rz. 130).[197] Aber auch für die elektronische Teilnahme lässt sich dem § 1 Abs. 2 Satz 1 Nr. 4 COVGesMG die Aussage entnehmen, dass – anders als bei der elektronischen Teilnahme an einer Präsenzversammlung (siehe Rz. 18) – die Möglichkeit, Widerspruch zur Niederschrift einzulegen, jedenfalls nicht gänzlich ausgeschlossen werden darf.

Der Vorstand hat eine Möglichkeit zum elektronischen Widerspruch beim Notar vorzuhalten.[198] Dies ist denkbar **weit gefasst** und gestattet auch etwa ein Verfahren, bei dem der Widerspruch an eine speziell für den Notar zu diesem Zweck eingerichtete E-Mail-Adresse zu richten ist.[199] Ebenso wie bei der Briefwahl (vgl. bereits Rz. 22) kann sich hierbei allerdings der Nachweis der Legitimation des Aktionärs schwierig gestalten. Möglich muss nicht zuletzt aus diesem Grund auch eine Ausgestaltung etwa derart sein, dass der Widerspruch über ein **Online-Portal** erklärt werden kann;[200] in der Hauptversammlungspraxis hat es sich auch insoweit bewährt, vorzusehen, dass der Widerspruch allein über ein solches Internetportal erklärt werden kann.[201] Mangels abweichender Regelungen kann der Widerspruch entsprechend allgemeinen Grundsätzen nicht nur zu einzelnen Beschlussfassungen erklärt werden, sondern auch als genereller Widerspruch und ohne besondere Begründung.[202]   **83**

Ein Recht, Widerspruch zur Niederschrift einzulegen, haben in der virtuellen Hauptversammlung nur diejenigen **Aktionäre, die ihr Stimmrecht ausüben**. Der Widerspruch ist – ebenso wie in einer Präsenzversammlung – von diesen bis zum Ende der Versammlung zu erklären.[203] Missverständlich geregelt ist allerdings, **ab wann** ein Widerspruch erklärt werden kann. Der Wortlaut „[...] Aktionäre, die ihr Stimmrecht ausgeübt *haben* [...]" legt nahe, dass der Widerspruch erst im Anschluss an die Stimmrechtsausübung erklärt werden kann. Indes heißt es abweichend hiervon in der Gesetzesbegründung, dass nur Aktionäre eine Widerspruchsmöglichkeit haben,   **84**

---

197) Vgl. etwa Hüffer/Koch-*Koch*, AktG, § 245 Rz. 13.
198) Begr. Entwurf COVAbmildG, BT-Drucks. 19/18110, S. 26; so auch etwa *Wicke* in: BeckOGK-AktG, § 130 Rz. 13; nicht für zwingend hält die elektronische Kommunikation *Hoffmann* in: BeckOGK-AktG, § 118 Rz. 74.
199) *Noack/Zetzsche*, AG 2020, 265, 272 f.; auch *Wicke* in: BeckOGK-AktG, § 130 Rz. 23; Hüffer/Koch-*Koch*, AktG, § 118 Rz. 50; *Simons/Hauser*, NZG 2020, 488, 500; *Stelmaszczyk/Forschner*, Der Konzern 2020, 221 233; *Kruchen*, DZWIR 2020, 431, 459; *Herrler*, DNotZ 2020, 468, 496 f.
200) Ähnlich *Herrler*, DNotZ 2020, 468, 496 f.; i. E. auch Hüffer/Koch-*Koch*, AktG, § 118 Rz. 50; *Simons/Hauser*, NZG 2020, 488, 500; *Stelmaszczyk/Forschner*, Der Konzern 2020, 221, 233; *Kruchen*, DZWIR 2020, 431, 459; dies bevorzugend *Bücker/Kulenkamp/Schwarz/Seibt/v. Bonin*, DB 2020, 775, 783; skeptisch hingegen *Noack/Zetzsche*, AG 2020, 265, 272 f., die die Bedenken äußern, dass ein Auswahlfeld mit der Bezeichnung „Widerspruch" und datengestützter Protokollierung beim Notar nach Internetusancen für die allgemeine Meinungsbekundung genutzt werden könnte. Dies ist indes von der Ausgestaltung des Portals abhängig, bei entsprechenden Hinweisen bestehen keine grundsätzlichen Bedenken.
201) S. die Auswertung bei *Danwerth*, AG 2020, 776, 788; *ders.*, AG 2021, 613, 625.
202) Vgl. für die Präsenzversammlung Hüffer/Koch-*Koch*, AktG, § 245 Rz. 14.
203) Begr. Entwurf COVAbmildG, BT-Drucks. 19/18110, S. 26.

die ihr Stimmrecht nach einem der beschriebenen Verfahren *ausüben*.[204] Dass der Gesetzgeber mit der Formulierung „ausgeübt haben" die Ausübung des Widerspruchsrechts zeitlich eingrenzen wollte, kommt in der Gesetzesbegründung mithin nicht zum Ausdruck. Der Gesetzgeber wollte vielmehr mit der Regelung zum Widerspruch lediglich auf das Merkmal des persönlichen Erscheinens und die Erklärung zur Niederschrift des § 245 Nr. 1 AktG verzichten[205] und mit dem Erfordernis der Stimmrechtsausübung sicherstellen, dass das Anfechtungsrecht nicht von Aktionären missbraucht wird, die ihr Stimmrecht überhaupt nicht ausüben. Vor diesem Hintergrund ist der Wortlaut „ausgeübt haben" als Redaktionsversehen zu verstehen.[206]

85 Will der Aktionär anfechten, ist für die Anfechtungsberechtigung nach § 245 Nr. 1 AktG i. V. m. § 1 Abs. 2 Satz 1 Nr. 4 COVGesMG nur erforderlich, dass er sein Stimmrecht ausgeübt und Widerspruch erklärt hat, die zeitliche Abfolge (erst Stimmabgabe, dann Widerspruch, oder umgekehrt) ist hingegen unbeachtlich. Eine solche Handhabe entspricht auch der Rechtslage für die Präsenz-Hauptversammlung. Dort gilt nämlich ebenfalls, dass der Widerspruch während der gesamten Dauer der Versammlung und auch vor der Beschlussfassung erklärt werden kann.[207] Für die virtuelle Hauptversammlung ist nichts Abweichendes angezeigt, wollen die Sonderregelungen des COVGesMG doch lediglich auf das Erfordernis des persönlichen Erscheinens und auf die Erklärung zur Niederschrift verzichten,[208] nicht aber von der sonstigen Rechtslage betreffend die Erklärung eines Widerspruchs abweichen.

e) **Gegenanträge und Wahlvorschläge**

86 Seit in Kraft treten von § 1 Abs. 2 Satz 3 COVGesMG am 28.2.2021 ist ferner der Umgang mit Gegenanträgen und Wahlvorschlägen gesetzlich geregelt. Der Gesetzgeber hat hiermit darauf reagiert, dass nach allgemeiner Meinung solche Anträge in der Versammlung selbst (nochmals) gestellt werden müssten, dies aber in der virtuellen Hauptversammlung nicht möglich ist, wenn entweder den elektronisch teilnehmenden Aktionären kein Antragsrecht gewährt wird oder aber die Stimmrechtsausübung lediglich im Wege der Briefwahl und mit Vollmachtsstimmrecht[209] – und damit ohne Teilnahme an der Versammlung (siehe bereits Rz. 25, auch noch

---

204) Begr. Entwurf COVAbmildG, BT-Drucks. 19/18110, S. 26.

205) Begr. Entwurf COVAbmildG, BT-Drucks. 19/18110, S. 26.

206) I. E. wie hier Hüffer/Koch-*Koch*, AktG, § 118 Rz. 50; Hirte/Heidel-*Heidel/Lochner*, Das neue AktienR, Art. 2 § 1 AbmilderungsG, Rz. 65 f.; *Herrler*, DNotZ 2020, 468, 497; *Herb/ Merkelbach*, DStR 2020, 811, 814; *Simons/Hauser*, NZG 2020, 488, 500.

207) Hüffer/Koch-*Koch*, AktG, § 245 Rz. 14; BGH, Urt. v. 16.2.2009 – II ZR 185/07, Rz. 17, NZG 2009, 342.

208) Begr. Entwurf COVAbmildG, BT-Drucks. 19/18110, S. 26.

209) Stimmrechtsvertreter stellen in der Praxis keine Anträge und sind hierzu nach dem COVGesMG auch im Rahmen virtueller Hauptversammlungen nicht verpflichtet, s. bereits 1. Auflage, Rz. 83; die zu § 1 Abs. 2 COVGesMG a. F. vertretene Gegenauffassung für den Fall, dass die Teilnahme allein für Stimmrechtsvertreter möglich ist (*Noack/Zetzsche*, AG 2020, 265, 269; offener für die Präsenz-Hauptversammlung auch *Noack/Zetzsche*, DB 2020, 658, 662) dürfte jedenfalls mit der Einführung von § 1 Abs. 2 Satz 3 COVGesMG im Hinblick auf Gegenanträge und Wahvorschläge überholt sein, da der Gesetzgeber hierin eine Regelung getroffen hat, durch welche auch ohne Pflicht der Stimmrechtsvertreter zur Stellung von Gegenanträgen die Gegenantragsstellung möglich ist.

Rz. 130) – ermöglicht wird.[210] Ein solcher vollständiger Ausschluss von Gegenantragsrechten und Wahlvorschlagsrechten stieß nicht nur auf Kritik seitens von Aktionären und Aktionärsvereinigungen, sondern warf – zumindest bei börsennotierten Gesellschaften – gar europarechtliche Bedenken mit Blick auf die Vorgaben des Art. 6 Abs. 1 Unterabs. 1 lit. b) der Aktionärsrechterichtlinie (RL 2007/36/EG) auf, da hiernach die Mitgliedsstaaten sicherzustellen haben, dass Aktionäre das Recht haben, Beschlussvorlagen zu Punkten einzubringen, die bereits auf der Tagesordnung der Hauptversammlung stehen oder ergänzend in sie aufgenommen werden.[211]

Begegnet wird solchen Bedenken nun mittels einer sog. **Fiktionslösung,** welche nach der Vorstellung des Gesetzgebers die Aktionärsrechte stärkt, ohne dass den Unternehmen die Abhaltung der virtuellen Hauptversammlung erschwert wird[212]: Anträge oder Wahlvorschläge von Aktionären, die nach § 126 oder § 127 AktG zugänglich zu machen sind, gelten als in der Versammlung gestellt, wenn der den Antrag stellende oder den Wahlvorschlag unterbreitende Aktionär ordnungsgemäß legitimiert und zur Hauptversammlung angemeldet ist. Die **praktischen Auswirkungen** dieser Regelung haben sich freilich in Grenzen gehalten. Der Gesetzgeber hat nämlich mit der Fiktionslösung ausdrücklich eine von vielen Unternehmen bereits in den Hauptversammlungen des Jahres 2020 praktizierte Vorgehensweise in die gesetzliche Regelung übernommen.[213]   **87**

Für eine Behandlung von Gegenanträgen oder Wahlvorschlägen als gestellt ist neben der – **rechtzeitigen** – **Anmeldung** zur Hauptversammlung eine **ordnungsgemäße Legitimation** erforderlich; eine solche liegt vor, wenn der Aktionär auch für die Teilnahme an einer Präsenzversammlung legitimiert wäre.[214] Bei Namensaktien setzt dies die Eintragung im Aktienregister voraus (§ 67 Abs. 2 Satz 1 AktG), bei Inhaberaktien im Falle entsprechender Satzungsbestimmung, dass die Berechtigung gemäß den Voraussetzungen der Satzung nachgewiesen wird, wobei bei börsennotierten Gesellschaften nunmehr der Nachweis gemäß § 67c Abs. 3 AktG ausreicht (§ 123 Abs. 3 und 4 AktG).   **88**

Voraussetzung für das Eingreifen der Fiktionslösung ist bei **Gegenanträgen** weiter, dass die **Voraussetzungen für das Zugänglichmachen nach § 126 AktG** erfüllt sind, insbesondere also, dass der Gegenantrag der Gesellschaft mindestens 14 Tage vor der Versammlung übersandt wird (§ 126 Abs. 1 Satz 1 AktG). Ferner ist wegen der   **89**

---

210) S. Ausschuss-Begr., BT-Drucks 19/25322, S. 22; auch *Götze*, NZG 2021, 213, 216; zur Rechtslage nach § 1 Abs. 2 COVGesMG a. F. s. 1. Auflage, Rz. 82 ff.

211) S. dazu etwa *Götze/Roßkopf*, DB 2020, 768, 772; *Stelmaszczyk/Forschner*, Der Konzern 2020, 221, 232; vgl. auch LG Frankfurt/M., Urt. v. 23.2.2021 – 3-05 O 64/20, AG 2021, 441, 443.

212) Ausschuss-Begr., BT-Drucks. 19/25322, S. 22.

213) Ausschuss-Begr., BT-Drucks. 19/25322, S. 22; ähnliche Einschätzung bei *Götze*, NZG 2021, 213, 216; *Rieckers*, DB 2021, 98, 108; s. auch die Auswertung bei *Danwerth*, AG 2020, 776, 782 f.

214) Vgl. Ausschuss-Begr., BT-Drucks- 19/25322, S. 22: „ ist […] zu verlangen, dass der betroffene Aktionär ordnungsgemäß, also unter Erfüllung der gesetzlichen Voraussetzungen, seine Berechtigung nachgewiesen und sich zur Versammlung angemeldet hat, da diese auch die Voraussetzungen dafür wären, dass er in der Versammlung einen Antrag stellen könnte" (Hervorhebung d. Verf.).

Bezugnahme auf den gesamten § 126 AktG ein Antrag nur dann zwingend als gestellt zu behandeln, wenn die Voraussetzungen der § 126 Abs. 2 Satz 1 AktG, unter denen ein Gegenantrag nicht zugänglich gemacht zu werden braucht, nicht erfüllt sind. Auch sonst mag es der Gesellschaft zwar grds. offenstehen, den Gegenantrag unter Wahrung des Gleichbehandlungsgrundsatzes der Aktionäre (§ 53a AktG) als gestellt zu behandeln; hierzu besteht aber jedenfalls keine Verpflichtung.[215] Eine **Begründung** des Gegenantrags ist für die Fiktionswirkung des § 1 Abs. 2 Satz 3 COVGesMG **entbehrlich**, da eine solche nach der h. M. in richtlinienkonformer Auslegung auch für das Zugänglichmachen von Gegenanträgen nach § 126 AktG nicht erforderlich ist.[216] Wird gleichwohl eine Begründung gegeben und ist diese nicht zugänglich zu machen, weil sie mehr als 5.000 Zeichen beträgt (§ 126 Abs. 2 Satz 2 AktG), dürfte dies der Behandlung des Gegenantrags selbst als gestellt nicht entgegenstehen, weil es nach dem Wortlaut des COVGesMG allein darauf ankommt, dass der Antrag zugänglich zu machen ist; überdies wäre andernfalls derjenige schlechter gestellt, der freiwillig eine Begründung abgibt.

90   Für **Wahlvorschläge von Aktionären** gilt wegen der Bezugnahme in § 1 Abs. 2 Satz 3 COVGesMG auf § 127 AktG das Vorstehende grds. entsprechend, da § 127 AktG seinerseits auf § 126 AktG verweist; dass eine Begründung des Wahlvorschlags entbehrlich ist, ergibt sich freilich bereits ausdrücklich aus dem Gesetzeswortlaut (§ 127 Abs. 1 Satz 2 AktG). Für Wahlvorschläge ist aber ergänzend zu beachten, dass der Vorschlag die Angaben nach § 124 Abs. 3 Satz 4 AktG (Name, ausgeübter Beruf und Wohnort des Kandidaten) enthalten muss, bei Aufsichtsratswahlen börsennotierter Gesellschaften ferner die Angaben nach § 125 Abs. 1 Satz 5 AktG (Angaben zur Mitgliedschaft des Kandidaten in anderen gesetzlich zu bildenden Aufsichtsräten).

91   Keine eindeutige Antwort gibt das Gesetz in der Frage, ob auch **von Bevollmächtigten übersandte Anträge oder Wahlvorschläge** als gestellt zu behandeln sind. Richtigerweise wird man dies bejahen müssen. Der Gesetzeswortlaut bietet zwar Spielraum für die gegenteilige Annahme, weil die ordnungsgemäße Legitimation und Anmeldung des *den Antrag stellenden oder den Wahlvorschlag unterbreitenden Aktionär* gefordert wird. Allerdings entspricht es allgemeiner Meinung, dass Gegenanträge grds. sowohl durch einen Stellvertreter angekündigt als auch in einer Präsenzversammlung gestellt werden können.[217] Dass der Gesetzgeber dies für die virtuelle Versammlung anders regeln wollte, ist nicht ersichtlich; das Gesetz macht die Le-

---

215) Zudem ist jedenfalls von einer Veröffentlichung abzusehen, sofern der Vorstand sich schon durch das Zugänglichmachen des Antrags strafbar machen (§ 126 Abs. 2 Satz 1 Nr. 1 AktG) oder der Gegenantrag zu einem gesetz- oder satzungswidrigen Beschluß der Hauptversammlung führen würde (§ 126 Abs. 2 Satz 1 Nr. 2 AktG). Dass etwa eine Begründung des Gegenantrags in wesentlichen Punkten offensichtlich falsche oder irreführende Angaben oder Beleidigungen enthält (§ 126 Abs. 2 Satz 1 Nr. 3 AktG) steht hingegen einer freiwilligen Behandlung des Gegenantrags als gestellt nicht zwingend entgegen, da die beanstandungswürdige Begründung nicht notwendigerweise auf den Gegenantrag durchschlägt; dies entspricht auch der empfehlenswerten Vorgehensweise für das Zugänglichmachen eines Antrags in Fällen des § 126 Abs. 2 Satz 1 Nr. 3 AktG lediglich auf die Begründung zu verzichten (Hüffer/Koch-*Koch*, AktG, § 126 Rz. 7).

216) S. nur die Nachweise bei Hüffer/Koch-*Koch*, AktG, § 126 Rz. 3.

217) *Kubis* in: MünchKomm-AktG, § 126 Rz. 5.

gitimation und Anmeldung des Aktionärs ausweislich der Gesetzesbegründung lediglich vor dem Hintergrund erforderlich, dass dies „auch die Voraussetzungen dafür wären, dass er in der Versammlung einen Antrag stellen könnte".[218] Da bei Erfüllung dieser Voraussetzungen die Antragstellung in der Versammlung durch Bevollmächtigte möglich wäre, ist davon auszugehen, dass für die virtuelle Versammlung nichts anderes gilt. Dies legt zumindest bei börsennotierten Gesellschaften auch Art. 10 Abs. 3 Satz 1 der Aktionärsrechterichtlinie (RL 2007/36 (EG)) nahe, wonach die Ausübung der Rechte der Aktionäre durch Vertreter – bis auf wenige, hier nicht relevante Ausnahmen – zu keinem anderen Zweck beschränkt werden darf, als zur Regelung möglicher Interessenkonflikte. Der Gesetzeswortlaut ist vor diesem Hintergrund dahingehend zu verstehen, dass der – *in Person oder durch einen Bevollmächtigten* – den Antrag stellende oder den Wahlvorschlag unterbreitende Aktionär ordnungsgemäß legitimiert und zur Hauptversammlung angemeldet sein muss.

Unberührt von der Neuregelung des § 1 Abs. 2 Satz 3 COVGesMG bleibt die   **92** Möglichkeit, bei elektronischer Teilnahme an der Versammlung (§ 118 Abs. 1 Satz 2 AktG) die **Antragstellung in der Versammlung** zu erlauben; Ebenso spricht unter Wahrung des Gleichbehandlungsgrundsatzes (§ 53a AktG) nichts dagegen, auch später als 14 Tage vor der Versammlung zugesandte Anträge als gestellt zu behandeln.[219] Zwingend ist beides freilich nicht. Selbst wo eine echte elektronische Teilnahme an der Versammlung ermöglicht wird, muss es der Gesellschaft freistehen, das Antragsrecht der Aktionäre in der Versammlung auszuschließen. Dies war nach der Vorstellung des Gesetzgebers vor der Ergänzung von § 1 Abs. 2 COVGesMG möglich[220] und die Ergänzung der Vorschrift um einen Satz 3 hat hieran nichts geändert, da sich der Gesetzgeber hierin gerade für einen anderen Weg zur Wahrung von Antragsrechten entschieden hat. Wird gleichwohl – freiwillig – ein Antragsrecht in der Versammlung gewährt, sollte dies in der Praxis nicht dazu verleiten, Gegenanträge unter den Voraussetzungen des § 1 Abs. 3 Satz 3 COVGesMG nicht mehr als gestellt zu behandeln: Zwar mag die Ratio der Norm hier nicht einschlägig sein, da das Antragsrecht der Aktionäre in solchen Fällen bereits auf anderem Wege gewahrt wird. Allerdings differenziert § 1 Abs. 2 Satz 3 COVGesMG nicht danach, ob bereits anderweitig ein Antragsrecht gewährt wird. Deshalb kann die gesetzliche Fiktionslösung nicht deshalb außer Acht gelassen werden, weil auch in der Versammlung ein Antragsrecht gewährt wird.

f) Sonstige (versammlungsbezogene) Rechte

§ 1 Abs. 2 COVGesMG enthält eine Reihe von Sondervorschriften betreffend ver-   **93** schiedene versammlungsbezogene Rechte. Teilweise werden Regelungen des AktG ausdrücklich modifiziert, teils ergibt sich dies aus der Gesetzesbegründung. Soweit sich weder im Gesetz noch in der Begründung eine Sonderregelung findet, legt dies im Umkehrschluss nahe, dass die nicht besonders erfassten Regelungen des AktG auch für die virtuelle Hauptversammlung grundsätzlich uneingeschränkt Geltung bean-

---

218) Ausschuss-Begr., BT-Drucks. 19/25322, S. 22.
219) Vgl. bereits 1. Auflage, Rz. 84 zu § 1 Abs. 2 COVGesMG a. F.
220) Vgl. Ausschuss-Begr., BT-Drucks. 19/25322, S. 22.

spruchen.[221] Dies kann allerdings nur gelten, soweit aus den besonderen Gegeben-
heiten und dem Gesamtbild der virtuellen Hauptversammlung nichts anderes folgt.

aa) Rederecht

94 So liegt der Fall etwa im Hinblick auf das Rederecht. Dieses ist zwar im COVGesMG
weder ausdrücklich gewährt noch durch selbiges explizit ausgeschlossen. § 1 Abs. 2
COVGesMG adressiert lediglich Fragen, das AktG differenziert aber zwischen Frage-
und Rederecht (vgl. § 131 Abs. 2 Satz 2 AktG). Der Umstand, dass das COVGesMG
nach wie vor bloß ein „Fragerecht" gewährt, spricht aber entscheidend dafür, dass
nach wie vor **kein Rederecht** besteht. Dies gilt umso mehr, wenn man bedenkt, dass
das Fragerecht des COVGesMG weiterhin nicht dem Auskunftsrecht gleichsteht,
mithin noch nicht einmal ein vollwertiges Auskunftsrecht einzuräumen ist (siehe dazu
bereits Rz. 67, 75), Denn das Rederecht ist in seiner Wertigkeit noch unterhalb des
Auskunftsrechts angeordnet.[222]

95 Praktisch kommt es aber ohnehin nur auf das Bestehen eines Rederechts an, wenn
nicht auch das Fragerecht dergestalt beschränkt wird, dass Fragen vorab zu über-
senden sind. Nur wo der Aktionär live zugeschaltet wird und Fragen in diesem
Rahmen – nicht etwa nur per E-Mail oder über ein Online-Portal – stellen kann,
hat er überhaupt eine Möglichkeit, in der Versammlung zu reden. Dann stellt sich
die Frage, wie mit Aktionären umzugehen ist, die nicht nur Fragen stellen, sondern
auch darüber hinausgehende Reden halten, obgleich hierzu in der virtuellen Hauptversammlung eben kein Recht besteht (siehe Rz. 94). Konsequenterweise wird man
dem Versammlungsleiter dann auch ein Recht zugestehen müssen, solchen Aktionären
nach Abmahnung das **Wort zu entziehen**, auch wenn Frage und Rede regelmäßig
nur schwer zu trennen sein dürften und ein Fragerecht besteht. Allerdings muss dem
Versammlungsleiter ein Ermessen zumindest insoweit zukommen, wie dies auch
für die Präsenzversammlung höchstrichterlich anerkannt ist.[223] Die Lösung dürfte
daher in einem gestuften Vorgehen dergestalt liegen, dass der Versammlungsleiter
zunächst darauf hinweist, dass nur Fragen erlaubt sind, aber kein Rederecht besteht.
Erst wenn der Aktionär dann nicht „zum Punkt kommt", kann ihm das Wort entzogen werden. Zwingend ist dies nicht. Dem Versammlungsleiter steht es i. R. seines
Ermessens und unter Beachtung des Gleichbehandlungsgrundsatzes (§ 53a AktG) frei,
weder das Frage- noch das Rederecht zu beschränken. Diesen Weg wird er insbesondere dann wählen, wenn nur eine überschaubare Zahl von Wortbeiträgen auf der
Hauptversammlung abzuarbeiten ist. Aber auch darüber hinaus sind Gesellschaften
nicht daran gehindert, trotz nichtvorhandenen Rederechts freiwillig und unter Beachtung des Gleichbehandlungsgrundsatzes eine Möglichkeit für Live-Redebeiträge
einzuräumen oder den Aktionären zumindest die Möglichkeit zu geben, vorab Stellungnahmen zur Veröffentlichung zu übermitteln. Sollen derartige Möglichkeiten

---

221) Vgl. *Noack/Zetzsche*, AG 2020, 265, 267; s. auch Hüffer/Koch-*Koch*, AktG, § 118 Rz. 39.
222) Zur Wertigkeit s. etwa *Kubis* in: MünchKomm-AktG, § 118 Rz. 39; vgl. auch BGH, Urt. v.
    8.2.2010 – II ZR 94/08, Rz. 18, NZG 2010, 423; im Ergebnis ebenso *Hoffmann* in: BeckOGK-
    AktG, § 118 Rz. 77; u. a. *Poelzig* in: BeckOGK-AktG, § 131 Rz. 291; ähnlich zu § 1 Abs. 2
    COVGesMG a. F. u. a. *Götze/Roßkopf*, DB 2020, 768, 771; *Redenius-Hövermann/Bannier*,
    ZIP 2020, 1885, 1889 f.; missverständlich *Vetter/Tielmann*, NJW 2020, 1175, 1177.
223) Vgl. BGH, Urt. v. 8.2.2010 – II ZR 94/08, Rz. 18, NZG 2010, 423.

eingeräumt werden, empfehlen sich entsprechende Hinweise bereits in der Einberufung.[224]

bb) Nicht von den §§ 126, 127 AktG erfasste Anträge

Weiterhin nicht ausdrücklich im COVGesMG geregelt ist ferner das versammlungs-   96
gebundene Recht, Anträge zu stellen, die nicht den §§ 126, 127 AktG unterfallen
(namentlich Geschäftsordnungsanträge, Sonderprüfungsanträge). Insoweit enthielt aber
zumindest die ursprüngliche Gesetzesbegründung die eindeutige Aussage, dass alle
Antragsrechte „in" der Versammlung wegfallen, wird die Versammlung nur mit
Briefwahl und Vollmachtsstimmrecht durchgeführt. Diese Rechte kann es allenfalls
bei elektronischer Teilnahme von Aktionären geben.[225] Dies ist dogmatisch zunächst
einmal konsequent, da derartige Anträge grds. nur in der Versammlung durch Versammlungsteilnehmer gestellt werden können,[226] die Stimmrechtsausübung im Wege
der (elektronischen) Briefwahl aber keine Teilnahme ist (siehe Rz. 25, auch noch
Rz. 130)[227] und Stimmrechtsvertreter in der Praxis keine Anträge stellen.

Im Hinblick auf nicht von den §§ 126, 127 AktG erfasste Anträge trifft die vor-   97
genannte Aussage auch weiterhin grds. zu; solche Antragsrechte können im Rahmen
der virtuellen Hauptversammlung wegfallen (zu Ausnahmen siehe noch Rz. 102 f.).[228]
Zwar ist nun **§ 1 Abs. 2 Satz 3 COVGesMG** zu beachten (siehe bereits Rz. 86 ff.),
der zunächst unspezifisch von Anträgen spricht und den Grundsatz aufweicht, dass
solche nur in der Versammlung gestellt werden können. Die vorgenannte Gesetzesbegründung zum COVGesMG ist insofern in Teilen überholt. In der Bezugnahme
auf die §§ 126, 127 AktG wird allerdings deutlich, dass **lediglich Gegenanträge und
Wahlvorschläge** zu den Punkten der Tagesordnung von der Norm erfasst sind.[229]
Damit sind zwar gemessen an der h. M. neben Wahlvorschlägen alle Anträge erfasst,
die darauf gerichtet sind, einen von einem bekanntgemachten Beschlussvorschlag der
Verwaltung inhaltlich abweichenden oder entgegengesetzten Beschluss herbeizuführen; ferner werden auf Grundlage der h. M. zu § 126 AktG auch Anträge erfasst,
die der Beschlussfassung als solches entgegentreten (z. B. Absetzung eines Punktes
von der Tagesordnung, Vertagung).[230] Nicht in den Anwendungsbereich der Fiktionslösung des § 1 Abs. 2 Satz 3 COVGesMG fallen aber z. B. Anträge auf Abwahl
des Versammlungsleiters oder Sonderprüfungsanträge (vgl. § 142 Abs. 1 AktG).

Auch eine **Analogie** zu der für Gegenanträge und Wahlvorschläge gesetzlich an-   98
geordneten Fiktionslösung dürfte sich für nicht von den §§ 126, 127 AktG erfasste,

---

224) Vgl. zur Praxis in der Hauptversammlungssaison 2021 *Danwerth*, AG 2021, 613, 620 f.
225) S. Begr. Entwurf COVAbmildG, BT-Drucks. 19/18110, S. 26; s. auch *Götze*, NZG 2021, 213, 216.
226) Vgl. etwa *Kubis* in: MünchKomm-AktG, § 118 Rz. 41 (versammlungsgebundenes Recht).
227) Hierauf verweist auch *Noack/Zetzsche*, AG 2020, 265, 269.
228) A. A. bereits vor der Gesetzesänderung Hirte/Heidel-*Heidel/Lochner*, Das neue AktienR, Art. 2 § 1 AbmilderungsG, Rz. 89 ff.
229) Nichts anderes nennen auch *Götze*, NZG 2021, 213, 216.
230) Vgl. nur Hüffer/Koch-*Koch*, AktG, § 126 Rz. 2 m. w. N. zum Streitstand.

bekanntmachungsfreie Anträge **verbieten.**[231] Namentlich für Geschäftsordnungsanträge, die den Ablauf der Hauptversammlung selbst betreffen, lässt sich insofern
verallgemeinern, was bereits in der Vorauflage[232] zu Sonderprüfungsanträgen für den
Fall ausgeführt wurde, dass sich der Prüfungszeitraum mit dem Zeitraum deckt, für
welchen im Rahmen der Tagesordnung über die Entlastung von Organen Beschluss
zu fassen ist: Zwar ist für eine solche Antragstellung in der Versammlung keine vor-
herige Tagesordnungsergänzung erforderlich (§ 124 Abs. 4 Satz 2 AktG)[233], weshalb
die Behandlung solcher Anträge in der Hauptversammlung mit derjenigen von Gegenanträgen zumindest insoweit vergleichbar ist.

99   Dennoch bestehen **wesentliche Unterschiede** zwischen dem Umgang mit nicht
von den §§ 126, 127 AktG erfassten Anträgen einerseits und Gegenanträgen andererseits, im Vorfeld und während der Hauptversammlung. Diese Unterschiede dürften
gegen eine Berücksichtigung auch von im Vorfeld übermittelten, bekanntmachungsfreien Anträgen analog § 1 Abs. 2 Satz 3 COVGesMG sprechen. Denn es
liegen in Fällen von Gegenanträgen bereits (regelmäßig mit der Einberufung veröffentlichte) Beschlussvorschläge der Verwaltung zu den Tagesordnungspunkten
vor, auf welche sich die Gegenanträge gerade beziehen; dies macht eine frühzeitige
Befassung mit dem konkreten Beschlussvorschlag möglich. Der Aktionär kann insbesondere auch die Abstimmung hieran ausrichten. Wird ein Gegenantrag der Gesellschaft gemäß § 126 AktG zugeleitet und in der Folge zugänglich gemacht, ist
zudem gar eine frühzeitige Auseinandersetzung mit dem Inhalt des Gegenantrags
selbst möglich. Diese Möglichkeit ist für sonstige, bekanntmachungsfreie Anträge
nicht vorgesehen. In der Hauptversammlung wird bei Gegenanträgen zumeist zunächst über die Beschlussvorschläge der Verwaltung abgestimmt, was bei Erreichen
der erforderlichen Stimmen zur Erledigung der Gegenanträge führt – auch diese
Möglichkeit bietet sich für andere, bekanntmachungsfreie Anträge nicht. Bietet die
Gesellschaft die Möglichkeit zur Stimmrechtsausübung durch von ihr benannte
Stimmrechtsvertreter an, wird ferner häufig die Stimmrechtsausübung auf Abstimmungen über die von der Gesellschaft vor der Hauptversammlung bekannt gemachten
Beschlussvorschläge der Verwaltung zur Tagesordnung beschränkt. In solchen Fällen
wäre für Abstimmungen über sonstige, bekanntmachungsfreie Anträge bei der Haupt-

---

231) Zwar ist das LG München I (Beschl. v. 26.5.2020 – 5 HK O 6378/20, ZIP 2020, 1241,
    1242) der Auffassung, es werde bereits für § 1 Abs. 2 COVGesMG a. F. „mit beachtli-
    chen Gründen in der Literatur die Auffassung vertreten […], in analoger Anwendung von
    § 1 Abs. 2 COVID-19-Gesetz könne auch ein Geschäftsordnungsantrag gestellt werden".
    Die hierfür in Bezug genommenen *Bücker/Kulenkamp/Schwarz/Seibt/von Bonin* (DB 2020,
    775, 779 f.) äußern allerdings ausdrücklich, es sei ihres Erachtens gut vertretbar „[…], nur
    die gem. §§ 126, 127 AktG zugänglich zu machenden Gegenanträge/Wahlvorschläge als in
    der Hauptversammlung gestellt zu behandeln" (Hervorhebung d. Verf.), was im Wesent-
    lichen dem jetzigen § 1 Abs. 2 Satz 3 COVGesMG entspricht und sich gerade nicht auf
    sonstige Anträgen bezieht; eine Behandlung von Geschäftsordnungsanträgen als gestellt
    wird allerdings – bereits für § 1 Abs. 2 COVGesMG a. F. – gefordert von Hirte/Heidel-
    Heidel/Lochner, Das neue AktienR, Art. 2 § 1 AbmilderungsG, Rz. 89 ff.

232) 1. Auflage, Rz. 85 ff.

233) Für Sonderprüfungsanträge vgl. *Arnold* in: MünchKomm-AktG, § 142 Rz. 46; zur Bekannt-
    machungsfreiheit bei Geschäftsordnungsanträgen etwa *Bungert* in: MünchHB-GesR, Bd. 4,
    § 36 Rz. 70.

versammlung, die nur mit Briefwahl und Vollmachtsstimmrecht durchgeführt werden, lediglich noch eine Stimmrechtsausübung per (elektronischer) Briefwahl möglich, was angesichts der Umstände zu Zufallsmehrheiten führen könnte; eine Aktionärsminderheit könnte mit anderen Worten durch glückliche Zufälle oder ggf. geschicktes Taktieren z. B. eine Sonderprüfung oder eine Abwahl des Versammlungsleiters in einer virtuellen Hauptversammlung in besonderer Weise erzwingen.[234] Im Hinblick auf die Sonderprüfung drohen aufgrund von Zufallsmehrheiten zudem die Voraussetzungen unterlaufen zu werden, unter denen nach § 142 Abs. 2 AktG eine Sonderprüfung durch eine Minderheit von Aktionären gerichtlich beantragt werden kann.

Überdies ist die gegen eine Analogie sprechende **Unterscheidung auch europarecht-**   100
lich indiziert. Die Aktionärsrechterichtline (RL 2007/36/EG) sieht lediglich ein Recht vor, Beschlussvorlagen zu Punkten einzubringen, die bereits auf der Tagesordnung der Hauptversammlung stehen oder ergänzend in sie aufgenommen werden (Art. 6 Abs. 1 Unterabs. 1 lit. b)). Während deshalb der Ausschluss des Gegenantragsrechts unter Geltung des § 1 Abs. 2 COVGesMG a. F. verschiedentlich Bedenken begegnet sein mag, gilt dasselbe nicht auch für die hier in Frage stehenden, bekanntmachungs-freien Anträge. Dies gilt auch für Sonderprüfungsanträge, da die Sonderprüfung nicht durch das europäische Gesellschaftsrecht beeinflusst wird.[235]

Hierdurch wird freilich – zusätzlich zu den ohnehin bestehenden Unsicherheiten bei   101
elektronischer Teilnahme (siehe Rz. 19) – nach wie vor ein Anreiz für die Gesellschaften geschaffen, sich allein auf die Stimmrechtsausübung im Wege der (elektronischen) Briefwahl und ggf. die Stimmrechtsvertretung zurückzuziehen, um insbesondere gewisse „unliebsame" Anträge von der Versammlung fernzuhalten – oder aber das Antragsrecht bei elektronischer Teilnahme zumindest auszuschließen (vgl. bereits Rz. 18). Vor diesem Hintergrund ist wohl der für § 1 Abs. 2 COVGesMG a. F. vertretene Ansatz von *Noack/Zetzsche* zu sehen, die der Auffassung sind, dass der von der Gesellschaft benannte Stimmrechtsvertreter auch zur Stellung von Anträgen bereitstehen müsse, wenn die Teilnahme allein über diesen möglich ist.[236] Eine Pflicht hierzu ist allerdings dem Gesetz nach wie vor an keiner Stelle zu entnehmen, widerspricht vielmehr den Ausführungen in der ursprünglichen Gesetzesbegründung, wonach Antragsrechte „in" der Versammlung wegfallen, wird die Versammlung nur mit Briefwahl und Vollmachtsstimmrecht durchgeführt (siehe Rz. 96). Mithin muss der Stimmrechtsvertreter der Gesellschaft keineswegs zur Stellung von Anträgen bereitstehen. Dies war bislang nicht der Fall und ist auch durch das COVGesMG nicht vorgeschrieben, auch nicht nach Einführung von § 1 Abs. 2 Satz 3 COVGesMG; der Gesetzgeber hat mit dieser Norm zumindest für Gegenanträge und Wahlvorschläge –und nicht zuletzt hierauf bezog sich der Vorschlag von *Noack/Zetzsche*[237] – gerade nicht den Stimmrechtsvertreter in die Pflicht genommen.

---

234) S. auch für § 1 Abs. 2 COVGesMG a. F. die Bedenken betreffend Zufallsmehrheiten bei *Bücker/Kulenkamp/Schwarz/Seibt/von Bonin* (DB 2020, 775, 780.

235) S. *Mock* in: BeckOGK-AktG, § 142 Rz. 20; s. auch K. Schmidt/Lutter-*Spindler*, AktG, § 142 Rz. 6.

236) *Noack/Zetzsche*, AG 2020, 265, 269; offener für die Präsenz-Hauptversammlung auch *Noack/Zetzsche*, DB 2020, 658, 662; hiergegen bereits für § 1 Abs. 2 COVGesMG a. F. 1. Auflage, Rz. 83.

237) *Noack/Zetzsche*, AG 2020, 265, 269.

cc) Tagesordnungsergänzungsverlangen

102   Nicht ausdrücklich in § 1 Abs. 2 COVGesMG geregelt ist auch die Behandlung von Tagesordnungsergänzungsverlangen (§ 122 Abs. 2 AktG). Allerdings ist kein Sachgrund für einen Ausschluss dieses Minderheitenrechts ersichtlich, da es sich nicht um ein an die Teilnahme gebundenes Recht handelt.[238] Zudem erwähnt zumindest § 1 Abs. 3 Satz 4 COVGesMG das Ergänzungsverlangen ausdrücklich (siehe dazu noch Rz. 151). Dieser gilt aber auch für die virtuelle Hauptversammlung.[239]

103   Für die **Einbringung von Beschlussanträgen zu Ergänzungsverlangen** stellt sich allerdings das Problem, dass, auch wenn mit dem Ergänzungsverlangen Beschlussvorlagen übermittelt werden, der Versammlungsleiter hierüber grundsätzlich nur dann abstimmen lassen muss, wenn in der Hauptversammlung entsprechende Beschlussanträge gestellt werden.[240] Eine Antragstellung in der Hauptversammlung ist aber auch insoweit nicht möglich, wo entweder schon keine elektronische Teilnahme (§ 118 Abs. 1 Satz 2 AktG) ermöglicht oder hierbei zumindest das Antragsrecht der Aktionäre ausgeschlossen wird (vgl. bereits Rz. 18). Auch **§ 1 Abs. 2 Satz 3 COVGesMG** schafft insofern in direkter Anwendung keine Abhilfe, da die Norm lediglich für Gegenanträge und Wahlvorschläge i. S. des §§ 126, 127 AktG gilt (vgl. bereits Rz. 97).[241] Gleichwohl tut die Praxis gut daran, mit einem Ergänzungsverlangen übersandte Beschlussanträge **als gestellt zu behandeln**. Andernfalls könnte sich die paradoxe Situation einstellen, dass zwar der Beschlussantrag nicht als gestellt zu behandeln wäre, sehr wohl aber Gegenanträge zu dem Tagesordnungsergänzungsverlangen, da für letztere § 126 AktG gilt.[242] Dies wird der Gesetzgeber ersichtlich nicht gewollt haben, weshalb – anders als bei nicht von den §§ 126, 127 AktG erfassten, bekanntmachungsfreien Anträgen (insoweit bereits Rz. 98 ff.) – eine **analoge Anwendung** von § 1 Abs. 2 Satz 3 COVGesMG angezeigt scheint.[243] Jedenfalls bei börsennotierten Gesellschaften sprechen hierfür auch die europarechtliche Vorgaben in Art. 6 Abs. 1 Unterabs. 1 lit. b) der Aktionärsrechterichtlinie (RL 2007/36/EG).[244]

---

238) Vgl. *Kubis* in: MünchKomm-AktG, § 118 Rz. 49.

239) I. E. entspricht es allg. M., dass § 122 Abs. 2 AktG in der virtuellen Hauptversammlung gilt, s. nur *Mayer/Jenne/Miller*, BB 2020, 1282, 1290 m. w. N.

240) *Rieckers* in: BeckOGK-AktG, § 122 Rz. 48.

241) So auch *Quass*, NZG 2021, 261, 269; dass § 126 AktG – und damit auch die hieran anknüpfende Fiktionslösung des § 1 Abs. 2 Satz 3 COVGesMG in direkter Anwendung nicht für die einen dem Verlangen beiliegenden Beschlussvorschlag gilt erklärt sich daraus, dass diese bereits gemäß § 124 Abs. 1 AktG mit dem Verlangen auf Ergänzung der Tagesordnung veröffentlicht werden (s. *Rieckers* in: BeckOGK-AktG, § 124 Rz. 8).

242) Vgl. zur Anwendung des § 126 AktG auf Gegenanträge zu Tagesordnungsergänzungsverlangen nur Hüffer/Koch-*Koch*, AktG, § 126 Rz. 2 m. w. N.

243) I. E. auch *Rieckers* in: BeckOGK-AktG, § 122 Rz. 48; *Quass*, NZG 2021, 261, 269.

244) Die Richtlinie fordert ein Recht zur Einbringung von „Beschlussvorlagen" zu Punkten, die ergänzend in die Tagesordnung aufgenommen werden, differerenziert also nicht zwischen Gegenanträgen einerseits und mit dem Ergänzungsverlangen selbst übersandten Beschlussvorschläge andererseits; zur Zulässigkeit und Gebotenheit einer richtlinienkoformen Rechtsfortbildung vgl. im Allgemeinen nur BGH, Urt. v. 26.11.2008 – VIII ZR 200/05, NJW 2009, 427, Rz. 21 ff.

2. Vorbereitung und Durchführung der virtuellen Hauptversammlung

Aus den Vorgaben des COVGesMG ergeben sich verschiedene Abweichungen für die   104
Einberufung und Durchführung einer virtuellen Hauptversammlung. Einige Regelungen des AktG finden aber auch weiterhin uneingeschränkt Anwendung.

a) Einberufung der virtuellen Hauptversammlung

Die Einberufung hat mangels abweichender Regelungen im COVGesMG grund-   105
sätzlich den aus dem AktG folgenden Anforderungen zu genügen, insbesondere den
Vorgaben von § 121 (namentlich Abs. 3 und 4) und § 124 Abs. 2 und 3 AktG.[245]

aa) Einberufungsberechtigung

In Abweichung von den Vorgaben des AktG erlaubt das COVGesMG die Einberu-   106
fung einer virtuellen Hauptversammlung allein durch den Vorstand („Der Vorstand
kann entscheiden […]") mit Zustimmung des Aufsichtsrats (§ 1 Abs. 6 COV-
GesMG). Die Regelungen decken daher nicht die Einberufung einer virtuellen Hauptversammlung durch den Aufsichtsrat (§ 111 Abs. 3 Satz 1 AktG) oder durch eine
Aktionärsminderheit (§ 122 Abs. 3 AktG) ab, dies ist unzulässig.[246] Eine Einberufung einer Hauptversammlung durch den Vorstand nach § 122 Abs. 1 AktG auf
Verlangen einer Aktionärsminderheit bleibt hingegen zulässig.

bb) Inhalt der Einberufung

Inhaltlich hat die Einberufung selbstredend weiterhin vor allem Angaben zur Zeit   107
der Hauptversammlung zu enthalten (§ 121 Abs. 3 Satz 1 AktG), also das **Datum**
und die Uhrzeit des **Beginns** der Versammlung, damit die Aktionäre diese in Bild und
Ton verfolgen können.[247] Selbiges gilt für die Tagesordnung nebst Beschlussvor-
schlägen der Verwaltung (§§ 121 Abs. 3 Satz 2, 124 Abs. 3 Satz 1 AktG).

Ferner ist in der Einberufung grundsätzlich auch ein „**Ort**" der **Versammlung** an-   108
zugeben. Diese Angabe erscheint indes für die virtuelle Hauptversammlung wenig
sinnvoll, da der Sinn und Zweck der Ortsangabe gerade darin liegt, dass die Versammlungsteilnehmer diesen ohne Mühe finden,[248] den Aktionären aber bei der
virtuellen Hauptversammlung gar kein Recht zukommt, vor Ort teilzunehmen. Das
AktG sieht die Angabe eines Ortes zwar grundsätzlich vor (§ 121 Abs. 3 Satz 1
AktG), eine Ausnahme ist im COVGesMG ausdrücklich nicht normiert. Auch
scheint die Gesetzesbegründung davon auszugehen, die virtuelle Hauptversammlung finde nach wie vor an einem „Ort" statt, wenn es dort heißt, dass der Stimm-

---

245) Vgl. auch *Noack/Zetzsche*, AG 2020, 265, 267, für § 121 Abs. 3 Satz 3 AktG bei börsennotierten Gesellschaften.
246) So auch Hüffer/Koch-*Koch*, AktG, § 118 Rz. 41; *Noack/Zetzsche*, AG 2020, 265, 267;
Simons/Hauser, NZG 2020, 488, 490; *Stelmaszczyk/Forschner*, Der Konzern 2020, 221,
226; *Kruchen*, DZWIR 2020, 431, 439; *Herrler*, DNotZ 2020, 468, 471; a. A. Hirte/Heidel-
Krenek, Das neue AktienR, Art. 2 § 1 AbmilderungsG, Rz. 12 f.; auch *Mayer/Jenne/Miller*,
BB 2020, 1282, 1284 f. (Annexkompetenz).
247) So auch *Noack/Zetzsche*, AG 2020, 265, 268.
248) Vgl. Hölters-*Drinhausen*, AktG, § 121 Rz. 23; ähnlich *Schäfer*, NZG 2020, 481, 483;
Simons/Hauser, NZG 2020, 488, 490 f.

rechtsvertreter der Gesellschafter „natürlich vor Ort zulässig" ist.[249] Vor diesem Hintergrund und angesichts der drohenden Nichtigkeit von in der Versammlung gefassten Beschlüssen bei fehlender Ortsangabe in der Einberufung (§ 241 Nr. 1 Var. 2 AktG) wird in Teilen der Literatur weiterhin empfohlen, einen Ort in der Einberufung anzugeben und zwar den, an welchem sich der **Versammlungsleiter** befinden wird.[250] Dafür, dass dies der „Ort der Versammlung" i. S. des § 121 Abs. 3 Satz 1 AktG ist, spricht auch, dass der Notar für die Durchführung der Niederschrift am Aufenthaltsort des Versammlungsleiters zugegen sein sollte.[251] Denn der Notar hat grundsätzlich am Ort der Versammlung zugegen zu sein, er muss schließlich in der Niederschrift über seine Wahrnehmung berichten (§ 37 Abs. 1 Satz 1 Nr. 2 BeurkG).[252] Rechtlich zwingend im Zusammenhang mit der virtuellen Hauptversammlung ist die Angabe des Ortes, an dem der Versammlungsleiter anwesend ist, aber nicht.[253] Zweck der Ortsangabe in der Einberufung ist es wie dargestellt nämlich, den Aktionären den Zugang zu einer physischen Hauptversammlung zu ermöglichen.

109   Vor diesem Hintergrund dürfte die Angabe des Ortes, an dem der Versammlungsleiter bei einer virtuellen Hauptversammlung anwesend ist, auf eine sinnlose Förmelei hinauslaufen. Eine rein virtuelle Hauptversammlung findet letztlich an einem virtuellen Ort im Internet statt, auch wenn sich der Versammlungsleiter selbstverständlich (ebenso wie die Aktionäre) an einem physischen Ort aufhält.[254] Ausreichend als „Ortsangabe" nach § 121 Abs. 3 Satz 1 AktG ist daher die Angabe in der Einberufung, dass die Hauptversammlung als virtuelle Hauptversammlung stattfindet. Wird in der Einberufung dennoch der Ort angegeben, an dem sich der Versammlungsleiter während der virtuellen Hauptversammlung aufhält, sollte aber jedenfalls klargestellt werden, dass vor Ort keine Aktionäre oder ihre Vertreter zugelassen werden. Angegeben werden sollte ferner auch der Weg, auf dem die Bild- und Ton-

---

249) Vgl. Begr. Entwurf COVAbmildG, BT-Drucks. 19/18110, S. 26.

250) S. u. a. *Noack/Zetzsche*, AG 2020, 265, 268; *Herrler*, GWR 2020, 191, 192; *Götze/Roßkopf*, DB 2020, 768, 770 („sicherheitshalber"); *Stelmaszczyk/Forschner*, Der Konzern 2020, 221, 226 f.; *Kruchen*, DZWIR 2020, 431, 444; ferner *Schäfer*, NZG 2020, 481, 483, allerdings unter teleologischer Reduktion der Nichtigkeitsfolge.

251) Begr. Entwurf COVAbmildG, BT-Drucks. 19/18110, S. 26; vgl. zur Thematik auch *Götze/Roßkopf*, DB 2020, 768, 769 f.; *Stelmaszczyk/Forschner*, Der Konzern 2020, 221, 226 f.

252) Vgl. *Wicke* in: BeckOGK-AktG, § 130 Rz. 37; s. auch Hüffer/Koch-*Koch*, AktG, § 130 Rz. 11.

253) So auch *Hoffmann* in: BeckOGK-AktG, § 118 Rz. 81; *Forschner*, MittBayNot 2020, 546, 547; *Mayer/Jenne/Miller*, BB 2020, 1282, 1285; ebenso Hüffer/Koch-*Koch*, AktG, § 118 Rz. 51, wo gleichwohl aus Vorsichtsgründen die Ortsangabe empfohlen wird; in diese Richtung auch Römermann-*Römermann/Grupe*, COVID-19 AbmG, Teil 2 Rz. 145; *Simons/Hauser*, NZG 2020, 488, 491; *Lieder*, ZIP 2020, 837, 839.

254) Vgl. auch Begr. RegE ARUG, BT-Drucks. 16/11642, S. 26; s. auch *Forschner*, MittBayNot 2020, 546 f., der zwar einen physischen Versammlungsort i. S. des § 121 AktG anerkennen will, die Angabe dieses Ortes gleichwohl ebenfalls für Förmelei hält; vgl. ferner *Hoffmann* in: BeckOGK-AktG, § 118 Rz. 81.

übertragung verfolgt werden kann, da dies nach der Konzeption des COVGesMG die fehlende Möglichkeit zur Präsenzteilnahme vor Ort gewissermaßen kompensiert.[255]

In der **Praxis** hat es sich gleichwohl mit Blick auf die drohende Nichtigkeitsfolge **110** etabliert, höchst vorsorglich auch einen physischen **Ort der Versammlung anzugeben**, mit dem Hinweis, dass die physische Teilnahme am angegebenen Ort nicht möglich ist.[256] Dabei ist für die Wahl dieses Ortes (z. B. ein Konferenzsaal oder die Geschäftsräume der Gesellschaft) zu beachten, dass dies grundsätzlich ein Ort sein sollte, an welchem nach Gesetz (Sitz der Gesellschaft, alternativ Sitz der Börse bei börsennotierten Gesellschaften, § 121 Abs. 5 AktG) und Satzung die Abhaltung einer Hauptversammlung zulässig ist. Eine Abweichung von den Vorgaben in Gesetz und Satzung dürfte aber für die virtuelle Hauptversammlung jedenfalls vertretbar sein, sofern hierfür sachliche Gründe vorliegen.[257] Denn Sinn und Zweck der Abhaltung am satzungsmäßig festgelegten Ort ist die Wahrung des Teilnahmeinteresses der Aktionäre.[258] Dies ist hier mangels physischer Teilnahme ersichtlich nicht einschlägig.[259]

Bei börsennotierten Gesellschaften sind auch für die Einberufung zur virtuellen **111** Hauptversammlung ferner die Vorgaben des § 121 Abs. 3 Satz 3 AktG zu beachten.[260] Insbesondere sind die **Voraussetzungen für die elektronische Teilnahme bzw. die Stimmabgabe im Wege der Briefwahl zu beschreiben** (§ 121 Abs. 3 Satz 3 Nr. 2 lit. b AktG), ebenso wie die Voraussetzungen für die Teilnahme an der Versammlung, sofern eine elektronische Teilnahme vorgesehen ist. Zudem ist die Ausübung des Stimmrechts zu beschreiben – was sich freilich mit den Angaben gemäß § 121 Abs. 3 Satz 3 Nr. 2 lit. b AktG überschneidet – sowie ggf. der Nachweisstichtag und dessen Bedeutung (§ 121 Abs. 3 Satz 3 Nr. 1 AktG) anzugeben. Weiter bedarf es der gesetzlich vorgeschriebenen Angaben zur Bevollmächtigung (§ 121 Abs. 3 Satz 3 Nr. 2 lit. a AktG) sowie eines Hinweises auf die Internetseite der Gesellschaft, über die die Informationen nach § 124a AktG zugänglich sind (§ 121 Abs. 3

---

255) Ähnlich u. a. *Hoffmann* in: BeckOGK-AktG, § 118 Rz. 81; auch Hüffer/Koch-*Koch*, AktG, § 118 Rz. 51 und *Mayer/Jenne/Miller*, BB 2020, 1282, 1285, die allerdings auch die Angabe der Zugangs- und Einwahldaten (*Mayer/Jenne/Miller* ferner die Angabe der Zugangscodes) verlangen, welche indes richtigerweise erst mit den Mitteilungen nach § 125 AktG zu versenden sind, s. insofern auch *Herrler*, DNotZ 2020, 468, 476, der allerdings bereits die Angabe eines „digitalen Ortes" in der Einberufung nicht für zwingend erachtet; für die Angabe sowohl des digitalen" als auch eines physischen Ortes etwa *Atta*, WM 2020, 1047, 1049.

256) S. nur *Danwerth*, AG 2020, 776, 779; *ders.*, AG 2021, 613, 616 f.

257) Weiter noch *Mayer/Jenne/Miller*, BB 2020, 1282, 1286, die keine Rechtspflicht sehen, die Ortsbindung zu beachten; auch *Atta*, WM 2020, 1047, 1048 f.; ferner *Noack/Zetzsche*, AG 2020, 265, 267, die allerdings darauf hinweisen, „dass man sich vorsorglich daran halten mag"; ähnl. Hüffer/Koch-*Koch*, AktG, § 118 Rz. 51; von einer Abweichung abratend *Kruchen*, DZWIR 2020, 431, 444 f.; *Forschner*, MittBayNot 2020, 546, 547.

258) Vgl. *Rieckers* in: BeckOGK-AktG, § 121 Rz. 85; BGH, Urt. v. 21.10.2014 – II ZR 330/13, Rz. 15, NJW 2015, 336.

259) So auch *Mayer/Jenne/Miller*, BB 2020, 1282, 1286; *Atta*, WM 2020, 1047, 1048 f.

260) So auch *Noack/Zetzsche*, AG 2020, 265, 267; *Stelmaszczyk/Forschner*, Der Konzern 2020, 221, 247; *Kruchen*, DZWIR 2020, 431, 443; *Herrler*, GWR 2020, 191, 192; s. dazu auch mit Blick auf die Besonderheiten der virtuellen Versammlung Hüffer/Koch-*Koch*, AktG, § 118 Rz. 52 f.; Grigoleit-*Herrler*, AktG, § 118 Rz. 36j.

Satz 3 Nr. 4 AktG). Ebenfalls erforderlich sind Angaben zu den Rechten der Aktionäre nach den §§ 122 Abs. 2, 126 Abs. 1, 127, 131 Abs. 1 AktG (§ 121 Abs. 3 Satz 3 Nr. 3 AktG), wobei hier freilich die Besonderheiten des COVGesMG zu berücksichtigten sind.[261] So besteht insbesondere kein **Auskunftsrecht** gemäß § 131 Abs. 1 AktG (siehe Rz. 67, 75).

112 Auch wenn § 121 AktG dies nicht ausdrücklich verlangt, sollten dann aber – zumindest bei börsennotierten Gesellschaften – Angaben zum **Fragerecht** gemäß § 1 Abs. 2 COVGesMG gemacht werden, welches weiterhin zumindest hinsichtlich des „Wie" der Fragenbeantwortung ein rechtliches Weniger zum Auskunftsrecht ist (siehe Rz. 75 f.) und daher in die nach § 121 Abs. 3 Satz 3 AktG erforderlichen Angaben zu § 131 AktG hineinzulesen ist.[262] Für die Erforderlichkeit von Angaben zum Fragerecht in der Einberufung spricht nicht zuletzt, dass dort etwaige Fristen für die Einreichung von Fragen (siehe Rz. 69 f.) am sinnvollsten kommuniziert werden können.[263] In der Einberufung brauchen hingegen nicht etwaige ermessensleitende Grundsätze für die Beantwortung von Fragen (siehe oben Rz. 77) festgelegt werden. Soweit die verkürzten Fristen nach § 1 Abs. 3 COVGesMG zum Tragen kommen (siehe dazu Rz. 140 ff., insb. Rz. 151), ist auch dies bei den Angaben zu den Rechten der Aktionäre zu beachten. Neben diesen Angaben sollte wie auch bislang die Gesamtzahl der Aktien und Stimmrechte im Zeitpunkt der Einberufung der Hauptversammlung in der Einberufung selbst wiedergegeben werden (§ 49 Abs. 1 Satz 1 Nr. 1 WpHG).

113 Darüber hinaus sollte die Einberufung auch **Angaben zur Widerspruchsmöglichkeit** sowie zum Verfahren beinhalten.[264] Dies geht zwar weder aus dem AktG noch aus dem COVGesMG ausdrücklich hervor. Ohne entsprechende Angaben ist allerdings nicht gewährleistet, dass die Aktionäre ihre Widerspruchsmöglichkeit kennen und effektiv wahrnehmen können; von der Präsenzversammlung dürfte ihnen allenfalls gerade bekannt sein, dass es für die Erklärung eines Widerspruchs zur Niederschrift der Anwesenheit bedürfte (vgl. § 245 Nr. 1 AktG). Dies würde dem Zweck von § 1 Abs. 2 Satz 1 Nr. 4 COVGesMG zuwiderlaufen, der eine Widerspruchsmöglichkeit ausdrücklich verlangt.

114 Auch wenn dies gesetzlich nicht unbedingt erforderlich sein mag, kann es sich auch für nicht börsennotierte Publikumsgesellschaften empfehlen, Angaben zu den Teilnahmebedingungen, zu Stimmrechtsausübung, Vollmachtserteilung, den Rechten der Aktionäre sowie zur Widerspruchsmöglichkeit in der Einberufung zur Hauptver-

---

261) S. dazu auch Hüffer/Koch-*Koch*, AktG, § 118 Rz. 53; *Simons/Hauser*, NZG 2020, 488, 491.
262) I. E. ähnlich u. a. Hüffer/Koch-*Koch*, AktG, § 118 Rz. 52; *Simons/Hauser*, NZG 2020, 488, 492, 495; *Kruchen*, DZWIR 2020, 431, 444.
263) Überdies verlangt Art. 5 Abs. 3 lit. b) ii) der Aktionärsrechterichtlinie (RL 2007/36(EG)) Angaben zu dem Fragerecht der Aktionäre gemäß Art. 9 der Richtlinie; daher ist zumindest bei börsennotierten Gesellschaften die Angabe auch in unionsrechtskonformer Auslegung von § 121 AktG angezeigt.
264) So auch Hüffer/Koch-*Koch*, AktG, § 118 Rz. 50; Hirte/Heidel-*Heidel/Lochner*, Das neue AktienR, Art. 2 § 1 AbmilderungsG, Rz. 69; *Stelmaszczyk/Forschner*, Der Konzern 2020, 221, 233; *Lieder*, ZIP 2020, 837, 842; s. aber auch *Herrler*, DNotZ 2020, 468, 477 f. gegen eine Anfechtbarkeit bei fehlender Angabe.

sammlung zu machen.[265] Andernfalls droht das Risiko, dass Aktionäre vorbringen, die Gesellschaft habe ihnen die Ausübung ihrer Rechte übermäßig erschwert, da die Modalitäten der Rechteausübung im Rahmen einer virtuellen Versammlung nach dem COVGesMG nach wie vor recht neu und bei weitem nicht so etabliert sind, wie die einer Präsenzversammlung.

Gerade im Zuge der virtuellen Hauptversammlung kommt auch der Veröffentlichung von **Datenschutzhinweisen** (vgl. Art. 13, 14 der Verordnung (EU) 2016/679[266]) – DSGVO) gesteigerte Bedeutung zu. Im Zusammenhang mit dem Einsatz eines Online-Portals werden zumeist nochmals andere Arten von personenbezogenen Daten verarbeitet werden, als dies bei einer Präsenz-Hauptversammlung der Fall ist (z. B. IP-Adressen).   **115**

Soweit Gesellschaften zunächst eine Präsenz-Hauptversammlung einberufen und sich erst anschließend (insbesondere aufgrund eines weiterhin bestehenden oder gar wieder gestiegenen Infektionsrisikos) für die Abhaltung einer virtuellen Hauptversammlung entscheiden, bedarf es in jedem Falle einer **Absage und neuen Einberufung**. Dies gilt selbst dort, wo beide Veranstaltungen am gleichen Tag und zur gleichen Uhrzeit, womöglich gar am gleichen Ort (siehe zum „Ort" der Versammlung Rz. 108 ff.) stattfinden sollen. Ein „Umschwenken" dergestalt, dass zunächst eine Hauptversammlung als Präsenzveranstaltung einberufen wird und nachträglich, ohne neue Einberufung, die Abhaltung einer virtuellen Hauptversammlung angeordnet wird, ist nach wohl einhelliger Auffassung nicht möglich.[267] Das Aktienrecht verlangt nämlich, dass zahlreiche Angaben bereits in der Einberufung selbst enthalten sind (vgl. nur § 121 Abs. 3 AktG, siehe dazu Rz. 107 ff.). Diese Regelungen sind zum Teil auf Art. 5 Aktionärsrechte-RL zurückzuführen und waren daher auch einer Modifizierung durch den deutschen Gesetzgeber i. R. des COVGesMG entzogen. Dass sich die hiernach erforderlichen Angaben (insbesondere zur Stimmrechtsausübung) für die Präsenzversammlung und die virtuelle Hauptversammlung teils stark unterscheiden, macht die Absage der bereits einberufenen und eine neue Einberufung der virtuellen Hauptversammlung erforderlich, in der dann alle erforderlichen Angaben enthalten sind. Es spricht allerdings nichts dagegen, diese neue Einberufung mit der Absage der Präsenzversammlung in einer Bekanntmachung zu verbinden.[268]   **116**

b) Weitere Vorbereitung der virtuellen Hauptversammlung

Tagesordnungsergänzungsverlangen sind auch nach den Regelungen des COVGesMG möglich (siehe Rz. 102 f.). Ferner sind die Mitteilungen nach § 125 AktG an die Aktionäre auch für die virtuelle Hauptversammlung verpflichtend, insoweit sind insbesondere die Vorgaben in § 125 Abs. 5 AktG und der Durchführungsverordnung   **117**

---

265) So auch *Herrler*, GWR 2020, 191, 192; wohl auch *Stelmaszczyk/Forschner*, Der Konzern 2020, 221, 227.

266) Verordnung (EU) 2016/679 des Europäischen Parlaments und des Rates v. 27.4.2016 zum Schutz natürlicher Personen bei der Verarbeitung personenbezogener Daten, zum freien Datenverkehr und zur Aufhebung der Richtlinie 95/46/EG – Datenschutz-Grundverordnung (DSGVO), ABl. (EU) L 119 v. 4.5.2016.

267) Statt vieler Hüffer/Koch-*Koch*, AktG, § 118 Rz. 54; Grigoleit-*Herrler*, AktG, § 118 Rz. 36g.

268) Ebenso *Stelmaszczyk/Forschner*, Der Konzern 2020, 221, 226.

(EU) 2018/1212 zu beachten. Allerdings können sich die Fristen nach § 1 Abs. 3 COVGesMG verkürzen (siehe Rz. 149 f.).

118   Unberührt durch die Vorschriften des COVGesMG bleibt auch das **Erfordernis einer Anmeldung** zur virtuellen Hauptversammlung, namentlich für die Ausübung des Stimmrechts, soweit dies – wie gerade bei börsennotierten Gesellschaften gängig – in der Satzung vorgesehen ist (§ 123 Abs. 2 AktG). Selbiges gilt für den Nachweis über den Anteilsbesitz bei Inhaberaktien (§ 123 Abs. 3, Abs. 4 AktG). Jedenfalls für diesen Nachweis sind aber auch insoweit ggf. die Fristverkürzungen nach § 1 Abs. 3 COVGesMG zu beachten (siehe Rz. 144 ff.).

119   Auch die §§ 126, 127 AktG über die Veröffentlichung von Gegenanträgen und Wahlvorschlägen **beanspruchen Geltung**. Dies wird jetzt von § 1 Abs. 2 Satz 3 COVGesMG n. F. zwingend vorausgesetzt, der für die Behandlung von Gegenanträgen als gestellt daran anknüpft, dass diese nach § 126 oder § 127 AktG zugänglich zu machen sind (siehe bereits Rz. 86 ff.). Damit ist die nach der alten Fassung des COVMG offene Frage geklärt, ob die §§ 126, 127 AktG auch dort gelten, wo in der virtuellen Hauptversammlung selbst keine Anträge gestellt werden können und Anträge auch nicht als gestellt behandelt werden;[269] nicht zuletzt diese Fälle sollen von § 1 Abs. 2 Satz 3 COVGesmG n. F. erfasst werden.[270]

120   Für die Praxis ist im Vorfeld der Hauptversammlung ferner anzuraten, in enger Zusammenarbeit mit dem Hauptversammlungsdienstleiter die Funktionsfähigkeit der technischen Komponenten sorgsam zu überprüfen und insbesondere die zur Verfügung stehenden Kommunikationswege zu erproben. Ferner könnte aus praktischen Gründen zu erwägen sein, ob der Vorstand seine Präsentation und Rede bereits im Vorfeld der Hauptversammlung online stellt. So würde den Aktionären – bei rechtzeitiger Veröffentlichung – ein gezieltes Eingehen auf die Äußerungen des Vorstands ermöglicht, selbst wenn Fragen bis einen Tag vor der Hauptversammlung eingereicht werden müssen.

c) Durchführung der virtuellen Hauptversammlung

aa) Anwesende Personen

121   Für die Durchführung der virtuellen Hauptversammlung gilt ebenso wie für die Präsenzversammlung, dass die Leitung der Versammlung dem – zumeist in der Satzung bestimmten – **Versammlungsleiter** obliegt. Problematisch ist indes der – freilich für Publikumsgesellschaften praktisch kaum relevante Fall – dass die Satzung keine Vorgaben zur Person des Versammlungsleiters macht. In diesem Fall obläge die Wahl des Versammlungsleiters grundsätzlich der Hauptversammlung.[271] Nach der hier vertretenen Auffassung gibt es bei einer virtuellen Hauptversammlung keinen physischen Versammlungsort i. S. des § 121 Abs. 3 Satz 1 AktG, an dem sich der dann gewählte Versammlungsleiter aufhalten müsste, so dass sich hieraus keine Beschränkungen ergäben, solange eine Bild- und Tonübertragung gewährleistet ist (siehe Rz. 108 f.). Im Falle einer (echten) elektronischen Teilnahme dürfte die Wahl des

---

269) S. zur Rechtslage nach § 1 Abs. 2 COVGesMG a. F. die 1. Auflage, Rz. 104 f.

270) S. Ausschuss-Begr., BT-Drucks. 19/25322, S. 22.

271) Hüffer/Koch-*Koch*, AktG, § 129 Rz. 20 m. w. N.

Versammlungsleiters durch die Hauptversammlung grundsätzlich auch unproblematisch möglich sein, nehmen die Aktionäre hier doch an der Versammlung teil (siehe
Rz. 15, auch Rz. 131); schwieriger gestaltet sich der Fall, wenn eine Stimmrechtsausübung lediglich im Wege der Briefwahl ermöglicht wird. Auch wenn die Aktionäre
hier nicht an der Versammlung teilnehmen (siehe Rz. 25, auch Rz. 130), muss
ihnen die Wahl eines Versammlungsleiters – dann im Wege der Briefwahl – möglich
sein. Denn die Hauptversammlung muss grundsätzlich einen Leiter haben.[272] Die
Versammlungsleitung ist in Bild- und Ton zu übertragen (§ 1 Abs. 2 Satz 1 Nr. 1
COVGesMG).

Satzungsmäßiger Versammlungsleiter ist üblicherweise der Vorsitzende des Auf-   **122**
sichtsrats. Stellt man sich auf den Standpunkt, dass auch die virtuelle Hauptversammlung einen in der Versammlungseinladung anzugebenden, physischen Versammlungsort hat – wie in der Praxis höchstvorsorglich üblich (siehe Rz. 110) –, muss
dieser am Ort der Versammlung zugegen sein (siehe aber zum „Versammlungsort"
Rz. 108 f.).[273] Unabhängig von der Ortsfrage bedarf es jedenfalls einer Bild- und
Tonübertragung von dem Ort, an welchem sich der Versammlungsleiter aufhält.
Für die übrigen Aufsichtsratsmitglieder genügt eine Teilnahme im Wege der Bild-
und Tonübertragung, selbst wenn die Satzung dies nicht vorsieht (§ 1 Abs. 1
COVGesMG i. V. m. § 118 Abs. 3 Satz 2 AktG).

Für den **Vorstand** sieht das Gesetz eine solche Erleichterung nicht vor, § 118 Abs. 3   **123**
Satz 1 AktG verlangt grundsätzlich die Teilnahme vor Ort.[274] Allerdings wäre –
selbst wenn man entgegen der hier vertretenen Auffassung unterstellt, dass die Hauptversammlung einen physischen Versammlungsort hat (siehe aber bereits Rz. 108 f.)[275]
– zumindest bei einem mehrköpfigen Vorstand mit der Anwesenheit aller Vorstandsmitglieder vor Ort wenig gewonnen. Schließlich dient die Anwesenheit des
Vorstands vor allem der Erteilung von Auskünften (§ 131 Abs. 1 AktG) und der
Erläuterung der Vorlagen (§ 176 Abs. 1 Satz 2 AktG). Sinnvoll und für die Praxis
ratsam erscheint daher die Teilnahme vor Ort durch ein Vorstandsmitglied (in der
Regel den Vorsitzenden), damit dieses die Vorlagen an die Hauptversammlung erläutern und Fragen beantworten kann.[276] Freilich muss auch dies ohnehin per Bild
und Ton übertragen werden, so dass der Ort, von dem aus die Vorlagen erläutert
und Fragen beantwortet werden, letztlich an Bedeutung verliert.

Jedenfalls hinsichtlich der übrigen Teilnehmer ist zu berücksichtigen, dass durch   **124**
die virtuelle Hauptversammlung gerade dem Risiko einer COVID-19-Infektion Rechnung getragen wird. Damit unvereinbar wäre es, unabhängig vom Infektionsrisiko

---

272) Hüffer/Koch-*Koch*, AktG, § 129 Rz. 18 m. w. N.
273) Vgl. Begr. Entwurf COVAbmildG, BT-Drucks. 19/18110, S. 26.
274) Vgl. zur Teilnahmepflicht nur *Hoffmann* in: BeckOGK-AktG, § 118 Rz. 28 ff.
275) Zu den Folgen der Ablehnung eines physischen Versammlungsortes s. nur *Mayer/Jenne/
     Miller*, BB 2020, 1282, 1285.
276) So auch *Götze/Roßkopf*, DB 2020, 768, 769; s. auch *Bücker/Kulenkamp/Schwarz/Seibt/
     v. Bonin*, DB 2020, 775, 781; *Herb/Merkelbach*, DStR 2020, 811, 816; *Simons/Hauser*,
     NZG 2020, 488, 492; *Mayer/Jenne/Miller*, BB 2020, 1282, 1285; *Kruchen*, DZWIR 2020,
     431, 445; *Stelmaszczyk/Forschner*, Der Konzern 2020, 221, 227; *Herrler*, DNotZ 2020, 468, 479
     f.; a. A. Römermann-*Römermann/Grupe*, COVID-19 AbmG, Teil 2 Rz. 48 f.

die Anwesenheit aller Vorstandsmitglieder an einem Ort zu verlangen. Dies legt nahe, dass auch ohne ausdrückliche gesetzliche Regelung eine „Teilnahme" zumindest der übrigen Vorstandsmitglieder mittels Bild- und Tonübertragung oder gar nur mittels Tonübertragung erlaubt und § 118 Abs. 3 Satz 1 AktG insoweit im Lichte des **Sinn und Zwecks** des COVGesMG auszulegen sein kann.[277] Im Übrigen können bestehende Einschränkungen aufgrund der COVID-19-Pandemie (z. B. Einreiseverbote, Quarantäneanordnung) auch wichtige Gründe darstellen, die eine Teilnahmepflicht von Verwaltungsmitgliedern nach § 118 Abs. 3 Satz 1 AktG vollständig entfallen lassen.[278]

125 Am Ort des Versammlungsleiters anwesend sollte aber – in den Fällen, in denen die Niederschrift über die Versammlung von einem Notar zu erstellen ist (§ 130 Abs. 1 AktG) – der die Niederschrift aufnehmende **Notar** sein.[279] Er muss die Ausführungen des Versammlungsleiters nebst Ton- und Bildübertragung verfolgen. Ferner bedürften auch ggf. textförmig vorab eingereichte Fragen (nebst Zugangszeitpunkt) und Widersprüche für ein vollständiges Bild der Abläufe der Wahrnehmung durch den Notar.[280] Nicht erforderlich – und bei entsprechender Digitalisierung auch nicht mehr im Detail möglich – ist hingegen die Dokumentation des Auszählverfahrens durch den Notar.[281] Allerdings wird sich der Notar von der Funktionstüchtigkeit des Stimmabgabesystems überzeugen.[282]

126 Anzuraten ist ferner die Anwesenheit des Abschlussprüfers, wo diese gesetzlich vorgeschrieben ist.[283] Ist der Jahresabschluss von einem **Abschlussprüfer** zu prüfen, so hat nach § 176 Abs. 2 AktG der Abschlussprüfer an den Verhandlungen über die Feststellung des Jahresabschlusses teilzunehmen. Eine Teilnahmepflicht besteht also nur dann, wenn die Hauptversammlung den Jahresabschluss feststellt, was zwar bei der (werbenden) AG den absoluten Ausnahmefall darstellt (§§ 173, 234 Abs. 2 Satz 1, 270 Abs. 2 Satz 1 AktG), aber zumindest bei der KGaA stets gesetzlich vorgeschrieben ist (§ 286 Abs. 1 AktG, siehe zur KGaA noch Rz. 174).[284] Nimmt der Abschlussprüfer wider den gesetzlichen Vorgaben nicht an einer Hauptversammlung teil, kann der Beschluss über die Feststellung des Jahresabschlusses nach ganz h. M. anfecht-

---

277) I. E. ähnlich Hüffer/Koch-*Koch*, AktG, § 118 Rz. 57; *Wicke* in: BeckOGK-AktG, § 130 Rz. 10; *Herrler*, DNotZ 2020, 468, 479; vgl. auch *Mayer/Jenne/Miller*, BB 2020, 1282, 1285; a. A. *Hoffmann* in: BeckOGK-AktG, § 118 Rz. 68; eine Verletzung der Teilnahmepflicht bliebe ohnehin ohne beschlussrechtliche Konsequenzen, s. nur Hüffer/Koch-*Koch*, AktG, § 118 Rz. 21.

278) Vgl. auch *Hoffmann* in: BeckOGK-AktG, § 118 Rz. 68; *Götze/Roßkopf*, DB 2020, 768, 769; *Lieder*, ZIP 2020, 837, 840; *Herb/Merkelbach*, DStR 2020, 811, 816; *Bücker/Kulenkamp/ Schwarz/Seibt/v. Bonin*, DB 2020, 775, 782; *Kruchen*, DZWIR 2020, 431, 445; *Simons/ Hauser*, NZG 2020, 488, 492; *Tröger*, BB 2020, 1091, 1093.

279) Vgl. nur Begr. Entwurf COVAbmildG, BT-Drucks. 19/18110, S. 26; s. auch statt vieler *Wicke* in: BeckOGK-AktG, § 130 Rz. 10, dort auch Rz. 12 ff. zum Inhalt der Niederschrift über eine virtuelle Hauptversammlung m. w. N.

280) *Noack/Zetzsche*, AG 2020, 265, 273, dort auch zur Dokumentation durch den Notar.

281) *Noack/Zetzsche*, AG 2020, 265, 273.

282) Vgl. auch *Wicke* in: BeckOGK-AktG, § 130 Rz. 14, 23 f.

283) So wohl auch *Noack/Zetzsche*, AG 2020, 265, 268; s. auch *Tröger*, BB 2020, 1091, 1093.

284) *Hennrichs/Pöschke* in: MünchKomm-AktG, § 176 Rz. 24; Hölters-*Drinhausen*, AktG, § 176 Rz. 3.

bar sein.[285] Das COVGesMG macht hiervon keine ausdrückliche Ausnahme, so dass die Anwesenheit des Abschlussprüfers vor Ort sichergestellt werden sollte, wo dies gesetzlich vorgeschrieben ist. Auch eine bloße Zuschaltung in Bild und Ton ist vor diesem Hintergrund risikobehaftet, da das Gesetz diese nicht vorsieht; wenngleich die Beantwortung von Fragen des Vorstands – oder der Aktionäre bei einer Ermächtigung zur Auskunftserteilung seitens des Vorstands – durch den Prüfer auch über Bild- und Tonzuschaltung sichergestellt werden könnte und deshalb eine Zuschaltung vertretbar scheint.[286]

Die Einrichtung eines **Back-Office** wird hingegen kaum in gleichem Maße notwendig **127** sein, wie dies in einer Präsenzversammlung üblicherweise der Fall ist.[287] Dies gilt jedenfalls, wenn Aktionäre ihre Fragen lediglich im Vorfeld einreichen können und an der Versammlung nicht elektronisch teilnehmen. Hier verschiebt sich die üblicherweise im Back-Office während der Versammlung geleistete Arbeit weitgehend in das Vorfeld der virtuellen Hauptversammlung.[288] Auch in diesem Fall sollten allerdings zumindest der Rechtsberater und der Hauptversammlungsdienstleiter mit dem Versammlungsleiter in Kontakt stehen, um eine sachgerechte Reaktion auf unvorhergesehene Zwischenfälle gewährleisten zu können. Sofern (Nach-)Fragen live „in" der Versammlung zugelassen werden (siehe Rz. 71 ff.), ist die Einrichtung eines Back-Office hingegen auch während der Hauptversammlung geboten, um angemessen auf Fragen reagieren zu können.[289] Allerdings ist auch in diesem Fall eine physische Präsenz – soweit zulässig[290] – nicht in gleichem Maße notwendig, wie dies in einer Präsenzversammlung üblicherweise der Fall ist. Die Kommunikation mit dem Back-Office erfolgt schließlich bereits bei Präsenzversammlungen regelmäßig elektronisch, so dass das Back-Office auch „extern" tätig werden kann.[291]

Soweit hiernach die Anwesenheit einiger weniger Personen am Ort der Versamm- **128** lung unerlässlich ist, kann es zur Reduzierung einer Infektionsgefahr zweckmäßig sein, Vorkehrungen zu treffen, etwa indem Trennwände installiert und ausreichende Abstände zwischen den Sitzen vorgesehen werden.[292]

---

285) S. nur Hüffer/Koch-*Koch*, AktG, § 176 Rz. 10 m. w. N.

286) Dies befürwortend die h. M. s. u. a. Hüffer/Koch-*Koch*, AktG, § 118 Rz. 57; *Vetter/ Tielmann*, NJW 2020, 1175, 1177; *Lieder*, ZIP 2020, 837, 840; *Herrler*, DNotZ 2020, 468, 481; s. zu den Auskunftspflichten des Abschlussprüfers allgemein etwa *Euler/Klein* in: BeckOGK-AktG, § 176 Rz. 26 ff. m. w. N.

287) *Bücker/Kulenkamp/Schwarz/Seibt/v. Bonin*, DB 2020, 775, 779, gehen gar davon aus, dass hierfür keine Möglichkeit besteht. Dies ist aber letztlich davon abhängig, welche weiteren Maßnahmen zur Bekämpfung der COVID-19-Pandemie ergriffen werden.

288) So auch *Bücker/Kulenkamp/Schwarz/Seibt/v. Bonin*, DB 2020, 775, 782; s. auch *Herrler*, DNotZ 2020, 468, 481.

289) Vgl. etwa für Personal- und Hilfsmittel bei der Erteilung von Auskünften nach § 131 AktG nur Hüffer/Koch-*Koch*, AktG, § 131 Rz. 10, wenngleich dieser Maßstab nicht zwingend uneingeschränkt auf die Beantwortung von Fragen nach dem COVGesMG zu übertragen ist.

290) Vgl. auch *Bücker/Kulenkamp/Schwarz/Seibt/v. Bonin*, DB 2020, 775, 779.

291) Vgl. auch *Bücker/Kulenkamp/Schwarz/Seibt/v. Bonin*, DB 2020, 775, 782; *Herrler*, DNotZ 2020, 468, 481.

292) So auch *Noack/Zetzsche*, AG 2020, 265, 268; vgl. ferner *Wicke* in: BeckOGK-AktG, § 130 Rz. 10.

bb) Teilnehmerverzeichnis

129   Grundsätzlich unberührt lässt das COVGesMG die Vorschrift des § 129 Abs. 1 Satz 2 AktG, nach welcher in der Hauptversammlung ein Verzeichnis der erschienenen oder vertretenen Aktionäre und der Vertreter von Aktionären mit Angabe ihres Namens und Wohnorts sowie bei Nennbetragsaktien des Betrags, bei Stückaktien der Zahl der von jeden vertretenen Aktien unter Angabe ihrer Gattung aufzustellen ist (Teilnehmerverzeichnis).[293]

130   Allerdings ist auch insoweit zu berücksichtigten, dass die Stimmabgabe im Wege der (elektronischen) **Briefwahl keine Teilnahme** an der Versammlung darstellt. Wird nur die Stimmabgabe im Wege der Briefwahl angeboten, ist die Aufstellung des Teilnehmerverzeichnisses daher zwar vorgeschrieben, aber weitgehend überflüssig. Denn außer den erschienenen oder vertretenen Aktionären – an diesen fehlt es dann aber – sind in das Teilnehmerverzeichnis keine weiteren Personen aufzunehmen.[294] Anders ist dies freilich, wenn der Stimmrechtsvertreter der Gesellschaft vor Ort ist, da dann Aktionäre vor Ort vertreten werden und dies entsprechend im Teilnehmerverzeichnis aufzunehmen ist (wobei aber für den Fall verdeckter Stellvertretung § 129 Abs. 2 AktG zu beachten ist).[295]

131   Wird eine **elektronische Teilnahme** angeboten, liegt in einer solchen hingegen eine echte Teilnahme für die Dauer der Online-Zuschaltung. Die elektronisch teilnehmenden Aktionäre und/oder ihre Vertreter sind daher in das Teilnehmerverzeichnis aufzunehmen. Bereits für die elektronische Teilnahme an einer Präsenzversammlung gilt dabei, dass eine besondere Kennzeichnung der Online zugeschalteten Teilnehmer i. R. des Teilnehmerverzeichnisses von § 129 AktG nicht verlangt wird. Dies gilt für die virtuelle Hauptversammlung erst recht, wobei die besondere Kennzeichnung auch – anders als für die elektronische Teilnahme an einer Präsenzversammlung – nicht einmal mehr empfehlenswert erscheint, da alle teilnehmenden Aktionäre elektronisch teilnehmen (oder durch den Stimmrechtsvertreter vertreten werden) und der Mehrwert einer solchen Kennzeichnung i. R. des Teilnehmerverzeichnisses daher zweifelhaft wäre.[296]

132   Wird eine elektronische Teilnahme angeboten, sollte das Teilnehmerverzeichnis den Aktionären vor der ersten Abstimmung über die Internetseite der Gesellschaft passwortgeschützt zugänglich gemacht werden, z. B. über ein entsprechendes Internetportal. Das Verzeichnis ist nämlich grundsätzlich vor der ersten Abstimmung allen Teilnehmern **zugänglich zu machen** (§ 129 Abs. 4 Satz 1 AktG). Daher wird

---

293) S. jetzt auch Ausschuss-Begr., BT-Drucks 19/25322, S. 13.
294) S. nur *Wicke* in: BeckOGK-AktG, § 129 Rz. 30; s. zu Briefwählern auch Hüffer/Koch-*Koch*, AktG, § 118 Rz. 57; *Herb/Merkelbach*, DStR 2020, 811, 814; *Simons/Hauser*, NZG 2020, 488, 493; *Danwerth*, NZG 2020, 586, 587; ferner *Herrler*, DNotZ 2020, 468, 482, der aber eine freiwillige Aufnahme ins Teilnehmerverzeichnis erwägt; bei reiner Briefwahl ein Verzeichnis für entbehrlich halten *Mayer/Jenne/Miller*, BB 2020, 1282, 1292.
295) Vgl. hierzu statt vieler Hüffer/Koch-*Koch*, AktG, § 129 Rz. 11 und § 118 Rz. 57 m. w. N. a. A. *Mayer/Jenne/Miller*, BB 2020, 1282, 1292.
296) Ähnlich wie hier zum Ganzen *Danwerth*, NZG 2020, 586 f.; vgl. zum Ganzen auch etwa *Wicke* in: BeckOGK-AktG, § 129 Rz. 30, für die elektronische Teilnahme an einer Präsenzversammlung.

bereits für die elektronische Teilnahme an einer Präsenzversammlung teilweise vertreten, dass auch den elektronisch Teilnehmenden ein Einsichtsrecht zusteht.[297] Vor diesem Hintergrund ist die Praxis gut beraten, erst recht den elektronischen Teilnehmern an einer virtuellen Hauptversammlung gemäß dem COVGesMG das Teilnehmerverzeichnis zugänglich zu machen.[298] Schließlich besteht hier – anders als bei der Präsenzversammlung – für den Aktionär gar keine andere Möglichkeit, das Teilnehmerverzeichnis in der Versammlung selbst einzusehen; vor Ort hat er schließlich kein Anwesenheitsrecht. Dies findet auch in den Gesetzgebungsmaterialien zur Änderung des § 1 COVGesMG Bestätigung: Dort heißt es unter Verweis auf § 129 Abs. 4 AktG ausdrücklich, dass „Aktionären, die elektronisch an der Versammlung teilnehmen, […] das Verzeichnis vor der ersten Abstimmung zugänglich zu machen" ist.[299]

Kein Einsichtsrecht besteht in der Versammlung hingegen für Briefwähler, da diese   **133** nicht an der Versammlung teilnehmen (siehe Rz. 25, 130) und § 129 Abs. 4 Satz 1 AktG ein Zugänglichmachen in der Versammlung nur für Teilnehmer verlangt.[300] Auch dies findet Bestätigung darin, dass im Zuge der Änderung von § 1 COVGesMG allein eine Pflicht angesprochen wurde, den Aktionären, die „elektronisch an der Versammlung <u>teilnehmen</u>", das Verzeichnis zugänglich zu machen; von Anpassungen des § 129 AktG für virtuelle Hauptversammlungen wurde bewusst abgesehen.[301] Briefwählern steht es allerdings wie jedem – auch dem nicht zur Versammlung angemeldeten – Aktionär offen, bis zu zwei Jahre nach der Hauptversammlung Einsicht in das Teilnehmerverzeichnis zu nehmen (§ 129 Abs. 4 Satz 2 AktG). Gleiches gilt für diejenigen Aktionäre, die ihr Stimmrecht über den Stimmrechtsvertreter der Gesellschaft ausüben.[302]

cc) Dauer und Ablauf einer ordentlichen virtuellen Hauptversammlung

Die **Dauer** der Hauptversammlung ist gesetzlich nicht vorgeschrieben – solange sie nur   **134** an dem in der Einberufung angegebenen Datum stattfindet, also ohne entsprechende Angabe nicht länger als bis 24 Uhr dauert.[303] Der DCGK regt für die ordentliche Hauptversammlung allerdings eine Dauer von vier bis sechs Stunden an (Anregung A. 4 DCGK). Diese Anregung ist naturgemäß nicht unmittelbar für die virtuelle Hauptversammlung konzipiert, war eine solche doch bei Verabschiedung der der-

---

297) S. etwa *Kubis* in: MünchKomm-AktG, § 129 Rz. 37; a. A. *Wicke* in: BeckOGK-AktG, § 129 Rz. 32; *Hüffer/Koch-Koch*, AktG, § 118 Rz. 57.
298) Ähnlich etwa *Hüffer/Koch-Koch*, AktG, § 118 Rz. 57; *Kruchen*, DZWIR 2020, 431, 452.
299) Ausschuss-Begr., BT-Drucks. 19/25322, S. 13.
300) I. E. wie hier etwa *Herb/Merkelbach*, DStR 2020, 811, 814; *Simons/Hauser*, NZG 2020, 488, 493; *Danwerth*, NZG 2020, 586, 588; *Kruchen*, DZWIR 2020, 431, 452; *Rieckers*, DB 2021, 98, 101; *Herrler*, DNotZ 2020, 468, 482, der jedoch ein freiwilliges Zugänglichmachen erwägt; offengelassen von LG Frankfurt/M., Urt. v. 23.2.2021 – 3-05 O 64/20, AG 2021, 441, 444, wo jedenfalls die Relevanz für eine Anfechtung verneint wird.
301) Ausschuss-Begr., BT-Drucks. 19/25322, S. 13 (Hervorhebung d. Verf.).
302) Vgl. Ausschuss-Begr., BT-Drucks. 19/25322, S. 13; *Herb/Merkelbach*, DStR 2020, 811, 814; *Kruchen*, DZWIR 2020, 431, 452.
303) Vgl. nur *Hüffer/Koch-Koch*, AktG, § 121 Rz. 17 m. w. N., dort auch zu den Voraussetzungen, unter denen ein Überschreiten der 24-Uhr-Grenze die Anfechtbarkeit der nach 24 Uhr gefassten Beschlüsse begründet.

zeit gültigen Kodexfassung noch nicht in Sichtweite. Für die virtuelle Versammlung dürfte vielmehr eine gewisse „Straffung" möglich scheinen, da gerade das teils zeitaufwendige Stimmenauszählen bei reiner Briefwahl verkürzt werden kann. Auf der anderen Seite ist aber zu berücksichtigen, dass die aktuelle, durch die COVID-19-Pandemie bedingte Lage und deren wirtschaftliche Auswirkungen weiterhin eine Vielzahl von Fragen aufwerfen können, was wiederum zu einer längeren Dauer der Versammlung führen und eine solche rechtfertigen könnte. Abgesehen davon, dass der Vorstand diese Fragen nunmehr grundsätzlich alle zu beantworten hat, sein Ermessen auf das „Wie" der Fragenbeantwortung beschränkt ist (siehe Rz. 66, 74 ff.), kann es daher auch i. S. einer guten Corporate Governance sinnvoll sein, für die Behandlung solch wesentlicher Fragen auch ein entsprechendes Zeitfenster einzuräumen. Dies kann nicht zuletzt auch dazu dienen, ein etwaig in der Krise schwindendes Vertrauen in die Gesellschaft zu stärken.

135 Für den **Ablauf**[304] der – in Gänze in Bild und Ton zu übertragenden (siehe Rz. 49 ff.) – ordentlichen virtuellen Hauptversammlung gilt, wie auch für die Präsenzversammlung, dass nach der Eröffnung und den einleitenden Worten des Versammlungsleiters (diese können, gerade wo lediglich Briefwahl und Stimmrechtsvertretung angeboten werden, recht kurz ausfallen, da namentlich das Verfahren der Stimmabgabe bereits in der Einberufung erläutert wird) die anwesenden Vorstandsmitglieder (siehe Rz. 123 f.) die Vorlagen an die Hauptversammlung zu erläutern (§ 176 Abs. 1 Satz 2 AktG) und etwaige Unterrichtungspflichten zu erfüllen haben (z. B. § 71 Abs. 3 Satz 1 AktG), dies in der Regel mit Aufruf des ersten Tagesordnungspunktes. Ebenso hat der Aufsichtsratsvorsitzende den Bericht des Aufsichtsrats zu erläutern (§ 176 Abs. 1 Satz 2 AktG).

136 Hieran schließt sich in der Präsenzversammlung üblicherweise der Aufruf der übrigen Tagesordnungspunkte und eine **Generaldebatte** zu allen Punkten der Tagesordnung an, die vom Gesetzgeber so auch für die virtuelle Hauptversammlung – **in abgewandelter Form** – angedacht ist.[305] Für den Ablauf der Generaldebatte ist zu unterscheiden, ob für die Aktionäre und ihre Vertreter die Möglichkeit besteht, (Nach-)Fragen „live" in der Versammlung zu stellen, oder ob die Fragen vorab einzureichen sind (siehe hierzu bereits Rz. 69 f., 71 ff.). Besteht die Möglichkeit, (Nach-)Fragen „live" in der Hauptversammlung zu stellen, hängt es von der technischen Ausgestaltung ab, ob der anwesende Vorstand (siehe Rz. 123 f.) – bzw. eine andere anwesende Person – Fragen und Antworten vorträgt (dies wird wohl der Regelfall sein, etwa bei Fragenstellung mittels Chat o. Ä.) oder aber die Aktionäre ihre Fragen selbst vortragen können (etwa bei echter Live-Zuschaltung). Sind Fragen ausschließlich vorab einzureichen, läuft die Generaldebatte hingegen regelmäßig dergestalt ab, dass der Vorstand oder eine andere anwesende Person die ausgewählten Fragen verliest, und sodann der Vorstand seine Antwort hierauf vorträgt.

137 Im Anschluss daran erfolgt die **Abstimmung** zu den Punkten der Tagesordnung – ggf. mit vorheriger Ankündigung des Versammlungsleiters, dass eine Briefwahl und die Bevollmächtigung von Stimmrechtsvertretern nun nicht mehr möglich ist (siehe

---

304) S. hierzu auch *Rieckers*, DB 2021, 98, 99 f.

305) Vgl. Begr. Entwurf COVAbmildG, BT-Drucks. 19/18110, S. 26.

Rz. 58 f., 63). Das Abstimmungsverfahren stellt sich in der Präsenzversammlung üblicherweise – vereinfacht dargestellt – dergestalt dar, dass zunächst die Ankündigung und Eröffnung der Abstimmung erfolgt und sodann die Stimmabgabe stattfindet, die damit endet, dass der Versammlungsleiter die Abstimmung beendet. Im Anschluss hieran erfolgt die Auszählung der Stimmen und anschließend die Feststellung und Verkündung der Ergebnisse durch den Versammlungsleiter (vgl. § 130 Abs. 2 AktG). Wird die Hauptversammlung virtuell durchgeführt, verkürzt sich dieser Prozess erheblich, gerade da die mitunter zeitaufwendige Stimmeneinsammlung im Versammlungssaal wegfällt. Allerdings ist es (auch) in der virtuellen Hauptversammlung unverzichtbar, die Abstimmung anzukündigen und zu eröffnen, einen Zeitpunkt für die letztmögliche Stimmabgabe festzusetzen sowie im Anschluss an die Stimmzählung die Ergebnisse festzustellen und zu verkünden.[306] Dies gilt zumindest, wo die Stimmabgabe „live" im Wege der elektronischen Teilnahme ermöglicht wird. Dasselbe ist aber auch dort zu empfehlen wo die Stimmabgabe lediglich im Wege der Briefwahl bis unmittelbar vor Beginn der Abstimmung möglich ist. Zumindest irgendeine Form von Eröffnung und Beendigung der Abstimmung vorzusehen, erscheint auch hier – neben der ohnehin gebotenen Stimmauszählung und der Feststellung und Verkündung der Ergebnisse – ratsam (siehe dazu bereits Rz. 58 f., 63). Denn dann kommt dem Zeitpunkt der Abstimmungseröffnung auch für die Briefwahl Bedeutung zu.

Wird eine elektronische Teilnahme angeboten, ist es grundsätzlich denkbar, Abstimmungen im Wege des **Substraktionsverfahrens** durchzuführen, also indem man die Gegenstimmen und die Enthaltungen der Online teilnehmenden Aktionäre von der Gesamtpräsenz abzieht.[307] Vorzugswürdig erscheint allerdings auch in Fällen der elektronischen Teilnahme eine Ermittlung des Abstimmungsergebnisses im **Additionsverfahren** (also durch Zählung der Ja- und Nein-Stimmen). Denn auch wenn das Subtraktionsverfahren bei elektronischer Teilnahme nach der Vorstellung des ARUG-Gesetzgebers grundsätzlich zulässig sein soll, erscheint fraglich, inwieweit eine permanente Präsenzkontrolle bei elektronischer Teilnahme überhaupt gewährleistet werden kann. Will man dem elektronisch teilnehmenden Aktionär eine Zustimmung dann aber nicht willkürlich unterstellen, sollte von der konfliktträchtigeren Möglichkeit, Abstimmungsergebnisse im Wege des Subtraktionsverfahrens zu ermitteln, für die virtuelle Hauptversammlung generell Abstand genommen werden.[308]

    138

Was die sich an die Stimmauszählung anschließende Feststellungen des Versammlungsleiters angeht, ist bei börsennotierten Gesellschaften grds. eine umfassende Feststellung über die Beschlussfassung erforderlich (§ 130 Abs. 2 Satz 2 AktG). Hiervon kann in der Präsenzversammlung zwar abgesehen werden. Dies gilt allerdings nur, falls kein Aktionär eine umfassende Feststellung verlangt (§ 130 Abs. 2 Satz 3 AktG). Vor diesem Hintergrund erscheint die **Zulässigkeit einer verkürzten Feststellung in der virtuellen Versammlung fraglich**, solange den Aktionären keine Möglichkeit eingeräumt wird, eine umfassende Feststellung zu verlangen; der Praxis ist in

    139

---

306) Ähnlich *Noack/Zetzsche*, AG 2020, 265, 270.
307) Vgl. Begr. Entwurf COVAbmildG, BT-Drucks. 19/18110, S. 26 f.
308) Wie hier *Simons/Hauser*, NZG 2020, 488, 500; i. E. auch Hüffer/Koch-*Koch*, AktG, § 118 Rz. 62; vgl. ferner *Kubis* in: MünchKomm-AktG, § 129 Rz. 22, für die Präsenzversammlung.

solchen Fällen von einer Verkürzung der Feststellung abzuraten.[309)] Gleichwohl ist die verkürzte Feststellung jedenfalls wenig risikobehaftet, da auch ein Verstoß gegen die umfassenden Feststellungsanforderungen gemäß § 130 Abs. 2 Satz 2 AktG nicht die Nichtigkeit der betreffenden Beschlüsse gem. §§ 241 Nr. 2, 256 Abs. 3 Nr. 2 AktG nach sich ziehen würde und selbst eine Anfechtung allenfalls in Ausnahmefällen in Betracht kommt,[310)] nach richtiger Auffassung gar ganz ausscheidet.[311)]

IV. Fristverkürzungen (Abs. 3)

140   § 1 Abs. 3 COVGesMG sieht die Möglichkeit einer Verkürzung der Frist für die Einberufung der Hauptversammlung auf 21 Tage vor (Satz 1) sowie daran anschließend weitere Fristverkürzungen für den Zeitpunkt und die Einreichung des Nachweises des Anteilsbesitzes bei börsennotierten Gesellschaften mit Inhaberaktien (Satz 2), die Mitteilungen an Aktionäre nach § 125 AktG (Satz 3) und die Einreichung von Tagesordnungsergänzungsverlangen (Satz 4). Die Regelungen differenzieren nicht zwischen virtueller und Präsenz-Hauptversammlung, müssen daher und angesichts ihrer systematischen Stellung in § 1 COVGesMG nach den Regelungen über die virtuelle Hauptversammlung in beiden Fällen gelten.[312)] Die Fristverkürzungen der Sätze 2–4 greifen allerdings nur, wo der Vorstand mit Zustimmung des Aufsichtsrats von der Möglichkeit Gebrauch macht, die Hauptversammlung mit verkürzter Frist nach Satz 1 einzuberufen.[313)] Ein „Cherry-Picking" allein der günstigen Fristverkürzungen ist nicht vorgesehen.

1. Frist für die Einberufung der Hauptversammlung

141   § 1 Abs. 3 Satz 1 AktG bestimmt, dass die Hauptversammlung durch den Vorstand mit Zustimmung des Aufsichtsrats (Abs. 6) noch **spätestens am 21. Tag** vor dem Tag der Versammlung einberufen werden kann, statt nach § 123 Abs. 1 Satz 1, Abs. 2 Satz 5 AktG mindestens dreißig Tage vor der Versammlung zzgl. einer etwaigen Anmeldefrist. Die Tage der Anmeldefrist zählen dabei in Abweichung von § 123 Abs. 2 Satz 5 AktG nicht mit, § 123 Abs. 1 Satz 2 AktG beansprucht wegen der Formulierung „spätestens am" ebenfalls keine Geltung.[314)] Abweichende Satzungsregelungen sind unbeachtlich.[315)] Für die Fristberechnung muss in Ermangelung abweichender Regelungen § 121 Abs. 7 AktG Geltung beanspruchen.[316)]

---

309) Wie hier Hüffer/Koch-*Koch*, AktG, § 118 Rz. 63; *Kruchen*, DZWIR 2020, 431, 459; a. A. scheinbar *Herrler*, DNotZ 2020, 468, 501; *Stelmaszczyk/Forschner*, Der Konzern 2020, 221, 234.

310) Vgl. *Wicke* in: BeckOGK-AktG, § 130 Rz. 71 m. w. N.

311) *Kubis* in: MünchKomm-AktG, § 130 Rz. 64; *Kruchen*, DZWIR 2020, 431, 459.

312) So auch Hüffer/Koch-*Koch*, AktG, § 123 Rz. 15; *Kruchen*, DZWIR 2020, 431, 440.

313) Begr. Entwurf COVAbmildG, BT-Drucks. 19/18110, S. 26 f.; so auch Hüffer/Koch-*Koch*, AktG, § 123 Rz. 17 f.; *Simons/Hauser*, NZG 2020, 488, 491; *Herrler*, DNotZ 2020, 468, 473 f.

314) So auch Hüffer/Koch-*Koch*, AktG, § 123 Rz. 15 f.; *Götze/Roßkopf*, DB 2020, 768, 772 f.; *Rieckers*, DB 2021, 98, 99; s. auch *Bücker/Kulenkamp/Schwarz/Seibt/v. Bonin*, DB 2020, 775, 778; *Herrler*, DNotZ 2020, 468, 472; für die Nichtberücksichtigung der Tage der Anmeldefrist auch Römermann-*Römermann/Grupe*, COVID-19 AbmG, Teil 2 Rz. 102; a. A. (Geltung von § 123 Abs. 1 Satz 2 AktG), *Herb/Merkelbach*, DStR 2020, 811, 815.

315) Begr. Entwurf COVAbmildG, BT-Drucks. 19/18110, S. 26 f.

316) So auch *Bücker/Kulenkamp/Schwarz/Seibt/v. Bonin*, DB 2020, 775, 781; *Herb/Merkelbach*, DStR 2020, 811, 815.

Die Frist von 21 Tagen entspricht den Vorgaben in Art. 5 Abs. 1 Unterabs. 1 Aktio- **142**
närsrechte-RL. Da § 1 Abs. 3 Satz 1 COVGesMG auch für die Jahreshauptversammlung gilt, kommt die verkürzte Frist von 14 Tagen aus Art. 5 Abs. 1 Unterabs. 2
Aktionärsrechte-RL nicht zur Anwendung.[317]

Die Regelung ermöglicht es Unternehmen bei Bedarf, Beschlüsse der Hauptversamm- **143**
lung verhältnismäßig kurzfristig herbeizuführen. Dies konnte gerade zu Anfang der
COVID-19-Pandemie angesichts der daraus resultierenden Folgen für die Wirtschaft
im Einzelfall durchaus zweckmäßig sein. Unter anderem mit Blick auf die praktischen
Probleme, welche namentlich für die Depotbanken mit einer verkürzten Einberufung
gerade auch bei Inhaberaktien verbunden sein können (siehe hierzu noch Rz. 146),
ist allerdings mittlerweile zu empfehlen, von dieser Möglichkeit nur noch äußerst
zurückhaltend Gebrauch zu machen, nämlich nur dort, wo mit der Abhaltung einer
Hauptversammlung nicht weiter zugewartet werden kann.[318]

2. Fristen für den Nachweis des Anteilsbesitzes

Im Falle einer verkürzten Einberufung nach § 1 Abs. 3 Satz 1 COVGesMG hat sich **144**
der Nachweis des Anteilsbesitzes bei börsennotierten Gesellschaften mit Inhaberaktien abweichend von § 123 Abs. 4 Satz 2 AktG nicht auf den Beginn des 21.,
sondern **auf den Beginn des zwölften Tages vor der Versammlung** zu beziehen.
Dieser Nachweis ist für die Ausübung der Aktionärsrechte i. R. der Hauptversammlung von zentraler Bedeutung, da im Verhältnis zur Gesellschaft für die Teilnahme
an der Versammlung oder für die Ausübung des Stimmrechts als Aktionär nur gilt,
wer den Nachweis erbracht hat (§ 123 Abs. 4 Satz 5 AktG). Der Nachweis muss
nach § 1 Abs. 3 Satz 2 COVGesMG an die in der Einberufung hierfür mitgeteilte
Adresse bis spätestens am vierten Tag – abweichend von der Sechs-Tages-Frist nach
§ 123 Abs. 4 Satz 2 AktG – vor der Hauptversammlung zugehen, soweit der Vorstand
in der Einberufung der Hauptversammlung keine kürzere Frist für den Zugang des
Nachweises bei der Gesellschaft vorsieht. Abweichende Satzungsbestimmungen
sind unbeachtlich. Für die Fristberechnung gelten auch hier in Ermangelung einer
Sonderregelung die Vorgaben des § 121 Abs. 7 AktG.[319] Wegen der von § 123 Abs. 4
Satz 2 AktG abweichenden Formulierung „spätestens am" kann allerdings § 123
Abs. 4 Satz 4 AktG keine Geltung beanspruchen, wonach für die Fristberechnung
nach dem AktG der Tag des Zugangs des Nachweises bei der Gesellschaft für die
Fristwahrung nicht mitzurechnen ist.[320]

---

317) Begr. Entwurf COVAbmildG, BT-Drucks. 19/18110, S. 26 f.

318) S. auch Grigoleit-*Herrler*, AktG, § 118 Rz. 36b; Hüffer/Koch-*Koch*, AktG, § 123 Rz. 15;
zur Hauptversammlungspraxis s. die Auswertung bei *Danwerth*, AG 2020, 776, 778; *ders.*,
AG 2021, 613, 615; strenger noch (kaum Situationen vorstellbar, in denen nicht der Gefahr eines Ermessensfehlgebrauchs bei Einberufung mit verkürzten Fristen bestehen soll)
Simons/Hauser, NZG 2020, 1406, 1408 f.; vgl. auch *Simons/Hauser*, NZG 2021, 1340, 1342.

319) So auch Hirte/Heidel-*Müller*, Das neue AktienR, Art. 2 § 1 AbmilderungsG, Rz. 95; wohl
auch *Bücker/Kulenkamp/Schwarz/Seibt/v. Bonin*, DB 2020, 775, 781.

320) So auch Hüffer/Koch-*Koch*, AktG, § 123 Rz. 18; *Herrler*, DNotZ 2020, 468, 474; a. A.
Götze/Roßkopf, DB 2020, 768, 773; Hirte/Heidel-*Müller*, Das neue AktienR, Art. 2 § 1
AbmilderungsG, Rz. 101.

145 Diese Regelungen zum Nachweisstichtag tragen den Vorgaben des Art. 7 Abs. 3 **Aktionärsrechte-RL** Rechnung, wonach eine Mindestfrist von acht Tagen zwischen dem letzten zulässigen Tag der Einberufung und dem Nachweisstichtag liegen muss, wobei die beiden Tage bei der Berechnung nicht mitgerechnet werden. Dementsprechend kommt bei einer Einberufung am 21. Tag vor der Versammlung frühestens der zwölfte Tag vor der Versammlung als Nachweisstichtag in Betracht.[321]

146 Es ist zu befürchten, dass die durch Satz 2 bestimmten Fristverkürzungen gerade den **Depotbanken in der Praxis Schwierigkeiten** bereiten könnten. Die fristwahrende Ausstellung eines Nachweises über den Anteilsbesitz könnte diese teils aufgrund der Zeit, welche die – der Ausstellung des Anteilsbesitzes und der Zuleitung an die Gesellschaft logisch vorgeschaltete – Zusendung der Mitteilungen an die Aktionäre nach § 125 AktG (siehe hierzu Rz. 149 f.) und die Rückmeldung des Aktionärs in Anspruch nehmen, vor Probleme stellen.

147 Problematisch ist ferner, dass die Regelung in § 1 Abs. 3 Satz 2 COVGesMG ausweislich des klaren Wortlauts lediglich den Nachweis des Anteilsbesitzes bei **börsennotierten Gesellschaften** nach § 123 Abs. 4 AktG erfasst. Insbesondere bei Gesellschaften, deren Aktien im Freiverkehr notiert sind, bleiben hingegen satzungsmäßige Regelungen (vgl. § 123 Abs. 3 AktG) und damit teils längere Fristen als zwölf und vier Tage unberührt, selbst wenn die Hauptversammlung nach § 1 Abs. 3 Satz 1 COVGesMG mit verkürzter Frist einberufen wird.[322] Gerade auch in diesen Fällen kann es daher sinnvoll sein, auf eine Einberufung mit verkürzter Frist zu verzichten, um Schwierigkeiten bei der Nachweiserbringung zu vermeiden.[323]

148 Anders kann dies allerdings zu beurteilen sein bei **börsennotierten Gesellschaften**, nach deren Satzung neben dem gesetzlich zwingend ausreichenden (§ 123 Abs. 4 Satz 1 AktG in der Fassung des ARUG II) Nachweis des Letztintermediärs gemäß § 67c Abs. 3 AktG auch – entsprechend § 123 Abs. 4 AktG a. F. – ein durch das depotführende Institut in Textform erstellter besonderer Nachweis des Anteilsbesitzes ausreicht, um den Anteilsbesitz nachzuweisen.[324] Dem Gesetzeswortlaut nach gilt § 1 Abs. 3 Satz 2 COVGesMG für einen solchen **satzungsmäßigen Nachweis** nicht, da die Norm auf § 123 Abs. 4 Satz 2 AktG Bezug nimmt, der nunmehr lediglich die Fristen für den Nachweis nach § 67c AktG regelt. Dies hätte allerdings eine Aufspaltung von Fristen zur Folge; für den Nachweis nach § 67c Abs. 3 AktG wäre das verkürzte Fristenregime des COVGesMG zu beachten, für den satzungsmäßigen Nachweis des depotführenden Instituts hingegen etwaige längere Fristenregelungen der Satzung. Will man dies vermeiden, ist ein Gleichlauf beider Fristen geboten; hier muss ausnahmsweise das gesetzliche Fristenregime auch für die satzungsmäßige Regelung gelten.

---

321) Begr. Entwurf COVAbmildG, BT-Drucks. 19/18110, S. 27.
322) LG Köln, Urt. v. 4.3.2021 – 91 O 12/20, NZG 2021, 872, Rz. 19 ff.
323) So auch Hüffer/Koch-*Koch*, AktG, § 123 Rz. 17; *Noack/Zetzsche*, AG 2020, 265, 274; *Herrler*, DNotZ 2020, 468, 472 f.; s. auch *Kruchen*, DZWIR 2020, 431, 440; LG Köln, Urt. v. 4.3.2021 – 91 O 12/20, NZG 2021, 872, Rz. 21.
324) Zur Zulässigkeit solcher Satzungsregelungen Hüffer/Koch-*Koch*, AktG, § 123 Rz. 11.

3. Fristen für die Mitteilungen nach § 125 AktG

Bei Einberufung mit verkürzter Frist haben die Mitteilungen an Aktionäre bei In- **149**
haberaktien (§ 125 Abs. 1 Satz 1 AktG) nach dem COVGesMG spätestens zwölf Tage
vor der Versammlung zu erfolgen und bei Namensaktien (§ 125 Abs. 2 AktG) an die
zu Beginn des zwölften Tages vor der Hauptversammlung im Aktienregister Eingetragenen. Die Mitteilungsregelungen in § 125 Abs. 1 und Abs. 2 AktG waren entsprechend anzupassen, da – bei Einberufung am 21. Tag vor der Versammlung – eine
Mitteilung mindestens 21 Tage vor der Versammlung nach § 125 Abs. 1 AktG denk-
logisch nicht möglich wäre. Zudem soll nach der Vorstellung des Gesetzgebers auch
und gerade bei einer Hauptversammlung im Kontext außergewöhnlicher Umstände
die Möglichkeit bestehen, dass Intermediäre Zeit haben, für die Aktionäre die Mitteilungen aufzubereiten und eine Stimmrechtsausübung für die Aktionäre zu ermöglichen.[325] Auch hier muss mangels abweichender Regelungen für die Fristberechnung § 121 Abs. 7 AktG gelten.[326] Noch nicht abschließend geklärt ist, wie sich
die Mittelungsfristen nach § 125 AktG bei börsennotierten Gesellschaften zu der
Fristenregelung in Art. 9 Abs. 1 der Durchführungsverordnung (EU) 2018/1212 verhalten;[327] für das Fristenregime des § 1 Abs. 3 Satz 3 COVGesMG gilt nichts anderes.

Zu beachten sind ferner insbesondere die inhaltlichen und Formatvorgaben, die § 125 **150**
Abs. 5 AktG i. V. m. der Durchführungsverordnung (EU) 2018/1212 für die Mitteilungen nach § 125 AktG macht. Der Gesetzgeber trägt aber zumindest insoweit
bestehenden Unsicherheiten über den praktischen Umgang mit den Neuregelungen
Rechnung, indem er in § 1 Abs. 7 COVGesMG die Möglichkeit der Anfechtung
wegen Verletzung von Formerfordernissen für Mitteilungen nach § 125 AktG auf
Vorsatz beschränkt (siehe Rz. 170 ff.).

4. Fristen für Tagesordnungsergänzungsverlangen

Zuletzt verkürzt § 1 Abs. 3 Satz 4 COVGesMG die Frist für Verlangen auf Ergän- **151**
zung der Tagesordnung (§ 122 Abs. 2 AktG) von bislang 24 (bei nichtbörsennotierten Gesellschaften) bzw. 30 (bei börsennotierten Gesellschaften) auf einheitlich
14 Tage. Dass die Regelung nicht auf börsennotierte Gesellschaften beschränkt ist,
wird nicht zuletzt dadurch deutlich, dass auch die sonst für nichtbörsennotierte
Gesellschaften geltende Frist von 24 Tagen (§ 122 Abs. 2 Satz 3 Halbs. 1 AktG) nicht
gewahrt werden könnte, wo die Versammlung mit einer verkürzten Frist von 21 Tagen
einberufen wird. Da das COVGesMG keine abweichenden Regelungen trifft, gilt
für die Fristberechnung nach § 1 Abs. 3 Satz 4 COVGesMG der § 121 Abs. 7
AktG;[328] ferner ist der Tag des Zugangs des Verlangens nicht mitzurechnen (§ 122
Abs. 2 Satz 3 Halbs. 2 AktG).

---

325) Begr. Entwurf COVAbmildG, BT-Drucks. 19/18110, S. 27.
326) So wohl auch *Bücker/Kulenkamp/Schwarz/Seibt/v. Bonin*, DB 2020, 775, 781.
327) S. hierzu nur *Rieckers* in: BeckOGK-AktG, § 125 Rz. 54.
328) So wohl auch *Bücker/Kulenkamp/Schwarz/Seibt/v. Bonin*, DB 2020, 775, 781.

5. Sonstige Fristen

a) Anmeldefrist

152 Im Hinblick auf die – gerade bei börsennotierten Gesellschaften – üblicherweise in der Satzung vorgesehene Frist zur Anmeldung für die Teilnahme an der Hauptversammlung und die Ausübung des Stimmrechts (vgl. § 123 Abs. 2 AktG) sieht das COVGesMG keine Fristverkürzung vor. Da zumindest bei Gesellschaften mit Inhaberaktien die Anmeldefrist zumeist mit der Frist für den Zugang des Anteilsbesitznachweises identisch ist, könnte man allerdings erwägen, dass analog der Fristverkürzung für den Nachweis auch die Anmeldefrist auf vier Tage verkürzt ist. Dies vertreten *Noack/Zetztsche*, die die fehlende Regelung für ein Redaktionsversehen des Gesetzgebers halten und die Vier-Tages-Frist des § 1 Abs. 3 Satz 2 COVGesMG analog auf sämtliche Anmeldefristen anwenden wollen.[329] Eine solche Analogie begegnet allerdings Bedenken[330], weil zwar Anmelde- und Nachweisfrist regelmäßig gleichlaufen, aktienrechtlich allerdings zwischen beiden unterschieden wird (§ 123 Abs. 2 und 3 AktG). Hinzu kommt, dass der Gesetzgeber die Anmeldefrist bei Verabschiedung des COVGesMG keineswegs übersehen haben dürfte. Schließlich führt er an anderer Stelle, in der Begründung zur Verkürzung der Einberufungsfrist, ausdrücklich aus: „Die Tage der Anmeldefrist zählen nicht mit."[331]

153 Auch wenn vor diesem Hintergrund gewichtige Bedenken gegen eine Analogie sprechen, erscheint es unpraktikabel, bei Inhaberaktien unterschiedliche Fristen für die Anmeldung zur Hauptversammlung einerseits, und den Zugang des Nachweises über den Anteilsbesitz andererseits, vorzusehen. Daher könnte der Vorstand erwägen, die Anmeldefrist bei Inhaberaktien freiwillig an die Frist für die Übermittlung des Nachweisbesitzes anzupassen und diese in der Einberufung auf vier Tage vor der Versammlung festzusetzen.[332] Dies ist ihm grundsätzlich ohne Risiken für die Beschlussfassung der Hauptversammlung möglich, selbst dort, wo die Satzung eine feste Anmeldefrist vorsehen sollte und diese aufgrund der abweichenden Fristsetzung unterschritten wird.[333] Denn die Gesellschaft ist nicht gehindert, auch (i. S. der Satzung) verspätete Anmeldungen zu berücksichtigen – solange der Gleichbehandlungsgrundsatz (§ 53a AktG) gewahrt wird.[334] Dies wäre vorliegend deshalb der Fall, weil alle Aktionäre mit der Einberufung die gleiche Kenntnis von der Anmeldefrist erhalten. Ferner entsteht den Aktionären durch eine Verkürzung der Anmeldefrist auf vier statt z. B. sechs Tage vor der Versammlung kein Nachteil, da mit dieser vielmehr eine verlängerte Anmeldemöglichkeit für die Aktionäre einhergeht.

329) *Noack/Zetzsche*, AG 2020, 265, 274.

330) Abl. i. E. auch Hirte/Heidel-*Müller*, Das neue AktienR, Art. 2 § 1 AbmilderungsG, Rz. 99; *Stelmaszczyk/Forschner*, Der Konzern 2020, 221, 229.

331) Begr. RegE ARUG, BT-Drucks. 16/11642, S. 26.

332) S. auch *Stelmaszczyk/Forschner*, Der Konzern 2020, 221, 229.

333) Anders wohl *Stelmaszczyk/Forschner*, Der Konzern 2020, 221, 229: „Sofern die Satzung dies zulässt".

334) Vgl. nur *Rieckers* in: BeckOGK-AktG, § 123 Rz. 26.

b) Technical Record Date

Ebenfalls keine ausdrückliche Sonderregelung enthält das Gesetz zu der Frage, für **154** welchen Zeitraum vor der Versammlung Gesellschaften mit Namensaktien einen Umschreibestopp für das Aktienregister vorsehen dürften. Ein solcher hat zur Folge, dass von dem Beginn des Umschreibestopps an (sog. Technical Record Date) bis zur Hauptversammlung keine Löschungen und Neueintragungen mehr in das Aktienregister erfolgen. Ein Umschreibestopp ist in der Praxis weit verbreitet und von wesentlicher Bedeutung, da im Verhältnis zur Gesellschaft Rechte und Pflichten aus Aktien – dies gilt auch und insbesondere für das Teilnahme- und Stimmrecht in der Hauptversammlung[335] – nur für und gegen den im Aktienregister Eingetragenen bestehen (§ 67 Abs. 2 Satz 1 AktG). Die zulässige Dauer eines solchen Umschreibestopps ist umstritten. Wenn keine Regelungen in der Satzung getroffen wurden, wird teils ein Zeitraum von nur zwei, teils ein Zeitraum von sieben oder gar zehn Tagen für zulässig erachtet; jedenfalls ein Zeitraum von sechs Tagen vor der Hauptversammlung ist angesichts der Parallelwertungen des § 123 Abs. 4 Satz 2 AktG für den Zugang des Nachweises über den Anteilsbesitz bei Inhaberaktien gut vertretbar.[336]

Vor diesem Hintergrund stellt sich die Frage, ob die Verkürzung der Frist für den **155** Zugang des Nachweises über den Anteilsbesitz bei Inhaberaktien (§ 1 Abs. 3 Satz 2 COVGesMG) Auswirkungen auf die zulässige Dauer des Umschreibestopps hat. Richtigerweise dürfte dies zu verneinen sein.[337] Denn zum einen behandelt auch das AktG den Nachweis des Anteilsbesitzes und den Umschreibestopp nicht identisch, äußert sich in letzterem nicht einmal (siehe § 123 Abs. 5 AktG). Zum anderen trifft das COVGesMG eben lediglich eine Sonderregelung für den Nachweis des Anteilsbesitzes bei börsennotierten Gesellschaften. Wenn diese Sonderregelung nicht einmal analog für die Anmeldefrist bei Inhaberaktien gilt, obgleich diese regelmäßig parallel läuft (siehe Rz. 152 f.), ferner auch die Nachweisfrist bei nichtbörsennotierten Gesellschaften nicht erfasst wird (siehe oben Rz. 147), scheidet erst recht eine analoge Anwendung für den Umschreibestopp aus. Vielmehr gilt mangels Sonderregelungen auch für Hauptversammlungen, die mit verkürzter Frist nach § 1 Abs. 3 Satz 1 COVGesMG einberufen werden, dass jedenfalls ein Umschreibestopp für sechs Tage vor der Hauptversammlung keinen Bedenken begegnet. Gleichwohl muss es dem Vorstand auch hier freistehen, aufgrund der verkürzten Zeitspanne zwischen Einberufung und Abhalten der Versammlung auch den Technical Record Date entgegen der bisherigen Praxis bei der Gesellschaft nach hinten zu ziehen (siehe zur Anmeldefrist Rz. 153).

c) Veröffentlichung von Gegenanträgen und Wahlvorschlägen

Keine Sonderregelungen enthält das COVGesMG auch für die 14-Tages-Frist zur **156** Veröffentlichung von Gegenanträgen und Wahlvorschlägen (§§ 126 Abs. 1, 127

---

335) S. Grigoleit-*Rachlitz*, AktG, § 67 Rz. 68.

336) S. nur Hüffer/Koch-*Koch*, AktG, § 67 Rz. 20 m. w. N.; auch *Bayer/Lieder*, NZG 2009, 1361, 1363.

337) A. A. Noack/*Zetztsche*, AG 2020, 265, 274, nach denen sich die Maximaldauer eines Umschreibestopps an der Anmeldefrist zu orientieren hat, auf welche nach dort vertretener Auffassung § 1 Abs. 3 Satz 2 COVGesMG analoge Anwendung finden soll.

AktG). Daher gilt die gesetzliche Frist des § 126 Abs. 1 AktG, auch wenn die Hauptversammlung nach § 1 Abs. 3 Satz 1 COVGesMG mit verkürzter Frist einberufen wird.[338)] Für eine Analogie zu den in § 1 Abs. 3 COVGesMG geregelten Fristen ist schon deshalb kein Raum, weil Absatz 3 gänzlich anders laufende Fristen erfasst, die auch nach dem „normalen" Fristenregime des AktG nicht mit der Frist des § 126 Abs. 1 AktG gleichlaufen.[339)]

157   So richtig dieses Ergebnis dogmatisch auch sein mag, zeigt es doch Unstimmigkeiten im Regelungskonzept des COVGesMG auf: Denn nach § 1 Abs. 3 Satz 4 AktG beträgt schon die Frist für Verlangen auf Ergänzung der Tagesordnung 14 Tage. Damit könnten aber zu Tagesordnungsergänzungsverlangen keine zu veröffentlichenden Gegenanträge mehr gestellt werden, obwohl § 126 AktG nach wohl h. M. auch ein Recht auf Veröffentlichung von Gegenanträgen zu Minderheitsverlangen nach § 122 Abs. 2 AktG gewährt.[340)] Auch wenn es rechtlich nicht vorgeschrieben ist, könnte der Vorstand daher erwägen, Gegenanträge – zumindest solche zu etwaigen Ergänzungsverlangen – auch später noch zu veröffentlichen. Die Gesellschaft ist nämlich trotz Unterschreiten der 14-Tage-Frist des § 126 AktG zur Veröffentlichung berechtigt, sofern der Gleichbehandlungsgrundsatz gewahrt wird.[341)] Entscheidet sich der Vorstand für ein solches Vorgehen, sollte dies allerdings bereits in der Einberufung bekannt gemacht werden, so dass alle Aktionäre gleichermaßen davon Kenntnis erlangen. Zugleich sollte – im Rahmen einer virtuellen Hauptversammlung – dann kenntlich gemacht werden, ob und wie sich die freiwillige Veröffentlichung auf die Behandlung von Gegenanträgen und Wahlvorschlägen als gestellt (§ 1 Abs. 2 Satz 3 COVGesMG) auswirkt; zwingend ist es freilich nicht, bei verlängerter Frist für die Veröffentlichung auch die Frist für die Behandlung als gestellt zu verlängern, da die gesetzliche Regelung lediglich für nach den §§ 126, 127 AktG zugänglich zu machende, also innerhalb der gesetzlichen Frist übersandte (siehe bereits Rz. 89) Anträge und Wahlvorschläge gilt.

V. Abschlagszahlungen auf den Bilanzgewinn (Abs. 4)

158   § 1 Abs. 4 COVGesMG erlaubt es dem Vorstand, mit Zustimmung des Aufsichtsrats Abschlagszahlungen auf den Bilanzgewinn an die Aktionäre zu zahlen, auch wenn dies entgegen § 59 Abs. 1 AktG nicht in der Satzung vorgesehen ist. Entsprechendes gilt für Abschlagszahlungen auf Ausgleichszahlungen nach § 304 AktG an außenstehende Aktionäre i. R. eines Unternehmensvertrags.[342)]

159   Diese Regelung ist vor dem Hintergrund zu sehen, dass grundsätzlich die Hauptversammlung über die Gewinnausschüttung beschließt (§ 174 Abs. 1 AktG). Ver-

---

338) So auch *Noack/Zetztsche*, AG 2020, 265, 274.

339) Indirekt Bestätigung findet dies nun darin, dass der Gesetzgeber mit § 1 Abs. 2 Satz 3 AktG an die 14-Tages-Frist der §§ 126, 127 AktG anknüpft, im Zuge dieser Gesetzesänderung aber von einer Anpassung des Fristenregimes nach § 1 Abs. 3 COVGesMG bewusst abgesehen wude (s. Ausschuss-Begr., BT-Drucks 19/25322, S. 13).

340) Vgl. dazu statt vieler Hüffer/Koch-*Koch*, AktG, § 126 Rz. 2.

341) Vgl. dazu nur *Rieckers* in: BeckOGK-AktG, § 123 Rz. 22 m. w. N.

342) Begr. Entwurf COVAbmildG, BT-Drucks. 19/18110, S. 27; krit. zur Geltung für Ausgleichszahlungen nach § 304 AktG *Götze/Roßkopf*, DB 2020, 768, 774.

zögert sich die Abhaltung der Hauptversammlung im Zuge der COVID-19-Pandemie, würde sich daher zugleich eine etwaige Gewinnausschüttung verzögern. Dem trägt § 1 Abs. 4 COVGesMG Rechnung.[343] Freilich dürfte dieses Risiko und damit der Bedarf für eine Abschlagszahlung mittlerweile weitaus geringer sein als noch in 2020,[344] da sich die Unternehmen bereits in der Hauptversammlungssaison 2021 vielfach auf die Pandemielage eingestellt haben und Hauptversammlungen i. d. R. ohne Verzögerung abgehalten werden konnten.[345] Gleichwohl gilt § 1 COVGesMG und damit auch dessen Abs. 4 nach dem unmissverständlichen Wortlaut des § 7 Abs. 1 COVGesMG **auch für Abschlagszahlungen auf den Bilanzgewinn, die bis einschließlich 31.8.2022 stattfinden.**

Bis dahin ist es dem Vorstand weiterhin möglich, auch ohne Satzungsregelung nach Ablauf des Geschäftsjahrs auf den voraussichtlichen Bilanzgewinn einen Abschlag an die Aktionäre zu zahlen (§ 59 Abs. 1 AktG). Der Vorstand darf einen Abschlag nach den Vorgaben von § 59 Abs. 2 AktG aber weiterhin nur zahlen, wenn ein vorläufiger Abschluss für das vergangene Geschäftsjahr einen Jahresüberschuss ergibt. Als Abschlag darf zudem höchstens die Hälfte des Betrags gezahlt werden, der von dem Jahresüberschuss nach Abzug der Beträge verbleibt, die nach Gesetz oder Satzung in Gewinnrücklagen einzustellen sind. Außerdem darf der Abschlag nicht die Hälfte des vorjährigen Bilanzgewinns übersteigen.[346] Ferner bedarf die Entscheidung der Zustimmung des Aufsichtsrats (Abs. 6), was aber auch vor Einführung von § 1 Abs. 4 COVGesMG nach § 59 Abs. 3 AktG galt.[347]   **160**

Bei den hiernach möglichen Abschlagszahlungen handelt es sich jedoch nicht um echte Zwischendividenden, also Zahlungen auf den vorläufigen Bilanzgewinn des laufenden Geschäftsjahres (etwa Quartals- oder Halbjahresdividenden). Eine solche ist nach deutschem Aktienrecht nach wie vor nicht zulässig.[348]   **161**

Mit dem Zustimmungsbeschluss des Aufsichtsrats entsteht – wie durch den Ausschüttungsbeschluss der Hauptversammlung nach § 174 Abs. 2 Nr. 2 AktG – ein **Zahlungsanspruch des Aktionärs** als selbständig verkehrsfähiges und sofort fälliges Gläubigerrecht.[349] Eine bestätigende Beschlussfassung der Hauptversammlung hat im Hinblick auf die ausgezahlten Dividendenabschläge nicht zu erfolgen.[350] Dies   **162**

---

343) Vgl. auch *Noack/Zetztsche*, AG 2020, 265, 274; s. ferner Hüffer/Koch-*Koch*, AktG, § 59 Rz. 6 m. w. N.

344) Bereits im Jahr 2020 kam der Regelung keine besondere Praxisrelevanz zu, s. *Rieckers*, DB 2021, 98, 106; vgl. auch Hüffer/Koch-*Koch*, AktG, § 59 Rz. 6 m. w. N.

345) Vgl. die Übersicht bei *Danwerth*, AG 2021, 613, 615 f.

346) So auch *Götze/Roßkopf*, DB 2020, 768, 773 f.

347) Nach Hüffer/Koch-*Koch*, AktG, § 59 Rz. 6, m. w. N., ergibt sich das Zustimmungserfordernis auch für § 1 Abs. 4 COVGesMG aus § 59 Abs. 3 AktG.

348) Vgl. für § 59 AktG schon *Cahn* in: BeckOGK-AktG, § 59 Rz. 21; Hüffer/Koch-*Koch*, AktG, § 59 Rz. 1; Rz. 5 – zu Forderungen de lege ferenda.

349) *Cahn* in: BeckOGK-AktG, § 59 Rz. 17.

350) Abwegig daher *Vetter/Tielmann*, NJW 2020, 1175, 1178, wonach die Aktionäre gemäß § 62 Abs. 1 Satz 2 AktG zur Rückzahlung verpflichtet sein sollen, sofern sich die Abschlagszahlung gegenüber dem späteren Gewinnverwendungsbeschluss als zu hoch erweist; ein Rückzahlungsanspruch gem. § 62 Abs. 1 AktG besteht lediglich dort, wo die Absschlagsvoraussetzungen nicht oder nicht in voller Höhe vorlagen, s. nur Hüffer/Koch-*Koch*, AktG, § 59 Rz. 4.

wird für satzungsmäßige Ermächtigungen zu Abschlagszahlungen nach § 59 AktG damit begründet, dass diese Maßnahme von der Verwaltung aufgrund der erteilten Satzungsermächtigung in eigener Verantwortung durchgeführt wurde.[351] Für Abschlagszahlungen auf Grundlage der neuen gesetzlichen Regelung kann nichts anderes gelten, da es sich auch hier um eine Maßnahme der Verwaltung in eigener Verantwortung handelt, für die lediglich auf eine satzungsmäßige Ermächtigung verzichtet wird.

163   Die Abschlagszahlung lässt den Jahresabschluss unberührt, wird auch nicht vom ausgewiesenen Bilanzgewinn abgezogen. Da die Abschlagszahlung aber bereits gezahlt ist, kann die Hauptversammlung auch i. R. des Gewinnverwendungsbeschlusses über diese abgeflossenen Mittel nicht nochmals verfügen. Beschluss gefasst werden kann dann nur noch über die Differenz von Bilanzgewinn und Abschlagszahlung.[352] Wurde ein Abschlag gezahlt, sollte dies daher auch im Gewinnverwendungsbeschluss klarstellend angegeben werden. Zwar ist diese Angabe nicht in § 174 Abs. 2 AktG aufgeführt, der Vorgaben für den Gewinnverwendungsbeschluss macht. Allerdings vermittelt der Beschluss ohne die Angabe der Abschlagszahlung kein vollständiges Bild, insbesondere hinsichtlich des Zustandekommens des Betrags, über dessen Verwendung die Hauptversammlung (nur) noch Beschluss zu fassen hat.[353]

VI. Frist zur Durchführung der ordentlichen Hauptversammlung (Abs. 5)

164   § 1 Abs. 5 COVGesMG sieht vor, dass die ordentliche Hauptversammlung (die bis einschließlich 31.8.2022 stattfinden, § 7 Abs. 1 COVGesMG n. F.) nicht innerhalb der ersten acht Monate des Geschäftsjahres stattzufinden hat, sondern **innerhalb des Geschäftsjahres**. Damit wollte der Gesetzgeber des ursprünglichen COVGesMG im März 2020 dem Umstand Rechnung tragen, dass nicht absehbar ist, wann die COVID-19-Pandemie überwunden sein wird und wie lange die Einschränkungen des öffentlichen Lebens aufgrund der Pandemie anhalten. Den betroffenen Unternehmen sollte vor diesem Hintergrund die Möglichkeit eingeräumt werden, eine Hauptversammlung – zunächst im Jahr 2020, sodann verlängert für das Jahr 2021 und nun bis 31.8.2022 (§ 7 Abs. 1 COVGesMG n. F.) – auch nach der Acht-Monats-Frist gemäß § 175 Abs. 1 Satz 2 AktG durchzuführen. Darüber entscheidet der Vorstand nach pflichtgemäßem Ermessen mit Zustimmung des Aufsichtsrats. Ein Zwangsgeldverfahren gemäß § 407 Abs. 1 AktG ist bei Abhaltung der Versammlung innerhalb des Geschäftsjahres ausgeschlossen. Auch eine Schadensersatzhaftung nach § 93 Abs. 2 AktG ist im Falle einer Verschiebung aufgrund der Auswirkungen der COVID-19-Pandemie innerhalb des Geschäftsjahres über die ursprüngliche Frist hinaus ausgeschlossen.[354]

---

351) *Bayer* in: MünchKomm-AktG, § 59 Rz. 19.

352) *Bayer* in: MünchKomm-AktG, § 59 Rz. 19; s. auch Hirte/Mülbert/Roth-*Hopt/Wiedemann*, GroßKomm-AktG, 4. Aufl., 2009, § 59 Rz. 27.

353) Vgl. etwa Hüffer/Koch-*Koch*, AktG, § 59 Rz. 4; *Cahn* in: BeckOGK-AktG, § 59 Rz. 18; *Bayer* in: MünchKomm-AktG, § 59 Rz. 19; jeweils m. w. N.

354) Begr. Entwurf COVAbmildG, BT-Drucks. 19/18110, S. 27; s. aber auch bereits zur Überschreitung der Acht-Monats-Frist *Mayer/Jenne*, BB 2020, 835, 836.

Die rechtspolitische Signalwirkung einer solchen Regelung mag ursprünglich durchaus **165** zu begrüßen gewesen sein, zumindest für die Hauptversammlungssaison 2020. Ihre praktischen Auswirkungen dürften sich indes zumindest mittlerweile in Grenzen halten. Dies gilt umso mehr für Hauptversammlungen im Jahr 2022, da sich inzwischen wohl die allermeisten Unternehmen auf die Abhaltung einer (virtuellen) Hauptversammlung unter Pandemiebedingungen eingestellt haben und bereits in 2021 bestrebt waren, zu dem bisherigen, üblichen Turnus für die ordentliche Hauptversammlung zurückzukehren (vgl. bereits Rz. 159).[355] Insbesondere für Gesellschaften, deren Geschäftsjahr dem Kalenderjahr entspricht, ist die nochmalige Verlängerung von § 1 Abs. 5 COVGesMG über Teile des Jahres 2022 ohnehin nicht von Bedeutung. Denn diese greift lediglich, wenn die Hauptversammlung bis Ende August 2022 *stattfindet* (§ 7 Abs. 1 COVGesMG) und damit – sofern das Geschäftsjahr dem Kalenderjahr entspricht – nur dann, wenn die Hauptversammlung ohnehin in der Acht-Monats-Frist gemäß § 175 Abs. 1 Satz 2 AktG abgehalten wird.[356] Zudem galt schon für die Acht-Monats-Frist des § 175 Abs. 1 Satz 2 AktG, dass eine **Überschreitung dieser Frist ohne Rechtsfolgen** bleibt, so sie **vertretbar** ist[357] – was ohne das COVGesMG und damit ohne die Möglichkeit der Durchführung einer virtuellen Hauptversammlung im Falle der COVID-19-Pandemie unschwer zu bejahen wäre, sofern die Abhaltung einer Präsenzversammlung nicht oder nur unter Inkaufnahme eines hohen Infektionsrisikos möglich ist. Und selbst wo die Fristüberschreitung nicht vertretbar ist, begründet die Nichtwahrung der Frist keine Anfechtbarkeit gefasster Beschlüsse.[358] Mit Blick auf die Möglichkeit, eine virtuelle Hauptversammlung abzuhalten, dürfte allerdings nunmehr eine Überschreitung der (verlängerten) Frist für die Abhaltung einer ordentlichen Hauptversammlung kaum mehr vertretbar sein.[359]

Ergänzend ist anzumerken, dass der Gesetzgeber die mit § 175 Abs. 1 Satz 2 AktG **166** korrespondierende Acht-Monats-**Frist für die Entlastung von Vorstand und Aufsichtsrat** (§ 120 Abs. 1 Satz 1 AktG) nicht verlängert hat. Die Neuregelung sieht hier zumindest keine ausdrückliche Ausnahme vor. Im Lichte des § 1 Abs. 5 COVGesMG muss es aber auch hier ausreichen, dass die Entlastung innerhalb der durch Absatz 5 vorgegebenen Fristen erfolgt; andernfalls wäre die Wirkung der Regelung erheblich eingeschränkt.[360]

---

355) Vgl. auch Hüffer/Koch-*Koch*, AktG, § 175 Rz. 11; s. ferner *Simons/Hauser*, NZG 2020, 1406, 1408, die dies als eine Frage pflichtgemäßer Ermessensausübung ansehen; zur Praxis im Jahr 2021 siehe *Danwerth*, AG 2021, 613, 615 f.

356) A. A. *Danwerth*, AG 2021, R283, der allerdings für die Beratung gleichwohl die hiesige Lesart nahelegt.

357) *Hennrichs/Pöschke* in: MünchKomm-AktG, § 175 Rz. 18.

358) Vgl. nur Hüffer/Koch-*Koch*, AktG, § 175 Rz. 4.

359) S. auch Grigoleit-*Herrler*, AktG, § 118 Rz. 36e.

360) So auch u. a. Hirte/Heidel-*Illner/Beneke*, Das neue AktienR, Art. 2 § 1 AbmilderungsG, Rz. 120 f.; Hüffer/Koch-*Koch*, AktG, § 175 Rz. 11; *Noack/Zetzsche*, AG 2020, 265, 274, dort auch zu den (fehlenden) Auswirkungen auf andere Fristen; auch *Bücker/Kulenkamp/Schwarz/Seibt/v. Bonin*, DB 2020, 775, 778; im Ergebnis ebenso *Götze/Roßkopf*, DB 2020, 768, 773; *Stelmaszczyk/Forschner*, Der Konzern 2020, 221, 225; *Atta*, WM 2020, 1047 f.; *Herrler*, DNotZ 2020, 468, 469 f.; a. A. *Mayer/Jenne*, BB 2020, 835, 843 f.; *Mayer/Jenne/Miller*, BB 2020, 1282, 1283; *Vetter/Tielmann*, NJW 2020, 1175; wohl auch *Andres/Kujović*, GWR 2020, 213, 214.

VII. Zustimmung des Aufsichtsrats (Abs. 6)

167   Gemäß § 1 Abs. 6 COVGesMG bedürfen die Entscheidungen des Vorstands nach § 1 Abs. 1–5 COVGesMG der Zustimmung des Aufsichtsrats (siehe aber auch bereits Rz. 78 zur Ausübung des Vorstandsermessens im Hinblick auf das „Wie" der Fragenbeantwortung). Sinn und Zweck dieses Zustimmungserfordernisses ist es, einen möglichen Missbrauch weitestgehend zu verhindern und die Überwachungskompetenz des Aufsichtsrats zu gewährleisten.[361]

168   Abweichend[362] von § 108 Abs. 4 AktG kann der Aufsichtsrat den **Zustimmungsbeschluss** – ungeachtet der Regelungen in der Satzung oder der Geschäftsordnung – **ohne physische Anwesenheit** der Mitglieder schriftlich, fernmündlich oder in vergleichbarer Weise fassen. Der Gesetzgeber schafft damit Abhilfe im Hinblick auf eine auch bei Aufsichtsratssitzungen drohende Infektionsgefahr, selbst wo die Möglichkeit einer Beschlussfassung im sog. Umlaufverfahren nicht in der Satzung oder Geschäftsordnung vorgesehen ist und daher nach § 108 Abs. 4 AktG nur eröffnet wäre, sofern kein Mitglied des Aufsichtsrats widerspricht. Die Regelung gilt allerdings ausdrücklich nur für die Zustimmungsbeschlüsse des Aufsichtsrats nach Absatz 6, nicht für sonstige Aufsichtsratsbeschlüsse. Um eine sachwidrige Aufspaltung von Aufsichtsratssitzungen zu vermeiden, muss Absatz 6 allerdings entsprechende Anwendung finden auf andere Aufsichtsratsthemen mit inhaltlichem Bezug zur Hauptversammlung, etwa die Beschlussfassung über die Beschlussvorschläge des Aufsichtsrats nach § 124 Abs. 3 AktG.[363]

169   Eine **Frist für die Beschlussfassung** des Aufsichtsrats nach § 1 Abs. 6 Satz 2 COVGesMG ist im Gesetz nicht enthalten. Selbst wo auch Satzung und Geschäftsordnung insoweit keine Regelungen enthalten, kann die Frist für die Einberufung einer Präsenzsitzung des Aufsichtsrats für die Fassung eines Umlaufbeschlusses kein Maßstab sein; diese wird teils schon ihrem Wortlaut nach allein für Präsenzsitzungen Geltung beanspruchen. Für die Frist zur Beschlussfassung des Aufsichtsrats nach § 1 Abs. 6 Satz 2 COVGesMG im Umlaufverfahren muss vielmehr nach allgemeinen Grundsätzen gelten, dass eine angemessene Vorbereitung möglich sein muss und die Möglichkeit der elektronischen Abstimmung nicht treuwidrig ausgenutzt werden darf.[364]

VIII. Anfechtbarkeit (Abs. 7)

170   Gemäß § 1 Abs. 7 COVGesMG kann eine Anfechtung eines Hauptversammlungsbeschlusses – sowohl in der virtuellen als auch in einer Präsenzversammlung – nicht auf eine Verletzung des § 118 Abs. 4 AktG über die Bild- und Tonübertragung

---

361) Begr. Entwurf COVAbmildG, BT-Drucks. 19/18110, S. 27.

362) A. A. scheinbar Römermann-*Römermann/Grupe*, COVID-19 AbmG, Teil 2 Rz. 132 f., denen zufolge die Möglichkeit der Aufsichtsratsmitglieder zum Widerspruch gegen die Beschlussfassung fernab einer Präsenzsitzung nach § 108 Abs. 4 AktG unberührt bleiben soll; Dies überzeugt indes nicht, da § 1 Abs. 6 Satz 2 seinen Wortlaut nach gerade von § 108 Abs. 4 AktG und damit von der darin eingeräumten Möglichkeit zum Widerspruch abweicht.

363) So auch *Noack/Zetzsche*, AG 2020, 265, 276; *Stelmaszczyk/Forschner*, Der Konzern 2020, 221, 226; a. A. wohl Römermann-*Römermann/Grupe*, COVID-19 AbmG, Teil 2 Rz. 139.

364) *Noack/Zetzsche*, AG 2020, 265, 275 f.

gestützt werden. Ferner kann eine Anfechtung nicht auf eine Verletzung der Vorgaben in § 118 Abs. 1 Satz 3–5 und Abs. 2 Satz 2 AktG über die Bestätigung der elektronischen Stimmabgabe bzw. der Briefwahlstimmabgabe gestützt werden. Selbiges gilt für die Formerfordernisse für Mitteilungen nach § 125 AktG. Für die virtuelle Hauptversammlung geht Absatz 7 gar noch weiter und schließt eine Anfechtung für sämtliche Verletzungen der Vorgaben in § 1 Abs. 2 COVGesMG aus. Etwas anderes gilt nur dann, wenn der Gesellschaft Vorsatz nachzuweisen ist.

Ziel der Regelung ist es zu verhindern, dass die Erleichterungen des § 1 COVGesMG   171
von den Gesellschaften aus Sorge vor Anfechtungsklagen nicht in Anspruch genommen werden. Aus demselben Grund sollen auch Verletzungen der eingeschränkten Auskunftspflicht in § 1 Abs. 2 Satz 2 COVGesMG keine Anfechtungsmöglichkeit begründen. Schließlich soll auch das Anfechtungsrisiko wegen Formverstößen bei Mitteilungen nach § 125 AktG reduziert werden, damit die betroffenen Unternehmen notfalls vollständig auf elektronische Kommunikationsmittel ausweichen können, ohne die Wirksamkeit von Hauptversammlungsbeschlüssen zu gefährden.[365]

Eine Anfechtungsmöglichkeit im Falle **vorsätzlicher Verstöße** gegen das Gesetz bleibt   172
jedoch bestehen.[366] Nach allgemeinen zivilrechtlichen Grundsätzen muss insoweit das Vorliegen von Eventualvorsatz genügen.[367] Die Darlegungs- und Beweislast für eine vorsätzliche Verletzung liegt allerdings beim Anfechtungskläger, was in der Negativformulierung „es sei denn" unzweifelhaft zum Ausdruck kommt.[368] Ausdrücklich unbeschadet bleibt jedoch die Möglichkeit der Anfechtung nach § 243 Abs. 3 Nr. 1 AktG; wegen einer durch eine technische Störung verursachten Verletzung von Rechten, die nach § 118 Abs. 1 Satz 2, Abs. 2 Satz 1 und § 134 Abs. 3 AktG auf elektronischem Wege wahrgenommen worden sind, kann hiernach auch bereits beim Nachweis grober Fahrlässigkeit angefochten werden, sofern in der Satzung kein strengerer Verschuldensmaßstab bestimmt ist. Diese Erweiterung der Anfechtbarkeit auf grobe Fahrlässigkeit dürfte indes für die Praxis zumeist wenig beachtlich sein, da die Unterscheidung zwischen grober Fahrlässigkeit und bedingtem Vorsatz vielfach unscharf ist.[369]

Die Regelung des Absatzes 7 rundet die Erleichterungen ab, die das COVGesMG   173
bringt. Die Möglichkeit der Anfechtung wird enorm eingeschränkt, was – i. V. m.

---

365) Begr. Entwurf COVAbmildG, BT-Drucks. 19/18110, S. 27 f.

366) Begr. Entwurf COVAbmildG, BT-Drucks. 19/18110, S. 27; weitergehend noch für Anfechtungsmöglichkeiten und ggf. auch die Nichtigkeit gefasster Beschlüsse in bestimmten Fällen Grigoleit-*Grigoleit/Gansmeier*, AktG, § 243 Rz. 23c ff., die ihre Auffassung auf vermeintliche verfassungsrechtliche Bedenken zurückführen; solche erheben auch Hirte/Heidel-*Heidel/Lochner*, Das neue AktienR, Art. 2 § 1 AbmilderungsG, Rz. 158 ff.

367) So auch *Noack/Zetzsche*, AG 2020, 265, 276; *Tröger*, BB 2020, 1091, 1098.

368) So auch *Noack/Zetzsche*, AG 2020, 265, 276; *Römermann-Römermann/Grupe*, COVID-19 AbmG, Teil 2 Rz. 143; *Schäfer*, NZG 2020, 481, 487; *Kruchen*, DZWIR 2020, 431, 461.

369) *Noack/Zetzsche*, AG 2020, 265, 276; s. aber auch u. a. *Götze/Roßkopf*, DB 2020, 768, 772; *Schäfer*, NZG 2020, 481, 486; *Herrler*, DNotZ 2020, 468, 501; *Mayer/Jenne/Miller*, BB 2020, 1282, 1286; nach diesen beansprucht § 243 Abs. 3 Nr. 1 AktG nur jenseits des Sonderfalls der virtuellen Hauptversammlung eingeschränkt Geltung. Diese Auffassung findet indes im Wortlaut des COVGesMG keine Stütze; zum Streitstand s. auch die Nachweise bei *Kruchen*, DZWIR 2020, 431, 461 f.

den weitgehenden Erleichterungen, die schon § 1 Abs. 2 COVGesMG vorsieht – gerade die Durchführung einer virtuellen Hauptversammlung äußerst reizvoll macht. Die Gesellschaften sind dennoch gut beraten, sich zu bemühen, die gesetzlichen Vorgaben einzuhalten und dies auch entsprechend zu dokumentieren. Andernfalls könnte man ihr Verhalten nämlich durchaus als Indiz für einen eventualvorsätzlichen Verstoß werten, für den auch Absatz 7 nicht vom Anfechtungsrisiko befreit.

IX. Entsprechende Anwendbarkeit auf KGaA, SE und VVaG (Abs. 8 und 9)

174   Gemäß § 1 Abs. 8 Satz 1 COVGesMG finden die auf AGs zugeschnittenen § 1 Abs. 1–7 COVGesMG entsprechende Anwendung auf die **KGaA**. Insoweit sind lediglich die allgemeinen Besonderheiten für die Anwendung von Vorschriften über die AG auf die KGaA zu beachten. Namentlich treten an Stelle des Vorstands die persönlich haftenden Gesellschafter (§ 283 Nr. 6 AktG). Ferner ist insbesondere zu bedenken, dass bei der KGaA die Hauptversammlung regulär den Jahresabschluss feststellt (siehe bereits Rz. 126 zur Anwesenheit des Wirtschaftsprüfers in der virtuellen Hauptversammlung).

175   Die Absätze 1–4 sowie 6 und 7 des § 1 COVGesMG finden nach § 1 Abs. 8 Satz 2 COVGesMG ferner grundsätzlich auch auf die **SE** entsprechende Anwendung. Dies ist konsequent, da für die Hauptversammlung der SE auch sonst – mit wenigen Besonderheiten[370] – die Vorschriften im AktG entsprechend gelten (Art. 53 der Verordnung (EG) Nr. 2157/2001[371] – SE-VO). Die Verlängerung der Frist für die Durchführung der ordentlichen Hauptversammlung (§ 1 Abs. 5 COVGesMG) gilt für die SE allerdings nicht entsprechend, da aufgrund der Regelung in Art. 54 Abs. 1 Satz 1 SE-VO die Hauptversammlung der SE zwingend innerhalb von sechs Monaten stattzufinden hat.[372] Aufgrund dieser europarechtlichen Vorgaben kam dem deutschen Gesetzgeber schon keine Kompetenz zu, im COVGesMG Abweichendes zu regeln.[373] Auch insoweit galt aber bereits bislang, dass eine Überschreitung der **Sechs-Monats-Frist** jedenfalls keine unmittelbaren rechtlichen Folgen für die Gesellschaft birgt; insbesondere begründet eine verspätet abgehaltene Hauptversammlung kein Anfechtungsrisiko für die gefassten Beschlüsse.[374] Allerdings wurde auch auf europäischer Ebene die Problematik entsprechend erkannt und – zeitlich etwas versetzt – zumindest für das Jahr 2020 behoben: Ende Mai 2020 trat die Verordnung (EU) 2020/699[375] in Kraft. Nach deren Art. 1 konnten SE, die verpflichtet waren, im Jahr 2020 eine Hauptversammlung nach Art. 54 Abs. 1 SE-VO abzuhalten, abweichend von dieser Bestimmung die Versammlung innerhalb von zwölf Monaten nach Abschluss des Geschäftsjahres abhalten, sofern die Versammlung bis zum 31.12.2020

---

370) Zu diesen etwa *Rahlmeyer/Klose*, NZG 2019, 854 ff.
371) Verordnung (EG) Nr. 2157/2001 des Rates v. 8.10.2001 über das Statut der Europäischen Gesellschaft (SE), ABl. (EG) L 294/1 v. 10.11.2001.
372) Begr. Entwurf COVAbmildG, BT-Drucks. 19/18110, S. 28.
373) So auch *Noack/Zetzsche*, AG 2020, 265, 277.
374) S. auch zur Fristüberschreitung *Mayer/Jenne*, BB 2020, 835, 836 und 839; ferner allgemein *Rahlmeyer/Klose*, NZG 2019, 854.
375) Verordnung (EU) 2020/699 des Europäischen Parlaments und des Rates v. 25.5.2020 über befristete Maßnahmen in Bezug auf die Hauptversammlungen Europäischer Gesellschaften (SE) und die Generalversammlungen Europäischer Genossenschaften (SCE).

stattfindet. Zwar wurde diese Regelung nicht über das Jahr 2020 hinaus verlängert, was aber zu verkraften ist, wenn man bedenkt, dass die ganz überwiegende Mehrzahl der Gesellschaften bereits in 2021 von sich aus bestrebt war, zu dem bislang üblichen Turnus für die Abhaltung der ordentlichen Hauptversammlung zurückzukehren (vgl. bereits Rz. 159, 165), was im Falle der SE eben bedeutet, die Sechs-Monats-Frist zu wahren.

Für die monistische SE findet darüber hinaus naturgemäß auch § 1 Abs. 6 COV-GesMG über die Zustimmung des Aufsichtsrats keine Anwendung (§ 1 Abs. 8 Satz 3 Halbs. 1 COVGesMG). Da die monistische SE nicht über Vorstand und Aufsichtsrat, sondern über einen Verwaltungsrat verfügt (vgl. § 20 SEAG), wurde die Anwendung von Absatz 6 ausgeschlossen. Ein Zustimmungserfordernis des Aufsichtsrats liefe in diesem Fall ins Leere.[376] Die Absätze 1–4 und 7 gelten aber auch insoweit entsprechend; die nach dem COVGesMG dem Vorstand zugewiesenen Entscheidungen trifft der Verwaltungsrat (§ 1 Abs. 8 Satz 3 Halbs. 2 COVGesMG).   **176**

§ 1 Abs. 1–7 COVGesMG finden zudem mit Ausnahme der Absätze 3 Satz 2 und 4 auch auf **VVaG** (§ 171 VAG) entsprechende Anwendung (§ 1 Abs. 9 COVGesMG). Dies entspricht dem allgemeinen Regelungskonzept für solche VVaG; nach § 191 VAG finden auch sonst zahlreiche Bestimmungen des AktG über die Hauptversammlung entsprechende Anwendung auf die oberste Vertretung des VVaG, die dessen oberstes Organ, die Versammlung von Mitgliedern oder von Vertretern der Mitglieder ist (§ 184 VAG). Dass die Bestimmung des § 1 Abs. 3 Satz 2 COVGesMG über die Verkürzung der Nachweisfrist (§ 123 Abs. 4 AktG) nicht entsprechend für VVaG anzuwenden ist, ist darauf zurückzuführen, dass die aktienrechtliche Nachweisfrist bei VVaG schon gar keine Anwendung findet; § 191 Satz 1 VAG verweist nicht auf § 123 Abs. 3 und 4 AktG, welche die Bestimmungen zur Nachweisfrist enthalten.[377] Dass zudem § 1 Abs. 3 Satz 4 COVGesMG (Verkürzung der Frist für Tagesordnungsergänzungsverlangen auf 14 Tage) für den VVaG keine entsprechende Anwendung finden soll, dürfte darauf zurückzuführen sein, dass die in § 192 VAG aufgezählten, aktienrechtlichen Minderheitenrechte, wie § 122 AktG, auf den VVaG nur anwendbar sind, wenn die Satzung für diese Fälle spezifische Minderheitenquoten festlegt. Ansonsten existieren diese Minderheitsrechte nicht.[378] Folgerichtig verweist § 1 Abs. 9 COVGesMG hingegen – auch nach der Anpassung des § 1 COVGesMG – umfassend auf Abs. 2, womit nun auch die Neuregelung des § 1 Abs. 2 Satz 3 COVGesMG für den VVAG entsprechend gilt. Denn die §§ 126, 127 AktG, an welche § 1 Abs. 2 Satz 3 COVGesMG für die Behandlung von Gegenanträgen und Wahlvorschlägen als gestellt anknüpft, gelten auch für den VVaG (§ 191 Satz 1 VAG).   **177**

---

376) Begr. Entwurf COVAbmildG, BT-Drucks. 19/18110, S. 28.
377) Vgl. auch *Laars/Both*, VAG, § 191 Rz. 1.
378) S. *Laars/Both*, VAG, § 192 Rz. 1, a. A. Hirte/Heidel-*Illner/Beneke*, Das neue AktienR, Art. 2 § 1 AbmilderungsG, Rz. 192 (Redaktionsversehen, § 1 Abs. 3 Satz 4 COVGesMG soll entsprechend anzuwenden sein).

§ 2
Gesellschaften mit beschränkter Haftung

Abweichend von § 48 Absatz 2 des Gesetzes betreffend die Gesellschaften mit beschränkter Haftung können Beschlüsse der Gesellschafter in Textform oder durch schriftliche Abgabe der Stimmen auch ohne Einverständnis sämtlicher Gesellschafter gefasst werden.

Literatur: *Behme,* Die vorübergehend erleichterte Beschlussfassung ohne Gesellschafterversammlung in der GmbH – Zur Modifikation von § 48 Abs. 2 GmbHG durch § 2 COVMG, DZWIR 2020, 269; *Blasche,* Praxisfragen und Gestaltungsmöglichkeiten bei der Beschlussfassung ohne Gesellschafterversammlung, GmbHR 2011, 232; *Deutsches Notarinstitut (DNotI),* Auswirkungen des COVID-19-G auf das Gesellschaftsrecht (Teil 1), DNotI-Report 2020, 52; *Eickhoff/Busold,* Vorübergehende (?) Erleichterungen im Gesellschaftsrecht, DStR 2020, 1054; *Ernst,* Mehrheitsabstimmung bei schriftlicher Beschlussfassung, ZIP 2020, 889; *Heckschen/Strnad,* Lehren aus der COVID-19-Pandemie für die Gestaltung von Gesellschaftsverträgen, GmbHR 2020, 807; *Hitzel,* Zulässigkeit, Voraussetzungen und Anforderungen an die notarielle Beurkundung von außerhalb von Präsenzversammlungen gefassten Gesellschafterbeschlüssen, NZG 2020, 1174; *Jaspers/Pehrsson,* Die virtuelle Haupt- und Mitgliederversammlung im Praxistest, NZG 2021, 1244; *Kauffeld/Vollmer/Brugger,* Die Beschlussfassung in der GmbH in Zeiten von COVID-19, GmbHR 2020, 1257; *Leinekugel,* Beschlussmängel bei Gesellschafterbeschlüssen im erleichterten Umlaufverfahren nach § 2 COVMG, COVuR 2020, 622; *Lieder,* Unternehmensrechtliche Implikationen der Corona-Gesetzgebung: Präsenzlose Versammlungen und stabilisierende Kapitalmaßnahmen, ZIP 2020, 837; *Liese/Theusinger,* Beschlussfassung durch GmbH-Gesellschafter – das Ende des kombinierten Verfahrens?, GmbHR 2006, 682; *Lohr,* Corona-Pandemie: Gesellschafterbeschlüsse außerhalb von Präsenzversammlungen: Umlaufverfahren nach dem „gelockerten" § 48 Abs. 2 GmbHG, GmbH-StB 2020, 160; *Miller/Nehring-Köppl,* Die präsenzlose Beschlussfassung in der GmbH – Wahrung der Handlungsfähigkeit in Zeiten der COVID-19-Pandemie –, WM 2020, 911; *Noack,* § 9 Gesellschaftsrecht, in: H. Schmidt, COVID-19, Rechtsfragen zur Corona-Krise, 2020; *Otte/Dietlein,* Erleichterte Beschlussfassung im Umlaufverfahren während der COVID-19-Pandemie, BB 2020, 1163; *Reichert/Bochmann,* Präsenzlose Beschlussfassung nach § 2 COVMG: Vom Notfallgesetz zur Modernisierung des Rechts der Gesellschafterversammlung, GmbHR 2020, R340; *Reichert/Knoche,* Schriftliches Umlaufverfahren und präsenzlose Gesellschafterversammlung in der GmbH: Vor, während und nach der COVID-19-Pandemie, GmbHR 2020, 461; *Reif/Schüler,* Probleme bei der Fassung präsenzloser Beschlüsse in der GmbH nach § 48 Abs. 2 GmbHG und § 2 COVMG, GmbHR 2020, 817; *Schindler/Schaffner,* Virtuelle Beschlussfassungen in Kapitalgesellschaften und Vereinen, 2021; *Schulte,* Die neuen „Corona"-Regelungen im GmbH-Recht im Praxistest und im Registerverfahren, GmbHR 2020, 689; *Schulteis,* Gesellschaftsrecht in Zeiten des „Coronavirus": Änderungen zur Abmilderung der Folgen der COVID-19-Pandemie im GmbH-Recht, Genossenschaftsrecht, Umwandlungsrecht, Vereins- und Stiftungsrecht sowie WEG-Recht, GWR 2020, 169; *Stelmaszczyk/Forschner,* Hauptversammlungen und Gesellschafterbeschlüsse in Zeiten der COVID-19-Pandemie, Der Konzern 2020, 221; *Stiegler,* Beschlussfassung im Umlaufverfahren – Neuregelung durch das „COVID-19-Gesetz", jurisPR-HaGesR 3/2020 Anm. 2; *Vetter/Tielmann,* Unternehmensrechtliche Gesetzesänderungen in Zeiten von Corona, NJW 2020, 1175; *Wälzholz/Bayer,* Auswirkungen des „Corona-Gesetzes" auf die notarielle Praxis, DNotZ 2020, 285; *Wertenbruch,* Audiovisuelle Zuschaltung verhinderter Gesellschafter in der GmbH-Gesellschafterversammlung, GmbHR 2019, 149; *Wicke,* Die GmbH in Zeiten der Corona-Pandemie, NZG 2020, 501.

Übersicht

I. Grundlagen

1. Regelungsgehalt

1 Gemäß § 2 COVGesMG[1]) können die Gesellschafter einer GmbH Gesellschafterbeschlüsse in Textform oder durch schriftliche Abgabe der Stimmen auch ohne Einverständnis sämtlicher Gesellschafter fassen. In dieser knappen Sonderregelung beschränkt sich der Gesetzgeber auf die **negative Aussage**, dass für dieses Beschlussverfahren ausnahmsweise **kein allseitiges Einverständnis erforderlich** ist. § 2
COVGesMG enthält dagegen **keine positive Aussage** darüber, welche Verfahrensschritte einzuhalten sind, um wirksame Beschlüsse fassen zu können. Auch § 48
Abs. 2 GmbHG, an den die Sonderregelung systematisch anknüpft, enthält keine
Aussage zu dem Verfahren, denn angesichts der im allgemeinen GmbH-Recht erforderlichen allseitigen Zustimmung der Gesellschafter konnte der Gesetzgeber in
§ 48 Abs. 2 GmbHG auf weitere Vorgaben verzichten. Die Sonderregelung in § 2
COVGesMG ist deswegen **ergänzungsbedürftig**, um sie für die Praxis anwendbar
zu machen (siehe näher Rz. 28 ff.).

---

1) Art. 2 des Gesetzes zur Abmilderung der Folgen der COVID-19-Pandemie im Zivil-,
Insolvenz- und Strafverfahrensrecht, v. 27.3.2020, BGBl. I 2020, 569, 570.

Das **Abstimmungsverfahren** gemäß § 2 COVGesMG ist stets **einstufig.**[2] Einer 2
Differenzierung zwischen den zwei Varianten von § 48 Abs. 2 GmbHG (siehe dazu
Rz. 12 und Rz. 13) bedarf es somit nicht. Denn § 2 COVGesMG ist die Aussage zu
entnehmen, dass es weder einer allseitigen Zustimmung zu dem Beschlussvorschlag
noch einer vorgelagerten allseitigen Zustimmung zum schriftlichen Abstimmungsverfahren bedarf. Man kann also im schriftlichen Verfahren einen Mehrheitsbeschluss fassen (Abweichung von der ersten Alternative des § 48 Abs. 2 GmbHG)
und benötigt dafür auch kein Einverständnis mit diesem Abstimmungsmodus (Abweichung von der zweiten Alternative des § 48 Abs. 2 GmbHG). Eine Differenzierung zwischen beiden Alternativen erübrigt sich damit. Wer die Beschlussfassung
im schriftlichen Verfahren ablehnt, muss in der Sachentscheidung mit „Nein" stimmen – und setzt sich nur durch, wenn dadurch die erforderliche Mehrheit verfehlt
wird (siehe i. E. Rz. 32 ff. zum Abstimmungsverfahren).

Aufgrund der **Satzungsautonomie** wäre es den Gesellschaftern bereits nach allge- 3
meinem GmbH-Recht möglich gewesen, in der Satzung eine Regelung für Mehrheitsbeschlüsse im schriftlichen Verfahren einzuführen;[3] davon haben allerdings
tatsächlich nur wenige Gesellschaften Gebrauch gemacht. § 2 COVGesMG führt diese
Möglichkeit nun unabhängig von bestehenden Satzungsregelungen ein (siehe zum
Verhältnis der gesetzlichen Regelung zur Satzung Rz. 70 ff.).

Anders als für die AG (vgl. insbesondere § 1 Abs. 2 COVGesMG) hat der Gesetz- 4
geber für die GmbH **keine virtuelle Gesellschafterversammlung** eingeführt.[4] Die
Sonderregelung sieht auch **keine Verkürzung der Einberufungsfrist** vor[5] (vgl. dagegen § 1 Abs. 3 COVGesMG für die AG). Das ist konsequent, weil die gesetzliche Einberufungsfrist gemäß § 51 Abs. 1 Satz 2 GmbHG nur eine Woche beträgt.
Eine kürzere Frist würde den Gesellschaftern keine ausreichende Vorbereitung mehr
erlauben und deswegen ihr Teilhaberecht unangemessen beeinträchtigen.

2. Normzweck

Mit § 2 COVGesMG reagiert der Gesetzgeber auf die **aktuellen Schwierigkeiten,** 5
eine Gesellschafterversammlung als **Präsenzversammlung** abzuhalten. Diese Hindernisse können rechtlicher Art (z. B. Kontaktsperren) oder faktischer Art (Anste-
ckungsrisiko, Einschränkung der Transportmittel, geringe Verfügbarkeit von Veranstaltungsräumen) sein. Sie führen dazu, dass das persönliche Erscheinen am Versammlungsort für die Gesellschafter unmöglich oder zumindest unzumutbar ist.
Die Sonderregelung soll den Gesellschaften deswegen einen **zusätzlichen Weg der
präsenzlosen Beschlussfassung** eröffnen. Die bestehenden gesetzlichen Möglichkeiten in den §§ 48 bis 51 GmbHG genügen nur für den Fall, das alle Gesellschafter
kooperativ zusammenwirken und sich aktiv an dem Beschlussverfahren beteiligen;

---

2) Vgl. *Ernst*, ZIP 2020, 889, 890; *Lieder*, ZIP 2020, 837, 845; abweichendes Verständnis dagegen
bei *DNotI*, DNotI-Report 2020, 52, 53; vgl. dazu auch Baumbach/Hueck/Noack-*Noack*,
COVMG, § 2 Rz. 6.
3) Vgl. etwa das Muster bei *Seibt* in: MAH GmbHR, § 2 Rz. 199 f. (Vorschlag einer sehr
knappen Regelung); ausführlicher jetzt *Lohr*, GmbH-StB 2020, 160, 162.
4) *Leinekugel* in: BeckOK-GmbHG, Anh. § 47 Rz. 292.
5) *Vetter/Tielmann*, NJW 2020, 1175, 1179.

dagegen eignen sie sich nicht für **streitige Beschlüsse** (siehe i. E. den Überblick in Rz. 10 ff.). **Normzweck** von § 2 COVGesMG ist somit die Ermöglichung präsenzloser Mehrheitsbeschlüsse. Dieser Fokus der Neuregelung auf (potentiell) streitige Sachverhalte führt dazu, dass die **Rechtssicherheit des Beschlussverfahrens** ein besonderes Gewicht hat, um das Risiko von Anfechtungs- und Nichtigkeitsklagen zu minimieren. Das ist bei der Auslegung zu berücksichtigen.

6   Wie bei jeder Regelung zum Beschlussverfahren muss der Gesetzgeber auch hier **zwei übergeordnete Regelungsziele** des Gesellschaftsrechts zum Ausgleich bringen, die miteinander in Konflikt geraten können. Einerseits soll die Neuregelung den betroffenen Unternehmen ermöglichen, trotz der COVID-19-Pandemie die erforderlichen Beschlüsse fassen zu können. § 2 COVGesMG dient somit der **Funktionsfähigkeit der GmbH als Unternehmensform** auch während der Krisenzeit.[6] Andererseits muss die Neuregelung gewährleisten, dass jeder Gesellschafter weiterhin eine faire Chance hat, auf die Beschlussfassung der Gesellschafterversammlung Einfluss zu nehmen. § 2 COVGesMG dient deswegen zugleich dem **Schutz des Teilhaberechts aller Gesellschafter**; berührt ist damit nicht nur der Minderheitenschutz, sondern weitergehend auch der Individualschutz eines jeden Gesellschafters (siehe zu diesem Aspekt Rz. 29).[7] Der Normzweck ist darauf beschränkt, die **krisenbedingten Hindernisse** für die physische Präsenz **zu überwinden**. § 2 COVGesMG rechtfertigt deswegen **keine weitergehenden Einschränkungen der Rechtsposition der einzelnen Gesellschafter**, die über das spezifische Problem der Präsenz hinausgehen. Es ist nicht Zweck von § 2 COVGesMG, eine schnellere Beschlussfassung als nach den allgemeinen Regelungen herbeizuführen.[8]

3. Zeitlicher Anwendungsbereich

7   § 2 COVGesMG ist Teil des „Krisengesellschaftsrechts",[9] mit dem der Gesetzgeber auf die COVID-19-Pandemie reagiert. Entsprechend ist die Sonderregelung gemäß § 7 Abs. 2 COVGesMG nur temporär auf **Gesellschafterversammlungen und -beschlüsse** anzuwenden, die **bis einschließlich 31.8.2022** stattfinden. Der zeitliche Anwendungsbereich von § 2 COVGesMG war zunächst auf das Jahr 2020 beschränkt. § 8 COVGesMG enthält eine Verordnungsermächtigung an das BMJV, den Geltungszeitraum bis höchstens zum 31.12.2021 zu verlängern, wenn dies aufgrund fortbestehender Auswirkungen der COVID-19-Pandemie in der Bundesrepublik Deutschland geboten erscheint. Der Verordnungsgeber hat von der Ermächtigung Gebrauch

---

6)   Vgl. allgemein zum Aspekt der Funktionsfähigkeit im GmbH-Gesellschaftsrecht *Baumbach/Hueck-Zöllner/Noack*, GmbHG, § 45 Rz. 7 sub (5); Henssler/Strohn-*Mollenkopf*, GesR, § 45 GmbHG Rz. 9.

7)   Vgl. allgemein zum Schutz von Minderheitsgesellschaftern in der kleinen geschlossenen Kapitalgesellschaft, aber auch zur Gefahr opportunistischen Verhaltens *Fleischer* in: MünchKomm-GmbHG, Einl., Rz. 276, 289 ff.

8)   Überzeugend *Leinekugel* in: BeckOK-GmbHG, Anh. § 47 Rz. 287; andere Tendenz bei Baumbach/Hueck/Noack-*Noack*, COVMG, § 2 Rz. 32; *Reichert/Knoche*, GmbHR 2020, 461, 466 („Zweck der befristeten Regelung (…), möglichst schnelle und rechtssichere Entscheidungen herbeizuführen").

9)   Vgl. zum Begriff *Noack/Zetzsche*, AG 2020, 265, 266.

gemacht und die Geltung von § 2 COVGesMG bis zum 31.12.2021 verlängert.[10)] Der Gesetzgeber hat zuletzt mit Gesetz vom 10.9.2021 den Wortlaut von § 7 Abs. 2 COVGesMG auf Gesellschafterversammlungen, die bis einschließlich 31.8.2022 stattfinden, erweitert.[11)]

§ 7 Abs. 2 COVGesMG ist so auszulegen, dass das **Beschlussverfahren vor Ablauf** **8** **des Geltungszeitraums** nicht nur eingeleitet, sondern auch **abgeschlossen** sein muss.[12)] Maßgeblich ist der Ablauf der Frist zur Stimmabgabe (siehe Rz. 44 ff.), nicht auch die Feststellung und Mitteilung des Beschlussergebnisses, da Feststellung und Mitteilung keine Wirksamkeitsvoraussetzungen für den Beschluss sind (str., siehe Rz. 59). Dies geht allerdings aus dem Wortlaut von § 7 Abs. 2 COVGesMG nicht hervor. **Sicherster Weg** ist deswegen, bei einer Abstimmung am Jahresende vorsorglich die **Mitteilung des Beschlussergebnisses** den Gesellschaftern noch **vor Ablauf des Geltungszeitraums** zuzuleiten.

Die bestehenden rechtlichen und faktischen Beschränkungen aufgrund der COVID- **9** 19-Pandemie sind somit Grund und Anlass für die Einführung von § 2 COVGesMG, aber **keine tatbestandlichen Voraussetzungen der Norm.** Die Anwendbarkeit der Regelung ist allein in zeitlicher Hinsicht durch den Geltungszeitraum gemäß § 7 Abs. 2 COVGesMG und die Verlängerungsmöglichkeit in § 8 COVGesMG beschränkt. Der Gesetzgeber hat die Anwendbarkeit der Norm also nicht davon abhängig gemacht, ob tatsächlich (noch) rechtliche oder faktische Beschränkungen für Präsenzversammlungen bestehen; dies ist im Interesse der Rechtssicherheit überzeugend. Mit anderen Worten ist eine Beschlussfassung im Verfahren nach § 2 COVGesMG auch dann zulässig, wenn eine Präsenz-Gesellschafterversammlung rechtlich und faktisch (wieder) möglich wäre.[13)]

II. Vergleich zu den §§ 48 bis 51 GmbHG, Regelungsbedarf

1. Grundmodell: Präsenzversammlung (§ 48 Abs. 1 GmbHG)

Die Bedeutung der Sonderregelung zeigt sich im Vergleich zu den bestehenden **10** Formen der Beschlussfassung gemäß den allgemeinen Regelungen in §§ 48 bis 51 GmbHG. Das Grundmodell des Gesetzes formuliert § 48 Abs. 1 GmbHG: Die Beschlüsse der Gesellschafter werden in Versammlungen gefasst. Damit meint das Gesetz eine **Präsenzversammlung,** zu der die Gesellschafter fristgemäß geladen werden; wer sein Stimmrecht ausüben will, muss persönlich oder durch einen Vertreter am Versammlungsort erscheinen.[14)] Die Gesellschafterversammlung kann auch dann

---

10) Verordnung zur Verlängerung von Maßnahmen im Gesellschafts-, Genossenschafts-, Vereins- und Stiftungsrecht zur Bekämpfung der Auswirkungen der COVID-19-Pandemie v. 20.10.2020, BGBl. I, 2258.

11) Art. 15 des Gesetzes zur Errichtung eines Sondervermögens „Aufbauhilfe 2021" und zur vorübergehenden Aussetzung der Insolvenzantragspflicht wegen Starkregenfäl-len und Hochwassern im Juli 2021 sowie zur Änderung weiterer Gesetze (Aufbauhilfegesetz 2021 – AufbhG 2021 v. 10.9.2021, BGBl. I, 4147.

12) Ebenso Baumbach/Hueck/Noack-*Noack*, COVMG, § 2 Rz. 20.

13) Ebenso Baumbach/Hueck/Noack-*Noack*, COVMG, § 2 Rz. 7; *Leinekugel* in: BeckOK-GmbHG, Anh. § 47 Rz. 289.

14) Vgl. BGH, Urt. v. 16.1.2006 – II ZR 135/04, Rz. 9, NZG 2006, 428, 429 („Beschlüsse der Gesellschafter werden gemäß § 48 Abs. 1 GmbHG grundsätzlich in Versammlungen, also bei gleichzeitiger Anwesenheit der Gesellschafter gefasst.").

Beschlüsse fassen, wenn einzelne Gesellschafter nicht erscheinen, sich der Stimme enthalten oder sogar der Durchführung wiedersprechen und aktiv mit „Nein" stimmen. Die Einberufung einer Gesellschafterversammlung ist somit das **Mittel der Wahl für eine (potentiell) streitige Gesellschafterversammlung.**

2. Gesetzliche Erleichterungen für die Beschlussfassung

11   Die §§ 48, 51 GmbHG enthalten bereits **drei Abweichungen** vom Grundmodell, um die Beschlussfassung der Gesellschafter zu vereinfachen.

a) Vollversammlung (§ 51 Abs. 3 GmbHG)

12   Gemäß § 51 Abs. 3 GmbHG kann eine Gesellschafterversammlung ausnahmsweise auch „unter Verzicht auf Frist und Form" **ohne Ladung** abgehalten werden, wenn sämtliche Gesellschafter anwesend sind (Vollversammlung). Allerdings ist auch die Vollversammlung eine **Präsenzversammlung,** d. h. alle Gesellschafter bzw. deren Vertreter müssen persönlich an einem Ort zusammenkommen. Mit anderen Worten entbindet § 51 Abs. 3 GmbHG nur vom Ladungserfordernis, nicht aber vom Präsenzerfordernis. Dieser Weg hilft somit nicht, wenn es Gesellschaftern unmöglich oder unzumutbar ist, an der Versammlung teilzunehmen.

b) Zustimmung aller Gesellschafter zum Beschlussvorschlag (§ 48 Abs. 2 Alt. 1 GmbHG)

13   Gemäß § 48 Abs. 2 Alt. 1 GmbHG können Beschlüsse **ohne Präsenzversammlung** gefasst werden, wenn sämtliche Gesellschafter dem Beschlussvorschlag einvernehmlich zustimmen. Die Regelung entbindet somit vom Präsenzerfordernis, setzt aber **Einigkeit** der Gesellschafter **über den Sachantrag** voraus.[15] Dieser Weg hilft somit nicht, wenn einzelne Gesellschafter mit „Nein" stimmen oder sich enthalten wollen.

c) Einverständnis aller Gesellschafter mit dem Abstimmungsmodus (§ 48 Abs. 2 Alt. 2 GmbHG)

14   Gemäß § 48 Abs. 2 Alt. 2 GmbHG können Beschlüsse auch dann **ohne Präsenzversammlung** gefasst werden, wenn sich sämtliche Gesellschafter mit der schriftlichen Abgabe der Stimmen einverstanden erklären. Auch diese Regelung entbindet vom Präsenzerfordernis, setzt aber zumindest **Einigkeit** der Gesellschafter **über diesen Abstimmungsmodus** voraus.[16] Dieser Weg hilft somit nicht, wenn einzelne Gesellschafter aktiv die Beschlussfassung außerhalb der Gesellschafterversammlung verhindern möchten, vor allem dann, wenn sie mit allen Mitteln die Sachentscheidung blockieren oder zumindest verzögern wollen. Er hilft auch nicht, wenn Gesellschafter – in der Praxis ebenso relevant – aus Lethargie überhaupt nicht auf die Aufforderung zur Beschlussfassung reagieren.

d) Telefon- oder Videokonferenz, virtuelle Gesellschafterversammlung

15   Das GmbHG enthält **keine gesetzliche Regelung** für die Beschlussfassung der Gesellschafter im Wege der **Telefon- oder Videokonferenz** oder durch andere elek-

---

15)   Vgl. Michalski/Heidinger/Leible/J. Schmidt-*Römermann,* GmbHG, § 48 Rz. 220.

16)   Vgl. *Liebscher* in: MünchKomm-GmbHG, § 48 Rz. 162; Michalski/Heidinger/Leible/ J. Schmidt-*Römermann,* GmbHG, § 48 Rz. 251.

tronische Medien der Telekommunikation bis hin zur rein **virtuellen Gesellschafterversammlung.** § 48 Abs. 2 GmbHG beschränkt sich auf zwei spezielle Formen der Beschlussfassung außerhalb der Gesellschafterversammlung (siehe Rz. 12 und Rz. 13). Die Abstimmung im Wege der Telefon- und Videokonferenz ist ein präsenzloses Beschlussverfahren, das in § 48 Abs. 2 GmbHG nicht vorgesehen ist. Gleiches gilt für eine virtuelle Gesellschafterversammlung, bei der sich die Gesellschafter nicht mehr persönlich versammeln, sondern nur auf elektronischem Wege teilnehmen.

Auf Grundlage einer Satzungsregelung sind solche alternativen Formen der Beschlussfassung möglich, jedenfalls wenn das Verfahren die wesentlichen Teilhaberechte der Gesellschafter wahrt.[17] **Ohne Grundlage in der Satzung** sind sie dagegen **unzulässig**, selbst wenn sämtliche Gesellschafter zustimmen.[18] Diese Auffassung hat der BGH für die sog. **kombinierte Beschlussfassung**, bei der sich ein Teil der Gesellschafter versammelt und ein anderer Teil nachträglich schriftlich abstimmt, ausdrücklich bestätigt.[19] Teilweise wird vertreten, dass eine solche alternative Beschlussfassung auch ohne Satzungsgrundlage zulässig sein müsse, wenn sämtliche Gesellschafter damit einverstanden sind.[20] Vereinzelt wird erwogen, dass sogar formlose Mehrheitsbeschlüsse ohne Satzungsgrundlage möglich sein sollen.[21] Im Ergebnis ist die Beschlussfassung im Wege der Telefon- und Videokonferenz oder als virtuelle Versammlung damit aber **ohne Satzungsgrundlage** jedenfalls **ungeeignet für (potentiell) streitige Beschlussfassungen.** Denn wenn die Satzung dafür keine klare Ermächtigung enthält, bietet der derzeitige Meinungsstand im Schrifttum keine hinreichend rechtssichere Grundlage für streitige Beschlüsse. **16**

Ob es – bei entsprechender Satzungsgrundlage – in der GmbH möglich ist, im Rahmen einer Telefon- oder Videokonferenz auch **beurkundete Beschlüsse** zu fassen, ist nicht abschließend geklärt. Eine zutreffende Ansicht im Schrifttum bejaht dies zumindest für den Fall, dass die Teilnehmer sowohl per Bild als auch per Ton zugeschaltet sind (audiovisuelle Beschlussfassung in einer Videokonferenz oder mit **17**

---

17) Vgl. Baumbach/Hueck-*Zöllner/Noack*, GmbHG, § 48 Rz. 44; Michalski/Heidinger/Leible/ J. Schmidt-*Römermann*, GmbHG, § 48 Rz. 281, 289 ff.; Ulmer/Habersack/Löbbe-*Hüffer/ Schürnbrand*, GmbHG, § 48 Rz. 62; *Schindler/Schaffner*, Virtuelle Beschlussfassungen in Kapitalgesellschaften und Vereinen, Rz. 451.

18) Ulmer/Habersack/Löbbe-*Hüffer/Schürnbrand*, GmbHG, § 48 Rz. 59; Michalski/Heidinger/ Leible/J. Schmidt-*Römermann*, GmbHG, § 48 Rz. 279; Baumbach/Hueck-*Zöllner/Noack*, GmbHG, § 48 Rz. 41; krit. *Liebscher* in: MünchKomm-GmbHG, § 48 Rz. 174; *Liese/ Theusinger*, GmbHR 2006, 682, 686; vgl. eingehend *Blasche*, GmbHR 2011, 232, 234. Von der Unzulässigkeit ist die Frage der Rechtsfolge zu trennen; der BGH geht offenbar davon aus, dass solche Beschlüsse in jedem Fall analog § 241 Nr. 1 AktG nichtig seien, vgl. BGH, Urt. v. 16.1.2006 – II ZR 135/04, Rz. 10, NZG 2006, 428, 429. Diese Aussage ist aber zu pauschal: Die Analogie ist vielmehr nur gerechtfertigt, wenn ein Gesellschafter überhaupt nicht an dem Beschlussverfahren beteiligt wird; s. Rz. 65 ff. sowie Michalski/ Heidinger/Leible/J. Schmidt-*Römermann*, GmbHG, § 48 Rz. 280.

19) BGH, Urt. v. 16.1.2006 – II ZR 135/04, Rz. 10, NZG 2006, 428, 429.

20) In diese Richtung *Reichert/Knoche*, GmbHR 2020, 461, 462, die diesen Weg aber dennoch mangels ausreichender Rechtssicherheit nicht empfehlen.

21) Vgl. für den Fall der „audiovisuellen Zuschaltung verhinderter Gesellschafter" *Wertenbruch*, GmbHR 2019, 149, 152 ff.

vergleichbaren elektronischen Kommunikationsmitteln).[22] Die Registerpraxis steht diesem Verfahren oftmals ablehnend gegenüber; deswegen ist in jedem Fall zu empfehlen, eine solche Vorgehensweise vorab mit dem zuständigen Registerrichter abzustimmen.

3. Befund: Regelungsbedarf für streitige Gesellschafterbeschlüsse ohne Präsenzerfordernis

18   Der Gesetzgeber ist somit zu Recht davon ausgegangen, dass auch im GmbH-Recht Regelungsbedarf besteht. Die §§ 48 bis 51 GmbHG sehen keinen Weg vor, um mit der erforderlichen Rechtssicherheit ohne physische Präsenz der Gesellschafter Mehrheitsbeschlüsse fassen zu können. Soweit das Gesetz eine rechtssichere Fassung streitiger Beschlüsse ermöglicht, setzt es die Präsenz der Gesellschafter voraus (siehe Rz. 10). Soweit das Gesetz auf die Präsenz verzichtet, setzt es zumindest das allseitige Einverständnis mit dem Abstimmungsmodus voraus (siehe Rz. 14). Für die Telefon- und Videokonferenz fehlt es ohne Satzungsermächtigung an einer rechtssicheren Grundlage (siehe oben Rz. 15 f.). Somit ist die **streitige präsenzlose Beschlussfassung** im GmbHG bislang ungeregelt.

19   Die Praxis behilft sich häufig mit einem **zweigleisigen Vorgehen**: Zugleich mit der Einleitung eines schriftlichen Verfahrens nach § 48 Abs. 2 GmbHG lädt die Geschäftsführung vorsorglich zu einer Gesellschafterversammlung ein für den Fall, dass der vorgeschlagene Beschluss im schriftlichen Verfahren nicht zustande kommt.[23] Dieser Weg versagt jedoch, wenn – wie jedenfalls in Hochzeiten der COVID-19-Pandemie – eine Präsenzversammlung ausscheidet. Es hätte in dieser Lage auch nicht genügt, die Gesellschafter auf die Möglichkeit zu verweisen, entsprechende Regelungen ad hoc in die Satzung aufzunehmen. Denn die bestehenden rechtlichen und faktischen Hindernisse bei der Beschlussfassung betreffen auch und gerade die erforderliche Satzungsänderung zur Einführung solcher Regelungen; deswegen bietet hier die Satzungsautonomie keine ausreichende Lösung.

III. Erfasste Beschlüsse

20   Grundsätzlich können die Gesellschafter sämtliche Beschlüsse anstatt in einer Präsenzversammlung auch außerhalb einer Gesellschafterversammlung in der Form des § 48 Abs. 2 GmbHG fassen.[24] Gleiches gilt auch für die Beschlussfassung nach § 2 COVGesMG. Im Anwendungsbereich von § 48 Abs. 2 GmbHG werden allerdings

---

22) Eingehend *Schindler/Schaffner*, Virtuelle Beschlussfassungen in Kapitalgesellschaften und Vereinen, Rz. 459; *Hitzel*, NZG 2021, 1174, 1178. Zwar kann der Notar in einer Videokonferenz nicht die Identität der Abstimmenden gemäß § 10 BeurkG feststellen. Allerdings gehört es auch bei der Aufnahme eines Tatsachenprotokolls über eine „normale" Präsenzversammlung nicht zu den Aufgaben des Notars (und wäre ihm bei größerem Teilnehmerkreis auch nicht möglich), die Identität der Teilnehmer festzustellen; § 10 BeurkG gilt nicht für die Tatsachenprotokolle gemäß § 36 BeurkG, vgl. Armbrüster/Preuß/Renner-*Preuß*, BeurkG, § 37 Rz. 17.

23) Vgl. *Liebscher* in MünchKomm-GmbHG, § 48 Rz. 153, 154.

24) Vgl. Baumbach/Hueck-*Zöllner/Noack*, GmbHG, § 47 Rz. 28; Michalski/Heidinger/Leible/J. Schmidt-*Römermann*, GmbHG, § 48 Rz. 204.

Ausnahmen für bestimmte Beschlussarten diskutiert. Dies ist auch für das Verfahren nach § 2 COVGesMG relevant.

1. Zustimmungsbeschlüsse nach dem UmwG

Der Zustimmungsbeschluss der Gesellschafter zur Verschmelzung kann gemäß § 13 Abs. 1 Satz 2 UmwG nur in einer „Versammlung der Anteilsinhaber" gefasst werden. Gleiches gilt über die Verweisung in § 125 UmwG für die Spaltung und gemäß § 193 Abs. 1 Satz 2 UmwG für den Formwechsel. Diese umwandlungsrechtlichen Regelungen werden allgemein so verstanden, dass eine **Präsenzversammlung erforderlich** ist und deswegen das schriftliche Verfahren nach § 48 Abs. 2 GmbHG ausscheidet.[25] Hintergrund dieser Spezialregelung dürfte sein, dass das UmwG bestimmte Informationspflichten an die Gesellschafterversammlung anknüpft.[26] Zudem soll die Präsenzversammlung den interessierten Gesellschaftern ermöglichen, sich vor Beschlussfassung mit den Mitgesellschaftern und den Organen der Gesellschaft über die geplante Maßnahme auszutauschen.[27] Dieser Regelungszweck gilt auch und erst recht für (potentiell) streitige Szenarien. Somit können Zustimmungsbeschlüsse nach dem UmwG **nicht im Verfahren nach § 2 COVGesMG** gefasst werden.[28] Eine Ausstrahlungswirkung auf andere Strukturmaßnahmen haben die umwandlungsrechtlichen Regelungen allerdings nicht, sodass sich die Ausnahme auf die genannten Zustimmungsbeschlüsse nach dem UmwG beschränkt.[29]

§ 21

2. Beurkundungsbedürftige Beschlüsse

Ein Beschluss kann auch dann gemäß § 48 Abs. 2 GmbHG außerhalb der Gesellschafterversammlung gefasst werden, wenn er **notariell zu beurkunden** ist. Dies entspricht heute ganz h. M.[30] In der Praxis wird von diesem Weg allerdings nur äußerst selten Gebrauch gemacht, denn wenn die Gesellschafter einig sind, hat es sich bewährt, Vollmachten zu erteilen und auf dieser Basis in einer Präsenz-Gesellschafterversammlung (Vollversammlung) mit reduziertem Teilnehmerkreis zu beurkunden.

§ 22

---

25) *Liebscher* in: MünchKomm-GmbHG, § 48 Rz. 144; Michalski/Heidinger/Leible/J. Schmidt-Römermann, GmbHG, § 48 Rz. 206; Semler/Stengel-*Gehling*, UmwG, § 13 Rz. 14; *Rieckers/Cloppenburg* in: BeckOGK-UmwG, § 13 Rz. 40 f.

26) Darauf weist *Liebscher* in: MünchKomm-GmbHG, § 48 Rz. 144, hin.

27) So *Rieckers/Cloppenburg* in BeckOGK-UmwG, § 13 Rz. 40; Semler/Stengel-*Gehling*, UmwG, § 13 Rz. 14.

28) Ebenso *Schulteis*, GWR 2020, 169, 170; *Behme*, DZWIR 2020, 269, 272; a. A. Baumbach/Hueck/Noack-*Noack*, COVMG, § 2 Rz. 15, falls eine Präsenzversammlung unter Beteiligung aller Gesellschafter pandemiebedingt nicht durchgeführt werden könne; in diesem Fall bestehe eine planwidrige Regelungslücke, weil der Gesetzgeber die erforderliche Öffnung von § 13 Abs. 1 Satz 2 UmwG nicht gesehen habe.

29) Vgl. zum Anwendungsbereich von § 48 Abs. 2 GmbHG *Liebscher* in: MünchKomm-GmbHG, § 48 Rz. 145.

30) Baumbach/Hueck-Z*öllner/Noack*, GmbHG, § 53 Rz. 55, 74; Baumbach/Hueck/Noack-Noack, COVMG, § 2 Rz. 12; *Liebscher* in: MünchKomm-GmbHG, § 48 Rz. 147; Michalski/Heidinger/Leible/J. Schmidt-*Römermann*, GmbHG, § 48 Rz. 209; *DNotI*, DNotI-Report 2020, 52, 54; anders wohl der BGH obiter dictum in einer Entscheidung aus dem Jahr 1954, BGH, Urt. v. 1.12.1954 – II ZR 285/53, BGHZ 15, 324, 328 = NJW 1955, 220; abl. auch noch OLG Hamm, Beschl. v. 1.2.1974 – 15 Wx 6/74, NJW 1974, 1057.

23 Wenn gewünscht, können beurkundungsbedürftige Beschlüsse nunmehr auch **im Abstimmungsverfahren nach § 2 COVGesMG** gefasst werden.[31] Das betrifft insbesondere die Beschlüsse über Satzungsänderungen und Kapitalmaßnahmen (§ 53 Abs. 2 Satz 1 GmbHG). Wie im Fall des § 48 Abs. 2 GmbHG wird auch hier die Text- bzw. Schriftform durch das Beurkundungserfordernis überlagert. Das bedeutet konkret: **Jede einzelne Stimmabgabe** (siehe Rz. 51) ist **notariell zu beurkunden**;[32] die Einreichung beglaubigter[33] oder gar nur schriftlicher[34] Stimmabgaben genügt nicht. Die Gesellschafter können ihre Stimmabgaben auch bei unterschiedlichen Notaren beurkunden und die Einzelstimmen sodann in Ausfertigung einem Notar übermitteln, der **auf dieser Grundlage das Beschlussergebnis beurkundet**.[35]

3. Einberufungspflichten (§ 49 Abs. 3, § 5a Abs. 4, § 50 Abs. 1 GmbHG)

24 Gemäß **§ 49 Abs. 3 GmbHG** ist die Geschäftsführung verpflichtet, eine Gesellschafterversammlung einzuberufen, wenn sich ergibt, dass die Hälfte des Stammkapitals verloren ist. Gleiches gilt bei der UG gemäß **§ 5a Abs. 4 GmbHG** im Fall der drohenden Zahlungsunfähigkeit. Gemäß **§ 50 Abs. 1 GmbHG** ist die Geschäftsführung zur Einberufung einer Gesellschafterversammlung verpflichtet, wenn Gesellschafter, deren Geschäftsanteile zusammen mindestens dem zehnten Teil des Stammkapitals entsprechen, dies verlangen. In diesen Fällen muss die Geschäftsführung nach ganz h. M. zu einer **Präsenz-Gesellschafterversammlung** laden; die **Einleitung eines schriftlichen Verfahrens** gemäß § 48 Abs. 2 GmbHG ist **regelmäßig nicht ausreichend**.[36]

---

31) Ebenso Baumbach/Hueck/Noack-*Noack*, COVMG, § 2 Rz. 12 f.; *Leinekugel* in: BeckOK-GmbHG, Anh. § 47 Rz. 291; *DNotI*, DNotI-Report 2020, 52, 54; *Lieder*, ZIP 2020, 837, 844 f.; *Schindler* in: BeckOK-GmbHG, § 48 Rz. 95b; *Behme*, DZWIR 2020, 269, 272; *Otte/Dietlein*, BB 2020, 1163, 1167; *Stelmaszczyk/Forschner*, Der Konzern 2020, 221, 238; *Wicke*, NZG 2020. 501, 502; *Schulte*, GmbHR 2020, 689, 690 Rz. 6.

32) Baumbach/Hueck/Noack-*Noack*, COVMG, § 2 Rz. 13; *Leinekugel* in: BeckOK-GmbHG, Anh. § 47 Rz. 291; *Behme*, DZWIR 2020, 269, 272; *Otte/Dietlein*, BB 2020, 1163, 1167; *Schulte*, GmbHR 2020, 689, 690 Rz. 6; *Stelmaszczyk/Forschner*, Der Konzern 2020, 221, 238; *Wicke*, NZG 2020. 501, 502; ebenso zum Verfahren der Beurkundung bei § 48 Abs. 2 GmbHG *Harbarth* in: MünchKomm-GmbHG, § 53 Rz. 74; Michalski/Heidinger/Leible/J. Schmidt-*Hoffmann*, GmbHG, § 53 Rz. 62; Ulmer/Habersack/Löbbe-*Ulmer/Casper*, GmbHG, § 53 Rz. 46.

33) A. A. (Unterschriftsbeglaubigung ausreichend) *Schindler* in: BeckOK-GmbHG, § 48 Rz. 80 a. E.; *Schindler/Schaffner*, Virtuelle Beschlussfassungen in Kapitalgesellschaften und Vereinen, Rz. 463.

34) A. A. (schriftliche Stimmabgaben ausreichend) *Hitzel*, NZG 2020, 1174, 1178 (Übermittlung per E-Mail oder Brief); allg. zu § 48 Abs. 2 GmbHG auch *Liebscher* in: MünchKomm-GmbHG, § 48 Rz. 147; Ulmer/Habersack/Löbbe-*Hüffer/Schürnbrand*, GmbHG, § 48 Rz. 56.

35) Baumbach/Hueck/Noack-*Noack*, COVMG, § 2 Rz. 13; vgl. zum Beurkundungsverfahren *DNotI*, DNotI-Report 2020, 52, 54; *Schulte*, GmbHR 2020, 689, 690 Rz. 6; *Stelmaszczyk/Forschner*, Der Konzern 2020, 221, 238; *Wälzholz/Bayer*, DNotZ 2020, 285, 295 ff.; eingehend auch *Boor* in: BeckOK-BeurkG, § 36 Rz. 38a ff.

36) Vgl. zu § 49 Abs. 3 GmbHG *Liebscher* in: MünchKomm-GmbHG, § 49 Rz. 64; Michalski/Heidinger/Leible/J. Schmidt-*Römermann*, GmbHG, § 49 Rz. 129; zu § 50 Abs. 1 GmbHG *Liebscher* in: MünchKomm-GmbHG, § 50 Rz. 35; Michalski/Heidinger/Leible/J. Schmidt-*Römermann*, GmbHG, § 50 Rz. 85.

Die Gesellschafter können jedoch entscheiden, stattdessen Beschlüsse im schriftlichen   25
Verfahren zu fassen; hierfür ist allerdings der **Verzicht sämtlicher Gesellschafter
erforderlich.**[37] § 2 COVGesMG ändert an dieser Rechtslage nichts. Sollte es
allerdings krisenbedingt schlechterdings rechtlich oder faktisch unmöglich oder unzumutbar sein, eine Präsenzversammlung durchzuführen, ist der Geschäftsführung
zu raten, ein **schriftliches Abstimmungsverfahren** nach § 2 COVGesMG einzuleiten
und **parallel** eine **Telefon- oder Videokonferenz** der Gesellschafter anzuberau-
men.[38] Dann ist sowohl eine wirksame Beschlussfassung als auch eine Aussprache
der Gesellschafter möglich, sodass eine Pflichtverletzung der Geschäftsführer in
der Regel ausscheiden dürfte.

4. Mitbestimmte Gesellschaften

In der mitbestimmten GmbH hat der **Aufsichtsrat** gemäß § 118 Abs. 3 AktG   26
i. V. m. § 25 Abs. 1 Satz 1 Nr. 2 MitbestG bzw. § 1 Abs. 1 Nr. 3 Satz 2 DrittelBG
das **Recht** (und die Pflicht), **an der Gesellschafterversammlung teilzunehmen.**
Diese Regelung läuft leer, wenn die Gesellschafter Beschlüsse außerhalb der Gesellschafterversammlung fassen. Deswegen gibt es bei § 48 Abs. 2 GmbH eine Diskussion, ob das schriftliche Verfahren auch für mitbestimmte Gesellschaften zulässig ist.
Das wird zu Recht ganz überwiegend bejaht.[39] Nach einer teilweise vertretenen
Ansicht soll es aber geboten sein, den Aufsichtsrat vor der Beschlussfassung zu informieren und ihm die Möglichkeit zur Stellungnahme einzuräumen;[40] die wohl h. M.
im Schrifttum hält dies nicht für rechtlich erforderlich.[41] Die genannten Grundsätze
gelten gleichermaßen auch im Abstimmungsverfahren nach § 2 COVGesMG.[42]

5. Unternehmergesellschaft (haftungsbeschränkt), Vor-GmbH

§ 2 COVGesMG gilt auch für Gesellschafterbeschlüsse der **Unternehmergesellschaft**   27
(haftungsbeschränkt)[43] sowie für Gesellschafterbeschlüsse der **Vorgesellschaft (Vor-
GmbH)** in der Phase zwischen Beurkundung der Gründung und Eintragung im Handelsregister.[44]

---

37) Vgl. zu § 49 Abs. 3 GmbHG *Liebscher* in MünchKomm-GmbHG, § 49 Rz. 64; Michalski/
     Heidinger/Leible/J. Schmidt-*Römermann*, GmbHG, § 49 Rz. 128; zu § 50 Abs. 1 GmbHG
     Liebscher in MünchKomm-GmbHG, § 50 Rz. 35; Michalski/Heidinger/Leible/J. Schmidt-
     Römermann, GmbHG, § 50 Rz. 87 f.
38) So auch die Empfehlung bei Baumbach/Hueck/Noack-*Noack*, COVMG, § 2 Rz. 14.
39) Vgl. *Liebscher* in: MünchKomm-GmbHG, § 48 Rz. 149; Michalski/Heidinger/Leible/
     J. Schmidt-*Römermann*, GmbHG, § 48 Rz. 214; *Wicke*, GmbHG, § 48 Rz. 6; *Wolff* in:
     MünchHdb. GesR, Bd. 3, § 39 Rz. 95.
40) *Wolff* in: MünchHdb. GesR, Bd. 3, § 39 Rz. 95; *Wicke*, GmbHG, § 48 Rz. 6 (Information des
     Aufsichtsrats); speziell zum Abstimmungsverfahren nach § 2 COVGesMG auch *Eickhoff/
     Busold*, DStR 2020, 1054, 1056.
41) Michalski/Heidinger/Leible/J. Schmidt-*Römermann*, GmbHG, § 48 Rz. 214; Scholz-*Seibt*,
     GmbHG, § 48 Rz. 56.
42) Baumbach/Hueck/Noack-*Noack*, COVMG, § 2 Rz. 4 ff.
43) Baumbach/Hueck/Noack-*Noack*, COVMG, § 2 Rz. 10.
44) Baumbach/Hueck/Noack-*Noack*, COVMG, § 2 Rz. 9.

IV. Grundlagen zum Abstimmungsverfahren nach § 2 COVGesMG

1. Ergänzungsbedürftigkeit der Regelung

28   § 2 COVGesMG beschränkt sich auf die negative Aussage, dass Beschlüsse der Gesellschafter in Textform oder durch schriftliche Abgabe der Stimmen auch ohne Einverständnis sämtlicher Gesellschafter gefasst werden können. Die Sonderregelung enthält dagegen keine Aussage, **welches Verfahren** einzuhalten ist, um bindende Beschlüsse fassen zu können, obwohl nicht sämtliche Gesellschafter zugestimmt haben. Die Regelung ist vielmehr **ergänzungsbedürftig**.

29   Nähme man § 2 COVGesMG wörtlich, könnte ein Gesellschafter das Beschlussverfahren initiieren, seine Stimme abgeben, sogleich das Ergebnis feststellen und sich darauf berufen, dass das Einverständnis der anderen Gesellschafter nicht mehr erforderlich sei. Das kann vom Gesetzgeber nicht gemeint sein. Denn jeder Gesellschafter muss die **Möglichkeit** haben, **sich an der gesellschaftsinternen Willensbildung zu beteiligen**; dies findet seinen Ausdruck im Teilnahmerecht eines jeden Gesellschafters in der Gesellschafterversammlung.[45] Es ist nicht erkennbar, dass der Gesetzgeber dieses fundamentale Prinzip des Gesellschaftsrechts mit der Sonderregelung in § 2 COVGesMG aufgeben wollte. Dies wäre auch in der Sache nicht zu rechtfertigen: Denn die Möglichkeit zur Teilhabe aller Gesellschafter an der Willensbildung ist ein wesentliches Element für die erforderliche **Legitimation eines Mehrheitsbeschlusses**, der auch die opponierende Minderheit bindet.[46]

30   Jenseits dieses allgemeinen Grundsatzes stellen sich jedoch zahlreiche Fragen, wie die gebotene Teilhabe eines jeden Gesellschafters im Verfahren nach § 2 COVGesMG umzusetzen ist. Auch § 48 Abs. 2 GmbHG beantwortet diese Verfahrensfragen nicht. Da die Beschlüsse im allgemeinen schriftlichen Verfahren letztlich von einem allseitigen Einverständnis zumindest mit dem Abstimmungsmodus getragen sind (siehe oben Rz. 13 f.), konnte der Gesetzgeber die Gestaltung des Beschlussverfahrens bei § 48 Abs. 2 GmbHG i. Ü. weitgehend den Beteiligten überlassen: Wer nicht ausreichend beteiligt wurde (oder sich nicht ausreichend beteiligt fühlt), kann sein Einverständnis verweigern.[47] Dies zeigt, dass die **Interessenlage des einzelnen Gesellschafters** bei Mehrheitsbeschlüssen im Verfahren nach § 2 COVGesMG weniger dem schriftlichen Verfahren nach § 48 Abs. 2 GmbHG, sondern vielmehr **der Beschlussfassung in einer Präsenz-Gesellschafterversammlung** nach § 48 Abs. 1 GmbHG **vergleichbar** ist. Denn in beiden Fällen bedarf der Gesellschafterbeschluss einer besonderen Legitimation, weil er alle Gesellschafter bindet, obwohl er nicht von einer allseitigen Zustimmung gedeckt ist.

---

45) Zum Teilnahmerecht eingehend *Wolff* in: MünchHdb. GesR, Bd. 3, § 39 Rz. 59 ff.; *Liebscher* in: MünchKomm-GmbHG, § 48 Rz. 9 ff.; vgl. zu § 2 COVGesMG auch *DNotI*, DNotI-Report 2020, 52, 53.

46) Vgl. zur Legitimation von Mehrheitsbeschlüssen *Eberspächer*, Nichtigkeit von Hauptversammlungsbeschlüssen nach § 241 Nr. 3 AktG, S. 30 ff.; *K. Schmidt*, Gesellschaftsrecht, 2002, § 15 I 3 a (S. 438); *Bachmann*, Private Ordnung, S. 192 f.

47) Dies gilt bei § 48 Abs. 2 GmbHG auch für Gesellschafter, die nicht stimmberechtigt sind, denn auch sie müssen dem schriftlichen Verfahren zustimmen, vgl. Michalski/Heidinger/Leible/J. Schmidt-*Römermann*, GmbHG, § 48 Rz. 217 ff.

Das bedeutet **im Ergebnis** für die erforderliche Ergänzung von § 2 COVGesMG: 31
Das Beschlussverfahren muss sich im Grundsatz an dem Verfahren für die Präsenz-
Gesellschafterversammlung nach § 48 Abs. 1 GmbHG orientieren, soweit dies
keine physische Präsenz der Gesellschafter voraussetzt.[48] **Leitbild für die Auslegung von § 2 COVGesMG** ist somit weniger das schriftliche Verfahren nach § 48
Abs. 2 GmbHG, sondern vielmehr das **Modell einer präsenzlosen Gesellschafterversammlung.**

2. Das Verfahren im Überblick

Die Abstimmung nach § 2 COVGesMG erfolgt in vier Schritten:[49]   32

– Aufforderung an die Gesellschafter zur Abstimmung über einen Beschlussvorschlag (siehe unten Rz. 34 ff.);

– Stimmabgabe der Gesellschafter gegenüber der Gesellschaft (siehe unten
  Rz. 51 ff.);

– Ermittlung des Abstimmungsergebnisses (zu Beschlussfähigkeit und Beschlussmehrheit, siehe unten Rz. 54 ff.);

– Beschlussfeststellung und Mitteilung des Beschlusses an die Gesellschafter (siehe
  unten Rz. 59 ff.).

Um das Rederecht der Gesellschafter zu wahren, sollte ihnen zudem i. R. der Abstim- 33
mung Gelegenheit gegeben werden, zu dem Beschlussvorschlag Stellung zu nehmen
(siehe unten Rz. 62 f.).

V. Die Verfahrensschritte im Einzelnen

1. Aufforderung zur Abstimmung

Das Abstimmungsverfahren nach § 2 COVGesMG beginnt mit einer Aufforderung an 34
die Gesellschafter, ihre Stimme abzugeben.[50] Welche Voraussetzungen diese Aufforderung erfüllen muss, regelt § 2 COVGesMG nicht.

a) Zuständigkeit für die Einleitung des Abstimmungsverfahrens

Die **primäre Zuständigkeit** für die Einleitung des Abstimmungsverfahrens liegt 35
analog § 49 Abs. 1 GmbHG bei den **Geschäftsführern;**[51] eine eigene Berechtigung
haben die Gesellschafter nur unter den Voraussetzungen des § 50 Abs. 3 GmbHG.
Dies ergibt sich allerdings nicht aus dem Wortlaut von § 2 COVGesMG und ist

---

48) Dagegen schlägt *Schindler* in: BeckOK-GmbHG, § 48 Rz. 95d, eine Analogie zu § 5 Abs. 3
   COVGesMG vor, also der Sonderregelung für Vereine. Allerdings erscheint es sachnäher,
   sich an dem Regime der §§ 48 bis 51 GmbHG zu orientieren, das auf die Verhältnisse der
   GmbH zugeschnitten ist.
49) Allerdings sind nur die ersten drei Schritte auch Wirksamkeitserfordernisse, nicht dagegen die
   Beschlussfeststellung und -mitteilung (str., s. Rz. 59).
50) Ein Beispiel für die Gestaltung einer solchen Aufforderung findet sich bei *Stelmaszcvzk*,
   BeckOF Vertrag, Form. 7.8.4.5.2.
51) Ebenso *Ernst*, ZIP 2020, 889; *Wälzholz/Bayer*, DNotZ 2020, 285, 291; *Eickhoff/Busold*,
   DStR 2020, 1054, 1055; *Otte/Dietlein*, BB 2020, 1163, 1165; für eine Zuständigkeit der
   Geschäftsführer auch Baumbach/Hueck/Noack-*Noack*, COVMG, § 2 Rz. 22; *Schindler*
   in: BeckOK-GmbHG, § 48 Rz. 95c.

dementsprechend umstritten; nach a. A. reicht wie bei § 48 Abs. 2 GmbHG die Initiierung durch jeden Gesellschafter aus.[52]

36   Für die Präsenz-Gesellschafterversammlung gemäß § 48 Abs. 1 GmbHG enthalten die §§ 49 Abs. 1, 50 Abs. 3 GmbHG eine klare Regelung: Die primäre Einberufungszuständigkeit liegt bei der Geschäftsführung; nur subsidiär, d. h., wenn die Geschäftsführung einem Einberufungsverlangen der Minderheit nicht folgt, können auch Gesellschafter i. S. einer Selbsthilfe einberufungsberechtigt sein.[53] Dagegen kann das schriftliche Verfahren gemäß § 48 Abs. 2 GmbHG nach wohl h. M. sowohl jeder Geschäftsführer als auch jeder Gesellschafter initiieren, ohne dass es auf die Voraussetzungen des § 50 Abs. 3 GmbHG ankommt.[54]

37   Der Kreis der (primär) Berechtigten ist also bei der Präsenz-Gesellschafterversammlung deutlich kleiner als bei dem schriftlichen Verfahren nach § 48 Abs. 2 GmbHG. Grund für diese Beschränkung der Einberufungskompetenz bei der Präsenz-Gesellschafterversammlung dürfte sein, dass die Einberufung aus Sicht der Gesellschafter eine **Obliegenheit** begründet: Die Gesellschafter sind zwar nicht verpflichtet, zur Gesellschafterversammlung zu erscheinen; wenn sie aber auf die Einberufung nicht reagieren, begeben sie sich ihres Rechts, auf die Willensbildung Einfluss zu nehmen, und sind an den ohne ihre Mitwirkung gefassten Mehrheitsbeschluss gebunden, solange dieser die Grenzen von Gesetz und Satzung einhält.[55] Die Beschränkung der Einberufungskompetenz schützt den Gesellschafter somit vor „ausufernden Beschlussfassungen"[56], auf die er reagieren muss. Dagegen besteht dieses Schutzbedürfnis bei § 48 Abs. 2 GmbHG nicht, weil die Beschlussfassung das individuelle Einverständnis eines jeden Gesellschafters voraussetzt. **Im Anwendungsbereich von § 2 COVGesMG** ist die Interessenlage des Gesellschafters mit der Präsenz-Gesellschafterversammlung vergleichbar: Auch hier muss der Gesellschafter auf die Aufforderung zur Stimmabgabe reagieren, weil der Beschluss auch ohne sein Einverständnis zustande kommen kann. Das spricht dafür, die Beschränkung der Zuständigkeit gemäß §§ 49, 50 GmbHG auf das Beschlussverfahren nach § 2 COVGesMG

---

52)   Vgl. *Leinekugel* in: BeckOK-GmbHG, Anh. § 47 Rz. 300.2; Baumbach/Hueck/Noack-*Noack*, COVMG, § 2 Rz. 24; *Wicke*, NZG 2020, 501, 502; *Noack* in: H. Schmidt, COVID-19, § 9 Rz. 53; *Miller/Nehring-Köppl*, WM 2020, 911, 916; *Stelmaszczyk/Forschner*, Der Konzern 2020, 221, 236 f.

53)   Vgl. *Liebscher* in: MünchKomm-GmbHG, § 49 Rz. 11; *Wolff* in: MünchHdb. GesR, Bd. 3, § 39 Rz. 13, 15 ff.

54)   Vgl. Baumbach/Hueck-*Zöllner/Noack*, GmbHG, § 48 Rz. 31; *Liebscher* in: MünchKomm-GmbHG, § 48 Rz. 150; *Wolff* in: MünchHdb. GesR, Bd. 3, § 39 Rz. 96; enger Michalski/Heidinger/Leible/J. Schmidt-*Römermann*, GmbHG, § 48 Rz. 223, sowie *Schindler* in BeckOK-GmbHG, § 48 Rz. 82: Einleitungsberechtigt sind nur Gesellschafter; dies wirkt sich allerdings im Ergebnis nicht aus, weil sich die Gesellschafter nach *Römermann* und *Schindler* einen von einem Geschäftsführer eingebrachten Beschlussvorschlag konkludent zu eigen machen.

55)   Vgl. hierzu *Eberspächer*, Nichtigkeit von Hauptversammlungsbeschlüssen nach § 241 Nr. 3 AktG, S. 30 f.

56)   So zu § 48 Abs. 2 GmbHG treffend *Wolff* in: MünchHdb. GesR, Bd. 3, § 39 Rz. 96; vgl. auch *Noack/Zetsche*, AG 2020, 265, 277: „Das Erfordernis allseitiger Zustimmung hat den guten Sinn, dass Gesellschafter sich schlicht nicht an der Abstimmung beteiligen, sie also sich nicht um eingehende E-Mails etc. scheren müssen, die ihnen Beschlussanträge unterbreiten."

entsprechend anzuwenden. Nur auf eine Aufforderung der Geschäftsführung muss der Gesellschafter fristgemäß reagieren, sofern sich der initiierende Mitgesellschafter nicht ausnahmsweise auf § 50 Abs. 3 GmbHG berufen kann.

Für die Praxis ist jedoch zu beachten, dass die Zuständigkeit zur Einleitung des Abstimmungsverfahrens nach § 2 COVGesMG nicht abschließend geklärt ist. **Sicherster Weg** ist somit aus Sicht der Gesellschaft, die Aufforderung zur Abstimmung jedenfalls auch **im Namen der Geschäftsführung** zu versenden. Aus Sicht der Gesellschafter ist zu empfehlen, sich vorsorglich auch an einem Abstimmungsverfahren nach § 2 COVGesMG zu beteiligen, das von einem Gesellschafter eingeleitet wurde, der nicht zugleich Geschäftsführer ist (ggf. mit Rüge der fehlenden Berechtigung). **38**

Enthält die **Satzung** eine erweiterte Einberufungskompetenz etwa für alle Gesellschafter (ggf. ab einem bestimmten Quorum) oder sogar für andere Organe,[57)] gilt dies entsprechend auch für die Einleitung des Abstimmungsverfahrens nach § 2 COVGesMG. **39**

b) Adressaten

Die Aufforderung zur Abstimmung ist an **sämtliche Gesellschafter** zu senden.[58)] Dies entspricht sowohl dem Adressatenkreis der Einberufung zur Präsenz-Gesellschafterversammlung[59)] als auch der erforderlichen Zustimmung sämtlicher Gesellschafter bei § 48 Abs. 2 GmbHG[60)]. Gesellschafter meint gemäß § 16 Abs. 1 Satz 1 GmbHG die in der Gesellschafterliste verzeichneten Gesellschafter (sog. **Listengesellschafter**).[61)] Einzubeziehen sind auch Gesellschafter, die bei der konkreten Beschlussfassung einem **Stimmverbot** unterliegen, sowie Gesellschafter, deren Anteile generell **stimmrechtslos** sind.[62)] Denn die Beteiligung an dem Abstimmungsverfahren des § 2 COVGesMG ersetzt funktional die Teilnahme an der Präsenz-Gesellschafterversammlung; deswegen muss der Adressatenkreis dem **Teilnahmerecht** des Gesellschafters entsprechen, das unabhängig vom Stimmrecht ist.[63)] **40**

---

57) Vgl. zur Zulässigkeit allg. *Liebscher* in: MünchKomm-GmbHG, § 49 Rz. 36; *Wolff* in: MünchHdb. GesR, Bd. 3, § 39 Rz. 20.

58) Ebenso *Leinekugel* in: BeckOK-GmbHG, Anh. § 47 Rz. 299; Baumbach/Hueck/Noack-*Noack*, COVMG, § 2 Rz. 25; *Noack* in: H. Schmidt, COVID-19, § 9 Rz. 51; *Behme*, DZWIR 2020, 269, 273; *Reichert/Bochmann*, GmbHR 2020, R340, R341; *Stelmaszczyk/Forschner*, Der Konzern 2020, 221, 237.

59) Vgl. zu § 51 Abs. 1 GmbHG Baumbach/Hueck-*Zöllner/Noack*, GmbHG, § 51 Rz. 3 ff.; *Liebscher* in: MünchKomm-GmbHG, § 51 Rz. 6 ff.; Michalski/Heidinger/Leible/J. Schmidt-*Römermann*, GmbHG, § 51 Rz. 19 ff.; *Wolff* in: MünchHdb. GesR, Bd. 3, § 39 Rz. 34 ff.

60) Vgl. zu § 48 Abs. 2 GmbHG Baumbach/Hueck-*Zöllner/Noack*, GmbHG, § 48 Rz. 30, 33; *Liebscher* in: MünchKomm-GmbHG, § 48 Rz. 156 f.; Michalski/Heidinger/Leible/J. Schmidt-*Römermann*, GmbHG, § 48 Rz. 216 ff., 250; *Wolff* in: MünchHdb. GesR, Bd. 3, § 39 Rz. 97, 99.

61) Vgl. zu § 51 Abs. 1 GmbHG *Liebscher* in: MünchKomm-GmbHG, § 51 Rz. 7.

62) Vgl. zu § 51 Abs. 1 GmbHG Michalski/Heidinger/Leible/J. Schmidt-*Römermann*, GmbHG, § 51 Rz. 21; vgl. zu § 48 Abs. 2 GmbHG Michalski/Heidinger/Leible/J. Schmidt-*Römermann*, GmbHG, § 48 Rz. 217 ff., 250.

63) Allg. zum Teilnahmerecht sämtlicher Gesellschafter, auch der nicht stimmberechtigten, *Liebscher* in: MünchKomm-GmbHG, § 48 Rz. 11.

c) **Konkreter Beschlussvorschlag, weiterer Inhalt**

41   Die Aufforderung zur Abstimmung muss einen konkreten Beschlussvorschlag enthalten, der **inhaltlich so bestimmt** ist, dass man darauf mit einem einfachen „Ja" oder „Nein" antworten kann.[64]

42   Empfehlenswert ist zudem ein ausdrücklicher **Hinweis auf das Verfahren nach § 2 COVGesMG**, dass also Beschlüsse auch ohne Einverständnis sämtlicher Gesellschafter gefasst werden können;[65] allerdings ist dies **keine Wirksamkeitsvoraussetzung.**[66] Gleiches gilt für die (gleichwohl empfehlenswerte) Angabe, wie und gegenüber wem die Stimmabgabe zu erfolgen hat.[67]

43   Entbehrlich ist dagegen die Aufforderung, zusätzlich zur Stimmabgabe auch das Einverständnis mit der Abstimmung im schriftlichen Verfahren zu erklären. Denn § 2 COVGesMG ist die Aussage zu entnehmen, dass während des Geltungszeitraums dieser Regelung ein Einverständnis der Gesellschafter mit dem Abstimmungsmodus nicht erforderlich ist. Deswegen muss man auch nicht mehr zwischen den zwei Varianten des § 48 Abs. 2 GmbHG differenzieren;[68] es genügt die Aufforderung zur Stimmabgabe.

d) **Fristsetzung**

44   Die Aufforderung zur Abstimmung nach § 2 COVGesMG muss eine **bestimmte Frist** enthalten, bis zu der die Gesellschafter ihre Stimme abgeben können.[69] Eine solche Fristsetzung ist zwar auch bei § 48 Abs. 2 GmbHG sinnvoll, dort jedoch rechtlich nicht erforderlich.[70] Bei § 2 COVGesMG ist die Rechtslage allerdings anders: Es muss einen **klaren, einheitlichen, für jeden Gesellschafter erkennbaren Zeitpunkt** geben, ab dem

–   der Beschluss zustande kommt und

–   die fehlende Rückmeldung eines Gesellschafters als Nichtteilnahme an der Abstimmung gewertet wird.

45   **Stimmen, die erst nach Fristablauf eingehen**, dürfen grundsätzlich nicht mehr für die Ermittlung der Beschlussmehrheit berücksichtigt werden.[71] Andernfalls hätte es

---

64) Vgl. allgemein zum Beschlussvorschlag Baumbach/Hueck-*Zöllner/Noack*, GmbHG, § 47 Rz. 12; *Drescher* in: MünchKomm-GmbHG, § 47 Rz. 22.

65) *Ernst*, ZIP 2020, 889, 890.

66) A. A. Baumbach/Hueck/Noack-*Noack*, COVMG, § 2 Rz. 29; *Leinekugel* in: BeckOK-GmbHG, Anh. § 47 Rz. 307 (Rechtsfolge bei fehlendem Hinweis: Anfechtbarkeit); ebenso *Schindler* in: BeckOK-GmbHG, § 48 Rz. 95c.

67) Auch dies hält Baumbach/Hueck/Noack-*Noack*, COVMG, § 2 Rz. 29, offenbar für einen zwingend erforderlichen Bestandteil.

68) *Ernst*, ZIP 2020, 889, 890; *Lieder*, ZIP 2020, 837, 845; a. A. *DNotI*, DNotI-Report 2020, 52, 53.

69) Baumbach/Hueck/Noack-*Noack*, COVMG, § 2 Rz. 29; *Lieder*, ZIP 2020, 837, 845; *Ernst*, ZIP 2020, 889; *DNotI*, DNotI-Report 2020, 52, 53.

70) *Liebscher* in: MünchKomm-GmbHG, § 48 Rz. 153.

71) *Rodewald/Abraham*, GmbHR 2020, 733, 736 Rz. 21; vgl. auch *Römermann/Gruppe* in: Römermann, Leitfaden für Unternehmen in der Covid-19 Pandemie, Teil 3 Rz. 89 (als Enthaltung zu werten).

der Abstimmungsleiter in der Hand, durch Fristverlängerungen das Beschlussergebnis zu beeinflussen. Entsprechend den Grundsätzen zur Wartepflicht in der Präsenz-Gesellschafterversammlung kann es in **Ausnahmefällen** aber auch hier aufgrund der Treuepflicht geboten sein, den Eingang einer Stimmabgabe abzuwarten, bevor gravierende, in die mitgliedschaftliche Stellung eingreifende Beschlüsse gefasst werden.[72]

Für die **Länge der Frist** gilt § 51 Abs. 1 Satz 2 GmbH entsprechend.[73] Die Gesell-   **46** schafter müssen also **mindestens eine Woche** Zeit haben, um ihre Stimme abzugeben. Der Normzweck der Einberufungsfrist gilt auch für das Abstimmungsverfahren nach § 2 COVGesMG: Die Gesellschafter sollen ausreichend Zeit haben, sich über den Beschlussgegenstand zu informieren, sich ggf. mit Mitgesellschaftern abzustimmen (siehe unten Rz. 63) und über ihr Abstimmungsverhalten zu entscheiden (sog. Dispositions- und Präparationsschutz).[74] Dass die Gesellschafter anders als bei der Präsenz-Gesellschafterversammlung keine Reisevorbereitungen treffen und nicht zu einem bestimmten Zeitpunkt erscheinen müssen, rechtfertigt keine kürzere als die gesetzliche Frist.

Enthält die **Satzung** für die Präsenz-Gesellschafterversammlung eine längere Ein-   **47** berufungsfrist, gilt dies auch für die Aufforderung zur Abstimmung nach § 2 COVGesMG.[75] Dagegen kann die Satzung die Wochenfrist des § 51 Abs. 1 Satz 2 GmbHG nicht verkürzen.[76]

e) Form der Aufforderung

Die Aufforderung muss grundsätzlich durch **eingeschriebenen Brief** erfolgen.[77] Auch   **48** dies ist umstritten, folgt aber aus einer entsprechenden Anwendung des § 51 Abs. 1 Satz 1 GmbHG. Die Regelung in § 2 COVGesMG zur Form („[...] in Textform oder

---

72) Vgl. zum verspäteten Erscheinen in der Gesellschafterversammlung OLG Dresden, Urt. v. 15.11.1999 – 2 U 2303/99, NZG 2000, 429; Baumbach/Hueck-*Zöllner/Noack*, GmbHG, Anh. § 47 Rz. 115; Hensler/Strohn-*Hillmann*, GesR, § 48 GmbHG Rz. 5.

73) Wie hier LG Hamburg, Beschl. v. 9.6.2020 – 412 HKO 78/20, GmbHR 2020, 1354 Rz. 5; LG Hamburg, Urt. v. 26.2.2021 – 412 HKO 86/20, GmbHR 2021, 657, 660; *Jaspers/Pehrsson*, NZG 2021, 1244, 1250; Baumbach/Hueck/Noack-*Noack*, COVMG, § 2 Rz. 34; *Lieder*, ZIP 2020, 837, 845; *Eickhoff/Busold*, DStR 2020, 1054, 1056; *Otte/Dietlein*, BB 2020, 1163, 1165; im Ergebnis auch *DNotI*, DNotI-Report 2020, 52, 54; dagegen sprechen *Noack/Zetzsche*, AG 2020, 265, 277, nur allgemein von einer Überlegungsfrist, die aufgrund der Treuepflicht gegenüber den Gesellschaftern zu gewähren sei.

74) Vgl. zu § 51 Abs. 1 GmbHG *Liebscher* in: MünchKomm-GmbHG, § 51 Rz. 2.

75) A. A. *Leinekugel*, COVuR 2020, 622, 623: Eine satzungsmäßig verlängerte Frist sei nicht 1:1 auf das Verfahren nach § 2 COVGesMG übertragbar, sondern könne verkürzt werden.

76) Die Wochenfrist ist nach h. M. eine Mindestfrist, vgl. *Liebscher* in: MünchKomm-GmbHG, § 51 Rz. 67; im Kontext von § 2 COVGesMG jetzt auch LG Hamburg, Beschl. v. 9.6.2020 – 412 HKO 78/20, GmbHR 20, 1354 Rz. 5; a. A. *Stelmaszczyk/Forschner*, Der Konzern 2020, 221, 237 (kürzere Frist zumutbar, da keine Anreise erforderlich sei).

77) Ebenso *Eickhoff/Busold*, DStR 2020, 1054, 1056; *Otte/Dietlein*, BB 2020, 1163, 1165; a. A. *Ernst*, ZIP 2020, 889 („Für die Einladung zur Stimmabgabe ist gesetzlich keine Form vorgesehen"); Baumbach/Hueck/Noack-*Noack*, COVMG, § 2 Rz. 26 („jede sichere Benachrichtigung zuzulassen"); *Leinekugel* in: BeckOK-GmbHG, Anh. § 47 Rz. 305 und *ders.*, COVuR 2020, 622, 624 („jede sichere Form der Benachrichtigung"); *Schindler* in: BeckOK-GmbHG, § 48 Rz. 95c; *Rodewald/Abraham*, GmbHR 2020, 733, 736 Rz. 17, jeweils aber ohne konkrete Auseinandersetzung mit einer Analogie zu § 51 Abs. 1 Satz 1 GmbHG.

durch schriftliche Abgabe der Stimmen [...]") gilt zunächst einmal nur für die Stimmabgabe der Gesellschafter (siehe dazu Rz. 51). Ob diese Formvorgabe auch für die Form (genauer gesagt: die Übermittlungsart) der Aufforderung gilt, ist zweifelhaft. Denn auch hier muss für die Auslegung maßgeblich sein, dass die Aufforderung die Teilhabemöglichkeit der Gesellschafter gewährleisten soll und somit funktional der Einberufung zur Präsenz-Gesellschafterversammlung entspricht (siehe oben Rz. 29 ff.). Hintergrund ist wiederum, dass die Aufforderung nach § 2 COVGesMG wie die Einberufung zur Präsenz-Gesellschafterversammlung eine Obliegenheit begründet: Der Gesellschafter muss sich darauf einstellen können, auf welchem Kommunikationsweg ihm eine Aufforderung zur Beschlussfassung zugehen kann, deren Nichtbeachtung zum Verlust seiner Teilhabemöglichkeit führt (siehe dazu bereits oben Rz. 37). Deswegen ist **entsprechend § 51 Abs. 1 Satz 1 GmbHG** ein eingeschriebener Brief erforderlich. Auch der Normzweck von § 2 COVGesMG spricht für diese Auslegung. Denn § 2 COVGesMG soll nicht generell die Beschlussfassung erleichtern, sondern nur ermöglichen, streitige präsenzlose Beschlüsse fassen zu können, also punktuell die physische Präsenz in der Gesellschafterversammlung entbehrlich machen (siehe Rz. 5 f.). Eine vollständige Umstellung der Gesellschafterkommunikation auf elektronische Medien enthält das Gesetz für die GmbH nicht (siehe Rz. 4, 15).

49 Verlangt man, wie hier vertreten, die strenge Form des § 51 Abs. 1 Satz 1 GmbHG, kann es zu **Härtefällen** kommen, die jedoch über das Institut der **Treuepflicht der Gesellschafter** lösbar sind: Hat der Gesellschafter von der Aufforderung zur Stimmabgabe nachweisbar Kenntnis erlangt, insbesondere weil ihm die nicht formgerechte Aufforderung tatsächlich zugegangen ist, kann es treuwidrig sein, sich auf die fehlende Versendung durch eingeschriebenen Brief zu berufen.[78]

50 Auch hier gilt jedoch: **Satzungsregelungen** mit Formerleichterungen für die Einberufung (etwa E-Mail oder Telefax) gelten entsprechend auch für die Einleitung des Verfahrens nach § 2 COVGesMG. In zahlreichen Gesellschaftsverträgen von Mehrpersonen-GmbHs sind solche Formerleichterungen enthalten.

2. Stimmabgabe

51 Der Gesellschafter muss innerhalb der gesetzten Frist seine Stimme abgeben, d. h. mit **„Ja"**, **„Nein" oder „Enthaltung"** antworten. Der bloße Widerspruch gegen den Abstimmungsmodus wäre dagegen – anders als bei § 48 Abs. 2 GmbHG – unbeachtlich. Die Frage nach der Form der Stimmabgabe beantwortet § 2 COVGesMG eindeutig: Es genügt sowohl **Schriftform** als auch **Textform**.[79] Das bedeutet, dass die mündliche oder telefonische Stimmabgabe ebenso wenig ausreicht wie die Stimmabgabe i. R. einer Videokonferenz.[80] Die Stimmabgabe wird wirksam mit **Zugang**

---

78) Vgl. allgemein zur treuwidrigen Berufung auf Ladungsmängel Michalski/Heidinger/Leible/ J. Schmidt-*Römermann*, GmbHG, § 51 Rz. 107 f.; *Liebscher* in: MünchKomm-GmbHG, § 51 Rz. 61.

79) Baumbach/Hueck/Noack-*Noack*, COVMG, § 2 Rz. 35 f.; auf die (unklare) Differenzierung zwischen Schriftform und Textform in den zwei Alternativen des § 48 Abs. 2 GmbHG kommt es deswegen nicht an, vgl. dazu *Liebscher* in: MünchKomm-GmbHG, § 48 Rz. 160, 165; Michalski/Heidinger/Leible/J. Schmidt-*Römermann*, GmbHG, § 48 Rz. 237 ff., 261.

80) Ebenso Baumbach/Hueck/Noack-*Noack*, COVMG, § 2 Rz. 35; *Noack* in: H. Schmidt, COVID-19, § 9 Rz. 52; *Lieder*, ZIP 2020, 837, 844.

bei der Gesellschaft, die dabei von der Geschäftsführung bzw. einem in der Satzung bestimmten Abstimmungsleiter vertreten wird.[81] Bis dahin ist sie als Willenserklärung gemäß § 130 Abs. 1 Satz 2 BGB frei widerruflich; danach ist der Widerruf ausgeschlossen.[82] Offen ist bislang die Frage, ob der Initiator der Abstimmung (siehe oben Rz. 35 ff.) in der Aufforderung zur Abstimmung die Form der Stimmabgabe auf ein bestimmtes Medium beschränken kann, indem er etwa die Verwendung eines Online-Abstimmungsprogramms vorschlägt.[83] Ohne Grundlage in der Satzung dürfte dies unzulässig sein, denn § 2 COVGesMG lässt jede Erklärung in Text- oder Schriftform zu.

Ist der Beschlussgegenstand beurkundungsbedürftig (vor allem **Satzungsänderung, Kapitalmaßnahmen**), wird die Formvorschrift des § 2 COVGesMG (Schriftform, Textform) überlagert durch § 53 Abs. 2 Satz 1 GmbHG. In diesem Fall bedarf jede einzelne Stimmabgabe der notariellen **Beurkundung**;[84] die bloße Unterschriftsbeglaubigung genügt nicht (siehe Rz. 22 f.).   **52**

Die **kombinierte Beschlussfassung**, bei der die einen Gesellschafter in einer Präsenzversammlung abstimmen und andere Gesellschafter schriftliche Stimmen abgeben, ist ohne Grundlage in der Satzung unzulässig (siehe oben Rz. 15 f.).[85] Das gilt auch im Anwendungsbereich von § 2 COVGesMG.[86]   **53**

3. Ermittlung des Abstimmungsergebnisses

a) Beschlussfähigkeit

Das GmbHG enthält **keine gesetzliche Regelung zur Beschlussfähigkeit** der Gesellschafterversammlung. Auch § 2 COVGesMG enthält – anders als die Parallelregelung in § 5 Abs. 3 COVGesMG für Vereine – keine Regelung zur Beschlussfähigkeit.[87] Wie in der Präsenz-Gesellschafterversammlung ist die Beschlussfassung im Abstimmungsverfahren nach § 2 COVGesMG unabhängig davon, wie viele Gesell-   **54**

---

81) Vgl. zur empfangsberechtigten Person Baumbach/Hueck/Noack-*Noack*, COVMG, § 2 Rz. 39 (satzungsmäßig berufener Versammlungsleiter für die Präsenz-Gesellschafterversammlung, andernfalls der Geschäftsführer). Bei § 48 Abs. 2 GmbHG ist die Frage der Empfangsberechtigung strittig, vgl. den Überblick des Diskussionsstandes bei *Liebscher* in: MünchKomm-GmbHG, § 48 Rz. 169; Michalski/Heidinger/Leible/J. Schmidt-*Römermann*, GmbHG, § 48 Rz. 232 ff., 265.

82) *Noack* in: H. Schmidt, COVID-19, § 9 Rz. 54; vgl. zu § 48 Abs. 2 GmbHG *Liebscher* in: MünchKomm-GmbHG, § 48 Rz. 168; Michalski/Heidinger/Leible/J. Schmidt-*Römermann*, GmbHG, § 48 Rz. 231, 265.

83) Vgl. hierzu *Ernst*, ZIP 2020, 889, 890.

84) Baumbach/Hueck/Noack-*Noack*, COVMG, § 2 Rz. 13; *Otte/Dietlein*, BB 2020, 1163, 1167; *Stelmaszczyk/Forschner*, Der Konzern 2020, 221, 238; *Schulte*, GmbHR 2021, 689, 690 Rz. 6.

85) BGH, Urt. v. 16.1.2006 – II ZR 135/04, Rz. 10, NZG 2006, 428, 429.

86) A. A. offenbar *Schulteis*, GWR 2020, 169, 170, allerdings ohne Begründung.

87) Für eine analoge Anwendung von § 5 Abs. 3 COVGesMG auf die GmbH deswegen *Schindler* in: BeckOK-GmbHG, § 48 Rz. 95c; allerdings ist die Interessenlage der (meist) personalistischen GmbH und dem auf zahlreiche Mitglieder ausgerichteten Verein nicht ohne weiteres vergleichbar; wie hier gegen die Anwendung von § 5 Abs. 3 COVGesMG auf die GmbH Baumbach/Hueck/Noack-*Noack*, COVMG, § 2 Rz. 43; *Ernst*, ZIP 2020, 889, 891; *Eickhoff/Busold*, DStR 2020, 1054, 1055; *Otte/Dietlein*, BB 2020, 1163, 1166; *Rodewald/Abraham*, GmbHR 2020, 733, 736 Rz. 18 f.

schafter sich tatsächlich an der Abstimmung Beteiligen und auf die Aufforderung eine Stimme abgeben.

55   **Satzungsregelungen** zur Beschlussfähigkeit einer Präsenz-Gesellschafterversammlung (z. B. mehr als 50 % des Stammkapitals) sind auch auf das Abstimmungsverfahren gemäß § 2 COVGesMG **anwendbar.**[88] Denn Zweck der Beschlussfähigkeit ist es, Zufallsmehrheiten zu vermeiden und den Beschluss auf eine breite Legitimationsgrundlage zu stellen.[89] Dieser Regelungszweck hängt nicht mit der physischen Präsenz von Gesellschaftern zusammen. Er gilt deswegen gleichermaßen auch für Mehrheitsbeschlüsse im präsenzlosen Verfahren nach § 2 COVGesMG.

56   Wenn eine Satzungsregelung zur Beschlussfähigkeit auf die in der Gesellschafterversammlung **„anwesenden Stimmen"** abstellt, ist im schriftlichen Verfahren auf die Gesellschafter abzustellen, die an dem Abstimmungsverfahren in gültiger Weise teilgenommen haben, d. h. einschließlich von Stimmenthaltungen.[90] Dies gilt auch für die Abstimmung nach § 2 COVGesMG.

b)   **Beschlussmehrheit**

57   Der Beschluss ist gefasst, **wenn die Zahl der Ja-Stimmen die Zahl der Nein-Stimmen überwiegt.**[91] Bezugsgröße für die Mehrheitsberechnung ist also die Anzahl der gültig abgegeben Stimmen, nicht die Anzahl der überhaupt vorhandenen Stimmen (vorbehaltlich einer abweichenden Satzungsregelung).[92] Das bedeutet: Wenn ein Gesellschafter einen Beschluss verhindern möchte, muss er sich an der Abstimmung beteiligen und mit „Nein" stimmen. Enthaltungen werden ebenso wenig mitgezählt wie Stimmen, die nach Fristablauf bei der Gesellschaft eingehen (siehe Rz. 44 f.).[93] **Stimmrechtsausschlüsse,** insbesondere aufgrund eines Stimmverbots aus § 47 Abs. 4 GmbHG, gelten ebenso wie in der Präsenz-Gesellschafterversammlung.[94]

58   Verlangt das Gesetz für einen bestimmten Beschlussgegenstand eine **qualifizierte Mehrheit** (z. B. § 53 Abs. 2 Satz 1 GmbHG für die Satzungsänderung oder § 60 Abs. 1 Nr. 2 GmbHG für den Auflösungsbeschluss), finden diese Sonderregelungen auch auf Abstimmungen nach § 2 COVGesMG Anwendung. Gleiches gilt für abweichende Mehrheitserfordernisse in der **Satzung.**[95]

---

88) Ebenso Baumbach/Hueck/Noack-*Noack*, COVMG, § 2 Rz. 44; *Ernst*, ZIP 2020, 889, 891; *Otte/Dietlein*, BB 2020, 1163, 1166.

89) Vgl. Michalski/Heidinger/Leible/J. Schmidt-*Römermann*, GmbHG, § 47 Rz. 14, 18; Roth/Altmeppen-*Altmeppen*, GmbHG, § 47 Rz. 23.

90) Vgl. BGH, Urt. v. 19.7.2011 – II ZR 153/09 NZG 2011, 1142 (zum Personengesellschaftsrecht), anders noch die Vorinstanz KG, Urt. v. 26.5.2009 – 14 U 212/08, NZG 2010, 303; näher zu diesen Entscheidungen *Ernst*, ZIP 2020, 889, 891.

91) Vgl. allgemein zur Mehrheitsberechnung bei GmbH-Gesellschafterbeschlüssen *Drescher* in: MünchKomm-GmbHG, § 47 Rz. 46; Michalski/Heidinger/Leible/J. Schmidt-*Römermann*, GmbHG, § 47 Rz. 554 ff.

92) Ebenso *Ernst*, ZIP 2020, 889, 891.

93) *Ernst*, ZIP 2020, 889, 891.

94) *Ernst*, ZIP 2020, 889, 890; zur Behandlung von Stimmverboten bei Beschlussfähigkeit und Mehrheitsberechnung *Wolff* in: MünchHdb. GesR, Bd. 3, § 38 Rz. 70 bzw. § 39 Rz. 74.

95) Ebenso *Ernst*, ZIP 2020, 889, 891.

4. Beschlussfeststellung und -mitteilung

Das Abstimmungsverfahren gemäß § 2 COVGesMG endet damit, dass der Abstim- **59**
mungsleiter (Geschäftsführer bzw. ein satzungsmäßig berufener Versammlungsleiter)[96] das Ergebnis der Abstimmung feststellt und sämtlichen Gesellschaftern mit-
teilt. Eine solche **Beschlussfeststellung und Mitteilung** an die Gesellschafter ist allerdings auch im Fall des § 2 COVGesMG **keine Wirksamkeitsvoraussetzung** für den
Beschluss.[97] Dies ist für die Präsenz-Gesellschafterversammlung weitgehend anerkannt.[98] Beim schriftlichen Verfahren nach § 48 Abs. 2 GmbHG ist dies jedoch
infolge einer Entscheidung des BGH aus dem Jahr 1954 umstritten; der BGH hatte
entschieden, dass eine förmliche Beschlussfeststellung (nur) dann entbehrlich sei,
„[…] wenn eine einstimmige, eindeutige und offensichtlich endgültige Willens-
kundgebung der Gesellschafter vorliegt".[99] Die förmliche Beschlussfeststellung ist
jedenfalls **im Interesse der Rechtssicherheit empfehlenswert**, weil sie im GmbH-
Recht den Anwendungsbereich des aktienrechtlichen Beschlussanfechtungsrechts
eröffnet: Der festgestellte Beschluss ist, sofern er nicht ausnahmsweise nichtig ist,
vorläufig wirksam und kann nur durch eine fristgebundene Anfechtungsklage ver-
nichtet werden (siehe Rz. 65 ff.).

Sicherster Weg ist deswegen, in jedem Fall nach Ablauf der Abstimmungsfrist ein **60**
Protokoll zu erstellen, in dem die folgenden Punkte festgehalten werden:

- Feststellung der Versendung der Aufforderung zur Abstimmung (Absender,
  Datum, Form, Adressaten),

- Feststellung der bis Fristende eingegangenen Stimmabgaben,

- Feststellung des Abstimmungsergebnisses (Anzahl der Ja-Stimmen, Nein-Stimmen,
  Enthaltungen),

- Feststellung, ob der Beschluss damit gefasst ist oder nicht.

Dieses **Abstimmungsprotokoll** ist sodann an sämtliche Gesellschafter **zu übersen- 61
den**; auch das ist jedoch keine Wirksamkeitsvoraussetzung. Bei eintragungsbedürf-
tigen Beschlüssen ist ein solches Abstimmungsprotokoll zugleich als **Anlage für
die Anmeldung zum Handelsregister** geeignet und erforderlich (vgl. § 39 Abs. 2
GmbHG für die Bestellung der Geschäftsführer). Es ist nicht auszuschließen, dass
das Registergericht zusätzlich auch Belege über die Versendung der Aufforderung
sowie den Eingang der Stimmabgaben anfordert; dies wäre allerdings nur ausnahmsweise berechtigt, wenn Grund für Zweifel an dem Beschlussergebnis bestehen.

---

96) Vgl. Baumbach/Hueck/Noack-*Noack*, COVMG, § 2 Rz. 39.
97) Ebenso Baumbach/Hueck/Noack-*Noack*, COVMG, § 2 Rz. 42; *Rodewald/Abraham*,
   GmbHR 2020, 733, 737 Rz. 22; a. A. *Leinekugel*, COVuR 2020, 622, 626.
98) Vgl. *Liebscher* in: MünchKomm-GmbHG, § 48 Rz. 118; Michalski/Heidinger/Leible/
   J. Schmidt-*Römermann*, GmbHG, § 47 Rz. 583.
99) BGH, Urt. v. 1.12.1954 – II ZR 285/53, NJW 1955, 220; vgl. zum Diskussionsstand bei
   § 48 Abs. 2 GmbHG *Liebscher* in: MünchKomm-GmbHG, § 48 Rz. 170 f.; Michalski/
   Heidinger/Leible/J. Schmidt-*Römermann*, GmbHG, § 48 Rz. 247 f., 272.

5. Frage- und Rederecht der Gesellschafter

62 Jeder Gesellschafter hat das **Recht**, während der Abstimmungsfrist **Fragen zum Beschlussgegenstand zu stellen**. Dies folgt nicht aus § 2 COVGesMG, sondern aus dem allgemeinen Auskunftsrecht gemäß § 51a Abs. 1 GmbHG. Denn das Auskunftsrecht ist in der GmbH – anders als in der AG (vgl. § 131 Abs. 1 AktG) – nicht auf die Hauptversammlung beschränkt; vielmehr kann der Gesellschafter auch außerhalb der Gesellschafterversammlung jederzeit Fragen stellen.[100] Auskünfte sind nach § 51a Abs. 1 GmbHG **unverzüglich** zu erteilen. Ist die Information zur sachgerechten Beurteilung eines Tagesordnungspunkts – d. h. hier: eines Beschlussvorschlags für ein laufendes Abstimmungsverfahren nach § 2 COVGesMG – erforderlich, ist die Geschäftsführung grundsätzlich gehalten, die Auskunft – sofern möglich – vor Ende der Abstimmungsfrist zu erteilen.[101]

63 Ungeklärt ist bislang die Frage, ob und in welchem Umfang den Gesellschaftern im Vorfeld der eigentlichen Abstimmung die Möglichkeit zu eröffnen ist, auf die **Willensbildung der Mitgesellschafter einzuwirken**. In der Präsenz-Gesellschafterversammlung nach § 48 Abs. 1 GmbHG hat jeder erschienene Gesellschafter das Recht, sich zu einer vorgeschlagenen Beschlussfassung zu äußern (**Rederecht**).[102] Bei § 48 Abs. 2 GmbHG bedurfte es aufgrund der erforderlichen allseitigen Zustimmung keiner Regelung über ein Rederecht. Das Rederecht ist ein elementarer Bestandteil des Rechts der Gesellschafter zur Teilhabe an der Willensbildung in der Gesellschaft:[103] Die opponierende Minderheit muss zumindest die Chance haben, bei den Mitgesellschaftern für ihren abweichenden Standpunkt zu werben. Dem Leitbild einer präsenzlosen Gesellschafterversammlung (siehe oben Rz. 31) entspricht deswegen die Verpflichtung der Gesellschaft, auch im Abstimmungsverfahren nach § 2 COVGesMG jedem Gesellschafter grundsätzlich die **Möglichkeit einzuräumen**, eine **Stellungnahme** zu dem Beschlussvorschlag **abzugeben** und den Mitgesellschaftern zur Kenntnis zu bringen.[104] Rechtlich folgt diese Verpflichtung aus der Treuepflicht gegenüber des Gesellschaftern;[105] dementsprechend ist es eine Frage des Einzelfalls, ob eine solche Möglichkeit anzubieten ist oder ob die Gesellschafter unabhängig von dem konkreten Beschlussverfahren bereits ausreichend Gelegenheit zum gegenseitigen Austausch hatten.

64 Diese Verpflichtung ist **technikneutral**, d. h. der technische Weg der Gesellschafterbeteiligung ist der Gesellschaft überlassen: Entweder kann sie den Gesellschaftern anbieten, eine **schriftliche Stellungnahme an die Mitgesellschafter weiterzuleiten**,

---

100) *Hillmann* in: MünchKomm-GmbHG, § 51a Rz. 42; Michalski/Heidinger/Leible/J. Schmidt-*Römermann*, GmbHG, § 51a Rz. 106.

101) Vgl. zur Parallelfrage der Auskunftserteilung in der Gesellschafterversammlung *Hillmann* in: MünchKomm-GmbHG, § 51a Rz. 49; Ulmer/Habersack/Löbbe-*Hüffer/Schürnbrand*, GmbHG, § 51a Rz. 34.

102) Baumbach/Hueck-*Zöllner/Noack*, GmbHG, § 48 Rz. 20; *Wolff* in: MünchHdb. GesR, Bd. 3, § 39 Rz. 80.

103) Vgl. *Liebscher* in: MünchKomm-GmbHG, § 48 Rz. 9.

104) *Leinekugel*, COVuR 2020, 622, 624; *Otte/Dietlein*, BB 2020, 1163, 1167.

105) Überzeugend insoweit Baumbach/Hueck/Noack-*Noack*, COVMG, § 2 Rz. 32.

oder die Gesellschafter zu einer **Telefon- oder Videokonferenz**[106)] laden, in der Gesellschafter mündlich Stellung nehmen dürfen. Denkbar ist auch die Einrichtung einer **Online-Plattform**, auf der die Gesellschafter Diskussionsbeiträge posten können.[107)] Jedenfalls ist bei der technischen Ausgestaltung die **Gleichbehandlung der Gesellschafter** zu gewährleisten.[108)]

VI. Rechtsfolgen bei Verfahrensfehlern

1. Grundsatz: Nichtigkeit und Anfechtbarkeit

Bei der Frage, welche Rechtsfolge ein Verstoß gegen die erläuterten Voraussetzungen (siehe Rz. 34 ff.) hat, ist **nach der Art des Verfahrensfehlers zu differenzieren.** Ausgangspunkt ist dabei, dass auf fehlerhafte Beschlüsse der GmbH grundsätzlich die Regelungen der §§ 241 ff. AktG analoge Anwendung finden.[109)] Das aktienrechtliche Fehlerfolgenregime unterscheidet nichtige und lediglich anfechtbare Beschlüsse. Während nichtige Beschlüsse ipso iure unwirksam sind, sind anfechtbare Beschlüsse zunächst wirksam und müssen von den Gesellschaftern mittels einer fristgebunden Anfechtungsklage angegriffen werden; die Nichtigkeit tritt in diesem Fall erst aufgrund eines rechtskräftigen Anfechtungsurteils ein (§ 241 Nr. 5 AktG). **65**

Gesetzlicher Regelfall eines Verstoßes gegen Gesetz und Satzung ist gemäß § 243 AktG die **bloße Anfechtbarkeit.** Zur Nichtigkeit führt ein Beschlussmangel nur dann, wenn einer der Nichtigkeitsgründe in § 241 Nr. 1 bis 4 AktG erfüllt ist. Dabei scheiden die speziellen Nichtigkeitsgründe in § 241 Nr. 3 und Nr. 4 AktG von vorneherein aus, weil sie nur auf Inhaltsmängel, nicht auf Verfahrensfehler anwendbar sind.[110)] § 241 Nr. 2 AktG betrifft nur den Sonderfall des Beurkundungsmangels. **66**

Das bedeutet, dass ein Verstoß gegen die Verfahrensvoraussetzungen für Beschlüsse nach § 2 COVGesMG nur dann zur Nichtigkeit des Beschlusses führt, wenn der Verfahrensfehler den von **§ 241 Nr. 1 AktG** erfassten Einberufungsfehlern vergleichbar ist. Eine Nichtigkeit nach dieser Vorschrift ist insbesondere dann gerechtfertigt, wenn ein Gesellschafter überhaupt nicht am Beschlussverfahren beteiligt wurde. **67**

Nach der Rechtsprechung des BGH ist der Anwendungsbereich der Anfechtungsklage im GmbH-Recht allerdings erst dann eröffnet, wenn der Beschluss förmlich **68**

---

106) Dagegen ist die Stimmabgabe in einer solchen Telefon- oder Videokonferenz nicht zulässig, sofern die Satzung nicht ausnahmsweise eine abweichende Regelung enthält, s. Rz. 15 f.; zur deswegen erforderlichen Zweiteilung in Aussprache und Beschlussfassung auch *Reichert/Bochmann*, GmbHR 2020, R340, R342.

107) So der Vorschlag von *Ernst*, ZIP 2020, 889, 890.

108) *Ernst*, ZIP 2020, 889, 890; *Reichert/Bochmann*, GmbHR 2020, R340, R342.

109) Vgl. *Baumbach/Hueck-Zöllner/Noack*, GmbHG, Anh. § 47 Rz. 1; *Wertenbruch* in: MünchKomm-GmbHG, Anh. § 47 Rz. 1; zur Entwicklung Michalski/Heidinger/Leible/ J. Schmidt-*Römermann*, GmbHG, Anh. § 47 Rz. 1 ff.

110) Dies folgt für § 241 Nr. 4 AktG bereits aus dem Wortlaut. Auch für § 241 Nr. 3 AktG ist die Beschränkung auf Inhaltsmängel weitgehend anerkannt, vgl. Hüffer/Koch-*Koch*, AktG, § 241 Rz. 14; eingehend *Eberspächer*, Nichtigkeit von Hauptversammlungsbeschlüssen nach § 241 Nr. 3 AktG, S. 135 ff.

festgestellt ist.[111] Andernfalls ist in der Regel eine allgemeine Feststellungsklage zu erheben.[112] Die **Beschlussfeststellung** ist somit zwar keine Wirksamkeitsvoraussetzung (siehe Rz. 59), aber im Interesse der Rechtssicherheit zu empfehlen.[113]

2. Einzelne Verfahrensfehler

69 Wendet man die erläuterten Grundsätze auf die einzelnen Verfahrensschritte (siehe Rz. 32, 34 ff.) an, ergibt sich die folgende Differenzierung:

– **Fehlende Zuständigkeit** für die Versendung der Aufforderung (siehe Rz. 35): Der Beschluss ist analog § 241 Nr. 1 AktG ipso iure nichtig; einer Anfechtung bedarf es nicht.[114]

– **Formmangel** der Aufforderung (siehe Rz. 48): Der Beschluss ist grundsätzlich nur anfechtbar; Nichtigkeit analog § 241 Nr. 1 AktG soll nur dann eintreten, wenn der Formmangel derart schwerwiegend ist, dass dem Gesellschafter eine Teilnahme faktisch unmöglich gemacht wird.[115] Zudem kann es treuwidrig sein, sich auf die fehlende Versendung durch eingeschriebenen Brief zu berufen (siehe Rz. 49). Zum fehlenden Hinweis auf das Verfahren nach § 2 COVGesMG siehe oben Rz. 42.

– **Übergehen einzelner Gesellschafter** (siehe Rz. 40): Der Beschluss ist analog § 241 Nr. 1 AktG ipso iure nichtig.[116] Der übergangene Gesellschafter kann den Beschluss jedoch entsprechend § 242 Abs. 2 Satz 4 AktG nachträglich genehmigen.[117]

– **Zu kurze Frist** für die Abstimmung (siehe Rz. 44 ff.): Der Beschluss ist analog § 243 Abs. 1 AktG lediglich anfechtbar, aber in der Regel nicht ipso iure nichtig;[118] dies gilt bei Abstimmungen nach § 2 COVGesMG jedenfalls unter der

111) BGH, Urt. v. 21.3.1988 – II ZR 308/87, BGHZ 104, 66, 69 = NJW 1988, 1844; BGH, Urt. v. 13.1.2003 – II ZR 173/02284, NZG 2003, 284, 285; Baumbach/Hueck-*Zöllner/Noack*, GmbHG, Anh. § 47 Rz. 118; *Wertenbruch* in: MünchKomm-GmbHG, Anh. § 47 Rz. 227; a. A. Michalski/Heidinger/Leible/J. Schmidt-*Römermann*, GmbHG, § 47 Rz. 599.

112) Vgl. *Wertenbruch* in: MünchKomm-GmbHG, Anh. § 47 Rz. 227.

113) Vgl. Baumbach/Hueck/Noack-*Noack*, COVMG, § 2 Rz. 45.

114) *Leinekugel* in: BeckOK-GmbHG, Anh. § 47 Rz. 300; vgl. zur Einberufung der Gesellschafterversammlung Baumbach/Hueck-*Zöllner/Noack*, GmbHG, Anh. § 47 Rz. 45; *Wertenbruch* in: MünchKomm-GmbHG, Anh. § 47 Rz. 28.

115) Vgl. zur Einberufung der Gesellschafterversammlung BGH, Urt. v. 13.2.2006 – II ZR 200/04, NJW-RR 2006, 831; Baumbach/Hueck-*Zöllner/Noack*, GmbHG, § 51 Rz. 28; *Wertenbruch* in: MünchKomm-GmbHG, Anh. § 47 Rz. 36 ff.

116) *Leinekugel* in: BeckOK-GmbHG, Anh. § 47 Rz. 299; Baumbach/Hueck/Noack-*Noack*, COVMG, § 2 Rz. 46; *Behme*, DZWIR 2020, 269, 273; vgl. zur Einberufung der Gesellschafterversammlung Baumbach/Hueck-*Zöllner/Noack*, GmbHG, Anh. § 47 Rz. 45; zum Abstimmungsverfahren nach § 48 Abs. 2 GmbHG auch *Wertenbruch* in: MünchKomm-GmbHG, Anh. § 47 Rz. 45.

117) Vgl. zur Anwendbarkeit der Heilungsvorschrift auf die GmbH Baumbach/Hueck-*Zöllner/Noack*, GmbHG, Anh. § 47 Rz. 77.

118) LG Hamburg, Urt. v. 26.2.2021 – 412 HKO 86/20, GmbHR 2021, 657, 661; dazu *Jaspers/Pehrsson*, NZG 2021, 1244, 1250; *Leinekugel*, COVuR 2020, 622, 623; vgl. zur Einberufung der Gesellschafterversammlung Baumbach/Hueck-*Zöllner/Noack*, GmbHG, Anh. § 47 Rz. 45; *Wertenbruch* in: MünchKomm-GmbHG, Anh. § 47 Rz. 154.

Voraussetzung, dass die Gesellschafter noch eine realistische Möglichkeit hatten, ihre Stimme abzugeben.[119]

– **Fehlerhafte Ermittlung des Abstimmungsergebnisses** (siehe Rz. 54 ff.): Werden abgegebene Stimmen nicht berücksichtigt oder die Beschlussfähigkeit oder Mehrheit fehlerhaft berechnet, so stellt dies nur dann einen Beschlussmangel dar, wenn sich der Fehler auf das Beschlussergebnis (Antrag angenommen oder abgelehnt) ausgewirkt hat. Nur in diesem Fall ist der Beschluss analog § 243 Abs. 1 AktG anfechtbar, jedenfalls aber nicht ipso iure nichtig.[120]

– **Fehlende Beschlussfeststellung** oder **fehlende Mitteilung** des Beschlusses an die Gesellschafter (siehe Rz. 59): Dies allein hat keine Auswirkung auf die Beschlusswirksamkeit, der Beschluss ist also weder anfechtbar noch ipso iure nichtig.

VII. Verhältnis zur Satzung

Der Wortlaut von § 2 COVGesMG enthält keine ausdrückliche Aussage über das Verhältnis dieser gesetzlichen Vorschrift zu abweichenden Satzungsregelungen. Ob § 2 COVGesMG **dispositiv** ist **oder** sich als **zwingende Vorschrift** gegenüber entgegenstehenden Satzungsregelungen durchsetzt, ist dementsprechend **umstritten**. Während Einige die Regelung für vollständig dispositiv halten,[121] gehen Andere davon aus, dass sich § 2 COVGesMG generell oder zumindest in bestimmten Fällen gegenüber entgegenstehenden Satzungsregelungen durchsetzt.[122] Diese Frage hat für die Praxis **ganz entscheidende Bedeutung**: Fast jede Satzung einer Mehrpersonen-GmbH enthält eine Regelung zum schriftlichen Verfahren. In den meisten Fällen halten die Gesellschafter am Erfordernis der allseitigen Zustimmung fest. Demgegenüber sind Satzungsregelungen, die das schriftliche Verfahren auch für Mehrheitsbeschlüsse öffnen, sehr selten. Wäre § 2 COVGesMG also vollständig dispositiv, hätte die Neuregelung praktisch keinen relevanten Anwendungsbereich.

Bei der **Entscheidung über die Anwendbarkeit von § 2 COVGesMG** sind vier Aspekte zu beachten:

– Erstens ist das Organisationsrecht der GmbH, damit auch die gesetzlichen Vorschriften zur Beschlussfassung, gemäß § 45 Abs. 2 GmbHG in der Regel dispositiv **(Satzungsautonomie)**.[123] Anders als in der AG (vgl. § 23 Abs. 5 AktG) sollen die Gesellschafter der GmbH die Möglichkeit haben, ihre internen Rechtsverhältnisse nach ihren eigenen Bedürfnissen auszugestalten. Hält man

70

71

---

119) Generell für Nichtigkeit gemäß § 241 Nr. 1 AktG dagegen offenbar Baumbach/Hueck/Noack-*Noack*, COVMG, § 2 Rz. 46; dies geht aber über die Rechtslage bei der Präsenz-Gesellschafterversammlung hinaus, siehe die Nachw. in der vorstehenden Fn.

120) Vgl. zur Beschlussfassung in der Gesellschafterversammlung Baumbach/Hueck-*Zöllner/Noack*, GmbHG, Anh. § 47 Rz. 116 f.; *Wertenbruch* in: MünchKomm-GmbHG, Anh. § 47 Rz. 162.

121) So *Stiegler*, jurisPR-HaGesR 3/2020 Anm. 2; *Kauffeld/Vollmer/Brugger*, GmbHR 2020, 1257, 1260 ff.; offenbar auch LG Stuttgart, Urt. v. 25.1.2021 – 44 O 52/20 KfH, GmbHR 2021, 384 sowie LG Stuttgart, Urt. v. 10.2.2021 – 40 O 46/20 KfH; differenzierend Baumbach/Hueck/Noack-*Noack*, COVMG, § 2 Rz. 51 ff.

122) So *Wicke*, NZG 2020, 501, 502; tendenziell auch, allerdings zu Recht differenzierend *Ernst*, ZIP 2020, 889.

123) Vgl. *Liebscher* in: MünchKomm-GmbHG, § 45 Rz. 51; Michalski/Heidinger/Leible/J. Schmidt-*Römermann*, GmbHG, § 45 Rz. 13.

eine gesetzliche Vorschrift für zwingend, ist dies im GmbH-Recht also eine **begründungsbedürftige Ausnahme.**

– Zweitens ist **Normzweck von § 2 COVGesMG,** den Unternehmen in der Rechtsform der GmbH aufgrund der rechtlichen und faktischen Hindernisse für Präsenz-Gesellschafterversammlungen präsenzlose Mehrheitsbeschlüsse zu ermöglichen, um die **Funktionsfähigkeit** der Unternehmen zu gewährleisten (siehe oben Rz. 5 f.). Das Schutzbedürfnis gilt für alle Unternehmen, unabhängig davon, ob sie eine Regelung zum schriftlichen Verfahren in ihrer Satzung haben oder nicht.

– Drittens dürften die Gesellschafter mit der Einführung einer Satzungsregelung zum schriftlichen Verfahren häufig nur den Zweck verfolgt haben, die gesetzliche Vorschrift des § 48 Abs. 2 GmbHG zur besseren Transparenz zu wiederholen oder zu präzisieren. Falls der Einführung im Einzelfall eine wohlüberlegte Abwägung vorausgegangen ist, haben die Gesellschafter jedenfalls die pandemische Lage nicht in ihre Überlegungen einbezogen, denn die jetzt aufgetretenen rechtlichen und faktischen Hindernisse für Präsenzversammlungen waren **für die Gesellschafter nicht vorhersehbar.** Deswegen hat die Auslegung vorhandener Satzungsregelungen nur beschränkte Aussagekraft.

– Viertens kann man die Gesellschafter entgegen dem Regelungskonzept des § 45 Abs. 2 GmbHG nicht einfach darauf verweisen, die entgegenstehende Satzungsregelung ad hoc aufzuheben. Denn dafür wäre gemäß § 53 Abs. 1 GmbHG wiederum ein satzungsändernder Gesellschafterbeschluss erforderlich, dem das Präsenzerfordernis entgegensteht, wenn nicht alle Gesellschafter einverstanden sind. Der Verweis auf die **Satzungsautonomie versagt** also.

72   Auf Grundlage dieser Überlegungen lassen sich die folgenden Fallgruppen für das Verhältnis von § 2 COVGesMG zu entgegenstehenden Satzungsregelungen bilden:

– **Fall 1:** Die Satzung enthält eine **bloße Wiederholung von § 48 Abs. 2 GmbHG:** In diesem Fall ist **§ 2 COVGesMG** trotzdem **anwendbar,** sodass präsenzlose Mehrheitsbeschlüsse zulässig sind. Eine solche Satzungsregelung ist als Verweis auf das Gesetz zu werten, das nun in der durch § 2 COVGesMG modifizierten Fassung anwendbar ist.[124]

– **Fall 2:** Die Satzung enthält zwar keine exakte Wiederholung, aber eine **Präzisierung oder Konkretisierung von § 48 Abs. 2 GmbHG,** die das Erfordernis allseitiger Zustimmung beibehält. Dazu gehören bspw. zwei – nicht seltene – Arten von Satzungsklauseln: (1) Die Satzung erlaubt in beiden Varianten des § 48 Abs. 2 GmbHG die Textform, korrigiert also die unklare Unterscheidung zwischen „Textform" und „schriftlicher Abgabe der Stimmen" im Wortlaut von § 48 Abs. 2 GmbHG. (2) Die Satzung fasst beide Varianten des § 48 Abs. 2 GmbHG zusammen und verlangt einheitlich die allseitige Zustimmung zum

---

124) Ebenso Baumbach/Hueck/Noack-*Noack*, COVMG, § 2 Rz. 52; *Behme,* DZWIR 2020, 269, 273; *Ernst,* ZIP 2020, 889; *DNotI,* DNotI-Report 2020, 52, 54; *Schindler* in: BeckOK-GmbHG, § 48 Rz. 95b; *Schulte,* GmbHR 2020, 689 Rz. 2; *Stelmaszczyk/Forschner,* Der Konzern 2020, 221, 238; a. A. (§ 2 COVGesMG nicht anwendbar) *Kauffeld/Vollmer/ Brugger,* GmbHR 2020, 1257, 1260 ff.; *Stiegler,* jurisPR-HaGesR 3/2020 Anm. 2, sowie LG Stuttgart, Urt. v. 25.1.2021 – 44 O 52/20 KfH, GmbHR 2021, 384 (mit kritischen Anmerkungen von *Leinekugel,* GmbHR 2021, 385; *Mayer/Jenne,* BB 2021, 659).

Beschlussvorschlag. In diesen Fällen wird die **Satzung durch § 2 COVGesMG erweitert**, sodass nunmehr auch präsenzlose Mehrheitsbeschlüsse zulässig sind.[125] Im Übrigen gelten für das Beschlussverfahren aber weiterhin die besonderen Regelungen der Satzung (etwa hinsichtlich Zuständigkeit, Frist und Formfragen).[126]

– **Fall 3:** Die Satzung enthält ausnahmsweise einen **Ausschluss des schriftlichen Verfahrens gemäß § 48 Abs. 2 GmbH**, sei es generell oder für bestimmte Beschlussgegenstände.[127] Eine solche Regelung hat trotz § 2 COVGesMG Bestand. Die Gesellschafter haben sich offensichtlich – aus besonderen Gründen – dafür entschieden, Beschlüsse nur um Rahmen einer persönlichen Zusammenkunft fassen zu wollen. Daran müssen sie sich auch in der Krise festhalten lassen. § 2 COVGesMG ist **nicht anwendbar**.[128]

– **Fall 4:** Die Satzung enthält bereits eine **Erweiterung von § 48 Abs. 2 GmbHG** und erlaubt auch **präsenzlose Mehrheitsbeschlüsse im schriftlichen Verfahren**.[129] Im Unterschied zu den Klauseln in Fall 2 verlangt die Satzung also keine allseitige Zustimmung, sondern lässt Mehrheitsentscheidungen zu. In diesem Fall geht die privatautonom gewählte Lösung der gesetzlichen vor. § 2 COVGesMG ist daneben **nicht anwendbar**.[130]

73 Soweit § 2 COVGesMG nach den obigen Grundsätzen Anwendung findet, tritt die entgegenstehende Satzungsregelung hinter der gesetzlichen Regelung temporär zurück, wird dadurch aber nicht unzulässig. Das bedeutet vor allem, dass in den Fällen 1 und 2 **kein Eintragungshindernis** besteht, wenn eine solche Regelung – i. R. einer Neugründung oder einer Satzungsänderung während des Geltungszeitraums von § 2 COVGesMG – zum Register angemeldet wird. Die vorstehenden Grundsätze gelten dabei unabhängig davon, ob die GmbH vor oder nach Einführung des § 2 COVGesMG gegründet wurde.[131]

74 Regelungen der Satzung über alternative Formen der Beschlussfassung, also etwa **Telefon- oder Videokonferenzen** sowie **kombinierte Verfahren** bleiben **von § 2 COVGesMG unberührt**. Diese Formen der Beschlussfassung sind auch während des Geltungszeitraums von § 2 COVGesMG nach Maßgabe ihrer jeweiligen Satzungsgrundlage zulässig.

---

125) *Stelmaszczyk/Forschner*, Der Konzern 2020, 221, 238; *Schulte*, GmbHR 2021, 689 Rz. 2.
126) Ebenso Baumbach/Hueck/Noack-*Noack*, COVMG, § 2 Rz. 54.
127) Dies ist zulässig, vgl. *Liebscher* in: MünchKomm-GmbHG, § 48 Rz. 176; Michalski/ Heidinger/Leible/J. Schmidt-*Römermann*, GmbHG, § 48 Rz. 282 f.
128) Ebenso *Behme*, DZWIR 2020, 269, 273; *Ernst*, ZIP 2020, 889; *Miller/Nehring-Köppl*, WM 2020, 911, 916; differenzierend Baumbach/Hueck/Noack-*Noack*, COVMG, § 2 Rz. 55, für den Fall, dass andernfalls pandemiebedingt überhaupt keine Beschlussfassung zulässig wäre; a. A. (§ 2 COVGesMG setzt sich stets durch) *Stelmaszczyk/Forschner*, Der Konzern 2020, 221, 238.
129) Vgl. zu Regelungsmöglichkeiten in der Satzung *Liebscher* in: MünchKomm-GmbHG, § 48 Rz. 178; Michalski/Heidinger/Leible/J. Schmidt-*Römermann*, GmbHG, § 48 Rz. 284 ff.
130) Ebenso *Ernst*, ZIP 2020, 889 für „[…] durchdachte Regelungen, mit denen die Gesellschaft das schriftliche Beschlussverfahren auf ihre eigenen Bedürfnisse zugeschnitten hat"; a. A. dagegen Baumbach/Hueck/Noack-*Noack*, COVMG, § 2 Rz. 53 für den Fall, dass die Satzung zwar Mehrheitsbeschlüsse im schriftlichen Verfahren zulässt, aber ein höheres Mehrheitserfordernis vorsieht.
131) A. A. *Leinekugel* in: BeckOK-GmbHG, Anh. § 47 Rz. 296.

§ 3
Genossenschaften

(1) [1]Abweichend von § 43 Absatz 7 Satz 1 des Genossenschaftsgesetzes können Beschlüsse der Mitglieder auch dann schriftlich oder elektronisch gefasst werden, wenn dies in der Satzung nicht ausdrücklich zugelassen ist. [2]Der Vorstand hat in diesem Fall dafür zu sorgen, dass der Niederschrift gemäß § 47 des Genossenschaftsgesetzes ein Verzeichnis der Mitglieder, die an der Beschlussfassung mitgewirkt haben, beigefügt ist. [3]Bei jedem Mitglied, das an der Beschlussfassung mitgewirkt hat, ist die Art der Stimmabgabe zu vermerken. [4]Die Anfechtung eines Beschlusses der Generalversammlung kann unbeschadet der Regelungen in § 51 Absatz 1 und 2 des Genossenschaftsgesetzes nicht auf Verletzungen des Gesetzes oder der Mitgliederrechte gestützt werden, die auf technische Störungen im Zusammenhang mit der Beschlussfassung nach Satz 1 zurückzuführen sind, es sei denn, der Genossenschaft ist Vorsatz oder grobe Fahrlässigkeit vorzuwerfen.

(2) Abweichend von § 46 Absatz 1 Satz 1 des Genossenschaftsgesetzes kann die Einberufung im Internet auf der Internetseite der Genossenschaft oder durch unmittelbare Benachrichtigung in Textform erfolgen.

(3) Abweichend von § 48 Absatz 1 Satz 1 des Genossenschaftsgesetzes kann die Feststellung des Jahresabschlusses auch durch den Aufsichtsrat erfolgen.

(4) Der Vorstand einer Genossenschaft kann mit Zustimmung des Aufsichtsrats nach pflichtgemäßem Ermessen eine Abschlagszahlung auf eine zu erwartende Auszahlung eines Auseinandersetzungsguthabens eines ausgeschiedenen Mitgliedes oder eine an ein Mitglied zu erwartende Dividendenzahlung leisten; § 59 Absatz 2 des Aktiengesetzes gilt entsprechend.

(5) [1]Ein Mitglied des Vorstands oder des Aufsichtsrats einer Genossenschaft bleibt auch nach Ablauf seiner Amtszeit bis zur Bestellung seines Nachfolgers im Amt. [2]Die Anzahl der Mitglieder des Vorstands oder des Aufsichtsrats einer Genossenschaft darf weniger als die durch Gesetz oder Satzung bestimmte Mindestzahl betragen.

(6) Sitzungen des Vorstands oder des Aufsichtsrats einer Genossenschaft sowie gemeinsame Sitzungen des Vorstands und des Aufsichtsrats können auch ohne Grundlage in der Satzung oder in der Geschäftsordnung im Umlaufverfahren in Textform oder als Telefon- oder Videokonferenz durchgeführt werden.

Literatur: *Beck*, Aktuelles zur elektronischen Hauptversammlung, RNotZ 2014, 160; *Danwerth*, Das Teilnehmerverzeichnis der virtuellen Hauptversammlung, NZG 2020, 586; *Dehesselles/Richter*, Die virtuelle Mitgliederversammlung in Verbänden, npoR 2016, 246; *Engel*, Mitgliederversammlungen in Zeiten des Corona-Virus, ZStV 2020, 110; *Geschwandtner/Helios*, Neues Recht für die eingetragene Genossenschaft, NZG 2006, 691; *Gottschalk/Ulmer*, Das Gesellschaftsrecht im Bann des Corona-Virus, GWR 2020, 133; *Herb/Merkelbach*, Die virtuelle Hauptversammlung 2020 – Vorbereitung, Durchführung und rechtliche Gestaltungsoptionen, DStR 2020, 811; *Herrler*, Praxisfragen rund um die virtuelle Hauptversammlung iSv Art. 2 § 1 II COVID-19-Gesetz, GWR 2020, 191; *Hirte*, Das neue Genossenschaftsrecht (Teil I), DStR 2007, 2166; *Jarchow/Hölken*, Das Gesetz zur vorübergehenden Aussetzung der Insolvenzantragspflicht und zur Begrenzung der Organhaftung bei einer durch die COVID-19-Pandemie bedingten Insolvenz sowie weitere Maßnahmen des Gesetzgebers und der Bundesregierung zur Abmilderung der Folgen der COVID-19-Pandemie, ZInsO 2020, 730; *Jaspers/Pehrsson*, Die virtuelle Haupt- und Mitgliederversammlung im Praxistest, Rechtsprechung zu virtuellen Haupt-, Gesellschafter- und Mitgliederversammlungen auf Grundlage des COVMG, NZG 2021, 1244; *Klein*, Statutarische Gestaltungsvarianten zur Form der Beschlussfassung einer Vertreter- bzw. Generalversammlung einer Genossenschaft, ZIP 2016, 1155; *Kopp*, Der Verein in der „COVID-19-Not", GWR 2021, 158; *Krüger*, Fernabstimmung bei Vereinen – Zulässigkeit und Wege der Beteiligung ohne persönliche Anwesenheit, MMR 2012, 85; *Lieder*, Unternehmensrechtliche Implikationen der Corona-Gesetzgebung, ZIP 2020, 887; *Lieder*, Die Bedeutung des Vertrauensschutzes für die Digitalisierung des Gesellschaftsrechts, NZG 2020, 81; *Mayer/Jenne*, Hauptversammlung in Zeiten von Epidemien und sonstigen Gefahrenlagen – zugleich Besprechung des COVID-19-Pandemie-Gesetzes, BB 2020, 835; *Mecking*, Mitgliederversammlung 2.0: Zur Zulässigkeit der Willensbildung im Verein über elektronische Medien, ZStV 2011, 161; *Noack*, Mitgliederversammlung bei Großvereinen und digitale Teilhabe, NJW 2018, 1345; *Noack*, ARUG: Das nächste Stück der Aktienrechtsreform in Permanenz, NZG 2008, 441; *Otte-Gräbener*, Ein Verschmelzungsbeschluss in rein virtueller Versammlung ist unzulässig, GWR 2021, 278; *Rapp*, Implikationen der COVID-19-Pandemie für Dividende, Besteuerung und Abschlussprüferbestellungen: Ist die digitale Hauptversammlung unausweichlich?, DStR 2020, 806; *Römermann*, COVID-19 Abmilderungsgesetze, 2020; *Römermann*, Leitfaden für Unternehmen in der COVID-19 Pandemie, 2020; *Schmidt*, COVID-19, Rechtsfragen zur Corona-Krise, 3. Aufl., 2021; *Schulteis*, Gesellschaftsrecht in Zeiten des „Coronavirus": Änderungen zur Abmilderung der Folgen der COVID-19-Pandemie im GmbH-Recht, Genossenschaftsrecht, Umwandlungsrecht, Vereins- und Stiftungsrecht sowie WEG-Recht, GWR 2020, 169; *Schulteis*, Die Verordnung zur Verlängerung von Maßnahmen im Gesellschafts-, Genossenschafts-, Vereins- und Stiftungsrecht zur Bekämpfung der Auswirkungen der COVID-19-Pandemie, GWR 2020, 465; *Siemons/Hauser*, Zu Form und Ausgestaltung der Hauptversammlung in der HV-Saison 2022, NZG 2021, 1340; *Unmuth*, Anwesenheitspflicht der Organmitglieder in der Hauptversammlung, NZG 2020, 448; *Vetter/Tielmann*, Unternehmensrechtliche Gesetzesänderungen in Zeiten von Corona, NJW 2020, 1175; *Wälzholz/Bayer*, Auswirkungen des „Corona-Gesetzes" auf die notarielle Praxis, DNotZ 2020, 285; *Zetzsche*, Die neue Aktionärsrechte-Richtlinie: Auf dem Weg zur Virtuellen Hauptversammlung, NZG 2007, 686.

Übersicht

I. Einleitung

1. Die Regelungen im Überblick

Mit § 3 GesRuaCOVBekG[1] sollen Genossenschaften während der COVID-19-Pandemie handlungsfähig gehalten werden. Das GesRuaCOVBekG ist als Art. 2 des COVAbmildG[2] verabschiedet worden. **1**

§ 3 GesRuaCOVBekG sieht **Erleichterungen** für Genossenschaften vor, die wegen der Einschränkungen des öffentlichen Lebens durch Verordnungen und/oder Allgemeinverfügungen der Kommunen, Bundesländer und des Bundes – insbesondere im Hinblick auf Abstandsgebote, Kontaktsperren, Ausgangsbeschränkungen, Versammlungsverbote etc. – Schwierigkeiten haben, die Generalversammlung gemäß § 43 GenG abzuhalten. **2**

Genossenschaften wird dazu insbesondere erlaubt, **General- oder Vertreterversammlungen virtuell** durchzuführen und Mitglieder an der **Abstimmung** zu beteiligen, die nicht an der Versammlung teilnehmen (**Abs. 1**). Zur **Einberufung** der General- oder Vertreterversammlung sind Erleichterungen vorgesehen (**Abs. 2**). **3**

In finanzieller Hinsicht kann der **Jahresabschluss** ausnahmsweise vom Aufsichtsrat festgestellt werden, wenn die Generalversammlung nicht nach § 48 Abs. 1 Satz 2 GenG in den ersten sechs Monaten des Geschäftsjahres stattfinden kann (**Abs. 3**). Außerdem kann der Vorstand mit Zustimmung des Aufsichtsrats ausnahmsweise **Abschlagszahlungen** auf Dividendenzahlungen oder Auszahlungen von Auseinandersetzungsguthaben vornehmen (**Abs. 4**). **4**

Um die Handlungsfähigkeit der Genossenschaft zu wahren, soll § 3 Abs. 5 GesRuaCOVBekG ihre **ordnungsgemäße Vertretung** sichern, indem Vorstands- und Aufsichtsratsmitglieder auch nach dem Ende ihrer Amtszeit bis zur Bestellung eines Nachfolgers im Amt bleiben (**Abs. 5**). Zudem wird dem Vorstand und dem Aufsichtsrat erlaubt, Sitzungen als Telefon- oder Videokonferenz abzuhalten und Beschlüsse im Umlaufverfahren zu treffen (**Abs. 6**). **5**

2. Anwendungsbereich

Zeitlich ist das GesRuaCOVBekG (in der 1. Auflage noch bezeichnet als COVGesMG) am Tag nach der Verkündung im BGBl. vom 27.3.2020, also am 28.3.2020, in Kraft getreten und sollte ursprünglich mit Ablauf des 31.12.2021 außer Kraft treten (Art. 6 Abs. 2 COVAbmildG). Die Anwendung des § 3 GesRuaCOVBekG war zeitlich zunächst auf **im Jahr 2020 stattfindende Ereignisse** begrenzt (§ 7 Abs. 3 GesRuaCOVBekG). **6**

Das BMJV wurde in § 8 GesRuaCOVBekG ermächtigt, durch Rechtsverordnung ohne Zustimmung des Bundesrates die Geltung der Vorschriften bis höchstens zum 31.12.2021 zu verlängern, wenn das wegen fortbestehender Auswirkungen der **7**

---

1) Gesetz über Maßnahmen im Gesellschafts-, Genossenschafts-, Vereins-, Stiftungs- und Wohnungseigentumsrecht zur Bekämpfung der Auswirkungen der COVID-19-Pandemie (GesRuaCOVBekG), v. 27.3.2020, BGBl. I 2020, 569, 570.
2) Gesetz zur Abmilderung der Folgen der COVID-19-Pandemie im Zivil-, Insolvenz- und Strafverfahrensrecht (COVAbmildG), v. 27.3.2020, BGBl. I 2020, 569, 570.

COVID-19-Pandemie geboten erschiene. Mit **Verordnung vom 20.10.2020**[3)] hat das BMJV von der Verordnungsermächtigung Gebrauch gemacht und die Geltung des § 3 GesRuaCOVBekG mit Wirkung zum 29.10.2020 bis zum 31.12.2021 verlängert.

8   Erfasst sind nun im Einzelnen:

– Absatz 1 und 2: in den Jahren 2020 und 2021 stattfindende General- und Vertreterversammlungen;

– Absatz 3: in den Jahren 2020 und 2021 erfolgende Jahresabschlussfeststellungen;

– Absatz 4: in den Jahren 2020 und 2021 stattfindende Abschlagszahlungen;

– Absatz 5: in den Jahren 2020 und 2021 ablaufende Bestellungen von Vorstands- oder Aufsichtsratsmitgliedern;

– Absatz 6: in den Jahren 2020 und 2021 stattfindende Sitzungen des Vorstands oder des Aufsichtsrats einer Genossenschaft oder deren gemeinsame Sitzungen.

9   Auf Versammlungen oder Sitzungen, die zwar im Jahr 2021 einberufen werden, aber erst Anfang 2022 stattfinden, ist § 3 GesRuaCOVBekG nicht anwendbar.[4)]

10 Mit **Gesetz zur weiteren Verkürzung des Restschuldbefreiungsverfahrens und zur Anpassung pandemiebedingter Vorschriften im Gesellschafts-, Genossenschafts-, Vereins- und Stiftungsrecht sowie im Miet- und Pachtrecht** vom 22.12.2020[5)] wurde § 7 Abs. 3 GesRuaCOVBekG dahingehend geändert, dass die Regelungen des § 3 GesRuaCOVBekG im Jahr 2020 und 2021 gelten. Die Neuregelung des § 7 Abs. 3 GesRuaCOVBekG tritt gemäß Art. 14 Abs. 3 des Gesetzes mit Wirkung vom 28.2.2021 in Kraft. Die Verordnung vom 20.10.2020[6)] läuft daher insoweit ab dem 28.2.2021 ins Leere.[7)] Die zeitliche Geltung der Vorschriften wurde im sog. „Aufbauhilfegesetz 2021"[8)] erneut erweitert.[9)] Nach § 7 Abs. 3 GesRuaCOVBekG ist § 3 GesRuaCOVBekG nun anzuwenden auf bis zum Ablauf des 31.8.2022 stattfindende Versammlungen und Ereignisse.[10)]

11 Soweit die Regelungen des § 3 GesRuaCOVBekG bestehenden gesetzlichen und satzungsmäßigen Regelungen widersprechen, **geht § 3 GesRuaCOVBekG vor.** Im Übrigen treten die Regelungen des § 3 GesRuaCOVBekG **neben** die geltenden gesetzlichen oder satzungsmäßigen Bestimmungen.

12 Sachlich findet § 3 GesRuaCOVBekG auf **Europäische Genossenschaften** (SCE) nach der Verordnung (EG) Nr. 1435/2003 des Rates vom 22.7.2003[11)] mit Sitz im

---

3) BGBl. I, 2258; *Schulteis*, GWR 2020, 465.

4) BT-Drucks. 19/25322, S. 23; *Römermann-Römermann/Grupe*, COVID-19 AbmG, § 7 COVMG Rz. 382; *H. Schmidt* in: H. Schmidt, COVID-19, § 9 Rz. 46.

5) BGBl. I, 3328.

6) BGBl. I, 2258.

7) BT-Drucks. 19/25322, S. 23.

8) Gesetz zur Errichtung eines Sondervermögens „Aufbauhilfe 2021" und zur vorübergehenden Aussetzung der Insolvenzantragspflicht wegen Starkregenfällen und Hochwassern im Juli 2021 sowie zur Änderung weiterer Gesetze (AufbhG 2021), v. 10.9.2021, BGBl. I, 4147; BT-Drucks. 19/32275, S. 13.

9) Vgl. auch *Noack*, NZG 2021, 1233.

10) *Simons/Hauser*, NZG 2021, 1340, 1343.

11) Verordnung (EG) Nr. 1435/2003 des Rates vom 22.7.2003 über das Statut der Europäischen Genossenschaft (SCE), ABl. (EU) L 207/1 v. 18.8.2003.

Inland entsprechende Anwendung, soweit diese Verordnung auf die Rechtsvorschriften der Mitgliedstaaten verweist.[12] Eine entsprechende Anwendung scheidet jedoch aus, soweit Regelungen in § 3 GesRuaCOVBekG Vorschriften der Verordnung widersprechen, von denen die Mitgliedstaaten nicht abweichen dürfen.[13]

3. Entstehungsgeschichte und Normzweck

Nachdem die Auswirkungen der COVID-19-Pandemie deutlich wurden und viele Kommunen, Bundesländer und der Bund im März 2020 durch Verordnungen und/oder Allgemeinverfügungen auf der Grundlage des Infektionsschutzgesetzes Kontaktsperren, Schließungen von Bildungseinrichtungen und Geschäften, Ausgangssperren, Abstandsgebote und andere Maßnahmen verhängt hatten, die das öffentliche Leben weitgehend einschränken, hatten die Regierungsfraktionen im Deutschen Bundestag – CDU/CSU und SPD – am 24.3.2020 einen Gesetzentwurf[14] vorgelegt, mit dem die Auswirkungen der Pandemie im Zivil-, Insolvenz-, Gesellschafts- und Strafverfahrensrecht abgemildert werden sollen. Vor allem die Kontaktsperren und Versammlungsverbote drohten, bei vielen Gesellschaften die Eigentümer- und Mitgliederversammlungen zu verhindern, was weitreichende finanzielle Folgen haben könnte. **13**

Bereits am 25.3.2020 wurde das COVAbmildG, dessen Art. 2 das GesRuaCOV-BekG beinhaltet, im Deutschen Bundestag verabschiedet. In seiner Sitzung vom 27.3.2020 erhob der Bundesrat keinen Einspruch, so dass das Gesetz bereits am 27.3.2020 im BGBl. verkündet wurde. **14**

Obwohl es ab Juni 2020 zu großzügigen Lockerungen der Ausgangssperren und Öffnung von Bildungseinrichtungen und Geschäften kam, galten einige Kontaktbeschränkungen über den Sommer 2020 hinweg fort. Ab Oktober 2020 wurden wegen steigender Infektionszahlen erneut die Regelungen zu Kontaktbeschränkungen verschärft und ab November 2020 bestimmte Geschäftsbereiche geschlossen. Nachdem am 21./22.4.2021 die sog. „Bundesnotbremse" mit einer einheitlichen Definition von Kontaktbeschränkungen und Restriktionen im Bundestag und Bundesrat verabschiedet wurde, ist ein Ende der Beschränkungen nicht absehbar, so dass das Bedürfnis für die nach § 3 GesRuaCOVBekG weiterhin besteht. **15**

II. General- oder Vertreterversammlung (Abs. 1)

§ 3 Abs. 1 GesRuaCOVBekG erlaubt abweichend von § 47 Abs. 7 Satz 1 GenG eine Beschlussfassung auch dann **im schriftlichen oder elektronischen Wege**, wenn dies in der Satzung nicht ausdrücklich zugelassen ist. **16**

1. Anwendungsbereich

Obwohl § 3 Abs. 1 GesRuaCOVBekG sich ausdrücklich nur auf § 43 Abs. 7 Satz 1 GenG bezieht, der die Ausübung der Mitgliedsrechte in der Generalversammlung regelt, gilt § 3 Abs. 1 GesRuaCOVBekG entsprechend für eine aus Vertretern der **17**

---

12) Römermann-*Römermann/Grupe*, COVID-19 AbmG, § 3 COVMG Rz. 213; *H. Schmidt* in: H. Schmidt, COVID-19, § 9 Rz. 29.

13) Begr. Entwurf z. Art. 2 § 3 Abs. 1 COVAbmildG, BT-Drucks. 19/18110, S. 28.

14) Entwurf COVAbmildG, BT-Drucks. 19/18110.

Mitglieder bestehenden **Vertreterversammlung** i. S. des § 43a GenG, die bei großen Genossenschaften neben die Generalversammlung treten kann.[15)]

18   Die entsprechende Anwendung des § 3 Abs. 1 GesRuaCOVBekG auf die Vertreterversammlung ergibt sich bereits aus der Aufgabenteilung zwischen General- und Vertreterversammlung, sofern letztere eingesetzt wurde, denn die Vertreterversammlung übernimmt wesentliche Aufgaben der Generalversammlung. § 43 Abs. 7 GenG gilt daher entsprechend für die Vertreterversammlung.[16)]

19   Da eine Zusammenkunft der Vertreterversammlung ebenso wie die der Generalversammlung während der Kontaktsperren nicht möglich ist, muss § 3 Abs. 1 GesRuaCOVBekG für die Vertreterversammlung ebenfalls analog gelten. Von einer Anwendung auch auf die Vertreterversammlung geht i. Ü. auch der Gesetzgeber aus, der in seiner Gesetzesbegründung ausdrücklich § 3 Abs. 1 GesRuaCOVBekG auf die „Durchführung einer ‚virtuellen' General- oder Vertreterversammlung" bezieht.[17)]

2. Zulässige Formen der Mitgliederbeteiligung

20   Der Gesetzgeber stellt in der Gesetzesbegründung zu § 3 Abs. 1 GesRuaCOV-BekG fest, es handele sich um eine **Sonderregelung zu § 43 Abs. 7 GenG**, die die Durchführung einer „virtuellen" General- oder Verteterversammlung vorübergehend auch dann erlaube, wenn die Satzung diesbezüglich keine entsprechenden Regelungen enthalte.

21   Entscheidend für den Regelungsgehalt des § 3 Abs. 1 GesRuaCOVBekG ist daher der Wortlaut des § 43 Abs. 7 GenG, der wie folgt lautet:

> „Die Satzung kann zulassen, dass Beschlüsse der Mitglieder schriftlich oder in elektronischer Form gefasst werden; das Nähere hat die Satzung zu regeln. Ferner kann die Satzung vorsehen, dass in bestimmten Fällen Mitglieder des Aufsichtsrats im Wege der Bild- und Tonübertragung an der Generalversammlung teilnehmen können und dass die Generalversammlung in Bild und Ton übertragen werden darf."

22   § 43 Abs. 7 GenG ist dabei im Zusammenspiel mit § 43 Abs. 1 GenG zu sehen, der anordnet, dass die Mitglieder ihre Rechte in den Angelegenheiten der Genossenschaft in der Generalversammlung ausüben; § 43a GenG erlaubt bei großen Genossenschaften zusätzlich die Vertreterversammlung.

23   Schon seit der Einführung des **§ 43 Abs. 7 Satz 1 GenG** ist seine **Reichweite** umstritten (siehe im Folgenden Rz. 30).[18)] § 3 Abs. 1 Satz 1 GesRuaCOVBekG setzt die Zulässigkeit eines Beschlusses nach § 43 Abs. 7 Satz 1 GenG voraus und erweitert den Anwendungsbereich des § 43 Abs. 7 Satz 1 GenG auf Genossenschaften, deren Satzung diese Beschlüsse bisher nicht zulässt. Beschlussfassungen, die nach § 43 Abs. 7 Satz 1 GenG unzulässig sind, können daher auch durch § 3 Abs. 1 GesRuaCOVBekG nicht zulässig werden.

---

15) Römermann-*Römermann*/*Grupe*, COVID-19 AbmG, § 3 COVMG Rz. 219; *Schulteis*, GWR 2020, 169, 170.

16) Beuthien-*Schöpflin*, GenG, § 43a Rz. 19; Pöhlmann/Fandrich/Bloehs-*Fandrich*, GenG, § 43a Rz. 5.

17) Begr. Entwurf z. Art. 2 § 3 Abs. 1 COVAbmildG, BT-Drucks. 19/18110, S. 28.

18) Zu den Gründen für die geringe Nutzung der Möglichkeiten vor der Pandemie *Schulteis*, GWR 2020, 169, 170.

a) Fernkommunikative Abstimmung in der Präsenzversammlung

§ 43 Abs. 1 GenG sieht vor, dass die Mitglieder ihre Mitgliedsrechte in der Gene-   24
ralversammlung ausüben. In Anpassung an europäische Vorgaben wurde 2006 die
Vorschrift des § 43 Abs. 7 GenG geschaffen, der in Satz 1 zulässt, dass Beschlüsse
der Mitglieder **schriftlich oder in elektronischer Form** gefasst werden. Bereits dem
Wortlaut nach umfasst § 43 Abs. 7 Satz 1 GenG also Beschlussfassungen, bei denen
nicht anwesende Mitglieder vorab schriftlich oder in elektronischer Form abstimmen,
während i. Ü. die Generalversammlung als Präsenzveranstaltung abgehalten wird
(sog. **gemischte oder Hybridversammlung**).[19]

Die Möglichkeit der schriftlichen Stimmabgabe bereits vor der Versammlung kann   25
für die Mitglieder den Vorteil bieten, dass sie das Risiko von technischen Störungen
verringern.[20]

§ 43 Abs. 7 Satz 2 Alt. 2 GenG erlaubt zudem, dass die Generalversammlung in   26
Bild und Ton übertragen wird. Möglich ist also, dass Mitglieder der als Präsenzver-
anstaltung stattfindenden Generalversammlung passiv folgen. Da § 43 Abs. 7 Satz 1
GenG keine zeitliche Begrenzung der Stimmabgabe vorsieht, kann durch die Kom-
bination der Ermächtigungen ermöglicht werden, dass die Mitglieder der Versamm-
lung in Echtzeit folgen und direkt mit abstimmen.[21] Die zugeschalteten Online-
Mitglieder zählen gemäß § 43 Abs. 7 GenG als auf der Versammlung erschienene
Mitglieder, solange die Online-Verbindung besteht (siehe zur AG § 1 COVGesMG
Rz. 15 [*Weber/Sieber*]).[22]

Ist bei großen Genossenschaften eine **Vertreterversammlung** eingesetzt, so ist die   27
Bild- und Tonübertragung der Versammlung nicht nur für die Vertreter, sondern
für alle Mitglieder (passiv) zu öffnen, da die Vertreterversammlung die Generalversammlung nur versammlungstechnisch verdrängt. Sie genießt keine besondere Ver-
traulichkeit.[23]

Auch in Genossenschaften, die keine Ermächtigung zur Abstimmung ohne Teil-   28
nahme an der Präsenz-General- oder Vertreterversammlung vorsehen, ist die Stimmabgabe gemäß § 3 Abs. 1 Satz 1 GesRuaCOVBekG nun zulässig.[24]

Soll eine General- oder Vertreterversammlung als Präsenzveranstaltung durchgeführt   29
werden, so müssen die aktuell am jeweiligen **Veranstaltungsort** gültigen **Regelungen
zu Versammlungen** sowie Hygiene- und Sicherheitsvorschriften beachtet werden.
Es empfiehlt sich, dass sich der Vorstand rechtzeitig mit den zuständigen Behörden
abstimmt.

---

19) Beuthien-*Schöpflin*, GenG, § 43 Rz. 53; *Klein*, ZIP 2016, 1155, 1156; *Vosberg/Klawa* in:
Kölner Hdb. Handels- und Gesellschaftsrecht, Kap. 15 D. Rz. 102.
20) *Herb/Merkelbach*, DStR 2020, 811, 812.
21) *Klein*, ZIP 2016, 1155, 1156; Beuthien-*Schöpflin*, GenG, § 43 Rz. 53; *Geschwandtner/
Helios*, NZG 2006, 691, 693.
22) Zu den faktischen Einschränkungen der AG *Danwerth*, NZG 2020, 586.
23) Beuthien-*Schöpflin*, GenG, § 43 Rz. 45a.
24) *Schulteis*, GWR 2020, 169, 170; Römermann-*Römermann/Grupe*, COVID-19 AbmG, § 3
COVMG Rz. 218; *Schulteis*, GWR 2020, 465, 467.

b) Rein virtuelle Versammlung

30   Umstritten ist, ob eine rein virtuelle General- oder Vertreterversammlung von § 43 Abs. 7 GenG gedeckt ist. Gegen eine rein virtuelle Versammlung wird eingewandt, dass diese nicht einmal in § 118 AktG für die AG zugelassen sei,[25] dass der Wortlaut des § 43 Abs. 7 GenG nur von der Beschlussfassung, nicht von der Versammlung spreche[26] und dass unklar sei, wo der gemäß § 47 Abs. 1 Satz 2 GenG vorausgesetzte Versammlungsort bei einer virtuellen Veranstaltung anzusehen sei.[27] In § 43 Abs. 7 Satz 2 GenG sei zwar die Übertragung der Generalversammlung in Wort und Bild gestattet, allerdings könne nur Aufsichtsratsmitgliedern die Teilnahme im Wege der Bild- und Tonübertragung an der Generalversammlung gestattet werden;[28] ein allgemeiner Verzicht auf die Präsenzpflicht sei nicht vorgesehen.[29] Gerade letzteres Argument entbehrt nicht einer gewissen Überzeugungskraft.

31   Andererseits ging der Gesetzgeber bereits bei der Einführung des § 43 Abs. 7 GenG davon aus, dass hiermit die rein virtuelle Generalversammlung denkbar würde.[30] Ebenso nimmt der **Gesetzgeber des GesRuaCOVBekG** an, dass mit der Sonderregelung des § 3 Abs. 1 Satz 1 GesRuaCOVBekG die Durchführung von rein virtuellen General- und Vertreterversammlungen auch dann ermöglicht wird, wenn die Satzung diesbezüglich keine Regelungen enthält.[31]

32   Die Annahme, dass eine virtuelle Generalversammlung grundsätzlich de lege lata bereits erlaubt ist, schlägt sich im GesRuaCOVBekG auch darin nieder, dass für die AG in § 1 Abs. 2 GesRuaCOVBekG Regelungen getroffen wurden, nach denen rein virtuelle Hauptversammlungen im Geltungszeitraum des GesRuaCOVBekG unter bestimmten Voraussetzungen zugelassen werden,[32] während eine solche Regelung für die Genossenschaft nicht getroffen wurde – mutmaßlich, weil der Gesetzgeber sie nicht für nötig hielt.

33   Vor dem Hintergrund des über die Zulässigkeit der virtuellen Generalversammlung geführten Streits in der Literatur wäre es wünschenswert gewesen, wenn der Gesetzgeber die Zulässigkeit auch im Wortlaut des § 3 Abs. 1 Satz 1 GesRuaCOV-BekG klarer gefasst hätte. Dennoch ist nach dem **Sinn und Zweck des Gesetzes**, das auf eine Erleichterung für die Genossenschaften hinzielt, dem Regelungszusammenhang und der Gesetzesbegründung davon auszugehen, dass rein virtuelle

---

25)   Beuthien-*Schöpflin*, GenG, § 43 Rz. 53; Henssler/Strohn-*Geibel*, GesR, § 43 Rz. 6; *Mayer/Jenne*, BB 2020, 835, 840.

26)   Pöhlmann/Fandrich/Bloehs-*Fandrich*, GenG, § 43 Rz. 60.

27)   Beuthien-*Schöpflin*, GenG, § 43 Rz. 53.

28)   Beuthien-*Schöpflin*, GenG, § 43 Rz. 45a, weist darauf hin, dass eine Übertragung in Wort und Bild eine Durchführung als Präsenzveranstaltung voraussetzt.

29)   Pöhlmann/Fandrich/Bloehs-*Fandrich*, GenG, § 43 Rz. 61; *Beck*, RNotZ 2014, 160, 167.

30)   Begr. RegE z. § 43 GenG, BT-Drucks. 16/1025, S. 87.

31)   Begr. Entwurf z. Art. 2 § 3 Abs. 1 COVAbmildG, BT-Drucks. 19/18110, S. 28; Römermann-*Römermann/Grupe*, COVID-19 AbmG, § 3 COVMG Rz. 218; *H. Schmidt* in: H. Schmidt, COVID-19, § 9 Rz. 33.

32)   Begr. Entwurf z. Art. 2 § 1 Abs. 2 COVAbmildG, BT-Drucks. 19/18110, S. 26; *Mayer/Jenne*, BB 2020, 835, 843; *Gottschalk/Ulmer*, GWR 2020, 133, 134.

General- und Vertreterversammlungen in der Genossenschaft **zulässig** sind,[33] soweit nicht bestimmte Beschlüsse durch andere Vorschriften von einer virtuellen Versammlung ausgeschlossen sind (z. B. § 13 Abs. 1 Satz 2 UmwG).[34]

Die Genossenschaften sind jedoch **nicht verpflichtet,** virtuelle General- oder Ver- **34** treterversammlung durchzuführen,[35] sondern können auch warten, bis die Kontaktsperren aufgehoben werden. Der Gesetzgeber weist ausdrücklich darauf hin, dass die **Versäumung der Sechs-Monats-Frist** des § 48 Abs. 1 Satz 3 GenG nicht sanktionsbewehrt sei und nicht durch Zwangsgeld nach § 160 GenG erzwungen werden könne,[36] auch wenn die zeitliche Vorgabe zur Durchführung der Versammlung durch das GesRuaCOVBekG nicht geändert wurde.[37] Zudem liege wegen der Kontaktsperren kein Verschulden des Vorstands vor,[38] so dass die Ordnungsmäßigkeit der Geschäftsführung i. R. der genossenschaftlichen Pflichtprüfung nicht in Zweifel gezogen werden könne. Es bedürfe daher anders als bei § 175 Abs. 1 Satz 2 AktG keiner Fristverlängerung.[39]

c) Beschlussfassung im Umlaufverfahren

Ein **schriftliches Beschlussverfahren,** in dem auf eine physische oder virtuelle Ver- **35** sammlung verzichtet wird (Umlaufverfahren), ist bei der Genossenschaft nach der h. M. nicht zulässig.[40] § 3 GesRuaCOVBekG trifft auch keine dem § 5 Abs. 2 GesRuaCOVBekG vergleichbare Regelung, mit der das Umlaufverfahren während der COVID-19-Pandemie eingeführt wird.[41]

3. Versammlungsleitung

Die Aussprache in der Generaldebatte der General- oder Vertreterversammlung **36** bildet einen wesentlichen Bestandteil des Teilnahmerechts der Mitglieder, da in der Aussprache insbesondere die **Auskunfts- und Rederechte** der Mitglieder ausgeübt

---

33) So auch *Schulteis*, GWR 2020, 465, 467; *Klein*, ZIP 2016, 1155; *Geschwandtner/Helios*, NZG 2006, 691, 692; *Hirte*, DStR 2007, 2166, 2171; *Jarchow/Hölken*, ZInsO 2020, 730, 736; *Gottschalk/Ulmer*, GWR 2020, 133, 134; *Lieder*, NZG 2020, 81, 89; *Vetter/Tielmann*, NJW 2020, 1175, 1178; *H. Schmidt* in: H. Schmidt, COVID-19, § 9 Rz. 33.

34) OLG Karlsruhe, Beschl. v. 26.3.2021 – 1 W 4/21 (Wx), NZG 2021, 696; *Otte-Gräbener*, GWR 2021, 278.

35) Römermann-*Römermann/Grupe*, COVID-19 AbmG, § 3 COVMG Rz. 218; *Römermann/ Grupe*, in: Römermann, Leitfaden, § 3 COVMG Rz. 119; *Schulteis*, GWR 2020, 465, 467.

36) *Schulteis*, GWR 2020, 465, 467. Anders bei der AG, in der die Nichteinhaltung der Frist gemäß § 175 Abs. 1 Satz 2 AktG i.V.m. § 407 Abs. 1 AktG bußgeldbewehrt ist. In § 1 Abs. 5 GesRuaCOVBekG wird allerdings erlaubt, dass die Hauptversammlung ausnahmsweise innerhalb des Geschäftsjahrs stattfindet; auch hier besteht keine Verpflichtung, eine virtuelle Hauptversammlung durchzuführen.

37) *Schulteis*, GWR 2020, 169, 173.

38) *Mayer/Jenne*, BB 2020, 835, 836, 839; *Wälzholz/Bayer*, DNotZ 2020, 285, 300; *Schulteis*, GWR 2020, 465, 467; *Römermann/Grupe*, in: Römermann, Leitfaden, § 3 COVMG Rz. 119.

39) Begr. Entwurf z. Art. 2 § 3 Abs. 1 COVAbmildG, BT-Drucks. 19/18110, S. 28.

40) OLG Jena, Beschl. v. 27.5.2021 – 2 W 172/21, NZG 2021, 1167 Rz. 26; *Klein*, ZIP 2016, 1155, 1157; in Abgrenzung zum Verein auch *Gottschalk/Ulmer*, GWR 2020, 133, 134; a. A. wohl *Geschwandtner/Helios*, NZG 2006, 691, 693.

41) *Wälzholz/Bayer*, DNotZ 2020, 285, 299.

werden.[42] Der Versammlungsleiter muss sicherstellen, dass Rede- und Fragerechte in der General- oder Vertreterversammlung gewährleistet sind, auch wenn diese vollständig virtuell oder unter Beteiligung von online zugeschalteten Mitgliedern durchgeführt wird. Der Versammlungsleiter muss die eingehenden Wortmeldungen und Anträge ordnen und darauf achten, dass sie vollständig berücksichtigt werden (siehe auch Rz. 57 ff.).

37   Sollte eine **virtuelle Diskussion nicht vorgesehen** sein, muss ein Weg sichergestellt werden, auf dem Anregungen, Anträge und Fragen in die Generalversammlung eingebracht werden können.[43] Das kann eine große technische Herausforderung darstellen, für die im Zweifel externe Dienstleister herangezogen werden müssen.[44]

38   Nicht vorgesehen ist in § 3 GesRuaCOVBekG, die Rede- und Fragerechte der Mitglieder in der General- oder Vertreterversammlung zu **beschränken**, wie dies in § 1 Abs. 2 Satz 2 GesRuaCOVBekG in der ersten Gesetzesfassung für die AG erlaubt war (siehe hierzu auch § 1 COVGesMG Rz. 66 [*Weber/Sieber*]).[45]

39   Die **Anwesenheit** der Mitglieder bei der Online-Versammlung lässt sich feststellen, indem das **Ein- und Ausloggen** der Mitglieder in und aus dem geschützten Bereich registriert wird. Sofern dies technisch nicht machbar ist, muss die Anwesenheit zu Beginn der Versammlung und vor jeder Beschlussfassung (§ 3 Abs. 1 Satz 2 GesRuaCOVBekG) festgestellt werden.

40   **Technische Störungen** sind soweit möglich auszuschalten, es muss aber nicht garantiert werden, dass die Übertragung der Versammlung technisch ungestört abläuft und insbesondere bei jedem Mitglied ankommt. Die Genossenschaft soll nicht nur wegen technischer Unsicherheiten von den virtuellen Möglichkeiten absehen (siehe auch zur Einschränkung der Beschlussanfechtung Rz. 57).[46] Die **Datensicherheit** muss jedoch gewährleistet werden.[47] Das betrifft auch die Abwehr möglicher Eingriffe Dritter („Hacker") in die Beschlussfassung.[48]

4.   Teilnahme von Vorstand und Aufsichtsrat

41   Sonderregeln für die Anwesenheit von Organen trifft § 3 GesRuaCOVBekG nicht. Die **Anwesenheitspflicht** von Vorstand und Aufsichtsrat in der General- oder Vertreterversammlung besteht daher grundsätzlich unabhängig davon, ob die Versammlung ganz oder teilweise virtuell durchgeführt wird.[49]

42   Wird die General- oder Vertreterversammlung als (kleine) Präsenzversammlung mit Online-Teilnahme der Mitglieder durchgeführt, so ist die körperliche Präsenz der

---

42) Beuthien-*Schöpflin*, GenG, § 43 Rz. 17.

43) *Dehesselles/Richter*, npoR 2016, 246, 250.

44) *Rapp*, DStR 2020, 806, 810; *Schulteis*, GWR 2020, 169, 171; Römermann-*Römermann/Grupe*, COVID-19 AbmG, § 3 COVMG Rz. 224.

45) *Herb/Merkelbach*, DStR 2020, 811, 812 f.; *Herrler*, GWR 2020, 191, 193 f.

46) Begr. Entwurf z. Art. 2 § 3 Abs. 1 COVAbmildG, BT-Drucks. 19/18110, S. 28. Zur AG Begr. Entwurf z. Art. 2 § 1 Abs. 2 COVAbmildG, BT-Drucks. 19/18110, S. 26.

47) *Dehesselles/Richter*, npoR 2016, 246, 250.

48) *Rapp*, DStR 2020, 806, 810.

49) *Unmuth*, NZG 2020, 448; Beuthien-*Schöpflin*, GenG, § 43 Rz. 44.

Vorstände zwingend, die des Aufsichtsrats ratsam.[50] Aufsichtsratsmitgliedern kann nach § 43 Abs. 7 Satz 2 Alt. 1 GenG aber die Teilnahme im Wege der Bild- und Tonübertragung gestattet werden. Bei der rein virtuellen General- oder Vertreterversammlung entfällt die Präsenzpflicht,[51] die Vorstands- und Aufsichtsratsmitglieder müssen jedoch virtuell an der Versammlung teilnehmen.

5. Form der Stimmabgabe

§ 43 Abs. 7 Satz 1 GenG erlaubt die Stimmabgabe schriftlich oder in elektronischer Form. Teilweise wird für die schriftliche Stimmabgabe die **Schriftform** i. S. des § 126 BGB gefordert, die eine eigenhändige Unterschrift voraussetzt.[52] Andere Literaturmeinungen lassen als „schriftliche" Stimmabgabe auch **Textform** i. S. des § 126b BGB genügen.[53]   **43**

Der Wortlaut des § 43 Abs. 7 Satz 1 GenG entspricht mit der Möglichkeit der schriftlichen Stimmabgabe dem Wortlaut des § 118 Abs. 2 AktG, nach dem nicht anwesende Aktionäre vor oder in der Hauptversammlung schriftlich oder im Wege elektronischer Kommunikation abstimmen können. Zu § 118 Abs. 2 AktG ist anerkannt, dass Schriftform mit eigenhändiger Unterschrift nicht erforderlich ist, sondern dass bloße **Schriftlichkeit** ausreicht.[54] Als elektronische Kommunikation soll in § 118 Abs. 2 AktG neben der elektronischen Form (§ 126a BGB) und der Textform (§ 126b BGB) jede Form der einseitigen elektronischen Willenserklärung ausreichen, insbesondere durch von der Gesellschaft vorgehaltene Online-Formulare.[55]   **44**

Da die Abstimmung im Wege der Fernkommunikationsmittel die Beteiligung der Mitglieder an der Willensbildung der Gesellschaft erleichtern soll, ist auch in § 43 Abs. 7 Satz 1 GenG wie im Aktienrecht die Stimmabgabe per **E-Mail, Online-Formular** der Genossenschaft oder auf andere Weise erlaubt.   **45**

Eine Vertretung ist auch in hybriden oder virtuellen General- und Vertreterversammlung nur nach den allgemeinen Regeln zulässig. In der Generalversammlung kann daher ein Bevollmächtigter nur maximal zwei Mitglieder vertreten (§ 43 Abs. 5 Satz 3 GenG, wobei die Satzung weitergehende Voraussetzungen festlegen kann. Vertreter in der Vertreterversammlung können nicht durch Bevollmächtigte vertreten werden (§ 43a Abs. 3 Satz 2 GenG). Diese Vorgaben werden durch § 3 Abs. 1 GesRuaCOVBekG nicht berührt.[56]   **46**

---

50) Begr. RegE z. § 118 Abs. 2 AktG, BR-Drucks. 109/02, S. 44 f.; Beuthien-*Schöpflin*, GenG, § 43 Rz. 45. Zweckmäßig kann die Anwesenheit von IT-Fachleuten sein, *Lieder*, ZIP 2020, 837.

51) Anders für die AG *Vetter/Tielmann*, NJW 2020, 1175, 1177; *Herrler*, GWR 2020, 191, 193. S. zum Vereinsvorstand § 5 GesRuaCOVBekG Rz. 58 ff. [*Cymutta*].

52) *Klein*, ZIP 2016, 1155, 1156.

53) Beuthien-*Schöpflin*, GenG, § 43 Rz. 53; *H. Schmidt* in: H. Schmidt, COVID-19, § 9 Rz. 33.

54) Hüffer/Koch-*Koch*, AktG, § 118 Rz. 17; Heidel-*Krenek/Pluta*, Aktienrecht und Kapitalmarktrecht, § 118 Rz. 60; *Zetzsche*, NZG 2007, 686, 689; *Noack*, NZG 2008, 441, 445.

55) Hüffer/Koch-*Koch*, AktG, § 118 Rz. 17; Heidel-*Krenek/Pluta*, Aktienrecht und Kapitalmarktrecht, § 118 Rz. 60; *Noack*, NJW 2018, 1345, 1348.

56) *H. Schmidt* in: H. Schmidt, COVID-19, § 9 Rz. 33.

6. Mehrfache Stimmabgabe

47 Die schriftlich oder elektronisch abgegebenen Stimmen sind als **Willenserklärungen unter Abwesenden** zu werten, die nicht mehr widerrufen werden können, sobald sie der Genossenschaft zugegangen sind.[57] Da dem Mitglied, das vorab seine Stimme abgegeben hat, grundsätzlich offensteht, zusätzlich an der virtuellen oder gemischten Mitgliederversammlung teilzunehmen und die Satzungen in den GesRuaCOVBekG-Fällen gerade keine Regelungen treffen, muss der Vorstand vor der Einberufung zur Versammlung festlegen, wie in diesem Falle mit dem Stimmrecht umzugehen ist, damit es nicht zu einer doppelten Stimmabgabe kommt.[58]

48 Denkbar ist, dass das Mitglied hinsichtlich der vorab abgegebenen Stimmentscheidung sein Stimmrecht **verbraucht** hat oder dass im Falle der persönlichen Teilnahme die abgegebene Stimme automatisch **als nicht abgegeben gewertet** wird (siehe auch zum Verein § 5 GesRuaCOVBekG Rz. 99 [*Cymutta*]).[59] Falls das Stimmrecht als verbraucht angesehen wird, sollte festgelegt werden, ob und unter welchen Voraussetzungen die Entscheidung – ggf. unter dem Eindruck einer Aussprache in der General- oder Vertreterversammlung – widerrufen werden kann.

49 Die Regelungen zur mehrfachen Stimmabgabe und dem Widerruf einer Entscheidung sollte in der Einberufung kommuniziert werden, da die Satzung keine Regelungen trifft.

7. Beschlussfeststellung

50 Eine kombinierte Abstimmung, bei der ein Teil der Mitglieder per Brief, ein anderer Teil elektronisch (per E-Mail oder virtuell) abstimmt, ist zulässig.[60] Die abgegebenen Stimmen sind zusammenzuführen, bevor das Ergebnis der Abstimmung festgestellt wird.

51 Wurden die Stimmen bereits vor der Versammlung abgegeben, so hat der Vorstand bei ihm eingegangene Stimmen dem Versammlungsleiter so rechtzeitig vorzulegen, dass sie bei der Ermittlung des Beschlussergebnisses berücksichtigt werden können.[61]

52 Verlangt die Satzung für die Beschlussfähigkeit der Versammlung oder bestimmte Beschlüsse eine **Mindestanwesenheit**,[62] so sind die in der virtuellen General- oder Vertreterversammlung anwesenden sowie online abstimmenden Mitglieder zusammenzuzählen. Die satzungsmäßigen oder gesetzlichen Mehrheitserfordernisse gelten auch im Rahmen einer hybriden oder virtuellen Versammlung.[63]

8. Niederschrift

53 § 3 Abs. 1 Satz 2 GesRuaCOVBekG legt fest, dass der Vorstand für den Fall, dass Beschlüsse der Mitglieder ohne satzungsmäßige Bestimmung schriftlich oder elek-

---

57) *Krüger*, MMR 2012, 85, 88.
58) Vgl. zum Verein *Kopp*, GWR 2021, 158.
59) *Krüger*, MMR 2012, 85, 88.
60) *H. Schmidt* in: H. Schmidt, COVID-19, § 9 Rz. 34.
61) Beuthien-*Schöpflin*, GenG, § 43 Rz. 53.
62) Gesetzlich ist dies nicht vorgesehen, *Schulteis*, GWR 2020, 169, 171.
63) *H. Schmidt* in: H. Schmidt, COVID-19, § 9 Rz. 33.

tronisch gefasst werden, dafür zu sorgen hat, dass der Niederschrift gemäß § 47 Abs. 1 GenG ein **Verzeichnis der Mitglieder** beigefügt ist, die an der Beschlussfassung mitgewirkt haben. In dem Verzeichnis ist gemäß § 3 Abs. 1 Satz 3 GesRuaCOVBekG bei jedem Mitglied, das an der Beschlussfassung mitgewirkt hat, die Art der Stimmabgabe zu vermerken.[64] Dies umfasst zum einen den Gegenstand der Abstimmung und das Votum (ja/nein), aber auch den Modus (offen/geheim bzw. in Präsenz/elektronisch/schriftlich).[65] Ferner sind die Gesamtzahl der Stimmen, die Gegenstimmen und die Mehrheitserfordernisse zu erfassen.[66]

Das Verzeichnis ist für jeden einzelnen gefassten Beschluss gesondert anzulegen, da 54 sich die teilnehmenden Personen unterscheiden können.

Eine notarielle Beurkundung ist grundsätzlich nicht erforderlich.   55

In die Niederschrift kann jedes Mitglied jederzeit Einsicht nehmen oder eine Ab- 56 schrift verlangen (§ 47 Abs. 4 Satz 1 GenG); sie ist von der Genossenschaft aufzubewahren (§ 47 Abs. 4 Satz 2 GenG).

9. Beschlussanfechtung

Eine Anfechtung der Beschlüsse, die in der Form des § 3 Abs. 1 Satz 1 57 GesRuaCOVBekG gefasst wurden, kann unbeschadet der Regelungen des § 51 Abs. 1 und 2 GenG nicht auf Verletzungen des Gesetzes oder der Mitgliederrechte gestützt werden, die auf **technische Störungen** im Zusammenhang mit der Beschlussfassung zurückzuführen sind, es sei denn, der Genossenschaft ist Vorsatz oder grobe Fahrlässigkeit vorzuwerfen (§ 3 Abs. 1 Satz 4 GesRuaCOVBekG).[67]

Besondere Bedeutung wird dieser Anfechtungsausschluss bei der Durchführung 58 von virtuellen General- oder Vertreterversammlungen erlangen, da hier die technischen Voraussetzungen für eine ordnungsgemäße Durchführung, die eine Generaldebatte ermöglicht und die Mitgliederrechte wahrt, hoch sind.

Die Versammlungsleitung muss insbesondere sicherstellen, dass Rede- und Frage- 59 rechte in der virtuellen Versammlung gewährleistet sind (siehe auch Rz. 36 ff.).[68] Der Versammlungsleiter ordnet die eingehenden Wortmeldungen und Anträge und achtet darauf, dass sie vollständig berücksichtigt werden. Die Durchführung der Generaldebatte erfordert grundsätzlich eine **interaktive Zwei-Wege-Verbindung in Echtzeit.**[69] Allerdings ist nicht vorausgesetzt, dass die Übertragung der Versammlung technisch ungestört abläuft und insbesondere bei jedem Mitglied ankommt.[70]

---

64) *Schulteis*, GWR 2020, 169, 170; Römermann-*Römermann/Grupe*, COVID-19 AbmG, § 3 COVMG Rz. 220; *Schulteis*, GWR 2020, 465, 467.
65) *H. Schmidt* in: H. Schmidt, COVID-19, § 9 Rz. 34; Römermann-*Römermann/Grupe*, COVID-19 AbmG, § 3 COVMG Rz. 220.
66) Römermann-*Römermann/Grupe*, COVID-19 AbmG, § 3 COVMG Rz. 220.
67) *Vetter/Tielmann*, NJW 2020, 1175, 1179; *Schulteis*, GWR 2020, 169, 170; Römermann-*Römermann/Grupe*, COVID-19 AbmG, § 3 COVMG Rz. 220; *Schulteis*, GWR 2020, 465, 467. Bei der virtuellen Hauptversammlung der AG soll sogar nur Vorsatz ausreichen, § 1 Abs. 7 GesRuaCOVBekG; *Herb/Merkelbach*, DStR 2020, 811; *Lieder*, ZIP 2020, 837, 844.
68) *Mecking*, ZStV 2011, 161, 164.
69) *Notz* in: BeckOGK-BGB, § 32 Rz. 113; *Dehesselles/Richter*, npoR 2016, 246, 247.
70) Begr. Entwurf z. Art. 2 § 1 Abs. 2 COVAbmildG, BT-Drucks. 19/18110, S. 26.

60   Da die Norm des § 3 Abs. 1 Satz 4 GesRuaCOVBekG recht weit gefasst ist, indem sie Fehler „im Zusammenhang mit der Beschlussfassung" als Grund für eine Beschlussanfechtung ausschließt, sollen nicht nur die Abstimmung unmittelbar erfassende Fehler, sondern auch solche der Einberufung von der Freistellung umfasst sein.[71]

61   Um im Falle einer Beschlussanfechtung dem Vorwurf des Vorsatzes oder der groben Fahrlässigkeit begegnen zu können, sollten der Versammlungsleiter und der Vorstand die maßgeblichen Überlegungen zur Festlegung der Versammlungsart und der Beschlussmodalitäten sowie die Vorkehrungen, die hinsichtlich der technischen Voraussetzungen, Sicherheitstechnik sowie Legitimationsprüfung getroffen wurden, dokumentieren. Auch die Beauftragung von Dienstleistern kann den Vorwurf des Vorsatzes und der groben Fahrlässigkeit ausschließen.[72] Lag kein technischer Mangel vor, greift § 3 Abs. 1 Satz 4 GesRuaCOVBekG nicht.[73] Auch Genossenschaften, deren Satzungen virtuelle Versammlungen vorsehen und die diese bereits mehrfach praktiziert haben, sollen sich auf die Privilegierung nicht berufen können.[74]

62   Die Beweislast hinsichtlich des Verschuldens liegt angesichts der Formulierung „es sei denn" beim Anfechtungsberechtigten.[75]

III. Einberufung der Generalversammlung (Abs. 2)

63   Die Generalversammlung muss gemäß § 46 Abs. 1 Satz 1 GenG mit einer Frist von **mindestens zwei Wochen** einberufen werden. Einzuladen sind alle Mitglieder, bei der Vertreterversammlung die Vertreter. Die Einberufung hat grundsätzlich in der in der Satzung vorgesehenen Weise zu erfolgen, also durch unmittelbare Benachrichtigung aller Mitglieder zumindest in Textform oder die Bekanntmachung in einem öffentlichen Blatt.[76] Einzuberufen ist die Versammlung durch den Vorstand,[77] soweit die Satzung oder das Gesetz[78] nicht anderes vorsieht.

64   Gemäß § 3 Abs. 2 GesRuaCOVBekG reicht es aus, zu einer im Jahr 2020 einberufenen General- oder Vertreterversammlung davon abweichend nur im **Internet** auf der Internetseite der Genossenschaft oder durch unmittelbare **Benachrichtigung** in Textform einzuladen.[79] Damit soll eine Einberufung auch dann ermöglicht werden, wenn die Satzung die Einberufung in einem Genossenschaftsblatt vorsieht (§ 6 Nr. 4 GenG), das wegen der Beschränkungen der COVID-19-Pandemie nicht gedruckt

---

71) *H. Schmidt* in: H. Schmidt, COVID-19, § 9 Rz. 35.

72) *Schulteis*, GWR 2020, 169, 170; Römermann-*Römermann/Grupe*, COVID-19 AbmG, § 3 COVMG Rz. 224.

73) *H. Schmidt* in: H. Schmidt, COVID-19, § 8 Rz. 36.

74) *H. Schmidt* in: H. Schmidt, COVID-19, § 9 Rz. 35.

75) *Römermann/Grupe*, in: Römermann, Leitfaden, § 3 COVMG Rz. 121.

76) *H. Schmidt* in: H. Schmidt, COVID-19, § 9 Rz. 30.

77) OLG Jena, Beschl. v. 27.5.2021 – 2 W 172/21, NZG 2021, 1167 Rz. 30.

78) § 38 Abs. 2 Satz 1 Gen: Aufsichtsrat; § 60 Abs. 1 GenG: Prüfungsverband; *H. Schmidt* in: H. Schmidt, COVID-19, § 9 Rz. 30.

79) *H. Schmidt* in: H. Schmidt, COVID-19, § 9 Rz. 31.

wird.[80] Die Erleichterung betrifft nur die Form der Einberufung, nicht die Einberufungsfrist.[81]

Soll der Zugang zur General- oder Vertreterversammlung (nur) virtuell möglich sein, **65** kann die Einberufung neben den nach Gesetz und Satzung vorgesehenen Inhalten die für den **Zugang zur virtuellen Versammlung** relevanten Informationen enthalten:

- Tag und Uhrzeit der Versammlung;

- Internetadresse mit der Angabe der Seite, auf der die Maske zum Einloggen installiert ist;

- allgemeine Zugangs- oder Einwahldaten;

- persönliche Zugangsdaten (Nutzername, persönliches Passwort, Zugangs-PIN);

- ggf. Internetseite bzw. Link, Zugangsdaten und Benutzeranleitung für das Herunterladen und Nutzen spezieller Teilnahme- und/oder Abstimmungssoftware.

Die verwendete Legitimation muss sicherstellen, dass nur **Mitglieder** an der Ver- **66** sammlung teilnehmen.[82] Sofern die Einberufung nur über die Internetseite der Genossenschaft erfolgt, wie dies nach § 3 Abs. 2 Alt. 1 GesRuaCOVBekG möglich ist, müssen die persönlichen Zugangsdaten den Mitgliedern rechtzeitig vor der General- oder Vertreterversammlung übermittelt werden.

War die General- oder Vertreterversammlung bereits vor Anordnung der Kontakt- **67** sperren wegen der COVID-19-Pandemie einberufen worden oder wurde sie wegen angekündigter Lockerungen, die später zurückgenommen wurden, einberufen, so kann die General- oder Vertreterversammlung wegen der behördlichen Anweisungen **abgesagt und verschoben** werden.[83]

Die Absage der General- oder Vertreterversammlung hat grundsätzlich als actus **68** contrarius in der gleichen **Form** zu erfolgen, in der auch die Einladung ausgesprochen wurde.[84] Ist dies allerdings wegen der Auswirkungen der COVID-19-Pandemie nicht möglich, so ist analog § 3 Abs. 2 GesRuaCOVBekG eine Absage im Internet oder durch unmittelbare Benachrichtigung in Textform zulässig. Die Absage hat so rechtzeitig zu erfolgen, dass die Mitglieder sich darauf einrichten können und die Anreise nicht antreten.[85]

---

80)   Begr. Entwurf z. Art. 2 § 3 Abs. 2 COVAbmildG, BT-Drucks. 19/18110, S. 28; *Schulteis*, GWR 2020, 169, 171; *Schulteis*, GWR 2020, 465, 468. Keine Wahlmöglichkeit des nutzenden Mediums aus Zweckmäßigkeitsgründen sieht *H. Schmidt* in: H. Schmidt, COVID-19, § 9 Rz. 31.

81)   *Schulteis*, GWR 2020, 169, 171; Römermann-*Römermann/Grupe*, COVID-19 AbmG, § 3 COVMG Rz. 230.

82)   Vgl. zum Verein OLG Hamm, Beschl. v. 27.9.2011 – 27 W 106/11, NZG 2012, 189; *Notz* in: BeckOGK-BGB, § 32 Rz. 297; *Dehesselles/Richter*, npoR 2016, 246, 250; *Mecking*, ZStV 2011, 161, 164; *Wagner* in: Reichert/Schimke/Dauernheim, Hdb. Vereins- und Verbandsrecht, Rz. 1907.

83)   Zur AG BGH, Urt. v. 30.6.2015 – II ZR 142/14, Rz. 25, NZG 2015, 1227.

84)   *Mayer/Jenne*, BB 2020, 835, 838; *Engel*, ZStV 2020, 110.

85)   *Mayer/Jenne*, BB 2020, 835, 839.

IV. Feststellung des Jahresabschlusses

69 Gemäß § 48 Abs. 1 Satz 1 GenG stellt die Generalversammlung den Jahresabschluss fest. Ihre Zuständigkeit ist ausschließlich und unabdingbar,[86] wird aber bei Bestehen einer Vertreterversammlung durch diese ausgeübt. Die Generalversammlung hat **in den ersten sechs Monaten des Geschäftsjahres** stattzufinden (§ 48 Abs. 1 Satz 2 GenG).

70 § 3 Abs. 3 GesRuaCOVBekG sieht in Abweichung zu § 48 Abs. 1 Satz 1 GenG vor, dass der Jahresabschluss durch den **Aufsichtsrat** festgestellt werden kann. Diese Einschränkung der Mitgliedsrechte ist erheblich. Sie kann durch die Einberufung einer rein virtuellen General- oder Vertreterversammlung vermieden werden. Angesichts des erheblichen technischen und finanziellen Aufwands für eine virtuelle Versammlung und des zeitlichen Aufkommens der COVID-19-Pandemie zum Ende des ersten Quartals 2020, ist diese Ausnahmeermächtigung jedoch gerechtfertigt, weil ein Hinausschieben der Feststellung ebenfalls nachteilige Folgen für die Mitglieder haben kann.

71 Da nicht sicher war, ob die durch die COVID-19-Pandemie bedingten Beschränkungen innerhalb der ersten sechs Monate des Geschäftsjahres aufgehoben bzw. ob selbst bei einer Aufhebung innerhalb dieser Frist noch eine General- oder Vertreterversammlung einberufen werden könnte, hat der Gesetzgeber diese abweichende Zuständigkeit geschaffen. Wie sich angesichts der verlängerten Kontaktbeschränkungen bis weit in das zweite Quartal 2021 zeigt, war die Einführung dieser Regelung durchaus gerechtfertigt. Priorität hatte und hat nach dem Willen des Gesetzgebers, dass der Jahresabschluss festgestellt werden kann, denn eine fehlende Feststellung könne erhebliche Auswirkungen haben, etwa für die Auszahlung von Auseinandersetzungsguthaben nach § 73 GenG.[87] Die Ausdehnung der Regelung auf das Jahr 2021 hat erneut die zügige Feststellung der Jahresabschlüsse gesichert.

72 Die Erleichterung des § 3 Abs. 3 GesRuaCOVBekG betrifft jedoch nur die personelle Zuständigkeit zur Feststellung des Jahresabschlusses. Die **Vorgaben der Satzung** zur Verwendung eines Jahresüberschusses oder der Deckung eines Jahresfehlbetrags sowie die Verfahrensvorschriften der § 48 Abs. 2 und 3 GenG gelten fort.[88]

73 So sind der Jahresabschluss, der Lagebericht sowie der Bericht des Aufsichtsrats nach § 48 Abs. 3 GenG mindestens eine Woche vor der Aufsichtsratssitzung, in der der Jahresabschluss festgestellt werden soll, in den Geschäftsräumen der Genossenschaft oder einer anderen geeigneten Stelle zur **Einsichtnahme** der Mitglieder auszulegen oder den Mitgliedern auf der Internetseite der Genossenschaft zugänglich zu machen.[89] Die Mitglieder können auf eigene Kosten auch eine **Abschrift** verlangen (§ 48 Abs. 3 Satz 2 GenG). Sind die Geschäftsräume wegen der COVID-19-Pandemie geschlossen, so sind die Unterlagen im Internet in einem geschützten Mitgliederbereich zugänglich zu machen. Alternativ können sie den Mitgliedern kostenfrei zugesandt werden.

---

86) Beuthien-*Schöpflin*, GenG, § 48 Rz. 1; Pöhlmann/Fandrich/Bloehs-*Fandrich/Bloehs*, GenG, § 48 Rz. 1.

87) Begr. Entwurf z. Art. 2 § 3 Abs. 3 COVAbmildG, BT-Drucks. 19/18110, S. 29.

88) Begr. Entwurf z. Art. 2 § 3 Abs. 3 COVAbmildG, BT-Drucks. 19/18110, S. 29; *H. Schmidt* in: H. Schmidt, COVID-19, § 9 Rz. 42.

89) Pöhlmann/Fandrich/Bloehs-*Fandrich/Bloehs*, GenG, § 48 Rz. 18.

Die Genossenschaft hat die Mitglieder von der Auslegung oder Zugänglichmachung   **74**
des Jahresabschlusses **gesondert zu informieren.** Würde die Feststellung des Jahresabschlusses durch die General- oder Vertreterversammlung erfolgen, so wären
Auslegungsort und Zeitraum in der Einberufung mitzuteilen, die jedoch entsprechend der Zielsetzung der Regelung vor der Feststellung des Jahresabschlusses
durch den Aufsichtsrat entfällt. Entscheiden die Mitglieder aber nicht über den
Jahresabschluss, was eine Schwächung ihrer Mitgliedsrechte bedeutet, so müssen
die Kontrollmöglichkeiten der Mitglieder umso mehr gewahrt werden. Es ist jedoch
ausreichend, wenn die Mitteilung von der Auslegung oder Zugänglichmachung des
Jahresabschlusses analog § 3 Abs. 3 GesRuaCOVBekG auf die Internetseite der
Genossenschaft oder durch unmittelbare Benachrichtigung in Textform erfolgt.

Der Aufsichtsrat stellt den Jahresabschluss mit der ihm in der Satzung für Be-   **75**
schlüsse auferlegten **Mehrheit** fest; wenn nichts anderes geregelt ist, genügt die
Mehrheit der gültig abgegebenen Stimmen.[90] War das Beschlussverfahren mangel-
haft oder verstößt der Beschluss seinem Inhalt nach gegen Gesetz oder Satzung, ist
der Beschluss fehlerhaft und damit nichtig.[91] Die Mitglieder üben **nachträglich** in
der General- oder Vertreterversammlung im Zusammenhang mit der Entlastung
des Aufsichtsrats eine Kontrolle aus.[92] Im Jahr 2020 hat sich gezeigt, dass bei einer
späteren Durchführung einer General- bzw. Vertreterversammlung im Rahmen der
Einberufung sinnvollerweise darauf hingewiesen wurde, dass die Feststellung des
Jahresabschlusses gemäß § 48 Abs. 1 Satz 1 GenG nicht mehr anstand.[93]

V. Abschlagszahlung

§ 3 Abs. 4 GesRuaCOVBekG trifft eine Sonderregel zur Auszahlung von **Ausei-**   **76**
nandersetzungsguthaben und **Dividenden** für den Fall, dass sich die Feststellung
des Jahresabschlusses aufgrund der COVID-19-Pandemie verzögert. Ausnahmsweise
werden Abschlagszahlungen erlaubt, um Liquiditätsengpässe bei den Mitgliedern
bzw. ausgeschiedenen Mitgliedern zu vermeiden.[94]

1. Auseinandersetzungsguthaben

Scheidet ein Mitglied aus der Genossenschaft aus, so erfolgt gemäß § 73 Abs. 1   **77**
GenG die Auseinandersetzung zwischen Genossenschaft und dem ausgeschiedenen
Mitglied. Die Auseinandersetzung erfolgt auf Grund der ordentlichen Jahresbilanz,[95]
die gemäß § 48 Abs. 1 Satz 1 GenG innerhalb der ersten sechs Monate des Geschäftsjahres festzustellen ist.

Das Auseinandersetzungsguthaben richtet sich nach der **Vermögenslage der**   **78**
Gesellschaft und der Zahl ihrer Mitglieder zur Zeit des Ausscheidens (§ 73 Abs. 1
Satz 2 GenG). Weist die Bilanz einen Gewinn aus oder ist sie ausgeglichen, so ist

---

90) Beuthien-*Beuthien*, GenG, § 36 Rz. 14; Römermann-*Römermann/Grupe*, COVID-19 AbmG,
    § 3 COVMG Rz. 233.
91) Beuthien-*Schöpflin*, GenG, § 48 Rz. 20a.
92) Römermann-*Römermann/Grupe*, COVID-19 AbmG, § 3 COVMG Rz. 237.
93) *Schulteis*, GWR 2020, 465, 468.
94) *Schulteis*, GWR 2020, 169, 172; *Schulteis*, GWR 2020, 465, 468.
95) Pöhlmann/Fandrich/Bloehs-*Fandrich*, GenG, § 73 Rz. 4; Beuthien-*Beuthien*, GenG, § 73
    Rz. 5.

das Geschäftsguthaben des Mitglieds auszuzahlen. Einen Anspruch auf einen Anteil an den Rücklagen und dem sonstigen Vermögen hat der Ausscheidende nur, soweit dies in der Satzung vorgesehen ist (§ 73 Abs. 3 Satz 1 GenG). Ist die Genossenschaft ausweislich der Bilanz überschuldet, so hat sich der Ausscheidende an diesem Verlust im Verhältnis der Mitglieder und Geschäftsguthaben zu beteiligen (§ 73 Abs. 2 Satz 4).

79 Der Anspruch auf Auszahlung des Auseinandersetzungsguthabens **entsteht** dem Grunde nach mit der Einzahlung des Geschäftsanteils, ist aber aufschiebend bedingt durch das Ausscheiden und einen positiven Auseinandersetzungssaldo.[96] Endgültig entsteht der Auszahlungsanspruch im Zeitpunkt des Ausscheidens und wird mit der Genehmigung der Bilanz gemäß § 48 Abs. 1 Satz 1 GenG, spätestens mit Ablauf der Auszahlungsfrist von sechs Monaten nach dem Ausscheiden (§ 73 Abs. 2 Satz 2 GenG), **fällig**.[97] Die Fälligkeit ist allerdings ausgesetzt, soweit und solange durch die Auszahlung das in der Satzung festgelegte Mindestkapital unterschritten würde (§ 73 Abs. 2 Satz 2 i. V. m. § 8a GenG).

80 Die Satzung kann längere Auszahlungsfristen und **Auszahlungsbedingungen** (z. B. Ratenzahlung) vorsehen (§ 73 Abs. 4 Halbs. 1 GenG). Legt die Genossenschaft die Bilanz nicht spätestens zum Ablauf der Halbjahres-Frist des § 73 Abs. 2 Satz 2 GenG vor, obwohl es ihr möglich gewesen wäre, so fallen ab diesem Tag Verzugszinsen gemäß § 280 Abs. 1 Satz 1, § 286 Abs. 2 Nr. 4 BGB an.[98]

2. Dividende

81 Bei der Feststellung des Jahresabschlusses gemäß § 48 Abs. 2 Satz 2 GenG entscheidet die Generalversammlung unter Berücksichtigung der Vorgaben in der Satzung über die **Verwendung des Jahresüberschusses oder die Deckung eines Jahresfehlbetrags**. Daraus ergibt sich der Teil des Jahresüberschusses, der zur Verteilung an die Mitglieder freigegeben wird, also der zu verteilende Gewinn i. S. des § 19 Abs. 1 Satz GenG.

82 Die Mitglieder erlangen den Gewinnauszahlungsanspruch erst durch den **Gewinnverteilungsbeschluss** der Generalversammlung (§ 48 Abs. 1 Satz 2 GenG), soweit nicht der Gewinn dem Geschäftsguthaben zuzuschreiben ist (§ 19 Abs. 1 Satz 3 GenG).[99]

83 Abschlagszahlungen auf den noch nicht förmlich festgestellten Jahresgewinn sind grundsätzlich unzulässig und können auch nicht von der Generalversammlung beschlossen werden.[100]

3. Abschlagszahlung nach § 3 Abs. 4 GesRuaCOVBekG

84 § 3 Abs. 4 GesRuaCOVBekG erlaubt dem Vorstand, mit Zustimmung des Aufsichtsrats auf eine zu erwartende Auszahlung eines Auseinandersetzungsguthabens oder eine zu erwartende Dividende Abschlagszahlungen zu leisten.

---

96) Beuthien-*Beuthien*, GenG, § 73 Rz. 6.
97) Pöhlmann/Fandrich/Bloehs-*Fandrich*, GenG, § 73 Rz. 5; Beuthien-*Beuthien*, GenG, § 73 Rz. 6; a. A. Henssler/Strohn-*Geibel*, GesR, § 73 Rz. 5, der die Fälligkeit immer erst sechs Monate nach dem Ende des Geschäftsjahrs des Ausscheidens annimmt.
98) Beuthien-*Beuthien*, GenG, § 73 Rz. 6.
99) Beuthien-*Beuthien*, GenG, § 19 Rz. 3.
100) Beuthien-*Beuthien*, GenG, § 19 Rz. 3; Pöhlmann/Fandrich/Bloehs-*Pöhlmann*, GenG, § 19 Rz. 8; BGH, Urt. v. 9.6.1960 – II ZR 164/58, NJW 1960, 1858, 1859.

Nach dem GenG sind Abschlagszahlungen auf Dividenden und Auszahlungen von   **85**
Auseinandersetzungsguthaben vor der Feststellung des Jahresabschlusses gemäß
§ 48 Abs. 1 Satz 2 GenG unzulässig. § 3 Abs. 4 GesRuaCOVBekG ist daher lex
specialis, der diese Zahlungen im Jahr 2020 **ausnahmsweise zulässt** (§ 7 Abs. 3 Alt. 3
GesRuaCOVBekG). Der Gesetzgeber strebt mit dieser Regelung an, dass mögliche
Liquiditätsengpässe bei den Mitgliedern bzw. den ausgeschiedenen Mitgliedern abgemildert werden.[101] Zumindest die Möglichkeit, Abschläge auf Dividenden zu
zahlen, wurde jedoch im Jahr 2020 kaum genutzt.[102]

Um sicherzustellen, dass kein höherer Betrag ausgekehrt wird als das (ausgeschie-   **86**
dene) Mitglied letztlich erhalten darf, gilt § 59 Abs. 2 AktG analog.[103] Der Vorstand
hat über die Auszahlung eines Abschlags nach pflichtgemäßem **Ermessen** zu entscheiden. Im Rahmen der Ermessensausübung muss der Vorstand einerseits das Interesse der Mitglieder an einer Zuführung von Liquidität in seine Überlegung einbeziehen. Andererseits hat der Vorstand auch das (Selbst-)Finanzierungsinteresse
der Genossenschaft zu berücksichtigen, das besonders in den unsicheren Zeiten der
COVID-19-Pandemie sichergestellt werden muss.[104]

Ein weiterer Gesichtspunkt in der Ermessensanwendung kann sein, dass gemäß § 3   **87**
Abs. 3 GesRuaCOVBekG die Feststellung des Jahresabschlusses gemäß § 48 Abs. 1
Satz 1 GenG ausnahmsweise durch den Aufsichtsrat erfolgen kann. Es muss daher
geprüft werden, ob eine Feststellung des Jahresabschlusses, die die Ansprüche auf
Auszahlung der Dividenden und Auseinandersetzungsguthaben entstehen lässt, nicht
zeitlich und/oder organisatorisch günstiger ist. Die Auszahlung von Abschlägen
sollte angesichts der grundsätzlichen Ablehnung durch das GenG der Ausnahmefall bleiben. Der Vorstand sollte die der Ermessensausübung zugrunde liegenden
Überlegungen **schriftlich dokumentieren.**

Entscheidet sich der Vorstand nach Ausübung seines pflichtgemäßen Ermessens   **88**
für eine Abschlagszahlung, so müssen diese Voraussetzung vorliegen:[105]

–   Der Vorstand schlägt nach pflichtgemäßem Ermessen die Abschlagszahlung vor;

–   ein vorläufiger Abschluss für das vergangene Geschäftsjahr weist einen Jah-
    resüberschuss aus;

–   es wird höchstens die Hälfte des Betrags als Abschlag ausgezahlt, der vom
    Jahresüberschuss nach Abzug der Beträge verbleibt, die nach Gesetz oder Sat-
    zung in Gewinnrücklagen einzustellen sind;

–   der Abschlag darf insgesamt die Hälfte des vorjährigen Bilanzgewinns nicht
    übersteigen;

–   das Mindestkapital gemäß § 8a GenG wird durch die Auszahlung nicht unter-
    schritten;

–   der Aufsichtsrat stimmt der Abschlagszahlung zu.

---

101) Begr. Entwurf z. Art. 2 § 3 Abs. 4 COVAbmildG, BT-Drucks. 19/18110, S. 29.
102) *Schulteis*, GWR 2020, 465, 468.
103) Römermann-*Römermann/Grupe*, COVID-19 AbmG, § 3 COVMG Rz. 246.
104) *Vetter/Tielmann*, NJW 2020, 1175, 1178.
105) § 3 Abs. 4 Halbs. 2 GesRuaCOVBekG i. V. m. § 59 Abs. 2 AktG analog; *Schulteis*, GWR
    2020, 169, 172.

89   Abschlagszahlungen, die zu Unrecht bezogen wurden, sind nach § 812 Abs. 1 BGB zurückzuerstatten.[106] Die Empfänger können sich nach § 820 BGB nicht auf eine Entreicherung (§ 818 Abs. 3 BGB) berufen, wenn die Abschlagszahlungen ausdrücklich und unwidersprochen unter dem Vorbehalt der späteren Rückforderung gezahlt wurden.[107]

90   Bei unberechtigten Abschlagszahlungen haften der Vorstand und der Aufsichtsrat der Genossenschaft gesamtschuldnerisch auf Schadensersatz, sofern die Voraussetzungen der §§ 34, 41 GenG vorliegen.[108] Bei der Prüfung der Sorgfaltspflichtverletzung ist ergänzend zu § 34 Abs. 3 GenG der speziellere § 3 Abs. 4 GesRuaCOVBekG zu berücksichtigen.

VI. Amtszeit Vorstands- und Aufsichtsratsmitglieder

91   Der Vorstand der Genossenschaft muss aus mindestens **zwei** Personen bestehen (§ 25 Abs. 1 Satz 1 GenG);[109] die Satzung kann eine andere Zahl vorschreiben (§ 24 Abs. 2 Satz 2 GenG). Die Amtsdauer des Vorstands kann enden durch:

–   Ablauf der vorgesehenen Amtszeit,

–   Widerruf der Bestellung (§ 24 Abs. 2 Satz 1 GenG, Abberufung),

–   einvernehmliche Aufhebung,

–   einseitige Amtsniederlegung,

–   Tod,

–   Ausscheiden aus der Genossenschaft (§ 9 Abs. 2 Satz 1 GenG) oder der Mitgliedsgenossenschaft (§ 9 Abs. 2 Satz 2 GenG),

–   eine Kündigung der Mitgliedschaft (§§ 65 ff. GenG),

–   Ausschließung aus der Genossenschaft (§ 68 GenG),

–   auflösende Bedingung oder

–   Amtsenthebung durch den Aufsichtsrat (§ 40 GenG).[110]

92   Der **Aufsichtsrat** der Genossenschaft besteht grundsätzlich aus **drei** von der Generalversammlung zu wählenden Personen; die Satzung kann eine höhere Anzahl festsetzen (§ 36 Abs. 1 Satz 1 GenG). Das Amt des Aufsichtsrats endet:

–   mit Ablauf der durch die Satzung oder die Generalversammlung bei der Wahl festgelegten Amtszeit,

–   durch Amtsniederlegung,

–   Widerruf der Bestellung (§ 36 Abs. 3 GenG),

---

106) *Römermann/Grupe*, in: Römermann, Leitfaden, § 3 COVMG Rz. 123 nimmt eine Rückzahlungspflicht auf der Grundlage von § 62 Abs. 1 AktG analog an.

107) *H. Schmidt* in: H. Schmidt, COVID-19, § 9 Rz. 45.

108) Beuthien-*Beuthien*, GenG, § 34 Rz. 21; *Vosberg/Klawa* in: Kölner Hdb. Handels- und Gesellschaftsrecht, Kap. 15 D. Rz. 71 f.

109) Bei weniger als 20 Mitgliedern kann die Satzung bestimmen, dass der Vorstand nur aus einer Person besteht (§ 24 Abs. 2 Satz 3 GenG).

110) Beuthien-*Beuthien*, GenG, § 24 Rz. 19.

– Tod,

– Ausscheiden aus der Genossenschaft (§ 9 Abs. 2 Satz 1 GenG) oder der Mitgliedsgenossenschaft (§ 9 Abs. 2 Satz 2 GenG),[111]

– infolge einer Kündigung der Mitgliedschaft (§§ 65 ff GenG) oder

– durch Ausschließung (§ 68 GenG).

Eine gerichtliche **Abberufung** entsprechend § 103 Abs. 3 Satz 1 AktG ist nicht möglich.[112]   **93**

Da der Vorstand und der Aufsichtsrat von der General- oder Vertreterversammlung gewählt werden (§§ 24 Abs. 2 Satz 1, 36 Abs. 1 Satz 1 GenG), besteht die Gefahr, dass die Genossenschaft handlungsunfähig wird, weil die Amtszeit der Vorstände und Aufsichtsräte – etwa durch Zeitablauf – endet, aber General- oder Vertreterversammlungen wegen der Kontaktsperren nicht einberufen werden dürfen. Dem begegnet § 3 Abs. 5 GesRuaCOVBekG,[113] nach dem Mitglieder des Vorstands oder des Aufsichtsrats[114] auch **nach Ablauf der Amtszeit bis zur Bestellung der Nachfolger** im Amt bleiben.[115] So sollen gerichtliche Notbestellungen vermieden werden, die die Gerichte in der COVID-19-Pandemie unnötig belasten würden.[116]   **94**

Die Amtszeit der Vorstands- und Aufsichtsratsmitglieder endet bei Anwendung des § 3 Abs. 5 GesRuaCOVBekG nicht mit der Wahl des Nachfolgers, sondern erst mit dessen Annahme der Wahl.[117] Wurde jedoch bereits ein Ersatzmitglied gewählt, so rückt dieses in die Organstellung nach, so dass kein Bedürfnis für die Anwendung des § 3 Abs. 5 GesRuaCOVBekG besteht.[118]   **95**

Der Vorstand und der Aufsichtsrat sind während der Fortsetzung ihres Amtes voll **handlungsfähig**. Zulässig ist daher, dass auch ein (nur) im Amt gebliebener Aufsichtsrat den Jahresabschluss gemäß § 3 Abs. 3 GesRuaCOVBekG feststellt bzw. ein (nur) im Amt gebliebener Vorstand nach pflichtgemäßem Ermessen über Abschlagszahlungen im Verfahren gemäß § 3 Abs. 4 GesRuaCOVBekG entscheidet. Der Gesetzgeber hat keine Einschränkung der Funktionalität der Organe etwa nur auf unaufschiebbare Geschäfte vorgesehen. Vielmehr dient die Fortdauer der Amtszeit dazu, die Genossenschaft handlungsfähig zu halten,[119] was insbesondere die Sondermaßnahmen in Zeiten der COVID-19-Pandemie umfasst.   **96**

---

111) Prinzip der Selbstorganschaft, *Vosberg/Klawa* in: Kölner Hdb. Handels- und Gesellschaftsrecht, Kap. 15 D. Rz. 64.

112) Beuthien-*Beuthien*, GenG, § 36 Rz. 21.

113) Begr. Entwurf z. Art. 2 § 3 Abs. 5 COVAbmildG, BT-Drucks. 19/18110, S. 29.

114) Bei der AG wurde keine entsprechende Regelung getroffen, *Mayer/Jenne*, BB 2020, 835, 843.

115) *Gottschalk/Ulmer*, GWR 2020, 133, 134; *Schulteis*, GWR 2020, 465, 469.

116) Begr. Entwurf z. Art. 2 § 3 Abs. 5 COVAbmildG, BT-Drucks. 19/18110, S. 29; *Schulteis*, GWR 2020, 169, 172.

117) *H. Schmidt* in: H. Schmidt, COVID-19, § 9 Rz. 39.

118) Römermann-*Römermann/Grupe*, COVID-19 AbmG, § 3 COVMG Rz. 260; *Römermann/Grupe*, in: Römermann, Leitfaden, § 3 COVMG Rz. 127.

119) Begr. Entwurf z. Art. 2 § 3 Abs. 5 COVAbmildG, BT-Drucks. 19/18110, S. 29.

97   Die Regelung des § 3 Abs. 5 GesRuaCOVBekG schließt eine **Abberufung** oder **Amtsniederlegung** von Vorstandsmitgliedern nicht aus.[120)]

98   Ist einzelnen Vorstands- oder Aufsichtsratsmitgliedern eine Fortsetzung ihres Amtes bis zur Bestellung des Nachfolgers nicht möglich, so ist nach § 3 Abs. 5 Satz 2 GesRuaCOVBekG unschädlich, wenn die Zahl der Organmitglieder unter die gesetzliche oder satzungsmäßige **Mindestzahl** sinkt.[121)] Diese Erleichterung greift jedoch nicht, wenn in Genossenschaften mit weniger als 20 Mitgliedern der Vorstand nur aus einer Person besteht (§ 24 Abs. 2 Satz 3. GenG) oder wenn in einer Kreditgenossenschaft entgegen § 33 Abs. 1 Satz 1 Nr. 5 KWG der Vorstand aus weniger als zwei Mitgliedern besteht.[122)] In diesen Ausnahmefällen muss eine Genossenschaft weiterhin eine gerichtliche Notbestellung veranlassen.[123)]

VII.   Vorstands- und Aufsichtsratsbeschlüsse

99   § 3 Abs. 6 GesRuaCOVBekG erlaubt die Durchführung von Sitzungen des Vorstands oder des Aufsichtsrats sowie gemeinsamer Sitzungen der beiden Gremien im **Umlaufverfahren** in Textform oder als **Telefon- oder Videokonferenz**, wenn dazu keine Regelungen in der Satzung oder der Geschäftsordnung der Gremien getroffen wurden.[124)] Da die Regelungen des GesRuaCOVBekG die Handlungsfähigkeit der Genossenschaft gewährleisten sollen, sind die Erleichterungen des § 3 Abs. 6 GesRuaCOVBekG, also die Beschlussfassung im Umlaufverfahren in Textform oder als Telefon- oder Videokonferenz, auch für nachgeordnete Gremien, wie z. B. einen Wahlausschuss, anzuwenden.[125)]

100   Die Beschlussfassung im Umlaufverfahren oder als Telefon- oder Videokonferenz ist selbst dann zulässig, wenn die Satzung und/oder die Geschäftsordnung diese Verfahren ausdrücklich ausgeschlossen haben.[126)]

101   Die Regelung des § 3 Abs. 6 GesRuaCOVBekG ermöglicht neben der Durchführung von Sitzungen des Vorstands und/oder des Aufsichtsrates auch, dass die Prüfungsabschlusssitzung des Prüfers mit dem Vorstand und dem Aufsichtsrat gemäß § 57 Abs. 4 Satz 1 GenG als Videokonferenz erfolgen kann.[127)]

---

120) *H. Schmidt* in: H. Schmidt, COVID-19, § 9 Rz. 39; *Römermann/Grupe*, in: Römermann, Leitfaden, § 3 COVMG Rz. 126.

121) Begr. Entwurf z. Art. 2 § 3 Abs. 5 COVAbmildG, BT-Drucks. 19/18110, S. 29; *Schulteis*, GWR 2020, 169, 172; *H. Schmidt* in: H. Schmidt, COVID-19, § 9 Rz. 39.

122) Gleiches soll laut OLG Naumburg, Beschl. v. 6.11.2020, NZG 2021, 77, 78 Rz. 7 gelten, wenn die zur Vertretung der Genossenschaft erforderliche Anzahl an Vorstandsmitgliedern unterschritten ist. A. A. *Jasper/Pehrsson*, NZG 2021, 1244, 1251.

123) *Schulteis*, GWR 2020, 169, 173; *Schulteis*, GWR 2020, 465, 468; Römermann-*Römermann/Grupe*, COVID-19 AbmG, § 3 COVMG Rz. 266.

124) *Schulteis*, GWR 2020, 169, 173; *Schulteis*, GWR 2020, 465, 469.

125) *Schulteis*, GWR 2020, 465, 469.

126) Begr. Entwurf z. Art. 2 § 3 Abs. 6 COVAbmildG, BT-Drucks. 19/18110, S. 29.

127) *Schulteis*, GWR 2020, 169, 173.

§ 4

Umwandlungsrecht

Abweichend von § 17 Absatz 2 Satz 4 des Umwandlungsgesetzes genügt es für die Zulässigkeit der Eintragung, wenn die Bilanz auf einen höchstens zwölf Monate vor der Anmeldung liegenden Stichtag aufgestellt worden ist.

Literatur: *Blasche*, Schlussbilanz und 8-Monats-Frist des § 17 Abs. 2 S. 4 UmwG, RNotZ 2014, 464; *Bron*, Einbringungen und andere Umstrukturierungen nach §§ 20, 21, 25 UmwStG in Corona-Zeiten, DStR 2020, 1009; *Empt*, Zur Anwendbarkeit von § 17 II UmwG bei einer SE-Gründung durch Verschmelzung auf eine deutsche AG, NZG 2010, 1013; *Fischer*, Umwandlungsrechtlicher Schlussbilanzstichtag nach COVID-19-Gesetz, NJW-Spezial 2020, 271; *Hageböke*, Verlängerung der Achtmonatsfrist in § 17 Abs. 2 Satz 4 UmwG auf zwölf Monate aufgrund der COVID-19-Pandemie auch für steuerliche Zwecke?, DB 2020, 752; *Heidtkamp*, Die umwandlungsrechtliche Schlussbilanz – praxisrelevante Zweifelsfragen, NZG 2013, 852; *Hess*, Das Gesetz zur Umsetzung steuerlicher Hilfsmaßnahmen zur Bewältigung der Corona-Krise (Corona-Steuerhilfegesetz) im Überblick, DStR 2020, 1153; *Lieder*, Unternehmensrechtliche Implikationen der Corona-Gesetzgebung, ZIP 2020, 837; *Leuering*, Die umwandlungsrechtliche Schlussbilanz, NJW-Spezial 2010, 719; *Noack/Zetzsche*, Die virtuelle Hauptversammlung nach dem COVID-19-Pandemie-Gesetz 2020, AG 2020, 265; *Peters/Teichert*, Auswirkungen der zeitweisen Verlängerung der Frist für die Schlussbilanz für Umwandlungen auf das UmwStG, BB 2020, 1835; *Reiserer/Biesinger/Christ/Bollacher*, Die Umwandlung der deutschen AG in die europäische SE mit monistischem Leistungssystem am Beispiel einer betriebsratslosen Gesellschaft (Teil I), DStR 2018, 1185; *Stelmaszczyk/Forschner*, Hauptversammlungen und Gesellschafterbeschlüsse in Zeiten der COVID-19-Pandemie, Der Konzern 2021, 221; *Vetter/Tielmann*, Unternehmensrechtliche Gesetzesänderungen in Zeiten von Corona, NJW 2020, 1175.

Übersicht

I. Grundlagen

1. Regelungsgehalt

Gemäß § 17 Abs. 2 Satz 4 UmwG kann eine Verschmelzung (oder Spaltung) nur dann **1** im Handelsregister eingetragen werden, wenn die bei der Anmeldung vorgelegte Schlussbilanz des übertragenden Rechtsträgers auf einen Stichtag aufgestellt ist, der höchstens acht Monate vor dem Tag der Anmeldung liegt. Die Sonderregelung in § 4 COVGesMG[1] enthält eine **Verlängerung der umwandlungsrechtlichen Acht-Monats-Frist auf zwölf Monate.**

2 Hintergrund der Regelung ist § 17 Abs. 2 Satz 1 UmwG: Der Anmeldung zum Register eines übertragenden Rechtsträgers ist eine Bilanz dieses Rechtsträgers beizufügen (vom Gesetz als Schlussbilanz definiert). Die Schlussbilanz muss gemäß § 17 Abs. 2 Satz 2 UmwG **nach den gleichen Vorschriften** aufgestellt werden **wie die Jahresbilanz,** d. h. wie die Bilanz, die als Teil des Jahresabschlusses aufzustellen ist.[2] Ist der Jahresabschluss nach allgemeinen Vorschriften prüfungspflichtig, ist auch die Schlussbilanz prüfungspflichtig.[3]

3 Die Beteiligten können entweder eine gesonderte Bilanz nur zum Zweck der Umwandlungsmaßnahme aufstellen (Zwischenabschluss) oder aber die letzte Jahresbilanz verwenden. Aufgrund der Geltung der Vorschriften für den Jahresabschluss ist die **Erstellung eines Zwischenabschlusses** für die Beteiligten in der Regel mit **erheblichem zusätzlichen Zeit- und Kostenaufwand** verbunden. Deswegen sind Unternehmen häufig zwar nicht rechtlich, aber doch faktisch gezwungen, die Umwandlungsmaßnahme auf Basis der letzten Jahresbilanz durchzuführen. Das bedeutet bei Geltung der Acht-Monats-Frist in § 17 Abs. 2 Satz 4 UmwG:

– Soll die letzte Jahresbilanz verwendet werden, muss die Umwandlungsmaßnahme in den ersten acht Monaten des Geschäftsjahres angemeldet werden. Entspricht das Geschäftsjahr – wie in der Regel – dem Kalenderjahr, muss die Anmeldung somit spätestens am **31.8.** eingereicht sein.

– Soll die Anmeldung erst später erfolgen, sind die Beteiligten gezwungen, einen Zwischenabschluss aufzustellen.

4 Nach der Sonderregelung in § 4 COVGesMG beträgt die Frist nunmehr **zwölf Monate.** Neuer Stichtag für die Anmeldung auf Basis der Jahresbilanz ist für die Jahre 2020 und 2021 der **31.12.,** wenn das Geschäftsjahr dem Kalenderjahr entspricht.

5 Zur **Fristwahrung** ist es nach ganz h. M. erforderlich, dass vor Einreichung der Anmeldung nicht nur der Verschmelzungs-/Spaltungsvertrag abgeschlossen wurde, sondern dass auch die **Gesellschafterbeschlüsse beurkundet** wurden.[4] Durch die Sonderregelung in § 4 COVGesMG verlängert der Gesetzgeber somit nicht nur das Zeitfenster für die Anmeldung selbst. Mittelbar gibt er den Beteiligten dadurch auch

---

1) Art. 2 des Gesetzes zur Abmilderung der Folgen der COVID-19-Pandemie im Zivil-, Insolvenz- und Strafverfahrensrecht (COVAbmildG), v. 27.3.2020, BGBl. I 2020, 569, 570.

2) Vgl. für Einzelheiten zur Schlussbilanz Semler/Stengel/Leonard-*Schwanna*, UmwG, § 17 Rz. 13 ff.; *Rieckers/Cloppenburg* in: BeckOGK-UmwG, § 17 Rz. 59, 61 ff.; Widmann/Mayer-*Fronhöfer*, UmwR, § 17 UmwG Rz. 61 ff.; *Blasche*, RNotZ 2014, 464 ff.; *Heidtkamp*, NZG 2013, 852 ff.; *Leuering*, NJW-Spezial 2010, 719 ff.

3) Zur Prüfungspflicht *Rieckers/Cloppenburg* in: BeckOGK-UmwG, § 17 Rz. 77 ff.; Widmann/Mayer-*Fronhöfer*, UmwR, § 17 UmwG Rz. 76 f.

4) OLG Brandenburg, Beschl. v. 5.2.2018 – 7 W 86/17, GmbHR 2018, 523, 524; *Rieckers/Cloppenburg* in: BeckOGK-UmwG, § 17 Rz. 52, 88; Schmitt/Hörtnagl-*Hörtnagl*, UmwG/UmwStG, § 17 UmwG Rz. 45; Widmann/Mayer-*Fronhöfer*, UmwR, § 17 UmwG Rz. 92; Henssler/Strohn-*Heidinger*, GesR, § 17 UmwG Rz. 26; allgemein zur Fristwahrung *Rieckers/Cloppenburg* in: BeckOGK-UmwG, § 17 Rz. 88 ff.; Widmann/Mayer-*Fronhöfer*, UmwR, § 17 Rz. 90 ff.; aus registerrechtlicher Sicht instruktiv *Krafka*, Registerrecht, Rz. 1177.

mehr Zeit, um die erforderlichen Zustimmungsbeschlüsse der Gesellschafter einzuholen. Diese Gesellschafterbeschlüsse können gemäß § 13 Abs. 1 Satz 2 UmwG nur in einer Versammlung der Gesellschafter, d. h. im Wege einer **Präsenzversammlung** gefasst werden.[5)] Die Beschlussfassung setzt also voraus, dass die Gesellschafter bzw. ihre Vertreter an einem Versammlungsort zusammenkommen. Bei der GmbH können Zustimmungsbeschlüsse nach dem UmwG daher nicht im Verfahren nach § 2 COVGesMG gefasst werden (siehe bereits § 2 COVGesMG Rz. 21 [*Eberspächer*]). Bei der AG können dagegen nach richtiger h. M. **Umwandlungsbeschlüsse auch im Wege einer virtuellen Hauptversammlung** nach Maßgabe von § 1 Abs. 2 COVGesMG bzw. § 118 Abs. 1 und 2 AktG gefasst werden, da auch die virtuelle HV eine Versammlung im Sinne des § 13 Abs. 1 UmwG ist.[6)]

Die Verlängerung der Acht-Monats-Frist gilt zunächst einmal für die (inländische)   6
Verschmelzung gemäß § 2 UmwG (siehe unten Rz. 15), darüber hinaus aber auch für die Spaltung gemäß § 123 UmwG (siehe unten Rz. 16) und für die grenzüberscheitende Hinaus-Verschmelzung eines deutschen Rechtsträgers und für die Verschmelzungsgründung einer Europäischen Aktiengesellschaft (SE) (siehe unten Rz. 21 und 24). Die Verlängerung gilt grundsätzlich für alle Rechtsformen, die verschmelzungs- bzw. spaltungsfähig sind (vgl. §§ 3, 124 UmwG); eine Einschränkung gilt allerdings für die AG aufgrund des Erfordernisses einer Zwischenbilanz (siehe unten Rz. 28).

Besonderes Augenmerk ist auf die Abstimmung der umwandlungsrechtlichen – d. h.   7
zivilrechtlichen – Acht- bzw. Zwölf-Monats-Frist mit den anwendbaren steuerlichen Regelungen zu richten (siehe unten Rz. 40 ff.).

2. Normzweck

Nach der Begründung zum Gesetzentwurf soll § 4 COVGesMG „**verhindern, dass**   8
aufgrund fehlender Versammlungsmöglichkeiten Umwandlungsmaßnahmen an einem Fristablauf scheitern".[7)] Die Sonderregelung ist somit Teil des „Krisengesellschaftsrechts",[8)] mit dem der Gesetzgeber sicherstellen möchte, dass trotz der COVID-19-Pandemie sinnvolle gesellschaftsrechtliche Maßnahmen möglich bleiben.

Der Gesetzgeber begründet die Sonderregelung vor allem mit der **Befürchtung,**   9
dass sich erforderliche Gesellschafterbeschlüsse verzögern. Hintergrund ist also das Erfordernis, dass bei Einreichung der Anmeldung die erforderlichen Gesellschafterbeschlüsse bereits beurkundet sein müssen, weil die Anmeldung andernfalls nicht fristwahrend ist (siehe bereits oben Rz. 5). Der Gesetzgeber vermutet, dass

> „die erforderliche Planung, technische und organisatorische Vorbereitung und Durchführung der für die Umwandlungsbeschlüsse erforderlichen Versammlungen […] in vielen Fällen zu Verzögerungen führen [wird]".[9)]

---

5)   Vgl. *Rieckers/Cloppenburg* in: BeckOGK-UmwG, § 13 Rz. 40; Semler/Stengel/Leonard-Gehling, UmwG, § 13 Rz. 14.

6)   Ebenso *Rieckers/Cloppenburg* in: BeckOGK-UmwG, § 13 Rz. 42; Semler/Stengel/Leonard-Gehling, UmwG, § 13 Rz. 14; *Vetter/Tielmann*, NJW 2020, 1175, 1179 f.; *Stelmaszczyk/Forschner*, Der Konzern 2021, 221, 233; auf Bedenken an der Zulässigkeit weist dagegen *Lieder*, ZIP 2020, 837, 843 f., hin.

7)   Vgl. die Begr. Entwurf COVAbmildG, BT-Drucks. 19/18110, S. 20.

8)   Vgl. zum Begriff *Noack/Zetzsche*, AG 2020, 265, 266.

9)   So die Begr. Entwurf COVAbmildG, BT-Drucks. 19/18110, S. 29.

10   Die Sonderregelung sei auch eine Ergänzung zu den Erleichterungen für die Durch-
      führung virtueller Versammlungen in §§ 1 und 3 COVGesMG. Insbesondere führt
      § 4 COVGesMG zu einer **Koordination mit der verlängerten Frist für die or-
      dentliche Hauptversammlung** der AG in § 1 Abs. 5 COVGesMG in Abweichung
      von § 175 Abs. 1 Satz 2 AktG.

11   Die Begründung des Gesetzgebers ist im Ergebnis überzeugend, bedarf aber der Er-
      läuterung. Denn **Umwandlungsmaßnahmen** sind **rechtlich an sich während des
      gesamten Kalender- bzw. Geschäftsjahres möglich.** § 17 Abs. 2 Satz 4 UmwG ist
      keine Frist, nach deren Ablauf die Durchführung einer Umwandlungsmaßnahme
      generell unzulässig wäre. Die Vorschrift begrenzt nur den Zeitraum für die zulässige
      bilanzielle Rückbeziehung, d. h. konkret: Die Frist, in der der letzte Jahresabschluss für
      die Anmeldung genutzt werden kann (siehe oben Rz. 3). Mit Blick auf die oben (siehe
      Rz. 8) zitierte Begründung des Gesetzentwurfs ist also festzuhalten, dass Umwand-
      lungsmaßnahmen auch bei Geltung der Acht-Monats-Frist nicht an rechtlichen Hin-
      dernissen „scheitern" müssten. Sie können aber **faktisch erheblich erschwert** sein,
      wenn die Unternehmen einen Zwischenabschluss aufstellen müssen. **Normzweck** von
      § 4 COVGesMG ist also, es den Unternehmen zu ermöglichen, auch bei einer Ver-
      schmelzung/Spaltung, die erst nach Ablauf der Acht-Monats-Frist angemeldet wird,
      die **Jahresbilanz zu verwenden.** Dies hat für die Unternehmen vor allem zwei Vor-
      teile: Zum einen erspart es den Zeit- und Kostenaufwand für die Erstellung eines
      Zwischenabschlusses. Zum anderen ermöglicht es, die Geschäftsvorfälle des über-
      tragenden Rechtsträgers für den gesamten Zeitraum ab dem letzten Bilanzstichtag
      in die Rechnungslegung des übernehmenden Rechtsträgers zu überführen (vgl. § 5
      Abs. 1 Nr. 6 UmwG), denn Verschmelzungsstichtag ist bei Verwendung der Jahres-
      bilanz regelmäßig der erste Tag des Geschäftsjahres.[10]

3. Zeitlicher Anwendungsbereich

12   § 4 COVGesMG ist auf **Anmeldungen** anzuwenden, die **im Jahr 2020 oder im Jahr
      2021** vorgenommen werden. Dabei hat der Gesetzgeber eine auf den ersten Blick
      missverständliche Rechtslage geschaffen, die der Erläuterung bedarf:

      –   § 7 Abs. 4 COVGesMG enthält eine Übergangsregelung, nach deren Wortlaut
           § 4 COVGesMG nur auf Anmeldungen anzuwenden ist, die im Jahr 2020 vor-
           genommen werden.

      –   § 8 COVGesMG enthält allerdings eine Ermächtigung an das BMJV, den Gel-
           tungszeitraum der §§ 1 bis 5 COVGesMG durch Rechtsverordnung bis höchstens
           zum 31.12.2021 zu verlängern, wenn dies aufgrund fortbestehender Auswir-
           kungen der COVID-19-Pandemie in der Bundesrepublik Deutschland geboten
           erscheint. Mit Erlass der sog. GesRGenRCOVMVV hat der Verordnungsgeber

---

10) Vgl. zum Verhältnis von Schlussbilanz zum Verschmelzungsstichtag Semler/Stengel/*Leonard-
     Schröer/Greitemann*, UmwG, § 5 Rz. 54; *Wicke* in: BeckOGK-UmwG, § 5 Rz. 66.

hiervon am 20.10.2020 Gebrauch gemacht, sodass die Ausnahmeregelung des § 4 COVGesMG nun **bis zum 31.12.2021** fortgilt.[11]

– Mit Änderungsgesetz vom 22.12.2020 hat der Gesetzgeber sodann § 7 COV-GesMG geändert und die Verlängerung der §§ 1 bis 3 sowie 5 COVGesMG nunmehr im Wortlaut von § 7 Abs. 1, 2, 3 und 5 COVGesMG selbst angeordnet.[12] Der **Wortlaut von § 7 Abs. 4 COVGesMG** ist dagegen **unverändert** geblieben und nennt nur Anmeldungen im Jahr 2020. Das darf aber nicht zu dem Umkehrschluss verleiten, dass der Gesetzgeber die Verlängerung von § 4 COVGesMG zurückgenommen und den zeitlichen Anwendungsbereich der umwandlungsrechtlichen Sonderregelung auf das Jahr 2020 beschränkt hätte. Vielmehr ist § 7 Abs. 4 COVGesMG – weiterhin – zusammen mit § 1 GesRGenRCOVMVV zu lesen: § 4 COVGesMG ist **auch auf Anmeldungen** anzuwenden, die **im Jahr 2021** vorgenommen werden.

– Anders als für die übrigen Regelungen des COVGesMG (vgl. bspw. § 2 COVGesMG Rz. 7 [*Eberspächer*]) enthält dagegen das **Gesetz vom 10.9.2021** keine weitere Verlängerung von § 4 COVGesMG bis zum 31.8.2022.[13] Der Gesetzgeber hielt eine solche Verlängerung offenbar nicht für derforderlich, weil schon nach der allgemeinen Regelung in § 17 Abs. 2 Satz 4 UmwG die Frist für die Anmeldung bis zum 31.8.2022 läuft. Dies gilt allerdings nur für Gesellschaften, bei denen das Geschäftsjahr dem Kalenderjahr entspicht. Gesellschaften mit abweichendem Geschäftsjahr kommen dagegen nicht mehr in den Genuss einer pandemiebedingten Fristverlängerung.

Zur Präzisierung dieser Übergangsregelung ist zu differenzieren zwischen dem **13** Zeitpunkt, zu dem die Anmeldung beim Register eingereicht wird (Anmeldezeitpunkt) und dem Zeitpunkt, zu dem das Registergericht die Eintragung vornimmt (Eintragungszeitpunkt). Maßgeblich für den Geltungszeitraum gemäß § 7 Abs. 4 COVGesMG ist allein der **Anmeldezeitpunkt**: Wurde die Anmeldung bis Ende 2021 eingereicht, ist § 4 COVGesMG anzuwenden. Dann kann noch die Bilanz zum 31.12. des Vorjahres verwendet werden. Dagegen ist der **Eintragungszeitpunkt** für die Anwendbarkeit **unerheblich**: Das Registergericht wendet § 4 COVGesMG auch dann an, wenn über die Eintragung erst im neuen Jahr entschieden wird, sofern die Anmeldung noch im Geltungszeitraum eingereicht wurde.

---

11) Verordnung zur Verlängerung von Maßnahmen im Gesellschafts-, Genossenschafts-, Vereins- und Stiftungsrecht zur Bekämpfung der Auswirkungen der COVID-19-Pandemie vom 20.10.2020 (BGBl. I, 2258), geändert durch Art. 12 des Gesetzes v. 22.12.2020 (BGBl. I, 3328), lautet in § 1: *„Die Geltung des § 4 gemäß § 7 Absatz 4 des Gesetzes über Maßnahmen im Gesellschafts-, Genossenschafts-, Vereins-, Stiftungs- und Wohnungseigentumsrecht zur Bekämpfung der Auswirkungen der COVID-19-Pandemie wird bis zum 31. Dezember 2021 verlängert."*

12) Art. 11 des Gesetzes zur weiteren Verkürzung des Restschuldbefreiungsverfahrens und zur Anpassung pandemiebedingter Vorschriften im Gesellschafts-, Genossenschafts-, Vereins- und Stiftungsrecht sowie im Miet- und Pachtrecht v. 22.12.2020, BGBl. I 2020, 3328.

13) Art. 15 des Gesetzes zur Errichtung eines Sondervermögens „Aufbauhilfe 2021" und zur vorübergehenden Aussetzung der Insolvenzantragspflicht wegen Starkregenfällen und Hochwassern im Juli 2021 sowie zur Änderung weiterer Gesetze (Aufbauhilfegesetz 2021 – AufbhG 2021 v. 10.9.2021, BGBl. I, 4147.

II. Erfasste Umwandlungsarten

14 § 4 COVGesMG gilt für alle Umwandlungsarten und alle Rechtsträger,[14)] für die nach allgemeinen Regeln gemäß § 17 Abs. 2 UmwG eine Schlussbilanz einzureichen ist.[15)] Wie § 17 Abs. 2 UmwG begründet auch § 4 COVGesMG keine eigenständige Bilanzierungspflicht.[16)] Im Übrigen ist hinsichtlich der Umwandlungsarten wie folgt zu differenzieren:

1. Verschmelzung

15 § 17 Abs. 2 UmwG gilt unmittelbar für die **Verschmelzung zur Aufnahme.** § 4 COVGesMG verlängert die Acht-Monats-Frist auf zwölf Monate. Die Sonderregelung gilt darüber hinaus aufgrund der Verweisung in § 36 Abs. 1 Satz 1 UmwG auch für die **Verschmelzung zur Neugründung.** § 38 UmwG modifiziert nur Einzelfragen der Anmeldung dieser Verschmelzungsart, belässt es aber für die beizufügenden Anlagen – und damit auch für die Schlussbilanz – bei § 17 UmwG.[17)]

2. Spaltung

16 Für die **Aufspaltung, Abspaltung und Ausgliederung** gilt § 17 Abs. 2 UmwG über die Verweisung in § 125 Satz 1 UmwG entsprechend, und zwar sowohl in der Variante der Spaltung zur **Aufnahme** als auch zur **Neugründung.** Auch hier wird die Acht-Monats-Frist auf zwölf Monate verlängert.

17 Bei der Anwendung von § 17 Abs. 2 UmwG auf die Spaltung wird die Frage diskutiert, ob als Schlussbilanz eine **Gesamtbilanz** des übertragenden Rechtsträgers oder nur eine **Teilbilanz** des auf den übernehmenden Rechtsträgers übergehenden Vermögensteils einzureichen ist.[18)] Mit Blick auf die Verlängerung der Acht-Monats-Frist ist wie folgt zu differenzieren:

– Mit der ganz h. M. ist auch bei der Spaltung **grundsätzlich eine Gesamtbilanz** des übertragenden Rechtsträgers als Schlussbilanz gemäß § 17 Abs. 2 Satz 1 UmwG einzureichen.[19)] Für diese Gesamtbilanz gilt die Fristverlängerung gemäß § 4 COVGesMG.

– In Ausnahmefällen soll es ausreichend sein, **anstelle einer Gesamtbilanz eine Teilbilanz** einzureichen, etwa wenn das übergehende Vermögen im Verhältnis

---

14) Ist an der Verschmelzung oder Spaltung eine AG beteiligt, ist zusätzlich § 63 Abs. 1 Nr. 3 UmwG zu beachten, vgl. unten Rz. 26 ff.

15) S. den Überblick zu § 17 Abs. 2 UmwG bei *Rieckers/Cloppenburg* in: BeckOGK-UmwG, § 17 Rz. 56 bis 58.

16) Vgl. zu § 17 Abs. 2 UmwG Semler/Stengel/Leonard-*Schwanna*, UmwG, § 17 Rz. 15; *Rieckers/ Cloppenburg* in: BeckOGK-UmwG, § 17 Rz. 57.

17) *Weiß* in: BeckOGK-UmwG, § 38 Rz. 9; Widmann/Mayer-*Mayer*, UmwR, § 36 UmwG Rz. 88 sowie Widmann/Mayer-*Fronhöfer*, UmwG, § 38 Rz. 7; *Krafka*, Registerrecht, Rz. 1188.

18) Überblick zum Diskussionsstand bei Semler/Stengel/Leonard-*Schwanna*, UmwG, § 17 Rz. 23; *Rieckers/Cloppenburg* in: BeckOGK-UmwG, § 17 Rz. 95 ff.; Widmann/Mayer-*Fronhöfer*, UmwR, § 17 UmwG Rz. 106 ff.

19) *Rieckers/Cloppenburg* in: BeckOGK-UmwG, § 17 Rz. 95; Schmitt/Hörtnagl-*Hörtnagl*, UmwG/UmwStG, § 17 UmwG Rz. 51; Widmann/Mayer-*Fronhöfer*, UmwR, § 17 UmwG Rz. 111; **a. A.** Widmann/Mayer-*Widmann*, UmwR, § 24 UmwG Rz. 163.

---

zum Gesamtvermögen des übertragenden Rechtsträgers nur unwesentlich ist.[20] Soweit man diese Ausnahmen anerkennt, gilt auch für diese Teilbilanz die Fristverlängerung gemäß § 4 COVGesMG; denn die Teilbilanz dient hier als Schlussbilanz und ersetzt die Gesamtbilanz.

– Darüber hinaus kann es erforderlich oder sinnvoll sein, **zusätzlich zur Gesamtbilanz eine Teilbilanz** aufzustellen, insbesondere in zwei Fällen: Erstens kann eine Teilbilanz zur **Bezeichnung der übertragenen Vermögensgegenstände** verwendet werden (vgl. § 126 Abs. 1 Nr. 9 i. V. m. Abs. 2 Satz 3 UmwG).[21] Für die nur zu diesem Zweck beigefügte Teilbilanz gilt § 17 Abs. 2 UmwG (und damit auch § 4 COVGesMG) nicht. Es ist also umwandlungsrechtlich an sich nicht geboten, diese Teilbilanz auf den gleichen Stichtag zu beziehen wie die Schlussbilanz. Ein Gleichlauf mit der Schlussbilanz kann aber aus anderen Gründen, insbesondere im Zusammenhang mit einer Buchwertfortführung, sinnvoll sein. Zweitens kann die Teilbilanz als **Wertnachweis für die Kapitalaufbringung** dienen, wenn die Spaltung zur Neugründung oder mit Kapitalerhöhung erfolgt. Auch für die nur als Wertnachweis beigefügte Teilbilanz gilt § 17 Abs. 2 UmwG (und damit § 4 COVGesMG) an sich nicht; vgl. zur Bedeutung von § 4 COVGesMG für die Kapitalaufbringung aber noch unten Rz. 33 ff.

Zusätzlich zu der Fristverlängerung gemäß § 4 COVGesMG sind bei der Spaltung **18** – insbesondere bei der Ausgliederung – auch die Regelungen über die steuerliche Rückbeziehung zu beachten (siehe unten Rz. 40 ff.).

3. Nicht: Formwechsel

Für den Formwechsel gemäß §§ 190 ff. UmwG gilt § 17 Abs. 2 UmwG nicht. **Aus** **19** **umwandlungsrechtlichen Gründen** ist es nicht erforderlich, bei der Anmeldung eine Schlussbilanz des Ausgangsrechtsträgers einzureichen.[22] Dies gilt sowohl für den Formwechsel von Kapitalgesellschaften wie auch von Personengesellschaften und auch für den Formwechsel zwischen diesen. Entsprechend findet auch § 4 COVGesMG auf den Formwechsel **keine Anwendung**.

Unabhängig von den umwandlungsrechtlichen Regelungen kann beim Formwechsel **20** aber **aus steuerrechtlichen Gründen** eine Schlussbilanz erforderlich sein (siehe unten Rz. 46 f.).

---

20) Vgl. zu Ausnahmefällen *Rieckers/Cloppenburg* in: BeckOGK-UmwG, § 17 Rz. 96; Semler/Stengel/Leonard-*Schwanna*, UmwG, § 17 Rz. 23; **a. A.** Schmitt/Hörtnagl-*Hörtnagl*, UmwG, § 17 Rz. 51.

21) Vgl. Semler/Stengel/Leonard-*Schröer/Greitemann*, UmwG, § 126 Rz. 61; *Verse* in: BeckOGK-UmwG, § 126 Rz. 80; vgl. zur Abgrenzung zur Schlussbilanz besonders Widmann/Mayer-*Fronhöfer*, UmwR, § 17 UmwG Rz. 112 ff.

22) Henssler/Strohn-*Drinhausen/Keinath*, GesR, § 190 UmwG Rz. 9; *Bula/Thees* in: Sagasser/Bula/Brünger, Umwandlungen, § 27 Rz. 4; Schmitt/Hörtnagl-*Hörtnagl*, UmwG/UmwStG, § 17 UmwG Rz. 84; *Krafka*, Registerrecht, Rz. 1206.

4. Grenzüberschreitende Verschmelzung

21   Bei der grenzüberschreitenden Verschmelzung gemäß §§ 122a ff. UmwG ist danach zu differenzieren, ob der übertragende Rechtsträger eine deutsche oder eine ausländische Gesellschaft ist:

22   Aufgrund der Verweisung in §§ 122a Abs. 2, 122k Abs. 1 Satz 2 UmwG findet § 17 Abs. 2 UmwG bei einer grenzüberschreitenden Verschmelzung Anwendung, wenn der übertragende Rechtsträger eine deutsche Gesellschaft ist (sog. **Herausverschmelzung**).[23] Dann ist der Anmeldung der grenzüberschreitenden Verschmelzung zum deutschen Handelsregister eine **Schlussbilanz der deutschen Gesellschaft** beizufügen, für die die Acht-Monats-Frist des § 17 Abs. 2 Satz 4 UmwG gilt.[24] Diese Frist wird **durch § 4 COVGesMG auf zwölf Monate verlängert.** Für den übernehmenden (ausländischen) Rechtsträger ist bereits aufgrund des Wortlauts von § 17 Abs. 2 Satz 1 UmwG[25] keine Schlussbilanz zum deutschen Handelsregister einzureichen; dies gilt gleichermaßen für die grenzüberschreitende wie für die inländische Verschmelzung.

23   Ist der übertragende Rechtsträger dagegen eine ausländische Gesellschaft, die grenzüberschreitend auf eine deutsche Gesellschaft verschmolzen wird (sog. **Hereinverschmelzung**), ist zum deutschen Register **keine Schlussbilanz einzureichen**.[26] Entsprechend hat der deutsche Gesetzgeber in § 122l Abs. 1 Satz 3 Halbs. 2 UmwG klargestellt, dass § 17 UmwG keine Anwendung findet. Somit hat auch § 4 COVGesMG in dieser Konstellation **keinen Anwendungsbereich.** Im Hinblick auf die übertragende ausländische Gesellschaft genügt für das deutsche Register vielmehr die Vorlage der ausländischen Verschmelzungsbescheinigung (vgl. § 122l Abs. 1 Satz 2 UmwG). Ob i. R. des ausländischen Verfahrens für die dortige Prüfung eine Bilanz des übertragenden ausländischen Rechtsträgers vorzulegen ist, entscheidet sich allein nach der darauf anwendbaren ausländischen Rechtsordnung.[27]

5. Gründung der Europäischen Aktiengesellschaft (SE)

24   Bei Gründung der SE im Wege der **Verschmelzung** gemäß Art. 17 ff. SE-VO ist eine **Schlussbilanz einer übertragenden deutschen Gesellschaft** zum Register einzurei-

---

23) *Rieckers/Cloppenburg* in: BeckOGK-UmwG, § 17 Rz. 58; *Klett* in: BeckOGK-UmwG, § 122k Rz. 26; Schmitt/Hörtnagl-*Hörtnagl*, UmwG/UmwStG, § 17 UmwG Rz. 8; Henssler/Strohn-*Polley*, GesR, § 122c UmwG Rz. 17; Semler/Stengel/Leonard-*Drinhausen*, UmwG, § 122c Rz. 24.

24) Semler/Stengel/Leonard-*Drinhausen*, UmwG, § 122c Rz. 24, sowie *Rieckers/Cloppenburg* in: BeckOGK-UmwG, § 17 Rz. 58; *Klett* in: BeckOGK-UmwG, § 122k Rz. 26; Schmitt/Hörtnagl-*Hörtnagl*, UmwG/UmwStG, § 17 UmwG Rz. 8; Henssler/Strohn-*Polley*, GesR, § 122c UmwG Rz. 17; Semler/Stengel/Leonard-*Drinhausen*, UmwG, § 122c Rz. 24.

25) „Der Anmeldung zum Register des Sitzes jedes der übertragenden Rechtsträger ist ferner eine Bilanz dieses Rechtsträgers beizufügen […]."

26) *Rieckers/Cloppenburg* in: BeckOGK-UmwG, § 17 Rz. 58; Schmitt/Hörtnagl-*Hörtnagl*, UmwG/UmwStG, § 17 UmwG Rz. 8; Henssler/Strohn-*Polley*, GesR, § 122c UmwG Rz. 17; Semler/Stengel/Leonard-*Drinhausen*, UmwG, § 122c Rz. 24.

27) *Rieckers/Cloppenburg* in: BeckOGK-UmwG, § 17 Rz. 58; Schmitt/Hörtnagl-*Hörtnagl*, UmwG/UmwStG, § 17 UmwG Rz. 8; Henssler/Strohn-*Polley*, GesR, § 122c UmwG Rz. 17; Semler/Stengel/Leonard-*Drinhausen*, UmwG, § 122c Rz. 24 (in Fn. 55).

chen; dies folgt aus der Verweisung von Art. 18 SE-VO auf § 17 Abs. 2 UmwG.[28)]
Die an sich geltende Acht-Monats-Frist[29)] wird **durch § 4 COVGesMG auf zwölf
Monate verlängert.** Für die Berechnung der Frist ist auf das Datum der Einreichung
des Antrags auf Erteilung der Rechtmäßigkeitsbescheinigung abzustellen.[30)] Dagegen
gilt § 17 Abs. 2 UmwG – wie bei der grenzüberschreitenden Verschmelzung (siehe
Rz. 23) – auch bei der SE-Verschmelzungsgründung **nicht für die übertragende
ausländische Gesellschaft.**[31)]

Bei der Gründung der SE im Wege der **Umwandlung** gemäß Art. 37 SE-VO ist da-   25
gegen – wie beim inländischen Formwechsel (siehe Rz. 19) – jedenfalls aus umwandlungsrechtlichen Gründen **keine Schlussbilanz vorzulegen.**[32)]

III. Zwischenbilanz gemäß § 63 Abs. 1 Nr. 3 UmwG

1. Pflicht zur Aufstellung einer zusätzlichen Zwischenbilanz

§ 63 Abs. 1 UmwG enthält eine Liste von Dokumenten, die den Aktionären im   26
Vorfeld einer Umwandlungsmaßnahme zugänglich zu machen sind.[33)] Die Regelung
gilt unmittelbar für die **Verschmelzung** zur Aufnahme oder Neugründung, über die
Verweisung in § 125 Satz 1 UmwG aber auch für die **Spaltung** jeder Art.[34)] Sie
betrifft allerdings nicht jeden Rechtsträger, sondern **nur AGs,** die als übertragende
oder übernehmende Rechtsträger an der Umwandlung beteiligt sind; gleichgestellt ist
die SE (vgl. Art. 10, Art. 9 Abs. 1 lit. c (ii) SE-VO) sowie die KGaA (§ 78 UmwG).[35)]
Für die Anwendbarkeit genügt es, dass nur einer der an der Verschmelzung/
Spaltung beteiligten Rechtsträger eine AG/SE/KGaA ist und der weitere Rechtsträger
eine andere Rechtsform hat;[36)] insoweit geht die Regelung über die europarechtliche

---

28) Habersack/Drinhausen-*Marsch-Barner*, SE-Recht, Art. 25 SE-VO Rz. 10; *Larisch* in:
MünchHdb. GesR, Bd. 8, § 19 Rz. 15; *Schäfer* in: MünchKomm-AktG, Art. 26 SE-VO
Rz. 9; Lutter/Hommelhoff/Teichmann-*Bayer*, SE, Art. 25 SE-VO Rz. 12.

29) Habersack/Drinhausen-*Marsch-Barner*, SE-Recht, Art. 25 SE-VO Rz. 10: *Larisch* in:
MünchHdb. GesR, Bd. 8, § 19 Rz. 15.

30) Habersack/Drinhausen-*Marsch-Barner*, SE-Recht, Art. 25 SE-VO Rz. 10; Lutter/
Hommelhoff/Teichmann-*Bayer*, SE, Art. 25 SE-VO Rz. 12; zur erforderlichen zeitlichen
Koordination mit dem Verfahren der Arbeitnehmerbeteiligung Schmitt/Hörtnagl-*Hörtnagl*/
Rinke, UmwG/UmwStG, Art. 25 SE-VO Rz. 5.

31) Habersack/Drinhausen-*Marsch-Barner*, SE-Recht, Art. 25 SE-VO Rz. 10; eingehend *Empt*,
NZG 2010, 1013.

32) Vgl. *Reiserer/Biesinger/Christ/Bollacher*, DStR 2018, 1185, 1187, sowie den Überblick der
erforderlichen Anlagen bei Habersack/Drinhausen-*Bücker*, SE-Recht, Art. 37 SE-VO Rz. 82;
Spindler/Stilz-*Eberspächer*, AktG, Art. 37 SE-VO Rz. 16.

33) Vgl. zu Einzelheiten *Habersack* in: BeckOGK, § 63 UmwG Rz. 5 ff.; Widmann/Mayer-
Rieger, UmwR, § 63 UmwG Rz. 5 ff.

34) *Habersack* in: BeckOGK-UmwG, § 63 Rz. 4; Semler/Stengel/Leonard-*Diekmann*, UmwG,
§ 63 Rz. 3.

35) *Habersack* in: BeckOGK-UmwG, § 63 Rz. 4; Semler/Stengel/Leonard-*Diekmann*, UmwG,
§ 63 Rz. 3.

36) *Habersack* in: BeckOGK-UmwG, § 60 Rz. 3 sowie § 63 Rz. 4.

Vorgabe in Art. 97 Abs. 1 der Gesellschaftsrechts-RL[37] hinaus, die ausschließlich Verschmelzungen zwischen AGs erfasst.[38]

27 Gemäß § 63 Abs. 1 Nr. 2 UmwG sind u. a. die Jahresabschlüsse der letzten drei Geschäftsjahre auszulegen. Wenn sich der letzte Jahresabschluss auf ein Geschäftsjahr bezieht, das mehr als sechs Monate vor dem Abschluss des Verschmelzungsvertrags bzw. der Aufstellung des Entwurfs abgelaufen ist, ist gemäß § 63 Abs. 1 Nr. 3 UmwG **zusätzlich eine Zwischenbilanz auszulegen.** Die Zwischenbilanz muss auf einen Stichtag aufgestellt sein, der nicht vor dem ersten Tag des dritten Monats liegt, der dem Abschluss oder der Aufstellung vorausgeht. Das bedeutet, wenn das Geschäftsjahr dem Kalenderjahr entspricht: Wird der Verschmelzungsvertrag spätestens am 30.6. abgeschlossen (bzw. sein Entwurf aufgestellt), genügt die Jahresbilanz und eine gesonderte Zwischenbilanz ist nicht erforderlich. Wird der Verschmelzungsvertrag dagegen erst später abgeschlossen (bzw. sein Entwurf aufgestellt), ist zusätzlich zur Jahresbilanz eine gesonderte Zwischenbilanz aufzustellen.

2. Nichtanwendbarkeit von § 4 COVGesMG

28 Die Fristverlängerung in **§ 4 COVGesMG gilt nicht für die Zwischenbilanz** gemäß § 63 Abs. 1 Nr. 3 UmwG.[39] Diese Pflicht bleibt von der Sonderregelung vielmehr unberührt. Der Wortlaut von § 4 COVGesMG nimmt nur auf die Acht-Monats-Frist in § 17 Abs. 2 Satz 4 UmwG Bezug, nicht aber auf § 63 UmwG. Auch die Begründung zu § 4 COVGesMG enthält keinen Hinweis auf die besondere Zwischenbilanz für die Umwandlungsmaßnahmen unter Beteiligung von AGs.[40]

29 Dies entspricht dem europarechtlichen Hintergrund von § 63 Abs. 1 UmwG. Die Pflicht zur Aufstellung und Vorlage einer Zwischenbilanz in § 63 Abs. 1 Nr. 3 UmwG beruht auf Art. 97 Abs. 1 Satz 1 lit. c der **Gesellschaftsrechts-RL** (siehe oben Rz. 26). Diese Richtlinien-Vorgabe bezweckt eine **Mindestharmonisierung des Aktionärsschutzes.**[41] Zumindest im Anwendungsbereich der Richtlinie, d. h. bei Verschmelzungen zwischen zwei AGs, konnte der Gesetzgeber deswegen nicht von Art. 97 Gesellschaftsrechts-RL abweichen. Denn die Verlängerung der Sechs-Monats-Frist hätte das Schutzniveau zulasten der Aktionäre abgesenkt.

3. Folgen für den Zeitplan von Umwandlungsmaßnahmen

30 Die Sechs-Monats-Frist des § 63 Abs. 1 Nr. 3 UmwG knüpft an einen anderen **Zeitpunkt** an als die Acht- bzw. Zwölf-Monats-Frist in § 17 Abs. 2 Satz 4 UmwG bzw. § 4 COVGesMG. Dies ist bei der Gestaltung des Zeitplans einer Umwandlungs-

---

37) Richtlinie (EU) 2017/1132 des Europäischen Parlaments und des Rates v. 14.6.2017 über bestimmte Aspekte des Gesellschaftsrechts – Gesellschaftsrechts-RL, ABl. (EU) L 169/46 v. 30.6.2017; vgl. dazu *Habersack* in: BeckOGK-UmwG, § 63 Rz. 3. Für die Spaltung gilt Art. 143 Gesellschaftsrechts-RL.

38) Mit der Erweiterung auf andere beteiligte Rechtsformen hat der deutsche Gesetzgeber Art. 97 Gesellschaftsrechts-RL überschießend umgesetzt, was zulässig ist, vgl. *Habersack* in: BeckOGK-UmwG, § 60 Rz. 3.

39) Ebenso *Hageböcke*, DB 2020, 752, 753; *Deubert/Henckel in:* Deubert/Förschle/Störk, Sonderbilanzen, Teil H Rz. 58.

40) Vgl. die Begr. Entwurf COVAbmildG, BT-Drucks. 19/18110, S. 20, 29.

41) Vgl. *Habersack/Verse*, Europäisches Gesellschaftsrecht, § 8 Rz. 1.

maßnahme während des Geltungszeitraums von § 4 COVGesMG zu beachten. Denn während es für die Acht- bzw. Zwölf-Monats-Frist auf die **Einreichung der Anmeldung** zum Handelsregister ankommt, ist für die Sechs-Monats-Frist der **Abschluss bzw. Entwurf des Verschmelzungsvertrages** maßgeblich. Bei Abschluss bzw. Entwurf des Verschmelzungsvertrages müssen die Zustimmungsbeschlüsse der Gesellschafter – anders als bei der Anmeldung (siehe oben Rz. 5) – gerade noch nicht gefasst sein. Mit anderen Worten ist es also möglich, die Sechs-Monats-Frist des § 63 Abs. 1 Nr. 3 UmwG zu wahren (durch Abschluss/Entwurf des Verschmelzungsvertrags) und erst zu einem späteren Zeitpunkt die erforderlichen Zustimmungsbeschlüsse einzuholen. Der Zeitdruck aufgrund drohender krisenbedingter Verzögerungen der Beschlussfassungen, mit denen der Gesetzgeber die Fristverlängerung in § 4 COVGesMG begründet hat (siehe oben Rz. 9) scheint also im Fall der Sechs-Monats-Frist nicht zu herrschen. Dabei ist jedoch in der Praxis Vorsicht geboten: Nach einer in der Literatur vertretenen Ansicht besteht die (ungeschriebene) Pflicht der Beteiligten, im Anwendungsbereich von § 63 Abs. 3 Nr. 3 UmwG die Hauptversammlung alsbald nach Abschluss bzw. Entwurf des Verschmelzungsvertrages einzuberufen, um eine Umgehung der Sechs-Monats-Frist zu verhindern; dabei wird eine Frist von einem Monat genannt.[42] Eine darüber hinausgehende Verzögerung müsse „durch sachliche Gründe gerechtfertigt" sein.[43] Legt man diese strenge Ansicht zugrunde, genügt es also nicht ohne weiteres, zur Wahrung der Sechs-Monats-Frist den Verschmelzungsvertrag bis zum 30.6. aufzustellen und sodann die Acht- bzw. Zwölf-Monats-Frist voll auszuschöpfen. Allerdings könnte man § 4 COVGesMG zumindest die gesetzliche Wertung entnehmen, dass es im Geltungszeitraum dieser Norm eher gerechtfertigt ist, dass sich die Vorbereitung der Hauptversammlung krisenbedingt verzögert.

Die Pflicht zur Aufstellung einer Zwischenbilanz gemäß § 63 **Abs. 1 Nr. 3 UmwG**   31
relativiert somit die Wirkung von § 4 COVGesMG erheblich. Denn grundsätzlich gelten für den Zwischenabschluss gemäß § 63 Abs. 2 Satz 1 UmwG die gleichen Vorgaben wie für die Jahresbilanz. Der Zeit- und Kostenaufwand für die Erstellung ist deswegen vergleichbar. Allerdings enthält § 63 Abs. 2 UmwG in den Sätzen 2 bis 4 immerhin eine Reihe von inhaltlichen **Erleichterungen für die Gestaltung der Zwischenbilanz,** insbesondere einen Verzicht auf eine Inventur.[44] Die Zwischenbilanz muss auch nicht geprüft werden.[45] Zudem enthalten die Sätze 5 bis 7 der Vorschrift zwei wichtige **Ausnahmen von der Pflicht zur Aufstellung** der Zwischenbilanz:

–   Die Aufstellung ist entbehrlich, wenn alle Anteilsinhaber aller an der Verschmelzung beteiligten Rechtsträger durch notariell beurkundete Erklärung

---

42) So Semler/Stengel/Leonard-*Diekmann*, UmwG, § 63 Rz. 14; vgl. auch Maulbetsch/
    Klumpp/Rose-*Rose*, UmwG, § 63 Rz. 10 (Monatsfrist nicht rechtlich geboten, zügige
    Einberufung aber für die Praxis zu empfehlen).

43) So Semler/Stengel/Leonard-*Diekmann*, UmwG, § 63 Rz. 14.

44) Vgl. für Einzelheiten *Habersack* in: BeckOGK-UmwG, § 63 Rz. 12; Widmann/Mayer-
    Rieger, UmwR, § 63 UmwG Rz. 20.

45) Semler/Stengel/Leonard-*Diekmann*, UmwG, § 63 Rz. 18; *Habersack* in: BeckOGK-UmwG,
    § 63 Rz. 12; Widmann/Mayer-*Rieger*, UmwR, § 63 UmwG Rz. 20; Böttcher/Habighorst/
    Schulte-*Habighorst*, UmwR, § 63 UmwG Rz. 14.

hierauf **verzichten**.[46] Zu diesem Zweck hat der Gesetzgeber auf § 8 Abs. 3 Satz 1 Alt. 1 Satz 2 UmwG verwiesen. Dagegen ist die zweite Alternative von § 8 Abs. 3 Satz 1 UmwG nicht von der Verweisung umfasst, sodass die Zwischenbilanz – vorbehaltlich eines allseitigen Verzichts – auch bei der Verschmelzung einer 100 %igen Tochtergesellschaft auf ihre Muttergesellschaft aufzustellen ist.

– Die Aufstellung ist auch entbehrlich, wenn die Gesellschaft seit dem letzten Jahresabschluss einen Halbjahresfinanzbericht gemäß § 115 WpHG veröffentlicht hat.[47] In diesem Fall tritt der Halbjahresfinanzbericht an die Stelle der Zwischenbilanz.

32 Im Ergebnis lässt sich die Rechtslage bei Verschmelzung oder Spaltung einer AG/SE/KGaA somit wie folgt zusammenfassen:

– In der **kleinen AG** mit einem überschaubaren, einvernehmlichen Aktionärskreis ist es möglich, durch beurkundete Erklärungen aller Aktionäre auf die Zwischenbilanz nach § 63 Abs. 1 Nr. 3 UmwG zu verzichten. In diesem Fall kann man die Fristverlängerung des § 4 COVGesMG auch bei der AG voll ausschöpfen, ohne eine Zwischenbilanz nach § 63 Abs. 1 Nr. 3 UmwG aufstellen zu müssen. Das erleichtert vor allem konzerninterne Umstrukturierungen.

– In der **AG mit größerem Aktionärskreis** und bei einer streitigen Beschlussfassung dürfte die Fristverlängerung des § 4 COVGesMG häufig versagen oder zumindest deutlich entwertet werden. Denn auch wenn die Umwandlungsmaßnahme während des gesamten Geschäftsjahres auf Grundlage der Jahresbilanz angemeldet werden kann, muss doch in der zweiten Hälfte des Geschäftsjahres in der Regel eine Zwischenbilanz nach § 63 Abs. 1 Nr. 3 UmwG aufgestellt werden, sofern nur ein einziger Aktionär den Verzicht verweigert oder nicht erreichbar ist. Dann greifen nur die Erleichterungen für die Zwischenbilanz in § 63 Abs. 2 Satz 2 bis 4 UmwG.

– Gleiches gilt in der Regel für die **börsennotierte AG**, es sei denn die AG kann die Zwischenbilanz durch den Halbjahresfinanzbericht ersetzen.

IV. Bedeutung für die Kapitalaufbringung

33 Die Schlussbilanz kann eine besondere Bedeutung erlangen, wenn der aufnehmende Rechtsträger zum Zweck der Verschmelzung oder Spaltung eine **Kapitalerhöhung** durchführt oder neu gegründet wird. Gesetzlicher Regelfall der Verschmelzung zur Aufnahme ist die Übertragung des Vermögens gegen Gewährung neuer Anteile am aufnehmenden Rechtsträger, die regelmäßig im Wege einer Kapitalerhöhung ge-

---

46) Semler/Stengel/Leonard-*Diekmann*, UmwG, § 63 Rz. 18a; Widmann/Mayer-*Rieger*, UmwR, § 63 UmwG Rz. 20.1; nach *Habersack* in: BeckOGK-UmwG, § 63 Rz. 13, sei der Verzicht von Anteilsinhabern anderer an der Umwandlungsmaßnahme beteiligter Rechtsträger als AGs dagegen nicht erforderlich, da nur Aktionäre von § 63 Abs. 1 Nr. 3 UmwG geschützt sind (str.).

47) Vgl. für Einzelheiten Widmann/Mayer-*Rieger*, UmwR, § 63 UmwG Rz. 20.2 ff.; Semler/Stengel/Leonard-*Diekmann*, UmwG, § 63 Rz. 18a f.

schaffen werden (vgl. § 2 Abs. 1 Nr. 1 UmwG).[48] Rechtlich handelt es sich dabei um eine **Sachkapitalerhöhung** durch Einbringung des Vermögens des übertragenden Rechtsträgers.[49] Dafür gelten grundsätzlich die entsprechenden Regelungen des GmbHG bzw. des AktG, die jedoch insbesondere durch § 55 UmwG (für die GmbH) bzw. § 69 UmwG (für die AG) modifiziert werden. Die Funktion der Schlussbilanz i. R. einer solchen Sachkapitalerhöhung sei im Folgenden am **Beispiel** der Kapitalerhöhung zur Durchführung der Verschmelzung bzw. Spaltung auf eine **GmbH als übertragender Rechtsträger** erläutert.[50]

1. Verschmelzung auf eine GmbH

Bei Anmeldung einer Sachkapitalerhöhung zum Handelsregister der GmbH ist grundsätzlich nach allgemeinen Regeln ein **Werthaltigkeitsnachweis vorzulegen**.[51] Diese Dokumentation soll das Registergericht in die Lage versetzen, die Werthaltigkeit des auf die übernehmende GmbH übergehenden Vermögens des übertragenden Rechtsträgers nach § 57a GmbHG i. V. m. § 9c Abs. 1 Satz 2 GmbHG zu prüfen. Der Werthaltigkeitsnachweis muss belegen, dass der wahre Wert der eingebrachten Vermögensgegenstände den Nennbetrag der ausgegebenen Geschäftsanteile deckt.[52]

In der umwandlungsrechtlichen Literatur und in der Registerpraxis ist anerkannt, dass die **Schlussbilanz** gemäß § 17 Abs. 2 Satz 1 UmwG **regelmäßig ein ausreichender Werthaltigkeitsnachweis** ist, wenn

– die Bilanz geprüft ist und

– einen Netto-Buchwert des übertragenen Vermögens ausweist, der den Nennbetrag der ausgegeben Geschäftsanteile deckt.[53]

Die Eignung der Schlussbilanz als Werthaltigkeitsnachweis versteht sich nicht von selbst. Denn zum einen zeigt die Schlussbilanz als Bilanz nicht die wahren Werte des Vermögens, auf es eigentlich ankommt, sondern lediglich die **Buchwerte**.[54] Zum anderen bildet die Schlussbilanz aufgrund der zulässigen Rückbeziehung gemäß § 17 Abs. 2 Satz 4 UmwG nicht die aktuelle Lage ab, sondern einen Vermögenszustand, der bis zu acht Monaten zurückliegen kann. Dagegen wird sonst bei der Sachkapitalerhöhung außerhalb des Umwandlungsrechts ein aktueller Nachweis

34

35

36

---

48) Vgl. für Einzelheiten die Kommentierungen zu §§ 55, 69 UmwG, eingehend etwa zur GmbH *v. Hinden* in: BeckOGK-UmwG, § 55 Rz. 10 ff. sowie zur AG *Habersack* in: BeckOGK-UmwG, § 69 Rz. 7 ff.

49) Zur GmbH Semler/Stengel/Leonard-*Reichert*, UmwG, § 55 Rz. 3; zur AG Semler/Stengel/Leonard-*Diekmann*, UmwG, § 69 Rz. 1.

50) Für die Bedeutung der Schlussbilanz bei der Kapitalerhöhung der AG als aufnehmendem Rechtsträger s. insb. § 69 Abs. 1 UmwG, dazu *Habersack* in: BeckOGK-UmwG, § 69 Rz. 13 ff.

51) Vgl. allgemein zur GmbH *Lieder* in: MünchKomm-GmbHG, § 57 Rz. 26; Michalski/ Heidinger/Leible/Schmidt-*Hermanns*, GmbHG § 57 Rz. 28 (jeweils mit Überblick zum Diskussionsstand); differenzierend Ulmer/Habersack/Löbbe-*Ulmer/Casper*, GmbHG, § 57a Rz. 12 ff.

52) Scholz-*Priester/Tebben*, GmbHG, § 57a Rz. 14.

53) Semler/Stengel/Leonard-*Reichert*, UmwG, § 55 Rz. 24 f.; *v. Hinden* in: BeckOGK-UmwG, § 55 Rz. 49; Widmann/Mayer-*Mayer*, UmwR, § 55 UmwG Rz. 75.

54) Vgl. *Blasche*, RNotZ 2014, 464, 467; *Heidtkamp*, NZG 2013, 852, 854.

verlangt, der den wahren Wert[55] des eingebrachten Vermögens zum Zeitpunkt der Anmeldung[56] bestätigt.

37 § 4 COVGesMG verlängert diese Rückbeziehung nunmehr von acht auf zwölf Monate. Weder dem Wortlaut der Vorschrift noch der Begründung lässt sich ein Hinweis darauf entnehmen, ob die Schlussbilanz in diesem Fall weiterhin in gleicher Weise als Werthaltigkeitsnachweis geeignet sein soll.[57] Dies ist zu bejahen. § 4 COVGesMG soll es den Unternehmen ermöglichen, **während des gesamten Geschäftsjahres** Verschmelzungen **auf Grundlage der Jahresbilanz** durchzuführen, ohne einen gesonderten Zwischenabschluss aufstellen zu müssen (siehe zum Normzweck oben Rz. 8 ff.). Der Gesetzgeber hat dabei nicht danach differenziert, ob die Verschmelzung mit oder ohne Kapitalerhöhung erfolgt. Wenn man die Jahresbilanz nach Ablauf der Acht-Monats-Frist des § 17 Abs. 2 Satz 4 UmwG nicht mehr als Werthaltigkeitsnachweis akzeptiert, **würde § 4 COVGesMG in diesen Fällen leerlaufen.** Vor allem würde dies die Anwendung der an sich klaren Fristenregelung mit erheblicher Rechtsunsicherheit belasten; denn die Beteiligten müssten mit dem Risiko leben, dass die Umwandlung zwar fristwahrend angemeldet wurde, aber die damit verbundene Sachkapitalerhöhung mangels ausreichendem Werthaltigkeitsnachweis nicht eintragungsfähig ist. Schließlich ist zu bedenken, dass bereits die Acht-Monats-Frist mit Blick auf die Kapitalaufbringung und den dadurch bezweckten Gläubigerschutz eine **gegriffene Größe** ist. Es besteht ein allenfalls abstraktes Risiko, dass eine Schlussbilanz, die neun bis zwölf Monate alt ist, weniger aussagekräftig ist als innerhalb der Frist des § 17 Abs. 2 Satz 4 UmwG. Dieses abstrakte Risiko erscheint aber gering und könnte die Ungleichbehandlung nicht rechtfertigen.

38 Damit gilt im **Ergebnis**: Die gesetzliche Wertung des **§ 4 COVGesMG** ist **auch bei der Verwendung der Schlussbilanz als Werthaltigkeitsnachweis** zu beachten. Die Anforderungen an die Eignung der Schlussbilanz als Werthaltigkeitsnachweis (siehe oben Rz. 35) sind unabhängig davon zu beurteilen, ob die Verschmelzung innerhalb der Acht-Monats-Frist des § 17 Abs. 2 Satz 4 UmwG oder erst innerhalb der Zwölf-Monats-Frist des § 4 COVGesMG angemeldet wird. Das Registergericht darf die Schlussbilanz als Werthaltigkeitsnachweis also nicht allein mit der Begründung zurückweisen, dass die Anmeldung mehr als acht Monate nach dem Bilanzstichtag vorgenommen wurde.

2. Spaltung auf eine GmbH

39 Bei der Kapitalerhöhung zum Zweck einer Spaltung ist die Rechtslage dagegen anders. Denn die Schlussbilanz ist – unabhängig von der anwendbaren Frist – in aller Regel nicht als Werthaltigkeitsnachweis geeignet, weil sie als Gesamtbilanz nicht nur das im Wege der Sacheinlage eingebrachte Vermögen, sondern das gesamte Vermögen des übertragenden Rechtsträgers abbildet. Als Werthaltigkeitsnachweis ist deswegen eine **Teilbilanz nur des übergehenden Vermögens erforderlich** (siehe

---

55) Vgl. *v. Hinden* in: BeckOGK-UmwG, § 55 Rz. 26.

56) Vgl. zum Zeitpunkt allgemein bei der Sachkapitalerhöhung Baumbach/Hueck-*Servatius*, § 57a Rz. 11; *Krafka*, Registerrecht, Rz. 1056.

57) Die Materialien zu § 4 COVGesMG behandeln diesen Aspekt nicht, vgl. die Begr. Entwurf COVAbmildG, BT-Drucks. 19/18110, S. 19, 29.

zur Gesamt- und Teilbilanz oben Rz. 17). Für diese zum Zweck des Werthaltigkeitsnachweises erstellte Teilbilanz gilt an sich weder § 17 Abs. 2 Satz 4 UmwG noch § 4 COVGesMG unmittelbar. Entsprechend den Ausführungen zur Kapitalerhöhung bei der Verschmelzung ist das **Ergebnis** auch hier: Das Registergericht darf die Eignung der Teilbilanz als Werthaltigkeitsnachweis nicht allein mit der Begründung ablehnen, dass die Spaltung nicht mehr innerhalb der Acht-Monats-Frist des § 17 Abs. 2 Satz 4 UmwG angemeldet wurde. Es genügt, wenn die Zwölf-Monats-Frist des § 4 COVGesMG gewahrt ist.

V. Steuerliche Rückbeziehung

Für die Gestaltung von Umwandlungsmaßnahmen ist in den meisten Fällen entscheidend, dass die bilanzielle Rückbeziehung auf den Stichtag der Schlussbilanz auch mit einer steuerlichen Rückbeziehung einhergeht. Dies ist im UmwStG für die Acht-Monats-Frist des § 17 Abs. 2 Satz 4 UmwG gewährleistet.[58] Bei Anwendung von § 4 COVGesMG ist dagegen zu differenzieren: **40**

1. Verschmelzung, Aufspaltung und Abspaltung von Kapitalgesellschaften

Gemäß **§ 2 Abs. 1 Satz 1 UmwStG** sind   **41**

> „[das] Einkommen und das Vermögen der übertragenden Körperschaft sowie des übernehmenden Rechtsträgers […] so zu ermitteln, als ob das Vermögen der Körperschaft mit Ablauf des Stichtags der Bilanz, die dem Vermögensübergang zu Grunde liegt (steuerlicher Übertragungsstichtag), ganz oder teilweise auf den übernehmenden Rechtsträger übergegangen wäre.“

Für den Fall der Verschmelzung enthält das UmwStG somit **keine eigene Frist für die steuerliche Rückwirkung**.[59] Vielmehr knüpft das Steuerrecht den steuerlichen Übertragungsstichtag an den Stichtag der Schlussbilanz. § 2 Abs. 1 Satz 1 UmwStG führt zu einem gesetzlichen **Gleichlauf von bilanzieller und steuerlicher Rückbeziehung**. Rechtstechnisch erfolgt diese Anknüpfung an die Schlussbilanz nicht durch einen Verweis auf § 17 Abs. 2 UmwG, sondern durch einen Bezug auf den „Stichtag der Bilanz, die dem Vermögensübergang zu Grunde liegt.“ Deswegen gilt die Verlängerung der Acht-Monats-Frist auf die **Zwölf-Monats-Frist in § 4 COVGesMG auch im Steuerrecht**, ohne dass es einer besonderen Anordnung des Gesetzgebers bedurfte.[60]   **42**

Die steuerliche Rückbeziehung aufgrund von § 2 Abs. 1 UmwStG gilt sowohl bei der **Verschmelzung** als auch bei der **Aufspaltung** und der **Abspaltung von Kapitalgesellschaften**.[61]   **43**

---

58) Vgl. allgemein zum Verhältnis des Stichtags der Schlussbilanz zum steuerlichen Übertragungsstichtag *Wicke* in: BeckOGK-UmwG, § 5 Rz. 64; *Mückl* in: BeckOK-UmwStG, § 2 Rz. 259.

59) *Schmitt/Hörtnagl-Hörtnagl*, UmwG/UmwStG, § 2 UmwStG Rz. 18; *Mückl* in: BeckOK-UmwStG, § 2 Rz. 259; *Hess*, DStR 2020, 1153, 1156.

60) *Mückl* in: BeckOK-UmwG, § 2 Rz. 260; *Rieckers/Cloppenburg* in: BeckOGK-UmwG, § 17 Rz. 85.2; *Hageböcke*, DB 2020, 752, 753 f.; *Peters/Teichert*, BB 2020, 1835, 1837; vgl. auch Begr. RegE Corona-Steuerhilfegesetz, BT-Drucks. 19/19150, S. 12, https://dip21.bundestag.de/dip21/btd/19/191/1919150.pdf (Abrufdatum: 2.6.2020).

61) *Haritz/Menner/Bilitewski-Slabon*, UmwStG, § 2 Rz. 15; *Hageböcke*, DB 2020, 752, 753 f.

2. Weitere Fälle der Verschmelzung und Spaltung

44   Für die Verschmelzung, Aufspaltung und Abspaltung von Personengesellschaften sowie für die **Ausgliederung aus einer Kapital- oder Personengesellschaft** gelten die in Rz. 41 ff. erläuterten Grundsätze nicht. Die steuerliche Rückbeziehung dieser Vorgänge richtet sich vielmehr nach **§ 20 Abs. 6 Satz 1 und 2 UmwStG** sowie **§ 24 Abs. 4 Halbs. 2 UmwStG**. Die Formulierung in **§ 20 Abs. 6 Satz 1 UmwStG** enthält eine Abweichung von § 2 Abs. 1 Satz 1 UmwStG, die sich hier auswirkt:

> „Als steuerlicher Übertragungsstichtag (Einbringungszeitpunkt) darf in den Fällen der Sacheinlage durch Verschmelzung im Sinne des § 2 des Umwandlungsgesetzes der Stichtag angesehen werden, für den die Schlussbilanz jedes der übertragenden Unternehmen im Sinne des § 17 Abs. 2 des Umwandlungsgesetzes aufgestellt ist; dieser Stichtag darf höchstens acht Monate vor der Anmeldung der Verschmelzung zur Eintragung in das Handelsregister liegen."

45   Für diese Fälle schreibt das UmwStG somit die Frist für die steuerliche Rückbeziehung im zweiten Halbsatz ausdrücklich auf höchstens acht Monate fest. § 4 **COVGesMG** gilt für diese steuerliche Fristbestimmung nicht.[62] Zur erforderlichen **Verlängerung der steuerlichen Rückbeziehungsfrist auf zwölf Monate** hat der Steuergesetzgeber mit dem durch Art. 3 Corona-Steuerhilfegesetz[63] neu eingefügten § 27 Abs. 15 Satz 1 UmwStG eine Parallelregelung zu § 4 COVGesMG geschaffen.[64] Nachdem das BMJV die Geltung von § 4 COVGesMG mit der GesRGenRCOVMVV vom 20.10.2020 bis zum 31.12.2021 verlängert hat (siehe hierzu bereits Rz. 12), hat auch das BMF mit Verordnung vom 18.12.2020[65] von einer parallelen Ermächtigung Gebrauch gemacht und § 27 Abs. 15 Satz 1 UmwStG entsprechend verlängert für Anmeldungen zur Eintragung und Einbringungsvertragsabschlüsse, die **im Jahr 2021** erfolgen.

3. Formwechsel

46   Beim Formwechsel ist nach dem UmwG keine Schlussbilanz erforderlich (siehe oben Rz. 19). Deswegen war es hier nicht möglich, für die steuerliche Rückbeziehung entsprechend § 2 Abs. 1 Satz 1 UmwStG an den Stichtag der umwandlungsrechtlichen Schlussbilanz anzuknüpfen. Für den **Formwechsel der Kapitalgesellschaft in eine Personengesellschaft** enthält § 9 Satz 3 UmwStG eine eigenständige Regelung zur steuerlichen Rückbeziehung der Übertragungsbilanz der Kapitalgesellschaft und der Eröffnungsbilanz der Personengesellschaft:

> „Die Bilanzen nach Satz 2 können auch für einen Stichtag aufgestellt werden, der höchstens acht Monate vor der Anmeldung des Formwechsels zur Eintragung in ein öffentliches Register liegt (Übertragungsstichtag)."

---

62) Zum Verhältnis von § 4 COVGesMG zu § 20 UmwStG *Hageböcke*, DB 2020, 752, 753, 754; *Hess*, DStR 2020, 1153, 1156; *Peters/Teichert*, BB 2020, 1835, 1838; *Rieckers/Cloppenburg* in: BeckOGK-UmwG, § 17 Rz. 85.2.

63) Gesetz zur Umsetzung steuerlicher Hilfsmaßnahmen zur Bewältigung der Corona-Krise (Corona-Steuerhilfegesetz) v. 19.6.2020, BGBl. I 2020, 1385.

64) Vgl. hierzu *Hess*, DStR 2020, 1153, 1156; *Peters/Teichert*, BB 2020, 1835, 1836.

65) Verordnung zu § 27 Absatz 15 des Umwandlungssteuergesetzes v. 18.12.2020, BGBl. I 2020, 3042.

Das UmwStG enthält also auch für diesen Fall eine eigene **Acht-Monats-Frist für** 47
die steuerliche Rückbeziehung. Aufgrund der anderen rechtstechnischen Ausgestaltung von § 9 Satz 3 UmwStG im Vergleich zu § 2 Abs. 1 Satz 1 UmwStG gilt § 4
COVGesMG nicht für die steuerliche Rückbeziehung beim Formwechsel der Kapitalgesellschaft in die Personengesellschaft.[66)] Auch für diesen Fall hat der Steuergesetzgeber deswegen in § 27 Abs. 15 UmwStG eine Sonderregelung geschaffen,
die die Frist in § 9 Satz 3 UmwStG **im Jahr 2020 und 2021** temporär auf **12 Monate**
verlängert (siehe Rz. 45 zur Verlängerung durch die Verordnung vom 18.12.).

---

66) *Mückl* in: BeckOK-UmwStG, § 2 Rz. 362; *Hageböcke*, DB 2020, 752, 753, 758; *Peters/
Teichert*, BB 2020, 1835, 1837.

§ 5
Vereine, Parteien und Stiftungen

(1) Ein Vorstandsmitglied eines Vereins oder einer Stiftung bleibt auch nach Ablauf seiner Amtszeit bis zu seiner Abberufung oder bis zur Bestellung seines Nachfolgers im Amt.

(2) Abweichend von § 32 Absatz 1 Satz 1 des Bürgerlichen Gesetzbuchs kann der Vorstand auch ohne Ermächtigung in der Satzung vorsehen, dass Vereinsmitglieder

1. an der Mitgliederversammlung ohne Anwesenheit am Versammlungsort teilnehmen und Mitgliederrechte im Wege der elektronischen Kommunikation ausüben können oder müssen,

2. ohne Teilnahme an der Mitgliederversammlung ihre Stimmen vor der Durchführung der Mitgliederversammlung schriftlich abgeben können.

(2a) Abweichend von § 36 des Bürgerlichen Gesetzbuchs ist der Vorstand nicht verpflichtet, die in der Satzung vorgesehene ordentliche Mitgliederversammlung einzuberufen, solange die Mitglieder sich nicht an einem Ort versammeln dürfen und die Durchführung der Mitgliederversammlung im Wege der elektronischen Kommunikation für den Verein oder die Vereinsmitglieder nicht zumutbar ist.

(3) Abweichend von § 32 Abs. 2 des Bürgerlichen Gesetzbuchs ist ein Beschluss ohne Versammlung der Mitglieder gültig, wenn alle Mitglieder beteiligt wurden, bis zu dem vom Verein gesetzten Termin mindestens die Hälfte der Mitglieder ihre Stimmen in Textform abgegeben haben und der Beschluss mit der erforderlichen Mehrheit gefasst wurde.

(3a) Die Absätze 2 und 3 gelten auch für den Vorstand von Vereinen und Stiftungen sowie für andere Vereins- und Stiftungsorgane.

(4) Absatz 1 gilt für Vorstandsmitglieder und Vertreter in den sonstigen Organen und Gliederungen der Parteien entsprechend. Absatz 2 Nummer 1 gilt für Mitglieder- und Vertreterversammlungen der Parteien und ihrer Gliederungen sowie ihrer sonstigen Organe entsprechend. Dies gilt nicht für die Beschlussfassung über die Satzung und die Schlussabstimmung bei Wahlen nach § 9 Absatz 4 des Parteiengesetzes. Die Wahrnehmung von Mitgliedschaftsrechten kann der Vorstand auch ohne Ermächtigung in der Satzung im Wege der Briefwahl oder auch zeitlich versetzt als Urnenwahl an verschiedenen Orten zulassen. § 17 Satz 2 des Parteiengesetzes bleibt unberührt.

Gesetzestext bis 28.02.2021:

§ 5[*)]

Vereine und Stiftungen

(1) Ein Vorstandsmitglied eines Vereins oder einer Stiftung bleibt auch nach Ablauf seiner Amtszeit bis zu seiner Abberufung oder bis zur Bestellung seines Nachfolgers im Amt.

(2) Abweichend von § 32 Absatz 1 Satz 1 des Bürgerlichen Gesetzbuchs kann der Vorstand auch ohne Ermächtigung in der Satzung Vereinsmitgliedern ermöglichen,

1. an der Mitgliederversammlung ohne Anwesenheit am Versammlungsort teilzunehmen und Mitgliederrechte im Wege der elektronischen Kommunikation auszuüben oder

2. ohne Teilnahme an der Mitgliederversammlung ihre Stimmen vor der Durchführung der Mitgliederversammlung schriftlich abzugeben.

(3) Abweichend von § 32 Abs. 2 des Bürgerlichen Gesetzbuchs ist ein Beschluss ohne Versammlung der Mitglieder gültig, wenn alle Mitglieder beteiligt wurden, bis zu dem vom Verein gesetzten Termin mindestens die Hälfte der Mitglieder ihre Stimmen in Textform abgegeben haben und der Beschluss mit der erforderlichen Mehrheit gefasst wurde.

(4) Absatz 1 gilt für Vorstandsmitglieder und Vertreter in den sonstigen Organen und Gliederungen der Parteien entsprechend. Absatz 2 Nummer 1 gilt für Mitglieder- und Vertreterversammlungen der Parteien und ihrer Gliederungen sowie ihrer sonstigen Organe entsprechend. Dies gilt nicht für die Beschlussfassung über die Satzung und die Schlussabstimmung bei Wahlen nach § 9 Absatz 4 des Parteiengesetzes. Die Wahrnehmung von Mitgliedschaftsrechten kann der Vorstand auch ohne Ermächtigung in der Satzung im Wege der Briefwahl oder auch zeitlich versetzt als Urnenwahl an verschiedenen Orten zulassen. § 17 Satz 2 des Parteiengesetzes bleibt unberührt.

Literatur: *Beck*, Aktuelles zur elektronischen Hauptversammlung, RNotZ 2014, 160; *Dehesselles/Richter*, Die virtuelle Mitgliederversammlung in Verbänden, npoR 2016, 246; *DNotI*, „Umwandlung" einer Präsenzversammlung in eine virtuelle Mitgliederversammlung nach Einberufung der Präsenzversammlung; Absage und Neueinberufung, DNotI-Report 2021, 25; *Engel*, Mitgliederversammlungen in Zeiten des Corona-Virus, ZStV 2020, 110; *Fisch*, Gesetzliche Erleichterungen für die Arbeitsweise von Vereinen und Stiftungen in der Corona-Krise – Arbeitsweise mit eingeschränkter und ohne physische Präsenz, NZG 2020, 512; *Fischinger/Orth*, COVID-19 und Sport, 2021; *Fleck*, Die virtuelle Mitgliederversammlung im eingetragenen Verein, DNotZ 2008, 245; *Gottschalk/Ulmer*, Das Gesellschaftsrecht im Bann des Corona-Virus, GWR 2020, 133; *Gsell/Krüger/Lorenz/Reymann*, beck-online.GROSSKOMMENTAR, BGB, 1.1.2021; *Herb/Merkelbach*, Die virtuelle Hauptversammlung 2020 – Vorbereitung, Durchführung und rechtliche Gestal-

---

[*)]   Absätze 1, 2 und 3 sind am 27.3.2020 in Kraft getreten, Absatz 4 mit Wirkung vom 6.11.2020. Mit Wirkung zum 28.2.2021 wurden Absatz 2 neu gefasst sowie Absätze 2a und 3a eingefügt.

tungsoptionen, DStR 2020, 811; *Herrler*, Praxisfragen rund um die virtuelle Hauptver-
sammlung iSv Art. 2 § 1 II COVID-19-Gesetz, GWR 2020, 191; *Herrler*, Die virtuelle
Hauptversammlung nach dem COVID-19-Gesetz, DNotZ 2020, 468; *Jaspers/Pehrsson*,
Die virtuelle Haupt- und Mitgliederversammlung im Praxistest, Rechtsprechung zu virtuellen
Haupt-, Gesellschafter- und Mitgliederversammlungen auf Grundlage des COVMG,
NZG 2021, 1244; *Kopp*, Der Verein in der „COVID-19-Not", GWR 2021, 158; *Krüger*,
Fernabstimmung bei Vereinen – Zulässigkeit und Wege der Beteiligung ohne persönliche
Anwesenheit, MMR 2012, 85; *Leinenbach/Alvermann*, Umlaufbeschlüsse und virtuelle
Mitgliederversammlung in Vereinen während Corona, NJW 2020, 2319; *Lieder*, Unter-
nehmensrechtliche Implikationen der Corona-Gesetzgebung, ZIP 2020, 837; *Lieder*, Die
Bedeutung des Vertrauensschutzes für die Digitalisierung des Gesellschaftsrechts, NZG
2020, 81; *Mayer/Jenne*, Hauptversammlungen in Zeiten von Epidemien und sonstigen
Gefahrenlagen – zugleich Besprechung des COVID-19-Pandemie-Gesetzes, BB 2020, 835;
Mecking, Mitgliederversammlung 2.0: Zur Zulässigkeit der Willensbildung im Verein über
elektronische Medien, ZStV 2011, 161; *Morlok*, Parteiengesetz, 2. Aufl., 2013; *Münchener
Kommentar* zum BGB, 8. Aufl., 2021; *Nessler*, Die (neue) Beschlussfassung „der Mitglieder"
außerhalb von Mitgliederversammlungen, ZStV 2020, 168; *Noack*, Mitgliederversammlung bei Großvereinen und digitale Teilhabe, NJW 2018, 1345; *Noack*, ARUG: das
nächste Stück der Aktienrechtsreform in Permanenz, NZG 2008, 441; *Noack*, Virtuelle
Hauptversammlungen auch im Jahr 2022 – und was danach?, NZG 2021, 1233; *Piper*,
Virtuelle Mitgliederversammlungen bei Vereinen, NZG 2012, 735; *Rapp*, Implikationen
der COVID-19-Pandemie für Dividende, Besteuerung und Abschlussprüferbestellung: Ist
die digitale Hauptversammlung unausweichlich?, DStR 2020, 806; *Reffken*, Die Rechts-,
Partei- und Grundbuchfähigkeit politischer Parteien, NVwZ 2009, 1131; *Römermann*,
COVID-19 Abmildungsgesetze, 2020; *Römermann*, Leitfaden für Unternehmen in der
Covid-19 Pandemie, 2020; *Scheuch*, Mitgliederversammlung 2.0, ZStV 2012, 141; *Schindler/
Schaffner*, Virtuelle Beschlussfassung in Kapitalgesellschaften und Vereinen, 2021; *H. Schmidt*,
COVID-19, Rechtsfragen zur Corona-Krise, 3. Aufl., 2021; *Schöneborn*, Waren rein vir-
tuelle Mitgliederversammlungen nach dem COVMG bis zum 27.02.2021 wirklich zulässig?,
COVuR 2021, 205; *Schulteis*, Gesellschaftsrecht in Zeiten des „Coronavirus": Änderun-
gen zur Abmilderung der Folgen der COVID-19-Pandemie im GmbH-Recht, Genos-
senschaftsrecht, Umwandlungsrecht, Vereins- und Stiftungsrecht sowie WEG-Recht,
GWR 2020, 169; *Schulteis*, Die Verordnung zur Verlängerung von Maßnahmen im
Gesellschafts-, Genossenschafts-, Vereins- und Stiftungsrecht zur Bekämpfung der
Auswirkungen der COVID-19-Pandemie, GWR 2020, 465; *Schulteis*, Für Körperschaf-
ten öffentlichen Rechts gelten die gesellschaftsrechtlichen Erleichterungen aus §§ 1 ff.
COVMG weder unmittelbar noch analog, GWR 2021, 351; *Schwenn/Blacher*, Virtuelle
Mitgliederversammlungen und Gremiensitzungen von Vereinen und Stiftungen – ein Pra-
xisleitfaden, nopR 2020, 154; *Segna*, Neuerungen für Vereine und Stiftungen durch das
COVID-19-Pandemie-Gesetz 2020, nopR 2020, 148; *Vetter/Tielmann*, Unternehmens-
rechtliche Gesetzesänderungen in Zeiten von Corona, NJW 2020, 1175; *Wälzholz/Bayer*,
Auswirkungen des „Corona-Gesetzes" auf die notarielle Praxis, DNotZ 2020, 285; *Weber*,
Die Mitgliederversammlung des Vereins in Zeiten der Pandemie – Vereinsrechtliche Änderungen ab dem 28.2.2021, nopR 2021, 99.

Übersicht

I. Einleitung

1. Die Regelungen im Überblick

1   Mit § 5 des GesRuaCOVBekG[1)] sollen Vereine und Stiftungen während der COVID-19-Pandemie handlungsfähig gehalten werden. Das GesRuaCOVBekG ist ursprünglich als Art. 2 COVAbmildG[2)] verabschiedet worden.

2   § 5 GesRuaCOVBekG sieht Erleichterungen für Vereine und Stiftungen vor, die wegen der Einschränkungen des öffentlichen Lebens durch Verordnungen und/oder Allgemeinverfügungen der Kommunen, Bundesländer und des Bundes – insbesondere im Hinblick auf Abstandsgebote, Kontaktsperren, Ausgangsbeschränkungen, Versammlungsverbote etc. – Schwierigkeiten haben, die satzungsgemäß vorgesehenen Mitgliederversammlungen abzuhalten.

3   Um die Handlungsfähigkeit von Vereinen und Stiftungen zu erhalten, sollen Vorstände auch nach Ablauf der Amtszeit bis zur Abberufung oder Bestellung eines Nachfolgers im Amt bleiben (**Abs. 1**).

4   Vereinen wird außerdem erlaubt, Online-Mitgliederversammlungen durchzuführen und Vereinsmitglieder an Abstimmungen zu beteiligen, die nicht an der Mitgliederversammlung teilnehmen, selbst wenn dies in der Satzung nicht vorgesehen ist (**Abs. 2**).[3)] Wenn eine Versammlung nicht zulässig und die virtuelle Mitgliederversammlung für Verein und/oder Mitglieder unzumutbar ist, wird dem Vereinsvorstand seit 28.2.2021 aber auch erlaubt, die Mitgliederversammlung zu verschieben (**Abs. 2a**). Schließlich sollen Vereine Beschlüsse auch im Wege des Umlaufverfah-

---

1)   Gesetz über Maßnahmen im Gesellschafts-, Genossenschafts-, Vereins-, Stiftungs- und Wohnungseigentumsrecht zur Bekämpfung der Auswirkungen der COVID-19-Pandemie (GesRuaCOVBekG), v. 27.3.2020, BGBl. I 2020, 569; Überschrift geändert, Abs. 4 angefügt durch Gesetz vom 28.10.2020 (BGBl. I, 2264) mWv 6.11.2020; Abs. 2 neu gefasst, Abs. 2a und 3a angefügt durch Gesetz vom 22.12.2020 (BGBl. I, 3328) mWv 28.2.2021.

2)   Gesetz zur Abmilderung der Folgen der COVID-19-Pandemie im Zivil-, Insolvenz- und Strafverfahrensrecht (COVAbmildG), v. 27.3.2020, BGBl. I 2020, 569.

3)   Dies wurde in 2020 bei Großvereinen aber nur wenig genutzt. Beispielhaft seien genannt Hertha BSC am 24.5.2020, der Karlsruher SC am 15.5.2020, der VfL Bochum am 20.10.2020 und verschiedene Regionalvereine des ADAC.

rens fassen können (**Abs. 3**). Die Regelungen gelten für Beschlüsse und Versammlungen des Vorstands oder anderer Organe von Vereinen und Stiftungen entsprechend (**Abs. 3a**). Grundsätzlich sind die Regelungen des § 5 GesRuaCOVBekG auch auf Parteien anwendbar, wobei hinsichtlich der Durchführung von Wahlen wegen der besonderen Stellung der Parteien nach Art. 21 GG Sonderregeln gelten (**Abs. 4**).

2. Zeitlicher Anwendungsbereich

Das GesRuaCOVBekG ist in seiner ursprünglichen Fassung (in der 1. Auflage noch   5
bezeichnet als COVGesMG) am 28.3.2020 in Kraft getreten und sollte mit Ablauf des 31.12.2021 außer Kraft treten (Art. 6 Abs. 2 COVAbmildG). Die Geltung des § 5 GesRuaCOVBekG umfasste zunächst im Jahr 2020 ablaufende Bestellungen von Vereins- oder Stiftungsvorständen sowie im Jahr 2020 stattfindende **Mitgliederversammlungen** von Vereinen (§ 7 Abs. 5 GesRuaCOVBekG).

Das BMJV wurde in § 8 GesRuaCOVBekG ermächtigt, durch Rechtsverordnung   6
ohne Zustimmung des Bundesrates die Geltung der Vorschriften bis höchstens zum 31.12.2021 zu verlängern, wenn das wegen fortbestehender Auswirkungen der COVID-19-Pandemie geboten erschiene. Mit **Verordnung vom 20.10.2020**[4] hat das BMJV von der Verordnungsermächtigung Gebrauch gemacht und die Geltung des § 5 GesRuaCOVBekG mit Wirkung zum 29.10.2020 bis zum 31.12.2021 verlängert.

Am 28.10.2020 wurde im Zuge einer **Änderung des Bundeswahlgesetzes** an § 5   7
GesRuaCOVBekG der neue Absatz 4 angefügt, der mit Wirkung vom 6.11.2020 in Kraft getreten ist und am 31.12.2021 außer Kraft tritt.

Die Neufassung des Absatzes 2 sowie die mit **Gesetz zur weiteren Verkürzung des**   8
Restschuldbefreiungsverfahrens und zur Anpassung pandemiebedingter Vorschriften im Gesellschafts-, Genossenschafts-, Vereins- und Stiftungsrecht sowie im Miet- und Pachtrecht vom 22.12.2020[5] eingefügten Absätze 2a und 3a treten gemäß Art. 14 Abs. 3 des Gesetzes mit Wirkung vom 28.2.2021 in Kraft. Gleichzeitig wurde § 7 Abs. 5 GesRuaCOVBekG ebenfalls mit Wirkung zum 28.2.2021 dahingehend geändert, dass die Regelungen des § 5 GesRuaCOVBekG im Jahr 2020 und 2021 gelten. Die Verordnung vom 20.10.2020[6] läuft daher insoweit ab dem 28.2.2021 ins Leere.[7] Die zeitliche Geltung der Vorschriften wurde im sog. „Aufbauhilfegesetz 2021"[8] erneut erweitert.[9] Nach § 7 Abs. 5 GesRuaCOVBekG ist § 5 GesRuaCOVBekG nun anzuwenden auf bis zum Ablauf des 31.8.2022 ablaufende Bestellungen von Vorständen von Vereinen, Parteien und Stiftungen und sonstigen Vertretern in Organen und Gliederungen von Parteien sowie auf Versammlungen und Beschlussfassungen, die bis zum Ablauf des 31.8.2022 stattfinden.

---

4) BGBl. I, 2258; *Schulteis*, GWR 2020, 465.
5) BGBl. I, 3328.
6) BGBl. I, 2258.
7) BT-Drucks. 19/25322, S. 23.
8) Gesetz zur Errichtung eines Sondervermögens „Aufbauhilfe 2021" und zur vorübergehenden Aussetzung der Insolvenzantragspflicht wegen Starkregenfällen und Hochwassern im Juli 2021 sowie zur Änderung weiterer Gesetze (AufbhG 2021), v. 10.9.2021, BGBl. I, 4147; BT-Drucks. 19/32275, S. 13.
9) Vgl. auch *Noack*, NZG 2021, 1233.

3. Sachlicher Anwendungsbereich

9   Sachlich erweitert § 5 Abs. 1 GesRuaCOVBekG die **Amtszeit der Vorstände von Vereinen und Stiftungen**. Die Regelung wurde in **§ 5 Abs. 4 Satz 1** GesRuaCOVBekG auf Vorstandsmitglieder und Vertreter in Organen und Gliederungen von **Parteien** ausgeweitet. Auf Körperschaften des öffentlichen Rechts ist § 5 GesRuaCOVBekG nicht anwendbar.[10]

10 Die Vorschriften zu den Möglichkeiten der Beschlussfassung und der Abhaltung von Mitgliederversammlungen in § 5 **Abs. 2 und 3** GesRuaCOVBekG galten ab Inkrafttreten zunächst nur für **Vereine**. Ausdrücklich wurden darin nur Erleichterungen für die Durchführung von Mitgliederversammlungen und Fassung von Beschlüssen der Vereinsmitglieder geregelt; die Regelungen waren aber auf **Vorstandsbeschlüsse** analog anzuwenden. In § 5 Abs. 3a GesRuaCOVBekG wird nun klargestellt, dass die **Absätze 2 und 3** ab 28.2.2021 auch auf Versammlungen und Beschlüsse der Vorstände oder anderer Organe von **Vereinen und Stiftungen** anzuwenden sind. Die Regelung des neuen § 5 Abs. 2a GesRuaCOVBekG bleibt dagegen auf Vereine beschränkt.

11 § 5 Abs. 4 GesRuaCOVBekG trifft ausschließlich Sonderregeln für Versammlungen von **politischen Parteien und ihren Gliederungen**. Während Satz 1 für die Amtsdauer von **Vorstandsmitgliedern und Vertretern** in den sonstigen Organen und Gliederungen der Parteien eine entsprechende Anwendung des Absatz 1 vorsieht, gelten die Sätze 2 bis 5 für **Mitglieder- und Vertreterversammlungen** der Parteien und ihrer Gliederungen sowie ihrer sonstigen Organe.

12 Die Regelungen des § 5 GesRuaCOVBekG treten **neben** die bestehenden gesetzlichen und satzungsmäßigen Regelungen.

4. Entstehungsgeschichte und Normzweck

13 Nachdem die Auswirkungen der COVID-19-Pandemie im März 2020 deutlich geworden waren und viele Kommunen, Bundesländer und der Bund durch Verordnungen und/oder Allgemeinverfügungen auf der Grundlage der Infektionsschutzgesetze Kontaktsperren, Schließungen von Bildungseinrichtungen und Geschäften, Ausgangssperren, Abstandsgebote und andere Maßnahmen verhängt hatten, die das öffentliche Leben weitgehend einschränkten, hatten die Regierungsfraktionen im Deutschen Bundestag – CDU/CSU und SPD – am 24.3.2020 einen Gesetzentwurf[11] vorgelegt, durch den die Auswirkungen der Pandemie im Zivil-, Insolvenz-, Gesellschafts- und Strafverfahrensrecht abgemildert werden sollen. Vor allem die Kontaktsperren und Versammlungsverbote drohten, bei vielen Gesellschaften und Vereinen die Eigentümer- und Mitgliederversammlungen zu verhindern, was weitreichende finanzielle Folgen hätte haben können.

14 Am 25.3.2020 wurde das COVAbmildG, dessen Art. 2 das GesRuaCOVBekG beinhaltet, im Deutschen Bundestag verabschiedet. In seiner Sitzung vom 27.3.2020

---

10) *Schulteis*, GWR 2021, 351; OLG Nürnberg, Beschl. v. 15.3.2021 – 12 W 488/21, BeckRS 2021, 23154 Rn. 47.

11) Entwurf COVAbmildG, BT-Drucks. 19/18110

erhob der Bundesrat keinen Einspruch, so dass das Gesetz bereits am 27.3.2020 im BGBl. verkündet wurde.

Obwohl es ab Juni 2020 zu großzügigen Lockerungen der Ausgangssperren und Öff-   **15**
nung von Bildungseinrichtungen und Geschäften kam, galten einige Kontaktbeschränkungen über den Sommer 2020 hinweg fort. Ab Oktober 2020 wurden wegen steigender Infektionszahlen erneut die Regelungen zu Kontaktbeschränkungen verschärft
und ab November 2020 bestimmte Geschäftsbereiche geschlossen. Die Beschränkungen im Frühling ebenso wie die Verschärfungen im Herbst 2020 betrafen in
großem Umfang auch Vereinsaktivitäten.

Bereits im Frühjahr 2020 zeigte sich, dass angesichts der großen Geschwindigkeit der   **16**
parlamentarischen Prozesse bei Verabschiedung des COVAbmildG nicht alle Abläufe
bedacht worden waren, so dass mehrfach nachgebessert werden musste. So erlaubte
§ 5 Abs. 2 GesRuaCOVBekG zwar beispielsweise eine virtuelle Mitgliederversammlung in Vereinen, dem Wortlaut nach aber keine virtuellen Vorstandssitzungen zur
Vorbereitung der Mitgliederversammlung. Auch zeigte sich, dass Online-Mitgliederversammlungen gerade für Vereine, deren Mitgliedern z. B. aufgrund der Alters-
struktur zur Risikogruppe gehören, nicht praktikabel sind, da so nicht die Mitglieder erreicht werden können, die üblicherweise die Mitgliederversammlung besuchen.
Diese Mängel wurden durch die Neuregelungen der Absätze 2, 2a und 3a behoben.

Im Juni 2020 wurde außerdem ein Gesetzentwurf zur Anpassung des Bundeswahl-   **17**
gesetzes auf den Weg gebracht, um die Aufstellung der Kandidaten für die Bundes-
tagswahl 2021 zu ermöglichen.[12)] Im Zuge der Beratungen im zuständigen Ausschuss
für Inneres und Heimat des Deutschen Bundestages wurde beschlossen, in einem
neuen Abs. 4 des § 5 GesRuaCOVBekG klarzustellen, dass die Erleichterungen des
§ 5 GesRuaCOVBekG auch für politische Parteien gelten, um grundsätzlich die
Durchführung von Online-Parteitagen zu ermöglichen.[13)]

II. Amtszeit Vorstandsmitglieder

1. Vereinsvorstand

Vereine müssen gemäß § 26 Abs. 1 BGB einen Vorstand haben, der den Verein ge-   **18**
richtlich und außergerichtlich vertritt (§ 26 Abs. 1 Satz 2 BGB).[14)] Die **Amtsdauer**
des Vereinsvorstands richtet sich grundsätzlich nach der Satzung. Die Satzung kann
die Amtszeit etwa begrenzen

– nach Jahren,

– nach Geschäftsjahren,

– bis zur nächsten Mitgliederversammlung,

– auf Lebenszeit des Berufenen,

– für die Dauer der Inhaberschaft eines bestimmten Amtes oder

– bis zu einem konkreten Endtermin.[15)]

---

12) BT-Drucks. 19/20596.
13) BT-Drucks. 19/23197, S. 15 f.
14) Zu den Besonderheiten bei Vorständen politischer Parteien vgl. unten Ziff. VI.
15) *Otto* in: Stöber/Otto, Hdb. zum Vereinsrecht, Rz. 419; *Segna* in: BeckOGK-BGB, § 27 Rz. 22.

19   Mit **Ablauf** der in der Satzung festgesetzten Amtszeit erlischt das Amt des Vor-
      stands, auch wenn noch kein neuer Vorstand berufen wurde.[16] Die Amtszeit des
      Vorstands verlängert sich nicht automatisch.

20   Um eine **Handlungsunfähigkeit** des Vorstands zu vermeiden, kann in der Satzung
      bestimmt werden, dass der Vorstand über seine Amtszeit hinaus bis zur satzungs-
      gemäßen Bestellung des nächsten Vorstands im Amt bleibt.

21   Da die Bestellung des Vorstands grundsätzlich durch Beschluss der Mitgliederver-
      sammlung erfolgt (§ 37 Abs. 1 BGB), besteht die Gefahr, dass Vereine und Stif-
      tungen handlungsunfähig werden, wenn die Amtszeit der Vorstände – etwa durch
      Zeitablauf – endet, Mitgliederversammlungen wegen der Kontaktsperren und Ver-
      sammlungsverbote aber nicht einberufen werden dürfen und keine satzungsmäßige
      Regelung über die Fortdauer der Amtszeit bis zur Neubestellung eines Nachfolgers
      besteht. Dem begegnet § 5 Abs. 1 GesRuaCOVBekG, der als Ergänzung zu § 27
      BGB zu lesen ist,[17] indem die **Fortsetzung des Vorstandsamts** auch dann ange-
      ordnet wird, wenn die Satzung keine entsprechende Regelung trifft.[18] Vereine sollen
      so handlungsfähig bleiben.[19] Soweit die Satzung anordnet, dass „automatisch" Er-
      satzvorstandsmitglieder in das Amt nachrücken, bedarf es des Rückgriffs auf § 5
      Abs. 1 GesRuaCOVBekG nicht.[20]

22   Die Amtsdauer des alten Vorstands endet nach einer Verlängerung gemäß § 5
      Abs. 1 GesRuaCOVBekG, wenn der neue Vorstand gewählt wurde und er die Wahl
      angenommen hat.[21] Die Eintragung im Handelsregister hat lediglich deklaratori-
      schen Charakter (§§ 64, 67 BGB).

23   Ein etwaiger Anstellungsvertrag muss nach Sinn und Zweck der Regelung des § 5
      Abs. 1 GesRuaCOVBekG dahingehend ergänzend ausgelegt werden, dass bei auto-
      matischer Verlängerung des Amtes auch das Anstellungsverhältnis automatisch ver-
      längert wird, selbst wenn es befristet ausgestaltet war.[22]

2. Weitere Vereinsorgane

24   Neben dem Vorstand gemäß § 26 BGB und der Mitgliederversammlung können
      Vereinssatzungen weitere Organe vorsehen, wie etwa nicht im Handelsregister
      eingetragene Vorstandsmitglieder, besondere Vertreter (§ 30 BGB)[23], Beiräte,
      Ausschüsse, „Gesamtvorstände", „erweiterte Vorstände" oder Kassenprüfer.

---

16)   *Otto* in: Stöber/Otto, Hdb. zum Vereinsrecht, Rz. 421.
17)   *Segna* in: BeckOGK-BGB, § 27 Rz. 24.
18)   *Gottschalk/Ulmer*, GWR 2020, 133, 134.
19)   Begr. Entwurf z. Art. 2 § 5 Abs. 1 COVAbmildG, BT-Drucks. 19/18110, S. 30; *Schultheis*,
      GWR 2020, 169, 174. Zur Anwendung nur auf den Vorstand i. S. des § 26 Abs. 1 BGB,
      nicht auf einen „erweiterten" Vorstand *Segna*, nopR 2020, 148, 149.
20)   Römermann-*Römermann/Grupe*, COVID-19 AbmG, § 5 COVMG Rz. 299.
21)   *H. Schmidt* in: Schmidt, COVID-19, § 8 Rz. 19; *Schöpflin* in: BeckOK-BGB, § 27 Rz. 6.
22)   *H. Schmidt* in: Schmidt, COVID-19, § 8 Rz. 19.
23)   Hierbei kann es sich auch um ein Kollegialorgan handeln, *Leuschner* in: MünchKomm-
      BGB, § 30 Rz. 8; *H. Schmidt* in: Schmidt, COVID-19, § 8 Rz. 7.

Die Norm des § 5 GesRuaCOVBekG gilt entsprechend ihrer Zweckrichtung primär 25
für die Mitglieder des vertretungsberechtigten Vorstands i. S. des § 26 Abs. 1 BGB.[24]
Auf Mitglieder eines in der Satzung bestimmten „Gesamtvorstands" oder „erweiterten Vorstands" soll § 5 Abs. 1 GesRuaCOVBekG nach Literaturstimmen nicht
anwendbar sein.[25] Gleichermaßen wird teilweise eine analoge Anwendung auf
besondere Vertreter i. S. des § 30 BGB verneint.[26] Begründet wird die Ablehnung
der analogen Anwendung zum Teil damit, dass der Gesetzgeber nur beabsichtigt
habe, eine Überlastung der Amtsgerichte zu verhindern, die bei automatischem
Ausscheiden der gesetzlichen Vorstandsmitglieder Notvertreter hätten bestellen
müssen.[27] Da die weiteren Vereinsorgane nicht ins Handelsregister eingetragen
würden und somit keine Notvertreter bestellt werden müssten, solle § 5 Abs. 1
GesRuaCOVBekG nicht für sie gelten.

Diese enge Beschränkung des Anwendungsbereichs ergibt sich jedoch aus dem Wort- 26
laut des § 5 Abs. 1 GesRuaCOVBekG nicht. Die Handlungsfähigkeit eines Vereins
hängt zudem nicht nur von seiner gesetzlichen Vertretung ab, sondern auch der
Erfüllung der im Verein anfallenden satzungsmäßigen Aufgaben, mit denen regelmäßig die weiteren Vorstandsmitglieder betraut sind. Würde die Satzung eine einheitliche Regelung hinsichtlich der Amtsdauer von gesetzlichem und „erweitertem"
bzw. „Gesamt"-Vorstand enthalten und wäre § 5 Abs. 1 GesRuaCOVBekG nur auf
ersteren anwendbar, so wäre die Handlungsfähigkeit des Vereins in tatsächlicher
Hinsicht erheblich eingeschränkt, da der gesetzliche „Rumpfvorstand" sämtliche Aufgaben auch der übrigen, satzungsmäßig vorgesehenen Vorstandsmitglieder übernehmen müsste. In Anbetracht der Kontaktbeschränkungen, der erheblichen Aufgaben im Hinblick auf Hygienekonzepte und der nötigen Kontrolle der finanziellen Auswirkungen der Pandemie ist der Tätigkeitsbedarf der Vorstandsmitglieder
eher gestiegen als gesunken.

Die Gesetzesbegründung zu § 5 GesRuaCOVBekG macht wiederholt deutlich, dass 27
die Regelung insbesondere dann gelten soll, wenn eine Vereinssatzung keine entsprechende Erleichterungen vorsieht. Zielrichtung war also nicht nur, die rudimen-
tären gesetzlichen Regelungen zu ergänzen, sondern ausdrücklich auch die sat-
zungsgemäßen Vorgaben der Vereine zu modifizieren. Wenn die Satzung besondere Vertreter bzw. einen „erweiterten" oder „Gesamtvorstand" vorsieht, so muss § 5
Abs. 1 GesRuaCOVBekG erst recht für diese in der Satzung vorgesehenen Organe
gelten, um das Ziel der Handlungsfähigkeit des Vorstands zu erreichen.[28]

---

24) *Leuschner*, in: MünchKomm-BGB, § 5 COVMG Rz. 4.
25) *Segna*, nopR 2020, 148, 149; *Leuschner*, in: MünchKomm-BGB, § 5 COVMG Rz. 4.
26) *Römermann/Grupe*, in: Römermann, Leitfaden für Unternehmen, Rz. 156; *H. Schmidt* in:
    Schmidt, COVID-19, § 8 Rz. 24.
27) *Römermann/Grupe*, in: Römermann, Leitfaden für Unternehmen, Rz. 156.
28) So auch *H. Schmidt* in: Schmidt, COVID-19, § 8 Rz. 24 für Organe, bei deren Ausfall die
    Handlungs- oder Vertretungsfähigkeit des Vereins nicht gewährleistet ist. A. A. *Segna*, nopR
    2020, 148, 149; *Leuschner*, in: MünchKomm-BGB, § 5 COVMG Rz. 4; Römermann-
    Römermann/Grupe, COVID-19 AbmG, § 5 COVMG Rn. 299; *Römermann/Grupe*, in:
    Römermann, Leitfaden für Unternehmen, Rz. 156.

28 In der Praxis ist diese Diskussion jedoch nicht sehr relevant, da auch Vereinsmitglieder, die nicht im Vorstand sind, in Abstimmung mit dem Vorstand Aufgaben für
den Verein übernehmen können und dabei beispielsweise haftungstechnisch nach
§ 31b BGB privilegiert sind. Handlungen, die von Mitgliedern eines „erweiterten" oder
„Gesamt"-Vorstands in Abstimmung mit dem Vorstand gemäß § 26 BGB ausgeführt
werden, sind daher auch dann wirksam, wenn ihre Amtszeit nicht i. S. des § 5 Abs. 1
GesRuaCOVBekG verlängert wäre.

3. Abberufung, Amtsniederlegung von Vorständen

29 Klargestellt wird in § 5 Abs. 1 GesRuaCOVBekG, dass das Recht zur **Abberufung**
von Vorstandsmitgliedern (§ 27 Abs. 2 BGB) erhalten bleibt.[29] Ist die Widerruf-
lichkeit der Bestellung durch die Satzung beschränkt, müssen die satzungsmäßigen
Voraussetzungen für den Widerruf vorliegen.

30 Auch die **Niederlegung** des Amts durch einen Vorstand, der nicht im Amt bleiben
will (etwa aus gesundheitlichen Gründen) ist weiter zulässig, sofern sie nicht zur
Unzeit erfolgt.[30]

4. Stiftungsvorstand

31 Die Regelungen zu Vereinsvorständen in §§ 26 ff. BGB gelten für den Stiftungsvorstand gemäß § 86 BGB entsprechend. Es ist daher sachdienlich, dass die Regelung des § 5 Abs. 1 GesRuaCOVBekG auch auf den Stiftungsvorstand ausgedehnt
wurde.

III. Mitgliederversammlung

1. Allgemeines

32 Die in § 32 Abs. 1 Satz 1 BGB für Vereine vorgesehene „Versammlung der Mitglieder" erfordert grundsätzlich eine räumliche, reale Zusammenkunft der Mitglieder.
Bei **Verwertungsgesellschaften**, die regelmäßig als wirtschaftlicher Verein organisiert sind, ist ausnahmsweise gemäß § 19 Abs. 3 VGG in der Satzung vorzusehen, dass
Mitglieder an der Mitgliederhauptversammlung ohne Anwesenheit teilnehmen und
ihr Stimmrecht im Wege elektronischer Kommunikation ausüben können.

33 Im **allgemeinen Vereinsrecht** gibt es dagegen noch keine Vorschriften zu einer
„virtuellen" Mitgliederversammlung. Eine solche soll aber jedenfalls dann zulässig sein,
wenn sie in der Satzung vorgesehen ist[31] oder alle Mitglieder zustimmen.[32]

---

29) Begr. Entwurf z. Art. 2 § 5 Abs. 1 COVAbmildG, BT-Drucks. 19/18110, S. 30; *Segna* in:
BeckOGK-BGB, § 27 Rz. 24; *Römermann/Grupe*, COVID-19 AbmG, § 5
COVMG Rz. 303; *Segna* in: BeckOGK-BGB, 1.1.2021, § 27 Rz. 25.

30) *Leuschner* in: MünchKomm-BGB, § 5 COVMG Rz. 5.

31) *Schindler/Schaffner*, in: Virtuelle Beschlussfassung, § 4 Rz. 636; OLG Hamm, Beschl. v.
27.9.2011 – I-27 W 106/11, NZG 2012, 189; *Otto* in: Stöber/Otto, Hdb. zum Vereinsrecht,
Rz. 639; *Fleck*, DNotZ 2008, 245, 246; *Scheuch*, ZStV 2012, 141; *Mecking*, ZStV 2011, 161,
163; *Krüger*, MMR 2012, 85, 87; *Piper*, NZG 2012, 735, 737; *Lieder*, NZG 2020, 81, 89;
Beck, RNotZ 2014, 160, 167; weitergehend *H. Schmidt* in: H. Schmidt, COVID-19, § 8
Rz. 4. *Otto* in: Stöber/Otto, Hdb. zum Vereinsrecht, Rz. 638, erlaubt die Regelung nur in
der Gründungssatzung oder wenn alle Mitglieder der Satzungsänderung zustimmen.

32) *Wagner* in: Reichert/Schimke/Dauernheim, Hdb. Vereins- und Verbandsrecht, Rz. 1907;
H. Schmidt in: Schmidt, COVID-19, § 8 Rz. 4; *Fisch*, NZG 2020, 512.

§ 5 Abs. 2 GesRuaCOVBekG ist eine Sonderregelung zu § 32 Abs. 1 Satz 1 BGB. **34** Sie enthält **zwei Möglichkeiten**, die Durchführung der Mitgliederversammlung in den Fällen zu erleichtern, in denen der Vorstand in der Satzung dazu nicht ausdrücklich ermächtigt wurde.[33] Die Erleichterungen können **alternativ oder kumulativ** zum Einsatz kommen.

In Nr. 1 sah § 5 Abs. 2 GesRuaCOVBekG a. F. vor, dass der Vorstand den Ver- **35** einsmitgliedern ermöglichen kann, an der Mitgliederversammlung ohne Anwesenheit am Versammlungsort teilzunehmen und Mitgliederrechte **im Wege der elektronischen Kommunikation** auszuüben, auch wenn der Vorstand in der Satzung nicht dazu ermächtigt wurde. § 5 Abs. 2 GesRuaCOVBekG n. F. geht noch einen Schritt weiter und gibt dem Vorstand die Befugnis, auch ohne Satzungsermächtigung vorzusehen, dass Mitglieder ohne Anwesenheit am Versammlungsort teilnehmen und Mitgliederrechte mittels elektronischer Kommunikation ausüben können oder müssen.[34] Der Gesetzgeber wollte damit nicht nur rein „virtuelle" oder „Online-Mitgliederversammlungen", sondern auch sog. „Hybridversammlungen" oder „gemischte" Mitgliederversammlungen ermöglichen, bei denen ein Teil der Mitglieder am Versammlungsort präsent ist und andere Mitglieder im Wege elektronischer Kommunikation teilnehmen.[35]

Nach § 5 Abs. 2 Nr. 2 GesRuaCOVBekG kann der Vorstand die Möglichkeit zu- **36** lassen, dass Mitglieder über **Beschlussvorschläge** vorab gegenüber dem Verein abstimmen und diese Stimmen in der Mitgliederversammlung berücksichtigt werden, ohne dass die Mitglieder selbst bei der virtuellen, gemischten oder regulären Versammlung anwesend sind.

Beide Erleichterungen des § 5 Abs. 2 GesRuaCOVBekG setzen die Abhaltung einer **37** Mitgliederversammlung – in welcher Form auch immer – voraus. Davon zu unterscheiden ist die Regelung des § 5 Abs. 3 GesRuaCOVBekG, mit der Beschlüsse auch ohne Mitgliederversammlung im Umlaufverfahren gefasst werden können.[36]

Die **Entscheidung** über einen Einsatz der Möglichkeiten des § 5 Abs. 2 **38** GesRuaCOVBekG bei der Mitgliederversammlung hat nach dem Wortlaut des Gesetzes der Vorstand zu treffen, nicht ein ggf. abweichendes Einberufungsorgan.[37] Wegen der signifikanten Unterschiede zwischen einer Präsenz- und einer virtuellen Versammlung kann der Vorstand jedoch nicht nach bereits erfolgter Einberufung einer Präsenzversammlung auf eine virtuelle Durchführung „wechseln". Er müsste

---

33) Begr. Entwurf z. Art. 2 § 5 Abs. 2 COVAbmildG, BT-Drucks. 19/18110, S. 30.

34) *Schindler/Schaffner*, in: Virtuelle Beschlussfassung, § 4 Rz. 717 geht davon aus, dass es sich bei Abs. 2 n. F. lediglich um eine Klarstellung handelt und er daher bereits vor dem 28.2.2021 gilt.

35) Begr. Entwurf z. Art. 2 § 5 Abs. 2 COVAbmildG, BT-Drucks. 19/18110, S. 30; *Segna* in: BeckOGK-BGB, § 28 Rz. 14; *Schindler/Schaffner*, in: Virtuelle Beschlussfassung, § 1 Rz. 7.

36) Vgl. Ziff. IV.

37) OLG München, Beschl. v. 23.11.2020 – 31 Wx 405/20, NZG 2021, 79 Rz. 31; *Jaspers/Pehrsson*, NZG 2021, 1244, 1252. Verschiedene Dachverbände haben den Mitgliedsvereinen Entscheidungshilfen und Checklisten zur Verfügung gestellt, z. B. den „Leitfaden Digitale Mitgliederversammlungen" des DOSB unter https://www.dosb.de/medienservice/coronavirus (Abrufdatum 17.10.2021).

in diesem Fall die Präsenzversammlung absetzen und die digitale Versammlung unter Einhaltung der Formalia und Fristen neu einberufen.[38]

2. Virtuelle Mitgliederversammlung

39 Unter einer virtuellen Mitgliederversammlung wird eine Versammlung verstanden, die mithilfe **moderner Kommunikationsmittel**, also etwa im Wege der Telefon- oder Videokonferenz, in Chat-Rooms, mit Bildschirmübertragung, Skype, FaceTime, WhatsApp, WeChat, E-Mail etc. stattfindet.[39] Bei der Online-Teilnahme an der Versammlung wird die physische Anwesenheit regelmäßig durch eine elektronische wechselseitige Kommunikation in Echtzeit ersetzt.[40]

a) Zulässigkeit

40 Während die Mitgliederversammlung ohne anderweitige Regelung in der Satzung an einem bestimmten Versammlungsort durchzuführen ist,[41] wobei die persönlich anwesenden Mitglieder durch Abstimmung die Beschlüsse fassen, ermöglicht § 5 Abs. 2 Nr. 1 GesRuaCOVBekG, dass Mitglieder ohne Anwesenheit an einem bestimmten Versammlungsort an der Versammlung teilnehmen und ihre Mitgliederrechte im Wege der elektronischen Kommunikation ausüben. Damit sollen ausdrücklich und abweichend vom Wortlaut des § 32 Abs. 1 Satz 1 BGB auch „virtuelle Mitgliederversammlungen" erlaubt sein,[42] wobei die Online-Plattform letztlich den physischen Versammlungsort ersetzt.[43] Die neue Formulierung des § 5 Abs. 2 Nr. 1 GesRuaCOVBekG, dass der Vorstand vorsehen kann, dass Mitgliedsrechte im Wege der elektronischen Kommunikation ausgeübt werden „können oder müssen", drückt dies noch klarer aus als die Ursprungsfassung des Gesetzes. Der Regelungsgehalt ändert sich dadurch aber nicht, es handelt sich lediglich um eine Klarstellung.[44] Weitere Regelungen zur Einberufung, Durchführung und Abwicklung der Mitgliederversammlung trifft das Gesetz nicht.[45] Insoweit bleiben die Satzungsbestimmungen maßgeblich.[46]

41 Da die „virtuelle Mitgliederversammlung" die Mitgliederversammlung des § 32 Abs. 1 Satz 1 BGB ersetzen soll, wird teilweise gefordert, dass eine zeitgleiche Bild- und Tonübertragung der gesamten Veranstaltung gewährleistet sowie eine Stimmabgabe und Bevollmächtigung über elektronische Kommunikationsmittel möglich sein und

---

38) *DNotI*, DNotI-Report 2021, 25, 26.

39) *Dehesselles/Richter*, npoR 2016, 246; *Otto* in: Stöber/Otto, Hdb. zum Vereinsrecht, Rz. 639; *Lieder*, NZG 2020, 81, 89; *Schwenn/Blacher*, nopR 2020, 154, 157.

40) *Dehesselles/Richter*, npoR 2016, 246; *Thumm* in: Fischinger/Orth, COVID-19 und Sport, Teil 1 Rz. 52. *Leuschner* in: MünchKomm-BGB, § 5 COVMG Rz. 6. Die technischen Voraussetzungen der virtuellen Hauptversammlung einer AG nach § 1 Abs. 2 GesRuaCOVBekG können einen Anhaltspunkt für die Erfordernisse geben; dazu *Mayer/Jenne*, BB 2020, 835, 843.

41) *Schindler/Schaffner*, in: Virtuelle Beschlussfassung, § 4 Rz. 632.

42) Begr. Entwurf z. Art. 2 § 5 Abs. 2 COVAbmildG, BT-Drucks. 19/18110, S. 30; *Gottschalk/Ulmer*, GWR 2020, 133, 134; *Schindler/Schaffner*, in: Virtuelle Beschlussfassung, § 4 Rz. 633, 649. A. A. für die Rechtslage bis 28.2.2021 *Schöneborn*, COVuR 2021, 205, 206.

43) *Schindler/Schaffner*, in: Virtuelle Beschlussfassung, § 4 Rz. 719.

44) A. A. *Schöneborn*, COVuR 2021, 205, 206.

45) *Segna*, nopR 2020, 148, 149.

46) Vgl. LG Köln, Urt. v. 4.3.2021 – 91 O 12/20, BeckRS 2021, 4091 Rz. 20.

eine Kommunikation zwischen Vorstand und Mitgliedern in Echtzeit erfolgen muss.[47] Im Gegensatz zu den Regelungen bei Aktiengesellschaften gibt § 5 GesRuaCOVBekG aber keine konkreten Vorgaben für die Durchführung der Versammlung. Vielmehr soll Vereinen die Durchführung der Mitgliederversammlungen während der Pandemie erleichtert werden. Es ist daher davon auszugehen, dass für die technische Umsetzung der Mitgliederversammlung alle Medien zur Verfügung stehen, bei denen eine unmittelbare Kommunikation in Echtzeit erfolgen kann. Neben Telefon- oder Videokonferenzen sind daher insbesondere Chat-Rooms ausreichend, wenn durch das Ermöglichen von „Rede und Gegenrede" eine Form gewählt wird, die einer Präsenzveranstaltung gleichkommt.[48]

Da die Durchführung virtueller Mitgliederversammlungen schon bisher zulässig war, **42** wenn der Vorstand in der Satzung zur Durchführung einer virtuellen Mitgliederversammlung ermächtigt wird, kann auf die diesbezügliche Literatur und Rechtsprechung zurückgegriffen werden.[49]

b) Einberufungsermächtigung gemäß GesRuaCOVBekG

Virtuelle Mitgliederversammlungen können als Internet-Chat, Video- oder Tele- **43** fonkonferenz, eine Kombination derselben sowie unter Einsatz weiterer Kommunikationsmittel (z. B. E-Mail, Apps, Konferenzsysteme) stattfinden.[50] Sie können allen Mitgliedern offenstehen oder nur Delegierten.[51] Satzungen, die virtuelle Mitgliederversammlungen vorsehen, legen in der Regel fest, in welcher Form die virtuelle Mitgliederversammlung stattfinden soll. Bei der aufgrund der COVID-19-Pandemie getroffenen Regelung fehlen diese Festlegungen, der Gesetzgeber lässt dem Vorstand weitgehend freie Hand, was durch die neue Formulierung des § 5 Abs. 2 Nr. 1 GesRuaCOVBekG klargestellt wird.

Allerdings muss der Vorstand bei der Entscheidung darüber, wie die Versammlung **44** durchgeführt werden kann und soll, grundsätzlich berücksichtigen, dass sämtliche Teilnehmer in gleicher Weise einfach gangbar, praktikabel, diskriminierungsfrei, sicher und zumutbar Zugang zur virtuellen Versammlung haben müssen.[52] Das erfordert das Gleichbehandlungsgebot,[53] da das **Teilnahmerecht** zum unverzichtbaren Kern der Mitgliedschaft gehört.[54]

Bei der Frage, ob die Mitgliederversammlung virtuell durchgeführt werden soll, muss **45** daher bedacht werden, ob die Mitglieder über die nötigen **technischen Medien und**

---

47) *Schindler/Schaffner*, in: Virtuelle Beschlussfassung, § 1 Rn. 2.
48) *H. Schmidt* in: Schmidt, COVID-19, § 8 Rz. 13.
49) OLG Hamm, Beschl. v. 27.9.2011 – I-27 W 106/11, NZG 2012, 189; *Dehesselles/Richter*, npoR 2016, 246, 251; *Fleck*, DNotZ 2008, 245, 252; *Noack*, NJW 2018, 1345.
50) *Mecking*, ZStV 2011, 161, 164.
51) *Thumm* in: Fischinger/Orth, COVID-19 und Sport, Teil 1 Rz. 51; *Schindler/Schaffner*, in: Virtuelle Beschlussfassung, § 4 Rz. 737; *Kopp*, GWR 2021, 158, 160. Implizit ebenso *OLG München*, Beschl. v. 23.11.2020 – 31 Wx 405/20, NZG 2021, 79 Rz. 31.
52) *Notz* in: BeckOGK-BGB, § 32 Rz. 292; so auch *Segna*, nopR 2020, 148, 150.
53) *Notz* in: BeckOGK-BGB, § 32 Rz. 292; *Fleck*, DNotZ 2008, 245, 251.
54) *Notz* in: BeckOGK-BGB, § 32 Rz. 110; *Schindler/Schaffner*, in: Virtuelle Beschlussfassung, § 4 Rz. 632.

einen hinreichenden Internetzugang verfügen oder sich dies zumutbar beschaffen können.[55] Als zumutbar wurde in der Literatur vor der Pandemie für die satzungsmäßig vorgesehenen virtuellen Mitgliederversammlungen etwa angesehen, wenn sich Mitglieder in einem unter vertretbarem Aufwand zugänglichen öffentlichen Internet-Hotspot, Internetcafé oder bei Bekannten einloggen können.[56] Diese Möglichkeiten fallen jedoch während der nach den Infektionsschutzgesetzen angeordneten Kontaktsperren oder regionalen Ausgangsverbote in der Coronakrise weg bzw. sind wegen der geltenden Regeln nur eingeschränkt nutzbar, so dass vom Vorstand bei Nutzung des § 5 Abs. 2 Nr. 1 GesRuaCOVBekG genauer geprüft und sichergestellt werden muss, dass eine virtuelle Mitgliederversammlung nicht die Mitglieder zwar formal gleich, aber materiell ungleich behandelt.[57] Nicht nötig ist jedoch, dass ausnahmslos alle Mitglieder über die nötige technische Ausstattung verfügen, da der Vorstand auch bei einer physischen Versammlung nicht aktiv für die Anwesenheit aller Mitglieder sorgen muss.[58]

46   Problematisch kann zudem sein, wenn – etwa bei Breitensport- oder Musikvereinen – mehrere Familienmitglieder Vereinsmitglieder sind, die im Falle einer virtuellen Mitgliederversammlung ggf. an mehreren technisch ausreichend ausgestatteten Endgeräten vom gleichen Haushalt-Internetanschluss teilnehmen müssten, damit ihre Stimmen jeweils einzeln gewertet würden. Falls in Vereinen mit einer derartigen Mitgliederstruktur eine virtuelle Mitgliederversammlung abgehalten werden soll, sollten die Abstimmungsmodalitäten so gestaltet werden, dass parallel durch mehrere Vereinsmitglieder abgestimmt werden kann, z. B. per E-Mail von verschiedenen E-Mail-Adressen oder per Online-Formular, in das jeweils Name und Mitgliedsnummer oder sonstige Identifikationskennzahlen einzutragen sind.

47   Sind die Zugangsmöglichkeiten nicht für alle Mitglieder gleichwertig gegeben, so kann das grundsätzlich als Fall der fehlerhaften Einberufung gewertet werden, der zu einem formellen Mangel der gefassten Beschlüsse führen kann.[59] Die Neufassung der Nr. 2 soll jedoch nach der Begründung des Gesetzgebers klarstellen, „dass der Vorstand vorsehen kann, dass alle Mitglieder nur im Wege der elektronischen Kommunikation an der Versammlung teilnehmen und kein Mitglied verlangen kann, dass ihm die Teilnahme am Versammlungsort, an dem der Vorstand die Mitgliederversammlung leitet, ermöglicht wird".[60] Eine Anfechtung der auf der Mitgliederversammlung gefassten Beschlüsse allein wegen der Abhaltung als virtuelle Mitgliederversammlung soll damit ausgeschlossen sein.

48   Grundsätzlich können in der virtuellen Mitgliederversammlung alle Beschlüsse gefasst werden, die der Mitgliederversammlung obliegen, auch Grundlagengeschäfte. Allerdings kann eine fehlerhafte, pflichtwidrige Einberufung auch dann vorliegen,

55) *Notz* in: BeckOGK-BGB, § 32 Rz. 293; einschränkend dazu *H. Schmidt* in: H. Schmidt, COVID-19, § 8 Rz. 13.
56) *Notz* in: BeckOGK-BGB, § 32 Rz. 295; *Scheuch*, ZStV 2012, 141, 142.
57) *Notz* in: BeckOGK-BGB, § 32 Rz. 295.
58) *H. Schmidt* in: Schmidt, COVID-19, § 8 Rz. 13; *Leinenbach/Alvermann*, NJW 2020, 2319, 2321.
59) *Notz* in: BeckOGK-BGB, § 32 Rz. 299.
60) Begr. Entwurf z. § 5 Abs. 2 GesRuaCOVBekG, BT-Drucks. 19/25322 S. 22.

wenn bei einzelnen **Tagungsordnungspunkten** im Interesse des Vereins ein Meinungsbildungsprozess (z. B. durch eine Aussprache) in der Versammlung unverzichtbar scheint, dies aber i. R. der Online-Versammlung nicht gewährleistet werden kann.[61]

Zwar soll eine Satzungsregelung, die eine abgestufte Teilnahmemöglichkeit vorsieht, zulässig sein, wobei die virtuell anwesenden Mitglieder zwar der Versammlung folgen und an der Abstimmung beteiligt werden, jedoch kein **Frage- und Rederecht** haben.[62] Dies wird damit begründet, dass ein Online-Teilnehmer nicht benachteiligt, sondern durch die Möglichkeit der ortsabwesenden Teilnahme privilegiert werde.[63]   **49**

Im Falle des § 5 Abs. 2 Nr. 1 GesRuaCOVBekG wurde von der Satzung jedoch gerade keine Regelung zu einer Online-Teilnahme getroffen, die eine etwaige Ungleichbehandlung der Mitglieder rechtfertigen könnte. Jedem Mitglied sind daher grundsätzlich die **gleichen Teilnahmerechte** zu gewähren, die allerdings nicht zwingend einen mündlichen Austausch erfordern, sondern auch in einem Chat oder sonstigen moderierten Kommunikationsprozess ausgeübt werden können.[64]   **50**

Obwohl die Neuregelung des § 5 Abs. 2 Nr. 2 GesRuaCOVBekG die Gefahr einer fehlerhaften Einberufung deutlich gemildert hat, sollte der Vorstand dennoch die relevanten Aspekte, insbesondere das Gleichbehandlungsgebot und das Teilnahmerecht der Mitglieder an der Versammlung, abwägen und den Abwägungsprozess dokumentieren. Dabei ist auch in Betracht zu ziehen, dass unter den Voraussetzungen des neuen § 5 Abs. 2a GesRuaCOVBekG sogar eine vollständige Verschiebung der Mitgliederversammlung zulässig ist,[65] sodass im Vergleich zu dieser die Abhaltung einer virtuellen Mitgliederversammlung eine geringere Einschränkung der Mitgliedsrechte darstellen kann.   **51**

Sofern trotz allem eine möglicherweise fehlerhafte Einberufung im Raume steht, sollte der Vorstand in Betracht ziehen, wichtige Themen – soweit zeitlich möglich – für die nächste Präsenzversammlung aufzusparen oder Beschlüsse unter Einbeziehung der Beteiligungsmöglichkeiten der § 5 Abs. 2 Nr. 2 GesRuaCOVBekG oder § 5 Abs. 3 GesRuaCOVBekG zu fassen.   **52**

c) Einberufung

Für die ordnungsgemäße Einberufung einer virtuellen Mitgliederversammlung gelten zunächst die regulären **satzungsmäßigen Voraussetzungen**.[66] Zuständig für die Ein-   **53**

---

61) *Notz* in: BeckOGK-BGB, § 32 Rz. 300. Problematisch können etwa reine E-Mail-Verfahren sein, *Scheuch*, ZStV 2012, 141, 142. Vgl. zu Bedenken bei der virtuellen Hauptversammlung *Rapp*, DStR 2020, 806, 810.
62) *Noack*, NJW 2018, 1345, 1349.
63) *Noack*, NJW 2018, 1345, 1349.
64) So auch *Schwenn/Blacher*, nopR 2020, 154, 158. Einschränkungen der Rede- und Fragerechte, wie der Gesetzgeber sie für die AG eingeräumt hat, sind im Verein nicht vorgesehen. Vgl. zur AG Begr. Entwurf z. Art. 2 § 1 Abs. 2 COVAbmildG, BT-Drucks. 19/18110, S. 26; vgl. *Segna*, nopR 2020, 148, 150 f.
65) Vgl. hierzu unten Rz. 101 ff.
66) *H. Schmidt* in: Schmidt, COVID-19, § 8 Rz. 12; *Fisch*, NZG 2020, 512, 513.

berufung ist der Vereinsvorstand.[67] Gesetzlich ist die Form der Einberufung der Mitgliederversammlung nicht vorgegeben, vielmehr soll dies in der Satzung geregelt werden (§ 58 Nr. 4 BGB).[68] Regelmäßig gibt die Satzung vor, dass die Einladung schriftlich, in Textform oder durch Veröffentlichung in Vereinszeitschriften oder im Internet unter Einhaltung bestimmter Fristen und Mitteilung der Tagesordnung einzuberufen ist.

54 Die Einberufung der Versammlung **per E-Mail** ist unproblematisch, wenn die Satzung diesen Kommunikationsweg – zur Einberufung von Präsenzversammlungen – ohnehin vorsieht. Ansonsten ist eine Einladung per E-Mail grundsätzlich zulässig, wenn alle Mitglieder über die technischen Möglichkeiten zum Empfang der Einladungs-E-Mail verfügen, vorher dem Verfahren zugestimmt bzw. nicht schriftlich widersprochen und dem Verein ihre E-Mail-Adressen mitgeteilt haben.[69] Da § 5 GesRuaCOVBekG nur die Notwendigkeit der physischen Präsenz bei der Versammlung und Abstimmung modifiziert, aber die übrigen Satzungsbestimmungen unberührt lässt, wird eine Einberufung per E-Mail nicht zulässig sein, wenn dies in der Satzung nicht gestattet wird und keine Zustimmung aller Mitglieder vorliegt.[70] Gegebenenfalls können die Einladungen aber auf unterschiedliche Weise versandt werden, so beispielsweise per E-Mail an die dem Verein bekannten E-Mail-Adressen, per Post an die übrigen Mitglieder.[71]

55 Den Mitgliedern müssen alle für den Zugang zur virtuellen Mitgliederversammlung **relevanten Informationen** rechtzeitig und verlässlich übermittelt werden:[72]

– Tag und Uhrzeit der Versammlung;

– Internetadresse mit der Angabe der Seite, auf der die Maske zum Einloggen installiert ist;

– allgemeine Zugangs- oder Einwahldaten;

– persönliche Zugangsdaten (Nutzername, persönliches Passwort, Zugangs-PIN);

– ggf. Internetseite bzw. Link, Zugangsdaten und Benutzeranleitung für das Herunterladen und Nutzen spezieller Teilnahme- und/oder Abstimmungssoftware.

---

67) *Jaspers/Pehrsson*, NZG 2021, 1244, 1252.

68) Zum Widerruf bereits terminierter Mitgliederversammlungen *Engel*, ZStV 2020, 110 f.; entsprechend zur Genossenschaft s. § 3 GesRuaCOVBekG Rz. 67 [*Cymutta*].

69) *Mecking*, ZStV 2011, 161, 163; *Noack*, NJW 2018, 1345, 1347; *H. Schmidt* in: H. Schmidt, COVID-19, § 8 Rz. 12.

70) A. A. *Schwenn/Blacher*, nopR 2020, 154, 155.

71) *H. Schmidt* in: Schmidt, COVID-19, § 8 Rn. 12.

72) *Notz* in: BeckOGK-BGB, § 32 Rz. 297; *H. Schmidt* in: H. Schmidt, COVID-19, § 8 Rz. 12; *Schwenn/Blacher*, nopR 2020, 154, 156.

Die verwendete Legitimation muss sicherstellen, dass **nur Mitglieder** an der Ver- **56**
sammlung teilnehmen.[73] Die Informationen müssen nicht zwingend bereits in der
Einberufung selbst enthalten sein.[74]

Wurde bereits eine Präsenzversammlung einberufen, so kann während der laufenden **57**
Einberufungsfrist nicht ohne weiteres auf ein digitales Format gewechselt werden,
auch wenn Präsenzveranstaltungen z. B. wegen steigender Infektionszahlen nicht mehr
zulässig sind. Präsenz- und digitale Versammlungen unterscheiden sich im Hinblick
auf Zugang und Teilhabe signifikant. Zu beachten ist zudem, dass den Mitgliedern die
für den Zugang zur virtuellen Mitgliederversammlung relevanten Informationen
rechtzeitig, also möglichst zu Beginn der Einberufungsfrist, mitgeteilt werden müssen.[75] Schließlich muss auch bei der virtuellen Mitgliederversammlung die Einberufungsfrist eingehalten werden. Die bereits einberufene Versammlung ist daher ab-
zusagen und die virtuelle Mitgliederversammlung neu einzuberufen.[76]

d) Teilnahme des Vorstands

§ 5 Abs. 2 Nr. 1 GesRuaCOVBekG erlaubt die Durchführung rein virtueller Ver- **58**
sammlungen. Dabei muss auch der Vorstand **nicht an einem Versammlungsort präsent** sein.

Zwar spricht der Wortlaut des § 5 Abs. 2 Nr. 1 GesRuaCOVBekG nur davon, dass den **59**
Mitgliedern erlaubt werden kann, ohne Anwesenheit am Veranstaltungsort ihre Rechte
auszuüben; der Vorstand wird nicht erwähnt. Zu § 1 Abs. 2 GesRuaCOVBekG, der
die physische Präsenz der Aktionäre oder ihrer Bevollmächtigten für entbehrlich
erklärt, wird vertreten, dass der Vorstand und der die Niederschrift führende Notar
auch in der virtuellen Hauptversammlung vor Ort sein müssen.[77] Das könnte für eine
analoge Präsenzpflicht des Vereinsvorstands sprechen.[78] Die Gesetzesbegründung
zum geänderten § 5 Abs. 2 Nr. 1 GesRuaCOVBekG, die ausschließt, dass Mitglieder verlangen können, am „Versammlungsort, an dem der Vorstand die Versammlung
leitet", anwesend zu sein, wird von einigen Stimmen so ausgelegt, dass eine Präsenzpflicht des gesamten Vorstands an einem physischen Ort bestehe.[79]

Andererseits geht der Gesetzgeber in der Begründung zu § 5 Abs. 2 Nr. 1 **60**
GesRuaCOVBekG a. F. davon aus, dass die Versammlung entweder virtuell durchgeführt wird oder dass „ein Teil der Mitglieder oder Vorstandsmitglieder an einem

---

73) OLG Hamm, Beschl. v. 27.9.2011 – I-27 W 106/11, NZG 2012, 189; *Notz* in: BeckOGK-
   BGB, § 32 Rz. 297; *Dehesselles/Richter*, npoR 2016, 246, 250; *Mecking*, ZStV 2011, 161, 164;
   Wagner in: Reichert/Schimke/Dauernheim, Hdb. Vereins- und Verbandsrecht, Rz. 1907;
   Leinenbach/Alvermann, NJW 2020, 2319, 2321.
74) *Herrler*, DNotZ 2020, 468, 476.
75) *DNotI*, DNotI-Report 2021, 25, 26.
76) *DNotI*, DNotI-Report 2021, 25, 27.
77) *Vetter/Tielmann*, NJW 2020, 1175; *Herrler*, GWR 2020, 191, 193; *Lieder*, ZIP 2020, 837, 840.
78) Zumindest die Präsenz des Versammlungsleiters fordert *Segna*, nopR 2020, 148, 150. Zur
   Angabe eines Versammlungsorts ohne Präsenz *Schwenn/Blacher*, nopR 2020, 154, 156.
79) Begr. Entwurf z. § 5 Abs. 2 GesRuaCOVBekG, BT-Drucks. 19/25322, S. 22; *Weber*, nopR
   2021, 99, 100. A. A. *Schöneborn*, COVuR 2021, 205, 206, der erst nach der Neufassung
   rein virtuelle Versammlungen für zulässig hält.

bestimmten Ort zusammenkommt".[80] Müsste der Vorstand in jedem Falle an einem Versammlungsort präsent sein, so hätte der Gesetzgeber nicht betont, dass „ein Teil der […] Vorstandsmitglieder" an einem Ort zusammenkommen kann, denn dann wären bereits alle Vorstandsmitglieder zwingend am Versammlungsort präsent. Dass eine Verschärfung dieser Regelungen durch die Neufassung des § 5 Abs. 2 Nr. 1 GesRuaCOVBekG beabsichtigt war, ist aus der Gesetzesbegründung nicht ersichtlich.[81]

61   Stattdessen soll durch die Regelungen des GesRuaCOVBekG die Durchführung der Mitgliederversammlung im Verein erleichtert werden. Viele Mitgliederversammlungen von Vereinen werden entweder in einem Vereinsheim oder in Gaststätten abgehalten. Diese **Räumlichkeiten** sind aber auch nach den Lockerungen des Lockdown bzw. nach den „Notbremsen" nicht überall geöffnet, so dass eine Präsenz dort gar nicht oder nur eingeschränkt erlaubt oder möglich ist. Zudem kann es sein, dass die technische Ausstattung in den Vereins- oder Gasträumen nicht ausreicht, um eine virtuelle Versammlung zu leiten. Kontakte im privaten Bereich werden je nach regionaler Situation immer wieder auf maximal zwei Haushalte beschränkt, so dass das Zusammenkommen von mehr als zwei Vorstandsmitgliedern in einem Privathaushalt regelmäßig gegen die Kontaktbeschränkungen verstoßen dürfte. Würde daher auf einer Präsenzpflicht des Vorstands bestanden, so wäre die Durchführung virtueller Mitgliederversammlungen praktisch für einen Großteil der Vereine unmöglich.

62   Dass für AGs, deren Aktionäre finanziell an der Gesellschaft beteiligt sind und deren Hauptversammlung von einem Notar protokolliert wird, formalere Regeln in der Hauptversammlung gelten, ist dem Schutz der Anleger geschuldet, der jedoch nicht deckungsgleich auf Vereine übertragen werden kann.

63   Es ist daher ausreichend, wenn alle Vereinsmitglieder ebenso wie der Vorstand rein **virtuell** der Mitgliederversammlung zugeschaltet sind. Als Versammlungsort ist dann die virtuelle Plattform ins Protokoll aufzunehmen.[82]

e) Versammlungsleitung

64   Die Versammlungsleitung muss insbesondere sicherstellen, dass Rede- und Fragerechte in der virtuellen Versammlung gewährleistet sind. Das wird regelmäßig eine **Moderation** der Diskussion erfordern, vor allem, wenn die Rede- und Fragerechte ausschließlich oder auch in einem Chat gewährt werden.[83] Der Moderator oder Versammlungsleiter ordnet die eingehenden Wortmeldungen und Anträge und achtet darauf, dass sie vollständig berücksichtigt werden.

---

80) Begr. Entwurf z. Art. 2 § 5 Abs. 2 COVAbmildG, BT-Drucks. 19/18110, S. 30. Noch weitergehend hält *Schöneborn*, COVuR 2021, 205, 206 rein virtuelle Versammlungen vor dem 28.2.2021 wegen der fehlenden physischen Anwesenheit von Mitgliedern für unzulässig.
81) Begr. Entwurf z. § 5 Abs. 2 GesRuaCOVBekG, BT-Drucks. 19/25322, S. 22.
82) *Schindler/Schaffner*, in: Virtuelle Beschlussfassung, § 4 Rz. 719.
83) *Mecking*, ZStV 2011, 161, 164.

Sollte eine virtuelle Diskussion nicht vorgesehen sein, muss ein Weg sichergestellt   **65**
werden, auf dem **Anregungen, Anträge und Fragen** in die Mitgliederversammlung
eingebracht werden können.[84]

Die Anwesenheit der Mitglieder bei der Online-Versammlung lässt sich feststellen,   **66**
indem das **Ein- und Ausloggen** der Mitglieder in und aus dem Chat-Room bzw.
dem geschützten Bereich registriert wird. Sofern dies bei einer Video- oder Tele-
fonkonferenz technisch nicht machbar ist, muss die Anwesenheit zu Beginn der
Versammlung und vor jeder Beschlussfassung festgestellt werden.

Außerdem muss die **Datensicherheit** vom Verein gewährleistet werden.[85] Das be-   **67**
trifft auch die Abwehr möglicher Eingriffe Dritter („Hacker") in die Beschlussfassung.[86]

f) Beschlussfassung

§ 5 Abs. 2 Nr. 1 GesRuaCOVBekG erlaubt die Abstimmung in der virtuellen Mit-   **68**
gliederversammlung auch dann, wenn die Vereinssatzung dies nicht vorsieht. Die
allgemeinen gesetzlichen und **satzungsmäßigen Regelungen** wie etwa zur Beschlussfähigkeit der Versammlung, zu Stimmverboten und Mehrheitserfordernissen gelten
auch in der virtuellen Versammlung.

Während grundsätzlich die Satzung, ein Beschluss der Mehrheit oder der Versamm-   **69**
lungsleiter die Abstimmungsform bestimmt, muss der Vorstand bei der virtuellen
Versammlung bereits **vorab** über die angebotenen **Möglichkeiten der Stimmabgabe** entscheiden, da die entsprechenden technischen Voraussetzungen geschaffen
werden müssen. Dabei spielen die technischen Möglichkeiten und die Anzahl der
erwarteten teilnehmenden Mitglieder eine wichtige Rolle. Während in kleineren
Versammlungen noch mündlich in der Telefon- oder Videokonferenz abgestimmt
werden kann,[87] ist dieses Verfahren für größere Gruppen nicht geeignet.

Möglich ist dann insbesondere die Stimmabgabe durch[88]   **70**

– Internetformular,

– E-Mail,

– Äußerung im allgemeinen Chat-Room,

– gesonderten Internetdialog im Chat-Room,

– besondere Software-Tools für Wahlen oder

– App.

In den meisten Fällen nicht umsetzbar ist wegen des technischen Aufwands eine   **71**
geheime Abstimmung. In einer Telefon- und Videokonferenz ist klar, wer gespro-
chen hat. Bei Abstimmung mit Internetformular oder mit anderen technischen Mitteln

---

84) *Dehesselles/Richter*, npoR 2016, 246, 250.
85) *Dehesselles/Richter*, npoR 2016, 246, 250.
86) *Rapp*, DStR 2020, 806, 810.
87) *Fleck*, DNotZ 2008, 245, 253.
88) *Dehesselles/Richter*, npoR 2016, 246, 248 f.; *Noack*, NJW 2018, 1345, 1347; *Schwenn/Blacher*, nopR 2020, 154, 159.

muss immer eine Legitimation erfolgen, um die Beteiligung nur von Mitgliedern sicherzustellen; eine Nachverfolgung des Abstimmenden wäre daher grundsätzlich technisch in der Regel möglich. Die mittlerweile geschaffene Software, die geheime Abstimmungen ermöglicht, wird für die meisten Vereine zu teuer sein. Alternativ wird vorgeschlagen, dass per E-Mail abgestimmt wird, wobei ein nicht persönlich gekennzeichneter Stimmzettel als Dateianhang beigefügt wird. Dieser kann von einem Wahlvorstand ungeöffnet ausgedruckt werden. Zu Registrierungszwecken sollten die E-Mails nach dem Drucken gespeichert werden, wobei die Anhänge vorher zu löschen wären.[89] Da das BGB dem Verein jedoch überlässt, ob er ein geheimes Abstimmungsverfahren einrichten will, ist dies mehr ein praktisches als ein rechtliches Problem.[90]

72   Wichtig ist die Legitimation bei einzelnen Beschlüssen jedoch, wenn die Möglichkeit eines **Stimmrechtsausschlusses** („Befangenheit") besteht und sichergestellt werden muss, dass die betreffenden Mitglieder nicht an der Abstimmung teilnehmen.

73   Ebenfalls technisch gelöst werden muss die Vorgehensweise, wenn die Satzung eine **Bevollmächtigung** anderer Mitglieder zur Abstimmung in der Versammlung zulässt.[91] Bei kleineren Video- oder Telefonkonferenzen kann bspw. gefordert werden, dass die Vollmacht dem Versammlungsleiter vor Versammlungsbeginn zugehen muss. Möglich ist auch, dass sich die Mitglieder im Vorfeld auf einer Internetseite mit ihren Zugangsdaten einloggen und Vollmachten erteilen können.[92]

74   Festzulegen sind daher Form, Inhalt, Frist und Übertragungsweg der Vollmacht in der Einberufung der Versammlung. § 5 Abs. 2 Nr. 1 GesRuaCOVBekG sieht jedoch im Gegensatz zu § 1 Abs. 2 Nr. 2 GesRuaCOVBekG für die virtuelle Hauptversammlung bei der AG[93] nicht ausdrücklich vor, dass eine Vollmachtserteilung für die virtuelle Mitgliederversammlung möglich sein muss, daher hat sich der Vorstand insoweit nach der Satzung zu richten.

75   Sofern nach § 5 Abs. 2 Nr. 2 GesRuaCOVBekG die Abstimmung vor der Versammlung zugelassen wurde, sind die im **Briefwahlverfahren** abgegebenen Stimmen mit in die Auszählung einzubeziehen. Verlangt die Satzung für die Beschlussfähigkeit der Versammlung oder bestimmte Beschlüsse eine Mindestanwesenheit, so sind die in der virtuellen Mitgliederversammlung anwesenden sowie die nach § 5 Abs. 2 Nr. 2 GesRuaCOVBekG abstimmenden Mitglieder zusammenzuzählen.

76   Das Ergebnis der Abstimmung ist durch den Versammlungsleiter **festzustellen**.

77   **Sicherheits- und Geheimhaltungsstandards** müssen bei der Abstimmung beachtet werden. Beschlussmängel, die auf technischen Störungen im Zusammenhang mit der Beschlussfassung beruhen, führen aber analog § 1 Abs. 7 GesRuaCOVBekG und

---

89) *H. Schmidt* in: H. Schmidt, COVID-19, § 8 Rz. 14.
90) *Fleck*, DNotZ 2008, 245, 253; *Mecking*, ZStV 2011, 161, 164. *H. Schmidt* in: H. Schmidt, COVID-19, § 8 Rz. 14, hält Satzungsregelungen, die eine geheime Abstimmung vorsehen, durch die Notregelung in § 5 Abs. 2 GesRuaCOVBekG für ausgesetzt.
91) Zu möglichen Ausgestaltungen in der Satzung *Otto* in: Stöber/Otto, Hdb. zum Vereinsrecht, Rz. 826.
92) *Leinenbach/Alvermann*, NJW 2020, 2319, 2321.
93) Vgl. *Mayer/Jenne*, BB 2020, 835, 843.

§ 3 Abs. 1 Satz 4 GesRuaCOVBekG nicht zur Nichtigkeit des Beschlusses, es sei denn, dem Verein ist Vorsatz vorzuwerfen.[94] Das Protokoll sollte technische Störungen jedoch dokumentieren.[95]

3. Gemischte Mitgliederversammlung

Gemischte Mitgliederversammlungen, bei denen ein Teil der Mitglieder an einem Versammlungsort präsent ist, während weitere Mitglieder virtuell „zugeschaltet" sind, sieht der Gesetzgeber des GesRuaCOVBekG ausdrücklich als **zulässig** an.[96] Diese Variante kann sich anbieten, wenn etwa Mitglieder wegen der Reisebeschränkungen nicht anreisen dürfen, wenn behördlich für die Versammlung eine Personenobergrenze festgelegt wurde oder wenn Mitglieder zu den Risikogruppen der COVID-19-Pandemie gehören und die Versammlung nicht rein virtuell stattfinden soll. § 5 Abs. 2 Nr. 1 GesRuaCOVBekG erlaubt sowohl rein virtuelle, aber auch gemischte Mitgliederversammlungen.[97]   **78**

Die Durchführung einer gemischten Mitgliederversammlung (auch teilvirtuelle, kombinierte oder Hybridversammlung genannt)[98] stellt allerdings **technisch eine Herausforderung** dar.[99] Es muss auch hier sichergestellt werden, dass sich alle Mitglieder gleichermaßen an den Aussprachen und den Abstimmungen beteiligen können (Gleichbehandlungsgebot). Dies erfordert in der Regel interaktive Zwei-Wege-Verbindungen in Echtzeit.[100] Die zugeschalteten Online-Mitglieder zählen analog § 118 Abs. 1 Satz 2 AktG, § 43 Abs. 7 GenG (siehe § 3 GesRuaCOVBekG Rz. 26 [*Cymutta*]) als auf der Versammlung erschienene Mitglieder, solange die Online-Verbindung besteht.[101]   **79**

Es handelt sich um eine **Präsenzveranstaltung**, die Teilnahme muss aber nicht körperlich sein, selbst wenn außer dem Versammlungsleiter kein Mitglied am Versammlungsort körperlich anwesend ist, sondern alle Mitglieder online zugeschaltet sind.[102]   **80**

Soll eine gemischte Mitgliederversammlung durchgeführt werden, so müssen die aktuell am jeweiligen Veranstaltungsort gültigen Regelungen zu Versammlungen sowie Hygiene- und Sicherheitsvorschriften beachtet werden. Es empfiehlt sich, dass sich der Vorstand rechtzeitig mit den zuständigen Behörden abstimmt.   **81**

---

94) *Herb/Merkelbach*, DStR 2020, 811; *Leinenbach/Alvermann*, NJW 2020, 2319, 2321. Einschränkend dagegen *Schindler/Schaffner*, in: Virtuelle Beschlussfassung, § 4 Rz. 711 f., 726.

95) *Weber*, nopR 2021, 99, 102.

96) Begr. Entwurf z. Art. 2 § 5 Abs. 2 COVAbmildG, BT-Drucks. 19/18110, S. 30.

97) *Schindler/Schaffner*, in: Virtuelle Beschlussfassung, § 4 Rz. 649.

98) *Schindler/Schaffner*, in: Virtuelle Beschlussfassung, § 1 Rz. 7.

99) *Rapp*, DStR 2020, 806, 810.

100) *Notz* in: BeckOGK-BGB, § 32 Rz. 113; *Dehesselles/Richter*, npoR 2016, 246, 247; *Schindler/Schaffner*, in: Virtuelle Beschlussfassung, § 1 Rz. 2.

101) *Noack*, NJW 2018, 1345, 1348; *Herb/Merkelbach*, DStR 2020, 811, 813.

102) *Notz* in: BeckOGK-BGB, § 32 Rz. 113.

a) Einberufung

82 Hier gelten die gleichen Voraussetzungen wie bei der virtuellen Mitgliederversammlung. Die Mitglieder sind zusätzlich auf die Präsenzmöglichkeit hinzuweisen. Eine Anmeldepflicht kann vorgesehen werden.

b) Versammlungsleitung

83 Für die Versammlungsleitung ist noch wichtiger als bei der rein virtuellen Mitgliederversammlung ein **Moderator,** der einen Überblick über alle Standorte und virtuellen Beteiligungsmöglichkeiten hat, um den Austausch zwischen körperlich und virtuell anwesenden Mitgliedern zu gewährleisten. Die technischen Anforderungen sind dabei nicht zu unterschätzen.[103] Relevant kann dabei auch die Versorgung mit einer schnellen und leistungsfähigen Internetverbindung sein.[104]

84 Es kann mit einem Online-Chat, aber auch mit Live-Übertragung gearbeitet werden. Im letzteren Fall müssen an allen Orten, an denen sich die Teilnehmer befinden, mindestens eine Kamera und ein Mikrofon als Eingabegeräte sowie ein Bildschirm und ein Lautsprecher als Ausgabegeräte vorhanden sein.[105]

c) Beschlussfassung

85 Für die Beschlussfassung durch die virtuell anwesenden Mitglieder gelten die gleichen Voraussetzungen wie bei der virtuellen Mitgliederversammlung. Die am Versammlungsort präsenten Mitglieder können an Computern, mobilen Stimmgeräten oder auf andere, in der Satzung festgelegte Weise abstimmen. Die **Ergebnisse** der Abstimmungen sind **zusammenzuführen** und bekannt zu machen. Sofern nach § 5 Abs. 2 Nr. 2 GesRuaCOVBekG die Abstimmung vor der Versammlung zugelassen wurde, sind die im Briefwahlverfahren abgegebenen Stimmen mit einzubeziehen.

86 Ein in der Satzung vorgeschriebenes **Quorum** muss übergreifend über die verschiedenen Abstimmungsarten erreicht werden.

87 **Beschlussmängel,** die auf technischen Störungen im Zusammenhang mit der Beschlussfassung beruhen, führen auch hier analog § 1 Abs. 7 GesRuaCOVBekG und § 3 Abs. 1 Satz 4 GesRuaCOVBekG nicht zur Nichtigkeit des Beschlusses, es sei denn, dem Verein ist Vorsatz vorzuwerfen (siehe Rz. 77).

4. Schriftliche Stimmabgabe vor der Versammlung

88 § 5 Abs. 2 Nr. 2 GesRuaCOVBekG erlaubt dem Vorstand, auch ohne satzungsmäßige Ermächtigung eine schriftliche Abgabe der Stimmen bereits vor der Durchführung der Mitgliederversammlung (Briefwahl) vorzusehen. Diese Möglichkeit gilt unabhängig davon, ob die Mitgliederversammlung klassisch an einem Versammlungsort, virtuell oder als Hybridversammlung durchgeführt wird.[106]

---

103) *Dehesselles/Richter,* npoR 2016, 246, 249.
104) *Weber,* nopR 2021, 99, 102.
105) *Deshesselles/Richter,* npoR 2016, 246, 250; *Mecking,* ZStV 2011, 161, 165.
106) *Thumm* in: Fischinger/Orth, COVID-19 und Sport, Teil 1 Rz. 53.

Wird die Möglichkeit der schriftlichen Stimmabgabe vor der Versammlung vom   **89**
Vorstand angeboten, kann dies für die Mitglieder von Vorteil sein, wenn sie das
Risiko von technischen Störungen verringern wollen.[107)]

a) Form der Stimmabgabe

Nach dem Gesetzeswortlaut müssen die Stimmen „**schriftlich**" abgegeben werden.   **90**
Da nicht wie in § 5 Abs. 3 GesRuaCOVBekG die Textform vorgesehen oder wie in
§ 5 Abs. 2 Nr. 1 GesRuaCOVBekG die Stimmabgabe „im Wege der elektronischen
Kommunikation" erlaubt ist, stellt sich die Frage, ob eine Stimmabgabe per E-Mail
oder Online-Formular nur i. R. einer virtuellen oder gemischten Mitgliederversammlung i. S. der Nummer 1 oder auch ohne Teilnahme an der Mitgliederversammlung i. S. der Nummer 2 möglich ist.

In der Gesetzesbegründung wird zur Form der Stimmabgabe nichts ausgeführt.   **91**
Allerdings handelt es sich bei § 5 GesRuaCOVBekG um erleichternde Regelungen
zu § 32 BGB. Die Briefwahlvorschrift des § 32 Abs. 2 BGB sieht ebenfalls vor, dass
die Stimmen „schriftlich" abzugeben sind. Dabei ist anerkannt, dass die Briefwahl
trotz des Wortlauts in § 32 Abs. 2 BGB nicht in der Schriftform des § 126 BGB zu
erfolgen hat, sondern eine Abstimmung in elektronischer Form oder Textform ausreicht.[108)]

Es ist davon auszugehen, dass der Gesetzgeber sich bei § 5 Abs. 2 Nr. 2   **92**
GesRuaCOVBekG an der zu § 32 BGB gültigen Auslegungspraxis orientiert hat, so
dass trotz der sprachlichen Unterschiede zu § 5 Abs. 3 GesRuaCOVBekG und § 5
Abs. 2 Nr. 1 GesRuaCOVBekG **keine Schriftform** i. S. des § 126 BGB erforderlich
ist.[109)]

Um die Stimmabgabe zu ermöglichen und zu gewährleisten, dass die Mitglieder über   **93**
die richtigen Beschlussvorschläge abstimmen, kann der Vorstand **Abstimmungs-
formulare** bei der Einberufung versenden.

Sofern die Einberufung nach der Satzung per E-Mail oder Bekanntgabe auf der Home-   **94**
page des Vereins erfolgen kann, sollte in Betracht gezogen werden, ob die Mitglieder tatsächlich die technischen Möglichkeiten zum **Ausdruck** der Stimmzettel haben,
damit allen Mitgliedern die Abstimmung ermöglicht und eine faktische Ungleichbehandlung ausgeschlossen ist. Sind die technischen Möglichkeiten nicht klar, sollte
der Vorstand prüfen, ob die Einberufung schriftlich unter Beifügung des Stimmzet-
tels erfolgen kann.

b) Frist zur Stimmabgabe

Will der Vereinsvorstand von der Ermächtigung der Vorab-Abstimmung Gebrauch   **95**
machen, so hat er bei Einberufung der Mitgliederversammlung mitzuteilen,

– bis zu welchem Zeitpunkt und

– auf welchem Wege (schriftlich)

---

107) *Herb/Merkelbach*, DStR 2020, 811, 812.
108) *Notz* in: BeckOGK-BGB, § 32 Rz. 197.
109) *H. Schmidt* in: H. Schmidt, COVID-19, § 8 Rz. 15; *Segna*, nopR 2020, 148, 151.

– über welche Beschlussvorschläge

abgestimmt werden kann.[110]

96   Die Abstimmungsfrist muss sicherstellen, dass die schriftlich abgegebenen Stimmen bei der Versammlung **berücksichtigt werden**. Es sollte wegen der verlängerten Postlaufzeiten in der Krisensituation ein Zeitpuffer eingeplant werden. Die Stimmabgabe muss jedenfalls vor Beginn der Mitgliederversammlung erfolgen, also vor dem Zeitpunkt, in dem der Versammlungsleiter die Mitgliederversammlung förmlich als eröffnet erklärt.[111]

97   Das Ergebnis der Briefwahl sollte bis zur Bekanntgabe der in der Mitgliederversammlung abgegebenen Stimmen geheim bleiben, da ansonsten das Wahlergebnis in der Mitgliederversammlung beeinflusst werden kann.[112] Eine vorzeitige Kenntniserlangung kann verhindert werden, wenn die Stimmen gleichzeitig mit den in der Versammlung abgegebenen Stimmen ausgezählt werden.[113]

c) Mehrfache Stimmabgabe

98   Die im Wege der Briefwahl abgegebenen Stimmen sind als **Willenserklärungen unter Abwesenden** zu werten, die nicht mehr widerrufen werden können, sobald sie dem Verein zugegangen ist.[114] Da dem Briefwähler grundsätzlich offensteht, auch an der virtuellen oder gemischten Mitgliederversammlung teilzunehmen und die Satzungen in den GesRuaCOVBekG-Fällen gerade keine Regelungen treffen, muss der Vorstand vor der Einberufung zur Versammlung festlegen, wie in diesem Falle mit dem Stimmrecht umzugehen ist, damit es nicht zu einer doppelten Stimmabgabe kommt.[115]

99   Denkbar ist, dass das Mitglied hinsichtlich der per Briefwahl abgegebenen Stimmentscheidung sein Stimmrecht verbraucht hat[116] oder dass im Falle der persönlichen Teilnahme die abgegebene Briefwahlstimme automatisch als nicht abgegeben gewertet wird.[117]

d) Stichwahlen

100   Insbesondere bei Personenwahlen sehen Vereinssatzungen nicht selten einen zweiten Wahlgang vor für den Fall, dass die Bewerber nicht die nach der Satzung erforderliche Mehrheit der Stimmen auf sich vereinigen. Auch für diesen Fall sollte der Vorstand eine Verfahrensweise vorab festlegen. Möglich ist etwa, dass der zweite Wahlgang

---

110) *Otto* in: Stöber/Otto, Hdb. zum Vereinsrecht, Rz. 796; *Noack*, NJW 2018, 1345, 1348; *H. Schmidt* in: H. Schmidt, COVID-19, § 8 Rz. 16.
111) *H. Schmidt* in: H. Schmidt, COVID-19, § 8 Rz. 15.
112) Vgl. *Noack*, NZG 2008, 441, 445.
113) *Krüger*, MMR 2012, 85, 88.
114) *Krüger*, MMR 2012, 85, 88; *Otto* in: Stöber/Otto, Hdb. zum Vereinsrecht, Rz. 792.
115) *Kopp*, GWR 2021, 158.
116) So wohl *Vetter/Tielmann*, NJW 2020, 1175, 1179, die nur die Stimmabgabe vor der Versammlung zulassen wollen.
117) *Krüger*, MMR 2012, 85, 88.

ohne Einbeziehung der Briefwähler stattfindet oder dass angesichts der breiteren Beteiligung am Wahlverfahren auf den zweiten Wahlgang verzichtet wird.[118]

5. Nicht-Einberufung der Mitgliederversammlung

Unsicherheiten ergaben sich im Jahr 2020 für Vereine, wenn die Abwägung des Vorstands ergab, dass auf der einen Seite die Durchführung einer virtuellen Mitgliederversammlung entweder eine zu große finanzielle Belastung für den Verein darstellen würde (z. B. wegen benötigter Software) oder wegen der Mitgliederstruktur damit zu rechnen war, dass eine virtuelle Mitgliederversammlung keine gleiche Beteiligungsmöglichkeiten für alle Mitglieder bieten würde, aber auf der anderen Seite auch keine Präsenzveranstaltung durchgeführt werden konnte. Denn selbst wenn es die Kontaktbeschränkungen zuließen, konnte sich aus der Mitgliederstruktur ergeben, dass die Teilnahme an einer Präsenzveranstaltung für besonders gefährdete Mitglieder unzumutbar gewesen wäre. Mangels gesetzlicher Regelung konnte eine solche Verschiebung aber nur ultima ratio sein. **101**

Dieses Dilemma hat der Gesetzgeber im neuen § 5 Abs. 2a GesRuaCOVBekG aufgegriffen, der seit 28.2.2021 in Kraft ist.[119] Danach ist der Vorstand abweichend von § 36 BGB nicht verpflichtet, die satzungsmäßig vorgesehene ordentliche Mitgliederversammlung einzuberufen, solange die Mitglieder sich nicht an einem Ort versammeln dürfen und die Durchführung der Mitgliederversammlung im Wege der elektronischen Kommunikation für den Verein oder die Vereinsmitglieder nicht zumutbar ist.[120] Diese Voraussetzungen müssen kumulativ vorliegen.[121] **102**

a) Versammlungsverbot

Ein Ausfall der Mitgliederversammlung bzw. eine Verschiebung selbst über das Jahr 2021 hinaus ist nach der ersten Voraussetzung des § 5 Abs. 2a GesRuaCOVBekG zulässig, wenn und solange die Mitglieder sich nicht an einem Ort versammeln dürfen. Entscheidend sind dabei die angesichts der COVID-19-Pandemie ergangenen Bundes-, Landes- und kommunalen Regelungen. **103**

Insbesondere die Beschlüsse der Ministerpräsidentenkonferenz mit der Bundeskanzlerin Anfang März 2021 sahen einen Stufenplan vor, anhand dessen unterschiedliche Bereiche des gesellschaftlichen Lebens „geöffnet" werden sollten bzw. bei denen **104**

---

118) *Krüger*, MMR 2012, 85, 88.

119) *Weber*, nopR 2021, 99, 101; *Kopp*, GWR 2021, 158.

120) Praktikabilitätsgründe, Vereinstraditionen oder der Wunsch, die Emotionalität des Miteinanders zu erleben, waren und sind dagegen keine hinreichenden Gründe für eine Verschiebung – so aber der FC Bayern München e. V., der seine Jahreshauptversammlung 2020 zunächst auf April 2021 verschoben hatte: https://fcbayern.com/de/news/2020/09/jahreshauptversammlung-2020-21-am-15.-april-2021-im-audi-dome, abgerufen am 13.4.2021. Im März 2021 verschob der FC Bayern München e. V. die Jahreshauptversammlungen für 2020 und 2021 erneut auf Ende 2021: https://fcbayern.com/de/news/2021/03/verschiebung-der-jahreshauptversammlung-2020, abgerufen am 13.4.2021. Da jedoch bis zur Versammlung digitale Formate mit Fans geplant sind, kann die Verschiebung nicht mit einer Unzumutbarkeit aus finanzieller oder technischer Sicht für Verein oder Mitglieder begründet werden. Dass virtuelle Versammlungen in Fußballvereinen möglich sind, haben in 2020 schon u. a. Hertha BSC, der Karlsruher SC, der Nürnberger FC und der VfL Bochum bewiesen.

121) *Kopp*, GWR 2021, 158, 159.

die wegen der Pandemie verhängten Beschränkungen aufgehoben werden sollten. Abhängig von den maßgebenden Kriterien, wie z. B. den Inzidenzwerten hinsichtlich der COVID-19-Infizierten der vorangegangenen sieben Tage oder der Belastung der Intensivstationen, sollte über die Aufhebung oder Wiedereinführung von Beschränkungen regional entschieden werden. Nach Beginn der „Dritten Welle" zogen manche Bundesländer oder Kommunen die „Notbremse" und nahmen Lockerungen zurück bzw. öffneten keine weiteren Bereiche des gesellschaftlichen Lebens. Änderungen am Bundesinfektionsschutzgesetz ermöglichten schließlich die „Bundesnotbremse".[122] Nachdem die fortschreitende Inpfkampagne ab dem Sommer 2021 zunehmende Wirkung zeigte, wurden schrittweise Einschränkungen zurückgenommen.

105   Solange jedoch die Pandemie nicht vollständig beendet ist – wovon der Gesetzgeber angesichts der Verlängerung der Regeln des GesRuaCOVBekG überzeugt ist – mussten und müssen Vereinsvorstände jedoch vor der Einberufung einer Mitgliederversammlung, auch einer hybriden Versammlung, prüfen, wie viele Menschen sich aktuell an einem bestimmten Ort versammeln dürfen. Wichtig ist, dass unmittelbar vor Beginn der Versammlung selbst nochmals sichergestellt werden muss, dass der Versammlung keine Bundes-, Landes- oder kommunalen Regelungen entgegenstehen. Wenn aufgrund der allgemeinen Infektionslage zu erwarten ist, dass eine Versammlung nicht zulässig sein wird, ist eine Verschiebung möglich.

106   § 5 Abs. 2a GesRuaCOVBekG sieht das Absehen von der Einberufung nur dann vor, wenn und solange die Mitglieder sich nicht an einem Ort versammeln „dürfen". Umfasst sein muss jedoch auch die Situation, in der sich die Mitglieder nicht an einem Ort versammeln „können". Hierbei ist insbesondere zu beachten, dass es die seit November 2020 verfügte Schließung von Gaststätten und Veranstaltungsräumen unmöglich machen kann, einen Versammlungsort von hinreichender Größe zu finden, der die Versammlung unter Einhaltung der Abstands- und Hygienevoraussetzungen ermöglicht. Dies gilt insbesondere in den Wintermonaten, in denen kein Ausweichen auf Vereinsgelände im Freien möglich ist.

107   Da nicht alle Vereine eigene Räumlichkeiten haben oder diese jedenfalls nicht immer die Einhaltung der Abstands- und Hygieneregeln erlauben, kann einem Verein auch trotz rechtlicher Zulässigkeit die Durchführung einer Mitgliederversammlung in Präsenz tatsächlich unmöglich sein. Auch in diesem Falle muss es dem Vorstand gestattet sein, von einer virtuellen Mitgliederversammlung abzusehen, wenn diese für den Verein oder die Mitglieder unzumutbar wäre.

b) Unzumutbarkeit

108   Bei der Frage, ob die virtuelle Mitgliederversammlung wegen Unzumutbarkeit verschoben werden soll, hat der Vorstand ein Ermessen. Die Unzumutbarkeit kann sich entweder auf den Verein oder auf die Vereinsmitglieder oder gar auf beide beziehen.

109   Für den Verein kann die virtuelle Mitgliederversammlung unzumutbar sein, wenn es keine technische Infrastruktur gibt, um eine virtuelle Mitgliederversammlung mit den nötigen Elementen abzuwickeln. Stehen beispielsweise Vorstandswahlen

---

122) Viertes Gesetz zum Schutz der Bevölkerung bei einer epidemischen Lage von nationaler Tragweite v. 22.4.2021, BGBl. I, 802; BT-Drucks. 19/28444.

bei der Mitgliederversammlung an und sind diese nach der Satzung geheim durch-zuführen, so kann eine spezielle Software erforderlich sein, um den Satzungsbedin-gungen zu entsprechen. Hat der Verein viele Mitglieder, die erfahrungsgemäß zu den Mitgliederversammlungen kommen, und sind umfangreiche Wortmeldungen zu erwarten, so müssen technische Möglichkeiten vorgehalten werden, um sicherzu-stellen, dass alle Mitglieder in Echtzeit am Diskussions- und Entscheidungsprozess beteiligt werden können. Die dabei entstehenden Kosten können für den Verein unzumutbar sein; dies ist im Einzelfall vom Vorstand zu begründen. Dabei können als Vergleichsmaßstab die Kosten herangezogen werden, die in den vorausgegange-nen fünf Jahren für die Durchführung der Mitgliederversammlungen aufgewendet wurden.[123]

Eine Verschiebung bzw. das Absehen von einer Einberufung zur Mitgliederversamm-lung ist außerdem zulässig, wenn die Durchführung der virtuellen Mitgliederversamm-lung für die Vereinsmitglieder unzumutbar ist. Eine solche Unzumutbarkeit kann beispielsweise vorliegen, wenn aufgrund der Mitgliederstruktur davon auszugehen ist, dass ein Großteil der Mitglieder keine technischen Geräte hat, mit denen die Teilnahme an der Mitgliederversammlung möglich ist. Rein emotionale Gründe rei-chen für eine Unzumutbarkeit nicht aus. **110**

War die Durchführung der Mitgliederversammlung für den Verein oder die Mitglieder unzumutbar, so soll auch schon vor Inkrafttreten der Regelung des § 5 Abs. 2a GesRuaCOVBekG zulässig gewesen sein, auf die Einberufung der Mitgliederver-sammlung zu verzichten.[124] **111**

IV. Mitgliederbeschlüsse ohne Versammlung (Umlaufverfahren)

§ 32 Abs. 2 BGB erlaubt es, dass Beschlüsse im Umlaufverfahren, also ohne Mit-gliederversammlung, gefasst werden, wenn **alle Mitglieder**, die in der Mitglieder-versammlung nach dem Gesetz oder der Satzung stimmberechtigt wären,[125] dem Beschluss schriftlich **zustimmen**. Enthält sich auch nur ein Mitglied oder beteiligt sich nicht, so ist der Beschluss nicht wirksam, sofern in der Satzung keine andere Regelung getroffen wird. Das Umlaufverfahren ermöglicht dabei zwar die Beschluss-fassung, ersetzt aber keine satzungsmäßig vorgeschriebene Mitgliederversammlung.[126] **112**

Die Anforderungen des § 32 Abs. 2 BGB setzt § 5 Abs. 3 GesRuaCOVBekG herab. Danach ist ein Beschluss ohne Mitgliederversammlung gültig, wenn alle Mitglieder beteiligt wurden, bis zum dem vom Verein gesetzten Termin mindestens die **Hälfte der Mitglieder** ihre Stimmen in Textform abgegeben hat und der Beschluss mit der nach der Satzung oder nach dem Gesetz erforderlichen Mehrheit gefasst wurde.[127] **113**

---

123) *Weber*, nopR 2021, 99, 103.
124) *Thumm* in: Fischinger/Orth, COVID-19 und Sport, Teil 1 Rz. 48.
125) *Nessler*, ZStV 2020, 168, 170.
126) *Leinenbach/Alvermann*, NJW 2020, 2319.
127) *Segna* in: BeckOGK-BGB, § 28 Rz. 14.

114   Da § 5 Abs. 3 GesRuaCOVBekG die Regelung in § 32 Abs. 2 BGB modifiziert,[128] gelten dessen Voraussetzungen subsidiär, sofern in § 5 Abs. 3 GesRuaCOVBekG nichts anderes geregelt ist.

115   Sind in der Satzung **andere alternative Beschlussverfahren** geregelt, so kann der Vorstand nach seinem Ermessen entscheiden, ob er die bestehenden Verfahren oder die in § 5 Abs. 3 vorgesehene Ausnahmeregelung nutzt.

1. Beteiligung aller Mitglieder

116   § 5 Abs. 3 GesRuaCOVBekG fordert eine **Beteiligung aller Mitglieder.** Da auch Mitglieder, die nach der Satzung nicht in einer Mitgliederversammlung stimmberechtigt sind, berechtigt sind, an der Mitgliederversammlung teilzunehmen, auf den Willensbildungsprozess Einfluss zu nehmen und daher einzuladen sind, müssen auch im Rahmen des § 5 Abs. 3 GesRuaCOVBekG tatsächlich alle Mitglieder beteiligt werden, selbst wenn sie nicht stimmberechtigt sind.[129]

117   Was genau mit „Beteiligung" der Mitglieder gemeint ist, ist in der Gesetzesbegründung nicht näher beschrieben. Da jedoch eine Erleichterung der Beschlussfassung in der Krisensituation der COVID-19-Pandemie bezweckt ist, sollten die Anforderungen an eine Beteiligung nicht zu hoch gesetzt werden. Ausreichend ist daher, dass alle Mitglieder über die Beschlussfassung informiert werden und die Möglichkeit haben, an einer Willensbildung und der Beschlussfassung mitzuwirken. Dabei muss die **Information** über die Beschlussfassung **aktiv durch den Verein** gegenüber den Mitgliedern erfolgen; nicht ausreichend ist, wenn sich die Mitglieder selbst – etwa durch regelmäßigen Besuch der Vereinshomepage – die Information verschaffen müssen.

118   In welcher **Form** die Information zu erfolgen hat, richtet sich nach der konkreten Situation und der Mitgliederstruktur des Vereins. Da die Stimmabgabe selbst in Textform erfolgen darf, muss auch die Beteiligung der Mitglieder in dieser Form zulässig sein.[130] Schriftform i. S. des § 126 BGB ist somit nicht erforderlich. Ein Anschreiben per Post ist aber angezeigt, sofern nicht von allen Mitgliedern E-Mail-Adressen vorliegen.

119   Eine **Ankündigung** auf der Homepage oder in der Vereinszeitschrift ist nicht ausreichend, da nicht sichergestellt ist, dass diese von allen Vereinsmitgliedern wahrgenommen wird. Möglich ist aber, den Beschlussvorschlag neben einer Information per E-Mail oder Post zusätzlich auf der Homepage des Vereins zu begründen sowie ggf. ergänzende Unterlagen zur Einsicht auszulegen. Dabei ist aber zu beachten, dass vereinsinterne Informationen nur in geschützten Mitgliederbereichen veröffentlicht werden.

120   Im Rahmen der Information der Mitglieder sollte der Beschluss begründet werden. Der Umfang der Begründung und der vorzulegenden Informationen richtet sich nach den im Einzelfall zu treffenden Beschlüssen. Soll die Entlastung von Vorstandsmitgliedern im Umlaufverfahren erfolgen, so sind den Mitgliedern beispielsweise vorab

---

128) *Wälzholz/Bayer*, DNotZ 2020, 285, 301.
129) *Nessler*, ZStV 2020, 168, 171; *Schindler/Schaffner*, in: Virtuelle Beschlussfassung. § 4 Rz. 669.
130) *Thumm* in: Fischinger/Orth, COVID-19 und Sport, Teil 1 Rz. 54.

die Jahresberichte des Vorstands, der Kassenbericht und der Bericht der Kassenprüfer zur Kenntnis zu geben. Bei Beschlüssen mit wirtschaftlichen Auswirkungen müssen diese hinreichend konkret dargelegt werden.[131]

2. Beteiligungsfrist

Der Vereinsvorstand muss einen Termin bestimmen, bis zu dem die Mitglieder ihre **121** Stimmen abgeben können. Die Frist muss angemessen sein. Es sollten mindestens die Ladungsfristen der Satzung eingehalten werden.[132] Maßgeblich zur Fristwahrung ist der Zugang der Stimmabgabe beim Vorstand.[133]

3. Form

In § 5 Abs. 3 GesRuaCOVBekG ist die Stimmabgabe in **Textform** (§ 126b BGB) vor- **122** gesehen. Dies entspricht der Auslegung des § 32 Abs. 2 BGB.[134] Schriftform i. S. des § 126 BGB ist nicht erforderlich. Die Mitglieder können ihre Stimmen also insbesondere per E-Mail abgeben.[135] Die E-Mail-Adresse, an die die Stimmabgabe zu senden ist, muss in der Mitgliederinformation angegeben werden.

Werden Stimmabgaben an andere E-Mail-Adressen des Vereins gesandt, so sollten **123** E-Mails an allgemeine, offizielle Adressen (Sekretariat, allgemeine Kontaktadresse, ggf. zuständiger Vorstand) – soweit organisatorisch möglich – bei der Stimmauswertung berücksichtigt werden, um eine möglichst breite Basis für die Beschlussfassung zu schaffen.

Eine telefonische oder sonstige mündliche Stimmabgabe ist nach § 5 Abs. 3 **124** GesRuaCOVBekG nicht zulässig, da dieser ausdrücklich Textform fordert und das Umlaufverfahren nicht die Mitgliederversammlung ersetzt.[136]

4. Mehrheitserfordernis

Während Beschlüsse nach § 32 Abs. 2 BGB nur angenommen sind, wenn alle Mit- **125** glieder zustimmen, reicht nach § 5 Abs. 3 GesRuaCOVBekG, dass **mindestens die Hälfte der stimmberechtigten**[137] **Mitglieder** bis zum dem vom Verein festgesetzten Termin ihre Stimmen im Umlaufverfahren abgegeben haben und der Beschluss mit der nach der Satzung oder dem Gesetz erforderlichen Mehrheit gefasst wurde.[138] In der Praxis sollten die Mitglieder rechtzeitig vor Ablauf der Abstimmungsfrist nochmals an die Stimmabgabe und das Quorum erinnert werden, um die Wirksamkeit des Beschlusses sicherzustellen.

---

131) *Leinenbach/Alvermann*, NJW 2020, 2319, 2320.
132) *Wälzholz/Bayer*, DNotZ 2020, 285, 301.
133) *Leinenbach/Alvermann*, NJW 2020, 2319, 2320.
134) *Notz* in: BeckOGK-BGB, § 32 Rz. 197.
135) *Fisch*, NZG 2020, 512, 513 hält auch WhatsApp- und SMS-Nachrichten für zulässig.
136) *Leinenbach/Alvermann*, NJW 2020, 2319, 2320; *Weber*, nopR 2021, 99, 101.
137) *Nessler*, ZStV 2020, 168, 171, der darauf hinweist, dass es für das Quorum nicht auf die Zahl der stimmberechtigten Mitgliedern vertretenen Stimmen ankommt.
138) *Segna* in: BeckOGK-BGB, § 28 Rz. 14; *Thumm* in: Fischinger/Orth, COVID-19 und Sport, Teil 1 Rz. 54; *Fisch*, NZG 2020, 512, 513.

126   Die Gesetzesbegründung führt aus, dass die Mehrheitserfordernisse durch § 5 Abs. 3 GesRuaCOVBekG nicht geändert wurden. Es richtet sich daher nach den jeweiligen Regelungen im Gesetz oder in der Satzung, ob der Beschluss mit

    –   der Mehrheit der Stimmen sämtlicher Mitglieder,

    –   der Mehrheit der Mitglieder, die sich beteiligt haben

    –   oder der Mehrheit der gültigen Stimmen geschlossen werden muss.

127   Die Gesetzesbegründung nimmt ausdrücklich auf die **Drei-Viertel-Mehrheit** der anwesenden Stimmen nach § 33 Abs. 1 Satz 1 BGB und das Erfordernis der **Zustimmung sämtlicher Mitglieder für Zweckänderungen** nach § 33 Abs. 1 Satz 2 BGB (vorbehaltlich abweichender Satzungsbestimmungen) Bezug, die auch in der Beschlussfassung nach § 5 Abs. 3 GesRuaCOVBekG weiter gelten.[139] Sieht die Satzung Mehrfachstimmrechte vor, so gelten diese ebenfalls im Verfahren nach § 5 Abs. 3 GesRuaCOVBekG.[140]

V. Vorstandsbeschlüsse

128   In der bis 28.2.2021 geltenden Fassung sind § 5 Abs. 2 und 3 GesRuaCOVBekG, die § 32 BGB modifizieren, dem Wortlaut nach nur auf Mitgliederversammlungen von Vereinen und Beschlüsse der Vereinsmitglieder im Umlaufverfahren anwendbar. Ab 28.2.2021 stellt § 5 Abs. 3a GesRuaCOVBekG klar, dass die Absätze 2 und 3 auch für den Vorstand von Vereinen und Stiftungen sowie für andere Vereins- und Stiftungsorgane gelten.[141] Die Frage der Anwendbarkeit von § 5 Abs. 2 und 3 GesRuaCOVBekG auf **Vorstandssitzungen** und **Beschlüsse des Vorstands** stellt sich ohnehin nur, wenn in der Satzung virtuelle Vorstandssitzungen oder Beschlüsse im Umlaufverfahren nicht oder nur bei einstimmiger Zustimmung (entsprechend § 32 Abs. 2 BGB) vorgesehen sind.

129   Auch wenn § 5 GesRuaCOVBekG in seiner ersten Fassung keine Regelungen zu Sitzungen und Beschlüssen des Vereinsvorstands getroffen hat, war in der Literatur anerkannt, dass die Regelungen der § 5 Abs. 2 und 3 GesRuaCOVBekG auf Vereinsvorstände analog anzuwenden sind.[142] Gestützt wurde dies auf den **Sinn und Zweck** sowie die Historie des Gesetzes. Das Gesetz umfasste Regelungen zum Insolvenzrecht, Gesellschaftsrecht, Zivilrecht und Strafverfahrensrecht. Es wurde nach den ersten Ankündigungen durch das BMJV zu einem Gesetz zur Abmilderung der COVID-19-Folgen am 16.3.2020 innerhalb von weniger als zwei Wochen bis zur Verabschiedung und Verkündung gebracht. Dass es in diesem so knappen Gesetzgebungsverfahren zu Unklarheiten und Wertungswidersprüchen kommt, blieb nicht aus. Vieles srpach dafür, dass die Frage der Willensbildung im Vereinsvorstand einfach **nicht bedacht wurde**. Gleichzeitig Ziel des Gesetzgebers, dass der Vorstand handlungsfähig bleiben musste und sollte, denn er soll insbesondere die Mitglieder-

---

139) Begr. Entwurf z. Art. 2 § 5 Abs. 3 COVAbmildG, BT-Drucks. 19/18110, S. 30.

140) *Nessler*, ZStV 2020, 168, 172.

141) *Weber*, nopR 2021, 99, 101.

142) *Thumm* in: Fischinger/Orth, COVID-19 und Sport, Teil 1 Rz. 51; ausführlich dazu 1. Auflage, § 5 Rz. 98 ff.

versammlung vorbereiten und muss grundsätzlich auch die (laufenden) Geschäfte führen.

Der Gesetzgeber wollte die Vereine mit den Regelungen des COVAbmildG hand- **130**
lungsfähig halten[143] und ein Weiterarbeiten trotz der Kontaktsperren ermöglichen.
Im allgemeinen Teil der Gesetzesbegründung war ausgeführt, dass die Gefahr bestehe,
dass Vereine und andere Gesellschaften während der Krise nicht mehr in der Lage
sein würden, „auf herkömmlichem Weg Beschlüsse auf Versammlungen der entsprechenden Organe herbeizuführen".[144] Der Gesetzgeber bezog sich auf alle **Organe** der angeführten Gesellschaften, die die Handlungsfähigkeit garantieren sollten.
Dazu zählte ohne Zweifel der Vereinsvorstand, der Geschäftsführungs- und Ver-
tretungsorgan ist (§ 26 BGB).

Schließlich wäre es widersinnig gewesen, wenn der Gesetzgeber dafür gesorgt hätte, **131**
dass die Vorstände im Amt bleiben, aber keine Beschlüsse hätten gefasst werden
können, weil bspw. die Satzung keine Regelung zu virtuellen Sitzungen oder Umlaufverfahren enthielt, der Vorstand nur bei Zusammenkommen von mindestens drei
Personen beschlussfähig war, aber gleichzeitig Zusammenkünfte von mehr als zwei
Personen verboten waren.

Die Regelungen der § 5 Abs. 2 und 3 GesRuaCOVBekG waren daher von Beginn an **132**
weit auszulegen und auch **auf Beschlüsse und Versammlungen von Vereinsvorständen anzuwenden**,[145] soweit die Satzung entsprechende Regelungen nicht getroffen
hat. Dennoch ist die Klarstellung im neuen § 5 Abs. 3a GesRuaCOVBekG aus
Gründen der Rechtssicherheit zu begrüßen.[146]

VI. Parteien

1. Parteivorstand

Politische Parteien sind in Deutschland aus historischen Gründen häufig in der Rechts- **133**
form eines eingetragenen oder eines nicht eingetragenen Vereins organisiert.[147]

Aufgrund ihrer besonderen Aufgabe, nach Art. 21 Abs. 1 GG bei der Willensbil- **134**
dung des Volkes mitzuwirken, wurden im Parteiengesetz zusätzliche Regelungen zur
Struktur und den Organen politischer Parteien getroffen. So gliedern sich Parteien
gemäß § 7 Abs. 1 ParteiG in Gebietsverbände, deren Größe und Umfang durch die
Satzung geregelt werden. Die Gebietsverbände haben eigene Satzungsregelungen,
soweit die Satzung des jeweils nächsthöheren Gebietsverbands keine Regelung enthält
(§ 6 Abs. 1 ParteiG). Notwendige Organe der Parteien und Gebietsverbände sind
Vorstand und Mitgliederversammlung (§ 8 Abs. 1 ParteiG), die Satzungen können
aber weitere Organe vorsehen, wie z. B. Fachausschüsse, Schiedsgerichte, Versamm-

---

143) Begr. Entwurf z. Art. 2 § 5 Abs. 1 COVAbmildG, BT-Drucks. 19/18110, S. 30; *Schultheis*,
   GWR 2020, 169, 174.
144) Entwurf COVAbmildG, BT-Drucks. 19/18110, S. 3 Nr. 3.
145) So auch *Segna* in: BeckOGK-BGB, § 28 Rz. 17; *H. Schmidt* in: H. Schmidt, COVID-19,
   § 8 Rz. 21; *Segna*, nopR 2020, 148, 152; *Schwenn/Blacher*, nopR 2020, 154, 160.
146) *Weber*, nopR 2021, 99, 101.
147) *Reffken*, NVwZ 2009, 1131.

lungen zur Aufstellung von Wahlbewerbern oder Verwaltungsorgane (§ 8 Abs. 2 ParteiG).

135   Der Vorstand ist wie in anderen Vereinen das Organ, das für die Partei handelt und an das die der Partei auferlegten Pflichten gerichtet sind (§ 11 Abs. 3 ParteiG), obwohl er nicht in jedem Fall mit dem zivilrechtlichen Vereinsvorstand identisch ist.[148] Die Wahl des Vorstands erfolgt durch die Mitgliederversammlung (den Parteitag) in geheimer Wahl (§§ 9 Abs. 4, 15 Abs. 2 ParteiG). Um den Grundsatz der innerparteilichen Demokratie zu wahren, gilt für die Vorstandswahl das Versammlungsprinzip, d. h. die Vorstandswahl obliegt grundsätzlich dem Parteitag.[149]

136   Um die Arbeitsfähigkeit der Parteien und ihrer Gebietsverbände zu gewährleisten, bestimmt § 5 Abs. 4 Satz 1 GesRuaCOVBekG, dass § 5 Abs. 1 GesRuaCOVBekG auf Vorstandsmitglieder und Vertreter in den sonstigen Organen und Gliederungen der Parteien entsprechend gilt. Der Vorrang von § 5 GesRuaCOVBekG gilt laut der Gesetzesbegründung ausdrücklich auch dann, wenn von Regelungen des § 9 ParteiG abgewichen wird.[150]

137   Durch die Erstreckung des § 5 Abs. 1 GesRuaCOVBekG auf Vorstandsmitglieder und Vertreter sonstiger Organe und Gliederungen der Parteien soll gewährleistet werden, dass die Parteien handlungsfähig bleiben und ihre Aufgaben nach Art. 21 Abs. 1 Satz 1 GG erfüllen können, auch wenn eine rechtzeitige Neuwahl nicht möglich ist. Da die Regelung ausdrücklich auf alle „Vertreter in sonstigen Organen und Gliederungen" verweist, ist klargestellt, dass nicht nur die Amtszeit des nach § 11 Abs. 3 ParteiG vertretungsberechtigten Vorstands verlängert wird, sondern auch die Amtszeit der Mitglieder von sonstigen, in den Parteisatzungen vorgesehenen sonstigen Gremien und Gliederungen.

138   Wie in anderen Vereinen bleiben die Abberufung der Organmitglieder oder Vertreter oder die sonstige Beendigung der Amtszeit unberührt.[151]

2. Mitglieder- und Vertreterversammlungen von Parteien

139   Vorstände von Parteien können für Parteien und ihre Gliederungen auch ohne Ermächtigung in der Satzung virtuelle oder gemischte Mitglieder- und Vertreterversammlungen i. S. des § 5 Abs. 2 GesRuaCOVBekG vorsehen (§ 5 Abs. 4 Satz 2 GesRuaCOVBekG). Das bedeutet, dass der Vorstand auch ohne Satzungsermächtigung vorsehen kann, dass Parteimitglieder oder Delegierte[152] an Parteitagen ohne

---

148) *Morlok*, Parteiengesetz, § 8 Rz. 3. Dem Parteivorstand können nach § 11 Abs. 2 ParteiG Personen kraft Satzung angehören, die nicht nach § 11 Abs. 3 ParteiG vertretungsberechtigt sind; vgl. *Morlok*, Parteiengesetz, § 11 Rz. 1.

149) *Morlok*, Parteiengesetz, § 9 Rz. 11.

150) Begr. Entwurf z. § 5 Abs. 4 GesRuaCOVBekG, BT-Drucks. 19/23197, S. 15. Aus der allein auf Parteien beschränkten Ausdehnung des § 5 GesRuaCOVBekG lässt sich ersehen, dass andere Rechtsformen, wie etwa Körperschaften des öffentlichen Rechts, von den Regelungen des GesRuaCOVBekG nicht profitieren sollen; *Schulteis*, GWR 2021, 351; OLG Nürnberg, Beschl. v. 15.3.2021 – 12 W 488/21, BeckRS 2021, 23154 Rz. 47.

151) Begr. Entwurf z. § 5 Abs. 4 GesRuaCOVBekG, BT-Drucks. 19/23197, S. 16; vgl. oben Rz. 44.

152) Vgl. *Thumm* in: Fischinger/Orth, COVID-19 und Sport, Teil 1 Rz. 51.

Anwesenheit am Versammlungsort teilnehmen und Mitgliederrechte im Wege der elektronischen Kommunikation ausüben können oder müssen oder dass Mitglieder ihre Stimmen vor der Durchführung der Mitgliederversammlung schriftlich abgeben können. Mittlerweile haben fast alle im Bundestag und in den Landtagen vertretenen Parteien von der Möglichkeit der Abhaltung virtueller Parteitage Gebrauch gemacht.

Eine wichtige Ausnahme von der analogen Anwendung des Absatzes 2 bildet jedoch die Beschlussfassung über die Satzung sowie die Schlussabstimmung bei Wahlen nach § 9 Abs. 4 ParteiG (§ 5 Abs. 4 Satz 3 GesRuaCOVBekG). Dementsprechend wurden Wahlen bei den virtuellen Parteitagen entweder vollständig schriftlich durchgeführt oder im Nachgang durch eine schriftliche Abstimmung bestätigt.[153]   **140**

Der Parteivorstand kann zudem auch ohne Satzungsermächtigung zulassen, dass die Wahrnehmung von Mitgliedschaftsrechten im Wege der Briefwahl oder zeitlich versetzt als Urnenwahl an verschiedenen Orten erfolgt. Schließlich stellt § 5 Abs. 4 Satz 5 GesRuaCOVBekG klar, dass die Regeln zur Aufstellung von Bewerbern zu Wahlen gemäß § 17 Satz 2 ParteiG unberührt bleiben.   **141**

---

153) So z. B. bei den Wahlen der Bundesvorstände der CDU am 16./22.1.2021 (https://www.cdu-parteitag.de/briefwahl, abgerufen am 17.10.2021) und der Partei Die LINKE am 28.2./5.3.2021 (https://www.die-linke.de/partei/parteistruktur/parteitag/siebenter-parteitag/wahl-des-parteivorstandes/, abgerufen am 17.10.2021).

§ 6
Wohnungseigentümergemeinschaften

(1) Der zuletzt bestellte Verwalter im Sinne des Wohnungseigentumsgesetzes bleibt bis zu seiner Abberufung oder bis zur Bestellung eines neuen Verwalters im Amt.

(2) Der zuletzt von den Wohnungseigentümern beschlossene Wirtschaftsplan gilt bis zum Beschluss eines neuen Wirtschaftsplans fort.

Literatur: *Gündel*, Wohnungseigentümerversammlung und Digitalisierung, ZWE 2019, 199; *Mankowski*, Die virtuelle Wohnungseigentümerversammlung, ZMR 2002, 246.

Übersicht

I. Kontinuität des Verwalteramtes (Abs. 1)

Das WEG sieht vor, dass das Amt des Verwalters automatisch endet, entweder nach Ablauf der gesetzlichen Höchstfristen, oder nach Ablauf der von den Wohnungseigentümern beschlossenen Amtszeit. § 6 Abs. 1 COVGesMG[1]) regelt nun, dass der zuletzt bestellte Verwalter i. S. des WEG bis zu seiner Abberufung oder **bis zur Bestellung** eines neuen Verwalters im Amt bleibt. Mithin wird mit dieser Regelung für eine gewisse Kontinuität des Verwalteramtes gesorgt. **1**

1. Normzweck

Aufgrund der gegenwärtigen COVID-19-Pandemie ist die Durchführung von **Wohnungseigentümerversammlungen** vielfach nicht oder nur eingeschränkt möglich. Zum einen ist eine Ansammlung mehrerer Personen in einem Raum durch behördliche Anordnung vielerorts nicht gestattet bzw. eingeschränkt. Zum anderen dürften geeignete Räumlichkeiten zur Zeit nicht zur Verfügung stehen. Zudem kann es den Wohnungseigentümern wegen der damit verbundenen Gesundheitsgefährdung nicht zumutbar sein, an einer Eigentümerversammlung teilzunehmen.[2]) Somit könnten Wohnungseigentümergemeinschaften notwendige Beschlüsse nicht fassen, was zur Folge hätte, dass die Bestellungszeiträume für das Amt des Verwalters ablaufen und, **2**

---

1) Art. 2 des Gesetzes zur Abmilderung der Folgen der COVID-19-Pandemie im Zivil-, Insolvenz- und Strafverfahrensrecht (COVAbmildG), v. 27.3.2020, BGBl. I 2020, 569, 570.
2) Begr. Entwurf z. Art. 2 § 6 Abs. 1 COVAbmildG, BT-Drucks. 19/18110, S. 30 f.

mangels Beschlussfassung durch die Wohnungseigentümer, das Amt des Verwalters nicht neu besetzt werden kann.[3]

3   Die **Amtszeit** eines Verwalters kann durch einen Bestellungsbeschluss der Wohnungseigentümergemeinschaft begrenzt werden. Im Übrigen sieht § 26 Abs. 2 WEG gesetzliche Höchstfristen für die Amtszeit des Verwalters vor. Diese Begrenzungen der Amtszeit des Verwalters werden nun durch die Regelung des § 6 Abs. 1 COVGesMG zeitweise außer Kraft gesetzt, um die Kontinuität des Verwalteramtes zu gewährleisten.

2. Bestellung und Abberufung des Verwalters

a) Rolle des Verwalters

4   Die Verwaltung des gemeinschaftlichen Eigentums obliegt grundsätzlich den Wohnungseigentümern (§ 18 WEG). Alternativ kann die Verwaltung auf einen Verwalter übertragen werden (§§ 18, 27 WEG). Die Person des Verwalters nimmt jedoch i. R. der Verwaltung eine maßgebliche Rolle ein. Im **Innenverhältnis** der Wohnungseigentümergemeinschaft ist der Verwalter grundsätzlich das ausführende Organ, da er (u. a.) gemäß § 27 Abs. 1 WEG berechtigt und verpflichtet ist, die Maßnahmen ordnungsgemäßer Verwaltung zu treffen. Zugleich ist er im **Außenverhältnis** der gesetzliche Vertreter der Wohnungseigentümergemeinschaft (§ 9b Abs. 1 Satz 1 WEG).

b) Fehlen eines Verwalters

5   Auch wenn der Verwalter grundsätzlich als ein gestärktes Organ der Wohnungseigentümergemeinschaft anzusehen ist (siehe oben Rz. 4), bedeutet dies nicht, dass die Wohnungseigentümergemeinschaft von Gesetzes wegen auch verpflichtet wäre, tatsächlich einen Verwalter zu bestellen. Solange kein Verwalter bestellt ist, werden alle Verwaltungsmaßnahmen im Innenverhältnis von den Wohnungseigentümern **gemeinsam** vorgenommen.[4] Die gesetzliche Vertretung der Wohnungseigentümergemeinschaft im Außenverhältnis erfolgt dann gemäß § 9b Abs. 1 Satz 2 WEG durch alle Wohnungseigentümer.

6   Eine Wohnungseigentümergemeinschaft kann insbesondere dann „verwalterlos" sein bzw. werden, wenn

– nach erstmaliger Entstehung der Gemeinschaft diese (in ihrer ersten Versammlung) keinen Verwalter per Beschluss bestellt,

– die gesetzliche Höchstfrist (§ 26 Abs. 2 WEG) oder der beschlossene Bestellungszeitraum abgelaufen ist, ohne dass die Wohnungsgemeinschaft über die Amtsnachfolge beschlossen hat, oder

– der Verwalter sein Amt wirksam niedergelegt hat.

c) Bestellungs- und Abberufungsbeschluss

7   Gemäß § 26 Abs. 1 WEG erfolgt die Bestellung des Verwalters grundsätzlich durch **Mehrheitsbeschluss** der Wohnungseigentümer. Mit Annahme des Beschlusses durch

---

3)   Begr. Entwurf z. Art. 2 COVAbmildG, BT-Drucks. 19/18110, S. 19.
4)   Palandt-*Wicke*, BGB, § 18 WEG Rz. 1.

die gewählte Person wird die Verwalter- und somit Organstellung dieser Person begründet.[5] Nach § 26 Abs. 2 WEG darf die Bestellung des Verwalters nur zeitlich beschränkt auf **höchstens fünf Jahre** vorgenommen werden, bei der erstmaligen Bestellung des Verwalters nach Begründung von Wohnungseigentum auf höchstens drei Jahre. Mit Ablauf der gesetzlichen Frist bzw. der durch Versammlungsbeschluss bestimmten Frist endet die Verwalterbestellung automatisch.[6]

Die **Abberufung** des Verwalters vor Ablauf seiner Amtszeit erfolgt gemäß § 26 **8** Abs. 1 WEG ebenfalls durch Mehrheitsbeschluss der Wohnungseigentümer. Seine Organstellung verliert der Verwalter mit dem Zugang der Abberufungserklärung, die entweder im Abberufungsbeschluss enthalten ist oder ihm gegenüber gesondert abgegeben wird.[7]

3. Auswirkungen des COVAbmildG

Die hier vom Gesetzgeber gefundene Lösung setzt die mit der Bestimmung des § 26 **9** Abs. 2 WEG einhergehende Rechtsfolge außer Kraft, dass das Amt des Verwalters automatisch endet mit Ablauf der gesetzlichen Frist bzw. mit Ablauf des von den Wohnungseigentümern beschlossenen Bestellungszeitraums.

Auf den ersten Blick ist diese gesetzgeberische Lösung begrüßenswert um zu ver- **10** hindern, dass eine Wohnungseigentümergemeinschaft ungewollt in die „Verwalterlosigkeit" gerät. Sicherlich kann anzunehmen sein, dass vielen Wohnungseigentümergemeinschaften in der gegenwärtigen Situation an einer **„Verwalterkontinuität"** gelegen ist.

Allerdings sind von dieser Regelung auch diejenigen Wohnungseigentümergemein- **11** schaften betroffen, die **gewollt das Amt ihres Verwalters** durch Zeitablauf **beendet wissen möchten** (bspw. wegen Unzufriedenheit mit dem Verwalter oder um bessere Konditionen verhandeln zu können). § 6 Abs. 1 COVGesMG schreibt ausnahmslos die „Verwalterkontinuität" vor, die die Wohnungseigentümergemeinschaft nur per Beschluss verhindern könnte. Aufgrund der gegenwärtigen Situation dürfte es diesen Gemeinschaften jedoch schwer fallen, entsprechende Abberufungs- bzw. Neubestellungsbeschlüsse zu fassen (siehe oben Rz. 2).

Auch ist keine Lösung gefunden für die **erstmalig entstandenen Wohnungseigen- 12 tümergemeinschaften**, die in Zeiten der COVID-19-Pandemie ihre erste Versammlung abhalten müssen. Selbiges gilt für die Fälle, in denen ein Verwalter sein Amt wirksam niedergelegt hat. In diesen Fällen müssen die Wohnungseigentümergemeinschaften nämlich die notwendigen Beschlüsse herbeiführen, um überhaupt das Amt des Verwalters (neu) zu besetzen.

Vielmehr verdeutlicht die gegenwärtige COVID-19-Pandemie mit ihren einherge- **13** henden Beschränkungen, Versammlungen abzuhalten, die Aktualität und Berechtigung der Frage, ob und wie Eigentümerversammlungen in einem technisch fortgeschrittenen Zeitalter auf **elektronischem Wege** abgehalten werden können. Diese Frage

---

5) *Zschieschack in MünchKomm-BGB, § 26 WEG Rz. 18.*
6) Palandt-*Wicke*, BGB, § 26 WEG Rz. 17.
7) *Zschieschack in MünchKomm-BGB, § 26 WEG Rz. 47.*

wurde nun vom Gesetzgeber durch das Wohnungseigentumsmodernisierungsgesetz (WEMoG) beantwortet, indem die neu eingeführte Regelung des § 23 Abs. 1 Satz 2 WEG die Teilnahme an Versammlungen im elektronischen Wege ermöglicht.

II. Kontinuität des Wirtschaftsplans (Abs. 2)

14   Art. 2 § 6 Abs. 2 COVAbmildG sieht eine Kontinuität des Wirtschaftsplanes vor, indem der zuletzt von den Wohnungseigentümern beschlossene Wirtschaftsplan bis zum Beschluss eines neuen Wirtschaftsplans fortgelten soll.

1. Normzweck

15   Da der Wirtschaftsplan grundsätzlich nur für ein Kalenderjahr oder für den durch die Wohnungseigentümer vereinbarten Zeitraum gilt (siehe unten Fn. 10), soll durch die Regelung des Art. 2 § 6 Abs. 2 COVAbmildG die **Finanzierung** der Wohnungseigentümergemeinschaft auch in den Fällen sichergestellt werden, in denen eine Fortgeltung des Wirtschaftsplans nicht beschlossen wurde bzw. wegen der gegenwärtigen Auswirkungen der COVID-19-Pandemie nicht beschlossen werden kann.[8]

2. Planaufstellung und Beschlussfassung

16   Gemäß § 28 Abs. 1 Satz 2 WEG hat der Verwalter jeweils für ein Kalenderjahr einen Wirtschaftsplan aufzustellen. Der Wirtschaftsplan ist hierbei das zentrale Instrument zur Finanzierung und Verteilung der Lasten und Kosten des Gemeinschaftseigentums.[9]

17   Über den vom Verwalter aufgestellten Wirtschaftsplan beschließen die Wohnungseigentümer gemäß § 28 Abs. 1 Satz 1 WEG durch **Mehrheitsbeschluss.**

3. Geltungsdauer des Wirtschaftsplanes

18   Der von den Wohnungseigentümern beschlossene Wirtschaftsplan wird für die vorgesehene Geltungsdauer verbindlich. Mit Ablauf des jeweiligen Kalenderjahres bzw. mit Ablauf der von den Wohnungseigentümern vereinbarten Geltungsdauer verliert der Wirtschaftsplan **automatisch** seine Gültigkeit.

19   Die Wohnungseigentümer können mit Stimmenmehrheit aber auch die Fortgeltung eines konkreten Wirtschaftsplans über das entsprechende Kalenderjahr bzw. über die vereinbarte Geltungsdauer hinaus beschließen, um Liquiditätsengpässe zu vermeiden.[10] Eine abstrakt-generelle Anordnung der Fortgeltung künftiger Wirtschaftspläne hingegen bedarf einer Vereinbarung der Wohnungseigentümer.[11]

4. Auswirkungen des COVAbmildG

20   Die hier vom Gesetzgeber getroffene (vorübergehende) Lösung ist erforderlich, um die Fortgeltung von Wirtschaftsplänen sicherzustellen, wenn Wohnungseigentümergemeinschaften wegen der gegenwärtigen Versammlungsbeschränkungen nicht oder

---

8) Begr. z. Art. 2 § 6 Abs. 1 COVAbmildG, BT-Drucks. 19/18110, S. 31.
9) Bärmann-*Becker*, WEG, § 28 Rz. 9.
10) BGH, Urt. v. 14.12.2018 – V ZR 2/18, Rz. 9, NZM 2019, 374; Bärmann-*Becker*, WEG, § 28 Rz. 39.
11) BGH, Urt. v. 14.12.2018 – V ZR 2/18, Rz. 10, NZM 2019, 374.

nur zeitlich verzögert über neue Wirtschaftspläne beschließen können. Die Regelung zur Verwalterkontinuität allein würde nicht genügen. Der Verwalter wäre zwar weiterhin gemäß § 28 Abs. 1 Satz 2 WEG verpflichtet, einen Wirtschaftsplan aufzustellen. Dieser müsste aber von den Wohnungseigentümern noch beschlossen werden (§ 28 Abs. 1 Satz 1 WEG).

Keine Lösung bietet die hier gefundene Regelung zur Kontinuität des Wirtschaftsplanes für die **erstmalig entstandenen Wohnungseigentümergemeinschaften**, die zum jetzigen Zeitpunkt noch gar keinen Wirtschaftsplan haben.   **21**

III. Zeitliche Begrenzung

Gemäß Art. 6 Abs. 2 COVAbmildG treten die Regelungen am Tag nach der Verkündung in Kraft und treten mit Ablauf des 31.12.2021 außer Kraft.   **22**

§ 7
Anwendungsbestimmungen

(1) § 1 ist auf Hauptversammlungen und Abschlagszahlungen auf den Bilanzgewinn anzuwenden, die im Jahr 2020 und im Jahr 2021 stattfinden.

(2) § 2 ist auf Gesellschafterversammlungen und -beschlüsse anzuwenden, die im Jahr 2020 und im Jahr 2021 stattfinden.

(3) § 3 Absatz 1 und 2 ist auf General- und Vertreterversammlungen, die im Jahr 2020 und im Jahr 2021 stattfinden, § 3 Absatz 3 ist auf Jahresabschlussfeststellungen, die im Jahr 2020 und im Jahr 2021 erfolgen, § 3 Absatz 4 ist auf Abschlagszahlungen, die im Jahr 2020 und im Jahr 2021 stattfinden, § 3 Absatz 5 ist auf im Jahr 2020 und im Jahr 2021 ablaufende Bestellungen von Vorstands- oder Aufsichtsratsmitgliedern und § 3 Absatz 6 ist auf Sitzungen des Vorstands oder des Aufsichtsrats einer Genossenschaft oder deren gemeinsame Sitzungen, die im Jahr 2020 und im Jahr 2021 stattfinden, anzuwenden.

(4) § 4 ist nur auf Anmeldungen anzuwenden, die im Jahr 2020 vorgenommen werden.

(5) § 5 ist nur auf im Jahr 2020 und im Jahr 2021 ablaufende Bestellungen von Vereins- oder Stiftungsvorständen und im Jahr 2020 und im Jahr 2021 stattfindende Mitgliederversammlungen von Vereinen anzuwenden.

Von einer gesonderten Kommentierung des § 7 wurde abgesehen. Im Übrigen wird 1 auf die Kommentierung der §§ 1 bis 5 verwiesen.

Artikel 6

Inkrafttreten, Außerkrafttreten

(1) Artikel 1 tritt mit Wirkung vom 1. März 2020 in Kraft.

(2) Artikel 2 tritt am Tag nach der Verkündung in Kraft und tritt mit Ablauf des 31. Dezember 2021 außer Kraft.

(3) Artikel 3 tritt am Tag nach der Verkündung in Kraft.

(4) Artikel 4 tritt am 27. März 2021 in Kraft.

(5) Artikel 5 tritt am 1. April 2020 in Kraft.

(6) Artikel 240 des Einführungsgesetzes zum Bürgerlichen Gesetzbuche tritt am 30. September 2022 außer Kraft.

Von einer gesonderten Kommentierung des Art. 6 COVAbmildG wurde abgesehen.   1
Entsprechende Hinweise sind den Kommentierungen zu den jeweils hier in Bezug genommenen Vorschriften zu entnehmen.

Teil III
Steuerliche Auswirkungen

Steuerrecht
Hilfsmaßnahmen aufgrund der COVID-19-Pandemie

Literatur: *Alberti/Schreiber*, Beispielhafte Darstellung von Angaben zur COVID-19-Pandemie im IFRS-Geschäftsbericht eines fiktiven Industrieunternehmens, BB 2020, 2475; *Atilgan*, Drohverlust- und Ansammlungsrückstellungen bei vorzeitiger Filialschließung bedingt durch die Corona-Pandemie, DB 2021, 693; *Behnke*, Haftungsrisiken im Zuge der Erstellung des Jahresabschlusses bei Krisenmandaten in Zeiten der COVID-19-Pandemie, DB 2020, 1890; *Berger*, Auswirkungen des neuen Coronavirus auf die Rechnungslegung, BB 2020, 876; *Berger/Fink*, Impairmenttest nach IAS 36 in Zeiten der COVID-19-Pandemie, BB 2021, 171; *Bernhardt/Buchholz/Deubert/Flick/Heinz/Kliem/ Koch/Lewe/Meyding-Metzger/Meyer/Müller/Reppel/Rimmelpacher/Roland/Schäfer*, Rechnungslegung in der Corona-Krise, München, 2020; *Bitter*, Corona und die Folgen nach dem COVID-19-Insolvenzaussetzungsgesetz (COVInsAG), ZIP 2020, 685; *Böcking/ Todesco*, Steuerliche Konsequenzen bei Heimarbeit/Remote-Work, Beck Digitax 2020, 71; *Bolik/Gauß*, Liquiditätsschonender Covid-19-Steuervollzug – Teil I: Steuerstundungen, DB 2020, 687; *Bolik/Käshammer*, Liquiditätsschonender Covid-19-Steuervollzug – Teil II: Vollstreckungsaufschub, DB 2020, 802; *Bolik/Kindler/Bossmann*, Das Jahressteuergesetz 2020: Großer Umfang, wenig drin ?, StuB 2021, 102; *Bolik/Reifarth-Belli/ Mayer*, Das BMF-Schreiben vom 26. Februar 2021 zur sog. Digitalen AfA, StuB 2021, 266; *Bonneke*, Corona-induzierte Bestandsgefährdung, StuB 2020, 947; *Dahlke/Ellerbusch*, Auswirkungen der staatlichen Unterstützungsmaßnahmen in der COVID-19-Pandemie auf den IFRS-Abschluss, BB 2021, 363; *Dellner*, Heimarbeit/Homeoffice während der Corona-Krise, NWB 2020, 3060; *Demuth*, Steuerliche Leitlinien für Krisenmaßnahmen des GmbH-Gesellschafter-Geschäftsführers, kösdi 2020, 21771; *Dorn*, Zu den Maßnahmen und zur Steuerpflicht der Soforthilfen aus dem Sofortprogramm für Selbständige und kleine Unternehmen anlässlich der Corona-Krise, DB 2020, 759; *Dorn*, „Zweites Corona-Steuerhilfegesetz" umgesetzt: Überblick zu den Kernpunkten, DB 2020, 1476; *Eichfelder*, Betriebliche Bürokratiekosten der befristeten Mehrwertsteuersenkung des Corona-Konjunkturpakets, DB 2020, 1649; *Eichholz*, Gesetz zur Umsetzung steuerlicher Hilfsmaßnahmen zur Bewältigung der Corona-Krise (Corona-Steuerhilfegesetz) – Überblick und erste Einschätzung, StB 2020, 489; *Eichholz*, Das Zweite Gesetz zur Umsetzung steuerlicher Hilfsmaßnahmen zur Bewältigung der Corona-Krise (Zweites Corona-Steuerhilfegesetz) – Ein erster Überblick, StuB 2020, 533; *Esakova/Reichart*, OECD veröffentlicht Leitlinien zu den Verrechnungspreisfolgen der COVID-19-Pandemie – Kernelemente und praktische Anwendung, IStR 2021, 653 ff.; *Flintrup*, Die (uneffektive) Mehrwertsteuererhebung in der materiellen Insolvenz, ZIP 2020, 801; *Förster/Förster*, Mittelbare Steuerfolgen der Coronakrise, DB 2021, 697; *Frank/Heine*, „Corona und die Detektive"? Corona und Keylogger !? – Kontrollmöglichkeiten in Zeiten von Home-Office, BB 2021, 248; *Fritz*, Die Aussetzung der Insolvenzantragspflicht nach dem COVInsAG und ihre Folgen in der Praxis, ZRI 2020, 217; *Gallus/Hannig*, Haftungsfalle Kurzarbeit und Kurzarbeitergeld unter dem Corona-Schutzschirm – Jahresbilanz und Ausblick, kösdi 2021, 22157; *Geberth/Bartelt*, BMF und Länder: Steuerliche Maßnahmen zur Abfederung der Auswirkungen des Coronavirus, DB 2020, 649; *Gehrlein*, Exkulpation des Geschäftsführers für die nach Insolvenzreife erfolgte Zahlungen, ZRI 2020, 183; *von Glasenapp*, Bilanzsteuerliche Änderungen durch das Zweite Corona-Steuerhilfegesetz, BB 2020, 1899; *Giese/Graszel/Holtmann/Krug*, Steuerliche Entlastungsmöglichkeiten für kleine und mittlere Unternehmen wegen der COVID-19-Pandemie, DStR 2020, 752; *Grote*, Corona-Krise: Sind Arbeitgeberprämien, staatliche Soforthilfen und Kurzarbeitergeld pfändbar?, InsbürO 2020, 246; *Heidrich/Michel/Steinicke*, Corona: Reine Symptombekämpfung mittels staatlichen „Hilfspaketes"? – Die Frage nach einer nachhaltigen Lösung für Corona-bedingte Unternehmenskrisen, SanB 2020, 2; *Helios/Lenz/Berberich*, Steuerliche Auswirkungen der Corona-Krise auf die Finanzbranche, DB 2020, 745; *Henckel*,

Zweifelsfragen zu den Auswirkungen der Ausbreitung des Coronavirus auf die Rechnungslegung – 3. und 4. Update zum 3. Fachlichen Hinweis des IDW, StuB 2021, 273; *Henseler*, Strafbarkeitsrisiken im Zusammenhang mit dem Zweiten Corona-Steuerhilfegesetz, DStR 2021, 206; *Heurung/Schmidt/Kollmann*, Aussetzung des Progressionsvorbehalts bei Bezug von Kurzarbeitergeld im Kontext der COVID-19-Pandemie, DStR 2020, 2753.; *Jachmann-Michel*, § 17 Abs. 2a EStG und § 20 Abs. 5 und 6 EStG – Neue Wege in die falsche Richtung, BB 2020, 727; *Jarass*, Mehr Einkommen bei Kurzarbeitergeld wegen Steuererstattung?, BB 2020, 1111; *Jarass*, Wann drohen Steuernachzahlungen wegen Kurzarbeit ?, BB 2020, 1374; *Jarchow/Hölken*, Das Gesetz zur vorübergehenden Aussetzung der Insolvenzantragspflicht und zur Begrenzung der Organhaftung bei einer durch die COVID-19-Pandemie bedingten Insolvenz sowie weiterer Maßnahmen des Gesetzgebers und der Bundesregierung zur Abmilderung der Folgen der COVID-19-Pandemie, ZInsO 2020, 730; *Kaiser*, Auswirkungen der COVID-19-Pandemie auf die Arbeitsweise in Wirtschaftsprüfung und Steuerberatung, WPg 2021, 179; *Kamps/Leinenbach*, Unterschreiten der Mindestlohnsumme nach § 13a Abs. 3 ErbStG durch Kurzarbeit in Corona-Zeiten ?, Stbg 2020, 263; *Kihm/Junker/Wegener*, Szenarioanalytische Corona-Wirkungen auf die Unternehmensbewertung nach dem WACC-Verfahren, DB 2021, 517; *Köstler*, Wichtige Hinweise für die Beratung: Fragen des Leiters einer Steuerabteilung im Zusammenhang mit der CORONA-Pandemie, AStW 2020, 329; *Köstler*, Wichtige Hinweise für die Beratung: Steuerliche Fragen rund um das Erben im Zusammenhang mit der Corona-Pandemie, AStW 2020, 327; *Köstler*, Wichtige Hinweise für die Beratung: Steuerliche Fragen des Arbeitnehmers im Zusammenhang mit der Corona-Krise, AStW 2020, 318; *Korn*, Gesetzesänderungen sowie Verwaltungsanweisungen für Steuererleichterungen in der Corona-Krise und Handlungsbedarf, kösdi 2020, 21812; *Kubik/Münch*, Ausgewählte Sanierungsmaßnahmen zur Bilanzverbesserung für betroffene Unternehmens der COVID-19-Pandemie anhand von Beispielsfällen, BB 2021, 1387; *Kußmaul/Naumann/Schumann*, Update zu den Hilfsmaßnahmen aufgrund der Corona-Pandemie, StB 2021, 1 ff.; *Laoutoumai*, Senkung der Umsatzsteuer im Rahmen des Corona-Konjunkturpakets, WRP 2020, 978; *Lenk*, Abgabenrechtliche Vermögensabschöpfung und Rückwirkungsverbot – Alter Wein in neuen Schläuchen ?, NZWiSt 2021, 7; *Liebgott*, Das Corona-Steuerhilfegesetz – Umsatzsteuerliche Aspekte, UR 2020, 405; *Löwisch/Kurz*, Tarifverträge über mobile Arbeit, BB 2020, 2804; *Lüdenbach*, Corona und der Schmetterling über der Biskaya – Wertaufhellung oder Wertveränderung?, StuB 5/2020, 191; *Lüdenbach*, Aktivierung rechtlich noch nicht entstandener, entscheidungsabhängiger Forderungen – Folgerungen für die Bilanzierung von Corona-Hilfen, StB 4/2021, 137; *Lutz/Lutz*, Betriebliche Altersvorsorge in Zeiten von Corona, StB 2021, 57; *Mick/Dyckmans/Klein*, Ertragsteuerliche Maßnahmen zur Bekämpfung der Corona-Pandemie, COVuR 2020, 235; *Morawitz*, Herabsetzung der Vorauszahlungen 2019 mittels pauschalierten Verlustrücktrags zur Stärkung der Liquidität in Zeiten der Corona-Pandemie, DStR 2020, 914; *Moser*, Corona-Maskenpflicht ja, ertragsteuerlicher Abzug entsprechender Aufwendungen nein ?, FR 2021, 97; *Mujkanovic*, Going concern in der Corona-Krise, StuB 2020, 455; *Müller*, Mögliche Auswirkungen der Corona-Pandemie auf die steuerrechtliche Beurteilung des häuslichen Arbeitszimmers, DStR 2020, 70; *Müller*, Die neue Home-Office-(Angebots-)Pflicht nach der SARS-CoV-2-Arbeitsschutzverordnung, BB 2021, 372; *Müller/Reinke*, Einschätzung der wirtschaftlichen Lage in Zeiten der Corona-Pandemie, StuB 2021, 54; *Neufang*, Auswirkungen der Corona-Pandemie auf erfolgte und künftige Unternehmensübertragungen, StB 2020, 327; *Nolte/Cremer/Kanzler*, Homeoffice und das häusliche Arbeitszimmer, 2021; *Nücken/Wohlfahrt*, Umsatzsteuer bei Corona-Ausfallhonoraren – Nicht immer liegt echter Schadenersatz vor!. DStR 2021, 1918; *Oehrlich*, Auswirkungen der Corona-Pandemie auf den Jahresabschluss der kleinen GmbH, StB 2021, 52; *Ott*, Ausgefallene Finanzierungshilfen nach dem neuen § 17 Abs. 2a EStG, DStR 2020, 313; *Ott*, GmbH in der Corona-Krise und Stützungsmaßnahmen der Gesellschafter, StuB 2020, 805; *Pelke*, Jahressteuergesetz 2020 – Eine Übersicht zu wesentlichen Änderungen des EStG und der EStDV, BB 2021, 343; *Pföhler/Seidler*, Handelsrechtliche Fortführungsannahme – Abkehr, Bestehen einer wesentlichen Unsicherheit und Prognosezeitraum, BB 2021, 299; *Prätzler*, Vorübergehende Senkung des Umsatzsteuersatzes – Anwendungsfragen zum BMF-Schreiben vom 30.6.2020, StuB 2020, 540; *Prinz*, Erweiterte Rückwirkungsmöglichkeiten bei Umwandlungen wegen Corona-Pandemie, StuB 2020, 445; *Reichling/Lange/Borgel*, Gesetzgebungsverfahren: „Lex Cum/Ex II." – Erneute Änderung des Verjährungs- und Einziehungsrechts, PStR 2021, 31; *Rennar*, Steuerliche Aspekte zum Coronavirus – COVID-19/SARS-CoV-2: Steuerliche Besonderheiten zur Existenzsicherung, StuB 8/2020, 291; *Riedner/Müller*, Grundrechte in Zeiten einer Pandemie – Ein Zwischenstand (März – August 2020), VR 2021, 87; *Rinker*, Auswirkungen durch die Corona-Pandemie auf den Nachtragsbericht, StuB 10/2020, 377; *Rinker*, Auswirkungen durch die Corona-Pandemie auf den Bestätigungsvermerk, StuB 9/2020, 340; *Rinker*, Auswirkungen des Corona-Virus auf den HGB-Jahresabschluss und Lagebericht, StuB 7/2020, 256; *Rinker*, Außerplanmäßige Abschreibung von Vorräten in der Corona-Krise am Beispiel von Modeunternehmen, StuB 19/2020, 759; *Schäfer*, Fallgruppen zum häuslichen Arbeitszimmer im Veranlagungszeitrum 2020 – Abzugsfähigkeit beim Homeoffice aufgrund der Covid-19-Pandemie, StuB 2020, 417; *Schäfer/Treiber*, Absenkung des Umsatzsteuersatzes – Anmerkungen zur praktischen Umsetzung, BB 2020, 1623; *Schmittmann*, Steuerliche Privilegierung der vorläufigen Eigenverwaltung, Haftung der Geschäftsleiter für Steuerzahlungen und Haftung von Berufsträgern nach dem SanInsFoG-RegE, ZRI 2020, 649; *Schmittmann*, Die insolvenzrechtliche Komponente des Gesetzes zur Abmilderung der Folgen der COVID-19-Pandemie im Zivil-, Insolvenz- und Strafverfahrensrecht vom 27.3.2020, ZRI 2020, 234; *Schmittmann*, Gesellschafterbeiträge in Krise und Insolvenz – steuerliche Wiedereinführung des Eigenkapitalersatzrechts durch das JStG 2019, DZWiR 2020, 101; *Schmittmann*, Steuerfreiheit von Sanierungsgewinnen unter besonderer Berücksichtigung gewerbesteuerlicher Aspekte, Der Gemeindehaushalt 2019, 36; *Schmittmann*, Einstweiliger Rechtsschutz gegen Insolvenzanträge der Finanzverwaltung unter besonderer Berücksichtigung des Rechtswegs, in: Festschrift für Hans Haarmeyer, 2013, S. 289; *Schwemmer*, Gutscheine als neue Krisenwährung? _Bilanzielle Behandlung der Ausgabe von Gutscheinen und Auswirkungen auf die Insolvenzreife, DStR 2020, 1585; *Seifert*, Corona-Virus und Steuerrecht, StuB 7/2020, 274; *Stadler/Sotta*, Steuerliche Maßnahmen aufgrund der Auswirkungen des Corona-Virus zur Verbesserung der Liquidität von Unternehmen – ein Überblick, BB 2020, 860; *Stolte/Weber*, Rechtliche und steuerliche Erleichterungen für Stiftungen in der COVID-19-Pandemie, BB 2020, 2370; *Strahl*, Temporäre Umsatzsteuersenkungen sowie Neujustierungen für juristische Personen des öffentlichen Rechts und Gemeinnützige, kösdi 2020, 21828; *Strahl*, Steuerbilanz 2020: Corona, Rückstellungen, Verwaltungsanweisungen, Rechtsprechung, kösdi 2021, 22192; *Strecker*, Spuren der Corona-Pandemie im Steuerrecht, KÖSDI 2021, 22367; *Suwelack*, Unzulässige Arbeitnehmerüberwachung im Homeoffice und Beweisverwertungsverbote, ZD 2021, 171; *Thees/Grimmer*, Auswirkungen des neuen Coronavirus auf die Unternehmensbewertung, BB 2020, 1259; *Thees/von der Lippe*, Empfehlungen für die rückwirkende Unternehmensbewertung in der COVID-19-Pandemie, BB 2021, 2665 ff.; *Thole*, Die Aussetzung der Insolvenzantragspflicht nach dem COVID-19-Insolvenz-Aussetzungsgesetz und ihre weiteren Folgen, ZIP 2020, 650; *Thonemann-Micker/Naus*, Welchen Einfluss hat COVID-19 (Corona-Virus) auf die Erbschaftsbesteuerung?, DB 2020, 856; *Uhländer*, Aktuelle Besteuerungsfragen im Sanierungs- und Insolvenzsteuerrecht 2020, DB 2020, 17; *Vobbe/Stelzer*, Gutscheine als Liquiditätsquelle – Umsatzsteuerrechtliche Auswirkungen von COVID-19 auf die Reiseverkehrs- und Veranstaltungsbranche, DB 2020, 1086; *Wagner/Farinato*, COVID-19 und Steuerrecht – Die wichtigsten Entwicklungen für Unternehmen, COVuR 2020, 286; *Wagner/Weber*, Steuerrechtliche Behandlung und wirtschaftliche Vorteilhaftigkeit von Maßnahmen im Rahmen der Corona-Pandemie, DStR 2020, 745; *Waza*, Auswirkungen der umsatzsteuerlichen Steuersatzsenkung auf die Festsetzung der Insolvenzverwaltervergütung, BB 2020, 2007; *Waza/Uhländer/Schmittmann*, Insolvenzen und Steuern, 13. Aufl., 2021; *Weber*, Lohnsteuerliche Fragestellungen in der Corona-Krise: Steuerliche Folgen des Arbeitens im Homeoffice, DB 2020, 865; *Weiss*, Besteuerung von Mieteinkünften gem. § 21 EStG beim Ausbleiben von Mieteinnahmen aufgrund der Corona-Krise, EStB 2021, 30; *Wengerofsky*, Corona-Krise: Praxisfragen für die Änderung von bisherigen Ansatz- und Bewertungsmethoden im Jahresabschluss 2019, StuB 10/2020, 371; *Wengerofsky*, Das Dritte Corona-Steuerhilfegesetz: Ein Überblick – Welche gesetzlichen Neuerungen hält das Gesetz bereit?, StuB 2021, 261; *Wipperfürth*, Corona-Schutzschild und dessen vollstreckungs-/insolvenzrechtliche Folge(erscheinungen), ZInsO 2020, 1224; *Wübbelsmann*, Erste steuerliche Folgefragen zum Gesetz zur Abmilderung der Folgen der COVID-19-Pandemie im Zivil-, Insolvenz- und Strafverfahrensrecht, DStR 2020, 696; *Zwirner/Vodermeier*, Unternehmensbewertung im Steuerrecht: §§ 199 ff. BewG und IDW S 1 im Vergleich – unter Berücksichtigung der Corona-Pandemie und des weiter anhaltenden Niedrigzinsumfelds, DStR 2021, 2097 ff.; *Zwirner/Zimny*, Corona-Krise: Fachlicher Hinweis des IDW zu den Auswirkungen auf Unternehmensbewertungen, DB 2020, 852.

Übersicht

I. Einführung

Die deutsche Legislative, aber insbesondere auch die Exekutive haben im Zuge der **Co-**   1
rona-Krise eine Vielzahl von Maßnahmen getroffen, die zu erheblichen wirtschaftlichen Nachteilen geführt haben, z. B. zeitweise Schließungen von Betrieben, Geschäften und Schulen sowie Einstellung von Betreuungsangeboten und Einschränkung der Freizügigkeit. Diese Maßnahmen und nicht die unmittelbaren Folgen des COVID-19-Virus wie z. B. Produktionsausfall aufgrund von Krankheit nicht zur Arbeit erschienener Arbeitnehmer oder pandemiebedingt ausbleibender Lieferungen von Vorprodukten aus anderen Unternehmen haben die wirtschaftlichen Folgen verursacht.[1] Der Gesetzgeber ist tätig geworden, um die wirtschaftlichen Folgen für Unternehmen und Bevölkerung abzumildern.[2]

Nachdem in steuerrechtlicher Hinsicht zunächst das BMF durch **Verwaltungsan-**   2
weisungen tätig geworden war, folgten im Jahre 2020 das Gesetz zur Umsetzung steuerlicher Hilfsmaßnahmen zur Bewältigung der Corona-Krise (**Corona-Steuerhilfegesetz**) vom 19.6.2020[3] und das Zweite Gesetz zur Umsetzung steuerlicher Hilfsmaßnahmen zur Bewältigung der Corona-Krise (**Zweites Corona-Steuerhilfegesetz**) vom 29.6.2020.[4]

Das Dritte Gesetz zur Umsetzung steuerlicher Hilfsmaßnahmen zur Bewältigung der Corona-Krise (**Drittes Corona-Steuerhilfegesetz**) vom 10.3.2021[5] sieht im wesentlichen Änderungen im Einkommensteuer- und Umsatzsteuerrecht sowie dem **Kindergeldrecht** vor.

Aus der Begründung zum **Corona-Steuerhilfegesetz** ergibt sich, dass die Bundesregie-   3
rung das Ziel der nachhaltigen Stabilisierung der wirtschaftlichen Entwicklung und die Sicherung von Beschäftigung anstrebt:

> „Die Steuerpolitik wird sich konsequent an diesen Zielen orientieren. Besonders betroffene Akteure müssen deshalb unterstützt werden. Dazu tragen die Maßnahmen des vorliegenden Gesetzentwurfs der Koalitionsfraktionen der CDU/CSU und SPD sowie des gleichlautenden Gesetzentwurfs der Bundesregierung in einem ersten Schritt bei. Die Liquidität wird verbessert und steuerliche Entlastungen können in Anspruch genommen werden."[6]

Eine Vielzahl der vom Staat ergriffenen Maßnahmen hat steuerliche Konsequenzen,   4
sowohl im steuerlichen Verfahrensrecht als auch im materiellen Steuerrecht. Das BMF informiert durch eine sog. **FAQ-Liste** regelmäßig über verschiedene steuerliche Erleichterungen sowie Möglichkeiten, die Liquiditätslage von Unternehmen zu verbessern, die durch die Corona-Krise in wirtschaftliche Schwierigkeiten geraten sind.[7]

---

1) Vgl. *Bitter*, ZIP 2020, 685, 686; *Schmittmann*, ZRI 2020, 234, 235.
2) Vgl. dazu: *Fritz*, ZRI 2020, 217 ff.; *Schmittmann*, ZRI 2020, 234 ff.; *Thole*, ZIP 2020, 650 ff.
3) BGBl. I 2020, 1385.
4) BGBl. I 2020, 1512.
5) BGBl. I 2021, 330.
6) Beschlussempfehlung und Bericht d. FA z. RegE Corona-Steuerhilfegesetz, v. 27.5.2020, BT-Drucks. 19/19601, S. 1.
7) Vgl. BMF, https://www.bundesfinanzministerium.de/Content/DE/Standardartikel/Themen/Steuern/2020-04-01-FAQ_Corona_Steuern.html (Stand: 15.9.2021; Abrufdatum: 16.10.2021).

5   **Steuerberater** gehören auch in Zeiten der COVID-19-Pandemie als Organ der Steuerrechtpflege, aber nicht der Rechtspflege insgesamt, nicht zur kritischen Infrastruktur, da der Tätigkeitsbereich der Rechtsanwälte auch den Aufgabenbereich der Steuerberater umfasst.[8]

II. Verfahrensrecht

6   Die Abgabenordnung (AO) regelt das steuerliche Verfahrensrecht. Der nachfolgende Abschnitt folgt dem Aufbau der AO.

1. Haftung der Geschäftsleiter

7   Gemäß § 69 AO haften die in §§ 34 und 35 AO genannten Geschäftsführer, Vorstände, Verwalter und sonstige Vertreter gegenüber der Finanzverwaltung, soweit Ansprüche aus dem Steuerschuldverhältnis i. S. von § 37 AO infolge **vorsätzlicher oder grob fahrlässiger Verletzung** der ihnen auferlegten Pflichten **nicht oder nicht rechtzeitig festgesetzt oder erfüllt** oder insoweit infolge dessen Steuervergütungen oder Steuererstattungen ohne rechtlichen Grund gezahlt werden. Die Haftung umfasst auch die in Folge der Pflichtverletzung zu zahlenden Säumniszuschläge.[9]

8   In der Krise kommt es regelmäßig zur Kollision der steuerlichen Zahlungspflichten mit der **Massesicherungspflicht** des Geschäftsleiters, die früher in § 64 Satz 1 GmbHG, § 92 Abs. 2 Satz 2 AktG, §§ 130a Abs. 1 Satz 2, 177a Satz 1 HGB und § 99 Satz 2 GenG geregelt war und durch das **SanInsFoG** rechtsformübergreifend in § 15b InsO geregelt ist. Dem Geschäftsführer ist nach der Rechtsprechung zu den Altregelungen nicht zuzumuten, dem Grundsatz der Massesicherung Folge zu leisten, wenn er sich durch das Unterlassen der Zahlung einer strafrechtlichen Verfolgung aussetzt.[10] Dies gilt nicht nur für den Fall einer Strafbarkeit wegen Unterlassung der Zahlung, sondern auch bei einer Konsequenz in Form einer Ordnungswidrigkeit. Die Nichtabführung fälliger **Umsatzsteuer** und Umsatzsteuervorauszahlungen wird als Ordnungswidrigkeit gemäß § 26b UStG geahndet. Bei einbehaltener **Lohnsteuer** ergibt sich die Tatbestandlichkeit hinsichtlich einer Ordnungswidrigkeit aus § 380 AO i. V. m. § 41a Abs. 1 Satz 2 Nr. 2, § 38 Abs. 3 Satz 1 EStG.[11] Der Geschäftsführer ist zudem berechtigt, Rückstände zu zahlen, da auch hier eine straf- oder ordnungswidrigkeitenrechtliche Verantwortlichkeit besteht.[12]

9   Die Neuregelung in § 15b InsO sieht eine Sonderregelungen zu Steuerzahlungen vor: Eine **Verletzung steuerrechtlicher Zahlungspflichten** liegt nach § 15b Abs. 8 InsO nicht vor, wenn zwischen dem Eintritt der Zahlungsunfähigkeit nach § 17 InsO oder der Überschuldung nach § 19 InsO und der Entscheidung des Insolvenzgerichts über den Insolvenzantrag **Ansprüche aus dem Steuerschuldverhältnis** nicht oder nicht rechtzeitig erfüllt werden, sofern die Antragspflichtigen ihren

---

8) So VG Frankfurt/O., Urt. v. 13.5.2020 – 6 L 227/20, StB 2021, 64 ff.

9) Vgl. dazu *Stadler/Sotta*, BB 2020, 860, 864.

10) So *Schmittmann*, Haftung der Organe, Rz. 346.

11) So BGH, Urt. v. 25.1.2011 – II ZR 196/09, ZIP 2011, 422 = NZI 2011, 196; vgl. *Gehrlein*, ZRI 2020, 183, 189 ff.

12) So *Schmittmann*, Haftung der Organe, Rz. 351; BGH, Urt. v. 25.1.2011 – II ZR 196/09 – II ZR 196/09, ZIP 2011, 422 = NZI 2011, 196.

Verpflichtungen nach § 15a InsO nachkommen, also rechtzeitig Insolvenzantrag stellen. Wird entgegen der Verpflichtung nach § 15a InsO ein Insolvenzantrag verspätet gestellt, gilt dies nur für die nach Bestellung eines vorläufigen Insolvenzverwalters oder der Anordnung einer vorläufigen Eigenverwaltung fällig werden Ansprüche aus dem Steuerschuldverhältnis. Wird das Insolvenzverfahren nicht eröffnet und ist dies auf eine Pflichtverletzung des Antragspflichtigen zurückzuführen, gelten die Sätze 1 und 2 nicht.[13]

Die Kollision der steuerlichen Pflichten mit der Massesicherungspflicht wird in den **10** Fällen, in denen die **Insolvenzantragspflicht gemäß § 1 COVInsAG ausgesetzt** ist, ebenfalls suspendiert. Gemäß § 2 Abs. 1 Nr. 1 COVInsAG gelten Zahlungen, die im ordnungsgemäßen Geschäftsgang erfolgen, insbesondere solche Zahlungen, die der **Aufrechterhaltung oder Wiederaufnahme des Geschäftsbetriebes** oder der Umsetzung eines **Sanierungskonzeptes** dienen, als mit der Sorgfalt eines ordentlichen und gewissenhaften Geschäftsleiters vereinbar (siehe § 2 COVInsAG Rz. 13 ff. [*Fritz*]). Der Verweis auf die Normen der § 64 Satz 1 GmbHG, § 92 Abs. 2 Satz 2 AktG, §§ 130a Abs. 1 Satz 2, 177a Satz 1 HGB und § 99 Satz 2 GenG geht aufgrund deren Aufhebung durch das **SanInsFoG** mit Ablauf des 31.12.2020 ins Leere, so dass diese Vorschriften ggfs. entsprechend weiter anzuwenden sind. Für die Insolvenzantragsverfahren, die nach dem 31.12.2020 beantragt worden sind, verweist § 2 Abs. 5 COVInsAG i. d. F. des Gesetzes zur **Verlängerung der Aussetzung der Insolvenzantragspflicht** und des Anfechtungsschutzes für pandemiebedingte Stundungen sowie zur Verlängerung der Steuererklärungsfrist in beratenen Fällen und der zinsfreien Karenzzeit für den Veranlagungszeitraum 2019 vom 15.2.2021[14] (vgl. § 2 COVInsAG Rz. 68 [*Fritz*]) auf § 15b Abs. 1 bis Abs. 3 InsO n. F., so dass gerade die Sonderregelung zu steuerlichen Pflichten in § 15b Abs. 8 InsO n. F. nicht anwendbar ist.

Gleichwohl ist Vorsicht geboten: Die Pflicht eines Geschäftsleiters, finanzielle Mittel **11** zur Entrichtung geschuldeter Steuer bereitzuhalten, besteht auch dann, wenn das Finanzamt Aussetzung der Vollziehung gewährt hat.[15] Ist durch das Finanzamt ein laufender **Zahlungsaufschub** gewährt worden, sind die Steuern am **Fälligkeitstag** vorrangig ohne Rücksicht auf das Bestehen etwaiger anderweitiger Zahlungsverpflichtungen zu entrichten. Der Grundsatz der anteiligen Tilgung gilt insoweit nicht.[16] Die **Mittelvorsorgepflicht** nach Eintritt einer Liquiditätskrise kann es auch gebieten, sofern die Steuerzahlung nicht auf andere Weise gesichert wird, den Geschäftsbetrieb nur unter Insolvenzbedingungen aufrechtzuerhalten, also Insolvenzantrag zu stellen.[17] Dies kann m. E. allerdings nur dann gelten, wenn **Insolvenzan-**

---

13) Vgl. *Schmittmann*, ZRI 2020, 649, 655.
14) BGBl. I 2020, 237. Vgl. dazu: BMF, Anwendungsfragen zur Verlängerung der Steuererklärungsfrist und der zinsfreien Karenzzeit durch das Gesetz vom 15.2.2021, Schreiben v. 15.4.2021 – IV A 3 – S 0261/20/10001 :010 (DOK 2021/0408155).
15) So BFH, Beschl. v. 29.8.2018 – XI R 57/17, BFH/NV 2019, 7 ff. = NZI 2019, 89 ff. m. Anm. *Engels*.
16) So BFH, Urt. v. 26.9.2017 – VII R 40/16, BStBl. II 2018, 772 = ZIP 2018, 22 = NZI 2018, 1117 ff. m. Anm. *Hermes*.
17) So OVG NRW, Beschl. v. 15.11.2019 – 14 B 1443/19, BB 2020, 39 = ZIP 2020, 818 = ZfWG 2020, 123 ff. m. Anm. *Schmittmann*.

tragspflicht vorliegt. Ist diese gemäß § 1 COVInsAG **ausgesetzt**, kann über die steuerlichen Haftungspflichten nicht indirekt eine Insolvenzantragspflicht für den Geschäftsführer begründet werden. Dies gilt allerdings nur unter der Prämisse, dass die Liquiditätskrise Folge der COVID-19-Pandemie ist und Aussichten darauf bestehen, eine bestehende Zahlungsunfähigkeit zu beseitigen (§ 1 COVInsAG Rz. 12 [*Fritz*]).

12   Stellt der Geschäftsleiter Insolvenzantrag, was durchaus geboten sein kann, auch wenn die Insolvenzantragspflicht gemäß § 1 COVInsAG ausgesetzt ist, und bestellt das Insolvenzgericht einen vorläufigen **Insolvenzverwalter** unter Anordnung eines allgemeinen Zustimmungsvorbehaltes, verbleibt die Verwaltungs- und Verfügungsbefugnis beim gesetzlichen Vertreter, also bei einer GmbH beim Geschäftsführer. Er haftet daher zunächst gemäß § 34 Abs. 1 i. V. m. § 69 AO weiter. Er hat nach der Rechtslage bis zum Inkrafttreten des **SanInsFoG** also die Zahlung der Steuer zu veranlassen und dazu beim vorläufigen Insolvenzverwalter vorstellig zu werden, um eine Zahlung der Steuer zu erreichen. Nur bei konkreten und eindeutigen objektiven Anhaltspunkten für die Sinnlosigkeit dieser Anfrage kann auf diese verzichtet werden.[18] Diese Konstellation ist nun durch § 15b Abs. 8 InsO für Insolvenzverfahren, die ab dem 1.1.2021 beantragt worden sind, korrigiert worden, um Geschäftsführer, die rechtzeitig Insolvenzantrag stellen, vom Haftungsrisiko freizustellen.

2. Abgabe von Steuererklärungen

13   Die **Abgabe von Steuererklärungen** ist in § 149 Abs. 1 AO dahin geregelt, dass die Steuergesetze bestimmen, wer zur Abgabe einer Steuererklärung verpflichtet ist. Soweit die Steuergesetze nichts anderes bestimmen, sind Steuererklärungen, die sich auf ein Kalenderjahr oder auf einen gesetzlich bestimmten Zeitpunkt beziehen, **spätestens sieben Monate** nach Ablauf des Kalenderjahres oder sieben Monate nach dem gesetzlich bestimmten Zeitpunkt abzugeben. Die **Verlängerung** von Fristen ist in § 109 AO geregelt.

14   Gemäß § 41a Abs. 1 EStG hat der Arbeitgeber spätestens am zehnten Tag nach Ablauf eines jeden Lohnsteuer-Anmeldungszeitraums die **Lohnsteueranmeldung** abzugeben. Arbeitgebern können die Fristen zur Abgabe **monatlicher oder vierteljährlicher** Lohnsteuer-Anmeldungen während der Corona-Krise im Einzelfall auf Antrag nach § 109 Abs. 1 AO verlängert werden, soweit sie selbst oder der mit der Lohnbuchhaltung und Lohnsteuer-Anmeldung Beauftragte nachweislich und unverschuldet daran gehindert sind, die Lohnsteuer-Anmeldungen pünktlich zu übermitteln. Die **Fristverlängerung** darf maximal zwei Monate betragen.[19]

15   Bei der **Umsatzsteuer** hat der Unternehmer gemäß § 18 Abs. 1 UStG bis zum **zehnten Tag** nach Ablauf jedes Voranmeldungszeitraums eine Voranmeldung nach amtlich vorgeschriebenen Datensatz durch Datenübertragung zu übermitteln, in der er die Steuer für den Voranmeldungszeitraum (Vorauszahlung) selbst zu berechnen hat.

---

18) So BFH, Urt. v. 22.10.2019 – VII R 30/18, BFH/NV 2020, 711 = ZIP 2020, 911 = NZI 2020, 588 mit Anm. *Schmittmann*; BFH, Urt. v. 26.9.2017 – VII R 40/16, BStBl. II 2018, 772 = ZIP 2018, 22 = NZI 2018, 1117 ff. m. Anm. *Hermes*.

19) So BMF-Schreiben v. 23.4.2020 – IV A 3 – S 0261/20/10001 :005 (DOK 2020/0397950), BStBl. I 2020, 474.

Hinsichtlich der Umsatzsteuer liegt eine vergleichbare Regelung durch das BMF nicht vor, was allerdings auch nachvollziehbar ist, da bei der Umsatzsteuer der Unternehmer „Steuereinnehmer" für den Staat ist.[20] Dies bedeutet freilich nicht, dass der Unternehmer nicht einen individuell begründeten **Fristverlängerungsantrag** beim zuständigen Finanzamt stellen kann.

Durch das **Gesetz zur Verlängerung der Aussetzung der Insolvenzantragspflicht** **16** **und des Anfechtungsschutzes für pandemiebedingte Stundungen sowie zur Verlängerung der Steuererklärungsfrist in beraten Fällen und der zinsfreien Karenzzeit für den Veranlagungszeitraum 2019** vom 15.2.2021[21] wurde mit Art. 97 § 36 EGAO die **Frist für die Abgabe von Steuererklärungen in beraten Fällen** i. S. des § 149 Abs. 3 AO für den Besteuerungszeitraum 2019 dahin geändert, dass die Frist nicht am 28.2.2021 sondern erst am 31.8.2021 ausläuft. Unterliegt der Steuerpflichtige aufgrund von **Einkünften aus Land- und Fortwirtschaft** einem abweichenden Wirtschaftsjahr, so verlängert sich die Frist vom 31.7.2021 bis zum 31.12.2021.

3. Verspätungszuschlag

Wird eine Steuererklärung nicht oder nicht fristgemäß abgegeben, so kann gemäß **17** § 152 Abs. 1 Satz 1 AO ein **Verspätungszuschlag** festgesetzt werden. Von der Festsetzung eines Verspätungszuschlags ist gemäß § 152 Abs. 1 Satz 2 AO abzusehen, wenn der Erklärungspflichtige glaubhaft macht, dass die Verspätung entschuldbar ist. **Ausnahmen** regelt § 152 Abs. 2 AO. In diesen Fällen ist ein Verspätungszuschlag festzusetzen.

Ist der Steuerpflichtige aufgrund der COVID-19-Pandemie gehindert, die Steuer- **18** erklärung abzugeben, so ist auch **kein Verspätungszuschlag** festzusetzen.

4. Stundung und Stundungszinsen

Gemäß § 222 AO können die Finanzbehörden Ansprüche aus dem Steuerschuld- **19** verhältnis ganz oder teilweise stunden, wenn die Einziehung bei Fälligkeit eine **erhebliche Härte für den Steuerschuldner** bedeuten würde und der Anspruch durch die Stundung nicht gefährdet erscheint.

Die **Stundung** soll in der Regel nur auf **Antrag** und gegen **Sicherheitsleistung** ge- **20** währt werden. Soweit Stundung gemäß § 222 AO gewährt wird, soll grundsätzlich eine Sicherheitsleistung gewährt werden. Dies ist im Hinblick auf Steuerpflichtige, die nachweislich unmittelbar und nicht unerheblich von der COVID-19-Pandemie betroffen sind, allerdings in der Praxis nicht zu fordern.

Steueransprüche gegen den Steuerschuldner können nicht gestundet werden, soweit **21** ein Dritter (**Entrichtungspflichtiger**) die Steuer für Rechnung des Steuerschuldners zu entrichten, insbesondere einzubehalten und abzuführen hat.

---

20) So BFH, Urt. v. 29.1.2009 – V R 64/07, BFHE 224, 24 = BStBl. II 2009, 682; EuGH, Urt. v. 21.2.2008 – Rs. C-271/06, DStR 2008, 450 = DB 2008, 563.
21) BGBl. I 2020, 237. Vgl. dazu: BMF, Anwendungsfragen zur Verlängerung der Steuererklärungsfrist und der zinsfreien Karenzzeit durch das Gesetz vom 15.2.2021, Schreiben vom 15.4.2021 – IV A 3 – S 0261/20/10001 :010 (DOK 2021/0408155).

22 Das BMF hat dazu geregelt:

> „Die nachweislich unmittelbar und nicht unerheblich betroffenen Steuerpflichtigen kön-
> nen bis zum 31. Dezember 2020 unter Darlegung ihrer Verhältnisse Anträge auf
> Stundung der bis zu diesem Zeitpunkt bereits fälligen oder fällig werdenden Steuern,
> die von den Landesfinanzbehörden im Auftrag des Bundes verwaltet werden, sowie
> Anträge auf Anpassung der Vorauszahlungen auf die Einkommen- und Körperschaft-
> steuer stellen. Diese Anträge sind nicht deshalb abzulehnen, weil die Steuerpflichti-
> gen die entstandenen Schäden wertmäßig nicht im Einzelnen nachweisen können. Bei
> der Nachprüfung der Voraussetzung für Stundungen sind keine strengen Anforde-
> rungen zu stellen.“[22]

Das BMF hat mit Schreiben vom 18.3.2021 eine Verlängerung verfügt[23] Das BMF
hat dann mit Schreiben vom 7.12.2021 eine weitere Verlängerung der verfahrensrechtlichen Steuererleichterungen angeordnet:[24]

> **1. Stundung im vereinfachten Verfahren**
>
> 1.1 Die nachweislich unmittelbar und nicht unerheblich negativ wirtschaftlich betrof-
> fenen Steuerpflichtigen können bis zum 31. Januar 2022 unter Darlegung ihrer Ver-
> hältnisse Anträge auf Stundung der bis zum 31. Januar 2022 fälligen Steuern stellen.
> Die Stundungen sind längstens bis zum 31. März 2022 zu gewähren. § 222 Satz 3 und
> 4 AO bleibt unberührt.
>
> 1.2 In den Fällen der Ziffer 1.1 können über den 31. März 2022 hinaus Anschluss-
> stundungen für die bis zum 31. Januar 2022 fälligen Steuern im Zusammenhang mit
> einer angemessenen, längstens bis zum 30. Juni 2022 dauernden Ratenzahlungsver-
> einbarung gewährt werden.
>
> 1.3 Bei der Nachprüfung der Voraussetzungen für (Anschluss-)Stundungen nach den
> Ziffern 1.1 und 1.2 sind keine strengen Anforderungen zu stellen. Die Anträge sind
> nicht deshalb abzulehnen, weil die Steuerpflichtigen die entstandenen Schäden wert-
> mäßig nicht im Einzelnen nachweisen können.
>
> 1.4 Auf die Erhebung von Stundungszinsen kann in den vorgenannten Fällen verzich-
> tet werden.“

23 Bei der **Lohnsteuer** ist der Arbeitnehmer der Steuerpflichtige und der Arbeitgeber
hat die Steuer für Rechnung des Steuerschuldners zu entrichten, so dass hier eine
Stundung grundsätzlich ausscheidet. Dem Arbeitgeber wird allerdings insoweit
geholfen, dass die **Frist zu Abgabe der Lohnsteuer-Anmeldungen** auf Antrag **verlängert** werden kann.[25] Dies führt zu einer faktischen Stundung.

24 Gemäß § 234 Abs. 1 AO werden **Stundungszinsen** erhoben. Auf die Zinsen kann
gemäß § 234 Abs. 2 AO **ganz oder teilweise verzichtet** werden, wenn ihre Erhebung nach Lage des einzelnen Falles unbillig wäre. Gemäß der Verwaltungsanweisung
des BMF kann auf die Erhebung von Stundungszinsen in der Regel verzichtet werden,

---

22) So BMF-Schreiben v. 19.3.2020 – IV A 3 – S 0336/19/10007 :002 (DOK 2020/0265898),
    BStBl. I 2020, 262; vgl. dazu *Stadler/Sotta*, BB 2020, 860 ff.
23) So BMF-Schreiben v. 18.3.2021 – IV A 3 – S 0336/20/10001 :037 (DOK 2021/0319380),
    BStBl. I 2021, 337.
24) So BMF-Schreiben v. 7.12.2021 – IV A 3 – S 0336/20/10001 :045 (DOK 2021/1267982.
25) So BMF-Schreiben v. 23.4.2020 – IV A 3 – S 0261/20/10001 :005 (DOK 2020/0397950),
    BStBl. I 2020, 474.

wenn der Steuerpflichtige nachweislich unmittelbar und nicht unerheblich von der COVID-19-Pandemie betroffen ist.[26]

Die vorgenannte Stundungsregelung galt bis Ende des Jahres 2020 und ist aufgrund der Neuregelungen zu den **Vorauszahlungen** und dem **vorläufigen Verlustrücktrag** in §§ 110 und 111 EStG überholt: **25**

> „Anträge auf Stundung der nach dem 31. Dezember 2020 fälligen Steuern sowie Anträge auf Anpassung der Vorauszahlungen, die nur Zeiträume nach dem 31. Dezember 2020 betreffen, sind besonders zu begründen."[27]

5. Säumniszuschläge und Erlass

Wird eine Steuer nicht bis zum Ablauf des Fälligkeitstages entrichtet, so ist gemäß § 240 Abs. 1 AO für jeden angefangenen Monat der Säumnis ein **Säumniszuschlag** von 1 % des abgerundeten rückständigen Steuerbetrages zu entrichten (Säumniszuschlag).   **26**

Wird dem Finanzamt auf Mitteilung des Vollstreckungsschuldners oder auf andere Weise bekannt, dass er unmittelbar und nicht unerheblich von der **COVID-19-Pandemie** betroffen ist, so sind die im Zeitraum ab dem Zeitpunkt der Veröffentlichung des BMF Schreibens bis zum 31.12.2020 verwirkten Säumniszuschläge für die **betroffenen Steuerarten**, also die von den Landesbehörden im Auftrag des Bundes verwalteten Steuern, zum 31.12.2020 zu erlassen. Die Finanzämter können den Erlass durch Allgemeinverfügung (§ 118 Abs. 2 AO) regeln.[28]   **27**

Darüber hinaus kommt noch ein **Erlass gemäß § 227 AO** in Betracht. Die Finanzbehörden können den Säumniszuschlag[29] erlassen, wenn die Einziehung nach Lage des einzelnen Falles unbillig wäre. Die Einziehung ist sachlich stets unbillig, wenn Überschuldung und Zahlungsunfähigkeit im Zeitpunkt der Fälligkeit und den nachfolgenden Zeiträumen erfolgloser Beitreibung bestehen.[30] Im Hinblick darauf, dass Säumniszuschläge auch Gegenleistung für das Hinausschieben der Fälligkeit sind und säumige Steuerpflichtige nicht bessergestellt werden sollen als solche Steuerpflichtigen, denen Aussetzung der Vollziehung oder Stundung gewährt worden ist, wird nur die Hälfte der Säumniszuschläge erlassen.[31] Zu Recht weist *Loose* darauf hin, dass bei Überschuldung und Zahlungsunfähigkeit der Säumniszuschlag seinen Sinn verloren hat, weil der Steuerpflichtige nicht zu einer pünktlichen Zahlung bewegt werden kann.[32]   **28**

---

26) So BMF-Schreiben v. 19.3.2020 – IV A 3 – S 0336/19/10007 :002 (DOK 2020/0265898), BStBl. I 2020, 262.

27) So BMF-Schreiben v. 19.3.2020 – IV A 3 – S 0336/19/10007 :002 (DOK 2020/0265898), BStBl. I 2020, 262.

28) So BMF-Schreiben v. 19.3.2020 – IV A 3 – S 0336/19/10007 :002 (DOK 2020/0265898), BStBl. I 2020, 262.

29) Vgl. *Seer* in: Tipke/Lang, Steuerrecht, Kap. 21 Rz. 363 ff.

30) So *Loose* in: Tipke/Kruse, AO/FGO, § 240 AO Rz. 56; BFH, Urt. v. 8.3.1984 – I R 44/80, BStBl. II 1984, 415.

31) So BFH, Urt. v. 16.11.2004 – VII R 8/04, BFH/NV 2005, 494; BFH, Urt. v. 19.12.2000 – VII R 63/99, BStBl. II 2001, 217; BFH, Urt. v. 18.4.1996 – V R 55/95, BStBl. II 1996, 561.

32) So *Loose* in: Tipke/Kruse, AO/FGO, § 240 AO Rz. 56.

29 Neben den vom BMF mit Schreiben vom 19.3.2020 geregelten Fällen[33] ist daher stets auch ein **individueller Antrag** gemäß §§ 227, 240 AO zu prüfen.

6. Erstattungszinsen

30 Durch das Gesetz zur Verlängerung der Aussetzung der Insolvenzantragspflicht und des Anfechtungsschutzes für pandemiebedingte Stundungen sowie zur Verlängerung der Steuererklärungsfrist in beratenen Fällen und der **zinsfreien Karenzzeit für den Veranlagungszeitraum 2019** vom 15.2.2021[34] wurde durch Art. 97 § 36 Abs. 2 EGAO geregelt, dass abweichend von § 233a Abs. 2 Satz 1 AO der Zinslauf, der 15 Monate nach Ablauf des Veranlagungszeitraums beginnt, für den Besteuerungszeitraum 2019 erst am 1.10.2021 beginnt.

31 Der Zinslauf bei überwiegenden **Einkünften aus Land- und Forstwirtschaft,** der 23 Monate nach Ablauf des Veranlagungszeitraums beginnt, beginnt für den Besteuerungszeitraum 2019 am 1.5.2022.

7. Vollstreckung

32 Leistet der Steuerpflichtige nicht freiwillig, so beginnt die Vollstreckung[35]. Sie darf gemäß § 254 Abs. 1 Satz 1 AO erst beginnen, wenn die Leistung fällig ist und der Vollstreckungsschuldner zur Leistung oder Duldung oder zur Unterlassung aufgefordert worden ist (**Leistungsgebot**) und seit der Aufforderung mindestens eine Woche verstrichen ist. Das BMF regelt dazu:

> „Wird dem Finanzamt auf Mitteilung des Vollstreckungsschuldners oder auf andere Weise bekannt, dass der Vollstreckungsschuldner unmittelbar und nicht unerheblich betroffen ist, soll bis zum 31. Dezember 2020 von Vollstreckungsmaßnahmen bei allen rückständigen und bis zu diesem Zeitpunkt fällig werdenden Steuer [...] abgesehen werden."[36]

33 Der **Vollstreckungsaufschub** ist auch für Steuerrückstände aus der Zeit vor der Pandemie zu gewähren.[37]

Das BMF hat mit Schreiben vom 7.12.2021 eine weitere Verlängerung der verfahrensrechtlichen Steuererleichterungen angeordnet:[38]

> **„2. Absehen von Vollstreckungsmaßnahmen (Vollstreckungsaufschub) im vereinfachten Verfahren**
>
> 2.1 Wird dem Finanzamt bis zum 31. Januar 2022 aufgrund einer Mitteilung des Vollstreckungsschuldners bekannt, dass der Vollstreckungsschuldner nachweislich unmittelbar und nicht unerheblich negativ wirtschaftlich betroffen ist, soll bis zum 31. März 2022 von Vollstreckungsmaßnahmen bei bis zum 31. Januar 2022 fällig gewordenen Steuern abgesehen werden.

---

33) Vgl. BMF-Schreiben v. 19.3.2020 – IV A 3 – S 0336/19/10007 :002 (DOK 2020/0265898), BStBl. I 2020, 262; vgl. dazu *Stadler/Sotta*, BB 2020, 860 ff.

34) BGBl. I 2020, 237.

35) Vgl. *Seer* in: Tipke/Lang, Steuerrecht, Kap. 21 Rz. 371 ff.

36) So BMF-Schreiben v. 19.3.2020 – IV A 3 – S 0336/19/10007 :002 (DOK 2020/0265898), BStBl. I 2020, 262.

37) So FG Berlin-Brandenburg, Beschl. v. 20.11.2020 – 10 V 10146/20, EFG 2021, 172 ff. mit Anm. *Weinschütz* = ZKF 2021, 42 ff. Der BFH (Beschl. v. 11.2.2021 – VII B 178/20 (AdV)) hat die Nichtzulassungsbeschwerde als unbegründet zurückgewiesen.

38) So BMF-Schreiben v. 7.12.2021 – IV A 3 – S 0336/20/10001 :045 (DOK 2021/1267982).

In diesen Fällen sind die im Zeitraum vom 1. Januar 2021 bis zum 31. März 2022 entstandenen Säumniszuschläge grundsätzlich zu erlassen.

2.2 Bei Vereinbarung einer angemessenen Ratenzahlung ist in den Fällen der Ziffer 2.1 eine Verlängerung des Vollstreckungsaufschubs für die bis zum 31. Januar 2022 fälligen Steuern längstens bis zum 30. Juni 2022 einschließlich des Erlasses der bis dahin insoweit entstandenen Säumniszuschläge möglich.

2.3 Die Finanzämter können den Erlass der Säumniszuschläge durch Allgemeinverfügung (§ 118 Satz 2 AO) regeln."

Da die **Corona-Soforthilfe** ausschließlich der Milderung der finanziellen Notlagen **34** des betroffenen Unternehmens im Zusammenhang mit der COVID-19-Pandemie erfolgt, dient sie nicht zur Befriedigung von Altgläubigern, so dass eine **Pfändung** wegen Gläubigeransprüchen, die vor dem 1.3.2020 entstanden sind, nicht zulässig ist.[39] Eine Pfändung kommt gleichwohl für Gläubiger in Betracht, deren Forderungen erst nach Eintritt der Pandemie fällig geworden sind und die fortlaufend Leistungen an den Schuldner erbringen (sog. „**Anlassgläubiger**")[40]

Das Schreiben des BMF vom 19.3.2020[41] muss von den Finanzbehörden nicht auf **35** **Vollstreckungsmaßnahmen** angewendet werden, die bereits vor Bekanntgabe des Schreibens durchgeführt worden sind. Sofern in einer Norm, in einer eine Norm ersetzende Verwaltungsvorschrift oder in einem Erlass kein Zeitpunkt angegeben ist, ab dem die Regelung gelten soll, und lässt sich ein derartiger Zeitpunkt auch nicht durch Auslegung ermitteln, tritt die Regelung nach der Rechtsprechung des BFH regelmäßig mit ihrer Bekanntgabe in Kraft. Das BMF hat im Schreiben vom 19.3.2020 keinen Zeitpunkt des Inkrafttretens bekanntgegeben. Auch die Formulierung des „Absehens" i. S. des Nr. 2 Satz 1 des Schreibens deutet darauf hin, dass Maßnahmen gemeint sind, die noch nicht durchgeführt worden sind.[42] Steuerschuldner, gegen die bereits vor Bekanntgabe des Schreibens des BMF vom 19.3.2020 vollstreckt worden ist, können um Rechtsschutz nach allgemeinen Regeln, z. B. § 258 AO, nachsuchen. Ihnen obliegt es dann darzulegen, weshalb die Aufrechterhaltung der Vollstreckungsmaßnahme wegen der Corona-Pandemie oder aus anderen Gründen unbillig ist bzw. weshalb ihm einstweiliger Rechtsschutz zu gewähren ist.[43]

In verfahrensrechtlicher Hinsicht hat der BFH im Zusammenhang mit der Corona- **36** Hilfe entschieden, dass ein beim BFH gestellter **Eilrechtsantrag** in die Zulässigkeit hineinwachsen kann. Der Antragsteller hatte mit Bescheid vom 12.5.2020 Sofort-

39) So BFH, Beschl. v. 9.7.2020 – VII S 23/20 (AdV), BFH/NV 2020, 1104 = DStR 2020, 1734 = NZI 2020, 801 ff. mit Anm. *Schmittmann* (Vorinstanz: FG Münster, Beschl. v. 13.5.2020 – 1 V 1286/20 AO, EFG 2020, 1045 ff. mit Anm. *Brosda*; LG Köln, Beschl. v. 23.4.2020 – 39 T 57/20, ZIP 2020, 987; AG Hagen, Beschl. v. 7.4.2020 – 109 IN 13/20, InsbürO 2020, 260; vgl. *Grote*, InsbürO 2020, 246 ff.; *Wipperfürth*, ZInsO 2020, 1224 ff. Vgl. auch FG Münster, Beschl. v. 29.6.2020 – 8 V 1791/20, EFG 2020, 1194 ff. mit Anm. *Anders*; FG Münster, Beschl. v. 16.6.2020 – 4 V 1584/20, EFG 2020, 1254.
40) S. *Wipperfürth*, ZInsO 2020, 1224 ff.
41) BStBl. I 2020, 262.
42) So BFH, Beschl. v. 30.7.2020 – VII B 73/20, BFH/NV 2020, 1299 ff. = NZG 2020, 1316 ff.
43) So BFH, Beschl. v. 30.7.2020 – VII B 73/20, BFH/NV 2020, 1299 ff. = NZG 2020, 1316 ff.

hilfe i. H. v. 9.000 € bewilligt und auf sein P-Konto überwiesen, das jedoch von der Finanzverwaltung gepfändet war.[44]

8.   Insolvenzantragstellung durch die Finanzverwaltung

37   Beabsichtigt die Finanzverwaltung, einen Insolvenzantrag gegen den Steuerpflichtigen zu stellen, sind verschiedene Aspekte zu berücksichtigen. Zum einen regelt § 3 COVInsAG, dass bei zwischen dem 28.3.2020 und dem 28.6.2020 gestellten **Gläubigerinsolvenzanträgen** die Eröffnung des Insolvenzverfahrens voraussetzt, dass der **Eröffnungsgrund bereits am 1.3.2020 vorlag** (siehe dazu i. E. § 3 COVInsAG Rz. 8 [*Horstkotte*]). Zum anderen ist zu berücksichtigen, dass der Insolvenzantrag des Finanzamtes kein Verwaltungsakt i. S. des § 118 AO ist, sondern ein sog. „schlichtes Verwaltungshandeln", so dass dagegen lediglich die allgemeine **Leistungsklage** gemäß § 40 Abs. 1 Alt. 3 FGO in Betracht kommt, um das Finanzamt zu verpflichten, den Insolvenzantrag zurückzunehmen.[45]

38   Nach der Rechtsprechung steht die Entscheidung darüber, ob ein **Insolvenzantrag** gestellt wird, im **Ermessen** (§ 5 AO) der Finanzbehörde.[46] Bei der Ausübung des Ermessens hat die Finanzbehörde zu berücksichtigen, dass der Insolvenzantrag nicht nur für den Vollstreckungsschuldner selbst, sondern auch für dessen Arbeitnehmer, Lieferanten und Abnehmer ggf. existenzvernichtende Wirkung hat. Der Insolvenzantrag darf daher nur nach gründlicher Würdigung der maßgeblichen Umstände, insbesondere der Höhe der Steuerforderung gestellt werden. Die Vollstreckungsbehörde handelt nicht ermessensfehlerhaft, wenn sie sämtliche Vollstreckungsmöglichkeiten ausgeschöpft hat oder Anlass zu der Befürchtung besteht, dass der Steuerpflichtige bei seinen Zahlungen die Finanzbehörde zugunsten anderer Gläubiger benachteiligt.[47] Die Stellung eines Insolvenzantrages ist auch dann verhältnismäßig und ermessensgerecht, wenn er als sog. **Rückstandsunterbindungsmaßnahme** zur Vermeidung weiterer Steuerrückstände dient, weil die Einleitung eines Insolvenzverfahrens auch dazu dient, den Schuldner vor einer weiteren Verschuldung zu bewahren und bei einem für ihn günstigen Verlauf die Existenz zu sichern.[48]

39   Das Finanzamt wird bei Insolvenzantragstellung i. R. der COVID-19-Pandemie in sein Ermessen auch den **Willen des Gesetzgebers einzubeziehen** haben, dass die Unternehmen „Gelegenheiten erhalten sollen, die Insolvenz, insbesondere unter Inanspruchnahme der bereitzustellenden staatlichen Hilfen, ggf. aber auch im Zuge von Sanierungs- und Finanzierungsvereinbarungen, zu beseitigen".[49] Da das BMF jedenfalls bei Steuerpflichtigen, die nachweislich unmittelbar und nicht unerheblich von der COVID-19-Pandemie betroffen sind, von der Vollstreckung bei allen

---

44) So BFH, Beschl. v. 6.8.2020 – VII S 27/20 (AdV), BFH/NV 2020, 1294 ff.
45) Vgl. BFH, Urt. v. 12.12.2005 – VII R 63/04, BFH/NV 2006, 900 ff. = ZInsO 2006, 603 ff. m. Anm. *Schmittmann*; BFH, Beschl. v. 26.4.1988 – VII B 1766/87, BFH/NV 1988, 672; *Schmittmann* in: Waza/Uhländer/Schmittmann, Insolvenzen und Steuern, Rz. 194 ff.
46) So *Loose* in: Tipke/Kruse, AO/FGO, § 251 AO Rz. 19; *Schmittmann* in: FS Haarmeyer, S. 289, 293 ff.
47) So BFH, Beschl. v. 23.7.1985 – VII B 29/85, BFH/NV 1986, 41.
48) So FG München, Beschl. v. 24.7.2018 – 7 V 1728/18, ZInsO 2019, 1272 f.
49) So Begr. Entwurf COVAbmildG, BT-Drucks. 19/18110, S. 22.

rückständigen oder **bis zum 31.12.2020 fällig werdenden Steuern** absieht,[50)] dürfte auch der Insolvenzantrag in solchen Fällen ermessensfehlerhaft sein.

9. Verjährung

Durch das Zweite Gesetz zur Umsetzung steuerlicher Hilfsmaßnahmen zur Bewältigung der Corona-Krise (**Zweites Corona-Steuerhilfegesetz**) vom 29.6.2020[51)] wurde die relative Verjährungsfrist für besonders schwere Fälle der Steuerhinterziehung verlängert. Ein Bezug zur Corona-Krise besteht nicht. Die Regelung dient vielmehr der Aufarbeitung der **Cum-Ex-Gestaltungen**.[52)]   **40**

Nach § 375a AO steht das Erlöschen eines Anspruchs aus dem Steuerschuldverhältnis durch Verjährung nach § 47 AO steht einer Einziehung rechtswidrig erlangter Taterträge nach den §§ 73 bis 73c StGB nicht entgegen. Die Neufassung gilt gem. Art. 97 § 34 EGAO für alle am 1.7.2020 noch nicht verjährten Steueransprüche.   **41**

10. Verordnungsermächtigung

Durch das Zweite Gesetz zur Umsetzung steuerlicher Hilfsmaßnahmen zur Bewältigung der Corona-Krise (**Zweites Corona-Steuerhilfegesetz**) vom 29.6.2020[53)] wurde das Bundesministerium der Finanzen durch Art. 97 § 33 Abs. 5 EGAO ermächtigt, zur zeitnahen Umsetzung unionsrechtlicher Bestimmungen hinsichtlich der Fristen zur Mitteilung grenzüberschreitender Steuergestaltungen durch ein im Bundessteuerblatt zu veröffentlichendes Schreiben Bestimmungen zu treffen. Ein unmittelbarer Bezug zur Corona-Pandemie besteht nicht.   **42**

III. Einkommen- und Lohnsteuer

Bei der Einkommen- und Lohnsteuer stellen sich verschiedene Fragen, die nachstehend der Systematik des EStG folgend dargestellt werden.   **43**

1. Einkunftsarten

Personen, die in regionalen oder mobilen Impfteams beschäftigt sind, üben regelmäßig eine **nichtselbständige Tätigkeit** aus und erzielen daher Einkünfte i. S. des § 19 EStG.[54)] Auch die Vergütung für das Ausstellen von digitalen Impfzertifikaten durch Ärzte führt nicht zu gewerblichen Einkünften, sondern stellt eine originär ärztliche Tätigkeit i. S. des § 18 Abs. 1 Nr. 1 EStG dar.[55)]   **44**

2. Steuerbefreiungen gemäß § 3 EStG

a) Steuerbefreiung gemäß § 3 Nr. 11 und Nr. 11a EStG

Steuerfrei sind gemäß § 3 Nr. 11 EStG **Bezüge aus öffentlichen Mitteln** oder aus Mitteln einer öffentlichen Stiftung, die wegen Hilfsbedürftigkeit oder als Beihilfe   **45**

---

50) So BMF-Schreiben v. 19.3.2020 – IV A 3 – S 0336/19/10007 :002 (DOK 2020/0265898), BStBl. I 2020, 262.

51) BGBl. I 2020, 1512.

52) Vgl. *Lenk*, NZWiSt 2021, 7 ff.; *Reichling/Lange/Borgel*, PStR 2021, 31 ff.

53) BGBl. I 2020, 1512.

54) S. OFD Frankfurt/M., Rdvfg. v. 15.3.2021 – S 2331 A – 49 – St 210, DStR 2021, 870.

55) So OFD Frankfurt/M., Verfügung v. 26.10.2021 – S 2245 A-018-St 214, DB 2021, 2867 (2868).

zu dem Zweck bewilligt werden, die Erziehung oder Ausbildung, die Wissenschaft oder Kunst unmittelbar zu fördern. Unter bestimmten Bedingungen werden Bezüge aus öffentlichen Mitteln auch andere Zahlungen gleichgestellt.

46   Zur Abmilderung der zusätzlichen Belastungen durch die Corona-Krise für Arbeitnehmer hat das BMF angeordnet:[56]

> „Arbeitgeber können ihren Arbeitnehmern in der Zeit vom 1. März bis 31. Dezember 2020 aufgrund der Corona-Krise Beihilfen und Unterstützungen bis zu einem Betrag von 1.500 Euro nach § 3 Nummer 11 EStG steuerfrei in Form von Zuschüssen und Sachbezügen gewähren. Voraussetzung ist, dass diese zusätzlich zum ohnehin geschuldeten Arbeitslohn geleistet werden. Die in R 3.11 Absatz 2 Satz 2 Nummer 1 bis 3 der Lohnsteuer-Richtlinien (LStR) genannten Voraussetzungen brauchen nicht vorzuliegen.

> Aufgrund der gesamtgesellschaftlichen Betroffenheit durch die Corona-Krise kann allgemein unterstellt werden, dass ein die Beihilfe und Unterstützung rechtfertigender Anlass im Sinne des R 3.11 Absatz 2 Satz 1 LStR vorliegt. Arbeitgeberseitig geleistete Zuschüsse zum Kurzarbeitergeld fallen nicht unter diese Steuerbefreiung. Auch Zuschüsse, die der Arbeitgeber als Ausgleich zu Kurzarbeitergeld wegen Überschreitens der Beitragsbemessungsgrenze leistet, fallen weder unter die vorstehende Steuerbefreiung noch unter § 3 Nummer 2 Buchstabe a EStG."

47   Durch das Gesetz zur Umsetzung steuerlicher Hilfsmaßnahmen zur Bewältigung der Corona-Krise (**Corona-Steuerhilfegesetz**) vom 19.6.2020[57] wurde in § 3 Nr. 11a EStG geregelt, dass zusätzlich zum ohnehin geschuldeten Arbeitslohn vom Arbeitgeber in der Zeit vom 1.3.2020 bis zum 31.12.2020 aufgrund der Corona-Krise an seine Arbeitnehmer in Form von **Zuschüssen** und **Sachbezügen** gewährte **Beihilfen** und **Unterstützungen** bis zu einem Betrag von 1.500 € steuerfrei sind.

48   Diese Regelung wurde durch zunächst durch das Jahressteuergesetz 2020 (JStG) vom 21.12.2020[58] bis zum 30.6.2021 und durch das Abzugsteuerentlastungsmodernisierungsgesetz[59] inzwischen bis zum 31.6.2021 verlängert.

49   Voraussetzung ist, dass diese Beihilfen und Unterstützungen zusätzlich zum ohnehin geschuldeten Arbeitslohn geleistet werden. Weiterhin kann aufgrund der gesamtgesellschaftlichen Betroffenheit durch die Corona-Krise allgemein unterstellt werden, dass ein die Beihilfe und Unterstützung rechtfertigender Anlass vorliegt. Arbeitgeberseitig geleistete Zuschüsse zum **Kurzarbeitergeld** fallen nicht unter diese Steuerbefreiung. Die steuerfreien Leistungen sind – so das BMF – im Lohnkonto aufzuzeichnen.[60]

50   **Andere Steuerbefreiungen**, Bewertungsvergünstigungen oder Pauschalbesteuerungsmöglichkeiten (wie z. B. §§ 3 Nr. 34 a, 8 Abs. 2 Satz 11, § 3 Abs. 2 Satz 2 EStG)

---

56) So BMF-Schreiben v. 9.4.2020 – IV C 5 – S 2342/20/10009 :001 (DOK 2020/0337215), BStBl. I 2020, 503.

57) BGBl. I 2020, 1385.

58) BGBl. I 2020, 3096 ff. Vgl. *Bolik/Kindler/Bossmann*, StuB 2021, 102 ff.; Pelke, BB 2021, 343 ff.

59) Gesetz zur Modernisierung der Entlastung von Abzugsteuern und Bescheinigung der Kapitalertragsteuer (Abzugsteuerentlastungsmodernisierungsgesetz – AbzStEntModG) v. 2.6.2021, BGBl. I 2021, 1259 ff.

60) So BMF-Schreiben v. 9.4.2020 – IV C 5 – S 2342/20/10009 :001 (DOK 2020/0337215), BStBl. I 2020, 503.

bleiben hiervon unberührt und können neben der hier aufgeführten Steuerfreiheiten nach § 3 Nr. 11 EStG in Anspruch genommen werden.[61]

b) Steuerbefreiung gemäß § 3 Nr. 26 EStG

Weiterhin kommt eine Steuerbefreiung gemäß § 3 Nr. 26 EStG (sog. „**Übungsleiterpauschale**") in Betracht. Gemäß § 3 Nr. 26 EStG sind Einnahmen aus nebenberuflichen Tätigkeiten als Übungsleiter, Ausbilder, Erzieher, Betreuer oder vergleichbaren nebenberuflichen Tätigkeiten, aus nebenberuflichen künstlerischen Tätigkeiten oder der nebenberuflichen Pflege alter, kranker oder behinderter Menschen im Dienst oder im Auftrag einer juristischen Person des öffentlichen Rechts oder einer Einrichtung zur Förderung gemeinnütziger, mildtätiger und kirchlicher Zwecke bis zur Höhe von insgesamt 2.400 € im Jahr steuerfrei. **51**

Durch das Jahressteuergesetz 2020 (JStG) vom 21.12.2020[62] wurde die Übungsleiterpauschale von 2.400 € auf 3.000 € im Jahr angehoben sowie die Ehrenamtspauschale von 720 € auf 840 €. Diese Beträge gelten ab 2021.

Das BMF hat angeordnet, dass es gemeinnützigkeitsrechtlich nicht beanstandet wird, wenn die Übungsleiterpauschale weiterhin geleistet wird, obwohl eine **Ausübung der Tätigkeit** aufgrund der Corona-Krise (zumindest zeitweise) nicht mehr möglich ist.[63] Das BMF-Schreiben vom 9.4.2020[64] wurde bis zum 31.12.2021 verlängert.[65] **52**

Darüber hinaus sollte erwogen werden, die **Übungsleiterpauschale** auch in den Fällen zur Anwendung zu bringen, in denen Personen, die nicht mehr im aktiven Berufsleben stehen oder einer anderen Tätigkeit nachgehen, aufgrund ihrer Qualifikation im Umfang bis zu 2.400 € im Jahr Einnahmen aus nebenberuflichen Pflegetätigkeiten erzielen. **53**

c) Steuerbefreiung gemäß § 3 Nr. 28a EStG

Gemäß § 3 Nr. 28a EStG werden durch das Gesetz zur Umsetzung steuerlicher Hilfsmaßnahmen zur Bewältigung der Corona-Krise (Corona-Steuerhilfegesetz) vom 19.6.2020[66] **Zuschüsse des Arbeitgebers zum Kurzarbeitergeld und Saison-Kurzarbeitergeld**, soweit sie mit dem Kurzarbeitergeld 80 % des Unterschiedsbetrags zwischen dem Soll-Entgelt und dem Ist-Entgelt nach § 106 SGB III nicht **54**

---

61) So BMF-Schreiben v. 9.4.2020 – IV C 5 – S 2342/20/10009 :001 (DOK 2020/0337215), BStBl. I 2020, 503.

62) BGBl. I 2020, 3096 ff. Vgl. *Bolik/Kindler/Bossmann*, StuB 2021, 102 ff.; *Pelke*, BB 2021, 343 ff.

63) So BMF-Schreiben v. 9.4.2020 – IV C 4 – S 2223/19/10003 :003 (DOK 2020/0308754), BStBl. I 2020, 498. Der zeitliche Anwendungsbereich wurde mit BMF-Schreiben v. 15.12.2021 – IV C 4 – S 2223/19/10003 :006 (DOK 2021/1258425) für alle Maßnahmen verlängert, die bis zum 31.12.2022 durchgeführt werden.

64) BStBl. I 2020, 498. Der zeitliche Anwendungsbereich wurde mit BMF-Schreiben v. 15.12.2021 – IV C 4 – S 2223/19/10003 :006 (DOK 2021/1258425) für alle Maßnahmen verlängert, die bis zum 31.12.2022 durchgeführt werden.

65) BMF-Schreiben v. 18.12.2020 – IV C 4 – S 2223/19/10003 :006, BStBl. I 2021, 57. Der zeitliche Anwendungsbereich wurde mit BMF-Schreiben v. 15.12.2021 – IV C 4 – S 2223/19/10003 :006 (DOK 2021/1258425) für alle Maßnahmen verlängert, die bis zum 31.12.2022 durchgeführt werden.

66) BGBl. I 2020, 1385.

übersteigen und sie für Lohnzahlungszeiträume, die nach dem 29.2.2020 beginnen und vor dem 1.1.2022 enden, geleistet werden, steuerfrei (verlängert durch das Jahressteuergesetz 2020 (JStG) vom 21.12.2020[67]).

55   Diese Zuschüsse unterliegen gemäß § 32b Abs. 1 Satz 1 Nr. 1 lit. g EStG dem **Progressionsvorbehalt.**

d) Steuerbefreiung gemäß § 3 Nr. 34a EStG

56   Schließlich kommt noch die Steuerbefreiung aus § 3 Nr. 34a EStG in Betracht. Sie gilt zusätzlich zum ohnehin geschuldeten Arbeitslohn für erbrachte Leistungen des Arbeitgebers an ein Dienstleistungsunternehmen, das den Arbeitnehmer hinsichtlich der **Betreuung von Kindern und pflegebedürftigen Angehörigen** berät oder hierfür Betreuungspersonal vermittelt. Dies kann einschlägig sein, wenn der Arbeitgeber solche Zahlungen erbringt und damit erreicht, dass der Arbeitnehmer trotz familiärer Betreuungsverpflichtungen seine Arbeitsleistung ganz oder zumindest teilweise wieder erbringen kann.

3. Sanierungserträge

57   Gemäß § 3a Abs. 1 Satz 1 EStG sind Sanierungserträge **steuerfrei.** Ein Sanierungsertrag setzt eine unternehmensbezogene Sanierung i. S. von § 3a Abs. 2 EStG voraus. Diese liegt vor, wenn der Steuerpflichtige für den Zeitpunkt des Schuldenerlasses die **Sanierungsbedürftigkeit** und die **Sanierungsfähigkeit** des Unternehmens, die Sanierungseignung des betrieblich begründeten Schuldenerlasses und die Sanierungsabsicht der Gläubiger nachweist. Im Zuge der COVID-19-Pandemie wird eine Vielzahl von Sanierungsfällen auftreten, in denen jeweils die Anwendbarkeit von § 3a EStG zu prüfen sein wird.[68]

4. Gewinnermittlung

58   Im Rahmen des **Gewinnbegriffs** gemäß § 4 EStG ist zwischen dem sog. „Betriebsvermögensvergleich" gemäß § 4 Abs. 1 EStG und der sog. „Einnahme-Überschuss-Rechnung" gemäß § 4 Abs. 3 EStG zu unterscheiden.[69]

a) Behandlung von Corona-Zuschüssen bzw. Corona-Beihilfen

59   Unabhängig von der Art der Gewinnermittlung stellt sich die Frage der Behandlung der Zuschüssen und Beihilfen aus öffentlichen Kassen. Diese sind als **Betriebseinnahmen** zu erfassen und wirken sich daher auf den Gewinn aus. Die Corona-Zuschüsse sind bei Ermittlung des Gewinns nach § 4 Abs. 1 EStG ggf. i. V. m. § 5 EStG (E-Bilanz) oder nach § 4 Abs. 3 EStG (Anlage EÜR) als steuerpflichtige Betriebseinnahmen zu erfassen. Bei der Gewinnermittlung nach § 13a EStG sind die Corona-Zuschüsse mit dem **Grundbetrag** abgegolten.[70]

---

67) BGBl. I 2020, 3096 ff. Vgl. *Bolik/Kindler/Bossmann*, StuB 2021, 102 ff.; *Pelke*, BB 2021, 343 ff.

68) Vgl. zu den Einzelheiten: *Uhländer*, DB 2020, 17 ff.; *Uhländer* in: Waza/Uhländer/Schmittmann, Insolvenzen und Steuern, Rz. 1379 ff.; *Schmittmann* in: K. Schmidt, InsO, Anh. Steuerrecht, Rz. 157; *Schmittmann*, Der Gemeindehaushalt 2019, 36 ff.

69) S. *Kußmaul*, Betriebswirtschaftliche Steuerlehre, S. 15.

70) S. BMF, https://www.elster.de/eportal/helpGlobal?themaGlobal=help%5Fest%5Fufa%5F10%5F2020#c0615 (Abrufdatum: 16.10.2021).

Eine Auswirkung auf die Einkommensteuer ergibt sich allerdings nur, wenn ein 60
Gewinn erzielt wird. Lediglich Steuerpflichtige, die im Veranlagungszeitraum 2020
einen Gewinn erwirtschaften, werden auf die Zuschüsse und Beihilfen Einkommensteuer zahlen müssen.

b) Betriebsausgaben

Hinsichtlich des „Homeoffice"[71] ist zu berücksichtigen, dass gemäß § 4 Abs. 5 61
Satz 1 Nr. 6b EStG Aufwendungen für ein häusliches Arbeitszimmer sowie die Kosten
der Ausstattung die Betriebsausgaben nicht mindern dürfen. Dies gilt freilich nicht,
wenn für die betriebliche oder berufliche Tätigkeit **kein anderer Arbeitsplatz** zur
Verfügung steht. In diesem Fall wird die Höhe der abziehbaren Aufwendungen auf
1.250 € begrenzt. Die Beschränkung der Höhe nach gilt nicht, wenn das Arbeitszimmer den Mittelpunkt der gesamten betrieblichen und beruflichen Betätigung
bildet.

Es wird also danach zu differenzieren sein, ob es der **Arbeitgeber** es dem Arbeitneh- 62
mer lediglich freistellt, während der COVID-19-Pandemie zu Hause zu arbeiten
oder er den Arbeitgeber ausdrücklich – arbeitsrechtliche Aspekte bleiben hier außer
Betracht[72] – anweist, in den nächsten Wochen zu Hause zu arbeiten.[73]

Der Arbeitnehmer sollte sich zweckmäßiger Weise vom Arbeitgeber **schriftlich** an- 63
weisen lassen, zu Hause zu arbeiten, damit er gegenüber der Finanzverwaltung nachweisen kann, dass ihm ein Arbeitsplatz außerhalb der Wohnung nicht zur Verfügung
gestanden hat.

Eine Vereinfachung ist durch das Jahressteuergesetz 2020 (JStG) vom 21.12.2020[74] 64
erfolgt. Gemäß § 4 Abs. 5 Satz 1 Nr. 6b Satz 4 EStG gilt:

> „Liegt kein häusliches Arbeitszimmer vor oder wird auf einen Abzug der Aufwen-
> dungen für ein häusliches Arbeitszimmer nach den Sätzen 2 und 3 verzichtet, kann
> der Steuerpflichtige für jeden Kalendertag, an dem er seine betriebliche oder berufli-
> che Tätigkeit ausschließlich in der häuslichen Wohnung ausübt und keine außerhalb
> der häuslichen Wohnung belegene Betätigungsstätte aufsucht, für seine gesamte be-
> triebliche und berufliche Betätigung einen Betrag von 5 Euro abziehen, höchstens 600
> Euro im Wirtschafts- oder Kalenderjahr."

Der Steuerpflichtige sollte im Einzelfall prüfen, ob die auf 600 € begrenzte **Pauschale** 65
oder die **konkrete Ermittlung**, die auf 1.250 € begrenzt ist, günstiger ist.

c) Werbungskosten

Bei **Arbeitnehmern** sind Besonderheiten i. R. der Werbungskosten gemäß § 9 Abs. 1 66
Satz 1 EStG, also der Aufwendungen die zur Erwerbung, Sicherung und Erhaltung
der Einnahmen, zu berücksichtigen sind.

---

71) Vgl. umfassend: *Nolte/Cremer/Kanzler*, Homeoffice und das häusliche Arbeitszimmer, 2021.
72) Vgl. dazu: *Dellner*, NWB 2020, 3060 ff.; *Frank/Heine*, BB 2021, 248 ff.; *Löwisch/Kurz*, BB
    2020, 2804 ff.; *Müller*, BB 2021, 372 ff.; *Suwelack*, ZD 2021, 171 ff.
73) Vgl. *Köstler*, AStW 2020, 318 ff.; *Schäfer*, StuB 2020, 417 ff.
74) BGBl. I 2020, 3096 ff. Vgl. *Bolik/Kindler/Bossmann*, StuB 2021, 102 ff.; *Pelke*, BB 2021,
    343 ff.

67 Gemäß § 9 Abs. 1 Satz 3 Nr. 4 EStG sind Werbungskosten auch Aufwendungen des Arbeitnehmers für Wege zwischen Wohnung und erster Tätigkeitsstätte. Der Arbeitnehmer, der seine Arbeitsleistung vorübergehend von seiner Wohnung aus erbringt (sog. „Homeoffice") hat bei der Anfertigung seiner Steuererklärung darauf zu achten, dass er diese Tage nicht versehentlich bei der Ermittlung der **Fahrtkosten** berücksichtigt.

68 Ob die Aufwendungen eines Steuerpflichtigen für die **Anschaffung von FFP2-Masken** oder sog. **Medizinischen Masken** als Werbungskosten anerkannt werden können, ist streitig. Nach Auffassung des Bayerischen Landesamtes sind Aufwendungen für den Erwerb von Schutzmasken durch Privatpersonen in der Regel zu den **Kosten der privaten Lebensführung** i. S. des Einkommensteuerrechts zu zählen und daher grundsätzlich durch den Grundfreibetrag abgegolten. Von der gegenwärtigen Verpflichtung zum Tragen eines Mund-Nasen-Schutzes seien in der Regel alle Menschen in gleicher Weise betroffen. Ein Abzug als „außergewöhnliche Belastung", unter die sonst ggf. auch durch einen Arzt verordnete medizinische Hilfsmittel für Einzelne, wie Hörgeräte, fallen können, sei deshalb nicht möglich. Ein Mund-Nasen-Schutz könne sowohl im beruflichen Alltag als auch privat, zum Beispiel beim Einkaufen getragen werden, erklärt das Landesamt für Steuern. „Eine Trennung zwischen beruflicher und privater Sphäre ist daher im Allgemeinen nicht zweifelsfrei möglich, sodass auch ein Abzug als Werbungskosten ausscheidet."[75] Andere Stimmen befürworten eine steuerliche Anerkennung;[76] insbesondere wenn der Arbeitgeber das Tragen der Maske verlangt.[77]

d) Bewertung

69 Durch das Zweite Gesetz zur Umsetzung steuerlicher Hilfsmaßnahmen zur Bewältigung der Corona-Krise (**Zweites Corona-Steuerhilfegesetz**) vom 29.6.2020[78] wurde für **Kraftfahrzeuge** eine Sonderregelung geschaffen. Gemäß § 6 Abs. 1 EStG sind für die Bewertung der einzelnen Wirtschaftsgüter, die nach § 4 Abs. 1 EStG oder nach § 5 EStG als Betriebsvermögen anzusetzen sind, gesetzliche Bewertungsregeln. Gemäß § 6 Abs. 1 Nr. 4 EStG sind Entnahmen des Steuerpflichtigen für sich, für seinen Haushalt oder für andere betriebsfremde Zwecke mit dem Teilwert anzusetzen. Sonderregelungen gelten für Kraftfahrzeuge. Grundsätzlich ist die private Nutzung eines Kraftfahrzeugs, das zu mehr 50 % betrieblich genutzt wird, für jeden Kalendermonat mit 1 % des inländischen Listenpreises zum Zeitpunkt der Erstzulassung zzgl. der Kosten für Sonderausstattungen einschl. Umsatzsteuer anzusetzen (§ 6 Abs. 1 Nr. 4 Satz 2 EStG; sog. „**Ein-Prozent-Regelung**").

70 Zur Förderung der Elektromobilität gelten für Fahrzeuge mit Antrieb ausschließlich durch Elektromotoren, die ganz oder überwiegend aus mechanischen oder elektrochemischen Energiespeichern oder aus emissionsfrei betriebenen Energiewandlern

---

75) Vgl. Bayerischer Rundfunk, https://www.br.de/nachrichten/wirtschaft/ffp2-pflicht-koennen-masken-steuerlich-abgesetzt-werden,SMQtKtU. Ebenso OFD Frankfurt am Main, Verfügung vom 23. Juni 2021 – S 2500 A – 213 – St 214.

76) S. *Moser*, FR 2021, 97 ff.

77) S. *Strecker*, KÖSDI 2021, 22367, 22375.

78) BGBl. I 2020, 1512.

gespeist werden (**Elektrofahrzeuge**), oder von extern aufladbaren Hybrid-Elektrofahrzeugen, Sonderregelungen. Gemäß § 6 Abs. 1 Nr. 4 Satz 2 Nr. 3 EStG sind bei Anschaffung nach dem 31.12.2018 und vor dem 1.1.2031 die Listenpreise dieser Kraftfahrzeuge nur zu einem Viertel anzusetzen, wenn das Kraftfahrzeug keine Kohlendioxidemissionen je gefahrenen Kilometer hat und ein bestimmter Brutto-Listenpreis des Fahrzeuges nicht überschritten wird. Dieser Betrag wurde im Rahmen der Corona-Gesetzgebung von 40 000 € auf 60 000 € erhöht. Dies gilt gemäß § 6 Abs. 1 Nr. 4 Satz 3 Nr. 3 EStG auch für die Ermittlung der auf die Privatfahrten entfallenden Aufwendungen, wenn die durch das Kraftfahrzeug insgesamt entstehenden Aufwendungen durch Belege und das Verhältnis der privaten zu den übrigen Fahrten durch ein ordnungsgemäßes Fahrtenbuch nachgewiesen werden.

e) Abschreibung

Durch das Zweite Gesetz zur Umsetzung steuerlicher Hilfsmaßnahmen zur Bewältigung der Corona-Krise (**Zweites Corona-Steuerhilfegesetz**) vom 29.6.2020[79] wurden auch Regelungen zur **Absetzung für Abnutzung oder Substanzverringerung** (§ 7 EStG; „Abschreibung") geändert. Bei Wirtschaftsgütern, deren Verwendung oder Nutzung durch den Steuerpflichtigen zur Erzielung von Einkünften sich erfahrungsgemäß auf einen Zeitraum von mehr als einem Jahr erstreckt, ist jeweils für ein Jahr der Teil der Anschaffungs- und Herstellungskosten abzusetzen, der bei gleichmäßiger Verteilung dieser Kosten auf die Gesamtdauer der Verwendung oder Nutzung auf ein Jahr entfällt, § 7 Abs. 1 Nr. 1 EStG. Bei beweglichen Wirtschaftsgütern des Anlagevermögens, die nach dem 31.12.2019 und vor dem 1.1.2022 angeschafft oder hergestellt worden sind, kann der Steuerpflichtige gem. § 7 Abs. 2 EStG statt der Absetzung für Abnutzung in gleichen Jahresbeträgen („lineare Afa") die Absetzung für Abnutzung in fallenden Jahresbeträgen („degressive Afa") bemessen. Die Absetzung für Abnutzung in fallenden Jahresbeträgen kann nach einem unveränderlichen Prozentsatz vom jeweiligen Buchwert (Restwert) vorgenommen werden; der dabei anzuwendende Prozentsatz darf höchstens das Zweieinhalbfache des bei der Absetzung oder Abnutzung in gleichen Jahresbeträgen in Betracht kommenden Prozentsatzes betragen und 25 % nicht übersteigen.

Bei Wirtschaftsgütern, bei denen die Abschreibung für Abnutzung in fallenden Jahresbeträgen (sog. „**degressive AfA**") bemessen wird, sind gemäß § 7 Abs. 2 Satz 4 EStG Absetzungen für außergewöhnliche technische oder wirtschaftliche Abnutzungen nicht zulässig.

Im **Jahr der Anschaffung oder Herstellung** des Wirtschaftsguter ist jeweils ein Zwölftel für jeden Monat anzusetzen, der dem Monat der Anschaffung oder Herstellung vorangeht, § 7 Abs. 1 Satz 4 EStG i. V. m. § 7 Abs. 2 Satz 3 EStG.

Unter Hinweis auf die Digitalisierung hat das Bundesministerium der Finanzen[80] konstatiert, dass **Computerhardware** sowie die für die Dateneingabe und Daten-

    71

    72

    73

    74

---

79) BGBl. I 2020, 1512.
80) S. BMF-Schreiben v. 26.2.2021 – IV C 3 – S 2190/21/10002 :013 (DOK2021/0231247), BStBl. I 2021, 298 ff. mit Anm. *Kubik*, BB 2021, 753. Vgl. *Bolik/Reifarth-Belli/Mayer*, StuB 2021, 266 ff.

verarbeitung erforderliche Betriebs- und Anwendersoftware auf Grund des raschen technischen Fortschritts einen immer schnelleren Wandel unterliege. Daher werde für Wirtschaftsgüter, die als „Computerhardware" anzusehen sind, in Zukunft eine **betriebsgewöhnliche Nutzungsdauer** i. S. des § 7 Abs. 1 EStG von einem Jahr zu Grunde gelegt. Die Wirtschaftsgüter, die als „Computerhardware" gelten, sind im Einzelnen definiert.

75   Weiterhin wird auch für die immateriellen Wirtschaftsgüter „**Betriebs- und Anwendersoftware**" eine betriebsgewöhnliche Nutzungsdauer von einem Jahr zu Grunde gelegt, wobei unter den Begriff „Software" die Betriebs- und Anwendersoftware zur Dateneingabe und Datenverarbeitung verstanden werden. Ebenfalls unter diesen Begriff fallen die nichttechnisch physikalischen Anwendungsprogramme eines Systems zur Datenverarbeitung sowie neben Standardanwendungen auch auf die individuelle Nutzung abgestimmte Anwendungen wie ERP-Software, Software für Warenwirtschaftssysteme oder sonstige Anwendungssoftware zur Unternehmensverwaltung oder Prozesssteuerung.

76   Die **Neuregelung** findet erstmals Anwendung in Gewinnermittlungen für Wirtschaftsjahre, die nach dem 31.12.2020 enden. Handelt es sich um Wirtschaftsgüter des Privatvermögens, die zur Einkünfteerzielung verwendet werden, gilt die Neuregelung ab dem Veranlagungszeitraum 2021 entsprechend.

f) **Verlustabzug**

77   Besonderheiten ergeben sich beim Verlustabzug gemäß § 10d EStG. Gemäß § 10d Abs. 1 Satz 1 EStG können negative Einkünfte, die bei der Ermittlung des gesamten Betrages der Einkünfte nicht ausgeglichen werden, nur bis zu einem Betrag von 1 Mio. € vom Gesamtbetrag der Einkünfte des unmittelbar vorangegangenen Veranlagungszeitraums abgezogen werden (Verlustrücktrag)[81]. Im Hinblick darauf, dass zu erwarten ist, dass zahlreiche Steuerpflichtige Verluste erleiden werden, die diese Größenordnung übersteigen, hat das BMF angeordnet, dass die **Vorauszahlungen für 2019** unter Berücksichtigung des pauschal ermittelten **Verlustrücktrag aus 2020 neu zu berechnen** und festzusetzen sind:

> „Ergibt sich im Rahmen der Einkommen- oder Körperschaftsteuerveranlagung für 2020 ein Verlustrücktrag gemäß § 10d Absatz 1 Satz 1 EStG, entfällt insoweit die bisher festgesetzte und gestundete Nachzahlung für 2019.
>
> Ergibt sich bei der Veranlagung für 2020 kein Verlustrücktrag nach 2019, ist die bislang geschuldete Nachzahlung für 2019 innerhalb eines Monats nach Bekanntgabe des Steuerbescheides für 2020 zu entrichten. Entsprechendes gilt, wenn auf einen Verlustrücktrag nach 2019 gemäß § 10d Absatz 1 Satz 5 EStG ganz verzichtet wurde."[82]

78   Durch das Zweite Gesetz zur Umsetzung steuerlicher Hilfsmaßnahmen zur Bewältigung der Corona-Krise (**Zweites Corona-Steuerhilfegesetz**) vom 29.6.2020[83] wurde in § 10d Abs. 1 Satz 1 EStG die Angabe „1 000 000 Euro" durch die Angabe

---

81) Vgl. *Morawitz*, DStR 2020, 914, 915 ff.
82) So BMF-Schreiben v. 24.4.2020 – IV C 8 – S 2225/20/10003 :010 (DOK 2020/0414862), BStBl. 2020, 496.
83) BGBl. I 2020, 1512.

„5 000 000 Euro" und die Angabe „2 000 000 Euro" durch die Angabe „10 000 000 Euro" ersetzt.

Durch das Dritte Gesetz zur Umsetzung steuerlicher Hilfsmaßnahmen zur Bewältigung der Corona-Krise vom 10.3.2021[84] (**Drittes Corona-Steuerhilfegesetz**) wurde der steuerliche **Verlustrücktrag für die Jahre 2020 und 2021** nochmals erweitert und auf 10 Mio. € (bei Einzelveranlagung) bzw. 20 Mio. € (bei Zusammenveranlagung) angehoben (§ 10d Abs. 1 EStG i. V. m. § 52 Abs. 18b EStG).   79

Das BMF hat mit Schreiben vom 7.12.2021 eine weitere Verlängerung der verfahrensrechtlichen Steuererleichterungen angeordnet:[85]

> „3. Anpassung von Vorauszahlungen im vereinfachten Verfahren
>
> Die nachweislich unmittelbar und nicht unerheblich negativ wirtschaftlich betroffenen Steuerpflichtigen können bis zum 30. Juni 2022 unter Darlegung ihrer Verhältnisse Anträge auf Anpassung der Vorauszahlungen auf die Einkommen- und Körperschaftsteuer 2021 und 2022 stellen. Bei der Nachprüfung der Voraussetzungen sind keine strengen Anforderungen zu stellen. Diese Anträge sind nicht deshalb abzulehnen, weil die Steuerpflichtigen die entstandenen Schäden wertmäßig nicht im Einzelnen nachweisen können."

g) Veräußerungsverluste

Besonderheiten sind auch i. R. von Veräußerungen von Anteilen an Kapitalgesellschaften gemäß § 17 EStG zu erwarten. Nach der Neuregelung in § **17 Abs. 2a Satz 3** **EStG** gehören zu den nachträglichen Anschaffungskosten auch offene oder verdeckte Einlagen, **Darlehensverluste**, soweit die Gewährung des Darlehens oder das Stehenlassen des Darlehens in der Krise gesellschaftsrechtlich veranlasst war, und Ausfälle von Bürgschaftsregressforderungen und vergleichbaren Forderungen, soweit die Hingabe oder das Stehenlassen der betreffenden Sicherheit gesellschaftsrechtlich veranlasst war.[86]   80

Im Hinblick darauf, dass gemäß § 2 Abs. 1 Satz 2 COVInsAG die bis zum 30.9.2020 erfolgende Rückgewähr eines im Aussetzungszeitraums gewährten neuen Kredits sowie die im Aussetzungszeitraums erfolgte Bestellung von Sicherheiten zur Absicherung solcher Kredite als nicht gläubigerbenachteiligend angesehen wird sowie weitere Erleichterungen für Gesellschafterdarlehen geschaffen worden sind und die Regelungen des § 44a InsO in Insolvenzverfahren, die bis zum 30.9.2023 beantragt werden, keine Anwendung finden (siehe § 2 COVInsAG Rz. 40 [*Fritz*]), stellt sich die Frage, ob eine **Sonderbehandlung von Gesellschafterdarlehen** i. R. von § 17 Abs. 2a EStG weiterhin gerechtfertigt ist.[87]   81

h) Ausfall von Miet- und Pachteinnahmen

Bei **Einkünften aus Vermietung und Verpachtung** ist nach § 21 Abs. 2 EStG zu beachten, dass wenn das Entgelt für die Überlassung einer Wohnung zu **Wohnzwe-**   82

---

84) BGBl. I 2021, 330 f.
85) So BMF-Schreiben v. 7.12.2021 – IV A 3 – S 0336/20/10001 :045 (DOK 2021/1267982).
86) Vgl. dazu: *Jachmann-Michel*, BB 2020, 727 ff.; *Ott*, DStR 2020, 313 ff.; *Schmittmann*, DZWiR 2020, 101 ff.
87) Vgl. *Wübbelsmann*, DStR 2020, 696, 698.

cken weniger als 50 % der ortsüblichen Marktmiete beträgt, die Nutzungsüberlassung in einen entgeltlichen und einen unentgeltlichen Teil aufzuteilen ist. Beträgt das Entgelt bei auf Dauer angelegter Wohnungsvermietung mindestens 66 % der ortsüblichen Miete, gilt die Wohnungsvermietung als entgeltlich.

83 Bleiben die Einkünfte aus Vermietung und Verpachtung aus, was in der COVID-19-Pandemie in einer Vielzahl von Fällen gegeben ist, liegen keine Einkünfte vor. Liegt die Ursache dafür in einer finanziellen **Notlage des Mieters** führt dies nicht zu einer Veränderung bei der Miete.[88]

84 Der pandemiebedingte **Erlass** der Miete oder Pacht führt nicht zum Wegfall der **Einkünfteerzielungsabsicht** des Vermieters oder Verpächters.[89]

5. Entlastungsbetrag für Alleinerziehende, § 24b EStG

85 Durch das Zweite Gesetz zur Umsetzung steuerlicher Hilfsmaßnahmen zur Bewältigung der Corona-Krise (**Zweites Corona-Steuerhilfegesetz**) vom 29.6.2020[90] wurde der Entlastungsbetrag für Alleinerziehende gem. § 24b EStG erhöht. Er beträgt grundsätzlich gemäß § 24b Abs. 2 Satz 1 EStG 1 908 €, wenn ein Kind zum Haushalt gehört. Dieser Betrag erhöht sich für die Kalenderjahre 2020 und 2021 jeweils um 2 100 €.

6. Anrechnung der Gewerbesteuer

86 Durch Zweite Gesetz zur Umsetzung steuerlicher Hilfsmaßnahmen zur Bewältigung der Corona-Krise (**Zweites Corona-Steuerhilfegesetz**) vom 29.6.2020[91] wurde die Gewerbesteueranrechnung erhöht. Gemäß § 35 Abs. 1 Satz 1 EStG wurde bislang das 3,8-fache des Gewerbesteuer-Meßbetrags berücksichtigt. Nunmehr wird das Vierfache des Gewerbesteuer-Meßbetrags angerechnet.

7. Freibetrag bei Arbeitnehmern

87 Durch das Zweite Gesetz zur Umsetzung steuerlicher Hilfsmaßnahmen zur Bewältigung der Corona-Krise (**Zweites Corona-Steuerhilfegesetz**) vom 29.6.2020[92] wird die Ermittlung des Freibetrags und des Hinzurechnungsbetrags nach § 39a EStG modifiziert. In den Freibetrag werden nunmehr gemäß § 39a Abs. 1 Satz 1 Nr. 4a EStG in den Kalenderjahren 2020 und 2021 der Erhöhungsbetrag nach § 24b Abs. 2 Satz 3 EStG einbezogen; für den Erhöhungsbetrag nach § 24b Abs. 2 Satz 3EStG kann auch ohne Antrag des Arbeitnehmers ein Freibetrag ermittelt werden.

8. Behandlung von Kurzarbeitergeld

88 Im Rahmen des Kurzarbeitergeldes sind Besonderheiten zu berücksichtigen.

> „Stocken Organisationen, die nach § 5 Absatz 1 Nummer 9 KStG steuerbegünstigt sind, ihren eigenen Beschäftigten, die sich in Kurzarbeit befinden, das Kurzarbeitergeld aus eigenen Mitteln bis zu einer Höhe von insgesamt 80 % des bisherigen Ent-

---

88) S. OFD Nordrhein-Westfalen, Kurzinformation v. 2.12.2020 – S 2253 – 2020/0025 – St 23, https://datenbank.nwb.de/Dokument/Anzeigen/848269/; vgl. dazu *Weiss*, EStB 2021, 30 ff.

89) S. OFD Nordrhein-Westfalen, Kurzinformation v. 2.12.2020 – S 2253 – 2020/0025 – St 23, https://datenbank.nwb.de/Dokument/Anzeigen/848269/; vgl. dazu *Weiss*, EStB 2021, 30 ff.

90) BGBl. I 2020, 1512.

91) BGBl. I 2020, 1512.

92) BGBl. I 2020, 1512.

gelts auf, werden weder die Mittelverwendung für satzungsmäßige Zwecke noch die Marktüblichkeit und die Angemessenheit der Aufstockung geprüft, wenn die Aufstockung einheitlich für alle Arbeitnehmer erfolgt. […]

Das „bisherige Entgelt" ist dabei das in den drei Monaten vor Einführung der Kurzarbeit durchschnittlich ausgezahlte Nettomonatsgehalt.

Bei einer Aufstockung auf über 80 % des bisherigen Entgelts bedarf es einer entsprechenden Begründung, insbesondere zur Marktüblichkeit und Angemessenheit der Aufstockung. Sehen kollektivrechtliche Vereinbarungen des Arbeitsrechts, wie zum Beispiel Tarifverträge, eine Aufstockung des Kurzarbeitergeldes vor, reicht für den Nachweis der „Marktüblichkeit und Angemessenheit" die Vorlage dieser Vereinbarung. Übernehmen kollektivrechtlich nicht gebundene Unternehmen in individuellen Verträgen mit allen Mitarbeitern einheitlich die kollektivrechtlichen Vereinbarungen der Branche zur Aufstockung des Kurzarbeitergeldes, dient ein Mustervertrag dem Nachweis der Marktüblichkeit und Angemessenheit.

Zudem wird es gemeinnützlichkeitsrechtlich nicht beanstandet, wenn die Ehrenamts- oder Übungsleiterpauschalen weiterhin geleistet werden, obwohl die Ausübung der Tätigkeit aufgrund der Corona-Krise (zumindest zeitweise) nicht mehr möglich ist."[93]

Das Kurzarbeitergeld unterliegt gemäß § 32b Abs. 1 Satz 1 Nr. 1a EStG dem **Progressionsvorbehalt**, so dass auf das nach § 32a Abs. 1 EStG zu versteuernde Einkommen ein **besonderer Steuersatz** anzuwenden ist.[94] Das Kurzarbeitergeld erhöht den Tarif für das übrige zu versteuernde Einkommen.[95] Der Arbeitnehmer hat ggf. mit einer **Nachforderung** des Finanzamtes zu rechnen.[96] Es sind aber auch geläufige Effekte möglich, insbesondere bei Arbeitnehmern ohne Kinder.[97] **89**

Das **Kinderkrankengeld**, das während der Pandemie häufiger als üblich in Anspruch genommen worden ist, ist eine steuerfreie Lohnersatzleistung gemäß § 3 Nr. 1a EStG, die dem **Progressionsvorbehalt** gemäß § 32b EStG unterliegt.

9. Lohnsteuerabzug und Aufzeichnungspflichten

Die Einkommensteuer wird bei Einkünften aus nichtselbständiger Arbeit gemäß § 38 Abs. 1 EStG durch Abzug vom Arbeitslohn erhoben (Lohnsteuer). Der Arbeitgeber ist gemäß § 41a EStG zur Anmeldung und Abführung der Lohnsteuer verpflichtet (siehe Rz. 13). **90**

Durch das Gesetz zur Umsetzung steuerlicher Hilfsmaßnahmen zur Bewältigung der Corona-Krise (**Corona-Steuerhilfegesetz**) vom 19.6.2020[98] wurden die **Aufzeichnungspflichten beim Lohnsteuerabzug** nach § 41 EStG modifiziert. Nunmehr sind auch die nach § 3 Nr. 28 EStG steuerfreien Aufstockungsbeträge oder Zuschläge und die nach § 3 Nr. 28a EStG steuerfreien Zuschüsse aufzuzeichnen. Bei Beendi- **91**

---

93) So BMF-Schreiben v. 26.5.2020 – IV C 4 – S 0174/19/10002 :0083 (DOK 2020/0464239), BStBl. I 2020, 543. Der zeitliche Anwendungsbereich wurde mit BMF-Schreiben v. 15.12.2021 – IV C 4 – S 2223/19/10003 :006 (DOK 2021/1258425) für alle Maßnahmen verlängert, die bis zum 31.12.2022 durchgeführt werden.

94) S. *Jarass*, BB 2020, 1111 ff.; *Jarass*, BB 2020, 1374 ff.

95) Vgl. *Köstler*, AStW 2020, 318 ff.

96) Vgl. *Gallus/Hannig*, kösdi 2021, 22157 ff.; *Jarass*, BB 2020, 1111 ff.; *Jarass*, BB 2020, 1374 ff.

97) S. *Jarass*, BB 2020, 1111 ff.; *Jarass*, BB 2020, 1374 ff.

98) BGBl. I 2020, 1385.

gung des Dienstverhältnisses oder am Ende eines Kalenderjahres hat der Arbeitgeber gemäß § 41b Abs. 1 Satz 1 EStG das Lohnkonto abzuschließen. Im Rahmen des Abschlusses des Lohnsteuerabzugs sind nunmehr auch die nach § 3 Nr. 28a EStG steuerfreien Zuschüsse zu übermitteln.

92 Führt der Arbeitgeber gemäß § 42b EStG den **Lohnsteuer-Jahresausgleich** durch, sind nach § 42b Abs. 1 Satz 3 Nr. 4 EStG auch die nach § 3 Nr. 28a EStG steuerfreien Zuschüsse zu berücksichtigen.

10. Anwendungsvorschriften

93 Durch das Zweite Gesetz zur Umsetzung steuerlicher Hilfsmaßnahmen zur Bewältigung der Corona-Krise (Zweites Corona-Steuerhilfegesetz) vom 29.6.2020[99] wurden auch **Anwendungsvorschriften** geändert.

94 In § 52 Abs. 12 Satz 2 EStG ist nunmehr geregelt, dass § 6 Abs. 1 Nr. 4 Satz 2 Nr. 3 und Satz 3 Nr. 3 EStG (**Förderung der Elektromobilität**) bereits ab dem 1.1.2020 anzuwenden sind.

95 Gemäß § 52 Abs. 14 EStG verlängern sich bei der **Übertragung stiller Reserven bei der Veräußerung bestimmter Anlagegüter** die Fristen des § 6b Abs. 3 Satz 2, 3 und 5 EStG, § 6b Abs. 8 Satz 1 Nr. 1 EStG sowie § 6b Abs. 10 Satz 1 und 8 EStG jeweils um ein Jahr, wenn die Rücklage wegen § 6b Abs. 3 Satz 5, § 6b Abs. 8 Satz 1 Nr. 1 i. V. m. § 6b Abs. 3 Satz 5 oder § 6b Abs. 10 Satz 8 EStG am Schluss des nach dem 29.2.2020 und vor dem 1.1.2021 endenden Wirtschaftsjahres aufzulösen wäre. Das Bundesministerium der Finanzen wurde zunächst ermächtigt, durch Rechtsverordnung mit Zustimmung des Bundesrates in den Fällen, in denen die Rücklage wegen § 6b Abs. 3 Satz 5, § 6b Abs. 8 Satz 1 Nr. 1 i. V. m. § 6b Abs. 3 Satz 5 oder § 6b Abs. 10 Satz 8 EStG am Schluss des nach dem 29.2.2020 und vor dem 1.1.2021 endenden Wirtschaftsjahres aufzulösen wäre, die Fristen um ein weiteres Jahr zu verlängern, wenn dies auf Grund fortbestehender Auswirkungen der COVID-19-Pandemie geboten erscheint.

96 Durch das **Gesetz zur Modernisierung des Körperschaftsteuerrecht** vom 25.6.2021[100] wurde die Frist von einem Jahr auf zwei Jahre verlängert. Zudem verlängern sich die Fristen um ein Jahr, wenn die Rücklage wegen § 6b Abs. 3 Satz 5, § 6b Abs. 8 Satz 1 Nr. 1 i. V. m. § 6b Abs. 3 Satz 5 oder § 6b Abs. 10 Satz 8 EStG am Schluss des nach dem 31.12.2020 und vor dem 1.1.2022 endenden Wirtschaftsjahres aufzulösen wäre. Satz 6, also die Verordnungsermächtigung für das BMF wurde aufgehoben.

97 Die Regelung des § 52 Abs. 16 EStG wird hinsichtlich der **Investitionsabzugsbeträge und Sonderabschreibungen zur Förderung kleiner und mittlerer Betriebe** gemäß § 7g EStG dahin gefasst, dass bei in nach dem 31.12.2016 und vor dem 1.1.2018 endenden Wirtschaftsjahren beanspruchten Investitionsabzugsbeträgen die Investitionsfrist abweichend von § 7g Abs. 3 Satz 1 EStG erst zum Ende des vierten auf das Wirtschaftsjahr des Abzugs folgenden Wirtschaftsjahres endet.

---

99) BGBl. I 2020, 1512.
100) BGBl. I 2021, 2050.

Die **Neufassung des Verlustvortrags** nach § 10d Abs. 1 EStG wird in § 52 Abs. 18a   **98** EStG auf die Veranlagungszeiträume 2020 und 2021 beschränkt.

Die **Anrechnung des vierfachen Gewerbesteuer-Meßbetrags** nach § 35 EStG ist   **99** gemäß § 52 Abs. 35a EStG erstmals für den Veranlagungszeitraum 2020 anzuwenden.

Die Sonderregelungen zu den **Anpassungen von Vorauszahlungen für den Veranlagungszeitraum 2019** (§ 110 EStG) sind gemäß § 52 Abs. 52 EStG für den Veranlagungszeitraum 2019 anzuwenden.   **100**

Die Sonderregelungen zum vorläufigen **Verlustrücktrag für 2020** (§ 111 EStG)   **101** sind gemäß § 52 Abs. 53 EStG für die Veranlagungszeiträume 2019 und 2020 anzuwenden.

Durch das Dritte Gesetz zur Umsetzung steuerlicher Hilfsmaßnahmen zur Bewältigung der Corona-Krise vom 10.3.2021[101] (Drittes Corona-Steuerhilfegesetz) wurde der steuerliche **Verlustrücktrag für die Jahre 2020 und 2021** nochmals erweitert und auf 10 Mio. € (bei Einzelveranlagung) bzw. 20 Mio. € (bei Zusammenveranlagung) angehoben (§ 10d Abs. 1 EStG i. V. m. § 52 Abs. 18b EStG).   **102**

11. Kinderbetreuung und Kindergeld

Durch das Gesetz zur Umsetzung steuerlicher Hilfsmaßnahmen zur Bewältigung der   **103** Corona-Krise (**Corona-Steuerhilfegesetz**) vom 19.6.2020[102] wurde § 56 IfSG[103] dahin geändert, dass eine erwerbstätige Person eine **Entschädigung in Geld** erhält wenn

- Einrichtungen zur Betreuung von Kindern, Schulen oder Einrichtungen für Menschen mit Behinderungen von der zuständigen Behörde vorübergehend geschlossen werden oder deren Betreten untersagt wird (§ 56 Abs. 1a Satz 1 Nr. 1 IfSG),

- die erwerbstätige Person ihr Kind, dass das 12. Lebensjahr noch nicht vollendet hat oder betritt oder auf Hilfe angewiesen ist, in diesem Zeitraum selbst beaufsichtigt, betreut oder pflegt, weil sie keine anderweitige zumutbare Betreuungsmöglichkeit sicherstellen kann (§ 56 Abs. 1a Satz 1 Nr. 2 IfSG) und

- die erwerbstätige Person dadurch einen Verdienstausfall erleidet (§ 56 Abs. 1a Nr. 3 IfSG).

Zudem wird der Begriff „Schulferien" durch die Wörter „**Schul- oder Betriebsferien**"   **104** in § 56 Abs. 1a IfSG ersetzt.

Die **Entschädigung** wird gemäß § 56 Abs. 2 Satz 4 IfSG i. H. v. 67 % des der   **105** erwerbstätigen Person entstandenen Verlustausfalles für jede erwerbstätige Person für längstens zehn Wochen gewährt, für die er eine erwerbstätige Person, die ihr Kind allein beaufsichtigt, betreut oder pflegt, längstens für 20 Wochen; für einen vollen Monat wird höchstens ein Betrag von 2.016 €gewährt.

---

101) BGBl. I 2021, 330 f.
102) BGBl. I 2020, 1385.
103) Infektionsschutzgesetz v. 20.7.2000, BGBl. I 2002, 1045, zuletzt geändert durch Art. 8 Abs. 8 des Gesetzes vom 27.9.2021 (BGBl. I, 4530)

106   Weiterhin wird gemäß § 66 Abs. 1 IfSG für jedes Kind, für das für den Monat September 2020 ein Anspruch auf **Kindergeld** besteht, für den Monat September 2020 ein Einmalbetrag von 200 € und für den Monat Oktober 2020 ein Einmalbetrag von 100 € gezahlt. Ein Anspruch i. H. der Einmalbeträge i. H. v. insgesamt 300 € für das Kalenderjahr 2020 besteht auch für ein Kind, für das nicht für den Monat September 2020, jedoch für mindestens einen anderen Kalendermonat im Kalenderjahr 2020 ein Anspruch auf Kindergeld besteht. Diese Einmalbeträge werden als Kindergeld im Rahmen der Vergleichsberechnung nach § 31 Abs. 4 IfSG berücksichtigt.

107   Durch das Dritte Gesetz zur Umsetzung steuerlicher Hilfsmaßnahmen zur Bewältigung der Corona-Krise vom 10.3.2021[104]) (**Drittes Corona-Steuerhilfegesetz**) wird für jedes im Jahre 2021 kindergeldberechtigte Kind ein **Kindergeldbonus** von 150 € gewährt (§ 6 Abs. 3 BKGG).

108   Durch das Zweite Gesetz zur Umsetzung steuerlicher Hilfsmaßnahmen zur Bewältigung der Corona-Krise (**Zweites Corona-Steuerhilfegesetz**) vom 29.6.2020[105]) wurde das Gesetz zur Nichtanrechnung des Kinderbonus vom 2.3.2009[106]) geändert. Das Gesetz heißt nunmehr „**Gesetz zur Nichtanrechnung und Nichtberücksichtigung des Kinderbonus**". Die nach § 66 Abs. 1 und 3 EStG und § 6 Abs. 3 BKGG zu zahlenden Einmalbeträge sind bei Sozialleistungen, deren Zahlung von anderen Einkommen abhängig ist, nicht als Einkommen zu berücksichtigen.

12. Anpassung von Vorauszahlungen

109   Durch das Zweite Gesetz zur Umsetzung steuerlicher Hilfsmaßnahmen zur Bewältigung der Corona-Krise (**Zweites Corona-Steuerhilfegesetz**) vom 29.6.2020[107]) wurden Sondervorschriften zu Bewältigung der Corona-Pandemie als Abschnitt XIV in das EStG eingefügt.

110   Gemäß § 110 Abs. 1 EStG wird der für die **Bemessung der Vorauszahlungen** der für die **Veranlagungszeitraum 2019** zu Grunde gelegte Gesamtbetrag der Einkünfte auf Antrag pauschal um 30 % gemindert. Dies gilt nicht, soweit in dem Gesamtbetrag der Einkünfte **Einkünfte aus nichtselbständiger Tätigkeit** (§ 19 EStG) enthalten sind. Weiterhin ist Voraussetzung, dass die Vorauszahlungen für 2020 auf € 0,00 herabgesetzt worden sind.

111   Gemäß § 110 Abs. 2 EStG wird der für die **Bemessung der Vorauszahlungen** für den Veranlagungszeitraum 2019 zu Grunde gelegte Gesamtbetrag der Einkünfte um einen höheren Betrag als 30 % gemindert, wenn der Steuerpflichtige einen voraussichtlichen Verlustvortrag i. S. des § 10d Abs. 1 Satz 1 EStG für 2020 in dieser Höhe nachweisen kann.

112   Gemäß § 110 Abs. 3 EStG sind die Minderungen auf 5 Mio. € und bei zusammenveranlagten Ehegatten auf 10 Mio. € beschränkt. Hinsichtlich des **vorläufigen Verlustrücktrags für 2020** regelt § 111 Abs. 1 EStG, dass bei der Steuerfestsetzung für den Veranlagungszeitraum 2019 pauschal ein Betrag i. H. v. 30 % des Gesamtbetrags der

---

104) BGBl. I 2021, 330.
105) BGBl. I 2020, 1512.
106) BGBl. I 2009, 416.
107) BGBl. I 2020, 1512.

Einkünfte des Veranlagungszeitraums 2019 auf Antrag als Verlustrücktrag aus 2020 abgezogen wird (vorläufiger Verlustrücktrag für 2020). Bei der Berechnung des vorläufigen Verlustrücktrags für 2020 sind Einkünfte aus nichtselbständiger Arbeit (§ 19 EStG) nicht zu berücksichtigen, die im Gesamtbetrag der Einkünfte enthalten sind. Voraussetzung für die Anwendung dieser Regelung ist, dass die Vorauszahlungen für den Veranlagungszeitraum 2020 auf € 0,00 herabgesetzt worden sind.

Ein höherer Betrag als 30 % kann abgezogen werden, wenn der Steuerpflichtige   113
gemäß § 111 Abs. 2 EStG einen voraussichtlichen Verlustrücktrag in dieser Höhe nachweisen kann. Der vorläufige Verlustrücktrag für 2020 ist gemäß § 111 Abs. 3 EStG auf 5 Mio. €, bei zusammenveranlagten Ehegatten auf 10 Mio. € begrenzt.

Führt die **Herabsetzung von Vorauszahlungen für den Veranlagungszeitraum**   114
2019 auf Grund eines voraussichtlich erwarteten **Verlustvortrags für 2020** zu einer Nachzahlung bei der Steuerfestsetzung für den Veranlagungszeitraum 2019, so wird dieser auf Antrag des Steuerpflichtigen bis zum Ablauf eines Monats nach Bekanntgabe der Steuerfestsetzung für den Veranlagungszeitraum 2020 gestundet, ohne das Stundungszinsen erhoben werden.

Nach § 111 Abs. 5 EStG ist bei Anwendung dieser Regelungen für den **Veranla-**   115
gungszeitraum 2020 eine Einkommensteuererklärung abzugeben.

Mit der Veranlagung für 2020 ist die Steuerfestsetzung für den **Veranlagungszeit-**   116
raum 2019 gemäß § 111 Abs. 6 EStG zu ändern.

Ist die Veranlagung für den Veranlagungszeitraum 2020 vor der Veranlagung für den   117
Veranlagungszeitraum 2019 durchgeführt worden, finden diese Regelungen gemäß § 111 Abs. 7 EStG keine Anwendung.

13. Grenzgänger

Für Grenzgänger hat das BMF zunächst formlos mitgeteilt, dass sich bei einer ver-   118
mehrten Tätigkeit im Homeoffice steuerliche Folgen ergeben können, etwa dann, wenn nach den zugrunde liegenden Regelungen des **Doppelbesteuerungsabkommens** (DBA) der beiden betroffenen Staaten das Überschreiten einer bestimmten Anzahl an Tagen, an denen der eigentliche Tätigkeitsstaat nicht aufgesucht wird, zu einem teilweisen Wechsel des Besteuerungsrechts führt.[108]

Mit der **Französischen Republik** wurde am 13.5.2020 eine Konsultationsvereinba-   119
rung[109] geschlossen, die sich derzeit automatisch verlängert.[110] Die zuständigen

---

108) So BMF, Covid-19: Sonderregelungen für Grenzpendler*innen, PM v. 3.4.2020, https:// www.bundesfinanzministerium.de/Content/DE/Standardartikel/Themen/Steuern/Intern ationales_Steuerrecht/Allgemeine_Informationen/2020-04-03-Covid-19- Sonderregelungen-Grenzpendler-innen.html (Abrufdatum: 16.10.2021).
109) So BMF-Schreiben v. 25.5.2020 – IV B 3 – S 1301-FRA/19/10018 :007 (DOK 2020/ 0503105), https://www.bundesfinanzministerium.de/Content/DE/Standardartikel/Themen/ Steuern/Internationales_Steuerrecht/Staatenbezogene_Informationen/Laender_A_Z/Frank- reich/2020-05-25-Konsultationsvereinbarung-DE-FR-Covid-19-Besteuerung-Grenzpendler. html (Abrufdatum: 16.10.2021).
110) So BMF-Schreiben v. 30.9.2021 – IV B 3 – S 1301-FRA/19/10018 :007 (DOK 2021/ 1044667), https://www.bundesfinanzministerium.de/Content/DE/Standardartikel/Themen/ Steuern/Internationales_Steuerrecht/Staatenbezogene_Informationen/Laender_A_Z/ Frankreich/2021-09-30-fuenfte-Verlaengerung-Konsultationsvereinbarung-DE-FR-Covid-19- Besteuerung-Grenzpendler.html (Abrufdatum: 16.10.2021)

Behörden haben sich am 6.12.2021/7.12.2021 verständigt, dass die Konsultations-vereinbarung zumindest bis zum 31.3.2022 Bestand haben wird.[111] Nach den Doppelbesteuerungsabkommen, z. B. mit **Frankreich**, ändern die zusätzlichen Home-office-Tage nichts an der vorgesehenen Aufteilung der Besteuerungsrechte.[112]

120   Die am 6.4.2020 mit den **Niederlanden**[113] abgeschlossene Konsultationsvereinbarung verlängert sich derzeit automatisch.[114]

Die am 29.9.2021 mit **Österreich** geschlossene Konsultationsvereinbarung verlän-gert sich derzeit automatisch[115] wurde durch die Konsultationsvereinbarung vom 14.12.2021 ersetzt, die bis mindestens 31.3.2022 gilt und sich automatisch verlän-gert, sondern sie nicht gekündigt wird.[116]

Das am 7.10.2021 mit dem **Großherzogtum Luxemburg** abgeschlossene Verstän-digungsabkommen verlängert sich automatisch, sofern es nicht gekündigt wird, und soll bis mindestens 31.3.2021 Bestand haben.[117]

---

111) So BMF-Schreiben v. 9.12.2021 – IV B 3 – S 1301-FRAU/19/10018 :007 (DOK 2021/ 1279126), https://www.bundesfinanzministerium.de/Content/DE/Standardartikel/Themen/ Steuern/Internationales_Steuerrecht/Staatenbezogene_Informationen/Laender_A_Z/ Frankreich/2021-12-09-sechste-Verlaengerung-Konsultationsvereinbarung-DE-FR-Covid-19-Besteuerung-Grenzpendler.html (Abrufdatum: 21.12.2021).

112) So BMF, Covid-19: Sonderregelungen für Grenzpendler*innen, PM v. 3.4.2020, https:// www.bundesfinanzministerium.de/Content/DE/Standardartikel/Themen/Steuern/Intern ationales_Steuerrecht/Allgemeine_Informationen/2020-04-03-Covid-19-Sonderregelungen-Grenzpendler-innen.html (Abrufdatum: 16.10.2021).

113) S. BMF-Schreiben v. 8.4.2020 – IV B 3 – S 1301 – NDL/20/10004 :001 (DOK 2020/ 0348934) – Niederlande, https://www.bundesfinanzministerium.de/Content/DE/Standard-artikel/Themen/Steuern/Internationales_Steuerrecht/Staatenbezogene_Informationen/ Laender_A_Z/Niederlande/2020-04-08-DBA-Niederlande-Konsultationsvereinba-rung.pdf;jsessionid=5BF71693574B106F63CDE5BF9014C745.delivery2-replication?__ blob=publicationFile&v=1. Die Regelung wurde mehrfach verlängert, vgl. BMF-Schrei-ben v. 23.3.2021 – IV B 3 – S 1301 – NDL/20/10004 :001 (DOK 2021/0289645) (Abruf-datum: 16.10.2021).

114) S. BMF-Schreiben v. 15.9.2021 – IV B 3 – S 1301-NDL/20/10004 :001 (DOK 2021/ 0995287), https://www.bundesfinanzministerium.de/Content/DE/Standardartikel/Themen/ Steuern/Internationales_Steuerrecht/Staatenbezogene_Informationen/Laender_A_Z/ Niederlande/2021-09-15-DBA-Niederlande-fuenfte-Verlaengerung-Konsultationsvereinba-rung.html (Abrufdatum: 16.10.2021).

115) S. BMF-Schreiben v. 7.10.2021 – IV B 3 – S 1301-AUT/20/10001 :002 (DOK 2021/ 1062064), https://www.bundesfinanzministerium.de/Content/DE/Standardartikel/Themen/ Steuern/Internationales_Steuerrecht/Staatenbezogene_Informationen/Laender_A_Z/ Oesterreich/2021-10-07-konsultationsvereinbarung-zwischen-der-bundesrepublik-deutschland-und-der-republik-oesterreich-vom-29-09-2021.html (Abrufdatum: 16.10.2021).

116) S. BMF-Schreiben v. 20.12.2021 – IV B 3 – S 1301-AUT/20/10001 :002 (DOK 2021/ 1304734), https://www.bundesfinanzministerium.de/Content/DE/Standardartikel/Themen/ Steuern/Internationales_Steuerrecht/Staatenbezogene_Informationen/Laender_A_Z/ Oesterreich/2021-12-20-konsultationsvereinbarung-zwischen-der-bundesrepublik-deutschland-und-der-republik-oesterreich-vom-14-12-2021.html (Abrufdatum: 21.12.2021).

117) S. BMF-Schreiben v. 6.12.2021 – IV B 3 – S 1301-LUX/19/10007 :003 (DOK 2021/ 1260413), https://www.bundesfinanzministerium.de/Content/DE/Standardartikel/Themen/ Steuern/Internationales_Steuerrecht/Staatenbezogene_Informationen/Laender_A_Z/ Luxemburg/2021-12-06-besteuerung-von-grenzpendlern-nach-luxemburg-fortgeltung.html (Abrufdatum: 21.12.2021).

Mit **Belgien** wurde am 6.5.2020 eine Konsultationsvereinbarung nach Art. 25 Abs. 3 DBA über die Behandlung von Homeoffice-Tagen geschlossen.[118], die inzwischen bis zum 31.12.2021 verlängert worden ist.[119]

Hinsichtlich der **Schweiz** sind die Konsultationsvereinbarungen vom 11.6.2020,[120] 30.11.2020[121] und 27.4.2021[122] zu beachten, die nicht vor dem 31.3.2022 gekündigt werden sollen.[123]

Die Regelungen mit weiteren Staaten sowie der aktuelle Stand der Verlängerungen sind über die Homepage des Bundesministerium der Finanzen abrufbar.

IV. Körperschaftsteuer

Die Körperschaftsteuer ist die Einkommensteuer der in Deutschland unbeschränkt körperschaftsteuerpflichtigen **Körperschaften**, Personenvereinigungen und Vermögensmassen (§ 1 Abs. 1 KStG).   **121**

Gemäß § 8 Abs. 1 Satz 1 KStG bestimmt sich, was als **Einkommen** gilt und wie das Einkommen zu ermitteln ist, nach den Vorschriften des EStG und des KStG. Für   **122**

---

118) S. BMF-Schreiben v. 7.5.2020 – IV B 3 – S 1301-BEL/20/10002 :001 (DOK 2020/ 0458382), https://www.bundesfinanzministerium.de/Content/DE/Standardartikel/Themen/ Steuern/Internationales_Steuerrecht/Staatenbezogene_Informationen/Laender_A_Z/ Belgien/2020-05-07-Belgien-Abkommen-DBA-Konsultationsvereinbarung-Besteuerung-Grenzpendler.pdf?__blob=publicationFile&v=2. Aktuell gilt die fünfte Verlängerung, vgl. BMF-Schreiben v. 23.3.2021 – IV B 3 – S-1301-BEL/20/10002 :001 [DOK 2021/0317385], https://www.bundesfinanzministerium.de/Content/DE/Standardartikel/Themen/Steuern/ Internationales_Steuerrecht/Staatenbezogene_Informationen/Laender_A_Z/Belgien/ 2021-03-23-Belgien-Abkommen-DBA-Verlaengerung-Konsultationsvereinbarung-Besteuerung-Grenzpendler.pdf?__blob=publicationFile&v=2 (Abrufdatum: 16.10.2021).

119) S. BMF-Schreiben v. 29.9.2021 – IV B 3 – S 1301-BEL/20/10002 :001 (DOK 2021/ 1033252), https://www.bundesfinanzministerium.de/Content/DE/Standardartikel/Themen/ Steuern/Internationales_Steuerrecht/Staatenbezogene_Informationen/Laender_A_Z/ Belgien/2021-09-29-Belgien-Abkommen-DBA-Verlaengerung-Konsultationsvereinbarung-Besteuerung-Grenzpendler.html (Abrufdatum: 16.10.2021).

120) So BMF-Schreiben vom 12.6.2020 – IV B 2 – S 1301-CHE/07/10015-01 (DOK 2020/ 0485608), https://www.bundesfinanzministerium.de/Content/DE/Standardartikel/Themen/ Steuern/Internationales_Steuerrecht/Staatenbezogene_Informationen/Laender_A_Z/ Schweiz/2020-06-12-DBA-Schweiz-COVID-19-Konsultationsvereinbarung-11-Juni-2020.html (Abrufdatum: 16.10.2021).

121) So BMF-Schreiben vom 3.12.2020 – IV B 2 – S 1301-CHE/07/10019-05 (DOK 2020/ 1242422), https://www.bundesfinanzministerium.de/Content/DE/Standardartikel/Themen/ Steuern/Internationales_Steuerrecht/Staatenbezogene_Informationen/Laender_A_Z/ Schweiz/2020-12-03-DBA-Schweiz-COVID-19-Konsultationsvereinbarung-30-November-2020.html (Abrufdatum: 16.10.2021).

122) So BMF-Schreiben vom 7.5.2021 – IV B 2 – S 1301-CHE/07/10019-05 (DOK 2021/ 0521374), https://www.bundesfinanzministerium.de/Content/DE/Standardartikel/Themen/ Steuern/Internationales_Steuerrecht/Staatenbezogene_Informationen/Laender_A_Z/ Schweiz/2021-05-07-DBA-Schweiz-COVID-19-Konsultationsvereinbarung-27-April-2021.html (Abrufdatum: 16.10.2021).

123) So BMF-Schreiben vom 8.9.2021 – IV B 2 – S 1301-CHE/07/10015-16 (DOK 2021/ 0970548), https://www.bundesfinanzministerium.de/Content/DE/Standardartikel/Themen/ Steuern/Internationales_Steuerrecht/Staatenbezogene_Informationen/Laender_A_Z/ Schweiz/2021-09-08-DBA-Schweiz-COVID-19-information-ueber-die-konsultationsvereinbarung.html (Abrufdatum: 16.10.2021).

die Ermittlung des Einkommens ist es gemäß § 8 Abs. 3 Satz 1 KStG ohne Bedeutung, ob das Einkommen verteilt wird. Auch **verdeckte Gewinnausschüttungen** sowie Ausschüttungen jeder Art auf Genussrechte, mit denen das Recht auf Beteiligung am Gewinn und am Liquidationserlös der Kapitalgesellschaft verbunden ist, mindern gemäß § 8 Abs. 3 Satz 2 KStG das Einkommen nicht.

123   Das **BMF-Schreiben vom 19.3.2020** gilt für die von den Landesfinanzbehörden im Auftrag des Bundes verwalteten Steuern, also auch für die Körperschaftsteuer.[124]

124   Aufgrund der Verweisung in § 8 Abs. 1 Satz 1 KStG auf das EStG ist auch die Norm des § 5 Abs. 2a EStG anwendbar, wonach für Verpflichtungen, die nur zu erfüllen sind, soweit **künftig Einnahmen oder Gewinne anfallen**, Verbindlichkeiten oder Rückstellungen erst anzusetzen sind, wenn die Einnahmen oder Gewinne angefallen sind. Da eine Verbindlichkeit, die nur aus künftigen Gewinnen oder einen etwaigen Liquidationsüberschuss erfüllt zu werden braucht, mangels gegenwärtiger wirtschaftlicher Belastung nicht ausgewiesen werden kann[125] ist besondere Sorgfalt auf die Prüfung von **Rangrücktrittserklärungen** zu legen. Eine Verbindlichkeit unter Vereinbarung eines Rangrücktritts der Gestalt, dass die Forderung des Gläubigers hinter die Forderungen aller übrigen Gläubiger zurücktritt und nur aus künftigen Jahresabschlüssen zu erfüllen ist, ist nicht auszuweisen.[126]

125   Besondere Aufmerksamkeit sollte auch den **nichtabziehbaren Aufwendungen gemäß § 10 KStG** gelten. Nichtabziehbar sind gemäß § 10 Nr. 4 KStG die Hälfte der Vergütungen jeder Art, die an Mitglieder des Aufsichtsrates, des Verwaltungsrats oder andere mit der Überwachung der Geschäftsführung beauftragte Personen gewährt werden. Verzichtet während der COVID-Pandemie ein Aufsichtsratsmitglied auf seine **Aufsichtsratsvergütung**, so tritt beim Aufsichtsrat Ertragsteuerfreiheit ein. Auf der Seite der Gesellschaft bleibt gleichwohl § 10 Nr. 4 KStG unberührt, da es sich um eine Aufsichtsratsvergütung und nicht um eine Spende handelt.[127]

126   In Konzernkonstellationen wird es i. Ü. vorkommen, dass **Tochtergesellschaft** die an sie ausgegebenen, **unbesicherten Darlehen** wegen der COVID-19-Krise nicht an die Muttergesellschaft zurückzahlen können und die Muttergesellschaft daher eine **Teilwertabschreibung** vornehmen möchte. Dies ist grundsätzlich zwar handels- und steuerrechtlich möglich, allerdings ist § 8b Abs. 3 Satz 4 ff. KStG zu berück-

---

124) So BMF-Schreiben v. 1.12.2021 – IV B 2 – S 1301-CHE/21/100818 :002 (DOK 2021/1241578),
https://www.bundesfinanzministerium.de/Content/DE/Standardartikel/Themen/Steuern /Internationales_Steuerrecht/Staatenbezogene_Informationen/Laender_A_Z/Schweiz/20 21-12-01-DBA-Schweiz-COVID-19-information-ueber-die-
konsultationsvereinbarung.html das die zunächst gemäß BMF-Schreiben v. 19.3.2020 – IV A 3 – S 0336/19/10007 :002 (DOK 2020/0265898), BStBl. I 2020, 262, bis zum 31.12.2021 befristete Kündigungssperre verlängert hat.

125) So BFH, Urt. v. 30.11.2011 – I R 100/10, BFHE 235, 436 = BStBl. II 2012, 332.

126) So BFH, Urt. v. 30.11.2011 – I R 100/10, Rz. 17, BFHE 235, 436 = BStBl. II 2012, 332.

127) So BMF-Schreiben v. 9.4.2020 – IV C 4 – S 2223/19/10003 :003 (DOK 2020/0308754), BStBl. I 2020, 498. Der zeitliche Anwendungsbereich wurde mit BMF-Schreiben v. 15.12.2021 – IV C 4 – S 2223/19/10003 :006 (DOK 2021/1258425) für alle Maßnahmen, außer die unter VII. Abs. 2 bis Abs. 4 genannten, verlängert, die bis zum 31.12.2022 durchgeführt werden.

sichtigen.[128] Gemäß § 8b Abs. 3 Satz 4 KStG gehören zu den Gewinnminderungen, die nach § 8b Abs. 3 Satz 3 KStG bei der Ermittlung des Einkommens nicht zu berücksichtigen sind, Gewinnminderungen im Zusammenhang mit einer Darlehensforderung oder aus der Inanspruchnahme von Sicherheiten, die für eine Darlehen hingegeben wurden, wenn das Darlehen oder die Sicherheit von einem Gesellschafter gewährt wird, der zu mehr als 25 % unmittelbar oder mittelbar am Grund- oder Stammkapital der Körperschaft, der das Darlehen gewährt wurde, beteiligt ist oder war.

Ebenso wie bei der Einkommensteuer ist auch bei der Körperschaftsteuer ein Antrag auf **pauschalierte Herabsetzung bereits geleisteter Vorauszahlungen** für 2019 möglich.[129]   127

V. Gewerbesteuer

Die Gewerbesteuer gehört gemäß § 1 GewStG zu den Gemeindesteuern. Der Gewerbesteuer unterliegt gemäß § 2 Abs. 1 Satz 1 GewStG jeder stehende **Gewerbebetrieb**, soweit er im Inland betrieben wird.   128

Eine unmittelbare Regelung durch das BMF scheidet wegen der mangelnden Bundeszuständigkeit aus. Das Schreiben des BMF vom 19.3.2020 gilt daher nicht für die Gewerbesteuer.[130] Es wurde aber eine einheitliche Regelung in **Abstimmung mit den obersten Finanzbehörden der Länder** erlassen: 129

> „Nach § 19 Abs. 3 Satz 3 GewStG kann auch das Finanzamt bei Kenntnis veränderter Verhältnisse hinsichtlich des Gewerbeertrags für den laufenden Erhebungszeitraum die Anpassung der Gewerbesteuer-Vorauszahlungen veranlassen. Das gilt insbesondere für die Fälle, in denen das Finanzamt Einkommensteuer- und Körperschaftsteuervorauszahlungen anpasst (R 19.2 Abs. 1 Satz 5 GewStR). Vor diesem Hintergrund können nachweislich unmittelbar und nicht unerheblich betroffene Steuerpflichtige bis zum 31. Dezember 2020 unter Darlegung ihrer Verhältnisse Anträge auf Herabsetzung des Gewerbesteuermessbetrages für Zwecke der Vorauszahlung stellen. Diese Anträge sind nicht deshalb abzulehnen, weil die Steuerpflichtigen die entstandenen Schäden wertmäßig nicht im Einzelnen nachweisen können. Nimmt das Finanzamt eine Festsetzung des Gewerbesteuermessbetrages für Zwecke der Vorauszahlung vor, ist die betreffende Gemeinde hieran bei der Festsetzung ihrer Gewerbesteuer-Vorauszahlung gebunden (§ 19 Abs. 3 Satz 4 GewStG).
>
> Für etwaige Stundungs- und Erlassanträge gilt auch im Hinblick auf einen möglichen Zusammenhang mit Auswirkungen des Corona-Virus, dass diese an die Gemeinden und nur dann an das zuständige Finanzamt zu richten sind, wenn die Festsetzung und Erhebung der Gewerbesteuer nicht den Gemeinden übertragen worden ist (§ 1 GewStG und R 1.6 Abs. 1 GewStR)."[131]

---

128) So *Köstler*, AStW 2020, 329 f.

129) So BMF-Schreiben v. 24.4.2020 – IV C 8 – S 2225/20/10003 :010 (DOK 2020/0414862), BStBl. I 2020, 496.

130) So FG Berlin-Brandenburg, Beschl. v. 20.11.2020 – 10 V 10146/20, EFG 2021, 172 ff. mit Anm. *Weinschütz* = ZKF 2021, 42 ff. Der BFH (Beschl. v. 11.2.2021 – VII B 178/20 (AdV)) hat die Nichtzulassungsbeschwerde als unbegründet zurückgewiesen.

131) Gleich lautende Erlasse der obersten Finanzbehörden der Länder zu gewerbesteuerlichen Maßnahmen zur Berücksichtigung der Auswirkungen des Corona-Virus (COVID-19/ SARS-COV-2) v. 19.3.2020, https://www.bundesfinanzministerium.de/Content/DE/ Standardartikel/Themen/Steuern/Steuerarten/Gewerbesteuer/2020-03-19-gewerbesteuerliche-massnahmen-zur-beruecksichtigung-der-auswirkungen-des-coronavirus-anlage.pdf?__ blob=publicationFile&v=2 (Abrufdatum: 16.10.2021); vgl. dazu *Stadler/Sotta*, BB 2020, 860 ff.

130 Durch das Zweite Gesetz zur Umsetzung steuerlicher Hilfsmaßnahmen zur Bewältigung der Corona-Krise (**Zweites Corona-Steuerhilfegesetz**) vom 29.6.2020[132)] wurden auch die **Hinzurechnungsbestimmungen** gemäß § 8 GewStG angepasst. Gemäß § 8 Nr. 1 GewStG ist ein Viertel der Summe aus Entgelten für Schulden, Renten und dauernde Lasten sowie Miet- und Pachtzinsen hinzuzurechnen. Bislang ist eine Hinzurechnung erfolgt, wenn die Summe dieser Beträge 100 000 € nicht übersteigt, dies wurde nunmehr auf 200 000 € angehoben.[133)]

VI. Umsatzsteuer

1. Steuerbefreiungen

131 Die **Umsatzsteuerbefreiungen** sind Gegenstand von § 4 UStG, der einen umfassenden Katalog entfällt.

132 Die Durchführung von **Corona-Schnelltests** (sog. „Point-of-Care (PoC)-Antigen-Schnelltests") durch Ärzte oder Angehörigen ähnlicher Heilberufe ist unabhängig von der persönlichen Veranlassung der getesteten Person nach § 4 Nr. 14 UStG umsatzsteuerbefreit. Die Erbringung der Corona-Schnelltests ist zudem aus Billigkeitsgründen ebenfalls nach § 4 Nr. 14 UStG umsatzsteuerbefreit, wenn diese von nach § 6 Abs. 1 Satz 1 Nr. 2 Coronavirus-Testverordnung beauftragten Leistungserbringern, wie zum Beispiel Apotheken, durchgeführt werden, soweit die Leistungserbringer an der in § 12 Abs. 4 Coronavirus-Testverordnung genannten Schulung teilgenommen haben. Dies schließt auch Corona-Schnelltests in **privat betriebenen Testzentren** mit ein, soweit die Durchführung der in dem Testzentrum durchgeführten Schnelltests durch eigenes bzw. angestelltes medizinisches Fachpersonal bzw. geschulte Mitarbeiter erfolgt.[134)]

133 Leistungen, die im unmittelbaren Zusammenhang mit der Eindämmung und Bekämpfung der Covid-19-Pandemie von **Einrichtungen des öffentlichen Rechts** oder anderen Einrichtungen, die keine systematische Gewinnerzielung anstreben, erbracht werden, können aus Billigkeitsgründen als eng mit der Sozialfürsorge und der sozialen Sicherheit verbundene Leistungen angesehen und nach § 4 Nr. 18 UStG als umsatzsteuerfrei behandelt werden.[135)]

133a Diese **Steuerbefreiungen** wurden vom BMF im Wege der Billigkeit bis 31.12.2022 verlängert.[136)]

133b Bei **unentgeltlichen Wertabgaben** hinsichtlich medizinischem Material oder Personal sind im Wege der Billigkeit bis 31.12.022 von einer Besteuerung abgesehen.[137)]

---

132) BGBl. I 2020, 1512.

133) Vgl. Oberste Finanzbehörden der Länder, Gleichlautender Ländererlass v. 25.1.2021, DStR 2021, 226 (ersetzt die gleich lautenden Erlasse der obersten Finanzbehörden der Länder v. 19.3.2021, BStBl. I 2020, 281).

134) Vgl. BMF, Ziffer XI. 20.: https://www.bundesfinanzministerium.de/Content/DE/ Standardartikel/Themen/Steuern/2020-04-01-FAQ_Corona_Steuern_Anlage.pdf?__blob= publicationFile&v=2 (Abrufdatum: 16.10.2021).

135) Vgl. BMF-Schreiben v. 15.6.2021 – III C 3 – S 7130/20/10005 :015, UR 2021, 570 = StuB 2021, 553. Vgl. *Strecker*, kösdi 2021, 22367, 22377.

136) BMF-Schreiben v. 14.12.2021 – III C 2 – S 7030/20/10004 :004 (DOK 2021/1290403).

137) BMF-Schreiben v. 14.12.2021 – III C 2 – S 7030/20/10004 :004 (DOK 2021/1290403).

2. Steuersatz

Bei der Umsatzsteuer stellt sich zunächst die Frage des anwendbaren Steuersatzes. **134** Gemäß § 12 Abs. 1 UStG beträgt der Regelsteuersatz 19 % der Bemessungsgrundlage. Der ermäßigte Steuersatz beträgt gemäß § 12 Abs. 2 UStG 7 %.

Durch das Zweite Gesetz zur Umsetzung steuerlicher Hilfsmaßnahmen zur Bewäl- **135** tigung der Corona-Krise (**Zweites Corona-Steuerhilfegesetz**) vom 29.6.2020[138] wurde der Steuersatz durch § 28 Abs. 1 UStG dahin geregelt, dass § 12 Abs. 1 UStG vom **1.7.2020 bis 31.12.2020** mit der Maßgabe anzuwenden ist, dass die Steuer für jeden steuerpflichtigen Umsatz **16 Prozent** der Bemessungsgrundlage (§§ 10, 11, 25 Abs. 3 und § 25a Abs. 3 und 4 UStG) beträgt.[139]

Die Bestimmung des § 12 Abs. 2 UStG ist vom **1.7.2020 bis 31.12.2020** mit der **136** Maßgabe anzuwenden, dass sich die Steuer für die in den Nrn. 1 bis 15 genannten Umsätze auf **5 Prozent** ermäßigt (§ 28 Abs. 2 UStG).

In § 28 Abs. 3 UStG wurden Sonderregelungen für **Sägewerkserzeugnisse** und **Ge-** **137** **tränke** sowie von alkoholischen Flüssigkeiten getroffen.

Für die **Vergütung des Insolvenzverwalters** gilt folgende Besonderheit: „Leistungs- **138** zeitpunkt bei Leistungen eines Insolvenzverwalters: Die Leistung eines Insolvenzverwalters ist dann ausgeführt, wenn der seiner Leistung zugrundeliegende Auftrag (letzte Vollzugshandlung) erledigt ist. Die Leistung eines Insolvenzverwalters ist nach der Rechtsprechung des BFH (Urteil vom 2.12.2015, V R 15/15, BStBl. II 2016, 486) erst mit dem Beschluss des Insolvenzgerichts über die Aufhebung des Insolvenzverfahrens nach § 200 Abs. 1 InsO erbracht, soweit keine anderen Beendigungsgründe vorliegen. Aus Vereinfachungsgründen wird es nicht beanstandet, wenn für die Bestimmung des Leistungszeitpunkts auf den Vollzug der Schlussverteilung abgestellt wird. Im Restschuldbefreiungsverfahren bestimmt sich der Leistungszeitpunkt nach dem Zeitpunkt der rechtskräftigen Erteilung der Restschuldbefreiung nach § 300 InsO."[140]

Der **ermäßigte Steuersatz** gemäß § 12 Abs. 2 UStG findet u. a. Anwendung auf die **139** **Lieferung von Lebensmitteln**, jedenfalls soweit sie in der Anlage 2 zum Umsatzsteuergesetz bezeichnet sind. Dazu zählen Fleisch und Fisch sowie Krebstiere, jedenfalls solange es sich nicht um Langusten, Hummern, Austern und Schnecken handelt. Dies bedeutet, dass die Lieferungen von Fleisch, Fisch, Gemüse, Pflanzen, Wurzeln und Knollen zu Ernährungszwecken dem ermäßigten Steuersatz von 7 % unterliegt, während für die Leistungen von **gastronomischen Betrieben** der Regelsteuersatz von 19 % gemäß § 12 Abs. 1 UStG anwendbar ist.

Im Hinblick darauf, dass im Zuge der COVID-19-Pandemie gastronomische Betriebe **140** zeitweise nur noch **liefern** durften und zum Teil auch immer nur noch liefern dürfen,

---

138) BGBl. I 2020, 1512. Vgl. dazu BMF-Schreiben v. 30.6.2020 – III C 2 – S 7030/20/ 10009 :004 (DOK 2020/0610691), BStBl. I 2020, 584; BMF-Schreiben v. 4.11.2020 – III C 2 – S 7030/20/10009 :016 (DOK 2020/1074476).

139) Vgl. *Waza*, BB 2020, 2007 ff.

140) So BMF-Schreiben v. 4.11.2020 – III C 2 – S 7030/20/10009 :016 (DOK 2020/1074476), Rz. 19.

wobei auch die **Abholung** durch den Leistungsempfänger als Lieferung anzusehen ist, ist in diesen Fällen – mit Ausnahme von Langusten, Hummern, Austern und Schnecken – der **ermäßigte Steuersatz** anwendbar.

141   Das BMF hat mitgeteilt, dass die Mehrwertsteuer **für Speisen in der Gastronomie ab 1.7.2020 befristet bis zum 30.6.2021** auf den **ermäßigten Steuersatz** von 7 % gesenkt wird. Damit will die Koalition erreichen, dass Gastronomiebetriebe, die derzeit von hohen Umsatzeinbußen durch die Corona-Krise betroffen sind, gut aus der Krise kommen. Das BMF meint, dass es sich hierbei um eine „weitere gezielte steuerliche Entlastung für die Zeit nach der Krise" handelt.[141]

142   Durch das Gesetz zur Umsetzung steuerlicher Hilfsmaßnahmen zur Bewältigung der Corona-Krise (**Corona-Steuerhilfegesetz**) vom 19.6.2020[142] Gesetz zur Umsetzung steuerlicher Hilfsmaßnahmen zur Bewältigung der Corona-Krise wurde in § 12 Abs. 2 Satz 3 Nr. 15 UStG geregelt, dass der ermäßigte Steuersatz **auch für die nach dem 30.6.2020 und vor dem 1.7.2021** Restaurant- und Verpflegungsdienstleistungen, mit **Ausnahme** der Abgabe von Getränken, gilt.[143] Durch das Dritte Gesetz zur Umsetzung steuerlicher Hilfsmaßnahmen zur Bewältigung der Corona-Krise vom 10.3.2021[144] (**Drittes Corona-Steuerhilfegesetz**) wurde die Gewährung des ermäßigten Umsatzsteuersatzes i. H. v. 7 % für erbrachte **Restaurant- und Verpflegungsdienstleistungen** mit Ausnahme der Abgabe von Getränken über den 30.6.2021 hinaus **bis zum 31.12.2022 verlängert** (§ 12 Abs. 2 Nr. 15 UStG).

143   Bei Lichte betrachtet handelt es sich keineswegs um eine Liquiditätshilfe des Staates für die Unternehmen der Gastronomie, sondern um eine Hilfe durch die Leistungsempfänger. Für den Unternehmer ist die Umsatzsteuer durchlaufender Posten, da er insoweit „Steuereinnehmer" für den Staat ist.[145] Der Unternehmer bezieht die Umsatzsteuer in seine Kalkulation und letztlich trägt der Leistungsempfänger die Steuer wirtschaftlich. Wird nunmehr der Steuersatz i. S. von § 12 UStG geändert, bleibt aber **der zu zahlende Preis** für den Leistungsempfänger **gleich**, trägt dieser – und nicht der Staat als Steuergläubiger – wirtschaftlich die Differenz. In der Praxis wird dies allerdings in den wenigsten Fällen auffallen, da es in der deutschen Gastronomie – anders als bspw. in sonstigen Staaten – unüblich ist, unterschiedliche Preise für den Verzehr im Restaurant und für die Mitnahme zu verlangen.

144   Im Zusammenhang mit der mehrfachen Änderung der Umsatzsteuersätze drohen auch **strafrechtliche Risiken.**[146] Rechnet der Leistungserbringer gegenüber dem Leistungsempfänger einen höheren Steuersatz ab, als nach materiellem Steuerrecht geschuldet, stellt sich die Frage, ob darin ein Betrug i. S. des § 263 StGB zu erblicken ist. Das bloße Einfordern einer Leistung beinhaltet ohne Hinzutreten beson-

---

141) So BMF, Scholz: „Schnelle und unbürokratische Liquiditätshilfe für Unternehmen", PM v. 23.4.2020, https://www.bundesfinanzministerium.de/Content/DE/Pressemitteilungen/Finanzpolitik/2020/04/2020-04-23-PM08-Liquidiaetshilfe.html (Abrufdatum: 16.10.2021).

142) BGBl. I 2020, 1385.

143) Vgl. *Liebgott*, UR 2020, 405 ff.

144) BGBl. I 2021, 330 f.

145) So BFH, Urt. v. 29.1.2009 – V R 64/07, Rz. 19, BFHE 224, 24 = BStBl. II 2009, 682; vgl. *Flintrup*, ZIP 2020, 801 ff.

146) Vgl. *Henseler*, DStR 2021, 206 ff.

derer Umstände nicht die schlüssige Behauptung eines entsprechenden Anspruchs.[147] Im Zusammenhang „mit betrügerischen Inseraten" hat der BGH entschieden, dass eine (versuchte) Täuschung i. S. von § 263 Abs. 1 StGB begeht, wer Angebotsschreiben planmäßig durch Verwendung falscher Rechnungsmerkmale (insbesondere durch die hervorgehobene Angabe einer Zahlungsfrist) so abfasst, dass der Eindruck einer Zahlungspflicht besteht, dem gegenüber die – kleingedruckten – Hinweise auf den Angebotscharakter völlig in den Hintergrund treten.[148] Selbst wenn man die (versuchte) Täuschung durch die Angabe eines zu hohen Umsatzsteuersatzes annehmen wollte, so muss der Täter in der Absicht handeln, sich oder einem Dritten einen rechtswidrigen Vermögensvorteil zu verschaffen und das Vermögen des Anderen beschädigen. Die **Vermögensschädigung** liegt beim Rechnungsempfänger, der den überhöhten Betrag bezahlt, vor, da es zu einem unmittelbaren Liquiditätsabfluss kommt. Selbst wenn es sich bei dem Empfänger um einen seinerseits vorsteuerabzugsberechtigten Unternehmer handelt, so steht ihm der Vorsteuerabzug nur i. H. d. zutreffenden Steuersatzes zu.

Eine strafrechtliche Verfolgung jedoch regelmäßig an dem Nachweis der **Absicht**   145 **des Täters**, sich oder einem anderen einen rechtswidrigen Vermögensvorteil zu verschaffen, scheitern. Die Komplexität des Umsatzsteuerrechts und insbesondere die unterschiedlichen Steuersätze, die in unterschiedlichen Zeiträumen für unterschiedliche Arten von Lieferungen und sonstigen Leistungen gesetzlich vorgesehen waren, lassen die Absicht des Rechnungsausstellers kaum nachweisen. Anders liegt dies freilich, wenn ein höherer Steuersatz abgerechnet ist, als gesetzlich überhaupt vorgesehen ist.

Es schließt sich allerdings die **umsatzsteuerliche Haftung** an. Hat ein Unternehmer   146 in einer Rechnung für eine Lieferung oder sonstigen Leistung einen höheren Steuerbetrag, als er nach dem Umsatzsteuergesetz schuldet, gesondert ausgewiesen, (unrichtiger Steuerausweis), schuldet er gemäß § 14c UStG auch den Mehrbetrag. Gleichwohl kann der Leistungsempfänger lediglich nur den zutreffenden Vorsteuerbetrag geltend machen.

Im **Fall des unberechtigten Steuerausweises** gemäß § 14c Abs. 2 UStG schuldet der   147 Rechnungsaussteller den ausgewiesenen Betrag. Eine Berichtigung kommt in Betracht, soweit die **Gefährdung des Steueraufkommens** beseitigt ist, wozu es – selbst in der **Insolvenz** des Leistungserbringers – auch der Rückzahlung des überzahlten Betrags an den Leistungsempfänger bedarf.[149]

3. Unternehmerische Tätigkeit juristischer Personen des öffentlichen Rechts

Darüber hinaus wurde durch das Gesetz zur Umsetzung steuerlicher Hilfsmaßnah-   148 men zur Bewältigung der Corona-Krise (Corona-Steuerhilfegesetz) vom 19.6.2020[150] in § 27 Abs. 22a UStG geregelt, dass die bisherige Übergangsregelung zu § 2b UStG bis zum 31.12.2022 verlängert wird. Die Regelung in § 2b UStG betrifft die Tätig-

---

147) Vgl. BGH, Beschl. v. 8.11.2000 – 5 StR 433/00, BGHSt 46, 196 ff. = WM 2001, 18 ff. Rz. 8.
148) So BGH, Urt. v. 26.4.2001 – 4 StR 439/00, BGHSt 47, 1 ff. = NStZ 2001, 430 ff. Rz. 14.
149) So BFH, Beschl. v. 5.1.2021 – XI S 20/20 (PKH), BFH/NV 2021, 665 ff. = ZRI 2021, 541 ff.
150) BGBl. I 2020, 1385.

keit juristischer Personen des öffentlichen Rechts i. R. der Ausübung von Tätigkeiten, die ihnen i. R. der öffentlichen Gewalt obliegen. Gemäß § 27 Abs. 22 UStG hatten die juristischen Personen des öffentlichen Rechts Wahlmöglichkeiten.

149   Diese werden nunmehr **bis zum 31.12.2022 verlängert.** In der Begründung heißt es:

> „Der seit dem Jahr 2016 laufende Übergangszeitraum war aus Sicht des Gesetzgebers grundsätzlich ausreichend bemessen und oft sind die erforderlichen Anpassungen bereits vorgenommen worden oder stehen vor dem Abschluss. In einer namenhaften Zahl von Fällen konnte aber noch nicht alle erforderlichen Maßnahmen getroffen werden, wie aus entsprechenden Eingaben von Betroffenen, Schreiben von Verbänden und aus den politischen Raum an die Bundesregierung deutlich geworden ist. Die Beibehaltung des bisherigen Endes der Übergangsfrist würde hier nachhaltige Folgen für die interkommunale Zusammenarbeit, die Daseinsvorsorge sowie die Leistungsfähigkeit insbesondere der Kommunen, aber auch anderer juristischer Personen des öffentlichen Rechts haben.
>
> Diese Situation hat sich durch die aktuelle COVID-19-Pandemie deutlich verschärft. Die Kommunen, aber auch juristische Personen des öffentlichen Rechts, sind mit der aktuellen Krisenbewältigung stark belastet und werden es mit der Bewältigung der Krisenfolgen auch auf absehbare Zeit bleiben. Die begrenzten personellen Ressourcen und Sachmittel müssen hier konzentriert werden und stehen für andere Aufgaben nur noch sehr eingeschränkt zur Verfügung. Die Arbeiten zur Umsetzung der Neuregelung des § 2b UStG sind dadurch weitgehend zum Erliegen gekommen und es ist unklar, wie lange die Verzögerungen anhalten werden. Auch aus diesen Gründen ist eine Verlängerung der Übergangsfrist dringend geboten.“[151]

4. Berichtigung

150   **Berichtigung gemäß § 15a UStG:** Nutzungsänderungen führen nach § 15a UStG zu einer Verpflichtung zur Vorsteuerberichtigung. Aus Billigkeitsgründen wird bis zum 31.12.2021 von einer Vorsteuerkorrektur bei Nutzungsänderungen von Unternehmen der öffentlichen Hand abgesehen, wenn und soweit der Sachverhalt in einer Nutzung zur Bewältigung der Corona-Krise begründet ist. Sofern die Nutzung unentgeltlich erfolgt ist, wird die Billigkeitsregelung auf in privater Rechtsform betriebene Unternehmen der öffentlichen Hand erstreckt.[152]

Berichtigung gemäß § 17 UStG: Im Übrigen ist im Umsatzsteuerrecht die Berichtigung gemäß § 17 UStG zu berücksichtigen. Gemäß § 17 Abs. 2 Nr. 1 UStG ist eine Forderung nicht nur dann **uneinbringlich**, wenn sie schlechthin keinen Wert mehr hat, sondern auch dann, wenn sie **für geraume Zeit nicht durchsetzbar** ist.[153] Der Unternehmer, der den Umsatz ausgeführt hat, hat daher im Falle der Uneinbringlichkeit gemäß § 17 Abs. 1 Satz 1 UStG i. V. m. § 17 Abs. 2 Nr. 1 UStG den geschuldeten Steuerbetrag zu berichtigen.

151   Gemäß **Art. 240 § 1 EGBGB** stand **Verbrauchern und Kleinstunternehmern** ein **temporäres Leistungsverweigerungsrecht** zu. Fraglich ist, ob dies bereits ausreicht, eine Berichtigung gemäß § 17 UStG vorzunehmen. Uneinbringlich ist nach der

---

151) Begr. RegE Corona-Steuerhilfegesetz, S. 9 f., https://www.bundesfinanzministerium.de/Content/DE/Gesetzestexte/Gesetze_Gesetzesvorhaben/Abteilungen/Abteilung_IV/19_Legislaturperiode/Gesetze_Verordnungen/2020-04-30-Corona-Steuerhilfegesetz/2-Regierungsentwurf.pdf?__blob=publicationFile&v=2 (Abrufdatum: 16.10.2021).

152) BMF-Schreiben v. 14.12.2021 – III C 2 – S 7030/20/10004 :004 (DOK 2021/1290403).

153) So *Waza* in: Waza/Uhländer/Schmittmann, Insolvenzen und Steuern, Rz. 2120.

Rechtsprechung des BFH ein Entgelt i. S. von § 17 Abs. 2 Nr. 1 UStG, wenn bei objektiver Betrachtung damit zu rechnen ist, dass der Leistende die Entgeltforderung (ganz oder teilweise) jedenfalls auf absehbare Zeit rechtlich oder tatsächlich nicht durchsetzen kann. Kann der Unternehmer das Entgelt für seine bereits erbrachte Leistung aus Gründen, die bereits bei Leistungserbringung vorliegen, für einen Zeitraum von zwei bis fünf Jahre nicht vereinnahmen, ist erst Recht von einer Uneinbringlichkeit auszugehen.[154]

Unterliegt der Leistungserbringer der **Ist-Besteuerung** gemäß § 16 UStG ist er mit der **Steuerzahllast** belastet, bis er eine Berichtigung gemäß § 17 UStG vornehmen kann. Im Hinblick darauf, dass der BFH bei einem Zeitraum von zwei bis fünf Jahren „erst recht von Uneinbringlichkeit" ausgeht, ist es m. E. gerade im Hinblick auf das temporäre Leistungsverweigerungsrecht gemäß Art. 240 § 1 EGBGB zwingend, dem leistenden Unternehmer bereits in dem Zeitpunkt, in dem der Leistungsempfänger sich auf die Einrede aus Art. 240 § 1 EGBGB beruft, die Möglichkeit der Berichtigung zu geben, da anderen Falles eine zusätzliche Belastung des Leistungserbringers erfolgt.[155] **152**

Für Unternehmer, bei denen gemäß § 20 UStG die Berechnung der **Steuern nach vereinnahmten Entgelten** erfolgt, spielen die vorstehenden Überlegungen keine Rolle, da es dann nicht auf die vereinbarten Entgelte (§ 16 Abs. 1 Satz 1 UStG), sondern auf die vereinnahmten Entgelte ankommt. **153**

Für die Frage des **Vorsteuerabzugs** sind die vorstehenden Überlegungen nicht relevant, da es sowohl bei der Ist- als auch bei der Soll-Besteuerung gemäß § 15 Abs. 1 Nr. 1 UStG ausschließlich darauf ankommt, ob die Lieferung oder sonstige Leistung von dem anderen Unternehmer für das Unternehmen des Leistungsempfängers ausgeführt worden ist und eine Rechnung gemäß § 14 Abs. 4 UStG vorliegt. **154**

5. Ausgabe von Gutscheinen und Umsatzsteuer

Wenn eine Musik-, Kultur-, Sport- oder sonstige Freizeitveranstaltung auf Grund der COVID-19-Pandemie nicht stattfinden konnte oder kann, ist der Veranstalter gemäß Art. 240 § 5 Abs. 1 EGBGB berechtigt, dem Inhaber einer vor dem 8.3.2020 erworbenen **Eintrittskarte** oder **sonstigen Teilnahmeberechtigung** an Stelle einer Erstattung des Eintrittspreises oder sonstigen Entgelts einen **Gutschein** zu übergeben. Soweit eine Musik-, Kultur-, Sport- oder sonstige Freizeiteinrichtung aufgrund der COVID-19-Pandemie zu schließen war oder ist, ist der Betreiber gemäß Art. 240 § 5 Abs. 2 EGBGB berechtigt, dem Inhaber eine vor dem 8.3.2020 erworbenen **Nutzungsberechtigung** an Stelle einer Erstattung des Entgelts einen **Gutschein** zu übergeben. Der Gutschein muss gemäß Art. 240 § 5 Abs. 3 EGBGB den gesamten Eintrittspreis oder das gesamte sonstige Entgelt umfassen. Für die Ausstellung oder Übersendung des Gutscheins dürfen keine Kosten in Rechnung gestellt werden. **155**

Weiterhin muss sich aus dem **Gutschein** gemäß Art. 240 § 5 Abs. 4 EGBGB ergeben, dass der Gutschein wegen der COVID-19-Pandemie ausgestellt wurde und dass **156**

---

154) So BFH, Urt. v. 24.10.2013 – V R 31/12, Rz. 19, BFHE 243, 451 = BStBl. II 2015, 634; BFH, Urt. v. 22.7.2010 – V R 4/09, BFHE 231, 260 = BStBl. II 2013, 590.

155) Ebenso *Wübbelsmann*, DStR 2020, 696, 697.

der Inhaber des Gutscheins die Auszahlung des Wertes des Gutscheins unter den in Art. 240 § 5 Abs. 5 EGBGB genannten Voraussetzungen verlangen kann. Der Inhaber eines Gutscheins kann gemäß Art. 240 § 5 Abs. 5 EGBGB von dem Veranstalter oder Betreiber die Auszahlung des Wertes des Gutscheins verlangen, wenn der Verweis auf einen Gutschein für ihn angesichts seiner persönlichen Lebensumstände unzumutbar ist oder er den Gutschein bis zum 31.12.2021 nicht eingelöst hat.

157   In diesen Fällen ist zwischen **Einzweck- und Mehrzweck-Gutscheinen** zu differenzieren, da sich der Zeitpunkt der Besteuerung ändern kann; es kommt auch das Entstehen einer Steuerschuld nach § 14c UStG in Betracht.[156]

158   Weiterhin sind die Fälle zu unterscheiden, in denen z. B. ein Fitnessstudiobetreiber seinen Kunden zu Beginn der Corona bedingten Schließzeiten eine taggenaue **Zeitgutschrift bei Weiterzahlung** zusagt (umsatzsteuerpflichtige Anzahlung) oder er bei Beitragsfortzahlung einen **Gutschein** ausstellt (Änderung der Bemessungsgrundlage und Anzahlung auf einen Einzweck-Gutschein).[157]

6.   Einfuhrumsatzsteuer

159   Durch das Zweite Gesetz zur Umsetzung steuerlicher Hilfsmaßnahmen zur Bewältigung der Corona-Krise (**Zweites Corona-Steuerhilfegesetz**) vom 29.6.2020[158] wurde die **Fälligkeit der Einfuhrumsatzsteuer** i. S. von § 21 UStG verschoben. Nunmehr wird die Einfuhrumsatzsteuer, für die ein Zahlungsaufschub bewilligt ist, abweichend von den zollrechtlichen Vorschriften am 26. des zweiten auf den betreffenden Monat folgenden Kalendermonats fällig (§ 21 Abs. 3a UStG). Gemäß § 27 Abs. 31 UStG ist die Regelung erstmals zu dem ab 1.12.2020 beginnenden Aufschubzeitraumes umzusetzen. Nach Mitteilung des BMF bedeutet dies, dass der Fälligkeitstermin für Einfuhren des Aufschubzeitraumes Dezember einheitlich vom 16.1.2021 auf den 26.2.2021 verschoben wurde. Die Fälligkeitstermine für anschließende Aufschubzeiträume verschieben sich entsprechend.[159]

VII.   Sonstige Steuerarten

1.   Erbschaft- und Schenkungsteuer

160   Der Erbschaftsteuer (Schenkungsteuer) unterliegen gemäß § 1 Abs. 1 ErbStG u. a. der Erwerb von Todes wegen und die Schenkungen unter Lebenden.[160] Die Bewertung richtet sich gemäß § 12 Abs. 1 ErbStG nach dem BewG.

161   Beabsichtigt ein Schenker, bspw. durch die Corona-Pandemie im Wert gesunkene **Aktien zu verschenken**, damit der Beschenkte an einer möglichen späteren Wertsteigerung partizipieren kann, so dann dies Berücksichtigung finden. Anteile an Kapitalgesellschaften sind gemäß § 12 Abs. 2 ErbStG mit dem auf den Bewertungs-

---

156) Vgl. *Vobbe/Stelzer*, DB 2020, 1086 ff.

157) S. FinMin Schleswig-Holstein, Kurzinfo v. 3.2.2021 – S 7100 – 759, StuB 2021, 135.

158) BGBl. I 2020, 1512.

159) So BMF-Schreiben v. 6.10.2020 – III B 1 – Z 8201/19/10001 :005 (DOK 202070982865), BGBl. I 2020, 984.

160) Vgl. *Seer* in: Tipke/Lang, Steuerrecht, Kap. 15 Rz. 7 ff.

stichtag gemäß § 11 BewG anzusetzen, also mit dem niedrigsten am Stichtag für sie am regulierten Markt notierten Kurs.[161]

Bei **Betriebsvermögen**, Betrieben der Land- und Forstwirtschaft und Anteilen an Kapitalgesellschaften gelten besondere Verschonungsregelungen gemäß § 13a ErbStG. Voraussetzung für die Gewährung des Verschonungsabschlags gemäß § 13a Abs. 1 ErbStG ist, dass die Summe der maßgeblichen jährlichen **Lohnsummen** des Betriebs, bei Beteiligungen an Personengesellschaften oder Anteilen an einer Kapitalgesellschaft des Betriebs der jeweiligen Gesellschaft gemäß § 13a Abs. 3 Satz 1 ErbStG innerhalb von fünf Jahren nach dem Erwerb (Lohnsummenfrist) insgesamt 400 % der Ausgangslohnsumme nicht unterschreitet (Mindestlohnsumme)[162].   **162**

Entscheidet sich der Unternehmer i. R. der COVID-19-Pandemie dazu, **Arbeitsplätze abzubauen**, besteht die Gefahr, dass er die Mindestlohnsumme nicht einhalten kann. Dies hat zur Folge, dass die Vergünstigungen für Betriebsvermögen nicht mehr in Anspruch genommen werden können.[163]   **163**

In diesen Fällen dürfte in vielen Konstellationen die Insolvenz des Betriebes drohen. Der Erwerber ist nämlich gemäß § 13a Abs. 7 ErbStG verpflichtet, dem für die Erbschaftsteuer zuständigen Finanzamt innerhalb einer Frist von sechs Monaten nach Ablauf der Lohnsummenfrist das **Unterschreiten der Mindestlohnsumme anzuzeigen**. Bislang sind Billigkeitsregelungen nicht ersichtlich, es dürfte aber zweckmäßig sein – so lange keine allgemeine Billigkeitsregelung getroffen ist, einen **individuellen Antrag auf Stundung, abweichende Steuerfestsetzung** oder **Erlass** der Steuer gemäß § 227 AO zu stellen.[164]   **164**

Anders liegt es, wenn der Erwerber des Betriebes für den Betrieb **Kurzarbeitergeld** in Anspruch nimmt. Der Bezug von Kurzarbeitergeld durch die Bundesagentur für Arbeit führt nicht zu Auswirkungen auf die Lohnsumme gemäß Abschnitt 13 a.5 AEErbSt 2017 ist das von der Bundesagentur für Arbeit ausgezahlte Kurzarbeitergeld vom Aufwand nicht abzuziehen, da hierfür das Saldierungsverbot des § 246 Abs. 2 HGB greift.   **165**

2. Energiesteuer

Bei der Energiesteuer ergeben sich Besonderheiten nach § 60 EnergieStG. Eine Steuerentlastung wird auf Antrag dem Verkäufer gemäß § 60 Abs. 1 EnergieStG unter bestimmten Umständen gewährt, wenn er für die im Verkaufspreis enthaltene Steuer beim Warenempfänger wegen Zahlungsunfähigkeit ausfällt. Zu den Voraussetzungen dieser Norm gehört u. a. gemäß § 60 Abs. 1 Nr. 3 EnergieStG, dass der Zahlungsausfall trotz vereinbarten Eigentumsvorbehalt, laufender Überwachung der Außenstände, rechtzeitige Mahnung bei Zahlungsverzug unter Fristsetzung und gerichtlicher Verfolgung des Anspruchs nicht zu vermeiden war. Im Hinblick auf das **gesetzliche Moratorium gemäß Art. 240 § 1 EGBGB** und dem sich daraus ergebenden Leistungsverweigerungsrecht des Warenempfängers wird es in vielen   **166**

---

161) So *Köstler*, AStW 2020, 327 f.

162) Vgl. *Seer* in: Tipke/Lang, Steuerrecht, Kap. 15 Rz. 113.

163) So auch *Köstler*, AStW 2020, 327 f.

164) Vgl. *Förster/Förster*, DB 2021, 697, 701; *Kamps/Leinenbach*, Stbg 2020, 263 ff.

Fällen nicht möglich sein, den Anspruch gerichtlich mit Aussicht auf Erfolg geltend zu machen. Daher sollte hier eine Regelung durch den Gesetzgeber erfolgen.

3. Tabaksteuer

167 Durch das Zweite Gesetz zur Umsetzung steuerlicher Hilfsmaßnahmen zur Bewältigung der Corona-Krise (**Zweites Corona-Steuerhilfegesetz**) vom 29.6.2020[165] wurde geregelt, das die Herabsetzung des Steuersatzes nicht für die Tabaksteuer gilt. Gemäß § 2 Abs. 3 TabakStG gilt für den Zeitraum vom 1.7.2020 bis 31.12.2020 für die Zwecke der **Berechnung des Mindeststeuersatzes** weiterhin der zum 1.1.2020 gültige Umsatzsteuersatz nach § 12 UStG.

4. Forschungszulagengesetz

168 Durch das Zweite Gesetz zur Umsetzung steuerlicher Hilfsmaßnahmen zur Bewältigung der Corona-Krise (**Zweites Corona-Steuerhilfegesetz**) vom 29.6.2020[166] wurde auch das Forschungszulagengesetz,[167] mit dem **Forschungs- und Entwicklungsvorhaben** begünstigt werden, soweit sie einer oder mehreren der Kategorien Grundlagenforschung, industrielle Forschung oder experimentelle Entwicklung zuzuordnen sind, § 2 Abs. 1 FZulG, gefördert. Die **förderfähigen Aufwendungen** sowie die Bemessungsgrundlage sind in § 3 FZulG geregelt. Während für die Zeit bis zum 30.6.2020 die Bemessungsgrundlage für die förderfähigen Aufwendungen auf 2 Mio. € gemäß § 3 Abs. 5 Satz 1 FZulG beschränkt war, gilt für nach dem 30.6.2020 und vor dem 1.7.2026 entstandene förderfähige Aufwendungen eine Bemessungsgrundlage von max. 4 Mio. €.

5. Investmentsteuer

169 Das BMF hat sich mit einem weiteren **Schreiben vom 9.4.2020** zu investmentsteuerlichen Maßnahmen zur Berücksichtigung der wirtschaftlichen Folgen der COVID-19-Pandemie geäußert.[168] Ein Investmentfonds hat grundsätzlich wesentliche Verstöße gegen die Anlagebedingungen zu vermeiden. Zur Verfahrensvereinfachung ist grundsätzlich nicht von einem wesentlichen Verstoß auszugehen, wenn ein Aktien- oder Mischfonds in einem Geschäftsjahr an bis zum 20 einzelnen oder zusammenhängenden Geschäftstagen die **Vermögensgrenzen** des § 2 Abs. 6 oder Abs. 7 InvStG unterschreitet. Nunmehr regelt das BMF, dass eine passive Grenzverletzung **zwischen dem 1.3.2020 und dem 30.4.2020** bei Investmentfonds grundsätzlich keinen wesentlichen Verstoß gegen diese Regel darstellt und nicht auf die Zwanzig-Geschäftstage-Grenze i. S. des BMF-Schreibens vom 21.5.2019[169] angerechnet wird. Eine

---

165) BGBl. I 2020, 1512.
166) BGBl. I 2020, 1512.
167) FZulG v. 14.12.2019, BGBl. I 2019, 2763, zuletzt geändert durch Art. 5 des Gesetzes v. 16.7.2021, BGBl. I 2021, 2931.
168) So BMF-Schreiben v. 9.4.2020 – IV C 1 – S 1910/19/10079 :002 (DOK 2020/0340848), https://www.bundesfinanzministerium.de/Content/DE/Downloads/BMF_Schreiben/Ste uerarten/Investmentsteuer/2020-04-09-invstementsteuerliche-massnahmen-zur-beruecksichtigung-der-wirtschaftlichen-folgen-der-COVID-19-pandemie.pdf?__blob=publicationFile&v=1 (Abrufdatum: 16.10.2020).
169) BMF-Schreiben v. 21.5.2019 – IV C 1 – S 1980-1/16/10010 :001 (DOK 2019/0415199), BStBl. I 2019, 527.

passive Grenzverletzung zwischen dem 1.3.2020 und dem 30.4.2020 gilt bei Spezial-Investmentfonds grundsätzlich nicht als wesentlichen Verstoß gegen die Anlagebestimmungen des § 26 InvStG.[170]

VIII. Umwandlungen und Umwandlungssteuerrecht

Gemäß § 17 Abs. 1 UmwG sind der **Anmeldung zum Handelsregister** bestimmte   170
Unterlagen beizufügen. Der Anmeldung zum Register des Sitzes jedes der übertragenden Rechtsträger ist gemäß § 17 Abs. 2 Satz 1 UmwG ferner eine Bilanz dieses Rechtsträgers beizufügen. Gemäß § 17 Abs. 2 Satz 3 UmwG darf das Registergericht die Verschmelzung nur eintragen, wenn die Bilanz auf einen höchstens acht Monate vor der Anmeldung liegenden Stichtag aufgestellt worden ist. Durch § 4 **COVGesMG** wurde geregelt, dass es genügt, wenn die Bilanz auf einen höchsten zwölf Monate vor der Anmeldung liegenden Stichtag aufgestellt worden ist.

Eine parallele Regelung im UmwStG fehlte zunächst. Auch das BMF hat sich zu dieser   171
Frage nicht geäußert. In der Literatur wurde danach differenziert, ob es sich um einen Fall der Verschmelzung gemäß § 3 UmwStG handelt, bei dem das Umwandlungssteuerrecht keinen gesonderten Rückwirkungstatbestand enthält, oder ob es sich um einen Formwechsel i. S. von § 9 UmwStG oder um eine Einbringung gemäß § 20 UmwStG handelt, da in diesen Fällen das Umwandlungssteuerrecht eigene Rückbeziehungsvorschriften vorsieht.[171]

Der Gesetzgeber hat durch das Gesetz zur Umsetzung steuerlicher Hilfsmaßnahmen   172
zur Bewältigung der Corona-Krise (**Corona-Steuerhilfegesetz**) vom 19.6.2020[172] nunmehr reagiert und in § 27 **Abs. 15 UmwStG** geregelt, dass § 9 Satz 3 sowie § 20 Abs. 6 Satz 1 und Satz 3 UmwStG mit der Maßgabe anzuwenden sind, dass an die Stelle des Zeitraums von acht Monaten ein Zeitraum von **zwölf Monate** tritt, wenn die Anmeldung zur Eintragung oder der Abschluss des Vertrags im Jahre 2020 erfolgt.

Da die Ausgangsregelung im UmwStG durch Rechtsverordnung gemäß § 8 i. V. m.   173
§ 4 GesRuaCOVBekG**verlängert werden kann**, wird das BMF ermächtigt, durch Rechtsverordnung eine parallele Verlängerung anzuordnen.

IX. Bilanzierung und Rechnungslegung nach HGB

Gemäß § 264 Abs. 1 Satz 3 HGB sind der **Jahresabschluss** und der **Lagebericht** von   174
den gesetzlichen Vertretern einer Kapitalgesellschaft in den ersten drei Monaten des Geschäftsjahres für das vergangene Geschäftsjahr aufzustellen. Bei kleinen Kapitalgesellschaften verlängert sich diese Frist, wenn dies einem ordnungsgemäßen Geschäftsgang entspricht, gemäß § 264 Abs. 2 Satz 4 HGB auf sechs Monate.

---

170) So BMF-Schreiben v. 9.4.2020 – IV C 1 – S 1910/19/10079 :002 (DOK 2020/0340848), https://www.bundesfinanzministerium.de/Content/DE/Downloads/BMF_Schreiben/Steuerarten/Investmentsteuer/2020-04-09-invstementsteuerliche-massnahmen-zur-beruecksichtigung-der-wirtschaftlichen-folgen-der-COVID-19-pandemie.pdf?__blob=publicationFile&v=1 (Abrufdatum: 16.10.2020); vgl. dazu: *Schmittmann*, ZRI 2020, 234, 243.

171) So *Wübbelsmann*, DStR 2020, 696, 697.

172) BGBl. I 2020, 1385.

175 In Zeiten der Corona-Pandemie können Konstellationen auftreten, in denen die rechtzeitige Aufstellung des Jahresabschlusses nicht möglich ist, z. B. weil das dafür zuständige Personal erkrankt ist oder aber aufgrund von Zugangsbeschränkungen nicht mehr seinen Arbeitsplatz erreichen und eine Arbeit vom Homeoffice nicht möglich ist. In diesen Fällen trifft die organschaftlichen Vertreter gleichwohl die **Frist zur rechtzeitigen Aufstellung,** allerdings ist diese primär nicht sanktioniert. Allerdings wird gemäß § 283 Abs. 1 Nr. 7 StGB bestraft, wer entgegen dem Handelsrecht es unterlässt, die Bilanz seines Vermögens oder das Inventar in der vorgeschriebenen Zeit aufzustellen. Eine strafrechtliche Verfolgung kommt allerdings nur in Betracht, wenn der Täter zumindest **fahrlässig** handelt. Der organschaftliche Vertreter kann sich ggf. mit einer faktischen Unmöglichkeit der Aufstellung exkulpieren. Zu diesem Zweck dürfte es zweckmäßig sein, rechtzeitig zu dokumentieren, aus welchen Gründen i. E. eine rechtzeitige Aufstellung nicht möglich war.

176 Gemäß § 252 Abs. 1 Nr. 4 Halbs. 1 HGB ist vorsichtig zu bewerten, namentlich sind alle vorhersehbaren Risiken und Verluste, die bis zum Abschlussstichtag entstanden sind, zu berücksichtigen, selbst wenn diese erst zwischen dem Abschlussstichtag und dem Tag der Aufstellung des Jahresabschlusses bekannt geworden sind.[173] Es stellt sich die Frage, ob etwaige **bilanzielle Konsequenzen,** die aus der **COVID-19-Pandemie** resultieren, bereits in den zum 31.12.2019 aufzustellenden handelsrechtlichen Jahresabschlüssen zu berücksichtigen sind oder erst in den Folgeperioden.[174]

177 Nach Auffassung des IDW ist die sprunghafte Ausweitung der Infektionen erst ab Januar 2020 aufgetreten, so dass das Auftreten des Corona-Virus als weltweite Gefahr nicht wertaufhellend, sondern **wertbegründend** einzustufen ist und die bilanziellen Konsequenzen erst in Abschlüssen mit Stichtag nach dem 31.12.2019 zu berücksichtigen sind.[175]

178 Das IDW hat sich i. Ü. in zwei weiteren Fachlichen Hinweisen mit den Auswirkungen der COVID-19-Pandemie befasst. Der Fachliche Hinweis vom 25.3.2020 umfasst die handelsrechtliche Rechnungslegung, ausgewählte Hinweise zur IFRS-Rechnungslegung sowie Auswirkungen zum Prüfungsprozess.[176]

179 Am 6.4.2021 wurde das fünfte Update des Teils 3 „Zweifelsfragen zu den Auswirkungen der **Ausbreitung des Coronavirus auf die Rechnungslegung** und deren Prüfung" veröffentlicht.[177]

---

173) S. *Kußmaul,* Betriebswirtschaftliche Steuerlehre, S. 102.

174) Vgl. *Berger,* BB 2020, 876 ff.

175) So IDW, Auswirkungen der Ausbreitung des Coronavirus auf die Rechnungslegung zum Stichtag 31.12.2019 und deren Prüfung (Teil 1), Fachlicher Hinweis v. 4.3.2020, https://www.idw.de/blob/122498/31bce74e5b1413b91f74c9de1ea64383/down-corona-idw-fachlhinw-teil1-dok1-data.pdf (Abrufdatum: 16.10.2021).

176) IDW, Auswirkungen der Ausbreitung des Coronavirus auf die Rechnungslegung und deren Prüfung (Teil 2), Fachlicher Hinweis v. 25.3.2020, https://www.idw.de/blob/122878/ac5e8bd6bfd88081cfdd9398ceb04032/down-corona-idw-fachlhinw-teil2-data.pdf (Abrufdatum: 16.10.2021).

177) S. IDW, Fachlicher Hinweis vom 6.4.2021, https://www.idw.de/blob/124230/4d0cde868d61cb6ab0bead999861372e/down-corona-idw-fachlhinw-relepruefung-teil3-update5-data.pdf (Abrufdatum: 16.10.2021).

Für **Banken** ist die Stellungnahme vom 18.12.2020 mit dem Titel „Auswirkungen der   180
Corona-Pandemie auf Wertminderungen von Finanzinstrumenten im Jahres- und
Konzernabschluss von Kreditinstituten zum 31.12.2020" relevant.[178]

Rechnet der bilanzierende Unternehmer mit der **Gewährung einer Corona-Bei-**   181
hilfe und darf er bei gehöriger Sorgfalt auch damit rechnen, so hat er diese als Forderung zu aktivieren.[179] Die Rückzahlungsverpflichtung ist zu passivieren, sofern
nicht eine Einnahme-Überschussrechnung gefertigt wird. Hier gilt das Abfluss-
prinzip nach § 11 EStG.[180]

X. Bilanzierung und Rechnungslegung nach IFRS

Das IDW hat zu ausgewählten Themen der IFRS-Rechnungslegung in der COVID-   182
19-Pandemie Stellung genommen,[181] z. B. zur Umsatzrealisierung nach IFRS 15, der
Wertminderung von Vermögenswerten nach IAS 36, der Frage der Fair-Value-Be-
wertungen, der Finanzinstrumente, der Rückstellungen, der Vorräte sowie der Er-
tragsteuern.[182]

Es ist zweckmäßig, die regelmäßigen Veröffentlichungen des International Accounting   183
Standards Board (**IASB**) zu verfolgen,[183] in denen Fragen zur Anwendung der
IFRS aufgrund der von COVID-19 verursachten wirtschaftlichen Unsicherheiten be-
antwortet werden. Dort finden sich die aktuellen Aussagen zur Bilanzierung nach
IFRS.

XI. Offenlegung

Gemäß § 325 Abs. 1 HGB haben die Mitglieder des vertretungsberechtigten Organs   184
von Kapitalgesellschaften sowie bestimmten Personenhandelsgesellschaften des festgestellten Jahresabschluss elektronisch beim Bundesanzeiger enzureichen und damit
offenzulegen. Im Zuge der COVID-19-Pandemie hat das Bundesamt für Justiz umfassende **Erleichterungen** für Unternehmen wegen der Corona-Krise verfügt, die
sowohl das Ordnungsgeldverfahren als auch das Vollstreckungsverfahren erfassen.[184]

XII. Unternehmensbewertung

Die COVID-19-Pandemie wird sich massiv auf die Bewertung von Unternehmen aus-   185
wirken. Nach Auffassung des IDW kommt es auf **Ausmaß und Dauer der negativen**

---

178) S. IDW 18.12.2020 Bankenfachausschuss des IDW Risikovorsorge von Kreditinstituten
nach HGB und IFRS zum Abschlussstichtag 31.12.2020.
179) So *Lüdenbach*, StB 4/2021, 137, 142.
180) So FinMin Schleswig-Holstein, Verfügung v. 18.10.2021 – VI 304 – S 2137 – 347, StuB
2021, 907 f.
181) Vgl. *Berger*, BB 2020, 876 ff.
182) Vgl. IDW, Auswirkungen der Ausbreitung des Coronavirus auf die Rechnungslegung und
deren Prüfung (Teil 2), Fachlicher Hinweis v. 25.3.2020, S. 13, https://www.idw.de/blob/
122878/ac5e8bd6bfd88081cfdd9398ceb04032/down-corona-idw-fachlhinw-teil2-data.pdf
(Abrufdatum: 16.10.2021).
183) S. IASB, https://www.ifrs.org/ (Abrufdatum: 2.6.2020).
184) Vgl. *Rinker*, StuB 7/2020, 256.

Effekte und die Kapitalkosten an.[185] Wegen der Einzelheiten kann nur auf die Literatur verwiesen werden.[186]

XIII. Finanzausgleich

186 Durch das Zweite Gesetz zur Umsetzung steuerlicher Hilfsmaßnahmen zur Bewältigung der Corona-Krise (**Zweites Corona-Steuerhilfegesetz**) vom 29.6.2020[187] wurde auch das Finanzausgleichsgesetz vom 20.12.2001[188] geändert. Die **Korrekturbeträge** zulasten des Bundes wurden durch dieses Gesetz von minus 11 761 856 907 € auf minus 20 380 856 907 € erhöht, die Länder erhalten statt 7 998 074 350 € nunmehr 15 706 074 350 €. Auf die Gemeinden entfällt statt eines Erhöhungsbetrages in Höhe von 3 763 782 557 € ein Betrag in Höhe von 4 674 782 557 €. Eine weitere Korrektur erfolgte durch das Gesetz vom 2.10.2021.

---

185) So IDW, Auswirkungen der Ausbreitung des Coronavirus auf Unternehmensbewertungen, Fachlicher Hinweis des Fachausschusses für Unternehmensbewertungen und Betriebswirtschaft (FAUB) v. 25.3.2020, https://www.idw.de/blob/122884/2316fb82457e82143-445b8d0740a3e89/down-corona-faub-fachlhinw-data.pdf (Abrufdatum: 16.10.2020).

186) Vgl. *Kihm/Junker/Wegener*, DB 2021, 517 ff. *Thees/Grimmer*, BB 2020, 1259 ff.; *Zwirner/Vodermeier*, DStR 2021, 2097 ff.; *Zwirner/Zimny*, DB 2020, 852 ff.

187) BGBl. I 2020, 1512.

188) BGBl. I, 3955, 3956, zuletzt geändert durch Art. 4 des Gesetzes v. 2.10.2021 (BGBl. I 2021, 4602).

Stichwortverzeichnis

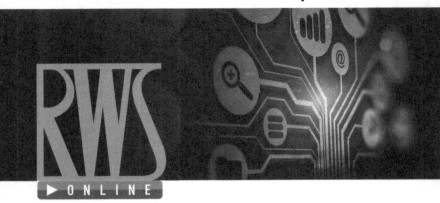